यह सृजन नहीं यह है अभिव्यक्ति का प्रक्षेपण

उपनिषदों का एकीकृत विज्ञान

डॉ. कौशिक चौधरी

INDIA · SINGAPORE · MALAYSIA

Notion Press Media Pvt Ltd

No. 50, Chettiyar Agaram Main Road,
Vanagaram, Chennai, Tamil Nadu – 600 095

First Published by Notion Press 2022
Copyright © Dr. Kaushik Chaudhary 2022
All Rights Reserved.

ISBN 979-8-88555-432-9

लेख-सूची

ग्रन्थ 'यह सृजन नहीं यह है अभिव्यक्ति का प्रक्षेपण' पर दिए गए महानुभावों के कुछ विचार

"कौशिक ने ब्रह्मांड की शुरूआत, उसकी वर्तमान अवस्था और इसके संभावित भविष्य को वर्णित करने का अद्त प्रयास किया है। शायद, उपनिषदों की काफी जानकारियों को आधुनिक विज्ञान के साथ जोड़ लेने से बिग बैंग और प्रिमोर्डिअल सूप थियरी का ज्यादा स्पष्टीकरण हो सकेगा। लेकिन, पिछलें २००० वर्ष से भारत में इस विषय पर कोई काम नहीं हुआ। सौभाग्य से, इस पुस्तक के साथ इस कार्य की शुरूआत हुइ है।"

– डॉ. जी. माधवन नायर, इंडियन स्पेस रिसर्च
ऑर्गेनाइजेशन (ISRO) के पूर्व प्रमुख

"आखिर हम इस दुनिया पर क्यों हैं? मानवजीवन के इस अनसुलझे प्रश्न का इस पुस्तक के साथ अंत आ रहा है। प्रत्येक बुद्धिजीवी को यह पुस्तक अवश्य पढ़नी चाहिए, अगर वास्तव में वह बुद्धिजीवी हो तो।"

– पद्मश्री देवेन्द्र पटेल, नामी पत्रकार एवं पुस्तक 'इजरायल -
दि लैण्ड ऑफ बाइबल' के लेखक

"मोक्ष की ओर ले जाने वाली यह सात परिमाणों की यात्रा भगवान और मानव के सभी रहस्यों का पर्दाफाश करती है। भौतिक विज्ञान, गणित, तत्त्वज्ञान और अध्यात्म को एक साथ शामिल करती उपनिषदों की यह आधुनिक आवृत्ति हमें स्टीफन हॉकिंग के ब्रह्मांड के वर्णनों से बहुत आगे ले जाती है।"

– भवेन कच्छी, प्रसिद्ध पत्रकार एवं लोकप्रिय कॉलमिस्ट

"एक वैज्ञानिक को यह फिलोसॉफी की पुस्तक लगेगी और सामान्य पाठक को एस्ट्रो-फिजिक्स की पुस्तक लगेगी, ऐसा अद्त समायोजन इस पुस्तक में है।"

– के.आर. चौधरी, 'फ्युचर साइंस' कॉलम के लोकप्रिय विज्ञान लेखक

"पच्चीस-छब्बीस वर्ष का गुजरात में पला बड़ा लड़का अंग्रेजी भाषा में इतनी सुन्दर पुस्तक कैसे लिख सकता है! यह एक सुखद आश्चर्य है। कौशिक ने वास्तव में बड़ा काम किया है।"

– पद्मश्री गुणवंत शाह, अवॉर्ड विजेता गुजराती
नोवेलिस्ट एवं कॉलमिस्ट

"अद्त! चमत्कृत! प्रमाणित! असामान्य! महान! मेरे पास इस पुस्तक की प्रशंसा करने के लिए शब्द नहीं है। यह सृष्टि का आखिरी ज्ञान है। यह विश्वभर में एक बहुत ही व्यावहारिक और वैज्ञानिक अभिगम वाली आध्यात्मिक पुस्तक के तौर पर प्रसिद्ध होगी।"

– श्री योगेश बी. पटेल, जॉइंट सेक्रेटरी, गुजरात सरकार

"अध्यात्म और विज्ञान को जोड़ने का सुन्दर प्रयास है। मैं डॉ. कौशिक चौधरी को यह अद्त पुस्तक लिखने के लिए अभिनंदन देता हूँ।"

– आशु पटेल, प्रसिद्ध उपन्यासकार एवं कॉलमिस्ट

"फिलोसोफर की बात आती है तब हम युरोप, अमेरिका की ओर नजर डालते हैं। वास्तव में, भारत में भी कई प्रभावशाली फिलोसॉफर हैं जिनको हमें पहचानना चाहिए। डॉ. कौशिक चौधरी उनमें से एक है। जागरूक, अर्धजागरूक और सुषुप्त मन क्या है और किस प्रकार कार्य करता है, उसकी सटीक वैज्ञानिक जानकारी इस पुस्तक से अच्छी कहीं नहीं मिल सकती। यह पुस्तक पाठक के मानसपटल को प्रज्ज्वलित करेगी ऐसा मेरा स्पष्ट मानना है।"

– डॉ. मासुंग चौधरी, युवा गुजराती लेखक और पूर्व पत्रकार

"यह पुस्तक लिखी गई है एसा नहीं लगता। लगता है जैसे इसे किसी दैवीय इच्छा से लिखाई गई है। यह पुस्तक मैंने पढ़ी है, ऐसा कहूँगी तो गलत होगा। पाठ्यपुस्तक का अध्ययन करती होउं ऐसे डेडिकेशन, उत्सुकता और अहोभाव से इस पुस्तक को मैंने आत्मसात किया है।"

– डॉ. मनीषा मनीष, नॉलेल 'सत-असत' की लेखिका

अर्पण है,

मेरे प्रिय परिवार ऐसी इस मानवजाति को, जो जीवन के किसी अर्थ की खोज में इस पृथ्वी पर भटक रही है।

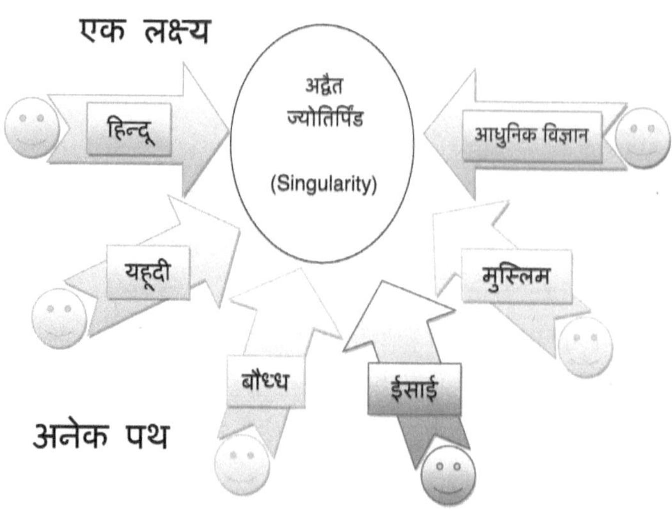

मुक्ति हमारा लक्ष्य या चुनाव नहीं है। वह इस सृष्टि की ओर, स्वयं ईश्वर की ओर हमारी एकमात्र ज़िम्मेदारी है।

– डॉ. कौशिक चौधरी

प्रस्तावना

"भारतीय विश्व के सबसे महान विचारक हैं। लेकिन समस्या यह है कि उनके विचार इतनी गहराई में पहुँचते है कि अंतिम सत्य का साक्षात्कार कर लेते है। अंतिम सत्य के उस साक्षात्कार के बाद कोई झूठी खुशामद सुनने के लिए अपने आप को अभिव्यक्त करना नहीं चाहता। साक्षात्कारों के उस परम आनंद के समक्ष खोखली खुशामदों का कोई मूल नहीं है। भारतीय शांत हैं, इसका यही कारण है। परन्तु अंग्रेजो ने भारत में आकर इस बात को एक नया मोड़ दिया है। अंग्रेजो के पास अभिव्यक्ति की श्रेष्ठ क्षमता है और उनके डेढ़ सदी के संसर्ग के दौरान वही क्षमता अब भारतीयों में भी खड़ी हुई है। मैं इसे अंग्रेजो द्वारा भारत को दी गई सबसे महान भेट मानता हूँ, जो एक दिन इतिहास का तख्ता पलट देगी। क्योंकि जिस दिन एक भारतीय अपने विज्ञान, अध्यात्म और साक्षात्कारों का वर्णन करने के लिए दुनिया के सामने आएगा, उस दिन यह दुनिया मुक्ति के उस परम आनंद में स्नान करके स्तब्ध हो जाएगी।"

– स्वामी विवेकानंद

एकीकृत विज्ञान की आवश्यकता

"ब्रह्मांड को एक ही सलंग दिशा में वर्णित कर सके ऐसी एक थियरी प्राप्त करना मुश्किल हो रहा है। इसलिए हमने समस्या को टुकड़ों में विभाजित कर एक से ज्यादा छोटी-छोटी थियरियां बनायी हैं। इन छोटी थियरियों में से प्रत्येक थियरी एक मर्यादित सीमा में तथ्यों का विश्लेषण करती है और वह सीमा बाहर के तथ्यों की अवगणना कर देती है अथवा उन्हें सरल अंको द्वारा दर्शा दिया जाता है। ऐसा भी हो सकता है कि यह पद्धति सम्पूर्णतया गलत हो। अगर इस ब्रह्मांड की सभी हकीकतें मूलभूत रूप से किसी एक ही बात पर आधारित होगी तो समस्याओं के टुकड़े करके अलग संशोधन करने की यह पद्धति हमें सम्पूर्ण समाधान की ओर ले जाएगी यह बात असंभव है।

-------- ऐसा लग रहा है कि जैसे-जैसे हम ज्यादा से ज्यादा उच्च ऊर्जा पुंजों की ओर देखते हैं, वैसे वैसे हमारी ये ज्यादा से ज्यादा छोटी थियरियों की श्रृंखला बनाने की पद्धति की सीमा पूरी हो रही है। इसलिए यह जरूरी है कि ब्रह्मांड की हमेशा के लिए स्थायी कोई एकीकृत थियरी हो।"

– स्टीफन हॉकिंग, उनकी पुस्तक "ए बीफ हिस्टरी ऑफ टाइम" में

प्रारंभ
मैंने यह किस तरह जाना?

शरुआत यहीं से करनी होगी। क्योंकि जैसे ही आप यह किताब पढेंगे, एक सवाल आपके मन में बारबार उठेगा। 'आखिर, इस आदमी ने यह सब कैसे जाना?' तो, पहेले वह स्त्रोत जान लेते है, जिसमें से इस ग्रन्थ में दिए गए सत्य प्रगट हुए है।

में सातवीं कक्षा में था, जब वो बिज गिरा। स्कूल छूटने के बाद मैं स्कूल बस से घर जा रहा था। बस बाजार से गुजर रही थी, तभी मेरी नजर बस की खिड़की से बाहर गई। वहाँ मैले-कुचैले कपडे पहने एक गरीब महिला पास ही में बैठे अपने रोते हुए बच्चे को सड़ा हुआ आम खिला रही थी। ऐसा बिल्कुल नहीं था कि उससे पहले मैनें कभी गरीब नहीं देखे थे, या उस दिन के बाद नहीं देखे, लेकिन सड़ा हुआ आम खाने वाले उस अर्धनग्र बच्चे की छबि मेरे मन से कभी गई नहि। उस दिन से शिक्षण के लक्ष्य के प्रति मैं जागरूक बना। मेरे मन में यह सवाल उठा कि जो डॉक्टर बनने का लक्ष्य मुझे घर से दिया गया है, उसे हासिल करके मैं क्या करनेवाला हूँ? शायद बहुत सारे पैसे और सुख-सुविधाएं। लेकिन क्या मैं आजीवन इस तरह लाखों बच्चों को सड़क पर पडे सड़े हुए आम खाते देखता रहूंगा? यह सवाल ही मेरे लिए असह्य था। मेरे पिताजी ने मुझे समझाया कि भगवान सबका पूरा करेंगे। लेकिन इस जवाब से मेरा विरोध शान्त होने की जगह उग्र हो गया। मैने सोचा कि, "हम कब तक उस भगवान के भरोसे बैठे रहेंगे, जिनको हमने देखा ही नहीं। इस दुनिया में जो भी नज़र आता है उस के मुताबिक हम मनुष्य ही दुनिया के सबसे शक्तिशाली प्राणी हैं। इसलिए दुनिया की जो भी समस्याएं है, उनको दूर करने की जिम्मेदारी भी हमारी हैं। लेकिन हम अपने स्वार्थी जीवन से बाहर नहीं निकलना चाहते। इसलिए एक अदृश्य भगवान पर सबकुछ छोड़कर कामचोरी करने लगते है।"

उस दिन के बाद मेरे शिक्षण का लक्ष्य था कि मैं पढ़-लिखकर देश की गरीबी दूर करूंगा और भारत को समृद्ध बनाऊंगा। दसवीं कक्षा की मेरीट में मेरे ९७ प्रतिशत मार्क्स आए और उस मामले में मैं शाला में प्रथम था। हम सभी टॉप रेकर्स ने शहर की एक अन्य स्कूल में प्रवेश लिया जो समग्र उत्तर गुजरात में उसकी ग्यारहवीं-बारहवीं साइंस की शिक्षा के लिए प्रसिद्ध थी। उस स्कूल में प्रवेश लेनेवाले उत्तर गुजरात के १९७ विध्यार्थियों की लिस्ट बनी तो उसमें मेरा क्रमांक ६ठा था। उस स्कूल से प्रति वर्ष पचास-साठ विध्यार्थि मेडिकल में प्रवेश लिया करते थे और इस आंकडे को लगातार बढ़ाते रहना इस विध्यालय का लक्ष्य था। लेकिन उस वातावरण ने मेरे मन में मूल शिक्षा पद्धति के प्रति बगावत पैदा कर दी। मेरे मन में विश्व की दूसरी समस्याएं भी खड़ी होने लगी थी और उनमें से किसी का निराकरण उस डॉक्टर बनने की रेस में नहीं था।

परिणाम स्वरूप परीक्षा में नम्बर्स लाने के प्रति मेरी तीव्रता खत्म होने लगी। मैं विज्ञान के तमाम विषयों में अभ्यासक्रम से आगे गहरायी में उतरकर दुनिया क्या हैं और किसलिए है, इसके जवाब खोजता रहता। पर उन पुस्तकों को रटकर परीक्षा में नम्बर्स लाने में मेरी रुचि खातम सी हो चूकी थी। इसके चलते मेरे नम्बर्स पत्तों के महल की तरह टूटने लगे और बोर्ड की परीक्षा नजदीक आते ही मैं डिप्रेशन में चला गया। डेढ़ महिने तक कुछ खास पढ़ाई नहीं की और इस तरह अर्धजागरूक अवस्था में बोर्ड की परीक्षा दी। अस्सी प्रतिशत मार्क्स आएं और सौभाग्य से डेन्टल कॉलेज में एडमिशन मिलने के लिए वो पर्याप्त थे। इस तरह पिताजी का मुझे डॉक्टर बनाने का स्वप्न किसी तरह जीवित रह गया। डेंटिस्ट्री में जाने की बस यही एक खास वजह थी। वरना अभी भी मैं एक ऐसा व्यक्ति था जिसका लक्ष्य खो चूका था और जो सांस लेने के किसी ठोस कारण की खोज में था।

कॉलेज में जब प्रथम वर्ष की परीक्षा आइ तो पता चला कि परीक्षा के समय डिप्रेशन में चले जाने के डिसऑर्डर का मैं शिकार बन चूका हूँ। चाहे कितना भी जानता होऊं लेकिन परीक्षा के दिन मेरा मन सुन्न हो जाता था। मैं पेपर के पहले वाली रात को सो जाता, क्योंकि मेरा मन उस

डिप्रेशन को सहन नहीं कर पाता था। पहले दोनों वर्ष में मैं एकबार फैल हुआ। मुझे लगने लगा था कि मैं ग्रेज्युएशन पूरा नहीं कर पाउंगा। मुझे मुख्यधारा अभी भी एक कीचड़ के समान लग रही थी जहां अगर मैनें पहला पाँव रख दिया तो आजीवन बाहर नहीं निकल पाउँगा। चारों ओर से निराश हो चूके इस जीवन से शांति हासिल करने में मुझे अमिताभ बच्चन की पुरानी फिल्मों का सहारा मिला। मैं अपना ज्यादातर समय दीवार, त्रिशूल, कालापत्थर, जंजीर और बाकी की फिल्में बार-बार देखने में व्यतीत किया करता। उन फिल्मों ने मुझे परिस्थितियों से लड़ने की हिम्मत दी, साथ ही मुझ में अभिनय और पटकथा लेखन की क्षमता भी खड़ी की।

कॉलेज में फिल्मस्टार के पीछे युवाओं की दीवानगी देखकर फिल्में मुझे एक शक्तिशाली माध्यम लगी, जहां से एक विचार छोड़ा जाता था और वह समाज के मानस पर गहरी छाप छोड़ता था। देश की समस्याओं और उनके निराकरण के बारे में अब तक मैनें जो भी मंथन किया था, उसे अब मैं फ़िल्मी पटकथाओं में उतारने लगा। इससे बड़ा फायदा ये हुआ की परीक्षा का भय मन से चला गया। कॉलेज के तीसरे वर्ष का रिजल्ट आया तो मैं गुजरात युनिवर्सिटी में पच्चीसवें नम्बर पर था। लेकिन जब फिल्मी पटकथाओं को लेकर मैं मुम्बई के कई नामी फिल्मकारों, फिल्मउध्योग गृहों से जुड़े लोगों और स्वतंत्र प्रोड्युसरों से मिला तो उन्होंने कहा कि 'आप है तो बहुत छोटी उम्र के, लेकिन जो लेकर आएं हैं वह समय से बहुत आगे है। अभी भारत का दर्शक ऐसी फिल्मों के लिए तैयार नहीं है। यह सब हॉलिवुड में चलता है।' इसके बावजूद मैनें उनको मनाने का प्रयास जारी रखा। बीच में एकबार मेरी पटकथा से फिल्म बनाने में एक निर्माण गृह ने दिलचस्पी दिखायी, लेकिन आर्थिक और रचनात्मक कारणों से वह बात आगे नहीं बढ़ सकी। इंटर्नशीप के समय ऐसा दूसरी बार हुआ। इस बार कलाकारों के नाम का चयन होने के बाद आर्थिक कारणों से बात स्थगित हो गई।

उस दिन मुझे निराशा में बैठा देखकर मुम्बई में रहने वाला मेरा कजिन मुझे वॉटर किंगडम में घुमाने ले गया। वहां से शाम को हम पास

ही में स्थित बौद्ध पेगोडा देखने गए। वहां मेरी नज़र बुद्ध की एक प्रतिमा पर पड़ी। ध्यान में बैठे हुए बुद्ध अत्यंक शांतमुद्रा में दिखायी दे रहे थे। आध्यात्मिक दुनिया से ये मेरी पहली मुलाकात थी। बुद्ध की प्रतिमा देखकर पिछले आठ वर्ष की निरंतर असफलताओं से थके मेरे मन को एक शांति का अनुभव हुआ। पहेलीबार मुजे अहेसास हुआ की कोई तो दुनिया है इन बंद-आँखों के पीछे जहाँ तक अब तक मैं पहुंच नहीं पाया। जबकि मुझे तो जानना ही था इस दुनिया का सम्पूर्ण सत्य, जो मुझे दुनिया की तकलीफों को दूर करने का रास्ता दिखलाए।

मैं कॉलेज वापस लौट आया और बुद्ध की पुस्तकें खरीदकर पढ़ने लगा। भगवद गीता भी पढ़ ली। लेकिन इन्द्रियों से दूर हटने की बातें मुझे कायरता और पलायन लगती थी। उस दौरान मैनें एक फिल्म देखी 'सेवन यर्स इन तिबेत', जिसमें १९५० के आसपास का तिब्बत दर्शाया गया है, जब आज के दलाई लामा चौदह वर्ष के थे और चीन ने तिब्बत पर आक्रमण करके क्रूरता का प्रदर्शन किया था। फिल्म में दिखाया गया था कि किस प्रकार उन दस लाख तिब्बटियन नागरिकों और साधुओं की हत्या कर दी गई थी जिनके जीवन का एक ही कार्य था - बुद्ध के मार्ग पर सत्य और ईश्वर का साक्षात्कार करना! तिब्बत विश्व का एक श्रेष्ठ प्रयोग था जहां मनुष्य सिर्फ उसी कार्य के लिए जीता था जिसके लिए उसे रचा गया है। लेकिन उस प्रयोग को अत्यंत बर्बरता से नष्ट कर दिया गया।

जैसे ही वह फिल्म पूरी हुई, मुझमें इतना रूदन भर गया कि मैं दौड़ता हुआ होस्टेल की छत पर चला गया और वहाँ पहुँचकर फूट-फूटकर रोने लगा। तिब्बटियन पर हुए उस अत्याचार को मैं सहन नहीं कर सका था। उस रात मेरे मन से वह अंतिम अहम भी नष्ट हो गया कि मैनें इस दुनिया की समस्याएं दूर करने के लिए जीवन बिताया है और अनेक त्याग किए हैं, तो मैं कुछ सार्थक कर पाऊँगा। अब मैनें जाना था कि जिन्होंने पूरा जीवन इस कार्य के लिए बिताया था और कभी किसी का अहित नहीं किया था, ऐसे दस लाख लोगों को निर्दयता से मार दिया गया और उनको बचाने के लिए दुनिया पर का या दुनिया बाहर का कोई भगवान नहीं आया। 'तो क्या दुनिया यही है? एक जंगलराज? जिसकी

लाठी उसकी भैंस? तो ऐसी दुनिया में मैं नहीं रह सकता। मैं अब मरने के लिए तैयार हूँ। मुझे अब सांस लेने का भी मन नहीं होता।'

इन विचारों ने मेरे मन को बिल्कुल शून्य कर दिया। मैं दो दिन तक मेरे हॉस्टेल के कमरे से बाहर नहीं निकला। लेकिन दूसरे दिन रात में आखिरकार वह घटना घटित हुई जिसने मेरे शरीर में नये प्राण फूंक दिए।

अर्धरात्री को करीब दो बजे के आसपास मेरी निद्राधीन आँखों में चमकता प्रकाश महसूस होने लगा। धीरे धीरे वह प्रकाश इतना ज्यादा बढ़ गया कि मैंने चौंकते हुए आँखे खोल दी। लेकिन आँखे खोलने के बाद भी मुझे आसपास की प्रत्येक वस्तुओं में ऐसा ही प्रकाश निकलता दिखायी दिया। दीवारें, टेबिल, कबाट, पलंग या अन्य कोई वस्तुएं नहीं थी। चारों ओर सिर्फ जगमगाता प्रकाश था। मैंने मेरे चहेरे को छूने की कोशिश की लेकिन मैं मेरा हाथ नहीं देख पाया। ऐसा लगा जैसे मेरी आँखो को छोड़कर शेष सबकुछ एक अनन्य प्रकाश में मिल गया हो और मेरी आँखे मेरे शरीर के साथ सबकुछ उस प्रकाशित ऊर्जा में विलीन होते देख रही हो। यह अवस्था पाँच मिनट तक रही, पर उस डरावनी अवस्था से सम्पूर्णतया बाहर आने में और चार घण्टे लगे। सुबह हुई तो मैं शांत मन से मेरे पलंग पर बैठा था और मेरा जीवन बदल चुका था। कुछ दिन बाद मैंने एक किताब में पढ़ा कि वह अनुभव आत्मसाक्षात्कार का था जिसको आध्यात्मिक पुरुष 'निर्विकल्प समाधि' कहते हैं। इसकी एक झलक अनुभव करने के लिए योगियों ने पूरा जीवन बिताया था। मैं आश्चर्य में था कि उसका अनुभव मैंने कैसे किया?

धीरे धीरे वह आध्यात्मिक अवस्था मेरे लिए नैसर्गिक होने लगी। मैं रोजाना नयी आध्यात्मिक अनुभूतियों द्वारा ब्रह्मांड के नये सत्यों का साक्षात्कार करने लगा, जिसमे इस जन्म से पहले की मेरी यात्राओं का भी समावेश होता था। फिल्म इंडस्ट्री की चकाचौंध अब मेरे मन से उसका महत्व गंवा चुकी थी। कॉलेज पूर्ण होने के बाद मैंने संन्यासी जीवन जाँचने के लिए कुछ दिन बेलुर मठ में व्यतीत किए। लेकिन वहां संन्यासी मित्र जिस जीवनचर्या में रहते थे, उनका लक्ष्य वहीं साक्षात्कार था, जो मैं प्राप्त कर चुका था। मेरा वहीं पर रहना मुझे ना तो उनके लिए उचित लगा और

ना ही मेरे लिए। करीब पंद्रह दिन बाद मैं वापस लौट आया और मेरे मन में देखे हुए सृष्टि के सत्य को आज के आधुनिक विज्ञान की परिभाषा में प्रस्तुत करते कई रिसर्च पेपर सबमिट किए। परन्तु भौतिक विज्ञान की जर्नल के अधिकारियों ने उसे तत्वज्ञान बताकर प्रकाशित करने से मना कर दिया। मैंनें वह तत्वज्ञान की जर्नल को सौंपे लेकिन वहां के लोगों ने उसे भौतिक विज्ञान मानकर उनके कार्यक्षेत्र के बाहर का बता दिया।

इस घटना से मैंनें जाना कि वास्तव में वर्तमान विश्व ने सत्य को अनेक शाखाओं और विभागों में खंडित कर दिया है और यह शाखाएं दूसरी शाखा क्या कह रही है उसके प्रति अरुचि रखती है। वास्तव में सत्य इन सभी शाखाओं और विज्ञानों को एक ही घटनाक्रम में जोड़नेवाले एक मूलभूत एकीकृत विज्ञान में है। मैंनें फिर से भौतिक, जीव और रसायन विज्ञान का अभ्यास किया। उपनिषद और अन्य आध्यात्मिक पुस्तकें भी देखी, जिन्होंने सत्य को व्यक्त करने के लिए मुझे जरूरी शब्द और समझ दीए। इस प्रकार चार वर्ष के अपार आध्यात्मिक, मानसिक और शारीरिक परिश्रम के बाद उस एकीकृत विज्ञान को प्रस्तुत करता ग्रंथ तैयार हुआ, जिसका हिंदी अनुवाद इस वक्त आपके हाथों में है।

आशा है कि उपनिषदों का यह वर्तमान पुनःअवतरण आपको आपके जवाब देगा और आनेवाली पीढ़ियों को इस महान कार्य को आगे ले जाने की प्रेरणा और शक्ति प्रदान करेगा।

– डो. कौशिक चौधरी

अध्याय – १

विज्ञान

पूर्व के वेदों से पश्चिम के फिजिक्स तक

वर्ष १९२९. आधुनिक मानवजाति और आधुनिक भारतीयों के लिए एक बहुत बड़ा टर्निंग पोइन्ट। हमारे अस्तित्व को सिर्फ भौतिक विज्ञान की दृष्टि से आंकनेवाले आधुनिक विश्व के गाल पर उस साल एक तमाचा लगा। और इस तमाचे ने आधुनिक मानवजाति को अपने पूर्वजों की क्षमता और पद्धति के प्रति थोड़ा विनम्र और विचारशील बनने की सलाह दी।

सं. १९२९ तक आधुनिक विज्ञान के इतिहास का प्रत्येक वैज्ञानिक यह मानता था कि हमारा यह ब्रह्मांड एक स्थिर वस्तु है। मतलब, उसकी सीमाएं निश्चित हैं, वह ना बढ़ती हैं और ना ही घटती है। अर्थात् ब्रह्मांड की ना कोई शुरूआत है और ना ही कोई अंत है। वह अनंत समय से यहाँ यथास्थिति उपस्थित है। यहाँ तक की महान वैज्ञानिक अल्बर्ट आइंस्टाइनने भी ब्रह्मांड स्थिर ही है और स्थिर ही होना चाहिए, ऐसी ज़िद करती थियरी पेश की थी। लेकिन सं. १९२९ में इडविन हबल नामक एक खगोलशास्त्री ने अतिशक्तिशाली टेलिस्कोप बनाकर दूर की आकाशगंगाओं की गति जानने का प्रयास किया। इसे डॉप्लर प्रभाव से जाना जाता है। हम ध्वनि का डोप्लर प्रभाव विध्यालय में पढ़ चुके है। ध्वनी निकालता हुआ रेडियो अगर कोई हमारी ओर ला रहा है तो उसकी आवाज़ की तीव्रता समय के साथ बढ़ती हुई सुनाई देती है और अगर वह दूर जा रहा है तो हमें उसकी आवाज़ कम होती सुनाई देती है। ऐसा ही प्रकाश के डोप्लर प्रभाव में भी है। जिस प्रकाश को हम सफेद देखते हैं वह असल में मेघधनुष के सात रंगों का मिश्रण है। जामुनी, नीला, आसमानी, हरा, पीला, नारंगी और लाल। इसमें जामुनी (बैंगनी) रंग सबसे ज्यादा तीव्रता वाला रंग हैं, जबकि नारंगी (ऑरेंज) और लाल रंग सबसे कम तीव्रता वाला रंग होता है। इसलिए प्रकाश के डॉप्लर प्रभाव में अगर प्रकाश उत्पन्न करती वस्तु

हमसे नजदीक आ रही है तो प्रकाश हमें ज्यादा तीव्रता वाला नज़र आता है। इसलिए प्रकाश बैंगनी या आसमानी दिखायी देता है। अगर प्रकाश उत्पन्न करती वस्तु हमसे दूर जा रही है तो प्रकाश हमें कम तीव्रता वाला अर्थात् नारंगी या लाल दिखायी देता है। यही कारण है कि सूर्योदय और सूर्यास्त के समय हमें आकाश नारंगी रंग का नज़र आता है, क्योंकि उस वक्त सूर्य पृथ्वी से दूर होता है। और दिन या दोपहर के समय सूर्य बिलकुल हमारे सर पर नजदीक होता है। इसलिए दिन में आकाश हमें आसमानी या जामुनी रंग का दीखता है।

तो प्रकाश के इस डॉप्लर प्रभाव से इडविन हबल ने यह देखने का प्रयास किया कि दूर की आकाश गंगाओं से आनेवाला प्रकाश किस रंग का दिखायी देता है। हबल और विश्व के तमाम वैज्ञानिक ऐसी आशा रखकर बैठे थे कि हबल को जितना लाल रंग का प्रकाश नज़र आएगा उतना ही आसमानी रंग का भी प्रकाश दिखायी देगा, क्योंकि अगर ब्रह्मांड की सीमाएं स्थिर हैं तो सभी आकाशगंगाएं उन सीमाओं के भीतर ही इधर-उधर घूमती रहती होंगी। अगर कोई आकाशगंगा पृथ्वी के नजदीक आती होगी, तो कोई दूर जाती होगी। इस प्रकार जितनी लाल रंग की किरणें मिलेगी उतनी ही आसमानी रंग की किरणें भी नज़र आएंगी। लेकिन हबल ने जो देखा उससे विश्व के तमाम वैज्ञानिकों के पैरो तले जमीन सिरक गई।

हबल को सिर्फ लाल रंग की किरणें ही मिली और वह लाल रंग की तीव्रता भी समय के साथ घटती जा रही थी। उसने टेलिस्कोप को पृथ्वी के आसपास चारों ओर घुमाया लेकिन उसे एक ही चित्र नज़र आया। इसका अर्थ यह था कि पृथ्वी के चारों ओर आकाशगंगाएं पृथ्वी से दूर जा रही थी। मतलब यह था कि यह ब्रह्मांड स्थिर नहीं था। वह चारों ओर फैल रहा था और अगर यह ब्रह्मांड आज विस्तृत हो रहा है तो उसका यह अर्थ है कि समय में पीछे की ओर जाने से वह संकुचित होता जाएगा। तथा भूतकाल के एक समय में यह पूरा ब्रह्मांड एक छोटी गेंद जितने बिंदुवत पिंड में संकुचित हो जाएगा। और उस पिंड का विस्फोट होने से ही इस ब्रह्मांड की ऊर्जा बाहर आई होगी और तब से लेकर आज तक वह विस्तृत हो रही

होगी। ऐसा होगा तो ही ब्रह्मांड आज़ इस तरह विस्तृत हो सकेगा। बरसों तक ब्रह्मांड स्थिर हो और अचानक किसी पल में इतनी गति से विस्तरण शुरू कर दे, वह भौतिक विज्ञान के नियमों के मुताबिक संभव नहीं था। उस तरह यह मान्यता भी बदल गई कि ब्रह्मांड की कोई शुरूआत नहीं है और ना ही कोई अंत है। ब्रह्मांड का अंत हो या ना हो, लेकिन इसकी शुरूआत तो है और वह है उस पिंड जितनी छोटी गेंद का विस्फोट। उस विस्फोट से ही इस ब्रह्मांड की शुरूआत हुई है और यह निष्कर्ष सामने आते ही समग्र विश्व स्तब्ध बन गया। क्योंकि आधुनिक विज्ञान के पांच सौ वर्ष के इतिहास में विश्व के महानतम वैज्ञानिक जो नहीं जान सके थे, वो हजारो वर्ष पहले वेद लिखने वाले भारतीय ऋषियों को पता था।

भारतीय शास्त्रों की शुरूआत ही उस घटना से होती थी कि जहाँ सृष्टि के सृजन से पहले एक अद्वैत स्थिति वाला छोटा ज्योतिपिंड था जिसमें आज के समग्र ब्रह्मांड की ऊर्जा दबी हुई थी। 'अद्वैत' मतलब एकत्व वाला, जहां ऊर्जा एक ही स्वरूप में थी। उस पिंड के सिवाय अन्य कोई स्वरूप वहां नहीं था। उस पिंड में से क्रमशः शिव और विष्णु नामक रचनाएं उत्पन्न हुई और उसके बाद विस्फोट के साथ ही ब्रह्मांड का सृजन हुआ, तभी से यह समग्र सृष्टि विस्तृत हो रही है। सुप्त हो चुके वैज्ञानिको द्वारा वेदों में दर्शायी गई पिंड के विस्फोट की इस घटना को 'बिग बेंग' नाम दिया गया और इस प्रकार बिग बेंग थियरी की खोज़ हुई। उस दिन से लेकर आज तक विश्व का कोई ऐसा महान वैज्ञानिक नहीं हुआ है, जिसने वेदों के उपनिषदों का अभ्यास ना किया हो।

भारत के चार वेदों में दो मुख्य भाग है, एक क्रियाकांड और दूसरा ज्ञानकांड। क्रियाकांड में सृष्टि के विज्ञान के मुताबिक मानवजाति को किस प्रकार जीवन जीना चाहिए, इसके सिद्धांत हैं। जबकि ज्ञानकांड में सिर्फ सृष्टि का विज्ञान है। यही ज्ञानकांड कहलाता है 'उपनिषद'। वेदों में इस ज्ञानकांड को जान लेने के बाद फिर दूसरा कुछ जानना शेष नहीं रह जाता। मनुष्य स्वयं ही समझ जाता है कि उसे किस तरह से जीना है। इसलिए वेदों के ज्ञानकांड कहे जाने वाले उपनिषदों को 'वेदांत' भी कहते हैं। 'वेदांत' अर्थात् 'वेदों का अंत' या 'वेदों का अंतिम सार'। इस प्रकार

वेदांत कहे जाने वाले उपनिषदों के साथ वेदों का अंत आया और विज्ञान की शुरूआत हुई।

ब्रिटेन के महान गणितशास्त्री अल्फ्रेड नोट व्हाइटहेड ने कहा था कि 'आधुनिक विज्ञान आज उसके सबसे विकसित स्वरूप में पहुंचकर भी असल में हजारों वर्ष पूर्व रचे गए वेदांत के नजदीक पहुंचा है। वेदांत पृथ्वी पर रचा हुआ अब तक का सबसे श्रेष्ठ मेटाफिजिक्स है।'

लेकिन ऐसा नहीं है कि सिर्फ बीसवी सदी में ही पश्चिम के वैज्ञानिकों ने भारत के अध्यात्म को पहचाना है। असल में आज से २५०० वर्ष पूर्व पायथागोरस के जिन प्रमेयो द्वारा पश्चिमी विज्ञान और तत्त्वज्ञान की नींव डाली गई, उसका आधार और जड़े भी भारत की ही थी।

ई.स. पूर्व १००० में भारत शिक्षा के लिए प्राचीन विश्व का सबसे बड़ा केन्द्र बन चुका था। ईरान (उस वक्त का पारस), इजिप्त, बेबीलोन और ग्रीस से वार्षिक करीब १०,००० विद्यार्थी भारत की तक्षशिला, केरल और उज्जैनी जैसी विश्वप्रसिद्ध युनिवर्सिटीयों में वेदांत का तत्त्वज्ञान, विज्ञान, गणित, खगोलशास्त्र और ज्योतिष शास्त्र पढ़ने आया करते थे। आज का आधुनिक विज्ञान उस ऐतिहासिक समय में हुए ज्ञान-विज्ञान के भव्य स्थानांतरण की ही देन है। उसके बाद समयांतर में ई.पू. छठी सदी में बौद्ध धर्म का उदय हुआ जो वेदों के क्रियाकांड को अलग कर मात्र उपनिषदों के ज्ञानकांड पर बना धर्म था।

ई.पू. २५० के आसपास जब सम्राट अशोक ने बौद्ध धर्म को स्वीकार कर उसका विस्तार शुरू किया तब बौद्ध धर्म के साथ उपनिषदों के ज्ञान ने भी भारत की सीमाएं पार कर ली। अशोक ने पश्चिम में अलेक्जेंड्रिया (इजिप्त का राज्य) और ग्रीस तक बौद्ध मिशनरी भेजे। एक मान्यता के अनुसार ऐसा कहा जाता है कि स्वयं ईसा मसीह ने उनके बारह गुमनामी के वर्षों के दौरान अलेक्जेंड्रिया की बौद्ध मिशनरी में शिक्षा प्राप्त की थी।

लेकिन पश्चिमी संस्कृति का वैदिक संस्कृति के साथ पहला मिलन तब हुआ जब ई.पू. छठी शताब्दी में प्रसिद्ध गणितशास्त्री पायथागोरस तत्त्वज्ञान की खोज में भारत आया। विश्वभर के वैज्ञानिको, इतिहासकारों

और गणितज्ञों ने भी इस बात का सम्पूर्ण समर्थन किया है कि पायथागोरस द्वारा दिए गए सिद्धांत, तत्त्वज्ञान और गणित के प्रमेय वास्तव में वेदांत से लिए गए है। इनमें से कुछ के मंतव्य यहां दिए गए हैं:

प्रोफेसर एच.जी.रोलिन्सन: "पायथागोरस इजिप्त से ज्यादा भारत से प्रभावित था। लगभग उसकी सभी थियरियाँ तथा धार्मिक, तत्वज्ञानिक एवं गणितीय विचार उससे पूर्व भी प्राचीन भारत में प्रचलित थे।" (पुस्तक: Legacy of India 1937)

लुडविंग वॉन स्क्रोडर, जर्मन फिलोसॉफर एवं 'Pythagoras and the Indians' पुस्तक के लेखक: "लगभग सभी फिलोसॉफिकल एवं गणितीय सिद्धांत जो पायथागोरस के नाम से है, वह सभी भारत से ही लिये गए हैं। ओर्फिक रिलीगन, पायथागोरिअन फिलोसोफी और उसके प्रमेय, निओ प्लेटोनिज्म, स्टोइज्म एवं दूसरे अनेक सिद्धांत भारत की प्राचीन सांख्य, वेदांत की विध्यापिठो से सीधे सीधे प्रेरित हैं। ईसा पूर्व में ईरान भारत और ग्रीस के बीच मध्यभूमि था। ब्राह्मण और बौद्ध साधु सोक्रेटिस पहले ग्रीस में थे और बाद में अलेक्जेंड्रिया व्यापार और शिक्षा का बहुत बड़ा केन्द्र बना, जहां ब्राह्मण और बौद्ध शिक्षा प्रदान किया करते थे, फिर वहीं 'निओ प्लेटोनिज्म' का जन्म हुआ।"

पायथागोरस का आधिकारिक जीवन चरित्र लिखने वाले लॉम्बिक्स: "ज्ञान की खोज में पायथागोरस ने इजिप्त, ऐसेरियन और ब्राह्मणों की फिलोसोफी का गहनता से अभ्यास किया और ऐसे लगभग तमाम स्रोत हैं, जिससे हम कह सकते हैं कि बुद्ध के इस समकालीन विचारक ने अपना ज्यादातर ज्ञान पूर्व से ही प्राप्त किया।"

अब्राहम सेडनबेग, अमेरिकी गणितशास्त्री: "सुलभसूत्र नामक प्राचीन वैदिक गणित ने बेबीलोन से लेकर इजिप्त और ग्रीस तक पूरे प्राचीन विश्व को प्रेरणा दी है। सुलभसूत्र के एरिथमेटिक सूत्र त्रिकोण के विभिन्न कोनों और अन्य अभ्यास के लिए उपयोग में लिए जाते थे। इन सूत्रों का ही बेबीलोनवासी और इजिप्तवासी उपयोग किया करते थे। वो हिन्दओं द्वारा खोजे गए और उन्होंने पायथागोरस के गणित को प्रेरणा दी।"

१८वीं सदी के जानेमाने फ्रेंच खगोलशास्त्री और राजनेता जीन क्लाऊड बेली: "हिन्दओं का खगोलशास्त्र ग्रीस और इजिप्तवासियों से बहुत पुराना है। तारों की हलचल के बारे में ४५०० वर्ष पूर्व खोजा गया हिन्दओं का गणित आज भी एक बिंदु के भी फर्क बगैर पश्चिम में उपयोग किया जाता है। यहुदियों ने भी उनका ज्ञान भारत से प्राप्त किया था और इसमें कोई शक नहीं कि ग्रीस का सम्पूर्ण विज्ञान और फिलोसॉफी बड़े पैमाने पर भारत से ही ली गई।"

डिक टेरेसी, एक विज्ञान लेखक जो 'The God Particle' नामक प्रसिद्ध पुस्तक के लेखक और "Omni" मैगजिन के सह संस्थापक हैं। उनके मुताबिक "पायथागोरस के दो हजार वर्ष पूर्व उत्तर भारत के विचारक यह समझ चूके थे कि गुरुत्वाकर्षण के बल ने सौरमण्डल को पकड़ कर रखा है। इसलिए सूर्य सबसे दलदार पदार्थ है जो केन्द्र में होना चाहिए। हमारा (पश्चिम का) विज्ञान और गणित का आधार तथा हमारा अभिमान प्राचीन ग्रीस की महानता की सिफारिशों पर आधारित है, जो हमें यह जानने से रोकता है कि आज के हमारे विज्ञान में से कितना ग्रीस का अपना है और कितना भारत से उठाया गया है। हमारे जीरो (०) से नौ (९) तक के आंकडे भारत ने ही दिए हैं। ग्रीस ने अपना पहलां काटकोन बनाया उसके सदियों पहले भारत में गणित का अस्तित्व था।"

कहा जाता है की सर आईजेक न्यूटन भारतीय खगोलशास्त्र के गहन अभ्यासु थे। बहुत जानीमानी एक घटना में न्यूटन के सह वैज्ञानिक और मित्र हेली ने न्यूटन को सार्वजनिक रूप से कटाक्ष के साथ पूछा कि, 'आप भारतीय खगोलशास्त्र को इतना क्यों मानते हैं?', तब न्यूटन ने विनम्रता से जवाब दिया कि 'सर, मैनें वह पढ़ा है और आपने नहीं पढ़ा।" इसकी भी संभावना बताई जाती है की वेदान्त में दिए गए नाम 'गुरुत्वाकर्षण' पर से ही न्यूटन ने उसका नाम 'ग्रेवीटेशन' रखा। क्योंकि 'ग्रेविटी' या 'ग्रेविटेशन' का लेटिन या अंग्रेजी में कोई सैद्धांतिक अर्थ नहीं निकलता।

नोबल विजेता महान वैज्ञानिक निल्स बोहर ने कहा था की 'मैं उपनिषदों में सवाल पूछने जाता हूं।' निल्स बोहर और प्रसिद्ध वैज्ञानिक स्क्रोडिंगर ने आजीवन अपने भौतिक विज्ञान के प्रयोगों के दौरान

उपनिषदों को साथ में रखा था। अनिश्चितता का प्रसिद्ध सिद्धांत प्रदान करनेवाले महान वैज्ञानिक हैसनबर्ग भी वेदांत के अभ्यास में शामिल हुआ करते थे। स्क्रॉडिंगर ने उनके एक इंटरव्यू में कहा था कि "मैं एक बार हेसनबर्ग से मिलने म्युनिक गया और उन्हें उपनिषदों के पन्ने दिखाकर कहा कि 'देखियें, हम अब जो जान रहे हैं वह एक संस्कृति हजारों वर्ष पूर्व जान चुकी है।' मेरे आश्चर्य के बीच हेसनबर्ग ने कहा कि 'मैं उन प्रत्येक को पढ़ चुका हूँ और अब भी अभ्यास कर रहा हूँ। जब क्वांटम मिकेनिक्स (सूक्ष्म कणों का विज्ञान) के सामने आने से हम सब हिल गए थे, तब मैंने भी भरोसा खो दिया था। तब मैं भारत गया और रवीन्द्रनाथ टैगोर के साथ उपनिषदों के बारे में बहुत गहन चर्चा की। तब मुझे एक राहत मिली कि सूक्ष्म कणों का ये भयानक विज्ञान हजारो वर्ष पूर्व भी किसी ने जाना है, इसलिए हम अकेले नहीं हैं। वेदांत को जाननेवाले निरक्षर साधु को क्वांटम मिकेनिक्स से आश्चर्य नहीं होता, लेकिन हमे होता है।'"

प्रसिद्ध जर्मन भौतिकशास्त्री हान्स-पीटर-ड्युर कहा करते थे कि "मैनें ३५ वर्ष तक पदार्थ विज्ञान का अभ्यास किया और अंत में जाना कि पदार्थ अस्तित्व में है ही नहीं। फिर मुझे पता चला कि यही तो आदि शंकराचार्य ने उपनिषद में कहा था; वह सब जो हम देखते हैं और जानते हैं, वह अस्तित्व में है ही नहीं। और अब तो मैं जब भी क्वांटम मिकेनिक्स पर लेक्चर देता हूँ, तब मुझे लगता है कि मैं वेदांत पढ़ा रहा हूँ।"

पश्चिम की संस्कृति की शुरूआत ग्रीक संस्कृति की शुरूआत मानी जाती है और ग्रीकों के तत्वज्ञान की शुरूआत पायथागोरस से हुई थी। पायथागोरस भारत से जब उपनिषदों का विज्ञान, गणित और तत्वज्ञान का कच्चा-पक्का ज्ञान लेकर ग्रीस वापस लौटे तब ग्रीक संस्कृति की तत्वज्ञान से पहली मुलाकात हुई। इससे पहले ग्रीक कभी तत्वज्ञानी नहीं हुआ करते थे, वह सम्पूर्णतया भौतिकवादी थे। उनके राजा स्वयं को भगवान कहा करते थे और उनका सिंहासन ब्रह्मांड का केन्द्र माना जाता था, जिसके आसपास सूर्य और बाकी के ग्रह भ्रमण करते थे। परंतु पायथागोरस के वापस लौटने के बाद उनको भारतीय तत्त्वज्ञान के रूप में एक नया विषय मिला। पायथागोरस के शिष्य बने सोक्रेटिस, सोक्रेटिस के शिष्य बने प्लुटो

और प्लुटो के शिष्य बने एरिस्टोटल। परन्तु ई.पू. ३४० में एरिस्टोटल तक आते-आते भारतीय तत्त्वज्ञान को ग्रीकों का भौतिकवादी रंग चढ़ चुका था। और इसी वजह से एरिस्टोटल के मुंह में अब तक वही मूर्खतापूर्ण बातें थी कि पृथ्वी ही ब्रह्मांड का केन्द्र है और सूर्य सहित पूरा ब्रह्माण्ड पृथ्वी के आसपास घूमा करता है। जबकि उसके हज़ारो वर्ष पूर्व भारतीय ऋषि सौरमंडल की सच्ची रचना के साथ-साथ उस सौरमंडल को परस्पर जोड़कर रखनेवाले गुरुत्वाकर्षण बल को भी जान चुके थे।

भागवत में दिया गया सूर्य की भ्रमण कक्षा का नाप और उसकी गति आज के आधुनिक विज्ञान द्वारा खोजे गए नाप और गति जितनी ही है। सिद्धांत ज्योतिष नामक ग्रंथ में दिए गए सूर्य से पृथ्वी की दूरी, चंद्र का व्यास, चाँद की परिधि का नाप और आधुनिक विज्ञान द्वारा मापे गए नाप एकसमान हैं। 'समय सापेक्ष है'- इस बात को दर्शाते हुए अल्बर्ट आइंस्टाइन के सापेक्षवाद की जानकारी प्राचीन भारतीयों को थी, ऐसे बहुत सारे प्रमाण भागवत पुराण से मिलते हैं। राजा मुचुकुंड और बलराम के विवाह की कथाओं में 'ग्रेवीटेशनल टाइम डाईलेशन' की ऐसी वैज्ञानिक कल्पनाएं नज़र आती हैं, जो पश्चिम में अब 'इंटरस्टेलर' जैसी फिल्मों में देखने को मिल रही हैं।

सदियों की गुलामी के बाद आज के भारतीय मानस पर यह थोप दिया गया है कि जो उनका है वह तुच्छ है और जो पश्चिमी है, वह महान है। इसमें भारतीयों का तो नुकसान हुआ ही है पर समग्र मानवजाति का भी नुकसान हुआ है। भारत की विज्ञान को देखने की पद्धति का दब जाना इसका मूल नुक़सान है। विज्ञान के दो पहलु हैं। एक है विज्ञान का तत्वज्ञान (Philosophy of Science) और दूसरा है भौतिक विज्ञान (Physics)। विज्ञान के तत्वज्ञान को मेटाफिजिक्स कहते है जबकि भौतिक विज्ञान को फिजिक्स कहते हैं। भौतिक विज्ञान प्रयोगों द्वारा ही स्वीकार किया जाता है, इसलिए उसमें इन्द्रियों द्वारा जो नज़र आता है, अनुभव किया जा सकता है, उसी का वर्णन किया जा सकता है। इन्द्रियों से आगे की जो जानकारियाँ है वहां उसकी पहुँच नहीं होती। वह बाते उसमें गाणितिक समिकरणों द्वारा दर्शा दी जाती है। अब तो भौतिक विज्ञान भी कह रहा

है कि समग्र ब्रह्मांड के ५ प्रतिशत हिस्से को ही इन्द्रियों द्वारा देख सकते हैं, बाकी का ९५ फिसदी ब्रह्मांड अदृश्य है। और इस अदृश्य ब्रह्मांड को जानने की पद्धति भारतीयों के पास है।

प्राचीन समय से भारत के ऋषि मुनि और आध्यात्मिक पुरुष अपनी इन्द्रियों से विमुख होकर अपने भीतर अपने ही मस्तिष्क में सत्य खोजते हैं। सत्य यानी सृष्टी को चलानेवाला विज्ञान। भारतीय दार्शनिको ने सदियों से यह अनुभूति की हैं कि मनुष्य का मस्तिष्क ही समग्र सृष्टि की प्रतिकृति है। भारतीय दर्शन कहता है कि आप जो भी देखते है, जो कुछ भी अनुभव करते हैं और जो भी जानते है, वह सब आपके मस्तिष्क में ही होता हैं।

न्यूटन को जब गुरुत्वाकर्षण के बारे में जानकारी हुई, उससे पहले भी गुरुत्वाकर्षण ब्रह्मांड में उपस्थित था। न्यूटनने गुरुत्वाकर्षण को जन्म नहीं दिया। उन्होंने बस गुरुत्वाकर्षण की समझ को अपने मस्तिष्क में अनलॉक किया-जागरूक किया-खोल दिया। हमारी प्रत्येक शोध को हमने मस्तिष्क में ही खोला है। बस फर्क यह है कि मस्तिष्क में उस जानकारी को खोलने के लिए हमने कौन सा मार्ग अपनाया। भारतीय दार्शनिक उसको ध्यान और साधना के द्वारा सीधे अपने मस्तिष्क में खोजते हैं और जैसे हम कोइ दृश्य देखते हैं, वैसे वे समग्र ब्रह्मांड के विज्ञान का दर्शन करते हैं। जबकि पश्चिम के वैज्ञानिकों ने ऐसी भव्य मशीनें और यंत्र बनाएं हैं जिन्होंने उनकी इन्द्रियों के द्वारा ब्रह्मांड को देखने की क्षमता को बढ़ा दिया है।

आकाशगंगाओं को खुली आंखों से देखा नहीं जा सकता, लेकिन टेलिस्कोप से देखा जा सकता है। ब्रह्मांड की उत्पत्ति के समय क्या हुआ था, यह हम भूतकाल में जाकर नहीं जान सकते, लेकिन अब लेबोरेटरी में दो प्रोटोन को भयानक गति के साथ टकराकर ब्रह्मांड के उद्भव के समकक्ष घटनाएं छोटे पैमाने पर फिर से खड़ी की जा सकती है। यह आधुनिक भौतिक विज्ञान का मार्ग है। लेकिन उन घटनाओं को देखने का कार्य तो फिर उन्हीं इन्द्रियों के द्वारा होना है। इसलिए आधुनिक विज्ञान क्या होता है वह जान सकता है, वो भी सतही तौर पर। लेकिन वह ऐसे क्यों होता है, इसका मूल जवाब हासिल नहीं कर सकता। क्योंकि

उपनिषदों के मुताबिक ब्रह्मांड में जो अव्यक्त ब्रह्म हैं (अर्थात् अदृश्य ऊर्जा) वही व्यक्त ब्रह्म का अर्थात् दृश्य ब्रह्मांड का संचालन करता है। और इस अव्यक्त ब्रह्म को मनुष्य सिर्फ अपने मस्तिष्क में ही जान सकता है। सृष्टि की शत प्रतिशत रचना उसके दृश्य और अदृश्य स्वरूप के साथ मनुष्य के मस्तिष्क में ही कैद है।

इन्द्रियों से विमुख होकर अपने मस्तिष्क में सृष्टि के सत्यों को देखने की इस पध्दति को 'दर्शनशास्त्र' कहते हैं। और इस पद्धति से जो सत्य जानने और देखने मिलता है उसे भारतीय भाषाओं में 'दर्शन' तथा अंग्रेजी में 'मेटाफिजिक्स' कहा जाता हैं। मेटाफिजिक्स में गणित नहीं होता। इसमें सिर्फ सृष्टि की रचना के चित्र और उसकी जानकारी होती है। इन चित्रों और उनकी जानकारी को निश्चित सम्बन्ध में बांधने का कार्य गणित करता है। मेटाफिजिक्स मे दिखाए गए जितने चित्रों और जानकारी को गणित में बांधा जा सकता है, उतने दर्शन को ही सत्य माना जाता है। उतना भाग मेटाफिजिक्स से फिजिक्स बन जाता है। जिस मेटाफिजिक्स को गणित में बांधा नहीं जा सकता उसके लिए दो संभावनाए होती है। या तो वह दर्शन गलत है और या फिर गणित अभी उस स्थिति तक विकसित नहीं हुआ हैं। अगर वह मेटाफिजिक्स का दर्शन भौतिक विज्ञान अर्थात् फिजिक्स के नियमों का पालन बराबर करता हो तो उसे संभवित सत्य मान लिया जाता है और उसके अनुरूप गणित को विकसित करने की कोशिश की जाती है।

इस प्रकार ब्रह्मांड की ऊर्जा एक तय गणित के साथ ही एक दूसरे के साथ जुड़ी हुई है और एक निश्चित गणित के साथ कार्य करती है। मेटाफिजिक्स को गणित से बांधकर उसे स्वीकृति देने का कार्य फिजिक्स में होता है। इस प्रकार, मेटाफिजिक्स जैसे-जैसे गणित द्वारा सही साबित होता है, वैसे वैसे वह फिजिक्स बनता जाता है और फिजिक्स का विकास होता जाता है। इसलिए फिजिक्स को अगर सृष्टि की उत्पत्ति से आगे बढाकर अस्तित्व के अंतिम कारणों तक विकसित करना है तो इन्द्रियों की सीमाओं से आगे बढ़कर जाने हुए मेटाफिजिक्स की आवश्यकता

पहले पड़ती है। और इसके लिए दुनिया को मेटाफिजिक्स का पावर हाऊस मानेजानेवाले भारतीय मानस की सख्त जरूरत है।

सृष्टि और मनुष्य की उत्पत्ति का कारण अपने मस्तिष्क में सत्य शोधने के भारतीय मार्ग से ही मिलेगा, पश्चिम के भौतिक यंत्रों के मार्ग से नहीं, यह निश्चित है। अगर फिजिक्स उसे गणित से व्याख्यायित कर भी सका तो उसे व्यावहारिक भाषा में मनुष्य को समझा नहीं पाएगा। क्योंकि फिजिक्स की भाषा लम्बे-जटिल गाणितीय सूत्रों की भाषा है। आज भी बहुत सारे ऐसे सत्य है, जो गणित के सूत्रों से व्याख्यायित हो चुके है लेकिन जब वैज्ञानिकों को इसे समझाने को कहा जाता है तो वह इसे समझा नहीं पाते। सृष्टि के सत्य को दृश्यों की तरह समझाने का कार्य सिर्फ भारतीय पद्धति से ही हो सकता है। इसलिए अब समय आ गया है कि भारतीय मानस को फिर से जगाया जाए और आज के युग में मेटाफिजिक्स को आधुनिक भाषा के साथ सत्य की अंतिम सीमाओं तक पुन:विकसित किया जाए। इसके बाद ही हमे पता चलेगा कि गणित को हमें कितना और किस दिशा में विकसित करने की आवश्यकता है। इसी तरह फिजिक्स सत्य की उस अंतिम सीमा तक पहुंच सकेगा।

तो, इस पुस्तक में हम उसी महान कार्य का आरंभ कर रहे है। यह पुस्तक आध्यात्मिक साक्षात्कारों द्वारा देखे गए सृष्टि के सत्य को आधुनिक विज्ञान की भाषा में व्याख्यायित करने का यथासंभव श्रेष्ठ प्रयास है। यह आधुनिक विश्व का पहला एकीकृत विज्ञान है जो सृष्टि की उत्पत्ति के क्षण से मनुष्य की उत्पत्ति तक और मनुष्य के मोक्ष से सृष्टि के विलय तक तमाम घटनाओं को एक मूलभूत कारण के साथ एक निरंतर विज्ञान में व्याख्यायित करता है। इस निरंतर (सम्पूर्ण) विज्ञान को इस किताब में 'उपनिषदों का एकीकृत विज्ञान' कहा गया है, क्योंकि उपनिषदों में लिखे गए मेटाफिजिक्स और मेरे द्वारा दर्शित किया गया मेटाफिजिक्स एक दूसरे से हर मोड़ पर मिलते हैं।

उपनिषद शब्द का अर्थ है -'... के सामने बैठना।' लेकिन किसके सामने? अब तक ज्यादातर लोगों ने इस पहेली का यह जवाब दिया है कि - 'गुरु के सामने बैठकर ज्ञान ग्रहण करना।' क्योंकि तमाम उपनिषद

गुरु-शिष्य के संवाद के स्वरूप में है। लेकिन मैं इसका बृहद अर्थ यह निकालता हूँ कि उपनिषद अर्थात् 'सत्य के सामने बैठना।' आत्मसाक्षात्कार करने के बाद व्यक्ति लगातार सत्य का दर्शन करता है। और इस अवस्था में सत्य के सामने बैठकर वह सृष्टि के जिस विज्ञान को जानता है, उस विज्ञान को प्रस्तुत करने वाले ग्रंथ को उपनिषद कहा जाता है। मतलब, आत्मसाक्षात्कार के मार्ग से जाने गाए मेटाफिजिक्स का जिन ग्रंथों में दस्तावेजीकरण होता है, उन ग्रंथों को उपनिषद कहते है।

इसका अर्थ यह है कि हज़ारों वर्ष पूर्व उपनिषदों में लिख गए वह प्राचीन शब्द ही उपनिषद हैं, ऐसा नहीं हैं। उपनिषद लिखने का कार्य भारतीय सभ्यता के इतिहास मे हमेशा जारी रहा है। जब-जब किसी मनुष्य ने अपने आत्मसाक्षात्कारों से जाने गए सत्य को ग्रंथस्थ किया है, तब वह ग्रंथ उपनिषद के ही भाग थे, यह कहा जाना चाहिए। इस प्रकार उपनिषद लिखना एक भारतीय परम्परा है। एक विरासत, जिसको आगे बढ़ाने की योग्यता प्रत्येक आत्मसाक्षात्कार किए हुए मनुष्य को प्राप्त होती है। बस इसी वजह से मेरे द्वारा जाने गए इस सत्य को 'उपनिषदों का एकीकृत विज्ञान' नाम दिया गया है। उद्देश्य सिर्फ यही है कि आज के भारतीयों में आत्मसाक्षात्कार के मार्ग से उपनिषदों को लिखने की इस विरासत को एक बल मीले। विश्व की यही माँग है कि भारतीय प्रत्येक नये समय के साथ उपनिषद लिखकर मेटाफिजिक्स को लगातार आधुनिक भाषा में प्रस्तुत करते रहें। तो आइए, २१ वीं सदी के इस आधुनिक भारत में इस महान कार्य को एक आदर्श शरुआत देते है।

अध्याय – २

सृष्टि
यह सृजन नहीं, यह है अभिव्यक्ति का प्रक्षेपण

वेदों में हमारे समग्र अस्तित्व को 'सृष्टि' शब्द के साथ उल्लेखित किया गया है। सृष्टि एक संस्कृत शब्द है, जिसका अर्थ है प्रक्षेपण (Projection)। प्रक्षेपण अर्थात् 'एक स्थिति में से अगली स्थिति में जाना।' याद रहे- एक स्थिति में से दूसरी स्थिति में नहीं, एक स्थिति से आगे की स्थिति में। हमारे पास प्रक्षेपण के कुछ सरल अर्थ भी हैं। किसी चिकनी सतह पर उठी हुई गांठ को प्रक्षेप (projection) कहते हैं। चेहरे पर उठे हुए मुँहासे या छाती पर के निप्पल या आपके स्टॉक विश्लेषण के ग्राफ में एक नुकीली ऊंचाई- ये सभी अपनी आधार सतह या अपनी पिछली स्थिति से निकले हुए प्रक्षेप हैं। ठीक इसी तरह वेदों में हमारे ब्रह्मांडीय अस्तित्व का वर्णन किया गया है। प्रति क्षण यह ब्रह्मांडीय अस्तित्व अपने पिछले स्वरूप में से निकला एक नया प्रक्षेप है। और ऐसा प्रक्षेपण हर पल जारी रहता है। इसी तरह हमारा यह समग्र अस्तित्व गतिमान है।

यानी की हर पल हम जो भी सृजन देखते है, वह सृजन न होकर ब्रह्मांड की ऊर्जा के पिछले स्वरूप में से निकला हुआ एक नया प्रक्षेप है, जो आगे एक और नए प्रक्षेप को जन्म देनेवाला है। लगातार नए प्रक्षेपों की इस निरंतर यात्रा को ही कहते है प्रक्षेपण। इसी प्रक्षेपण शब्द का संस्कृत समानार्थी शब्द है 'सृष्टि', जिसे हम भारतीय इस समग्र ब्रह्मांडीय अस्तित्व के लिए प्रायोजित करते है। यही कारण है कि हमारी पुस्तक के शीर्षक का एक भाग कहता है, 'यह सृजन नहीं, यह है प्रक्षेपण...'। यह अस्तित्व किसी एक जगह बैठकर किया जा रहा सृजन नहीं है, यह अस्तित्व एक ख़ास तत्व या ऊर्जा, जिसे हम ब्रह्म या कोस्मिक एनर्जी कहते है, उसका लगातार नई अवस्था में हो रहा प्रक्षेपण है। हम बस उन प्रक्षेपों की शृंखला को सृजन के रूप में देखते है। और अगर यह अस्तित्व प्रक्षेपण की एक

यात्रा है, तो इसका मतलब सृष्टि कोई अराजकता भरी गति नहीं है। यह एक विशेष दिशा में, एक विशेष लक्ष्य के लिए हो रही यात्रा है।

प्रत्येक क्षण सृष्टि पीछे की स्थिति में से आगे की स्थिति का सृजन करती रहती है। यह सृष्टि जैसी कल थी, वैसी आज नहीं है और आज जैसी है वैसी आने वाले कल में नहीं होगी। यह समय के बहाव में सृजनों की श्रृंखला का निर्माण करती रहती है और एक निश्चित लक्ष्य की ओर आगे बढ़ती रहती है।

तो अब सवाल यह उद्भवित होता है कि सृष्टि किस ओर की यात्रा है? सृजनों की क्रमिक श्रृंखला रचते हुए वह किस ध्येय की ओर अग्रसर हो रही है?

हमने जाना कि वेदों की शुरूआत ही इस वर्णन से होती है कि सृष्टि की यात्रा शुरू होने से पूर्व हमारा समग्र अस्तित्व एक छोटे बिन्दवत पिंड़ में संकुचित था। वह पिन्ड अद्वैत ऊर्जा से बना हुआ था। अद्वैत अर्थात् एक और मात्र एक। अर्थात् पिण्ड में जो भी ऊर्जा थी वह एक ही स्वरूप में थी और वह स्वरूप स्वयं पिण्ड था। इस एक स्वरूप के सिवाय ऊर्जा का अन्य कोई स्वरूप पिण्ड में नहीं था। इसलिए सृष्टि के अस्तित्व से पहले के उस पिण्ड को अद्वैत उर्जावाला 'ज्योतिर्पिण्ड' कहते हैं।

भौतिक विज्ञान में इस स्थिति को सिंग्युलारिटी (Singularity) कहा जाता है। सिंगुयलारिटी अर्थात् अंतिम एकत्व। हमने प्रथम प्रकरण में जाना कि इस ज्योतिर्पिंड़ के विस्फोट से ही सृष्टि अस्तित्व में आयी थी और उस विस्फोट को आधुनिक विज्ञान बिंग बैंग कहता हैं।

ज्योतिर्पिंड़ के विस्फोट से जो ऊर्जा बाहर निकली उसे वेदों में 'ब्रह्म' कहा गया। 'ब्रह्म' शब्द जिस संस्कृत धातु पर से आया है, उसका अर्थ होता है 'विस्तृत होना'। ज्योतिर्पिंड़ के विस्फोट से जो चीज़ विस्तृत हुइ उसे 'ब्रह्म' कहा गया। आज हम उसी ब्रह्म को ब्रमांडीय ऊर्जा (Cosmic Energy) कहते हैं। हम उसे ब्रह्मांड की ऊर्जा कहें, ईश्वर कहें या अल्लाह कहें, हम असल में बात उस ब्रह्म की कर रहे हैं, जो पहले उस पिण्ड में दबा हुआ था और पिंड के विस्फोट के बाद बाहर विस्तृत हुआ। अर्थात् वह ज्योतिर्पिण्ड इस ब्रह्म नाम की ऊर्जा का ही अद्वैत स्वरूप था।

सृष्टि का लक्ष्य:

अमल में आने के बाद सृष्टि की यात्रा किस दिशा में जा रही है, यह जानना हो तो अभी सृष्टि में घटित हो रही घटनाओं की मूल दिशा जाननी चाहिए।

आज सृष्टि में ध्यान से देखें तो नजर आता है कि इस सृष्टि की प्रत्येक घटना असंतुलन से संतुलन की ओर गति करती है। टेबल पर पड़ी एक स्थिर बोटल को अगर इस प्रकार से धक्का मारा जाए कि जिससे वह सम्पूर्णतया नीचे ना गिर जाए, तो वह बोटल अपना स्थिर संतुलन गँवा देगी और अपनी धुरी पर आंदोलन करेगी। यह आंदोलन इसलिए होता है कि वह बोटल फिर से अपनी स्थिर स्थिति को प्राप्त करना चाहती है। इसी प्रकार अगर हमारे शरीर पर कोई भी घाव हुआ हो तो उस चीरे लगी हुई चमड़ी में से रक्त निकलता है और फिर वह रक्त जमने के बाद थक्का बन जाता है। उस स्थान पर सूजन आ जाती है और कई बार बुखार भी आता है। थक्का इसलिए जमता है कि जिससे रक्त का बहना रूक जाए। सूजन आने से टूटी हुई पेशियों के कोष एक ओर इकट्ठे होते हैं और घाव के स्थान पर कोई बैक्टिरिया उत्पन्न हो गया हो तो बुखार के मार्फत शरीर अपना तापमान बढ़ाकर उन जीवाणुओं का नाश करता है। यह सभी प्रक्रियाएं इसलिए होती है कि वहाँ पहले थी वैसी ही सामान्य चमड़ी फिर से आ सके। इस प्रकार सृष्टि में प्रत्येक संतुलित अवस्था में असंतुलन उत्पन्न होने से जो भी घटनाएं शुरू होती हैं, वह इसलिए होती हैं कि जिससे पहले का संतुलन वापस हासिल किया जा सके। सृष्टि की प्रत्येक घटना असंतुलन से संतुलन की ओर गति करती है। प्रत्येक घटना पहले असंतुलन की महत्तम स्थिति तक जाती है और बाद में संतुलन की ओर वापस आती है।

तो अब यही सत्य अगर सृष्टि के प्रारंभ होने से पूर्व के ज्योतिर्पिण्ड के लिए सोचकर देखें तो कहा जा सकता है कि ज्योतिर्पिण्ड ब्रह्म की एक संतुलित अवस्था थी। इस संतुलित अवस्था में बिग बैंग के विस्फोट से असंतुलन पैदा हुआ। तो इसका अर्थ यह हुआ कि बिगबैंग के विस्फोट के बाद जो भी घटनाएं इस सृष्टि में घटी या घटित हो रही हैं, वह सिर्फ इसलिए हैं क्योंकि यह ब्रह्म फिर से उस ज्योतिर्पिण्ड के स्वरूप में स्थिर होना चाहता है। यही ब्रह्म का ध्येय है और यही सृष्टि की यात्रा की दिशा है। सृष्टि में उत्पन्न

हुए ब्रह्म के तमाम स्वरूप, चाहे वह छोटे कण हो, या बड़े तारे हो, ग्रह हो, पहाड़ हो, नदियाँ हो, प्राणी हो या मनुष्य हो, सभी का लक्ष्य वही है जो इस ब्रह्म का लक्ष्य है। और वह है ज्योतिर्पिण्ड का अंतिम एकत्व धारण करना। यह ज्योतिर्पिण्ड ब्रह्म की मूल स्थिति है। अर्थात वह हमारी मूल स्थिति है।

ब्रह्म या ईश्वर की मूल स्थिति में बिगबैंग के विस्फोट से असंतुलन उत्पन्न हुआ और यह समग्र सृष्टि अस्तित्व में आयी। मतलब इस सृष्टि में उत्पन्न हम सभी एक असंतुलन का उत्पादन हैं। हम ब्रह्म के लिए एक असंतुलन है और ब्रह्म हम सभी को उसकी मूल संतुलित अवस्था - ज्योतिर्पिण्ड की ओर ले जाने का प्रयास कर रहा है। और ब्रह्म का यह प्रयास ही इस सृष्टि की प्रत्येक घटना का मूल कारण है।

अभिव्यक्ति:

तो आज इस सृष्टि में जो कुछ भी है; प्रकृति के पंचमहाभूत से लेकर वृक्ष, प्राणी और मनुष्यों तक, वह सब एक समय उस ज्योतिर्पिण्ड में एक धड़कन के साथ स्पंदित हो रहा ब्रह्म था।

यह वृक्ष, यह पहाड़, नदियाँ, मनुष्य, ग्रह, तारे, आकाशगंगाएं सहित हम सब उस ज्योतिर्पिण्ड में एक ही अनन्य ऊर्जा थे। हमारे बीच कोई भेद नहीं था। हम एक ही सांस से धड़कते थे। हम अद्वैत थे और ऐसे में अचानक बिंगबैंग विस्फोट हुआ, जिससे हमारे उस अद्वैत स्वरूप का नाश होकर ऊर्जा के टुकड़े टुकड़े हो गए। और उस बिखरे ढेर के टुकड़ों के रूप में हम सब का अलग अस्तित्व शुरू हुआ। हम सब छोटे छोटे सूक्ष्म कणों में बिखर गए और उन कणों को इकट्ठा करते करते आज विभिन्न जड़-चेतन पदार्थ के स्वरूप में अस्तित्व में हैं। अर्थात, हम एक दूसरे के बिना अधूरे है। और इसी वजह से उत्पन्न होती है हमारी एक दूसरे के प्रति अभिव्यक्ति।

हम सभी एक दूसरे के समक्ष अपने आप को अभिव्यक्त कर रहे है। एक कण दूसरे कण के पास जाता है और अपनी शक्ति दूसरे कण के समक्ष अभिव्यक्त कर उससे जुड़ जाता है और अणु बनाता है। इस प्रकार एक अणु दूसरे अणु के समक्ष अपनी अभिव्यक्ति करता है और जुड़कर

संयोजन बनाता है। ऐसे ही ब्रह्म का प्रत्येक स्वरूप आज एक दूसरे के समक्ष अपनी अभिव्यक्ति करके दुसरे के साथ जुड़ने की कोशिश करता है। असल में वह दुसरे को अपने में समाकर अपनेआप को ज्यादा विराट बनाने की कोशिश करता है। क्योंकि उस विराट ज्योतिर्पिंड स्वरूप को वापस हासिल करने की इच्छा हर कण की रूह में हर पल जिन्दा है। हम सब एकदुसरे से कहना चाहते है की हम क्या है और सामनेवाले को अपनी दुनिया का या अपने अस्तित्व का हिस्सा बनाना चाहते है। यही हमारी अभिव्यक्ति का मूल कारण है। और इस अभिव्यक्ति की इच्छा का अंत ही मोक्ष है। क्योंकि अभिव्यक्ति का अंत तभी हो सकता है, जब हमने हमारा ज्योतिर्पिंड वाला अद्वैत स्वरूप वापस पा लिया हो।

तो बिग बैंग के साथ इस सृष्टि की शुरुआत के बाद ब्रह्म की अभिव्यक्ति शुरू हुई। इस प्रकार अगर सृष्टि एक प्रक्षेपण (आगे की तरफ होती गति) है तो वह प्रक्षेपण अभिव्यक्ति का है। ब्रह्म लगातार अपने आप को अभिव्यक्त करता हुआ आगे की ओर बढ़ रहा है। अपने हर नए कदम पर ब्रह्म अपने आप को पहेले से बहेतर रूप में अभिव्यक्त करता है। वह कण बनने के बाद अणु बनता है। अणु बनने के बाद परमाणु और संयोजन। संयोजनों से आगे वह ग्रह और तारे जैसे बड़े आकाशीय पदार्थ में अपने आप को अभिव्यक्त करता है और फिर उन आकाशीय पदार्थों पर पंचमहाभूतों और जिवसृष्टि के रूप में अपने आप को ढालता है। हर बार ब्रह्म अपने आप को एक रूप में ढालता है, और फिर कहता है, 'एक मिनट। मैं इससे भी कुछ ज़्यादा हूँ।' और फिर अगले कदम पर वह और ज़्यादा विकसित स्वरूप में अपने आप को अभिव्यक्त करता है। इस प्रकार यह सृष्टि कोई एक पल में हुआ सृजन नहीं है, यह ब्रह्म की अभिव्यक्ति का निरंतर होने वाला प्रक्षेपण है। यही इस ग्रंथ का शीर्षक है।

✦ ✦ ✦

अध्याय – ३

बिगबैंग
शुरूआत का भ्रम

"सृष्टि से पहले सत्य नहीं था, असत्य भी नहीं। अंतरीक्ष भी नहीं था और आकाश भी नहीं था। ना जाने क्या छिपा हुआ था, कहाँ छिपा हुआ था और किसके द्वारा छिपाया गया था? इस क्षण को अगम्य अचल जल कहा गया था। ना थी मृत्यु, अमरता भी नहीं थी। दिन भी नहीं थे और ना ही रात थी। हवा भी नहीं थी और श्वास भी उसके अपने स्पंदन में समायी हुई थी। कुछ भी ऐसा नहीं था जो परमतत्त्व से अलग या पर था।"

ऋग्वेद के नासदीय सूक्त के दसवें मंडल की यह पंक्तियाँ है, जो सृष्टि के सृजन पूर्व की ज्योतिर्पिंड़ स्थिति का निरूपण करती है। आधुनिक विज्ञान के एक मतानुसार इस ज्योतिर्पिंड़ स्थिति अर्थात् सिंग्युलारिटी को ब्रह्मांड की शुरूआत कहा जाता है। परंतु उपनिषदों में यह स्थिति सिर्फ ब्रह्मांड के सृजन और विलय के एक चक्र की शुरूआत दर्शाती है। इसका कारण इस सवाल में छिपा हुआ है कि समस्त ब्रह्म को अपने स्पंदन में समाकर बैठा हुआ वह पिंड़ आखिर फूटा किस कारण? क्यों हुआ बिग बैंग?

हम जानते हैं कि आज की यह फैली हुई सृष्टि ऊर्जा की दो विरुद्ध प्रकृतियों में विभाजित है। इन दो विरोधी प्रकृतियों को कोई घन अथवा ऋण कहता है। कोई पोजिटिव और नेगेटिव तो कोई पुरुष और प्रकृति कहता है। कोई शिव और शक्ति कहता है, तो कोई येन और यान कहता है। आज की सृष्टि की समग्र ऊर्जा या तो इन दो विरोधी प्रकृतियों के बीच के आकर्षण की वजह से है या फिर इन दो विरोधी प्रकृतियों के एक दूसरे के साथ मिल जाने से उत्पन्न विस्फोट के कारण है। जब यह दो प्रकृतियाँ एक दूसरे में मिल जाती हैं तब वह तटस्थ ऊर्जा का बादल बना देती है

और जब एक दूसरे से अलग पड़ती हैं तब एक दूसरे पर आकर्षण बल लगाने लगती हैं।

अब समग्र सृष्टि उस पिंड़ की ऊर्जा में से आइ है। इसलिए यह निश्चित हैं कि ऊर्जा की यह दो विरोधी प्रकृतियाँ भी उस पिंड़ में मौजूद थी। परन्तु वह एक दूसरे में मिली होने के कारण पिंड़ की तटस्थ ऊर्जा के स्वरूप में स्थापित थी। जब वह पिंड़ विस्फोट के साथ फूटा तब ब्रह्म की यह दो विरोधी प्रकृतियाँ भी एक दूसरे से अलग होकर स्वतंत्र रूप से अस्तित्व में आई।

ब्रह्म की विरोधी प्रकृतियों के स्वरूप:

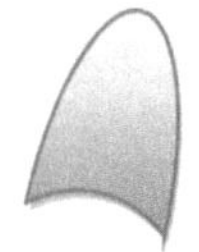

(पुरुष - शिव - बहिर्गामी) प्रकृति

(स्त्री - शक्ति - अंतर्गामी) प्रकृति

आकृति ३.१ - ब्रह्म की दो विरोधी प्रकृतियाँ

वैदिक संस्कृति की शुरूआत में ब्रह्म की इन दो विरोधी प्रकृतियों को शिव और शक्ति कहा जाता था। शिव का प्रतीक था लिंग और शक्ति की प्रतीक थी योनी। शिव को पुरुष प्रकृति भी कहा जाता है और शक्ति को स्त्री प्रकृति (आकृति ३.१)। पुरुष प्रकृति 'लिंगम' का स्वरूप रखती है। लिंगम अर्थात ऊर्जा का स्तंभ। यह स्थित ऊर्जा का प्रतीक है। इस प्रकार पुरुष प्रकृति ऊर्जा के स्तंभ जैसी एक स्थित ऊर्जा है जो अपनी ऊर्जा को अपने केन्द्र से बाहर की ओर धक्का मारकर किसी शून्यावकाश जैसे स्थान में समा जाना चाहती है। इस प्रकार इसका स्वभाव बहिर्गामी है। इसलिए पुरुष प्रकृति को बहिर्गामी प्रकृति भी कहते हैं, जो लिंग के एक और गोल नुकीले आकार से दर्शायी जाती है।

इसी प्रकार स्त्री प्रकृति का प्रतीक योनी है। योनी के भीतर शून्यावकाश होता है, इसलिए योनी आकार का बाहरी भाग ऊर्जा को अपने भीतर शून्यावकाश में भरना चाहता है। इस तरह वह बाहर

की ऊर्जा को भीतर की ओर खींचता है। इस वजह से स्त्री प्रकृति को अंतर्गामी प्रकृति भी कहा जाता है। स्त्री प्रकृति में भी स्थित ऊर्जा होती है, लेकिन उसकी स्थित ऊर्जा अपने गर्भ में शून्यावकाश उत्पन्न करती योनी आकार की रचना धारण करने में जाती है। इस प्रकार, पुरुष प्रकृति की स्थित ऊर्जा 'लिंगम' जैसे एक स्तंभ के रूप में समायी हुई होती है, जब कि स्त्री प्रकृति की स्थित ऊर्जा उसके गर्भ में शून्यावकाश का निर्माण करने में समायी हुई होती है।

आधुनिक विज्ञान में दो विरोधी प्रकृतियों को घन विद्त भार और ऋण विद्त भार कहा जाता है। लेकिन दोनों में से एक का भी मूल लक्षण दर्शाया नहीं गया है। आधुनिक विज्ञान कहता है कि घन और ऋण दो विरोधी प्रकृतियाँ है। इसमें निश्चित नहीं है कि कौन घन है और कौन ऋण है। आप दोनों में से जिसे चाहें घन कह सकते है और जिसे चाहे ऋण कह सकते हैं। बस याद रहे कि जिसको भी आप धन या ऋण कहे, उसके सामने की प्रकृति विरुद्ध होनी चाहिए। मतलब आप एक को घन कहते है तो दूसरे को ऋण कहना होगा और अगर पहले को ऋण कहना हो तो दूसरे को घन कहना पड़ेगा। और यहीं पर आधुनिक विज्ञान और वेदांत के दर्शन के बीच पहला भेद दिखायी देता है। वेदांत में कोई भी घन और कोई भी ऋण नहीं है। वेदों में निश्चित है कि अगर लिंग आकार की बहिर्गामी प्रकृति है तो घन प्रकृति या पुरुष प्रकृति है। और अगर योनी आकार की अंतर्गामी प्रकृति है तो वह ऋण प्रकृति या स्त्री प्रकृति है। दोनों की अदला बदली नहीं हो सकती। अब, अगर भौतिक विज्ञान की नींव में वेदों के कहे अनुसार ये परिवर्तन कर दिया जाए, तो भौतिक विज्ञान के ज्यादातर सवालों का जवाब मिल जाएगा। इस सवाल का भी, की क्यों हुआ बिग बैंग? उन सभी प्रश्नें का समाधान करने के लिए हम बहिर्गामी और अंतर्गामी प्रकृतियों के बीच बारबार होने वाली इन घटनाओं को समझेंगे।

बिगबैंग का कारण:

जब पुरुष की बहिर्गामी प्रकृति स्त्री की अंतर्गामी प्रकृति के नजदीक आती है, तब आकृति ३.२ में दर्शाए अनुसार स्त्री प्रकृति के योनी आकार

का अंतर्गोल भाग पुरुष प्रकृति को अपने शून्यावकाश में खींच लेता है। पुरुष प्रकृति भी अपनी स्थित ऊर्जा को बहिर्गामी धक्का मारकर किसी शून्यावकाश को भरने के लिए आतुर रहती है, इस कारण वह अपनी ऊर्जा को स्त्री प्रकृति के शून्यावकाश में बहा देती है। तो आकृति ३.२ (a) और (b) में हम देख सकते हैं कि किस तरह पुरुष प्रकृति स्त्री प्रकृति के शून्यावकाश में बह रही है। इस प्रकार दोनों प्रकृतियाँ एक तरह से एक ही वस्तु चाहती है और वह है स्त्री प्रकृति का शून्यावकाश भरना।

अब जैसे जैसे पुरुष प्रकृति स्त्री प्रकृति के शून्यावकाश में मिलती जाती है, वैसे वैसे वे दोनों प्रकृतियाँ अपनी स्वतंत्र स्थित ऊर्जा गँवाती जाती है। इसलिए धीरे धीरे वह दोनों विरोधी प्रकृतियों के तौर पर अपना लक्षण खोकर तटस्थ ऊर्जा बनती चली जाती है। इस वजह से उनका स्वतंत्र आकार भी लुप्त होता जाता है। जिस समय दोनों प्रकृतियाँ अपने आकार को सम्पूर्णतया गंवा देती है, तब उनके आकार में मौजूद स्थित ऊर्जा पूर्ण रूप से उस तटस्थ ऊर्जा के गोल पिंड़ में मिल जाती है जो उन दोनों के मिलन से बना है (३.२ c)। इससे उस गोल गेंद की ऊर्जा घनता बढ़ती है।

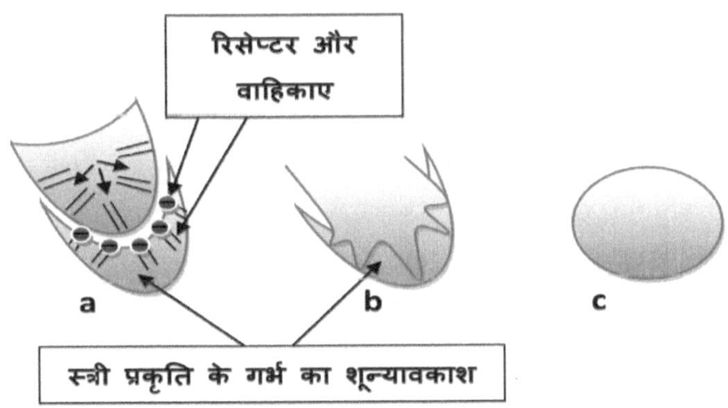

आकृति ३.२ - पुरुष और स्त्री प्रकृति के बीच होने वाली प्रक्रिया

बस, अब आगे बढ़कर ब्रह्मांड की ऊर्जा, जिसे हमने 'ब्रह्म' कहा उसके अति महत्त्वपूर्ण 'द्वि-प्रकृति' के गुण को जानें, उससे पूर्व अब तक की जानकारी में से आधुनिक विज्ञान के एक मूलभूत सवाल का जवाब

हासिल कर लेते हैं। आज प्रत्येक बालक शाला की शुरूआत से ही यह जानकारी प्राप्त करता है कि ऊर्जा के दो असमान विद्युत भार या चुम्बक के दो असमान ध्रुवों के बीच आकर्षण होता है और दो समान विद्युत भार या चुम्बक के दो समान ध्रुवों के बीच अपाकर्षण होता है। लेकिन यदि एक भी बालक यह पूछ बैठे कि 'क्यों'? क्यों समान विद्युत भारों के बीच अपाकर्षण होता है और असमान भारों के बीच आकर्षण होता है?', तो पाँच सौ वर्ष के आधुनिक विज्ञान के इतिहास में कोई ऐसा महान वैज्ञानिक नहीं है कि जो इसका जवाब दे सके। इस सबसे मूलभूत सवाल का जवाब ही हमारे भौतिक विज्ञान के पास नहीं है।

कारण यह है कि इसे उर्जा के दो विरोधी प्रकृतियों की बहिर्गामी और अंतर्गामी स्वरूपों की जानकारी नहीं है। लेकिन वेदों के ज्ञान को जानने के बाद अब हम इसका जवाब दे सकते हैं। कारण यह है कि असमान प्रकृतियों के रूप में एक पुरुष की बहिर्गामी प्रकृति है जो अपनी ऊर्जा को बाहर की ओर धक्का मारकर किसी शून्यावकाश में स्थायी होना चाहती है और दूसरी तरफ स्त्री की अंतर्गामी प्रकृति है जो बाहर की ऊर्जा को अपने गर्भ के शून्यावकाश में भरना चाहती है। इसलिए जब यह दो विरोधी प्रकृतियाँ एक दूसरे के सामने आती हैं तब शून्यावकाश को भरने की उनकी इच्छा पूर्ण होती है और वह एक दूसरे को आकर्षित कर आपस में मिल जाती है। लेकिन यदि दो समान प्रकृतियाँ अर्थात् कि दो बहिर्गामी प्रकृतियाँ या दो अंतर्गामी प्रकृतियाँ एक दूसरे के सामने आती है, तो वह शून्यावकाश को भर नहीं सकती। इसलिए वह आपस में टकराकर वापस लौट जाती हैं।

द्वि प्रकृति:

हमने ब्रह्म की दो विरोधी प्रकृतियों का एक दूसरे के प्रति संबंध देखा। लेकिन बिगबैंग का कारण समझने के लिए अभी हमें इन दो प्रकृतियों का जोड़ समझना है। वेदों में कहा गया है कि शिव और शक्ति एक दूसरे के साथ इस प्रकार से जुड़े हुए हैं कि उनका सम्पूर्णतिया अलग होना असंभव है। पिंड की तटस्थ ऊर्जा का विभाजन होने से दो विरोधी

प्रकृतियाँ उत्पन्न हुई, लेकिन वह काले और सफेद की तरह बिल्कुल स्पष्ट अलग नहीं हुई थी। असल में बिगबैंग के विस्फोट से ब्रह्म का विभाजन होकर दो विरोधी प्रकृतियाँ नहीं, बल्कि दोनों प्रकृतियों से कम ज्यादा युक्त दो विरोधी विभाग अस्तित्व में आए। एक विभाग में बहिर्गामी प्रकृति ज्यादा थी तो अंतर्गामी प्रकृति कम थी और उसके विरोधी विभाग में अंतर्गामी प्रकृति ज्यादा थी तो बहिर्गामी प्रकृति कम थी। इस प्रकार वह दोनों विभाग एक दूसरे के बिल्कुल विरोधी या पूरक थे। आकृति (३.१) और (३.२) में ब्रह्म की दो प्रकृतियों का क्या स्वभाव है और वे एक दूसरे के साथ कैसा व्यवहार करती हैं, उसकी जानकारी है। लेकिन असल में सृष्टि में वह दोनों प्रकृतियाँ इस प्रकार एक दूसरे से अलग होकर आमने सामने नहीं आती हैं। सृष्टि का ना कोई ऐसा स्थान है ना कोई ऐसा कण, जहाँ ये दो प्रकृतियाँ स्पष्ट रूप से अलग होकर एकदुसरे के सामने खड़ी हो। सृष्टि में पहले क्षण से और पहले कण से विरोधी प्रकृति वाले यह दो विभाग ही उत्पन्न होते हैं। यह हमने आकृति ३.३ में दर्शाया है।

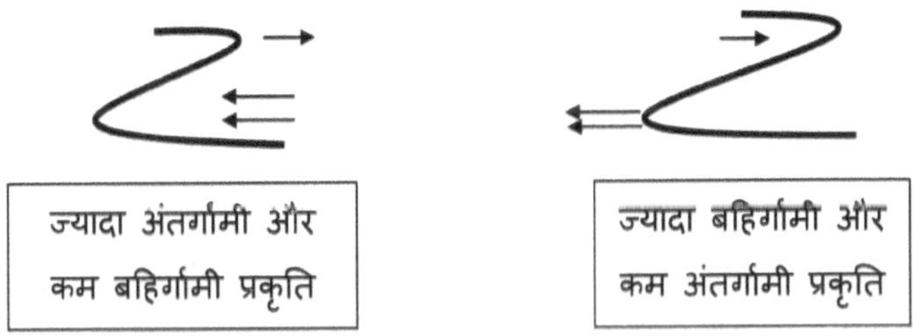

आकृति ३.३ - ब्रह्म के विभाजन से उत्पन्न हुए विभाग

बिगबैंग के विस्फोट के साथ सृष्टि की शुरूआत होते ही ब्रह्म की दो विरोधी प्रकृति वाली मुड़ी हुई रस्सी या धागे (string) जैसे आकार के एसे दो विभाग अस्तित्व में आए। यह एक दूसरे के पूरक थे। एक में बहिर्गामी प्रकृति ज्यादा थी तो अंतर्गामी कम थी और दूसरी में उससे बिल्कुल उलट। जो प्रकृति ज्यादा थी, वह विभाग के नीचे के भाग में थी और जो कम थी वह ऊपर के भाग में थी। आकृति ३.३ में बांयी ओर के विभाग में अंतर्गामी प्रकृति नीचे है और बहिर्गामी प्रकृति उपर है, तो दायी ओर के

विभाग में उनसे बिल्कुल विपरीत है। ब्रह्म की दोनों प्रकृतियों के इस तरह हर स्थान पर साथ में जुड़े रहकर उपस्थित रहने के गुण को ब्रह्म की द्वि-प्रकृति कहते हैं। सृष्टि की शुरूआत से लेकर अब तक और यहाँ से सृष्टि के विलय तक जो भी उत्पन्न हुआ है या होगा, वह इस द्वि प्रकृति के गुणों वाला ही होगा। सृष्टि का कोई स्थान या कोई कण इस द्वि प्रकृति से रहित नहीं है। इसके लिए वेदों में कहा गया है कि सृष्टि के कण कण में शिव और शक्ति का मिलन हुआ है। शिव और शक्ति को एक दूसरे से अलग कर सके, ऐसा कोई स्थान इस सृष्टि में मौजूद नहीं है।

प्रकरण के प्रारंभ में हम जो समझे वह सिर्फ दो विरोधी प्रकृतियों के बीच का मिलन था। यह द्वि-प्रकृति वाले विभाग एक दूसरे में किस प्रकार से मिलते हैं और ज्योर्तिपिंड़ में से बिगबैंग विस्फोट किस कारण होता है, उसका जवाब अब हासिल करते हैं।

सृष्टि के इससे पूर्व के चक्र के अंतिम समय में समग्र सृष्टि की ऊर्जा ऐसे दो विरोधी विभागों के रूप में एक दूसरे के सामने आयी। वहाँ से दोनों विभागों में मौजूद बहिर्गामी प्रकृति सामने वाले विभाग की अंतर्गामी प्रकृति में समा जाने के लिए चली गई। इसलिए दोनों विभागों की विरोधी प्रकृतियों का इस प्रकार से मिलन हुआ जैसा हमने आकृति (३.२) में समझा।

लेकिन फर्क सिर्फ इतना था कि यहाँ उन विभागों के मिलन से शुरुआत में कोई गोल गेंद नहीं बनेगी। यहाँ आकृति (३.४) में दर्शाए अनुसार तटस्थ ऊर्जा का एक बादल बनेगा जिसमें बादल का नीचला हिस्सा विभागों के नीचे की ओर मौजूद ज्यादा ऊर्जावाली प्रकृतियों के मिलने से बना होगा और उपर का भाग कम ऊर्जा वाली प्रकृतियों के मिलन से बना होगा। इस प्रकार नीचे का भाग ज्यादा फैला हुआ, जबकि उपर का भाग थोडा संकुचित बनेगा। जैसे जैसे उपर नीचे दोनों स्थान पर बहिर्गामी प्रकृति अंतर्गामी प्रकृति के गर्भ में समाती जाएगी, वैसे वैसे प्रकृतियाँ अपनी स्थित ऊर्जा गँवाती जाएगी। यह स्थित ऊर्जा अब उनके मिलन से बनी तटस्थ उर्जा में मिलेगी। अब स्थित ऊर्जा गँवाने से दोनों प्रकृतियों के आकार भी लुप्त होते जाएँगे। इसलिए अब वह बादल ऊपर

नीचे अलग न दिखकर धीरे धीरे एक गोल गोले या पिंड जैसा दिखने लगेगा, क्योंकि अब उस बादल में एक ही प्रकार की तटस्थ ऊर्जा है। जैसे जैसे प्रकृतियाँ सम्पूर्ण लुप्त होती जाएगी और तटस्थ ऊर्जा बढ़ती जाएगी, वैसे वैसे बादल का कद संकुचित होता चला जाएगा और उसकी ऊर्जा घनता बढ़ती जाएगी। यह बढ़ती ऊर्जा घनता उसके केन्द्र में केंद्रित होती है ।

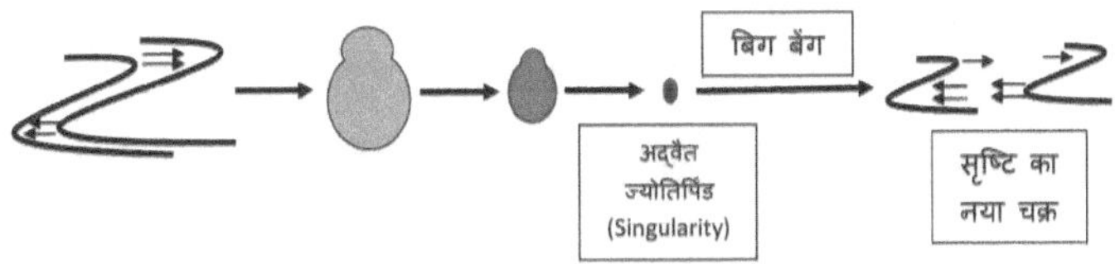

आकृति ३.४ - ज्योतिर्पिण्ड और सृष्टि के नये चक्र की शुरूआत

इस प्रकार समग्र सृष्टि की ऊर्जा एक छोटे गोलाकार पिंड के केन्द्र में अंतिम एकत्व धारण करने की ओर संकुचित होती जाती है। जब वह ऊर्जा घनता उसकी महत्तम स्थिति पर पहुंचती है अर्थात् कि जब सृष्टि की समग्र ऊर्जा उस पिण्ड के केन्द्र में अंतिम एकत्व धारण करती है तब उसे 'सृष्टि का अंतिम एकत्व वाला अद्वैत पिण्ड' कहते हैं। इस अंतिम एकत्व को अंग्रेजी में सिंग्युलारिटी (singularity) कहा जाता है। लेकिन वास्तव में सम्पूर्ण पिण्ड को अंतिम एकत्व कहना वैज्ञानिक रूप से भूलों से भरा हुआ है, क्योंकि अंतिम एकत्व तो उस छोटे पिंड के केंद्र में ही आता है। इस छोटे पिण्ड की भी समग्र ऊर्जा एकसमान घनता नहीं रखती। उसकी उर्जा घनता केन्द्र में महत्तम होती है। मतलब कि संपूर्ण अद्वैत स्थिति तो उस छोटे पिण्ड के बिन्दवत केन्द्र में ही है, पूरे पिण्ड में नहीं। इसलिए पूरे पिण्ड को 'अद्वैत पिण्ड' कहना या उसे अंतिम एकत्व 'सिंग्युलारिटी' कहना वैज्ञानिक रूप से स्वीकार्य नहीं है। इसलिए वैज्ञानिक रूप से और गणितीय रूप से यह सिद्धांत अब स्वीकारा जा रहा है कि संपूर्णतया अद्वैत स्थिति में हो, ऐसी कोई संपूर्ण रचना इस सृष्टि में बनना संभव नहीं है।

यह बात स्वीकार करने के बाद विज्ञान में 'सिंग्युलारिटी' शब्द को इस समाधान के साथ स्वीकार किया गया है कि सृष्टि की समग्र ऊर्जा को

अपने केन्द्र में महत्तम संकुचन देनेवाले उस पिण्ड को व्यावहारिक रूप से समझाने के लिए सिंग्युलारिटी या अद्वैत पिण्ड कहा जा सकता है। इसलिए ही तो भारतीय शास्त्रों में भी उस पिण्ड को 'अंतिम अद्वैत स्थिति धारण करता पिण्ड' कहा गया है। इसे समग्रतया अद्वैत पिण्ड नाम नहीं दिया गया है, उसे ज्योतिर्पिण्ड (प्रकाश का पिंड) कहा गया है जिसके केंद्र में सृष्टि का आखरी एकत्व पैदा होता है। इसलिए हम भी अब सृष्टि की समग्र ऊर्जा को अंतिम एकत्व प्रदान करने वाले उस गोलाकार पिण्ड को ज्योतिर्पिण्ड ही कहेंगे, जो सृष्टि में संभव सबसे महत्तम अद्वैत स्थिति है।

किंतु, इस ज्योतिर्पिण्ड की अद्वैत स्थिति आते ही एक समस्या उत्पन्न होती है। इस स्थिति की असीमित ऊर्जा घनता उस ज्योतिर्पिण्ड के केन्द्र को अस्थिर कर देती है। इसलिए इस अस्थिर केन्द्र में केन्द्रित हुई ऊर्जा स्थिरता प्राप्त करने के लिए पिण्ड की समग्र ऊर्जा को केन्द्र से परिधि की ओर धक्का मारती है। इस धक्के के कारण पिण्ड विस्फोट के साथ टूट पड़ता है, जिसे हम बिगबेंग कहते हैं। बस यही है बिगबैंग का सहज कारण, जिसे इन सारी हकीकतों पर गौर किए बिना जाना नहीं जा सकता था।

बिगबैंग के विस्फोट के साथ अंतर्गामी प्रकृति के गर्भ में से बहुत सारी ऊर्जा बाहर निकल कर लिंगम के रूप में अपना स्वतंत्र अस्तित्व वापस हाँसिल करती है। इस लिंगम की प्रकृति बहिर्गामी होती है। अंतर्गामी प्रकृति के गर्भ में से बहिर्गामी लिंगम निकल जाने से वहाँ अब शून्यावकाश उद्भवित होता है। इसलिए वह मात्र अंतर्गामी ऊर्जा की तरह व्यवहार करने लगता है। इस तरह तटस्थ ऊर्जा में से ऊर्जा की दो विरोधी प्रकृतियाँ सामने आती है। लेकिन हमने देखा कि बहिर्गामी और अंतर्गामी प्रकृति एक दूसरे के साथ अटूट रूप से जुड़ी हुई है। इसलिए वास्तव में पिण्ड के विस्फोट से यह दोनों विरोधी प्रकृतियों से युक्त विरोधी विभाग उत्पन्न होते हैं।

इस प्रकार तटस्थ ऊर्जा बनने से जो पुरुष प्रकृति स्त्री प्रकृति के गर्भ में समा जाती है वह, तटस्थ ऊर्जा का पिण्ड फूटने से फिर बाहर निकल जाती है। इस वजह से तटस्थ ऊर्जा के विघटन से हर बार यह दो विरोधी

प्रकृतियाँ फिर से अस्तित्व में आ जाती हैं। फिर से वह दोनों प्रकृतियाँ करीब आती हैं और पुरुष प्रकृति स्त्री प्रकृति के गर्भ में मिल जाती है और फिर वह तठस्थ ऊर्जा ऊंची घनता वाला पिण्ड बनती हैं। फिर से उस पिण्ड का ऊँचा घनत्व उसके केंद्र में केंद्रित होता है। फिर से उस ऊर्जा के दबाव से पिंड का केंद्र अस्थिर बनता है और वह पिंड केंद्र के धक्के से विस्फोट के साथ टूट पड़ता है। इससे फिर विरोधी प्रकृतियाँ उत्पन्न होती है। इस प्रकार समग्र सृष्टि में विरोधी प्रकृतिवाले कणों के बीच यह चक्र हमेशा के लिए चलता रहता है। जब सृष्टि की समग्र ऊर्जा भी फिर से विरोधी प्रकृति वाले ऐसे दो विरोधी विभागों में संग्रहित होकर आमने सामने आ जाती है, तब फिर से उनकी प्रकृतियाँ एक दूसरे में मिलकर ज्योर्तिलिंग की स्थिति में पहुँच जाती है और अंतिम एकत्व की स्थिति में केन्द्र अस्थिर बनने पर बिगबैंग द्वारा फूटकर फिर से सृष्टि का नया चक्र प्रारंभ करती है।

न्यूटन के तीसरे नियम का कारण यहाँ मिलता है कि, कैसे सृष्टि में प्रत्येक स्थल पर आघाती बल के साथ उतने ही मूल्य का विरोधी दिशा का प्रत्याघाती बल अस्तित्व रखता है। इसलिए क्योंकि सृष्टि का अस्तित्व कायम रखनेवाली इन दो प्रकृतियों के बीच यही विरोधाभासी बल प्रयोग चलता रहता है। पहले दो विरोधी प्रकृतियाँ एक दूसरे से आकर्षित होकर एक दूसरे में मिल जाती हैं और फिर उनकी ही संयुक्त ऊर्जा के बादल का केन्द्र उस बादल को अपाकर्षण बल लगाकर उन दो प्रकृतियों को अलग करता है। जितना तीव्र आकर्षण, आकर्षण के खत्म होने के शीर्ष से उतना ही तीव्र अपाकर्षण और वो भी आकर्षण की बिलकुल विरुद्ध दिशा में। ब्रह्म की दो विरोधी प्रकृतियों के बीच की ये बुनियादी गतिविधी ही आगे चलकर हर स्थान पर आघाती और प्रत्याघाती बल के जोड़े को जन्म देती है। सृष्टि जिस ऊर्जा की बनी हुई है, उस ऊर्जा का यह चरित्र है। सृष्टि की चक्राकार गति मूलत: इस विरोधी बल की जोड़ी के कारण है।

इस प्रकार सृष्टि कोई सीधी दिशा का प्रक्षेपण नहीं है। यह एक चक्राकार प्रक्षेपण है। जिसे हम सृष्टि की शुरूआत पहले का ज्योतिपिण्ड कहते हैं, वह असल में सृष्टि के पिछले चक्कर के अन्त में विरोधी प्रकृतियों

के मिलन से बना एक पिण्ड है। वह पिछले चक्र का अंत है, जिससे इस चक्र का आरंभ जन्म लेता है। इस प्रकार सृष्टि की कोई शुरूआत नहीं है, यह एक निरन्तर चलने वाली चक्राकार गति है। बिग बैंग सिर्फ एक नये चक्र की शुरूआत है। लेकिन क्योंकि उस ज्योतिर्पिण्ड में पिछले चक्र की समग्र उर्जा एक हो जाती है, इसलिए उस पिण्ड से पहले क्या था, वह हम जान नहीं पाते। और इसी वजह से इस पिण्ड के विस्फोट को ही हमारे अस्तित्व की शुरूआत समझ बैठते हैं, जबकि वास्तव में वह अभिव्यक्ति के इस प्रक्षेपण के सिर्फ़ एक चक्र की शुरुआत है।

अध्याय – ४

शिवलिंग
ब्रह्म की मूल स्थिति की रचना

ब्रह्म की दो विरोधी प्रकृतियाँ किसी भी स्वरूप में एक दूसरे के करीब आती है, तब पुरुष प्रकृति स्त्री प्रकृति के शून्यावकाश वाले गर्भ में स्थिर होना चाहती है और स्त्री प्रकृति पुरुष प्रकृति को अपने गर्भ में स्थापित कर देना चाहती है। इसी प्रकार यह समग्र सृष्टि जिसमें से बाहर निकली है, वह मूल ज्योतिर्पिण्ड स्थिति प्राप्त होती है। ज्योतिर्पिण्ड सृष्टि में अस्तित्व रखने वाले प्रत्येक पदार्थ की मूल स्थिति है, क्योंकि वह ब्रह्म की मूल स्थिति है। वही हम सबकी सम्पूर्णता है। वही हमारी मोक्ष की स्थिति है। इस स्थिति के आने की शुरूआत तभी होती है जब पुरुष स्त्री के गर्भ में स्थिर हो। इसी कारण इस सृष्टि में एक सूक्ष्म कण से लेकर मनुष्य रूपी पुरुष तक पुरुष प्रकृति स्त्री प्रकृति के गर्भ में स्थिर होने की कोशिश करती है। यही कण स्वरूप इलेक्ट्रॉन और प्रोटोन के बीच आकर्षण का कारण है। यही प्राणी स्वरूप में मौजूद पुरुष और स्त्री के बीच संभोग के आकर्षण का कारण है।

संभोग में भी पुरुष स्त्री के गर्भ में समा जाने की कोशिश करता है और स्त्री पुरुष को अपने गर्भ में स्थापित करने की कोशिश करती है। लेकिन दोनों के बड़े शरीर बीच में उपस्थित है, इसलिए यह हो नहीं सकता। इसलिए वे यह कार्य उनके छोटे जननांगों से पूर्ण करते है, जहाँ पुरुष अपनी समग्र ऊर्जा के प्रतिनिधि के तौर पर वीर्य को स्त्री के गर्भ में छोड़ता है और स्त्री उसे अपने गर्भ में स्वीकार करती है। ब्रह्म की मूल स्थिति पर किए गए इस कार्य से ही एक नये जीव (प्राणी) का सृजन होता है। असल में समग्र सृष्टि में जहाँ जहाँ ब्रह्म ने कुछ सृजन किया है वहाँ वहाँ वह अपने इस मूल स्वरूप में ही स्थापित हुआ है। यह समग्र दृश्य

सृष्टि की रचना करने वाली मूलभूत इकाई - एक अणु को ले लें तो भी जानने को मिलता है कि प्रत्येक अणु के केन्द्र में पुरुष प्रकृतिवाला प्रोटोन स्थायी हुआ है और उसके चारों ओर स्त्री प्रकृति वाले इलेक्ट्रॉन घूम रहे हैं। इसलिए वेदों में कहा गया है कि सृष्टि के हर सृजन में शिव और शक्ति का वास है। शिव समग्र सृष्टि के मध्य में है और शक्ति शिव की चारों ओर परिधि में है। शिव सृष्टि को केन्द्र में से स्थिरता प्रदान करते हैं और शक्ति चारों ओर से सृष्टि का विस्तरण करती है। इसलिए शास्त्रों में कई स्थानों पर शिव को संकल्प कहकर सृष्टि को संकल्प और शक्ति की उपज कहा गया है। संकल्प अर्थात् दृढ इच्छा। शिव किसी कार्य का संकल्प करते हैं और शक्ति उसे पूर्ण करती है। मतलब सृष्टि के अणु अणु में, हम में भी, संकल्प करने वाले शिव भी हैं और उस संकल्प को पूर्ण करने वाली शक्ति भी है।

तो स्त्री प्रकृति के गर्भ में समायी हुई पुरुष प्रकृति ही सृष्टि का मूल चित्र है, जब हम ज्योतिर्पिण्ड स्वरूप में हो तब भी, और जब सृष्टि कोई भौतिक रचना धारण करें तब भी। मनुष्य को लगातार अपनी इस मूल स्थिति का भान रहे इस लिए वैदिक संस्कृति में भी उपासना के लिए जो प्रथम प्रतीक बनाया गया, वह इसी रचना में था। उसी प्रतीक को हम आज 'शिवलिंग' कहते है।

जब भी किसी शिव मंदिर में आप शिवलिंग को देखें तो यह बात विशेष ध्यान से देखें कि शिवलिंग के मध्य में जो लिंग जुड़ा है, वह तल मे एक गोलाकार वर्तुल में बनाया गया है। वह वर्तुल स्त्री का शून्यावकाश युक्त गर्भ है, जो दांयी और एक केनाल जैसी रचना के साथ जुड़ा हुआ है। वह स्त्री के जनानांग के आकार में है। अंग्रेजी में उसे वजाइना (vagina) कहा गया है, जब की गर्भ के शून्यावकाश को अंग्रेजी में वुंब (womb) कहा गया है। पर संस्कृत में इस पूरी रचना के लिए एक ही शब्द है, 'योनि'। यानी की भारतीय भाषाओं में जब 'योनि' कहा जाता है, तब वो सिर्फ़ स्त्री के बाहरी जनानांग की बात नहीं कर रहे है, वह उसके अंदर के गर्भ समेत संयुक्त रचना की बात कर रहे है।

शिवलिंग की रचना हमें यह दर्शन करवाने के लिए की गई है कि जब पुरुष प्रकृति स्त्री प्रकृति के गर्भ में स्थायी होती है, तब ब्रह्म की मूल स्थिति वैसी उस ज्योतिर्पिंड़ स्वरूप का निर्माण संभव होता है। यही हमारी उस मूल स्थिति की रचना है जिसे फिर से प्राप्त करना हमारा एकमात्र लक्ष्य है। प्राचीन भारत के ऋषिमुनियों ने स्त्री और पुरुष शरीर में बसे मनुष्यों को उनकी मूल स्थिति का लगातार ध्यान दिलवाने के लिए शिवलिंग के आकार की रचना की थी। यह उस समय की बात है जब वैदिक सभ्यता शुरू ही हुई थी। ईश्वर के अवतारों की मान्यता अस्तित्व में नहीं आई थी। उस समय जब राम और कृष्ण का जन्म तक नहीं हुआ था, वैदिक समय के वह भारतीय किसी दूसरे ईश्वर या भगवान की पूजा नहीं किया करते थे। वह मात्र शिवलिंग की पूजा किया करते थे और आजीवन शिवलिंग का ध्यान करते थे। पुरुष ध्यान में स्वयं को लिंग के स्वरूप में सर्व स्त्रियों के गर्भ में अथवा मध्य में स्थिर होने की कल्पना करते और स्त्री ध्यान में तमाम पुरुषों को अपनी संतान के रूप में अपने गर्भ में स्थापित किये होने की कल्पना करती।

आज भी अगर किसी पुरुष को किसी स्त्री से संभोग का आकर्षण होता है तो वह पुरुष आँखें बन्द करके प्रेमपूर्वक यह ध्यान कर सकता है कि 'मैं उस स्त्री के गर्भ में लिंग के रूप में स्थिर हुआ हूँ।' इससे उस स्त्री के साथ संभोग करने की उसकी इच्छा खत्म होने लगेगी और सिर्फ

प्रेम से उसकी गोद में सो जाने या आत्मीय समर्पण के साथ उससे गले मिलने की ही इच्छा होगी। अगर किसी स्त्री को किसी पुरुष से संभोग का आकर्षण होता है तो वह स्त्री आँखें बन्द करके ऐसा ध्यान कर सकती है कि वह पुरुष उसके गर्भ में समाया हुआ है और वह उसके भीतर है। इस प्रकार उस स्त्री की उस पुरुष के प्रति संभोग की इच्छा खत्म होगी और उसे सिर्फ प्रेम से गले लगाने की या गोद में खिलाने की ही इच्छा होगी। संसार की सारी स्त्री और पुरुष ऊर्जा के बीच बस यही एक मूल संबंध है।

इस प्रकार प्राचीन भारतीय निराकार ब्रह्म की प्रार्थना के लिए सिर्फ शिवलिंग का ध्यान किया करते थे। आजीवन ऐसी साधना करने के बाद एक समय बाद स्त्री-पुरुष की साधना उस स्थिति में पहुँच जाती थी, जब वे स्वयं लिंग है या योनी का गर्भ, यह भेद उनके मन से समाप्त होने लगता था। वह ज्योतिरपिंड की मूल तटस्थ ऊर्जा को अपने भीतर महसूस करने लगते थे। यही मुक्ति की स्थिति थी। इस प्रकार प्राचीन भारतीयों ने निराकार ब्रह्म की मूल स्थिति में स्थिर होने के लिए एक कारगर और वैज्ञानिक पद्धति बना ली थी। आज मंदिर में शिवलिंग तो रह गए है लेकिन उसमें ध्यान करके ज्योतिर्पिंड के रूप में मोक्ष तक पहुंचने की आध्यात्मिक समझ लुप्त हो चूकी है। हम आशा करते हैं कि वह पद्धति और समझ हमारे आधुनिक भारतीय समाज में फिर से जागरूक हो। शिवलिंग मानव जाति के इतिहास का सबसे महान प्रतीक है जहाँ विज्ञान, अध्यात्म और क्रियाकांड का मानव को उसके लक्ष्य की ओर धकेलने के लिए समन्वय होता है।

अध्याय – ५

परिमाण और स्पिन
सृष्टि के आरंभ की तैयारी

अब सृष्टि का आरंभ हो रहा है, और सृष्टि के आरंभ के बाद जो दो शब्द हमे बारबार सुनने पड़ेंगे वह है परिमाण और स्पिन। इसलिए जैसे किसी यज्ञ को शुरू करने से पहले यज्ञ के लिए जरूरी सामग्री हमे पहले जुटा लेनी चाहिए, वैसे ही सृष्टि की यात्रा पर निकलने से पहले इन दो शब्दों की समझ जुटा लेनी आवश्यक है।

परिमाण:

ब्रह्मांड की जानकारी हासिल करने के लिए सबसे पहले परिमाण शब्द को समझना बहुत आवश्यक है। परिमाण की जानकारी हमें अपनी पाठशालाओं में मिली है। याद है ना कि X, Y और Z अक्ष हुआ करते थे। X अर्थात् एक आड़ी लकीर। वह आड़ी लकीर दोनों ओर अनंत तक फैली हुई होती है। यह आड़ी लकीर हमारा पहला परिमाण बनाती है। फिर खड़ी लकीर के तौर पर Y अक्ष दूसरा परिमाण बनाता है। और तिरछी लकीर के तौर पर Z अक्ष, जो हमारी नोटबुक अथवा पुस्तक के पेज में भीतर की ओर तथा बाहर की ओर फैली हो, वह तीसरा परिमाण बनाता है। लेकिन पुस्तक का पेज दो परिमाण में ही होता है (खड़ा और आड़ा)। हम तीसरे परिमाण की लाइन सीधी बाहर नहीं खींच सकते। इसलिए हम उसमें चित्र कला का उपयोग करके उसे तिरछी बनाते है, जिससे कि आकृति में बताए अनुसार तीन परिमाणों का आभास हमें पुस्तक के दो परिमाणीय पेज में ही हो जाता है।

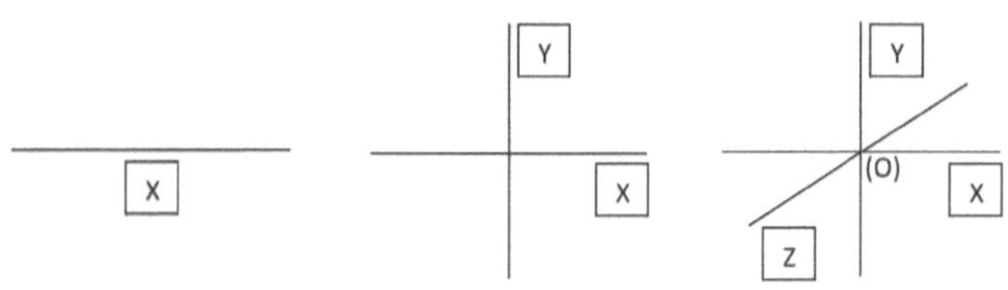

आकृति ५.१ तीन परिमाण

आकृति में दिखाए गए तीन अक्षों को अब हम अवकाश के तीन अक्ष या अवकाश के तीन परिमाण कहेंगे। इन तीनों अक्षों के परिमाणों के मिलन बिन्द (०) को हम अद्वैत बिन्द कहेंगे। हाँ, वही अद्वैत जहाँ दूसरा कोई नहीं है। वहाँ कोई पहला, दूसरा या तीसरा परिमाण नहीं है। वहाँ पर बस वह बिन्द है। वह स्वयं ही एकमात्र अस्तित्व है, वह स्वयं ही अपना परिमाण है। बस यही है अद्वैत शब्द की समझ, जहाँ संसार के सभी परिमाण एक दूसरे के साथ मिलकर एक बिन्द बन जाए, वह स्थान।

अब बात पदार्थ की। जब कोई द्रव्यमान अवकाश का कोई स्थान रोक लेता है, तब उस द्रव्यमान को पदार्थ कहते हैं। अगर वह पदार्थ सिर्फ X अक्ष में ही अपना द्रव्यमान रखता हो, तो उसे एक परिमाणीय पदार्थ कहते हैं। अगर वह पदार्थ X और Y दोनों अक्ष में अपना द्रव्यमान रखता हो तो उसे द्वि-परिमाणीय पदार्थ कहते हैं। और अगर वह पदार्थ X, Y और Z तीनों अक्ष में अपना द्रव्यमान रखता हो तो उसे त्रि-परिमाणीय पदार्थ कहते हैं। इन तीन अक्षों के साथ तीन समतल भी बनते है। एक समतल X और Y अक्ष के बिच बनता है, तो दूसरा समतल Y और Z अक्ष के बिच बनता है और तीसरा समतल X और Z अक्ष के बिच बनता है। हमारा ब्रह्मांड इन तीनों परिमाणों में तथा तीनों समतलों में बना होने के कारण, इस ब्रह्मांड के तमाम भौतिक पदार्थ त्रि-परिमाणीय होते हैं। ग्रह, तारें जैसे आकाशीय पदार्थों से लेकर प्राणी और मनुष्यों जैसे सजीव पदार्थ तक यह समग्र ब्रह्मांड त्रि-परिमाणीय पदार्थों का बना हुआ है। इस कारण तीन परिमाणों से ज्यादा परिमाण हो तो वह एक दूसरे के साथ किस प्रकार का संबंध रखते है, इसकी कल्पना हम नहीं कर सकते। क्योंकि हमारी

इंद्रियाँ और हमारा मस्तिष्क भी तीन परिमाणीय पदार्थों से ही बना हुआ है। लेकिन हाँ, उन इंद्रियों से विमुख होकर हम इस त्रिपरिमाणीय दृश्य ब्रह्मांड के पीछे छिपे परिमाणों की जानकारी पा सकते है। लेकिन उस अलौकिक चर्चा को हम इस पुस्तक में आगे जाकर बाद में देखेंगे।

स्पिन:

अब आखिर में हम ब्रह्मांड के उस मूल गुणधर्म की जानकारी लेंगे, जिसके आसपास भी भौतिक विज्ञान उलझा हुआ है। यह गुणधर्म है स्पिन। जिस प्रकार पृथ्वी अपनी धरी के आसपास घूमती है और साथ ही सूर्य के आसपास भी घूमती है, उसी प्रकार इलेक्ट्रॉन भी अपनी धरी के आसपास घूमता है और किसी अणु के केंद्र यानी की न्युक्लिअस के आसपास भी घूमता है।

अब, जब कोई विध्युत भार घूमता है, तब विध्युत-चुम्बकीय क्षेत्र उत्पन्न करता है। इसलिए इलेक्ट्रॉन की इस दो प्रकार की भ्रमण गति से दो प्रकार के विध्युत-चुम्बकीय क्षेत्र उत्पन्न होते हैं। और इन दो प्रकार के विध्युत-चुम्बकीय क्षेत्रों का एक दूसरे पर असर गणितीय पद्धति से नापा जाए, तो जो परिणामी नम्बर आते हैं, उनको कण का स्पिन क्रमांक कहते हैं। इस प्रकार नापने से सृष्टि के कणों में एक गजब की नियमितता दिखायी देती है। इलेक्ट्रॉन, क्वार्क, प्रोटोन, न्यूट्रॉन और वह प्रत्येक कण जो पदार्थ (मैटर) बनाते है, उन सभी का स्पिन क्रमांक -३/२, - १/२, १/२, ३/२, ५/२ जैसे छेद में २ हो, एसी अपूर्णांक संख्या में होता है।

जबकि, वह सभी कण, जो बलों का वहन करते हैं जैसे कि फोटोन, ग्लुऑन, ग्रेवीटोन, आदि का स्पिन क्रमांक -२, -१, १, २, ३, जैसी पूर्णांक संख्याए होता है। प्रारंभ में वैज्ञानिक इन स्पिन क्रमांकों को कण के उसकी धरी पर घूमने के साथ जोड़ते थे। लेकिन बाद में प्रयोगों द्वारा जानने को मिला कि असल में स्पिन शब्द का कणों के धरी पर घूमने से कोई संबंध नहीं है। 'स्पिन' कण का कोई आंतरिक गुणधर्म है जो उसकी स्थिति अथवा उसकी पहचान के साथ जुड़ा हुआ है। लेकिन वह क्या है, इसकी सटीक जानकारी आधुनिक विज्ञान के पास उपलब्ध नहीं है।

पर लेजेंडरी वैज्ञानिक प्रो. स्टीफन हॉकिंग ने स्पिन को समझाने का एक आदर्श प्रयास किया है। उनके मुताबिक स्पिन किसी भी क्षण कण की सप्रमाणता का माप है, जो बतलाता है कि कण विभिन्न दिशाओं से किस प्रकार का नजर आएगा।

जैसे कि स्पिन ० वाला कण एक पूर्ण विराम या डाट (.) जैसा होगा। वह गोलाकार संमिति रखता है जो चारों ओर से समान है। हिग्ज बोसोन एसे ही गोलाकार आकार की संमिति वाला स्पिन ० कण है।

स्पिन १ वाला कण एक पंखवाले तीर (—>) के समान होगा। वह दो दिशाओं से दो अलग तरह का दिखेगा। एक तरफ तीर, दूसरी तरफ पूंछ। अगर स्पिन १ के कण को किसी दिशा से वापस उसी तरह देखना है, तो उसे ३६० औंस का घुमाव देना होगा। ३६० औंस के घूमाव के बाद वह कण एक पंखवाले तीर की तरह अपने मूल दिखावे पर वापस लौटता है।

स्पिन २ वाला कण दोनों ओर पंख वाले तीर (<—>) के समान है। उसे पहले था वैसा देखने के लिए या पहले था उस स्थिति में लाने के लिए हमें १८० औंस का भ्रमण ही देना पड़ेगा।

इस प्रकार, जैसे जैसे स्पिन क्रमांक बढ़ता जाएगा, वैसे-वैसे उस कण को किसी दिशा से समान देखने के लिए देनेवाले भ्रमण के औंस कम होते जाएंगे। और जब उसको बिलकुल भ्रमण देने की आवश्यकता नहीं होगी, तब वह चारों ओर से समान होगा और ऐसा कण स्पिन ० कण होगा। इस तरह स्पिन ० स्थिति कण की सबसे ज्यादा समपरिमाणता वाली पूर्ण स्थिति है।

लेकिन, इन सभी के बीच एक स्पिन क्रमांक ऐसा है जिसे समझना हम सब की व्यावहारिक मन की शक्ति के बाहर है। और वह है स्पिन १/२ स्थिति। स्पिन १/२ कण को फिर से अपनी मूल स्थिति में लाने के लिए ३६० औंस के दो पूर्ण भ्रमण अर्थात् कुल ७२० औंस का भ्रमण देना पड़ता है। इस तरह, इसके लिए कोई उदाहरण लेना हमारी व्यावहारिक क्षमता के बाहर है, क्योंकि कोई भी वस्तु ३६० औंस में अपनी मूल स्थिति में आ जाती है, परंतु स्पिन १/२ कण को दो पूर्ण भ्रमण देने पड़ते हैं। ज्यादा

आश्चर्य की बात इसलिए भी है क्योंकि समझ के परे वर्तन बताते इन स्पिन १/२ कणों से ही ब्रह्मांड के सारे भौतिक पदार्थ बने है। हम मनुष्य भी।

तो जब तक गणितीय समाधान की बात है, तब तक स्पिन में कोई समस्या नहीं है। वह कण के भ्रमण से उत्पन्न होने वाले विध्युत-चुम्बकीय क्षेत्रों को मापने से मिल जाता है। लेकिन जब व्यावहारिक रूप से स्पिन को कण के एक गुणधर्म की तरह से समझने की कोशिश करते है, तो वह क्या है यह अभी तक आधुनिक विज्ञान के लिए एक रहस्य है।

लेकिन, ऊपर उल्लेखित स्टीफन हॉकिंग की संमिति (symmetry) वाली बात, वेदों के ऊर्जा के स्वरूपों को उनकी एकरूपता के मापदंड से देखने के नजरिए से मेल खाती है। हम आगे चलकर स्पिन को इसी तरह देखने और समझने लगेंगे।

अध्याय – ६

सृष्टि का आरंभ और सदाशिव की उत्पत्ति

हमने देखा कि बिगबैंग का विस्फोट क्यों हुआ? किस प्रकार पुरुष और स्त्री प्रकृति एक दूसरे में मिलकर ऊंची ऊर्जा घनता में पहुंची, जहाँ उनसे बने ज्योतिर्पिण्ड का केन्द्र अस्थिर बना। और उस अस्थिर केन्द्र की ऊर्जा ने स्थिरता प्राप्त करने के लिए पिण्ड को केन्द्र से परिधी की ओर धक्का मार दिया, जिसके कारण पिण्ड बिगबैंग के धमाके के साथ टूट पड़ा।

बिगबैंग विस्फोट से पिण्ड में मौजूद ब्रह्म दो विरोधी प्रकृतियों में बंटकर विस्तृत होने लगा। परंतु जैसे हमने देखा, वेदों में ब्रह्म की दो विरोधी प्रकृतियों में विभाजन होने के विषय में एक महत्त्वपूर्ण बात कही गई है कि- दो विरोधी प्रकृतियाँ शिव (पुरुष प्रकृति) और शक्ति (स्त्री प्रकृति) ज्योतिर्पिण्ड में एक दूसरे में इतनी ज्यादा एकाकार हो गई थी, कि पिंड़ के विस्फोट के बाद भी उतका संपूर्ण विभाजन संभव नहीं हुआ। जैसे हम समान मात्रा के शहद और दूध को एक दूसरे के साथ मिला दें तो फिर सिर्फ दूध और सिर्फ शहद दो अलग प्यालों में अलग नहीं कर सकते। अलग करने से एक प्याले में दूध ज्यादा आता है और शहद कम आता है तथा दूसरे प्याले में शहद ज्यादा आता है और दूध कम आता है।

इस प्रकार ज्योतिर्पिण्ड के विस्फोट के बाद भी ब्रह्म सम्पूर्णतया पुरुष प्रकृति और स्त्री प्रकृति में विभाजित नहीं हुआ। वह दो विरोधी विभागों में विभाजित हुआ, जिसमें एक विभाग में पुरुष प्रकृति ज्यादा थी और स्त्री प्रकृति कम थी तो उसके सामने वाले विरोधी विभाग में स्त्री प्रकृति ज्यादा थी और पुरुष प्रकृति कम थी। बिगबैंग के विस्फोट के बाद तुरन्त उत्पन्न हुए वह विभाग दो परीमाणों में थे। दोनों के एक परीमाण में पुरुष प्रकृति थी तो दूसरे परीमाण में स्त्री प्रकृति थी। इस प्रकार एक परीमाणीय ज्योतिर्पिण्ड में से दो परीमाण वाले यह दो विभाग उत्पन्न हुए। इसी घटना के लिए पुराणों में कहा गया है कि आदि ज्योर्तिमय पिंड़ में से

सदाशिव उत्पन्न हुए। हम इन दो परीमाणीय विभागों को सृष्टि का स्टेज (१) अथवा 'सदाशिव का स्टेज' कहेंगे।

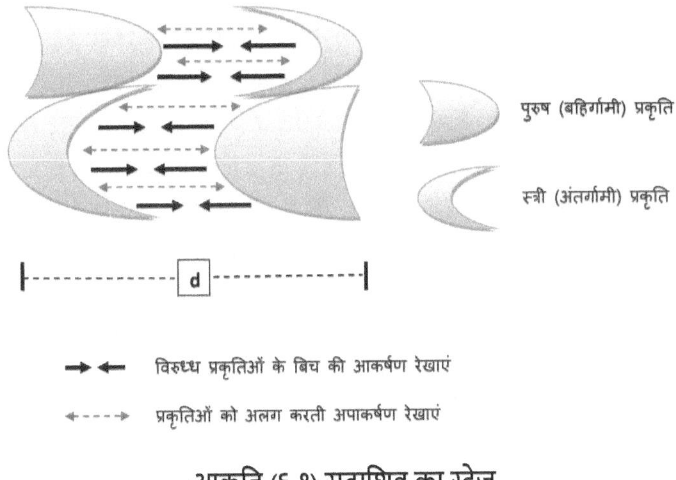

आकृति (६.१) सदाशिव का स्टेज

आकृति ६.१ में बांयी ओर के विभाग में नीचे का पहला परीमाण ज्यादा स्त्री प्रकृति वाला है और उपर का दूसरा परीमाण कम पुरुष प्रकृति वाला है। तो सामने दांयी ओर के विभाग में नीचे का पहला परीमाण ज्यादा पुरुष प्रकृति वाला है, जबकि दूसरा परीमाण कम स्त्री प्रकृति वाला है।

अब, पिण्ड के केंद्र की उर्जा के अपाकर्षण धक्के से केंद्र के आसपास की ऊर्जा में से जब यह दो विभाग अलग पड़े, तब पिण्ड के केन्द्र में केंद्रित उर्जा इन दो विभागों के बीच बहने लगी। यह ऊर्जा उन दो विभागों को एक दूसरे से दूर ले जा रही थी, इसलिए इसे हम अपाकर्षण उर्जा कहेंगे। इस अपाकर्षण ऊर्जा को हमने आकृति में अपाकर्षण रेखाओं के द्वारा दर्शाया है। अपाकर्षण ऊर्जा अदृश्य होती है लेकिन उसका प्रभाव दर्ज किया जा सकता है। इसलिए ऐसी अदृश्य ऊर्जा को समझने के लिए हमने इसे दोनों ओर तीर वाली रेखाओं के स्वरूप में 'अपाकर्षण रेखाएँ' नाम दिया है। दोनों ओर तीर उनका अपाकर्षी स्वभाव दर्शाते हैं।

लेकिन, जैसे ही ये दो विभाग अलग हुए वैसे ही तुरन्त उनमें उपस्थित विरोधी प्रकृतियों का एक दूसरे के प्रति आकर्षण शुरू हो गया। यह समझा जा सकता है कि आज की समग्र सृष्टि की ऊर्जा जब उन दो विभागों में केन्द्रित होगी तब उनकी विरोधी प्रकृतियों के बीच कितना भारी आकर्षण होगा? इस प्रकार वह आकर्षण इतना तीव्र था कि अपाकर्षण रेखाओं के धक्के के कारण वह विभाग आकृति में दिखाए अनुसार ('d') अंतर तक ही जा सके। उस दूरी से विभागों के बीच के आकर्षण बल ने उनके बीच के अपाकर्षण बल को उथला दिया और वे दोनो विभाग ('d') दूरी से एक दूसरे की ओर तेजी से खिंचे आए और आपस में जोर से टकराए। उनके आपस में टकराने से उनमें रही प्रकृतियाँ सामने वाले विभाग की विरोधी प्रकृतियों से मिल गई और तटस्थ ऊर्जा का एक बादल बना दिया। इस घटना के दौरान उन विभागों के बीच फैली हुई अपाकर्षण रेखाओं की उर्जा भी विभागों के मिलन से बने तटस्थ ऊर्जा के बादल में मिल गई। और इसी तटस्थ ऊर्जा के बादल में से महाविष्णु की उत्पत्ति हुई।

अध्याय – ७
महाविष्णु की उत्पत्ति

सदाशिव स्टेज के दो विभागों के एक दूसरे से टकराने से तटस्थ ऊर्जा का जो बादल बना, वह उतना एकरूप नहीं था जितना सृष्टि से पहले का ज्योतिर्पिण्ड था। इसका कारण यह था कि ब्रह्म एक बार दो परिमाणों में बंटे दो विभागों में विभाजित हो चुका था। इसलिए ऐसी खंडित ऊर्जा के मिलने से बना बादल भीतर से उतना एकरूप नहीं था, जितना सृष्टि से पूर्व का ज्योतिर्पिण्ड था। लेकिन इस कम एकरूप बादल में अचानक ऊर्जा घनता उत्पन्न करने का कार्य किया विभागों की गति ऊर्जा ने। जिस तेजी से सदाशिव स्टेज के दो विभाग एकदुसरे की और खींचकर टकराए थे, उससे उनकी ऊंची गति ऊर्जा इस बादल में धक्के के साथ मिली। इस धक्के से बादल की ऊर्जा घनता अचानक बढ़ गई। पर क्योंकि बादल की ऊर्जा पिण्ड जितनी एकरूप नहीं थी, अचानक आई यह ऊर्जा उस बादल में प्रत्येक स्थान पर समान रूप से फैल नहीं सकी।

विभागों में नीचे की ओर मौजूद पहले परिमाण में ज्यादा ऊर्जा थी, इसलिए बादल में भी जहां वह पहले परिमाण की ऊर्जा मिली वहाँ ऊर्जा ज्यादा दबाव के साथ एकत्रित हुई। विभागों की गति ऊर्जा से आई ऊर्जा भी वहीं पर ज्यादा एकत्रित हुई। इसलिए ऊर्जा के इस बादल ने ऊंची ऊर्जा घनता तो प्राप्त कर ली, पर उसका का केन्द्र बादल के बिल्कुल मध्य में न रहकर नीचे की ओर जहाँ ज़्यादा ऊर्जा एकत्र हुई थी, उस ओर बन गया। इस तरह सदाशिव स्टेज के विलय से बना बादल एक अकेन्द्रित (acentric) केन्द्र वाला बादल बना।

यहाँ भी अचानक आयी इस असह्य ऊर्जा के दबाव से केन्द्र अस्थिर बना और उसने भी स्थिरता प्राप्त करने के लिए बादल को परिधि की ओर अपाकर्षण बल का धक्का मारा। इस घटना से बादल फिर से विस्फोट के साथ टूटा और विरोधी प्रकृतिवाले दो विभागों में विभाजित हुआ। पर

इसबार यह विभाग दो नहीं, बल्की सात परिमाणों में बंटे हुए थे। और क्योंकि इस बादल का केंद्र नीचे की ओर केंद्रित था, इसलिए केंद्र का अपाकर्षण धक्का भी केंद्र के नजदीकी भाग में ज्यादा लगा था और जैसे जैसे केंद्र से दूर जाए वैसे उस दूर के भाग में कम लगा था। इस वजह से केन्द्र के नजदीकी भाग में दो विभाग एक दूसरे से ज्यादा दूर गए, जबकि केन्द्र से दूर के भाग में दो विभागों के बीच की दूरी कम रही। यह सच्चाई आकृति (७.१) में देखी जा सकती है।

यहाँ भी दोनों विभागों के बीच वही अपाकर्षण रेखाएं उत्पन्न हुई जो केन्द्र में केन्द्रित हुई ऊर्जा के बहने से बनी थी। इस सात परिमाणीय रचना को हम सृष्टि का स्टेज (२) कहेंगे। शिवपुराण में इस घटना के लिए लिखा गया है कि 'सदाशिव ने स्वयं में से महाविष्णु को उत्पन्न किया।' अर्थात् सदाशिव स्टेज के दोनों विभागों के मिलन के बाद उस तटस्थ बादल से जो सात परिमाणीय रचना उत्पन्न हुई वह महाविष्णु थे। इस प्रकार यह स्टेज महाविष्णु की उत्पत्ति को दर्शाता है, और इसलिए हम इसे 'महाविष्णु स्टेज' भी कहेंगे।

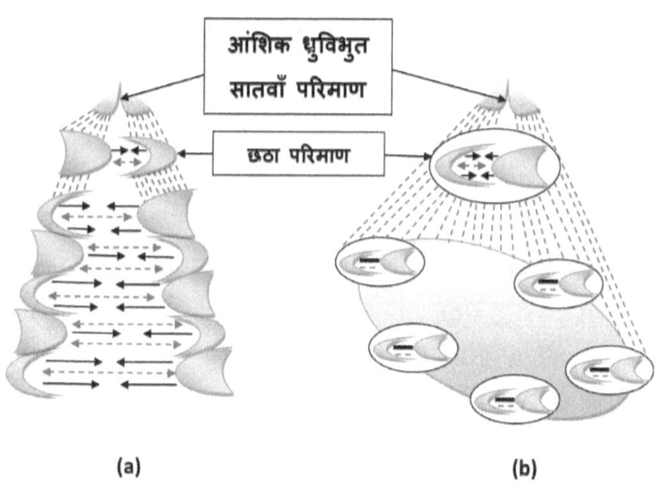

आकृति ७.१ महाविष्णु का स्टेज

यहाँ सातों परिमाणों में दोनों विभाग एक दूसरे से विरुद्ध प्रकृति वाले थे, जो हम आकृति (७.१ a) में देख सकते हैं। नीचे से पहले पांच परिमाणों के स्थान पर केन्द्र का धक्का ज्यादा लगा, इसलिए पहले पाँच परिमाणों में दो विभाग एक दूसरे से ज्यादा दूर गए। जबकि छठे और सातवें परिमाण में केन्द्र से दूर के भाग में होने से वहाँ धक्का कम पहुँचा और इसलिए उस स्थान पर मौजूद ऊर्जा का विरोधी प्रकृतियों में विभाजन कम हुआ। मतलब, वहाँ विभाग एक दूसरे से ज्यादा दूरी पर नहीं गए। उसमें भी सातवें परिमाण में तो धक्का इतना ना के बराबर लगा कि विभागों का विभाजन अति अल्प प्रमाण में हुआ।

इस प्रकार नीचे से उपर सातवां परिमाण अंशतः ध्रुवीकरण प्राप्त बना। इस वजह से विभागों के बीच अस्तित्व में आयी अपाकर्षण रेखाए भी प्रथम छह परिमाणों में स्पष्ट रूप से बिछ गई, जबकि सातवें परिमाण में अंशतः ध्रुवीकरण के कारण उनकी उपस्थिति ना के बराबर रही।

अब आकृति (७.१ b) की चर्चा करते हैं। हम तीन परिमाणों की दुनिया में जीते हैं और हमारे शरीर की उत्पत्ति इन तीन परिमाणों में ही हुई है। इस कारण हम तीन परिमाणों से ज्यादा परिमाणों की रचना कैसे हुई होगी, इसकी कल्पना नहीं कर सकते। इसके बावजूद इस पूरी यात्रा को जानने के बाद मैंने अपने भीतर सात परिमाणीय रचना को कुछ हद तक समझा है। यहां एक दूसरे से ज्यादा अलग हुए पाँच परिमाण एक उल्टी चलनी के मुख के भाग में समाविश है, चलनी की चोटी या शिरोबिन्द पर अंतिम सातवाँ परिमाण है और उस चोटी के नीचे चलनी के मुख की ओर छठा परिमाण है। यह हम आकृति (७.१ b) में देख सकते हैं।

अब यहां भी केन्द्र के धक्के के कारण पहले पाँच परिमाणों में दो विभाग एक दूसरे से 'd' दूरी तक गए। अंतिम छठे परिमाण में वह 'd' से बहुत कम दूरी 'l' तक पहुँचे। जबकि सातवें परिमाण में तो विभागों के बीच की दूरी ना के बराबर थी। अब यहाँ भी प्रकृतियों के अलग पड़ने के साथ ही उनके बीच का आकर्षण बल शुरू हो गया, इसलिए यहाँ भी विभाग प्रत्येक परिमाण में उनके ('d') और ('l') अंतर से एक दूसरे की ओर खिंचे चले आए और टकराए। यहाँ प्रथम पाँच परिमाणों में विभाग

एक दूसरे से ज्यादा गति ऊर्जा के साथ टकराए जबकि छठे और सातवें परिमाण में वह मामूली गति के साथ एक दूसरे में शांति से मिल गए। इस वजह से महाविष्णु स्टेज के सात परिमाणों के विलय से तटस्थ ऊर्जा के एक दूसरे के साथ जुड़े हुए दो अलग अलग बादल अस्तित्व में आए। एक बादल पहले पाँच परिमाणों की ऊर्जा का था, जो विभागों की भारी गति ऊर्जा के साथ बना था और दूसरा बादल अंतिम दो परिमाणों का था, जहां विरोधी प्रकृतियाँ शांति से एकदूसरे में मिल रही थी। तटस्थ ऊर्जा के एक दूसरे के साथ जुड़े हुए दो अलग बादलों वाले इस स्टेज को सृष्टि का स्टेज (३) कहा जाता है। इसके लिए शिवपुराण में कहा गया है- 'महाविष्णु ने ब्रह्मजल में शयन किया।' ये शयन किए हुए महाविष्णु है।

यहाँ यह जानना जरूरी है कि आकृति (७.१ b) में पहले पाँच परिमाणों को जिस तरह चलनी के मुख के आगे अलग अलग दर्शाया गया है, वह तीन परिमाण में पांच परिमाणों की रचना को दर्शाने की असमर्थता की वजह से है। असल में वह पांचो परिमाण चलनी के मुख पर इस तरह स्थापित है की जिससे उन पांच परिमाणों में विभागों के मिलने से पांच अलग नहीं, बल्की एक ही संयुक्त तटस्थ ऊर्जा का बादल बने। इसी प्रकार अंतिम दो परिमाण भी इसी प्रकार स्थापित हैं कि उनके मिलने से भी एक ही संयुक्त बादल बने। यह बात आकृति (७.१ a) में ज़्यादा अच्छी तरह समझ आती है।

अध्याय – ८

ब्रह्मा और ब्रह्मांडो का जन्म

तो, 'महाविष्णु ने ब्रह्मजल में शयन किया।' अर्थात् महाविष्णु स्टेज के सात परिमाण तटस्थ ऊर्जा के दो जुड़े हुए बादलों में परिवर्तित हो गए। महाविष्णु के ब्रह्मजल में शयन करने से दो बादलों वाली जो रचना बनी, उसे हम सृष्टि का स्टेज (३) कहेंगे। यह रचना आकृति ८.१ में दिखाई गई है। दो बादलों वाली यह रचना किसी टेडी बीअर जैसी नज़र आती है, जहां पहेले पाँच परिमाणों का बादल टेडी बीअर के पेट जैसा और आख़री दो परिमाणों का बादल टेडी बीअर के मुख जैसा दिखाई देता है। हम उसे शयन कीए हुए महाविष्णु का पेट और सर भी कह सकते है। आगे विवरण जब भी ज़रूरत पड़ेगी, हम इन दो बादलों को इस तरह पुकारेंगे।

महाविष्णु स्टेज के अंतिम दो परिमाण, जहाँ विभाग एक दूसरे से ज्यादा दूर नहीं गए, वहाँ विरोधी प्रकृतियों का मिलन शांति से और गहराईपूर्वक हुआ। इन दो परिमाणों की ऊर्जा ज्यादा बहेतर रूप से एकरूप और गहन बनी। यह बादल कुछ ऐसा ही था, जैसा सदाशिव स्टेज के दो परिमाणों वाले विभागों के विलय से बना बादल था। लेकिन इस बादल की चर्चा हम इसके बाद वाले अध्याय में करेंगे। पहले पाँच परिमाणों के विलय से बने बादल में जो हुआ उसकी चर्चा अभी करते हैं, क्योंकि उस बादल में बनी घटनाओं ने ही इस सृष्टि में अनेक ब्रह्मांडो को एकसाथ जन्म दिया।

पहले पांच परिमाण, जहाँ विभागों के बीच की दूरी काफी ज्यादा थी वह विभाग भारी तेजी के साथ एक दूसरे से टकराए। तेजी से टकराए विभागों की गति ऊर्जनि बादल की ऊर्जा में अचानक भारी वृद्धि कर दी और बादल में भारी आंतरिक दबाव बनाया। इस भारी आंतरिक दबाव के अंतर्गत बादल की ऊर्जा अपने भीतर अनेक खण्डों में परिवर्तित हो गई। पहले से ही यह बादल पाँच परिमाणों में खंडित विभागों के मिलने से बना

था, अर्थात् उसकी एकरूपता कम ही थी। और उसमें विभागों की भारी गति-उर्जा मिली जिसने बादल के आंतरिक दबाव को अतिशय बढ़ा दिया, जिससे उस बादल की ऊर्जा भीतर से अनेक खण्डों में विभाजित हो गई।

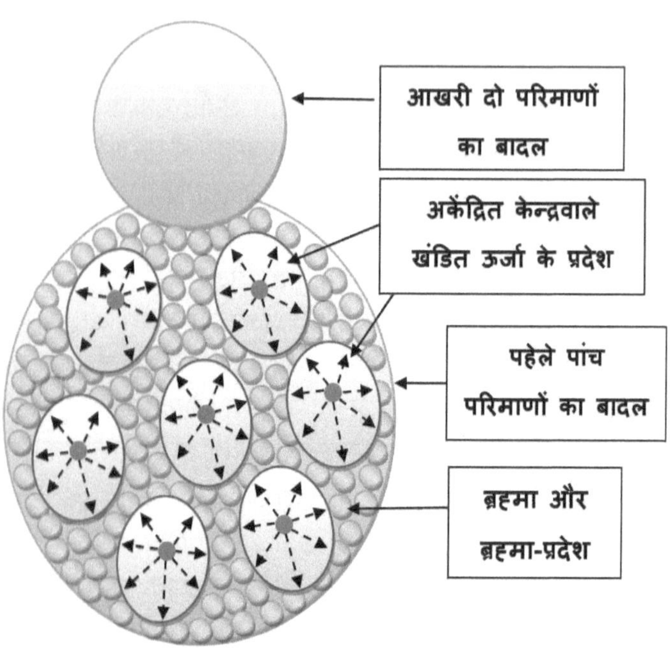

आकृति ८.१ सृष्टि के स्टेज ३ और ब्रह्मा की उत्पत्ति

अब वह बादल इतना खंडित था की उसका कोई एक केंद्र नहीं बन सकता था। इसलिए अब उस बादल की ऊर्जा उसके भीतर बने उन अनेक खण्डों में ही दबाव में आई। और उन खंडों में उनका अपना स्वतंत्र केंद्र अस्तित्व में आया। यह केंद्र उन खंडों में तैयार हुई ऊर्जा घनता के केंद्र थे। और क्योंकि इन खंडों की ऊर्जा भी बिलकुल ज्योतिरपिंड जैसी एकरूप नहीं थी, इन खंडों के केंद्र भी एक और सिरके हुए थे। यानी की इन खंडों के केंद्र अकेंद्रित थे। इन अकेन्द्रित केन्द्र वाले खण्डों को हम 'खंडित प्रदेश' कहेंगे।

जब अचानक खड़े हुए आंतरिक दबाव के कारण पहले पाँच परिमाणों का बादल अनेक खंडित प्रदेशों में बंटा, तब उन प्रदेशों के बीच के भाग में मौजूद ऊर्जा किसी भी प्रकार के अतिरिक्त दबाव से मुक्त रही। एक तरह से विभागों की गति ऊर्जा का पूरा दबाव उन खंडित प्रदेशों में चला गया, और उन खंडित प्रदेशों के बीच की ऊर्जा में विरोधी प्रकृतियों का मिलन शांति और सहजता से हुआ। परिणाम स्वरूप वहाँ बादल की ऊर्जा ज्यादा एकरूप बनी। खंडित क्षेत्रों के बीच के इस एकरूप ऊर्जा के प्रदेश को हम 'एकरूप प्रदेश' कहेंगे। अब यहां भी, प्रत्येक खंडित प्रदेश का अकेंद्रित केन्द्र ऊर्जा की ऊँची घनता से अस्थिर बना और स्थिरता प्राप्त करने के लिए उसने केन्द्र से परिधि की ओर तीव्र धक्का मारा। इस धक्के के कारण प्रत्येक खंडित प्रदेश की ऊर्जा छिन्न भिन्न होकर बहुत ऊंची ऊर्जावाली भारी भरकम तरंगों के स्वरूप में बाहर की ओर बिखरी।

अब, इसके कारण एक दूसरी घटना भी घटित हुई। चारों ओर रचे गए उन खंडित प्रदेशों के केन्द्रों का धक्का एकसाथ जब उनके बीच के 'एकरूप प्रदेश' तक पहुँचा तब उस एकरूप प्रदेश की ऊर्जा चारों ओर से बीच की ओर दबीं। उस दबाव के कारण वह एकरूप ऊर्जा चारों ओर से गोलाकार संमिति वाली छोटी छोटी गेंदो में बंट गई। सृष्टि के स्टेज (३) में यह ऊर्जा इतनी खंडित थी कि गोलाकार संमिति वाली यह गोल गेंदे तीन ही परिमाणों में बन पाई। मतलब वह स्पिन (०) वाली गेंदे थी। चारों ओर से और भीतर से समान ऊर्जा वाली होने से इन गेंदो की ऊर्जा उनके केन्द्रों में इस प्रकार बिल्कुल मध्यम में ही केन्द्रित हो गई जैसे सृष्टि के ज्योतिर्पिण्ड की ऊर्जा उसके केन्द्र में हुई थी।

तो इस प्रकार, पांच परिमाणों के बादल में खंडित प्रदेशों के बीच में गोलाकार संमिति या स्पिन ० स्थिति वाले तीन परिमाणीय गोले अस्तित्व में आए। यह गोले या गेंदे और कुछ नहीं बल्कि 'शयन किए हुए महाविष्णु' की नाभि से उत्पन्न होनेवाले 'ब्रह्मा' थे।

ब्रह्मा को वेदों में चतुर्मुख ब्रह्मा कहा गया है। अर्थात् चारों ओर से समान मुखवाले ब्रह्मा। हम धार्मिक सिरियलों में भी तीन मुखवाले ब्रह्मा

देख चुके हैं। असल में वह चार मुखवाले हैं। चौथा मुख पहले मुख के पीछे छिपा हुआ है। इन चार मुखों के विवरण द्वारा वेद यही इशारा करते हैं कि ब्रह्मा में चारों ओर से समान दिखने वाली गोलाकार संमिति वाली रचना है। अर्थात् ब्रह्मा स्पिन ० स्थिति की रचना है।

इस प्रकार एकरूप प्रदेश खिचोखिच भरे ब्रह्माओं का प्रदेश बना। यह ब्रह्मा असंख्य मात्रा में थे। जब खंडित प्रदेशों की ऊर्जा उनके केंद्रों के धक्के से बिखरकर बीच के एकरूप क्षेत्र में प्रवेश कर गई, तब वह एकरूप क्षेत्र उन केन्द्रों के धक्के से ब्रह्माओं का प्रदेश बन चुका था। इसलिए खंडित क्षेत्रों में से अलग पड़ी भारी शक्तिशाली तरंगें ब्रह्मा प्रदेश में आकर इन ब्रह्माओं के साथ टकराई। भौतिक विज्ञान के एक सिद्धांत के मुताबिक यदी तरंगों की अपनी ऊर्जा बहुत ज्यादा हो, तो तरंग की गति ऊर्जा उसकी स्थिति उर्जा में परिवर्तित होती जाती है, इससे तरंग की गति मंद पड़ती जाती है और वह ज्यादा से ज्यादा भारी या शक्तिशाली बनती जाती है। इसलिए यह शक्तिशाली तरंगें भी खंडित क्षेत्रों में से अलग होकर ज्यादा दूर जा नहीं सकी और बीच में मौजूद ब्रह्माओं में जा-जाकर मिलने लगी। इसलिए ब्रह्माओं की ऊर्जा अतिशय बढ़ गई, जो उनके केन्द्रों में ऊंची ऊर्जा घनता के स्वरूप में केन्द्रित हुई। इस कारण अब प्रत्येक ब्रह्मा के केन्द्र अस्थिर बने। इन अस्थिर केन्द्रों ने उन ब्रह्माओं की ऊर्जा को केन्द्र से परिधि की ओर धक्का मारा और केन्द्रों के उस धक्के से प्रत्येक ब्रह्मा की ऊर्जा बिल्कुल उसी प्रकार विघटित हुई जिस तरह सृष्टि का ज्योतिर्पिण्ड विघटित हुआ था।

अर्थात् वह प्रत्येक ब्रह्मा की ऊर्जा पहेले दो परिमाण वाले शिव स्टेज अर्थात् स्टेज (१) में आई, फिर उन दो परिमाणों वाले विभाग के मिलने से जो बादल बना उसने विस्फोट के साथ सात परिमाणों वाले विष्णु की रचना की। यानी की स्टेज २ आया और विष्णु स्टेज के सात परिमाणों के मिलने से सृष्टि के स्टेज (३) जैसा ही स्टेज (३) ब्रह्मा के विघटन से भी अस्तित्व में आया। जहां पर भी, पहले पांच परिमाण और अंतिम दो परिमाणों के दो अलग अलग बादल एक दूसरे के साथ जुड़े हुए थे। ब्रह्मा

के विघटन से उत्पन्न हुई इस श्रृंखला को प्रत्येक ब्रह्मा में से उत्पन्न हुआ, उस ब्रह्मा का 'ब्रह्मांड' कहा जाता है।

ब्रह्मांड अर्थात् 'ब्रह्मा का अंड' या 'ब्रह्मा का अँडा'। ब्रह्मा के विघटन से जो बाहर आया, वह ब्रह्मा का अंड अर्थात् 'ब्रह्मांड' था। इस प्रकार सृष्टि के स्टेज (३) में अनेक ब्रह्माओं की उत्पत्ति हुई जिन्होंने स्वयं में से अपने अपने ब्रह्मांडों का सृजन शुरू किया। सृष्टि के स्टेज १ - सदाशिव स्टेज, स्टेज २ - महाविष्णु स्टेज और स्टेज ३ - महाविष्णु के शयन से ब्रह्मांड के इन तीनों स्टेज को अलग करने के लिए हम उन्हें ब्रह्मांड का स्टेज १ - शिव स्टेज, स्टेज २ - विष्णु स्टेज और स्टेज ३ - विष्णु शयन कह सकते है। पर आगे हमें ब्रह्मांडो के स्टेज १ और स्टेज २ की ज़्यादा ज़रूरत नहीं पड़ेगी। इसलिए हम 'सदाशिव' और 'महाविष्णु' नामों को सृष्टि के स्टेज १ और स्टेज २ के साथ ही जुड़े रखेंगे, और ब्रह्मांडो के बिलकुल इसी तरह के पड़ावों को हम 'ब्रह्मांड का स्टेज १', 'ब्रह्मांड का स्टेज २', 'ब्रह्मांड का स्टेज ३' और 'ब्रह्मांड का स्टेज ४' कहेंगे।

अब सृष्टि की आगे की यात्रा इन ब्रह्मांडो के स्टेज ३ में होती है, क्योंकि सृष्टि का स्वरूप इन अनेक ब्रह्मांडो का स्वरूप ही बन चुका है। सृष्टि अनेक ब्रह्मांडो में बंट गई और उस प्रत्येक ब्रह्मांड में स्टेज १, २ से होते हुए स्टेज ३ आया, जहां स्टेज २ के पहले पांच परिमाणों का बादल और आखरी दो परिमाणों का बादल आपस में जुडे हुए है। यहां पर भी हम पहले पांच परिमाणों के बादल की ही बात करेंगे। आखरी दो परिमाणों की बात बाद के अध्याय में होगी।

ब्रह्मांडो का स्टेज ३:

प्रत्येक ब्रह्मांड के स्टेज - ३ में भी पाँच परिमाणों के बादल में खंडित प्रदेश अस्तित्व में आए। इन खंडित प्रदेशों की ऊर्जा सृष्टि के स्टेज ३ में बने खंडित प्रदेशों से अनेक गुना ज्यादा खंडित थी। क्योंकि वह सृष्टि के स्टेज-३ में उत्पन्न हुए असंख्य ब्रह्मांडों में से किसी एक ब्रह्मांड के स्टेज ३ की ऊर्जा थी। वह कोई अतिशक्तिशाली भारी तरंगो का समूह नही था। वह आज के ब्रह्मांड के फोटोन जितनी शक्ति वाली तरंगों का समूह

था। 'फ़ोटोन' यानी आज के हमारे ब्रह्मांड में प्रकाश व अन्य तरंगो की जो ऊर्जा होती है उसका नाप। इसलिए ब्रह्मांड के खंडित क्षेत्रों को सृष्टि के खंडित क्षेत्रों से अलग करने के लिए हम उन्हें 'फोटोन प्रदेश' कहेंगे। इन फोटोन प्रदेशो के केंद्र भी एक ओर सरके हुए, यानी की अकेंद्रित थे। और यहाँ भी फोटोन प्रदेशों के बीच एक एकरूप प्रदेश बना हुआ था।

यहाँ भी तमाम फोटोन क्षेत्रों के केन्द्रों ने एकसाथ अपनी ऊर्जा को केन्द्र से परिधि की ओर धक्का मारा और इस धक्के के कारण ब्रह्मांडो में भी बीच का एकरूप प्रदेश स्पिन ० स्थिति वाली अनेक गेंदों में परिवर्तित हुआ। ये गेंदे, हालांकि वह उनके पूर्वज ब्रह्मा की ही प्रतिकृति थी, लेकिन उन में सृष्टि के स्टेज-३ में उत्पन्न हुए ब्रह्माओं से बहुत कम उर्जा थी। इस प्रकार वह और कुछ नहीं बल्कि ब्रह्मा की ही छोटी प्रतिकृति वाले स्पिन ० स्थिति के कण थे, जिनको हम दूसरी पीढ़ी के ब्रह्मा कह सकते हैं। लेकिन आधुनिक विज्ञान इसी दूसरी पीढ़ी के ब्रह्मा को 'हिग्स बोसोन' कहेता है। याद हैं ना आपको वह २०१२ वाला हिग्स बोसोन, जिसके मिलने पर पूरी दुनिया के मीडिया में 'गॉड पार्टिकल' या 'ईश्वरीय कण' मिल जाने की बूम मची थी? हालांकि, वैज्ञानिको ने उसे उस तरह नहीं बुलाया, पर वाकेही वह एक बड़ी उपलब्धि थी। क्योंकि हिग्स बोसोन ही वह कण है जो तरंगो के रूप में घूमती मुक्त ऊर्जा को द्रव्यमान का रूप देते है। यानी की शुरुआत में इन्ही कणों ने अदृश्य तरंगो को द्रव्यमान दिया और उसीसे ब्रह्मांड के शुरुआती कण अस्तित्व में आए और उन कणों ने आपस में जुड़कर तारे, आकाशगंगाए और ग्रह जैसे पदार्थ बनाए। यानी की यह पूरा दृश्य ब्रह्मांड हिग्स बोसोन की वजह से बना, या उसने बनाया। तो बताइए, हैंना ये ईश्वरीय कण? बिलकुल है। इसी लिए तो हजारों साल पहले भारतीय ऋषियों ने भी उसे 'ब्रह्मा' नाम देकर ब्रह्मांड का रचयिता कहा था, और उसे शिव और विष्णु के साथ तीसरे मूल भगवान की उपाधी दी थी। वह तीनो कोई इंसान नहीं थे, वह इस सृष्टि को रचनेवाली ऊर्जा की तीन मूलभूत डिजाइन थे, जिनके आधार पर इस पूरी सृष्टि का सृजन हुआ।

तो दूसरी पीढ़ी के ब्रह्मा के रूप में हिग्स बोसोन उत्पन्न हुए और ब्रह्मांडों का एकरूप प्रदेश अनेक हिग्स बोसोन से भरा हुआ 'हिग्स प्रदेश' बना।

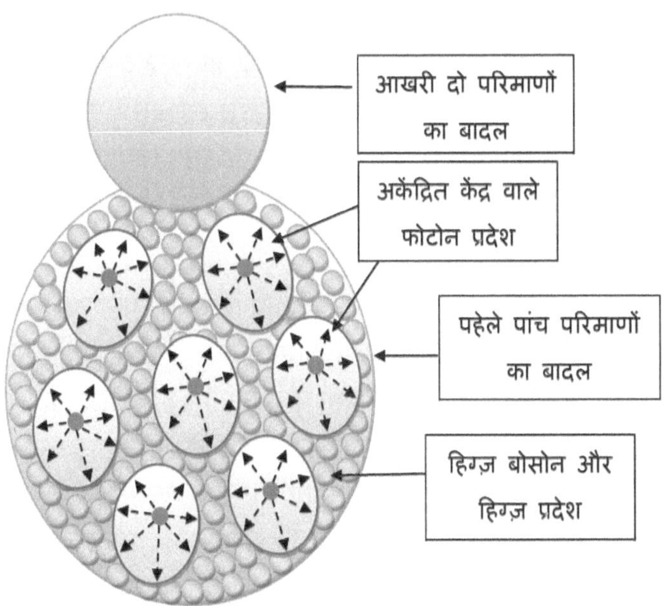

आकृति ८.२ ब्रह्मांड का स्टेज-३ और हिग्ज बोसोन की उत्पत्ति

सृष्टि के स्टेज ३ में खंडित प्रदेशों से शक्तिशाली भारी तरंगे निकली थी, जो अपने भारीपन के कारण आगे नहीं जा पाई और बीच में रहे ब्रह्माओ पर ही सिमट गई। लेकिन, फोटोन क्षेत्रों से अलग पड़ी कम उर्जा वाली हल्की तरंगे जब बीच के हिग्ज प्रदेश में पहुंची, तब अपने हल्केपन के कारण हिग्ज बोसोन में मिल जाने के स्थान पर उनसे टकराते टकराते आगे बढ़ने लगी। तरंगों के हिग्ज बोसोन के साथ इस टकराव के कारण तरंगों की गति ऊर्जा अवरोधित होती गई और वह गति ऊर्जा उनकी स्थित ऊर्जा में परिवर्तित होती गई। अवरोध और टकराने के कारण हिग्ज बोसोन की ऊर्जा भी इन तरंगों में मिली। इस तरह वह तरंगे शक्तिशाली

बनी और एक फोटोन प्रदेश की शक्तिशाली तरंगे दूसरे फोटोन प्रदेश की शक्तिशाली तरंगों के साथ हिग्ज प्रदेश में टकरायी। हिग्ज प्रदेशों में ऐसी असंख्य तरंगों के टकराव से असंख्य छोटे बादल बने। इन प्रत्येक बादलों में भी ऊर्जा की घनता उच्च स्तर पर पहुंचने से प्रत्येक बादल में ऊर्जा घनता का एक केंद्र बना। इन केंद्रो ने भी अस्थिर होकर अपने छोटे बादल को अंदर से बाहर की ओर धक्का मारा। इस कारण प्रत्येक छोटे बादल की ऊर्जा विरोधी प्रकृतिवाले दो सूक्ष्म विभागों में विभाजित हो गई और उन दो विभागों के बीच बादल के केन्द्र की ऊर्जा अपाकर्षण रेखाओं के स्वरूप में विस्तृत हुई।

यह सूक्ष्म विभाग भी हिग्स बोसोन की तरह तीन परिमाणों में ही थे। प्रत्येक विभाग एक परिमाण में बहिर्गामी प्रकृति वाला था तो दूसरे परिमाण में अंतर्गामी था। एक विभाग में अंतर्गामी प्रकृति ज्यादा थी और बहिर्गामी प्रकृति कम थी तो उसके सामने वाले विभाग में उसके उलट था। इस तरह एक प्रकार से यह विभाग उस डोरी के आकार के सूक्ष्म विभाग ही थे, जैसा हमने प्रकरण - ३ की आकृति (३.३) में दर्शाया था। एक तरह से वह ऐसे ही थे जैसे ज्योतिर्पिण्ड के विस्फोट से सदाशिव स्टेज में उत्पन्न विभाग थे, बस उनका कद और ऊर्जा सदाशिव स्टेज की तुलना में अतिशय मामूली था। इसके साथ एक और मुख्य फर्क यह था कि यह सूक्ष्म विभाग दो नहीं, तीन परिमाण में थे। दो परिमाण में यह विभाग विरोधी प्रकृतियाँ रखते थे और तीसरे परिमाण में उनकी धारी झुकी हुई थी। मतलब इन सूक्ष्म विभागों की धुरी सीधी नहीं थी, बल्कि एक ओर झुकी हुई थी। इसलिए सामान्य रूप से किसी भी पदार्थ को हम ३६० औंस का पूर्ण गोल भ्रमण दें तो वह उसकी पहले की मूल जगह पर वापस आ जाएगा, लेकिन इन त्रिपरिमाणीय विभागों को ३६० औंस का पूर्ण भ्रमण देने से वह तीसरे परिमाण की ओर झुके समतल में चले जाते थे और दूसरा एक ३६० औंस का भ्रमण देने से वह वापस अपने मूल स्थान व समतल पर लौटते थे। यह बात हम नीचे आकृति ८.३ में देख सकते है।

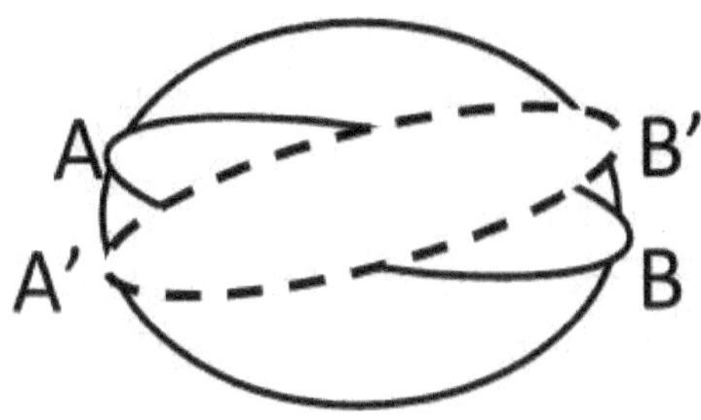

आकृति ८.३ त्रिपरिमाणिय विभागों का स्पिन

आकृति के मुताबिक़ एक विभाग अपने मूल स्थान A-B पर है। यहाँ से अगर उसे ३६० औंस का एक भ्रमण दिया जाए तो वह दूसरे समतल में जाकर स्थान A'-B' पर स्थिर होता है। वहाँ से अगर उसे वापस अपने मूल स्थान A-B पर लाना हो, तो उसे एक और ३६० औंस का पूर्ण भ्रमण देना होगा। इस प्रकार इन विभागों के स्वरूप में ऐसे पदार्थ अस्तित्व में आए कि जिनको उनकी मूल स्थिति में लाने के लिए ३६० औंस के दो अर्थात् कुल ७२० औंस का एक परिभ्रमण देना पड़ता। ऐसे पदार्थों को हम स्पिन १/२ स्थिति के कणों के तौर पर जानते हैं। आज का सम्पूर्ण दृश्य ब्रह्मांड (प्राणियों और मनुष्य के साथ) ऐसे ही स्पिन स्थिति के कणों से बना हुआ है। यह कण हैं - क्वार्क, ईलेक्ट्रॉन, प्रोटोन, न्यूट्रॉन और दूसरे अनेक।

इस प्रकार हिग्स बोसोन से ऊर्जावान बनी असंख्य तरंगों के टकराने से जो असंख्य त्रिपरिमाणीय विभाग अस्तित्व में आए, वह सृष्टि के पहले मूलभूत कण थे। इन असंख्य कणों के बीच असंख्य अपाकर्षण रेखाएं भी अलग पड़ी जिन्होंने इन कणों की जोडी को लगातार एक दूसरे से दूर धकेला। इस कारण सृष्टि में उत्पन्न हुए प्रत्येक ब्रह्मांड का तीन परिमाणों में विस्तरण शुरू हुआ। इस विस्तरती त्रि-परिमाणीय सृष्टि को हम सृष्टि का और उस सृष्टि में जन्में असंख्य ब्रह्मांडों का स्टेज ४ कहेंगे।

यहाँ पर आधुनिक विज्ञान और उपनिषदों के बीच एक और फ़र्क़ सामने आता है। आधुनिक विज्ञान बिगबैंग के विस्फोट के साथ तुरन्त ही आज का त्रि-परिमाणीय ब्रह्मांड अस्तित्व में आया - ऐसा कहता है।

जब की भारतीय शास्त्र कहते है कि सृष्टि की समग्र ऊर्जा ज्योतिर्पिण्ड में इतनी एकरूप थी कि वह एक ही धमाके से इतनी खंडित नहीं हो सकती थी। सृष्टि की यह ऊर्जा पहले सदाशिव स्वरूप में आई, फिर महाविष्णु स्वरूप में, फिर शयन करते महाविष्णु स्वरूप में और फिर वहां पर ब्रह्मा के जन्म के कारण त्रि-परिमाणीय कणों से बने स्टेज -४ के स्वरूप में आई। इस स्टेज -४ को ही वेदों में ब्रह्मा का ब्रह्मांड कहा गया है। यही हमारा आज का ब्रह्मांड है।

शिवपुराण में सृष्टि के सृजन का वर्णन महाविष्णु के ब्रह्मजल में शयन करने की घटना के बाद कुछ इस प्रकार आगे बढ़ता है 'शयन करते महाविष्णु की नाभि में से कमल-पुष्प निकला और उस कमल पुष्प के मध्य में ब्रह्मा बिराजमान हुए। ब्रह्मा ने प्रजापति को उत्पन्न किया और प्रजापति ने तपस्या करके स्वयं में से इस ब्रह्मांड का सृजन किया।

हमने पूर्व में देखा कि महाविष्णु का ब्रह्मजल में शयन करने का मतलब महाविष्णु स्टेज के दोनों विभागों का एक दूसरे में विलीनीकरण हो जाने से तटस्थ ब्रह्म के दो जुड़े हुए बादल बन जाना था। हमने जाना कि इन दो बादलों में से आख़िरी दो परिमाणों का बादल महाविष्णु के सर के समान था, और पहले पाँच परिमाणों का बादल महाविष्णु के पेट कि समान था। इस पेट के भाग में खंडित प्रदेशों के बीच जो एकरूप ऊर्जा का प्रदेश निर्माण हुआ, उसे ही कहा गया है कि, विष्णु की नाभि में से कमल-पुष्प प्रगट हुआ। कमल को शांत और निर्मल ऊर्जा का प्रतीक माना जाता है, जो एकरूप ऊर्जा वाले प्रदेश की शांत और तटस्थ ऊर्जा का प्रतिक है। इस एकरूप ऊर्जा के क्षेत्र में जब चारों ओर से समान संमिति वाले ब्रह्मा का निर्माण हुआ तब उसे कहा गया, कमल के मध्य भाग में ब्रह्मा बिराजमान हुए। और उन्ही ब्रह्माओं के विस्फोट से जो ब्रह्मांड अस्तित्व में आए, उन्हें ही कहा गया 'ब्रह्माने ब्रह्मांड का सृजन किया'। लेकिन, प्रत्येक ब्रह्मा ने अपने ब्रह्मांड का सृजन कैसे किया? प्रजापति को जन्म देकर। तो यह प्रजापति कौन है?

प्रजापति अर्थात् हिग्स बोसोन से शक्ति पाकर भारी बनी तरंगो के टकराने से उत्पन्न हुए सृष्टि के पहले त्रि-परिमाणीय कण। यह कण अपनी

ऊर्जा के साथ अपने जैसे अन्य कणों के साथ जुड़े और क्रमशः ज्यादा से ज्यादा ऊर्जा संगठित कर तारों और ग्रहों जैसे बड़े पदार्थ बनाए। कणों के परस्पर जुड़ने से ज्यादा से ज्यादा ऊर्जा के संगठित होने की घटना को ही कहा गया है 'प्रजापति ने तप किया'। और क्योंकि ऐसे अनेक कणों ने खुद आपस में जुड़कर ही इन बड़े पदार्थों की रचना की, इसलिए कहा गया है कि 'प्रजापति ने तप करके स्वयं में से ब्रह्मांड का सृजन किया'। जैसे तप करके शरीर में ऊर्जा का संचय किया जाता है, वैसे ही कणों ने अपनी ऊर्जा को एकदूसरे की ऊर्जा से जोड़कर ऊर्जा का संचय किया और उस सामूहिक ऊर्जा से विभिन्न पदार्थों का निर्माण हुआ। इस प्रकार वेदों के ब्रह्मा आधुनिक विज्ञान के हिग्ज बोसोन हैं और वेदों के प्रजापति और कुछ नहीं ब्रह्मांड के मूलभूत त्रि-परिमाणीय कण हैं।

इस प्रकार सृष्टि के स्टेज (३) में पाँच परिमाणों के बादल में से अनेक ब्रह्मांड शुरू हुए जो खुद अपने स्टेज ३ से गुजरकर सृष्टि के स्टेज (४) में त्रि-परिमाणीय कणों और अपाकर्षण रेखाओं से भर गए। इस प्रकार सृष्टि का स्टेज (४) और ब्रह्मांडो का स्टेज (४) एक ही हक़ीक़त बना, क्योंकि ब्रह्मांडो का त्रिपरिमाणीय विस्तरण ही सृष्टि का भी त्रिपरिमाणीय विस्तरण था। यानी कि स्टेज ४ से सारी सृष्टि उसके अनेको ब्रह्मांडो के साथ त्रि-परिमाणिय कणों और उनके बीच फैली अपाकर्षण रेखाओं से भर गई। इस प्रकार महाविष्णु के पेट का वह बादल अनेक ब्रह्मांडों के विस्तरण के साथ स्टेज (४) स्थिति के एक गुब्बारे की तरह फूलने लगा।

यह थी कहानी उस पाँच परिमाणों के बादल की। अब बात करते है महाविष्णु के उस सर की, अर्थात सृष्टि के स्टेज (३) में बने उन अंतिम दो परिमाणों के बादल की।

अध्याय – ९

सृष्टि और ब्रह्मांडों का आकार

तो अब बात शयन करते हुए महाविष्णु के सर की। पहले सृष्टि के स्टेज (३) में बने महाविष्णु के अंतिम दो परिमाणों के बादल की चर्चा करेंगे। इसके बाद ब्रह्मांडो के स्टेज (३) में बने दो परिमाणों के बादल की चर्चा होगी।

यहाँ महाविष्णु के अंतिम दो परिमाणों की ऊर्जा बहुत शांति से और गहराई से एक दूसरे में मिल रही थी। अंतिम दो परिमाणों का वह बादल कुछ इस प्रकार एकरूपता पर पहुँच चुका था जैसा सदाशिव स्टेज के विभागों के मिलने से बना बादल पहुँचा था। यहाँ जब छठे और सातवें परिमाण में विभाग एक-दूसरे में मिले तब छठे परिमाण में विभाग सातवें के सापेक्ष ज़्यादा दूर गए होने के कारण थोड़ी गति ऊर्जा के साथ आपस में मिले। इस कारण इस बादल की ऊर्जा-घनता भी छठे परिमाण की ओर ज्यादा केन्द्रित हुई। मतलब, इस बादल का केन्द्र नीचे की ओर (छठे पड़रमाण की ऊर्जा की ओर) सरका हुआ था। इस प्रकार यह बादल भी सदाशिव स्टेज के मिलने से बने बादल की तरह अकेंद्रित केंद्र वाला था। इसलिए जब इस केन्द्र ने ऊंची ऊर्जा-घनता से अस्थिर बनकर बादल को परिधि की ओर धक्का मारा, तब यह बादल भी महाविष्णु स्टेज की तरह ही सात परिमाणों वाली रचना के दो विभागों में विभाजित हुआ। यह सात परिमाणों वाली रचना सृष्टि के महाविष्णु स्टेज वाले सात परिमाणों की रचना से काफ़ी छोटी थी, पर बिलकुल उसी की प्रतिकृति थी।

इस छोटी सात परिमाणों वाली रचना में भी पहले पांच परिमाण एक दूसरे से ज्यादा दूर गए थे और अंतिम दो परिमाण नजदीक थे। यहाँ पर पांच परिमाण वाला हिस्सा एक ओर दो परिमाण वाले हिस्से से जुड़ा हुआ था और दूसरी ओर महाविष्णु के पेटरूपी स्टेज (४) स्थिति के गुब्बारे के साथ जुड़ा हुआ था। अब यहां भी वही होता है जो सृष्टि के मूल स्टेज (२) के बाद हुआ था। पहेले पांच परिमाण बहुत ऊँची गति ऊर्जा के साथ एक

दूसरे से टकराते हैं और अंतिम दो परिमाण नजदीक होने से बहुत शांति और गहनता से एक दूसरे में मिल जाते हैं। इस कारण से यह छोटी स्टेज सात परिमाणीय रचना भी एक छोटी स्टेज (३) की रचना में परिवर्तित होती है। यहाँ भी पहले पाँच परिमाणों के बादल में खंडित प्रदेश और खंडित प्रदेशों के केंद्रो के धक्के से ब्रह्मा उत्पन्न होते है। जबकि अंतिम दो परिमाणों में ऊर्जा ऊंची एकरूपता और घनता पर पहुँचती हैं। यह वही समय होता है जब सृष्टि के सबसे पहेले पाँच परिमाणों का बादल त्रि-परिमाणीय कण और उनके बीच अपाकर्षण रेखाओं को उत्पन्न कर एक स्टेज (४) सृष्टि के गुब्बारे के रूप में फूलना शुरू कर देता है।

अब यहाँ से आकृति ९.१ में देखिए। इस छोटी स्टेज (३) रचना के पहेले पाँच परिमाण वाला बादल दूसरी ओर महाविष्णु के स्टेज (४) गुब्बारे के साथ जुड़ा हुआ है।

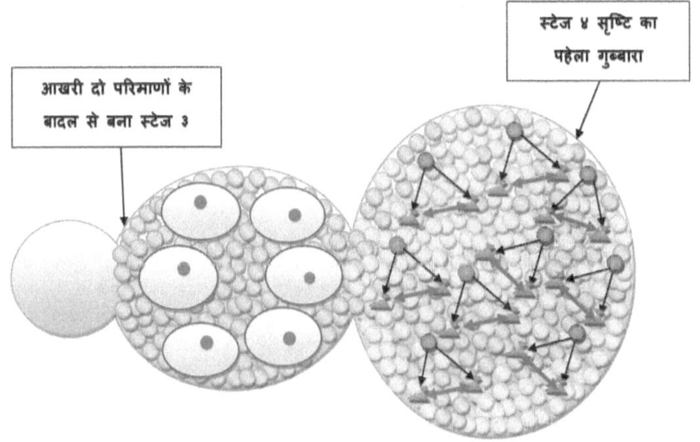

आकृति ९.१ स्टेज (४) सृष्टि का नजदीकी स्टेज (३) सृष्टि के साथ जोड़

अब इस नए पाँच परिमाणों के बादल में भी पहली पीढ़ी के ब्रह्मा विस्फोट से फूटते है और ख़ुद में से एक नए ब्रह्मांड का सृजन शुरू करते है। हर ब्रह्मा का अपना स्वतंत्र ब्रह्मांड, जो यहाँ पर भी सृष्टि कि ही तरह यात्रा करते हुए स्टेज (१), स्टेज (२) और स्टेज (३) से होकर स्टेज (४) में आता

है, जहाँ प्रत्येक ब्रह्मा के ब्रह्मांड में त्रि-परिमाणीय कण और उनके बीच अपाकर्षण रेखाएं उत्पन्न होती है। इससे, उस छोटी स्टेज (३) रचना के पहेले पाँच परिमाणों वाला बदल भी सृष्टि के स्टेज (४) में आकर एक गुब्बारे की तरह चारों ओर फूलने लगता है। इस तरह सृष्टि का दूसरा गुब्बारा अस्तित्व में आता है, जो पहेले गुब्बारे से जुड़ा हुआ है।

सृष्टि के इस दूसरे गुब्बारे में भी अनेक ब्रह्मांड त्रि-परिमाणीय कण और अपाकर्षण रेखाएँ उत्पन्न कर स्टेज (४) स्थिति के गुब्बारे के रूप में फूल रहे है। इस दौरान दूसरी ओर इस छोटी स्टेज (३) रचना का अंतिम दो परिमाणों का बादल भी उसकी घनता की चोटी पर पहुँच कर विस्फोट के साथ फूटता है और स्टेज (२) जैसी सात परिमाणों वाली एक और छोटी रचना अस्तित्व में आती है। इन सात परिमाणों में से भी पहेले पाँच परिमाणों और आख़री दो परिमाणों के अलग बादल बनते है, जिसमें से पहेले पाँच परिमाणों के बादल में पहली पीढ़ी के ब्रह्मा उत्पन्न होते है। यह ब्रह्मा यहाँ पर भी विस्फोट के साथ अपना अपना ब्रह्मांड शुरू करते है और स्टेज (४) में आकर नए त्रि-परिमाणीय कण और अपाकर्षण रेखाएँ उत्पन्न करते है। इस तरह सृष्टि का तीसरा गुब्बारा अस्तित्व में आता है, जो स्टेज (४) में फूल रहा है। और तब तक पास वाला दो परिमाणों का बादल फिरसे एक छोटी सात परिमाणों की रचना बनाता है। उसके पहेले पाँच परिमाणों के बादल में से सृष्टि का चौथा गुब्बारा बनता है और आख़री दो के बादल में से फिर एक नई सात परिमाणीय रचना बनती है।

इस प्रकार एक के बाद एक स्टेज (४) के स्वरूप के त्रि-परिमाणों में विस्तृत होते गुब्बारों की क्रमिक श्रृंखला बनती है, जहां किसी भी समय देखने से सृष्टि का एक तरफ का सिरा स्टेज (४) के पहले गुब्बारे से और दूसरी ओर का सिरा अंतिम दो परिमाणों के बादल से बना होता है। इस प्रकार लगातार स्टेज (४) के गुब्बारे बनाते रहते अंतिम दो परिमाणों से बने बादल की ऊर्जा क्रमशः कम होती जाती हैं। इस वजह से उनमें से बननेवाले नए गुब्बारों की ऊर्जा भी क्रमशः कम होती जाती है। इस वजह

सृष्टि में हर समय पर देखने पर किसी भी नए गुब्बारे में उसके पहेले के पुराने गुब्बारे से कम ऊर्जा होती है। परन्तु यहां एक बहुत ही महत्त्वपूर्ण बात ध्यान में रखनी है। पुराने गुब्बारों के सापेक्ष बाद में उत्पन्न हुए नये गुब्बारों की ऊर्जा कम अवश्य होती है, लेकिन किसी भी समय पर बाद में उत्पन्न हुए गुब्बारों की ऊर्जा उनके पहले उत्पन्न हुए गुब्बारों से कम विस्तृत होती है। क्योंकि जब पुराना गुब्बारा फूलने लगता है तब तो नए गुब्बारे के बनने की शुरुआत हो रही होती है। इसलिए किसी भी समय पर देखने से, बाद में उत्पन्न हुए गुब्बारों की ऊर्जा भले ही कम हो, पर उनकी ऊर्जा-घनता क्रमश: ज़्यादा होती है।

इस प्रकार किसी भी क्षण देखने से सृष्टि का प्रथम स्टेज (४) गुब्बारा ज्यादा विस्तृत, उसके बाद का गुब्बारा उससे कम विस्तृत, उसके बाद का उससे कम - इस प्रकार क्रमशः पीछे के गुब्बारे कम विस्तृत होते हैं। एक समय ऐसा आता है कि अंतिम दो परिमाणों से बना बादल इतनी कम ऊर्जा वाला रह जाता है कि वह विस्फोटित हो सके उतनी ऊर्जा-घनता धारण नहीं कर पाता। और ऐसा बादल निर्माण हुए आख़िरी स्टेज (४) स्थिति के गुब्बारे के पीछे एक छोटी तटस्थ ऊर्जा की गेंद के रूप में स्थायी होता है। वह तटस्थ एकरूप ऊर्जा वाली एक छोटी बॉल होती है और उसके आगे के गुब्बारे की उर्जा के साथ जुड़ी हुई होती है। इस प्रकार किसी भी समय सृष्टि को देखने पर वह आकृति ९.२ के रूप में एक चलनी के आकार में नजर आती है, जहाँ चलनी का आगे का चौड़ा भाग पहले गुब्बारे से बना होता है और चलनी की चोटी या शिरोबिंदु तटस्थ उर्जा की छोटी सी गेंद से बना होता है। इस तटस्थ ऊर्जा की गेंद के रूप में मौजूद यह शिरोबिंदु ही हमारी चलनी आकार की सृष्टि का केन्द्र है।

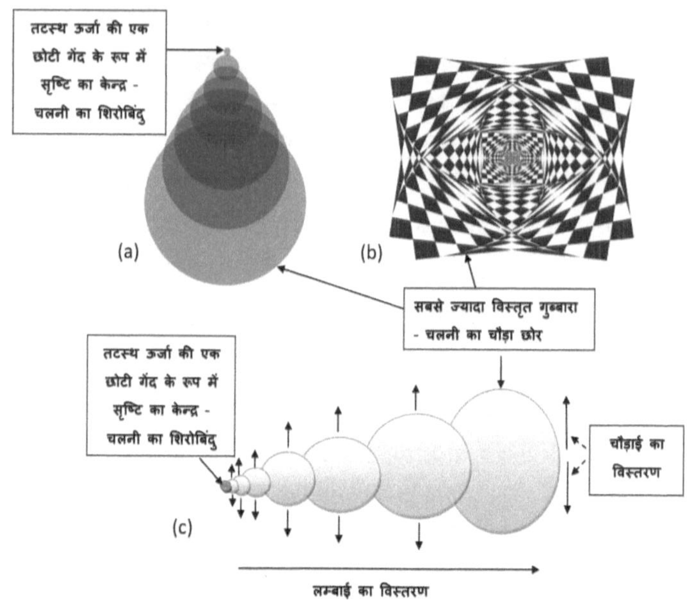

आकृति ९.२ सृष्टि (महाविष्णु) का आकार - एक लम्बा गुब्बारा या चलनी

तो, स्टेज (२) में खडे सात परिमाणों वाले महाविष्णु स्टेज (३) में शयन किए हुए महाविष्णु बने, जो स्टेज (४) में इस प्रकार समानांतर गुब्बारों की श्रृंखला के रूप में संपूर्ण शयन किए हुए रूप में स्थापित हुए। यह श्रृंखलाबद्ध गुब्बारों से बनी संयुक्त रचना को ही भारतीय शास्त्रों में 'ब्रह्मजल में शयन कर रहे महाविष्णु' के रूप में दिखाया गया है जिनके अंदर से अनेको ब्रह्माओं ने अनेको ब्रह्मांडो में सृजन शुरू किया है। यह लगातार चल रहा सृजन जिसे हमने 'प्रक्षेपण' कहा, यह इन्ही शयन किए हुए महाविष्णु के अंदर हो रहा है जिन्हें हम आकृति ९.२ में देख सकते है। यानी कि सदशिव के बाद जब महाविष्णु की उत्पत्ति हुई तब से लेकर अबतक सृष्टि और महाविष्णु समानार्थी शब्द है। दोंनो एक ही है। जो सृष्टि की रचना है वही महाविष्णु की भी रचना है। इसलिए आइए, इस सृष्टि या महाविष्णु की रचना को आकृति ९.२ में ठीक से समझ लेते है।

आकृति ९.२ में दर्शाए अनुसार हमारी सृष्टि अनेक गोल गुब्बारों के जुड़ने से बने एक लंबे गुब्बारे के स्वरूप में स्थापित हुई है। इसका केन्द्र आख़िर में बनी छोटी तटस्थ गेंद है। इस लम्बे गुब्बारे में मौजूद प्रत्येक गुब्बारा सृष्टि के स्टेज (४) में अपाकर्षण रेखाओं से चारों दिशाओं में विस्तृत हो रहा है। इस वजह से सृष्टि का विस्तरण उसके प्रत्येक गुब्बारे की लम्बाई और चौड़ाई दोनों में होता है। इस प्रकार सृष्टि का विस्तरण ऐसे अनेक गोल गुब्बारों के जुड़ने से बने एक लम्बे गुब्बारे का विस्तरण है, जो लम्बाई में भी विस्तृत होता है और चौड़ाई में भी विस्तृत होता है। इसलिए सृष्टि का केन्द्र 'तटस्थ गेंद' सृष्टि की प्रत्येक दिशा में होते इस विस्तरण का भी केन्द्र बनता है।

हमारा अस्तित्व इन गुब्बारों में से किसी एक गुब्बारे में स्थित किसी एक ब्रह्मांड में है। इस लिए हम इन गुब्बारों की श्रृंखला से बनी सृष्टि को आकृति (९.२ - c) की तरह नहीं देख सकते। हमारे लिए एक गुब्बारे में से दूसरे गुब्बारे में जाने का प्रवेशद्वार एक कुएं के प्रवेशद्वार की तरह हैं। अर्थात् किसी एक गुब्बारे में मौजूद प्राणी के रूप में, हमारे लिए यह सृष्टि आकृति ९.२ a और b जैसी है। लेकिन सृष्टि को बाहर से कोई देखे (जो संभव नहीं है, क्योंकि जो है, वह सब सृष्टि स्वयं ही है और जो है, वह सृष्टि में ही है) तो उसे यह सृष्टि आकृति ९.२ - c जैसे एक लम्बे गुब्बारे या चलनी के समान दिखेगी। आकृति ९.२ - c सृष्टि के आकार की जानकारी देती है, लेकिन अगर किसी दिन हमें अपनी आँखो से सम्पूर्ण सृष्टि दिखायी दे, तो वह आकृति ९.२ a और b की तरह नजर आएगी। यह सृष्टि के आकार की एक सैद्धांतिक समझ है।

अब, सृष्टि या शयन किए महाविष्णु के प्रत्येक गुब्बारे में उत्पन्न हुए असंख्य ब्रह्मांडों की बात कर लेते हैं। हम जानते है की उस प्रत्येक ब्रह्मांड का सृजन भी सृष्टि के क्रमिक सृजन की प्रतिकृति में ही हुआ था। हम यहाँ तक जानते है की, प्रत्येक ब्रह्मांड के स्टेज ३ में विष्णु (ब्रह्मांडो के महाविष्णु आकार को हमने 'विष्णु' कहा है) का पेट यानी कि पहेले पाँच परिमाणों का बादल स्टेज (४) में आकर गुब्बारे के स्वरूप में विस्तृत होने लगा। लेकिन प्रत्येक ब्रह्मांड में भी स्टेज (३) के अंतिम दो परिमाणों के बादल

की बात हमने बाक़ी रखी थी। वहाँ भी वही हुआ, जो सृष्टि के दो परिमाणों के बादल में हुआ था।

उस बादल में भी ऊर्जा इस तरह से एकरूप हुई जैसे महाविष्णु के सर में हुई थी। उसका भी एक अकेंद्रित केन्द्र उत्पन्न हुआ, जिसने उस बादल में से सात परिमाणों वाली एक छोटी स्टेज २ की रचना बनायी। उस सात में से पहले पांच परिमाणों के बादल में उसी तरह फोटोन प्रदेश और हिग्ज बोसोन के स्वरूप में दूसरी पीढ़ी के ब्रह्मा उत्पन्न हुए, जिस प्रकार ब्रह्मांडों के पहले गुब्बारे में हुए थे। यहाँ भी फोटोन प्रदेशो में से अलग हुई शक्तिहीन तरंगें हिग्ज बोसोन से बने हिग्ज प्रदेश में आई और हिग्ज बोसोन के साथ टकराने से शक्तिशाली बनी। यहाँ भी इन शक्तिशाली तरंगों ने परस्पर टकराकर त्रि-परिमाणीय कणों और उनके बीच अपाकर्षण रेखाएँ उत्पन्न की। इस प्रकार ब्रह्मांड का दूसरा गुब्बारा तैयार हुआ। यह होने के साथ ही इस छोटी सात परिमाणों वाली रचना के आख़री दो परिमाणों का बादल फिर से टूट पड़ा और एक नई पर पहले से छोटी सात परिमाणीय रचना बनाई। फिर पाँच परिमाणों का और दो परिमाणों का बादल बना। फिर पाँच परिमाणों के बादल में से स्टेज - ४ स्थिति में विस्तृत होता हुआ ब्रह्मांड का नया गुब्बारा बना और दो परिमाणों का बादल नई सात पड़रमाणीय रचना में विभाजित हुआ। इस प्रकार प्रत्येक ब्रह्मांड की रचना भी सृष्टि की ही तरह एक दूसरे से जुड़े हुए समांतर गुब्बारों की श्रृंखला के आकार में बनी, जिसका केंद्र गुब्बारों के आख़िर में स्थापित तटस्थ ऊर्जा की छोटी गेंद थी। इस प्रकार महाविष्णु के हर गुब्बारे के अंदर बने हर ब्रह्मांड का आकार भी शयन किए हुए महाविष्णु की ही प्रतिकृति में बना।

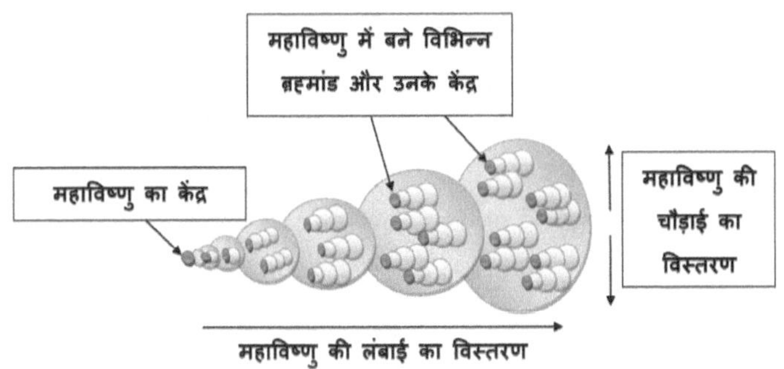

आकृति ९.३ महाविष्णु के प्रत्येक गुब्बारे में रचित अनेक ब्रह्मांड

कुछ हिन्दशास्त्रों में भी विष्णु को तीन स्वरूपों में दर्शाया गया है। इन शास्त्रों के वर्णन के मुताबिक सृष्टि का संचालन करने के लिए विष्णु तीन स्वरूप लेते हैं। एक महाविष्णु अथवा कर्नोडाकाशयी विष्णु, दूसरे गर्भोदाकाशयी विष्णु और तीसरे क्षिरोडाकाशयी विष्णु। इसमें सृष्टि के सात परिमाणीय स्टेज (२) को महाविष्णु अथवा कर्नोडाकाशयी विष्णु कहा गया है। यह सात परिमाणों में विभागों के मिल जाने से समग्र सृष्टि जो चलनी आकार में स्थापित समांतर गुब्बारों की रचना में आती है, उन्हें गर्भोदाकाशयी विष्णु कहा गया है। यानी कि वह हमारे शयन किए हुए महाविष्णु है। इस प्रकार उन शास्त्रों में 'महाविष्णु गर्भोदाकाशयी विष्णु को उत्पन्न करते है', यह कहा जाता है। गर्भोदाकाशयी विष्णु स्वयं में से असंख्य ब्रह्मांड पैदा करते है। उन असंख्य ब्रह्मांडों के विघटन से ब्रह्मांडो के व्यक्तिगत स्टेज (२) के तौर पर जो सात परिमाणीय रचना बनती है, उसे 'क्षिरोडाकाशयी विष्णु' कहा गया है।

इस प्रकार एक ही हकीकत को अलग अलग शास्त्रों में अलग अलग शब्दो द्वारा भिन्न रूप से वर्णित किया गया है। कई स्थानों पर महाविष्णु ने अनेक गर्भोदाकाशयी विष्णु उत्पन्न किए और उन अनेक गर्भोदाकाशयी विष्णु ने अनेक ब्रह्मांड सृजित किए ऐसा कहा गया है। इस वर्णन में महाविष्णु में से उत्पन्न हुए सृष्टि के अनेक गुब्बारों को अनेक

गर्भोदाकाशयी विष्णु कहा गया है। इस प्रकार सत्य एक ही है, घटना एक ही घटित हुई है और एक ही होती है, लेकिन उन घटनाओं का वर्णन शब्दों द्वारा होने से, अलग अलग देश, अलग अलग संस्कृति और अलग अलग व्यक्ति के साथ वह वर्णन बदलता रहता है। एक मनुष्य के रूप में हमारा ध्यान सत्य की सटीकता पर ही होना चाहिए, बजाए की भाषा के शब्दों पर।

हम सत्य के वर्णन को ज्यादा सरल और सटीक रखने के लिए सिर्फ़ महाविष्णु नाम के साथ ही आगे बढ़ेंगे। सृष्टि की शुरूआत में उत्पन्न होने वाली स्टेज २ की सात परिमाणीय रचना को हम महाविष्णु स्टेज कहेंगे, जो अंत में चलनी के आकार में स्थापित एक समांतर गुब्बारे की रचना में आ जाती है। वही हमारे शयन किए हुए महाविष्णु है। इसलिए अब से जब हम महाविष्णु स्टेज कहे तब हम सृष्टि के स्टेज (२) की बात कर रहे है और जब सिर्फ़ 'महाविष्णु' कहे तब हम महाविष्णु की वर्तमान अवस्था, यानी की गुब्बारों की श्रृंखला में फैली वर्तमान सृष्टि की बात कर रहे है। उस सृष्टि के भीतर पेदा होनेवाले ब्रह्मांडो के स्टेज (२) को हम विष्णु का नाम दिए बिना सिर्फ़ 'ब्रह्मांडों का स्टेज (२)' ही कहेंगे।

युनिवर्स नहीं, मल्टीवर्स:

'सृष्टि में असंख्य ब्रह्मांड एकसाथ समांतर रूप से कार्य कर रहे हैं' - वेदों के इस दावे की पश्चिम ने अभी बीसवीं सदी तक हँसी उड़ाई थी। लेकिन अब एकाएक भौतिक विज्ञान ऐसे गणितीय समीकरणों पर पहुँचा है, जहाँ एक ब्रह्मांड के साथ जुड़े हुए दूसरे अनेक ब्रह्मांडों की बात मानी ना जाए तब तक समाधान होना संभव नहीं है। इसी कारण दूसरी अनेक बातों की तरह आधुनिक विज्ञान वेदों के अनेक ब्रह्मांडों के सिद्धांतों को भी 'मल्टीपल युनिवर्स' (Multiple Universe) की संभावना के रूप में मानने लगा है। अब तो वैज्ञानिक वेदों की इस बात को भी मानने लगे हैं कि सृष्टि के वह अनेक ब्रह्मांड एक दूसरे के साथ कब के सम्पर्क में आ गए हैं और उनके बीच कवोंटम स्थिति में (अर्थात् सूक्ष्म कणों की स्थिति) में ऊर्जा का विनिमय चल रहा है। अर्थात् एक ब्रह्मांड के गुब्बारों की सीमा उसके

आसपास के ब्रह्मांड के गुब्बारों की सीमा में घुलमिल गई है। अब उनकी निश्चित सीमाएँ अलग करनी मुश्किल है। इस वजह से अब ब्रह्मांड के लिए उपयोग में आने वाले 'यूनिवर्स' और 'मल्टीपल यूनिवर्स' जैसे शब्दों के स्थान पर आधुनिक विज्ञान 'मल्टीवर्स' (Multiverse) शब्द का उपयोग कर रहा है। 'वर्स' (verse) अर्थात् रचना। किसी श्लोक या कविता की पंक्ति को भी 'वर्स' कहा जाता है। 'यूनिवर्स' (uni-verse) अर्थात् एक रचना और 'मल्टीवर्स' (multi-verse) अर्थात् ऐसे अनेक यूनिवर्स जब एक दूसरे में मिल जाते हैं तब उनसे बनने वाली संयुक्त रचना। अर्थात् हम अंतरीक्ष में जो भी दृश्य पदार्थ देखते हैं, उनमें से कितने हमारे ब्रह्मांड के होंगे और कितने दूसरे ब्रह्मांड के होंगे, यह जानना मुश्किल है। इस प्रकार अब हम एक मल्टीवर्स में जी रहे हैं।

सृष्टि में असंख्य ब्रह्मांडों की रचना करने वाले असंख्य ब्रह्मा हैं, यह बात भागवत पुराण में दो प्रसंगों में सांकेतिक रूप से सुन्दरता से वर्णित की गई है। एक बार ब्रह्माजी का अहम बालक कृष्ण के किसी कर्म या वचन से आहत हुआ। तो, ब्रह्माजी ने कृष्ण के बचपन के सभी मित्रों का अपहरण कर लिया। इस बात से क्रोधित महाविष्णु के अवतार बालकृष्ण ने ब्रह्माजी के अहंकार को तोड़ने के लिए सृष्टि के सभी ब्रह्माओं को अपने समक्ष उपस्थित होने का आदेश भेजा। सृष्टि के असंख्य ब्रह्मा एक साथ ब्रह्माजी के सामने ही कृष्ण के समक्ष उपस्थित हुए। यह देखकर ब्रह्माजी का अभिमान टूट गया कि 'सृष्टि का रचयिता - ब्रह्मा' मैं अकेला नहीं हूँ। ऐसे तो अनेक हैं और वह सभी महाविष्णु की संतानें हैं। इस प्रकार ब्रह्माजीने कृष्ण से माफी माँगी और उनके मित्रों को छोड़ दिया।

ऐसे ही एक अन्य प्रसंग में ब्रह्माजी एक बार नारदमुनि के साथ श्रीकृष्ण से मिलने द्वारिका गए। कृष्ण के सभाखंड के बाहर आकर ब्रह्माजी ने थोड़े अभिमान के साथ नारदमुनि से कहा, 'जाओ भीतर जाकर भगवान कृष्ण से कहो कि ब्रह्माजी आए हैं।' नारदमुनि मंद मंद मुस्कुराते हुए भीतर गए और श्रीकृष्ण से बोले, 'भगवान। आपसे मिलने ब्रह्माजी आए हैं।' तब कृष्ण ने नारदजी से पूछा, 'कौन से ब्रह्मा, नारदजी?' नारदजी श्रीकृष्ण की बात समझ गए। उन्होंने ब्रह्माजी के पास जाकर कहा, 'भगवान पूछ रहे हैं कि

आप कौन से ब्रह्मा हैं?' तब ब्रह्माजी ने आहत अहम के साथ कहा - 'कौन से ब्रह्मा मतलब?'

तब नारदजीने कहा: 'महाविष्णु की सृष्टि में तो अरबों ब्रह्माजी हैं। वह सब भगवान कृष्ण से मिलने आते रहते हैं। आप कौन से ब्रह्मा हैं?' यह सुनकर ब्रह्माजी का अभिमान टूट गया और अहंरहित मनःस्थिति के साथ वह कृष्ण के समक्ष उपस्थित हो पाए।

अध्याय – १०

प्रजापति द्वारा सृजन की शुरूआत

तो, सृष्टि महाविष्णु आकार में आ चुकी है। उसने अपने हर गुब्बारे के अंदर अनेको ब्रह्मांड रच दिए है। प्रत्येक ब्रह्मांड समांतर गुब्बारों से बने महाविष्णु की छोटी प्रतिकृति के आकार में आ चुका है। और सृष्टि एवं ब्रह्मांडो के हर गुब्बारे के अंदर एक ही चीज़ हो रही है; नए त्रि-परिमाणीय कण बन रहे है और उनके बीच नई-नई अपाकर्षण रेखाएँ अस्तित्व में आ रही है, जो उन गुब्बारों का विस्तरण कर रही है। इस तरह पूरी सृष्टि आपने ब्रह्मांडो के साथ विस्तृत हो रही है। यह सृष्टि का स्टेज (४) है। वही स्टेज (४), जहां प्रजापति रूपी सृष्टि के पहेले मूलभूत कण उत्पन्न हुए और जहां से उन कणों ने सृजन शुरू किया। यहीं से फ़िज़िक्स, यानी कि आधुनिक भौतिक विज्ञान शुरू होता है।

बिगबैंग से सृष्टि की शुरुआत के बाद अब तक हमने जो कुछ भी देखा, वह भारतीय शास्त्रों का और मेरा दर्शन है। वह वेदांत का सृष्टि का मोडल है, जो यहाँ से आधुनिक विज्ञान के मोडल से मिलता है। तो आइए, यहाँ से वेदांत के दर्शन और आधुनिक भौतिक विज्ञान को साथ लेकर प्रजापति का सृजन देखते है।

प्रत्येक ब्रह्मांड के हिग्ज प्रदेश में जो पहले त्रि-परिमाणीय कण अस्तित्व में आए, वह क्वार्क और एंटी-क्वार्क थे। यह वह विरोधी विभाग थे, जो भारी बने तरंगो के टकराने से उत्पन्न हुए थे। इनके एक विभाग में पुरुष प्रकृति ज़्यादा थी और स्त्री प्रकृति कम, तो दूसरे विभाग में बिल्कुल उसका उलटा। ऐसे विभागों में से ही कोई एक क्वार्क कहलाया तो उसका विरोधी विभाग एंटी-क्वार्क। सृष्टि में एसे कुल छह तरह के क्वार्क पाए जाते है, पर उनमें से चार इतने भारी होते है की उत्पन्न होने के कुछ माइक्रो-सेकंड में ही बाक़ी के दो स्थायी क्वार्क में रूपांतरित हो जाते है। तो सृष्टि में स्थायी रूप से दो ही क्वार्क देखने मिलते है- एक, अप क्वार्क और दूसरा,

डाउन क्वार्क। इन दोनों के विरोधी विभागों को यानी की उनके प्रतिकण (anti-particle) को कहते है, एंटी-अप क्वार्क और एंटी-डाउन क्वार्क। तो, सृष्टि के स्टेज (४) में तमाम ब्रह्मांडो में जो पहले त्रि-परिमाणीय कण उत्पन्न हुए, वह थे अप क्वार्क, डाउन क्वार्क और उनके विरोधी प्रतिकण।

इन दो विरोधी विभागों या कण और प्रतिकण का आकार बिलकुल वैसा ही था, जैसा हमने अध्याय ३ में आकृति ३.३ में विभागों के डोरी आकार को जाना था। यह कण अपनी ऊर्जा और विरोधी कण के बिना अपने अधूरेपन में अपनी धुरी पर कम्पन करते है। उस कम्पन के लगातार धक्के से उस डोरी आकार का अपनी धुरी पर भ्रमण होता है। अब हमने जाना था की यह त्रि-परिमाणीय विभाग दो परिमाणों में अपनी प्रकृतियाँ रखते थे और तीसरे परिमाण में यह डोरी आकार जुका हुआ रहेता था। इसी वजह से जब यह डोरी आकार के कण अपनी धुरी पर भ्रमण करते तब एक भ्रमण के पूरे होने पर उनका आकार दूसरे समतल में चला जाता और दूसरा एक और भ्रमण देने पर वह आकार फिर उसी समतल में वापस आता। हमने अध्याय ५ में जाना था की एसे कणों को स्पिन (१/२) स्थिति के कण कहा जाता है और दृश्य सृष्टि के सारे दिखनेवाले पदार्थ यही स्पिन (१/२) स्थिति के कणों से ही बने है।

तो, ऐसी असंख्य तरंगें थी जो हिग्ज प्रदेश में टकराइ और उनमें से ऐसी असंख्य क्वार्क और एन्टी क्वार्क की जोड़ियाँ उत्पन्न हुई, जहाँ प्रत्येक जोड़ी के बीच अपाकर्षण रेखाएँ बिछ गई। इस प्रकार उन असंख्य कणों की जोड़ीयों के बीच अपाकर्षण रेखाओं का एक पूरा जाल उत्पन्न हुआ। अपाकर्षण रेखाओं के इस जाल को वेदों में 'काल' कहा गया है। 'काल' यानी 'अंधेरा'। अस्तित्व का वह स्थान जहां देखने के लिए कुछ नहीं है, जहां बस अंधेरा है। इसी 'काल' को आधुनिक विज्ञान आज 'अवकाश-समय' (space-time) कहेता है। इसी लिए आधुनिक विज्ञान के अनुसार अवकाश-समय की उत्पत्ति ब्रह्मांड में त्रि-परिमाणीय कणों के साथ हुई, लेकिन वेदांत के अनुसार 'काल' की उत्पत्ति तब से हुई जब से सदाशिव स्टेज उत्पन्न हुआ। सदाशिव स्टेज यानी की सृष्टि के स्टेज (१) के दो विरोधी विभागों के बीच ही सबसे पहेलीबार अपाकर्षण रेखाएँ पैदा हुई

थी, फिर वे महाविष्णु स्टेज के विभागों के बीच पैदा हुई और फिर स्टेज (४) में विरोधी कणों के बीच फिर से पैदा हुई। पर पहेले दो स्टेज में बहुत शक्तिशाली दो विभाग इस काल के दोनों छोरों पर थे और एकदूसरे की ओर आने के लिए आकर्षण बल लगा रहे थे। उन दो विशाल विभागों के आकर्षण के बीच उन अपाकर्षण रेखाओं की शक्ति कम पड़ी। इसलिए वह पहेले दोनों स्टेज में नष्ट होकर तटस्थ ऊर्जा के बादल में मिल गई।

लेकिन स्टेज (४) में अपाकर्षण रेखाओं को दो छोरों से दबानेवाले विभाग करोड़ों की संख्या में बिखरकर सूक्ष्म हो चुके थे, जबकि अपाकर्षण रेखाएँ उन सब के बीच एक साथ उत्पन्न हुई और वह सब एक साथ ब्रह्मांडो को उनकी परिधि की ओर बल लगा रही थी। इसलिए यहाँ कुछ अलग घटित हुआ। अपाकर्षण रेखाएँ, यानी की काल, कणों के आकर्षण बल पर भारी पड़ा और उसने कणों को एकदूसरे से दूर फेंककर ब्रह्मांडो की सीमाओं का विस्तार करना शुरू कर दिया। इस तरह सृष्टि के स्टेज (४) से काल हमेशा के लिए सृष्टि में स्थायी हो गया और पूरी सृष्टि उसके बीच में ही निर्माण होने लगी।

यहीं से ब्रह्म का फिर से अपनी ऊर्जा को संगठित करके अद्वैत ज्योतिर्पिंड बन जाने का लक्ष्य युगों के पुरुषार्थ में तबदील हो गया। ज्योतिर्पिंड के विस्फोट के साथ जो असंतुलन शुरू हुआ था, वह अब अपने सबसे दीर्घकालीन स्वरूप में प्रवेश कर गया था। विस्तरण के इस असंतुलन को रोकने के लिए ब्रह्म को ज़रूरी था कि वह अपने सबसे छोटे टुकड़ों को अब वे जहां भी है, वहीं से समेटना शुरू करे और उन्हें जोड़कर बड़े बड़े पदार्थों का निर्माण करने की कोशिश करे, ताकि इस विस्तरण को रोका या धीमा किया जा सके। उसके लिए ज़रूरी था 'काल' में तैरते उन कणों को आपस में जोड़ना। और उन कणों को जोड़ने के लिए जो सबसे पहला बल सृष्टि में अस्तित्व में आया, वह था विद्त-चुम्बकीय बल।

विद्युत चुम्बकीय बल की उत्पत्ति:

आकृति १०.१ में किसी दो फोटोन के टकराने से बनी उनकी संयुक्त ऊर्जा बिन्द 0(०,०,०,०) के आगे मौजूद है। यह स्थान चार परिमाण (X,Y,Z,T)

में दिखाया गया है जहां X,Y और Z अवकाश के तीन परिमाण है और T समय बताता है। यानी कि फ़ोटोनो के टकराने से बना बादल शून्य समय पर सभी परिमाणों में शून्य स्थान पर है। वही आगे जो होगा उसके लिए हमारा संदर्भ स्थान है। उस बादल में से आगे चलकर कोई एक कवार्क और उसके एंटी-कवार्क की एक जोड़ उत्पन्न होती है। मान लेते है की इस कवार्क की पुरुष प्रकृति ज़्यादा है तो उसे हम लिंगम के प्रतीक के साथ दर्शाते है और एंटी-कवार्क में स्त्री प्रकृति ज़्यादा है तो उसे हम योनि के प्रतीक के साथ दर्शाते है। आकृति की सरलता के कारण उन दोनों में रही कम प्रकृति को हमने नहीं दर्शाया। अब यहाँ से क्योंकि हम भौतिक विज्ञान की सीमाओं में प्रवेश कर रहे है, हम वेदांत के शब्द पुरुष प्रकृति को धन प्रकृति और स्त्री प्रकृति को ऋण प्रकृति कहेना शुरू करेंगे।

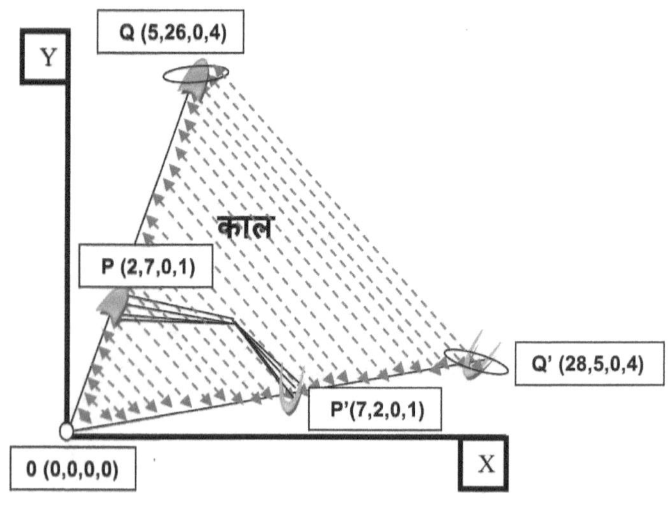

आकृति १०.१ विद्युत-चुम्बकीय बल की उत्पत्ति

आकृति के मुताबिक शून्य समय पर दो फोटोनों की कुल ऊर्जा ० (०,०,०,०) के स्थान पर स्थित है। यहाँ से विस्फोट द्वारा इस ऊर्जा का विघटन होता है और उसमें से अप क्वार्क और एन्टी क्वार्क नामक दो कण अलग होते हैं। यह कण अलग होकर T=1 समय पर बिंदु P और P' पर

पहुँचते है, जिसकी वजह से बिंदु P और P' के बीच में अपाकर्षण रेखाएँ फैलती है। साथ में उन दोनों के बीच फैले इस अवकाश में उनके बीच के आकर्षण का प्रतिनिधित्व करती आकर्षण रेखाएँ भी अस्तित्व में है। याद रहे, दोनों ही - अपाकर्षण और आकर्षण रेखाएँ कोई दृश्य रेखाएँ नहीं है, जिन्हें हम देख सजाते है। वह असल में ऊर्जा है जिनमें से एक अपाकर्षण बल लगाती है, और दूसरी आकर्षण बल। इस अदृश्य बल को दर्शाने के लिए हम रेखाओं का सहारा लेते है, जैसे स्कूल में हम चुम्बक के बीच का आकर्षण बल समझने के लिए आकर्षण रेखाओं का सहारा लेते थे।

अब, कण और प्रतिकण की इस जोडी ने जैसे ही अलग होकर आकार धारण किए, उनकी ऊर्जा का एक हिस्सा उनकी स्थित ऊर्जा में संगठित हुआ। लेकिन उनकी तटस्थ स्थिति चली जाने से, वह एक अधूरी सर्किट बन गए। इसी अधूरेपन की वजह से उनका अपनी धुरी पर कंपन शुरू हुआ और उसी कंपन की वजह से उनका अपनी धुरी पर भ्रमण शुरू हुआ। और क्योंकि उन कणों की प्रकृति आपस में विरुध्द है, इसलिए उनका भ्रमण भी एकदूसरे से विरुद्ध दिशा में होता है। अब इस परिभ्रमण के कारण कण और प्रतिकण के बीच बनी आकर्षण रेखाओं में आकृति में दिखाए अनुसार P और P' के स्थान पर आंटी पड़ गई। यहाँ से जब वह एकदूसरे से ज़्यादा दूर गए, तब बिंदु Q और Q' के स्थान पर उनके बीच की आकर्षण रेखाएँ उस आंटी के स्थान से टूट गई और वह आकर्षण रेखाओं की ऊर्जा उन कणों के आसपास एक अनामत क्षेत्र के रूप में आरक्षित हो गई।

अब किसी कण के इस अनामत क्षेत्र में अगर कोई विरोधी कण आएगा तो वह चुम्बक की तरह उस मध्य में रहे कण की ओर खिंचा जाएगा और उसमें मिल जाएगा। वे दोनों कण एकदूसरे के प्रति जो सीधा आकर्षण बल लगा रहे थे, उसे उन कणों का विद्रत बल कहते है। पर आकर्षण रेखाओं के तुटने के बाद उन कणों के आसपास जो चुम्बकीय बल कार्यरत हुआ उसे उस कण का 'विद्रत-चुम्बकीय बल' कहते है। और वह अनामत क्षेत्र जिसमें यह बल कार्यरत रहेता है, उसे उस कण का 'विद्रत-चुम्बकीय क्षेत्र' कहते है। अगर दो विरुद्ध प्रकृति वाले कण

एक दूसरे के नज़दीक आते है, तो उनका यह विद्त चुम्बकीय बल उन्हें आपस में खींचकर टकरा देता है। लेकिन अगर समान प्रकृति के कण एकदूसरे के नज़दीक आते है, तो उनका विद्त चुम्बकीय बल उन्हें वहीं से एकदूसरे से दूर धकेल देता है। क्योंकि समान प्रकृतियाँ नज़दीक आने पर कोई पुरुष प्रकृति (धन) स्त्री प्रकृति (ऋण) के शून्यवकाश युक्त गर्भ को नहीं भर सकती।

तो, इस तरह 'विद्त-चुम्बकीय बल' के रूप में ब्रह्मांड का पहला मूलभूत बल अस्तित्व में आया और कणों के बीच आकर्षण और अपाकर्षण की लीलाओं की शुरुआत हुई।

आकृति (१०.१) परस्पर टकराने वाले एक जोड़ी फोटोन की ही बात थी। स्टेज (४) की शुरुआत में ऐसे तो असंख्य फोटोन दूसरे फोटोन के साथ टकराए। इस प्रत्येक टक्कर में इस प्रकार क्वार्क और एन्टी क्वार्क की जोड़ी, अपाकर्षण रेखाओं के स्वरूप में 'काल' और टूटी हुई आकर्षण रेखाओं के स्वरूप में प्रत्येक कण का विद्त-चुम्बकीय बल और क्षेत्र उत्पन्न हुआ। यह समग्र टक्कर एक ही समय में हुई और उसके द्वारा ही स्टेज (३) की सृष्टि इस त्रि-परिमाणीय स्टेज (४) के ब्रह्मांडो में रूपांतरित हुई।

इसके बाद ब्रह्मांड में घूम रहे क्वार्क और एन्टी क्वार्क की जोड़ियाँ ने एक दूसरे के साथ टकराना शुरू किया और विस्फोट के रूप में प्रत्येक टकराव से दो तरंगों की एक जोड़ी उत्पन्न हुई। यह तरंगे उन तरंगो से कम शक्तिशाली थी, जिसमें से क्वार्क और एंटी-कवार्क उत्पन्न हुए थे। ब्रह्मांड इस कम उर्जा वाली तरंगो से भर गया। अब यह नइ तरंग एक दूसरे के साथ टकरइ और उनमें से विरोधी प्रकृति वाले दो विभाग और उनके बीच अपाकर्षण रेखाएं पैदा हुई। लेकिन यह नये जन्मे कण क्वार्क से कम द्रव्यमान वाले थे, यानी कि उनसे कम शक्तिशाली थे, क्योंकि वह क्वार्क को पैदा करने वाली तरंगों से कम शक्तिशाली तरंगों से उत्पन्न हुए थे। यह नये कण थे - हमारा जाना पहचाना इलेक्ट्रॉन और उसका प्रतिकण पॉजीट्रॉन। जिन्होंने इलेक्ट्रॉन को हमेशा प्रोटॉन के साथ सुना है, उन्हें बता दूँ की यह पॉज़िट्रॉन प्रोटॉन नहीं है। इलेक्ट्रॉन चुका जो विरोधी विभाग उत्पन्न हुआ उसे एंटी-इलेक्ट्रॉन कहा गया था, जिसे बाद में सरलता के

ख़ातिर पॉज़िट्रॉन नाम दिया गया। प्रोटॉन के साथ इलेक्ट्रोन का रिश्ता तो काफ़ी बाद में शुरू होगा।

कणों का इलेक्ट्रिक चार्ज (विद्युत भार):

अब बात करते है इन कणों के इलेक्ट्रिक चार्ज की, यानी की किसी कण में कितना विद्त बल है उसका एक माप। इलेक्ट्रिक चार्ज को हिंदी में विद्त भार कहते है। जितना ज़्यादा कण का विद्त बल, उतना ज़्यादा उनका विद्त भार। इलेक्ट्रॉन का विद्त बल १.०२२ MeV नापा गया है, जहां MeV शक्ति की एकाइ या एकम है। आधुनिक भौतिक विज्ञान में इलेक्ट्रोन का यह जो विद्त बल है उसे १ एकम मान लिया गया है। और क्योंकि इलेक्ट्रोन ऋण प्रकृति धारित करता है, इसलिए उसका विद्त भार लिखा जाता है (-१)। और क्योंकि पॉज़िट्रॉन इलेक्ट्रॉन का प्रतिकण है, उसका विद्त भार लिखा जाता है (+१)। कण और प्रतिकण की सिर्फ़ प्रकृतियाँ विरुद्ध होती है, बाक़ी सारी विशेषताएँ समान होती है। लेकिन भौतिक विज्ञान की समझ से जो बाहर है वह है क्वार्क कणों जा विद्त भार। वह अकेले ऐसे कण है जिनका विद्त भार अपूर्णांक संख्या में है। अप क्वार्क का है (+२/३) और डाउन क्वार्क का है (-१/३)। यह कैसे है? वेदांत के इस एकीकृत विज्ञान से हम उसका जवाब देंगे, जो आगे चलकर हमें भौतिक विज्ञान के कई अनसुलझे सवालों का जवाब देने में मदद करेगा।

हमने जाना की तटस्थ ऊर्जा के बादल से उत्पन्न होनेवाले कण असल में डोरी आकार के दो विभाग होते है, जिनमें दोनों प्रकृतियाँ कम-ज़्यादा प्रमाण में होती है। जो प्रकृति ज़्यादा होती है उसे उस कण की प्रमुख प्रकृति कहा जाता है और जो प्रकृति कम होती है उसे गौण प्रकृति कहा जाता है। किसी भी कण का विद्त बल उसकी इन दोनों प्रकृतियों का कुल परिणामी बल होता है। मतलब, अगर इलेक्ट्रोन का विद्त बल -१.०२२ MeV है, तो इसका अर्थ है की इलेक्ट्रोन की ज़्यादा ऋण प्रकृति में से उसकी गौण धन प्रकृति को बाद करने के बाद जो विद्त बल रहेता है, वह - १.०२२ MeV है। और पॉज़िट्रॉन का विद्त बल + १.०२२ MeV है,

इसका अर्थ यह है की पॉज़िट्रॉन की ज़्यादा धन प्रकृति में से उसकी गौण ऋण प्रकृति को बाद करते हुए जो विद्रत बल बचता है, वह १.०२२ MeV है। और इसी संख्या को भौतिक विज्ञान ने कण का विद्रत बल या विद्रत भार नापने का १ एकम बना दिया है।

अब होता यह है की क्वार्क कण तो इलेक्ट्रोन से काफ़ी भारी और शक्तिशाली थे, क्योंकि वह सृष्टि में उनसे पहेले ज़्यादा शक्तिशाली तरंगो से उत्पन्न हुए थे। इसलिए क्वार्क कणों में उनकी गौण प्रकृतियों की मात्रा इलेक्ट्रोन और पॉज़िट्रॉन में मौजूद गौण प्रकृतियों से ज़्यादा थी। इसलिए क्वार्क कणों में उनकी गौण प्रकृतियों को बाद करने के बाद जो विद्रत भार बचा, वह इलेक्ट्रोन और पॉज़िट्रॉन के १.०२२ MeV से कम था। यानी कि वह १ एकम से कम था। मतलब, अप क्वार्क जिसका विद्रत भार (+२/३) है, उसमें हो सकता है उसकी प्रमुख धन प्रकृति (+१) है, पर उसकी गौण ऋण प्रकृति भी (-१/३) जितनी ज़्यादा है। इसलिए उसका परिणामी विद्रत भार (+२/३) होता है। इसी तरह उसके प्रतिकण एंटी-अप क्वार्क का परिणामी विद्रत भार (-२/३) होता है। इसी तरह दूसरे एकमात्र स्थायी क्वार्क 'डाउन क्वार्क' का (-१/३) विद्रत भार उसकी प्रमुख प्रकृति के विद्रत भार (-१) और गौण प्रकृति के विद्रत भार (+२/३) का परिणामी विद्रत भार है। उसी तरह एंटी-डाउन क्वार्क का विद्रत भार (+१/३) उसके प्रमुख विद्रत भार (+१) और गौण विद्रत भार (-२/३) का परिणामी विद्रत भार है।

तो, यह वजह है की सृष्टि में पहेले पैदा होने के बाद भी और इलेक्ट्रोन और पॉज़िट्रॉन से ज़्यादा शक्तिशाली होने के बाद भी क्वार्क कणों का विद्रत भार इलेक्ट्रोन और पॉज़िट्रॉन से कम है। आधुनिक भौतिक विज्ञान की थियरीयों में वेदांत की तरह सृष्टि के हर छोटे-बड़े कण में शिव और शक्ति दोनों प्रकृतियाँ होने की बात नहीं है। इसीलिए क्वार्क कणों का यह अपूर्णांक विद्रत भार भौतिक विज्ञान की समझ के बाहर है। लेकिन यह समाधान सिर्फ़ यहीं तक नहीं रुकता। यह आगे चलकर अणु और परमाणु कि रचना में भी भौतिक विज्ञान की एक और अनसुलझी गुत्थी सुलजाने में मदद करता है।

प्रजापति द्वारा अणु और परमाणु की रचना:

अब स्टेज (४) की सृष्टि में क्वार्क कणों के बाद उत्पन्न हुए इलेक्ट्रॉन और पॉज़िट्रॉन की टक्कर शुरू हुई और उससे और कम ऊर्जा वाली तरंगें उत्पन्न हुई। इस प्रकार उस समय का ब्रह्मांड इलेक्ट्रॉन-पॉजीट्रॉन की जोड़ी और उनकी टक्कर से उत्पन्न तरंगों से भरा। यह तरंगें जब सघनता से स्थापित हिग्ज बोसोन के बीच से गुजरी तब पासपास बने हुए हिग्ज बोसोनों ने उनकी गति ऊर्जा को अवरोधा। उससे उन अशक्त तरंगो की गति ऊर्जा का कुछेक भाग उनकी स्थित ऊर्जा में परिवर्तित होता गया। साथ ही उन हिग्ज बोसोन की कुछ ऊर्जा भी उन्हें मिली। उससे वह तरंगे फिर भारी बनी। कौन सी तरंग हिग्ज प्रदेश के कैसे भाग से गुज़री उस पर से वह कितनी भारी बनी, वह तय हुआ। जहां हिग्ज बोसोन बहुत ज़्यादा सघनता से एकदूसरे के पास बने हुए थे, वहाँ से गुज़री तरंगो की ऊर्जा बहुत ज़्यादा बढ़ी। जब की जहां हिग्ज बोसोनों की सघनता थोड़ी कम थी वहाँ से गुज़री तरंगे कम भारी हुई। ज़्यादा भारी तरंगे फिर एकदूसरे से टकराई और उन्होंने क्वार्क और एंटी-क्वार्क की जोड़ें पैदा की। जबकि कम भारी तरंगे आपस में टकराई, तब इलेक्ट्रॉन और पॉज़िट्रॉन पैदा हुए।

इस तरह वह सारे शुरुआती ब्रह्मांड भिन्न-भिन्न ऊर्जावाले मुक्त तरंग, इलेक्ट्रोन, पॉज़िट्रॉन और दो क्वार्क एवं उनके एंटी-क्वार्क कणों से युक्त बने। जब जब इलेक्ट्रॉन और पॉज़िट्रॉन नज़दीक आए या क्वार्क और एंटी-क्वार्क नज़दीक आए, तब वह विस्फोट के साथ तटस्थ ऊर्जा की तरंगो में परिवर्तित हो गए। फिर वह तरंगे हिग्ज बोसोनों के बीच से गुज़री, फिर वह भारी बनी और फिर आपस में टकराकर क्वार्क-एंटी क्वार्क या इलेक्ट्रॉन-पॉज़िट्रॉन की जोड़ बनाई। कुछ समय के लिए यह चलता रहा। लेकिन फिर असली क्रांति हुई। क्रांति हुई जब दो नहीं, तीन निश्चित क्वार्क संयोग से एकदूसरे के नज़दीक आ गए। उनके भिन्न विद्युत भार और प्रकृतियाँ तीन के जोड़े में ऐसे जुड़ गए की उन्होंने दो नए ही कण बना दिए। बड़े और भारी कण। यह कण थे प्रोटॉन और न्यूट्रॉन।

दो अप कवार्क और एक डाउन कवार्क जब एकदूसरे के नज़दीक आए तब बना प्रोटॉन, जिसका विद्त भार (+१) था। यह उन तीनों कवार्क का परिणामी विद्त भार {(२/३)+(२/३)+(-१/३)= +१} था। इसी तरह जब दो डाउन कवार्क और एक अप कवार्क एकदूसरे के नज़दीक आए तब न्यूट्रोन बना, जिसका परिणामी विद्त भार शून्य {(-१/३)+(-१/३)+(२/३)=०} था। यही वजह है की क्यों न्यूट्रोन विद्त बल के रूप में तटस्थ है। पर आधुनिक भौतिक विज्ञान इस तरह तीन कवार्क के बीच यह बांध कैसे बनते है यह जानने को असमर्थ है। इसीलिए उसने विद्त भार (electric charge) के साथ उससे अलग रंगभार (color charge) की कल्पना की है। भौतिक विज्ञान कहेता है कि यह कवार्क कण विद्त भार के साथ रंग भार भी रखते है और प्रोटॉन और न्यूट्रोन में कवार्क का जोड़ विद्त भार से नहीं, बल्कि इस रंग भार से होता है। और जैसे विद्त भार से लगनेवाले बल को विद्त-चुम्बकीय बल कहेते है, वैसे इस रंग भार से तीन क्वार्कों को जोड़े रखने वाले बल को स्ट्रोंग बल कहेते है। इस तरह स्ट्रोंग बल के रूप में सृष्टि का दूसरा मूलभूत बल प्रोटॉन और न्यूट्रोन कि उत्पत्ति के साथ अस्तित्व में आया, जो कि आधुनिक विज्ञान के अनुसार विद्त-चुम्बकीय बल से बिलकुल भिन्न है। वो रंग भार जैसी एक भिन्न चीज़ से जुडा हुआ है। लेकिन वेदांत का एकीकृत विज्ञान रंग भार जैसी अनावश्यक थियरी को बीच में लाये बिना, कणों की द्वि-प्रकृति की बात को ही आगे ले जाते हुए क्वार्कों को जोड़नेवाले स्ट्रोंग बल को समझाता है।

नीचे आकृति १०.२ में देखिए। प्रोटॉन में दो अप कवार्क U-1 और U-2 एवं एक डाउन क्लार्क D दिखाया गया है। यहाँ कवार्क के विद्त भार को उनकी प्रमुख और गौण प्रकृतियों में अलग दिखाए गए है। अप कवार्क के +२/३ विद्त भार को उसके प्रमुख विद्त भार (+१) और गौण विद्त भार (-१/३) में विभाजित करके दिखाया गया है। जब कि डाउन कवार्क के (-१/३) विद्त भार को उसके प्रमुख विद्त भार (-१) और गौण विद्त भार (+२/३) में विभाजित करके दिखाया गया है। आकृति में ध्यान से देखकर जानिए की U-1 का गौण (-१/३) विद्त भार U-2 के प्रमुख भार में से (+१/३) के साथ बांध बनाकर वहाँ (+२/३) विद्त भार खुला

छोड देता है। U-2 का गौण (-१/३) विद्युत भार डाउन कवार्क D के गौण विद्युत भार में से (१/३) के साथ बांध बनाकर वहाँ (+१/३) विद्युत भार खुला छोड देता है। और तीसरा बांध बनता है U-1 और D के बीच में जहां दोनों के प्रमुख विद्युत भार अनुक्रम से (+१) और (-१) एकदूसरे से बांध बनाते है। बाकी रहे U-2 का (२/३) और D का (१/३), जिनका परिणामी मूल्य होता है (+१), जो प्रोटॉन का विद्युत भार है। इसी तरह न्यूट्रोन के क्वार्कों में उनके प्रमुख और गौण विद्युत भार के बीच कहाँ कहाँ बांध बनते है, यह आप खुद आकृति से समझ सकते है। विद्युत भार (-१/३) और (+१/३) बीच के बांध को हमने एक-बांध, (-२/३) और (+२/३) बीच के बांध को द्वि-बांध और (-१) और (+१) बीच के बांध को त्रि-बांध के संकेतो के साथ दर्शाया है।

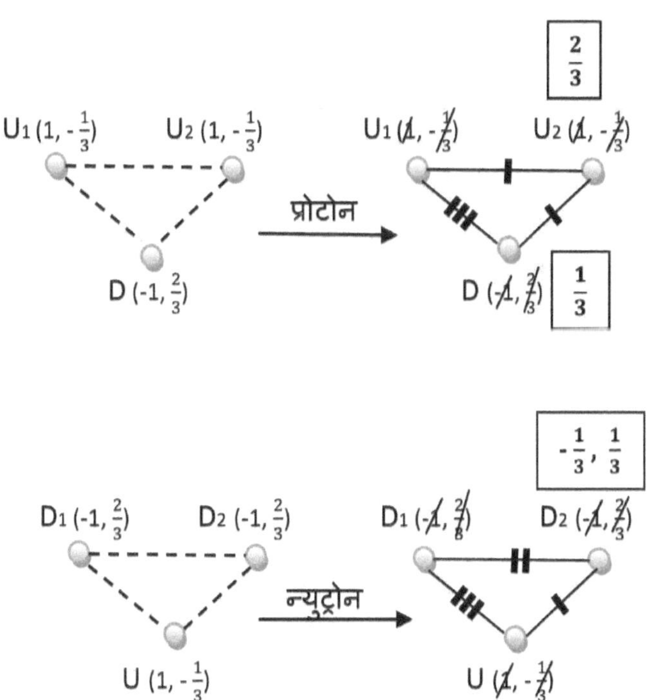

आकृति १०.२ प्रोटॉन और न्यूट्रोन में क्वार्कों के बीच के विद्युत बांध

तो, इस तरह वेदांत के एकीकृत विज्ञान को ही शुरू से जारी रखे तो जानने मिलाता है की कवाक्को को एकदूसरे से जोड़नेवाला स्ट्रोंग बल असल में विद्रुत बल ही है। बस वह कणों की गौण प्रकृतियों के साथ भी बांध बनाता है और क्योंकि कणों की गौण प्रकृतियों को हम स्वतंत्र रूप से देख नहीं पाते, हम उन विद्रुत बांधो को समझ नहीं पाते। और यही वजह है की आधुनिक भौतिक विज्ञान रंग भार के एक अलग विवरण पर चला गया है और अब स्ट्रोंग बल और विद्रुत-चुम्बकीय बल के बीच के किसी सम्बंध की तलाश कर रहा है।

इस तरह सृष्टि के ब्रह्मांडो में प्रोटॉन और न्यूट्रोन कणों का प्रक्षेपण हुआ। लेकिन ब्रह्मांडो में तो कणों की जोड़ उत्पन्न हुई थी। एक अप कवार्क और एंटी-अप कवार्क साथ उत्पन्न हुए थे। इसलिए ब्रह्मांड एंटी-अप कवार्क, एंटी-डाउन कवार्क और पॉज़िट्रॉन जैसे प्रति-कणों से भी भरें हुए थे। इसलिए, जिन तीन कवार्को ने साथ आकर प्रोटॉन बनाए, बिलकुल उन्ही के तीन प्रति-कणों ने साथ जुड़कर एंटी-प्रोटॉन भी बनाया, जिसका विद्रुत भार (-१) था। जिन तीन कवार्को ने न्यूट्रोन बनाया था, उनके ही प्रति-कणों ने जुड़कर एंटी-न्यूट्रोन भी बनाया, जिसका विद्रुत भार तटस्थ ही था। इस तरह ब्रह्मांड प्रोटॉन और न्यूट्रोन के साथ उनके प्रति-कण एंटी-प्रोटॉन और एंटी-न्यूट्रोन से भी भरे हुए थे। पर इसके आगे कुछ अंदरूनी फ़र्क़ आया, जिससे प्रति-कण एंटी-प्रोटॉन से आगे नहीं जा पाए। सारे प्रति-कण जिन्हें संयुक्त रूप से प्रति-पदार्थ (anti-matter) कहा जाता है, वह यहीं से नष्ट होने लगा। और यहाँ से आगे का ब्रह्मांड सिर्फ़ कण, जिसे संयुक्त रूप से पदार्थ (matter) कहा जाता है उससे युक्त बना। क्या हुआ एंटी-मैटर या प्रति-पदार्थ के साथ, वह हम आनेवाले अध्यायों में देखेंगे। पहेले पदार्थ के कणों की बात करते है।

प्रोटॉन के (+१) विद्रुत भार से आकर्षित होकर ब्रह्मांडो में घूम रहे (-१) विद्रुत भार वाले इलेक्ट्रोन प्रोटॉनो की ओर खिंचे चले आए और प्रोटोनों के अति भारी क़द की वजह से उनके आसपास घूमने लगे। इस तरह एक प्रोटॉन के आसपास घूम रहे एक इलेक्ट्रोन की रचना अस्तित्व में आइ। और यह सृष्टि का सबसे पहला अणु - हाईड्रोजन अणु था। ऐसे

दो हाइड्रोजन अणु एकदूसरे से जुड़े और हाइड्रोजन परमाणु बनाया। इस तरह सारे ब्रह्मांड हाइड्रोजन वायु के गरम बादलों के रूप में आ गए। इसी गरमी की वजह से आगे चलकर हाइड्रोजन अणु के केंद्र में रहे प्रोटॉन के साथ एक और प्रोटॉन आकर जुड़ गया और इस तरह केंद्र में दो प्रोटॉन वाला हिलियम वायु का अणु अस्तित्व में आया। इससे ब्रह्मांडो के बादल हाइड्रोजन और हिलियम वायु के बनकर और ज़्यादा गरम हुए। इसी गरमी की वजह से अणु के केंद्र में और ज़्यादा प्रोटॉन और न्यूट्रोन जुड़ने लगे, जिससे और बड़े और भारी तत्व अस्तित्व में आने लगे।

अब, अणु के केंद्र में एक समान धन विद्युत भार वाले एक से ज़्यादा प्रोटॉन पास आने से तो वह एकदूसरे पर अपाकर्षण बल लगाकर एकदूसरे से दूर चले जाने चाहिए थे। इस तरह तो हाइड्रोजन के आगे कोई अणु बनना ही नहीं चाहिए था। पर प्रोटॉन तो अणु के केंद्र में ना सिर्फ़ आपस में जुड़ने लगे, बल्कि युगों तक जुड़े रहने लगे। आख़िर यह कैसे हुआ? असल में इसके लिए ही आधुनिक भौतिक विज्ञान रंग भार की थियरी लेकर आया था, जो बाद में उसने क्वार्क कणों के जुड़ने पर भी लागू की। इस थियरी के मुताबिक़ अगर दो प्रोटॉन तेज गति से और गर्मी से एकदूसरे के नज़दीक आ जाए, तो शुरुआत में तो उनके समान विद्युत भार अपाकर्षण लगाएँगे, पर उस अपाकर्षण के विरोध में गति करते हुए अगर दो प्रोटॉन एक निश्चित अंतर से ज़्यादा नज़दीक आ जाए, तो उनके बीच उस अंतर से रंग भार का जोड़ बन जाता है। और फिर इस रंग भार से वह उनके अपाकर्षी विद्युत बल के विरुद्ध में भी एकदूसरे से जुड़े रहेते है। लेकिन यहाँ पर भी हमें रंग भार की थियरी की ज़रूरत नहीं है। यहाँ पर भी वेदांत का एकीकृत विज्ञान कणों की द्वि-प्रकृति के सिद्धांत से प्रोटोनों को जोड़नेवाला स्ट्रोंग बल समझा देता है।

असल में होता यह है की ज़्यादा गर्मी और तेज रफ़्तार से जब दो प्रोटॉन या एक प्रोटॉन और एक न्यूट्रॉन या दो न्यूट्रोन एकदूसरे के नज़दीक आ जाते है, तब उनके भीतर रहे क्वार्क के बीच का कोई एक बांध या द्वि-बांध या त्रि-बांध टूट जाता है और सामनेवाले प्रोटॉन या न्यूट्रोन के भीतर रहे क्वार्क के साथ एक बांध या द्वि-बांध या त्रि-बांध बना देता है।

और आकृति १०.२ में क्वार्क कणों के बीच जैसा हमने समझा, वैसा जुड़ाव दो प्रोटॉन या प्रोटॉन-न्यूट्रोन या दो न्यूट्रोन के कवार्को के बीच बन जाता है। यह भी कणों के बीच का विद्युत बल ही है, जो कणों की द्वि-प्रकृति से बने बांधो के कारण स्ट्रोंग बल बन जाता है। हमें विद्युत-चुम्बकीय बल और स्ट्रोंग बल के बीच का संबंध खोजने की ज़रूरत नहीं है। वे दोनों एक ही है। इस तथ्य को आप नीचे आकृति १०.३ में देख और समझ सकते है। आकृति १०.३ में सरलता के ख़ातिर त्रिबंध को आकृति १०.२ के एक बांध के संकेत से दर्शाया गया है।

प्रोटॉन और न्यूट्रोन, अणुओं के केंद्र यानी की न्यूक्लियस में स्थित होने के कारण उन्हें संयुक्त रूप से न्युक्लिऑन भी कहा जाता है।

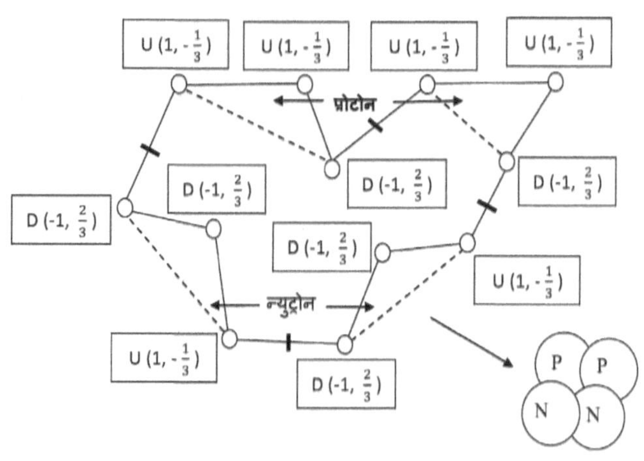

आकृति १०.३ अणुओं के केंद्र में न्युक्लिऑंस को आपस में जोड़नेवाला स्ट्रोंग बल

सबसे पहले यहाँ पर पहुँचने के लिए में आपको धन्यवाद देना चाहता हूँ। जिस सृष्टि में हम पैदा हुए और जिसमें हम अपने भिन्न भिन्न स्वप्नों के साथ

जी रहे है, उस सृष्टि की रचना कितनी बारीकी से हुई, यह बतलाती हुई ये गाथा है। जिस विज्ञान से यह सृष्टि बनी और चल रही है, उसे ही सत्य कहा जाता है। भारतीय सभ्यता में मनुष्य जीवन का प्रमुख लक्ष्य ही सत्य जानने को माना गया है। मतलब, वही कार्य जो आप इस किताब को पढ़ते हुए कर रहे है। यह समझना कठिन हो सकता है, क्योंकि यह सूक्ष्म से विराट तक फ़ैला हुआ है। बुनियाद से चोटी तक पहुँचा हुआ है। पर यह जटिल नहीं है। यानी की उसे ध्यान देने पर और पुरुषार्थ करने पर समझा जा सकता है। यह विज्ञान, यह सत्य, मनुष्य की दृष्टि को स्पष्टिकरण देता है कि कैसे मुक़ामो से गुज़रते हुए इस सृष्टि में उसकी रचना हुई है। वह हर मुक़ाम मनुष्य की उत्पत्ति की बुनियाद है। इन सब मुक़ामों के जुड़ते रहने से ही आख़िर में मनुष्य शरीर का प्रक्षेपण होता है। और उसी रास्ते पर आगे चलते हुए हमें वह सबसे जरुरी जवाब भी मिलता है की क्यों, क्यों रचा गया हमें?

अध्याय – ११

चौदह लोक का निर्माण

अब कुछ देर सृष्टि की यात्रा को हाइड्रोजन और हिलियम वायु के बादलों के मुक़ाम पर रोकते है। और उस दौरान सृष्टि में घटी दूसरी अहम घटनाओं को जानने की कोशिश करते है।

तरंगों में से जैसे जैसे कण और प्रतिकण की जोड़ी अलग होती गई, वैसे वैसे उनके बीच अपाकर्षण रेखाएँ बिछतीं गई और ब्रह्मांड तो विस्तृत होता गया, लेकिन इस विस्तृत होते ब्रह्मांडो के साथ हिग्ज बोसोनों से भरे हिग्ज प्रदेश का क्या हुआ, जो उन ब्रह्मांडों के बिचो बीच बने हुए थे? आइए जानते है।

हमने पहले चर्चा की थी - प्रत्येक हिग्ज बोसोन स्पिन ० स्थिति की गोलाकार संमति वाली ऊर्जा था। चारों ओर से बाहरी उर्जा के साथ सीधा सम्पर्क ना के बराबर करते हुए, एक गोलाकार सम्मति में अपनी ऊर्जा को केन्द्रित करके बैठा था। इस प्रकार प्रत्येक हिग्ज बोसोन अपने में ही एक त्रि-परिमाणीय ज्योतिर्पिण्ड जैसा था। इसलिए उसकी वह अद्वैत ऊर्जा जब उसके केन्द्र में महत्तम घनता पर पहुँची तब उसका केन्द्र भी अस्थिर बना और उस अस्थिर केन्द्र ने हिग्ज बोसोन को केन्द्र से परिधि की ओर धक्का मारा। वह हिग्ज बोसोन विस्फोट के रूप में फूटा और उसका विभाजन कुछ उसी प्रकार हुआ जैसे बिगबैंग के विस्फोट से ज्योतिर्पिण्ड का शिव स्टेज में विभाजन हुआ था। इसके बाद वह हिग्ज बोसोन बिल्कुल उसी तरह स्टेज (२) के सात परिमाणों में विभाजित हुआ। इस के बाद स्टेज (३) में आकर उसने प्रथम पाँच परिमाणों और अंतिम दो परिमाणों के जुड़े बादल रचे और स्टेज (४) के रूप में एक लाइन में स्थापित समांतर गुब्बारों की श्रृंखला रची जहां प्रत्येक गुब्बारे में नये त्रि-परिमाणीय सूक्ष्म कण और नयी अपाकर्षण रेखाएं उत्पन्न हुई।

इस स्टेज (४) के प्रत्येक गुब्बारे में उन त्रि-परिमाणीय कणों और तरंगो के बीच में दूसरी पीढ़ी के हिग्ज बोसोन पैदा हुए। सृष्टि या महाविष्णु के लिए यह उनकी ही प्रतिकृति में हुई तीसरे स्तर की रचना थी। पहले महाविष्णु, उनके अंदर ब्रह्मांडो की समांतर गुब्बारों की रचना और उन ब्रह्मांडो के अंदर पहली पीढ़ी के हिग्ज बोसोन के विघटन से बना उसी आकार का यह तीसरा स्तर। ब्रह्मांडो में उत्पन्न हुए पहली पीढ़ी के हिग्ज़ बोसोन को हमने दूसरी पीढ़ी के ब्रह्मा भी कहा था। इस तरह यहाँ पर पैदा हुए दूसरी पीढ़ी के हिग्ज़ बोसोन को हम तीसरी पीढ़ी के ब्रह्मा भी कह सकते है। फिर से, हक़ीक़त वही है, नाम अलग लग दिए जा सकते है। हम सृष्टि में ब्रह्मांडो की रचना करनेवाले पहली पीढ़ी के ब्रह्मा को ही 'ब्रह्मा' कहेंगे, उसके बाद हर नए स्तर में उत्पन्न होनेवाली इन स्पिन (०) स्थिति की गोलाकार संमिती की गेंदों को हम नई पीढ़ी के हिग्ज़ बोसोन ही कहेंगे।

इस प्रकार हिग्ज प्रदेश का प्रत्येक हिग्ज बोसोन बिगबैंग से पहले के ज्योतिर्पिण्ड की तरह ही क्रमशः स्टेज (१) स्टेज (२) स्टेज (३) और स्टेज (४) में विभाजित होकर सृष्टि और ब्रह्मांड के आकार में ही स्थापित हुआ। इस विघटित हिग्ज़ बोसोन के स्टेज (४) में बने दूसरी पीढ़ी के हिग्ज बोसोन में भी आगे चलकर इसी तरह ऊर्जा-घनता बढ़ी और उसका केंद्र अस्थिर बना। वह भी अपने केंद्र के धक्के से टूट पड़ा और स्टेज (१), (२) और (३) में विघटित होकर स्टेज (४) में समांतर गुब्बारों की रचना बनाई, जिसके प्रत्येक गुब्बारे में तीसरी पीढ़ी के हिग्ज़ बोसोन उत्पन्न हुए। इन तीसरी पीढ़ी के हिग्ज बोसोन से टकराकर वहाँ उत्पन्न हुई तरंगे भारी बनी और आपस में टकराकर उन्होंने ब्रह्मांड में और नए त्रि-परिमाणिय कण और अपाकर्षण रेखाएँ उत्पन्न की। इन तीसरी पीढ़ी के हिग्ज़ बोसोन ने आगे विघटित होकर अपने स्टेज (४) में चौथी पीढ़ी के हिग्ज़ बोसोन, नए त्रि-परिमाणिय कण और नई अपाकर्षण रेखाएँ उत्पन्न की। इस तरह इस हिग्ज़ प्रदेश का विघटन चलता रहा और आज भी चल रहा है।

हर बार जब नई पीढ़ी के हिग्ज़ बोसोन उत्पन्न हुए, तब उनकी ऊर्जा पिछली पीढ़ी के हिग्ज़ बोसोन से आवश्यक रूप से कम थी। फिर भी सृष्टि

की शुरुआत में शुरू हुआ यह विघटन आज भी चल रहा है और आज भी नए नए त्रि-परिमाणिय कण और नई नई अपाकर्षण रेखाएँ उत्पन्न कर रहा है। सोचने की बात है, की उस ज्योतिर्पिंड में आख़िर कितनी ऊर्जा दबी हुई थी, जो अभी भी उसी महाविष्णु की छोटी प्रतिकृतियों में विभाजित हो रही है?

जब हिग्ज बोसोन क्रमिक विस्फोटों द्वारा उनके व्यक्तिगत स्टेज (१) और स्टेज (२) में आये, तब उनके विभाग ज़्यादा एकत्रित ऊर्जा वाले थे और उन विभागों के बीच अत्यंत शक्तिशाली आकर्षण और अपाकर्षण रेखाएं कार्यरत थी। भौतिक विज्ञान में हिग्ज बोसोन के विघटन से विरोधी विभाग और उनके बीच की शक्तिशाली रेखाएँ उत्पन्न होने की इस घटना को 'गेज सिमिट्री का टूटना' कहा गया है। जब भी ब्रह्मांड में हिग्ज बोसोन विघटित होना शुरू करते है, यानी कि जब गेज सिमिट्री टूटती है, तब शुरुआत में पहेले दो स्टेज के शक्तिशाली क्षेत्र ब्रह्मांड में यहाँ वहाँ बन जाते है। इन दो स्टेज के दौरान दो विभाग और उनके बीच की शक्तिशाली रेखाओं के इस क्षेत्र को 'हिग्ज क्षेत्र' (Higgs Field) कहा जाता है। इस विघटन के समय के दौरान जब कोई कण या तरंग इन विभागों के बीच से गुजरता है, तब उसके लिए भौतिक विज्ञान में किसी तय स्थान पर किसी निश्चित कण या तरंग के लिए 'हिग्ज घटक' (Higgs Component) उत्पन्न होना कहा जाता है। यह विभाग और उनके बीच की शक्तिशाली रेखाएँ उनके बीच से गुजरनेवाली तरंगो या कणों को अपनी शक्ति और कंइबार अपनी विदृत प्रकृति भी देते है। (W+), (W-) और (Z0) नामक तरंग जब इन विभागों के बीच से गुजरते है, यानी कि जब वे इस 'हिग्ज घटक' के साथ टकराते है, तब बहुत कम समय के लिए कुछ द्रव्यमान और विदृत प्रकृति धारण कर लेते है। और अगर उस थोड़े से समय में वे किसी अणु के केंद्र से टकरा जाए, तो उस केंद्र में रहे किसी प्रोटॉन को न्यूट्रोन में या न्यूट्रोन को प्रोटॉन में रूपांतरित कर देते है। ऐसा होने से उस अणु के केंद्र में प्रोटॉन और न्यूट्रोन कि संख्या बदल जाती है॥ और ऐसा होने से वह अणु या तत्व ही बदल जाता है। अणु और तत्व की रचना बदल देने वाले इन तरंगो के द्वारा लगाए जाते इस बल को

'विक-न्युक्लीयर बल' कहा जाता है। यह सृष्टि का तीसरा मूलभूत बल है। इस तरह हीग्ज बोसोनों के विघटन से सृष्टि में विद्त-चुम्बकीय बल और स्ट्रोंग बल के बाद तीसरा मूलभूत बल अस्तित्व में आया, जिसकी असर भी विद्त प्रकृति से ही प्रेरित थी।

किसी तरंग या कण के इस हिग्ज फील्ड में से गुजरने पर उसका द्रव्यमान कितना बढ़ेगा, यह बात कण या तरंग फील्ड के किस भाग में से कब गुजरता है, इस पर आधारित है। नजदीक में स्थित अनेक हिग्ज बोसोन एकसाथ विस्फोटित हो, तो वह प्रत्येक हिग्ज बोसोन में से उत्पन्न हुए विभाग और बीच में बिखरी रेखाएँ उतने क्षेत्र को ऊंची ऊर्जा से भर देते हैं। ऐसे क्षेत्र में से कोई कण या तरंग गुजरती हैं, तो उसका द्रव्यमान और शक्ति अतिशय बढ़ जाते है। अगर किसी स्थान पर कम हिग्ज बोसोन विघटित हुए हों या अलग अलग समय में विघटित हुए हो तो, उस क्षेत्र में हिग्ज फील्ड प्रमाण में हलका होता है। इसलिए उसमें से गुजरने वाली तरंगों और कणों की ऊर्जा में सामान्य वृद्धि ही होती है। इस प्रकार, हिग्ज फील्ड किस स्थल पर कितना शक्तिशाली होगा वह उस स्थान पर कितने हिग्ज बोसोन कब विघटित हुए हैं, इस पर आधारित है। यह अनिश्चित है।

इसी वजह से हिग्ज बोसोनों के विघटन से ब्रह्मांड में विभिन्न प्रकार का द्रव्यमान धारण करनेवाले असंख्य कण और तरंगें अस्तित्व में आने लगी। पर मूलतः जिन कणों ने पदार्थ बनाना शुरू किया या जिनसे वह काम हो पाया वह क्वार्क और इलेक्ट्रोन ही थे। क्वार्कों ने प्रोटॉन और न्यूट्रोन बनाकर ब्रह्मांड में अणु और परमाणु बनाने की नींव डाली और इलेक्ट्रोन ने उस काम को अंजाम दिया।

ब्रह्मांडो का विस्तार और चौदह लोक:

अथर्ववेद में ब्रह्मांड के चौदह लोक की बात है। आइए जानते है यह 'लोक' कौन से हैं?

हमने जाना कि ब्रह्मांड के प्रत्येक गुब्बारे में मौजूद प्रत्येक हिग्ज बोसोन की ऊर्जा भी स्टेज १,२,३,४ में क्रमशः विघटित होकर अंत में

ब्रह्मांड और सृष्टि के ही आकार की छोटी प्रतिकृति में ढलती है। सृष्टि के समांतर गुब्बारों के अंदर अनेक ब्रह्मांडो के गुब्बारे और ब्रह्मांडो के हर गुब्बारे के अंदर हिग्ज बोसोनों से बने गुब्बारे। उन बोसोनों के गुब्बारों के अंदर उनकी अगली पीढ़ी के हिग्ज़ बोसोनों के विघटन से बने गुब्बारे। इस तरह पूरी सृष्टि एक ही आकार की लगातार सूक्ष्म होती जाति प्रतिकृतियों में फ़ैलती जा रही है। हिग्ज विघटन के हर स्टेज ४ में अगली पीढ़ी के हिग्ज़ बोसोन अस्तित्व में आते है और उन हिग्ज़ बोसोनों के आसपास असंख्य नए त्रि-परिमाणीय कण और नई अपाकर्षण रेखाएँ जन्म लेती है। वे कण आपस में जुड़कर आकाशगंगाएँ, तारें और ग्रह जैसे छोटे बड़े आकाशीय पदार्थ बनाना शुरू करते है और अपाकर्षण रेखाएं ब्रह्मांडो की सीमाओं का आगे और विस्तार करती है। नई पीढ़ी के हिग्ज बोसोन के आसपास बनने वाले यह त्रि-पारिमाणिय कण जिन आकाशीय पदार्थों का सृजन करते है, उनसे बननेवाले संसार को 'लोक' कहते है। 'लोक' यानी समूह, एक हिस्से में बने आकाशीय पदार्थों की एक संगठित इकाई।

लेकिन यह लोक सिर्फ ब्रह्मांडों के लोक नहीं है। यह समग्र सृष्टि के लोक कहलाते हैं, क्योंकि सबसे पहला लोक सृष्टि के स्टेज-३ में उत्पन्न हुआ ब्रह्माओं का लोक कहलाता है, जिसे 'सत लोक' कहते हैं। लेकिन ब्रह्मा तो विघटित होकर समांतर गुब्बारों की श्रृंखला से बने ब्रह्मांड में परिवर्तित हो जाते हैं। तो, सतलोक कहां है? जवाब है - वह प्रत्येक ब्रह्मांड का केन्द्र। ब्रह्मांडो के गुब्बारों के आख़िर में बसी वे छोटी सी तटस्थ ऊर्जा की गेंदे, वह प्रथम लोक है। अर्थात् सृष्टि के प्रत्येक गुब्बारे में मौजूद असंख्य ब्रह्मांडों के असंख्य केन्द्रों को संयुक्त रूप से पहला लोक या 'सत लोक' कहते हैं। हिन्दशास्त्रों के मुताबिक इस 'सत लोक' में कोई शारीरिक जीवन नहीं होता। वहां सिर्फ ऐसी अवतारी आत्माएं ही निवास करती हैं, जो समय समय पर अवतार धारण कर सत्य की स्थापना के लिए पृथ्वी पर आती हैं। इस बात को हम आगे की आध्यात्मिक यात्रा में गहराई से समझेंगे।

इसके बाद प्रत्येक ब्रह्मांड के स्टेज-३ में उत्पन्न होने वाले पहली पीढ़ी के हिग्ज बोसोन के आसपास जो त्रि-परिमाणीय कण उत्पन्न होते

हैं, उनके जुड़ने से बनने वाले आकाशीय पदार्थ सृष्टि का 'दूसरा लोक' बनाते हैं। पहली पीढ़ी के हिग्ज बोसोन विघटित होने से विघटन के स्टेज (४) में दूसरी पीढ़ी के हिग्ज बोसोन बनते हैं। उनके आसपास उत्पन्न हुए त्रि-परिमाणीय कणों से बने आकाशीय पदार्थों के प्रदेश को 'तीसरा लोक' कहते हैं। दूसरी पीढ़ी के हिग्ज़ बोसोन विघटित होकर तीसरी पीढ़ी के हिग्ज़ बोसोन बनाते है, और उन तीसरी पीढ़ी के हिग्ज बोसोन के आसपास उत्पन्न हुए त्रि-परिमाणीय कणों से 'चौथा लोक' बनता है। इस तरह चौथी पीढ़ी के हिग्ज़ बोसोन के आसपास 'पाँचवाँ लोक' और तेरहवीं पीढ़ी के हिग्ज बोसोन के पास 'चौदहवाँ लोक' बनता है।

लेकिन हिग्ज़ प्रदेश का लगातार नई पीढ़ी के हिग्ज बोसोनों में विघटन तो आज भी चल रहा है। फिर वेदों में चौदह लोक की ही बात क्यों?

प्रत्येक पुरानी पीढ़ी के हिग्ज बोसोन की ऊर्जा उनमें से उत्पन्न होनेवाले नयी पीढ़ी के हिग्ज बोसोन से ज्यादा होती है। एक पीढ़ी के एक हिग्ज बोसोन में से उसके विघटन के अंत में नयी पीढ़ी के अनेक हिग्ज बोसोन बनते हैं। अर्थात् जैसे जैसे नयी पीढ़ी के हिग्ज बोसोन उत्पन्न होते जाते हैं, वैसे वैसे उनकी ऊर्जा पूर्व की पीढ़ी के हिग्ज बोसोन के सापेक्ष में घटती चली जाती है। हर नई पीढ़ी के विघटन के अंत में उत्पन्न होनेवाले त्रि-परिमाणीय कणों की संख्या और उनकी ऊर्जा भी पिछली पीढ़ी के कणों से कम होती जाती है। इस कारण उन त्रि-परिमाणीय कणों की एक दूसरे के साथ जुड़कर अणु, परमाणु और संयोजन बनाने की दर भी प्रत्येक नये लोक के साथ घटती चली जाती है। इस प्रकार वेदों के अनुसार पहले चौदह लोक तक ही हिग्ज बोसोनों में इतनी ऊर्जा थी कि उनमें से उत्पन्न होने वाले त्रि-परिमाणीय कण एक-दूसरे के साथ जुड़कर सजीवों जैसी जटिल रचना बना सकते। उन चौदह लोक के बाद के लोक में यह त्रि-परिमाणीय कण इतनी संख्या और ऊर्जा में उपलब्ध नहीं हो सके, जिससे कि वह सजीवों की उत्पत्ति कर सकें। अर्थात् चौदह लोक के बाद बनने वाले लोक में निर्जीव पदार्थ ही बन सकते हैं, सजीव प्राणी नहीं। इस कारण वेदों में पहले चौदह लोक को 'जीव लोक' कहा गया है, जबकि उसके बाद आनेवाले लोक को 'नर्क लोक' कहा गया हैं। 'नर्क लोक'

इसलिए क्योंकि वहां जीवन समाप्त हो जाता है और ब्रह्म निर्जीव पदार्थों के स्वरूप में ही अपनी अभिव्यक्ति कर सकता है।

इस प्रकार यह लोक वास्तव में विस्तरते ब्रह्मांड की श्रृंखलाबद्ध सीढ़ियों की तरह है। वैज्ञानिक वेदों के इन लोक को ब्रह्मांड में श्रृंखलाबद्ध आनेवाले तारामंडल मानते है। और यह सत्य भी है, क्योंकि हिग्ज विघटन से हर नई पीढ़ी के हिग्ज़ बोसोन के आसपास वह त्रि-परिमाणीय कण आकाशीय पदार्थों के तारामंडल ही तो बनाते हैं। जैसे जैसे ब्रह्मांड विस्तृत होता जाता है, वैसे वैसे प्रत्येक गुब्बारे में आगे की ओर नये नये लोक उत्पन्न करता जाता है। हमारी पृथ्वी और हम मनुष्य इन पहेले चौदह लोकों में से किसी एक लोक में हैं। वेद लिखने वाले ऋषि-मुनियों ने यह भी बताया है कि हमारी पृथ्वी इन चौदह लोकों में से सातवें लोक में है। अर्थात् हम छठी पीढ़ी के हिग्ज बोसोन के पास में जो लोक बना, उसका हिस्सा हैं। इसका अर्थ यह हुआ कि हमारे पहले के लोक में भी हमारे जैसे सजीव प्राणी पैदा हुए होंगे। और वहां त्रि-परिमाणीय कणों की संख्या व ऊर्जा ज्यादा होने के कारण उनका जुड़ाव तेजी से हुआ होगा, जिससे सम्पूर्ण उत्क्रांति की प्रक्रिया वहां तेज बनी होगी। अर्थात् वहां के सजीव हमसे ज्यादा विकसित होंगे।

अथर्ववेद में इन चौदह लोक के नाम और वहां बसे सजीवों की आध्यात्मिक स्थिति के बारे में भी वर्णन मिलता है। अथर्ववेद में पहले लोक को 'सत-लोक' कहा गया है, जहां अब सिर्फ मोक्ष की स्थिति के नजदीक पहुंच चुकी दिव्य आत्माएं ही रहा करती हैं। वह संसार में सिर्फ उनके शेष ऋण चुकाने के लिए ब्रह्म के किसी अवतार के रूप में ही जन्म लेती हैं। दूसरे लोक का नाम दिया गया है 'तप-लोक', जहां के ज्यादातर सजीव धर्म और नैतिकता का पालन करने वाले आत्मज्ञानी सांसारिक लोगों की स्थिति में आ चुके हैं। तीसरे 'जन-लोक' में ब्रह्मा के पुत्र निवास करते है। चौथे 'महर-लोक' में महान ऋषि रहते हैं। पांचवें 'स्वर-लोक' में इन्द्र और स्वर्ग के अन्य देवता रहते हैं। छठे 'पितृ-लोक' में पृथ्वी लोक में से देह छोड़कर आयी आत्माएं रहती हैं, जिन्हें नए शरीर की तलाश है और वह नया शरीर धारण कर के फिर से सातवें लोक में आती है। इसी

प्रकार सातवां लोक 'भुर-लोक' कहलाता है, जहां हमारी पृथ्वी है। आठवें 'अटल-लोक' में माया के पुत्र बल का राज्य है अर्थात् कि वहां के लोग अतिशय भौतिकवादी हैं और आध्यात्मिक विकास वहां पर पृथ्वी से धीमा है। नवमाँ 'विटल-लोक' नाग लोक कहलाता है, जहां नाग और सांप श्रेणी के प्राणियों का ही सृजन हो पाया है। इसी प्रकार जैसे जैसे नीचे के लोकों में जाते है, वैसे वैसे प्राणियों की स्थिति नीचे की ओर जाती रहती है। दसवाँ लोक 'सतल-लोक', ग्यारहवाँ लोक 'तलातल-लोक', बारहवाँ 'महातल-लोक', तेरहवाँ 'रसतल-लोक' और चौदहवाँ 'पाताल-लोक' कहा गया है।

प्रथम सात लोकों को संयुक्त रूप से 'व्यहर्धी-लोक' और बाद के सात लोकों को संयुक्त रूप से 'पाताल-लोक' कहते हैं। इन चौदह-लोक के बाद आने वाले लोक को 'नर्क लोक' कहते हैं। पुराणों में 'नर्क-लोक' के भी सताईस उप-लोक बताए गए हैं, यानी की नर्क लोक एक के बाद एक आनेवाले कुल सत्ताईस लोक तक फैला हुआ है।

हमारी पृथ्वी सातवें-लोक, भूर-लोक में स्थित है। मतलब चौदह-लोक की श्रृंखला में 'मध्य' में है। इसलिए पृथ्वी से ऊपर के छह-लोक को सामूहिक रूप से 'स्वर्ग-लोक' और पृथ्वी के बाद के सात लोक को 'पाताल-लोक' कहा गया है। इस प्रकार शास्त्रों में चौदह-लोक को इन तीन मुख्य भागों में बाँटकर ही सम्बोधित किया जाता है; स्वर्ग-लोक, भूर-लोक (पृथ्वी स्वयं) और पाताल-लोक। इन तीन भागों को साथ में 'त्रिलोक' कहा जाता है।

स्पिन - एकरूपता का माप:

एक हक़ीक़त हमें गौर करनी होगी की, बिगबैंग के विस्फोट के बाद ब्रह्म की एकरूपता और घनता क्रमशः घटती गई। शुरू में तो हमने स्टेज (१) और स्टेज (२) जैसे नाम देकर ब्रह्म की लगातार विस्तारित और खंडित होती अवस्थाओं को पहचानने की कोशिश की। पर खंडित स्थितियाँ जब सूक्ष्म कणों और शक्तिहीन तरंगो तक पहुँच गई, तब एक नई राशि खोजनी पड़ी। वह थी स्पिन। स्पिन अर्थात् दिए गए समय पर ऊर्जा के किसी भी भण्डार की एकरूपता कितनी संमिति रखती है - उसका माप।

अध्याय ५ में हमने देखा था कि गणितीय रूप से स्पिन एक अलग ही समझ रखता है, परंतु व्यावहारिक अर्थ में स्पिन अर्थात् दिए गए समय में ऊर्जा कितनी एकरूप है उसका माप। अगर ऊर्जा का कोई भण्डार चारों ओर से तथा उसके भीतर से एकरूप है तो वह स्पिन (०) स्थिति में हैं। इसलिए हम सृष्टि की उत्पत्ति से पहले के अद्वैत ज्योतिर्पिंड़ को भी 'सुपर स्पिन (०)' स्थिति की ऊर्जा कह सकते हैं। 'सुपर स्पिन (०)' इसलिए क्योंकि वह स्थिति समग्र सृष्टि की उर्जा को चारों ओर से तथा भीतर से एकसमान बनाकर बैठी हैं।

अब, इस स्थिति से जब उर्जा की घनता और एकरूपता घटती है, तब स्पिन स्थिति नीचे उतर जाती है और स्टेज ४ आने तक ऊर्जा स्पिन २, १ और १/२ स्थितियों तक आ पहुँचती है। प्रत्येक स्पिन स्थिति में ऊर्जा की अलग अलग मात्रा वाले कण होते हैं। उदाहरण, पहली पीढ़ी के हिग्ज बोसोन और दूसरी या तीसरी पीढ़ी के हिग्ज बोसोन सभी स्पिन (०) स्थिति में है, लेकिन पहली पीढ़ी के हिग्ज बोसोन की ऊर्जा से उसके बाद की पीढ़ी के हिग्ज बोसोन की ऊर्जा कम है। इसी प्रकार इलेक्ट्रॉन, क्वार्क और प्रोटोन - तीनों स्पिन १/२ स्थिति में है, लेकिन प्रोटॉन की ऊर्जा व द्रव्यमान क्वार्क से और क्वार्क की ऊर्जा व द्रव्यमान इलेक्ट्रॉन से ज्यादा है। यानी कि स्पिन द्रव्यमान और थोक ऊर्जा दिखाने का प्रमाण नहीं है। वह एक आंतरिक चीज़ का मापन है जो बताती है की यह कण मूल एकत्व की सापेक्ष में कितना खंडित है और कितना एकरूप है? ज्योतिर्पिंड की मूल एकता से वह कितना नज़दीक है, और कितना दूर है? बस इस चीज़ को शब्दों में इतना ही समझाया जा सकता है।

इस प्रकार धीरे धीरे ऊर्जा की एकरूपता और घनता कम होती गई और वह नीचे की स्पिन स्थिति में आती गई जिसमें स्पिन १/२ स्थिति सबसे नीचे की स्थिति है और उस स्थिति में ही ब्रह्मांड के सर्व पदार्थ बने हुए है। इस प्रकार हम जिस ब्रह्मांड को खुली आंखों से देखतें हैं, या जिनसे हमारे खुद के शरीर बने हुए है, वह ऊर्जा की एकरूपता के मामले में सबसे निम्न स्थिति के स्वरूप है। उन तरंगो से भी नीचे जो दिखाई नहीं देती। सिर्फ़ भौतिक रूप में, हम ब्रह्मांड की सबसे निम्न ऊर्जा स्थिति है।

✦ ✦ ✦

अध्याय – १२

काल, गुरुत्वाकर्षण और समय

तो, जो काल स्टेज (१) में दो और स्टेज (२) में सात परिमाण में फैलकर विभागों के बीच नष्ट हो गया था, वह स्टेज (४) सृष्टि में तीन परिमाणों में फैला और हर तरफ़ छा गया। तटस्थ ऊर्जा के बादल में से विरोधी विभाग जब जब जितने परिमाणों में अलग हुए, तब तब उतने परिमाणों में उनके बीच काल बिछा। पर वह अपना अस्तित्व तभी टिका पाया जब उसे दो छोरों से बीच में दबानेवाले विभाग खुद इतने सूक्ष्म हो गए की काल को दो छोरों से दबा नहीं पाए, और खुद काल के धक्के से बिखर गए। ब्रह्मांडो में हिग्ज़ प्रदेश के विघटन के साथ हर नए लोक में नया नया काल बिछता रहा और कणों के जुड़ते रहने से पदार्थों का सृजन इसी काल के बीच में होने लगा। सृष्टि काल की इस चादर या जाली (net) में विस्तरीत होने लगी। काल की इस चादर या जाली के रेसे बने थे अपाकर्षण रेखाओं की ऊर्जा से। मतलब, असल में यह काल एक सूक्ष्म तटस्थ ऊर्जा थी, जो कभी विरोधी विभागों के मिलने से बने बादलों के केंद्र में जमा हुई थी और उन बादलों के टूटने से विरोधी विभागों के बीच फैलने लगी थी। बस, काल के उद्भव की यही पूरी कहानी है।

अब देखते है की काल की इस चादर में कैसे कैसे कारनामे हुए? वह कारनामे जिसने हमारे जन्म कि नींव रखी और जो आज भी हमारे रोज़-बरोज के जीवन को निर्धारित करते है।

काल और आइन्स्टाइन:

सन १६८७ में जब न्यूटन ने गुरुत्वाकर्षण के सिद्धांतों की खोज की, तब गणितीय रूप से वह सिद्धांत सटीक थे, पर एक व्यावहारिक बात खुद न्यूटन की भी समझ में नहीं आइ थी। वह यह थी की यह सारे आकाशीय पदार्थ जो अग्नि, पत्थर और राख से बने हुए है, वह एकदूसरे को कैसे

आकर्षित कर सकते है? किस वजह से, वे कोई चुम्बक तो है नहीं? न्यूटन को जीते जी इसका जवाब नहीं मिला और ना ही उसके ढाइसो साल तक आए अन्य किसी वैज्ञानिक को। पर उन्नीसवीं सदी के उत्तरार्ध में विज्ञान इतना परिपक्व होने लगा था की न्यूटन की इस असमंजस का जवाब ढूँढ सके। और वह जवाब आनेवाला था हमारे इसी काल की चादर की खोज से।

सन १८८७ में एक प्रयोग किया गया। अल्बर्ट मिकेल्सन और एडवर्ड मोर्ले नामक वैज्ञानिकों ने सूर्य में से आनेवाली प्रकाश की गति को पृथ्वी के द्वारा सूर्य के चक्कर लगाने के दौरान मापने की कोशिश की। पृथ्वी उसकी भ्रमणकक्षा में सूर्य की ओर जाती हो तब और सूर्य से दूर जाती हो तब, दो अलग अलग समय पर प्रकाश की तेजी मापी गई। भौतिक विज्ञान के नियम के मुताबिक और हमारी सामान्य समझ के मुताबिक़ लोग उम्मीद कर रहे थे कि जब पृथ्वी सूर्य की ओर जा रही होती है तब सूर्य में से पृथ्वी की ओर आते प्रकाश की किरणों की तेजी ज्यादा मापी जाएगी और जब पृथ्वी सूर्य से दूर जा रही होगी तब प्रकाश की गति कम मापी जाएगी। लेकिन परिणाम जो आया, उसने दुनिया को स्तब्ध कर दिया। पृथ्वी की दोनों गति के दौरान प्रकाश की तेजी समान ही थी। यह एक आश्चर्य और रहस्य था।

सं. १६८७ से १९०५ तक वैज्ञानिकों ने इस परिणाम का कारण बताने के लिए असंख्य तर्क दिए, लेकिन उनमें से एक भी स्पष्ट सबूत नहीं दे सका। इन तर्कों में सबसे आशावादी तर्क यह था कि ब्रह्मांड में फैला हुआ शून्यावकाश 'ईथर' नामक द्रव्य से बना हुआ है। यह ईथर हमारी गति के साथ संकुचन और विस्तरण की 'लीला' करता है। जब हम प्रकाश की ओर जाते हैं तब ईथर विस्तृत होता है, जिससे प्रकाश हम तक पहुँचने में पहले जितना ही समय लेता है। और जब हम प्रकाश से दूर जाते हैं तब यह ईथर संकुचित होता है, जिससे फिर प्रकाश को पृथ्वी तक पहुँचने के लिए उतना ही समय लगता है। इस प्रकार, समय अचल है और ईथर से बना अवकाश सापेक्ष है। अवकाश हमारी गति की तेजी के आधार पर

बढ़ता-घटता है। लेकिन इस तर्क को गणितीय और सैद्धांतिक समर्थन मिल नहीं पाया, और वास्तविक जवाब आया १९०५ में।

ई. स. १९०५ को आधुनिक विज्ञान के लिए 'चमत्कारों' का वर्ष कहा जाता है। उस वर्ष एक पेटंट ऑफिस में काम करनेवाले क्लर्क ने हलचल मचा दी। यह क्लर्क थे अल्बर्ट आइन्सटाइन। क्लर्क के रूप में काम करते करते ही आइन्सटाइन ने एक सैद्धांतिक थियरी जारी की, जिसका नाम था 'विशिष्ट सापेक्षवाद' (Special Relativity)। इस थियरी में उन्होंने कहा कि वास्तव में अवकाश नहीं, समय सापेक्ष है। समय पदार्थ की तेजी के अनुसार बढ़ता-घटता है। आइन्सटाइन ने अपने विशिष्ट सापेक्षवाद में दो मुख्य सिद्धांत दिए।

(१) किसी भी प्रयोग को अगर स्थिर स्थिति में किया जाए और उसी प्रयोग को अगर अचल वेग वाले किसी वाहन में किया जाए तो, उस प्रयोग का परिणाम दोनों ही स्थितियों में समान होगा।

(२) प्रकाश की गति ब्रह्मांड की सबसे तेज गति है। प्रकाश से ज्यादा तेज गति ब्रह्मांड में कोई नहीं कर सकता।

प्रथम सिद्धांत न्यूटन के प्रथम नियम का पुनरावर्तन था और दूसरा सिद्धांत एक क्रांति थीं, जिसने हमारे वेदों के 'काल' को पश्चिम के आधुनिक विज्ञान के सामने पेश किया।

आईये, हम दूसरे सिद्धांत को समझते हैं, कि प्रकाश की तेजी से गति करने का मतलब क्या होता है? प्रकाश की तेजी ३,००,००० कि.मी. प्रति सेकंड है। याद रखें कि ३,००,००० किमी दूरी अर्थात् पृथ्वी के आसपास हम सात पूरे चक्कर लगा लें, उतनी दूरी। यानी कि प्रकाश की किरण एक सेकंड में पृथ्वी के आसपास सात चक्कर लगा सकता है। अब, मान ले कि दो स्थल A और B के बीच की दूरी ३,००,००० कि.मी. है। अगर कोई पदार्थ प्रकाश की गति से गति करता हो, तो उसका अर्थ है कि एक सैकण्ड पहले वह पदार्थ स्थल A पर है ओर एक सैकण्ड के बाद वह सीधा स्थल B पर पहुँच जाता है, जो A से ३,००,००० किलोमीटर दूर स्थित है। अब ३,००,००० किलोमीटर जितने अत्यंत विशाल अंतर के सापेक्ष में

एक सैकण्ड जितने सूक्ष्म समय को अगर हम नजरअंदाज कर दें, तो उसका अर्थ है कि एक पदार्थ, एक क्षण में स्थल A पर है और वही क्षण वह पदार्थ स्थान B पर भी है। परन्तु ऐसा कैसे हो सकता है? एक पदार्थ एक ही समय पर ऐसे दो अलग स्थलों पर कैसे हो सकता है, जिनके बीच की दूरी ३,००,००० किलोमीटर हो?

नीचे दर्शायी गई आकृति १२.१ में दर्शाया गया है कि ऐसा तभी हो सकता है, जब स्थल A और स्थल B के बीच का अवकाश मूड़ गया हो और स्थान A और B एक ही स्थल E पर आ गये हो। इसका अर्थ यह है कि स्थल A और स्थल B के बीच का ३,००,००० किलोमीटर का अवकाश मूड़ कर एक बिन्द E बन गया। और अगर उस एक सैकण्ड को नजरअंदाज कर दें, तो मतलब समय वहां शून्य हो गया। इस प्रकार, प्रकाश की तेजी से गति करने पर अवकाश और समय का लोप हो जाता है। वह दोनों एक बिंदु बन जाते है। दूसरे शब्दों में कहें तो प्रकाश की तेज़ी से गति करने पर अबकाश और समय शून्य हो जाते है।

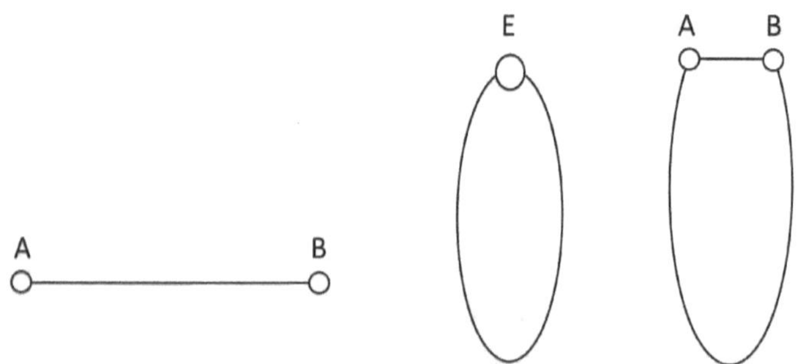

आकृति १२.१ समय और अवकाश की उत्पत्ति

तो फिर समय और अवकाश किस तरह उत्पन्न हुए? चलो समझते हैं इस दिलचस्प बौद्धिक सत्य को।

समझ लीजिए कि उपरोक्त उदाहरण में पदार्थ की तेजी अब ३,००,००० किमी/ सैकण्ड से घट कर १,००,००० किमी/ सैकण्ड हो जाती है। इसलिए, अब उस पदार्थ को स्थल A से स्थल B तक जाने में तीन

सैकण्ड का समय लगेगा। और इस मामले में बिन्द E के आगे मौजूद अवकाश का मोड़ कुछ कम होगा। इस वजह से आकृति के तीसरे चित्र में दर्शाए अनुसार स्थल A स्थल B से अलग होने लगेगा। इस प्रकार यह १,००,००० किमी/सैकण्ड की तेजी से स्थल A और स्थल B के बीच कुछ अवकाश और उसके साथ तीन सैकण्ड जितना समय उत्पन्न होगा। यह अवकाश, आकृति १२.१ के प्रथम चित्र में दर्शाए गए A और B के बीच के अवकाश से कम है। क्योंकि वहाँ पदार्थ की गति कम है। इस प्रकार पदार्थ की तेजी ३,००,००० किमी/ सैकण्ड से जितनी कम होती है उतना ज़्यादा समय और अवकाश वहाँ उत्पन्न होते है। इस तरह जैसे पदार्थ की तेजी कम होगी, वैसे उसके लिए अवकाश और समय ज्यादा लगेगा।

परन्तु यह पूरी जानकारी तभी संभव बनती है जब उस एक सैकण्ड की अवगणना करते हैं। बिगबैंग के बाद सैकण्ड के करोड़वें भाग में तो ब्रह्मांड में कणों का निर्माण हो गया था। तो पूरी एक सैकण्ड तो बहुत बड़ा समय कहा जा सकता है। तो, अब हम उस एक सैकण्ड को ऊपर की आकृति में फिर वापस लाते हैं। देखें, आकृति में जहाँ ३,००,००० किमी जितना अवकाश बिन्द E में मिल गया हैं, वहाँ इस नजरअंदाज किए हुए सैकण्ड को फिर से रखा जाए तो क्या होगा? इस स्थिति में बिन्द E के आगे ऊर्जा की एक छोटी गेंद बनेगी, जिसका व्यास बहुत सूक्ष्म होगा। गेंद का यह सूक्ष्म व्यास उस बिन्द E के आगे एक सैकण्ड जितने समय तक दबा रहा ३,००,००० किलोमीटर का अवकाश है। और यहीं वह ज्योतिपिंड़ का अद्वैत स्वरूप है, जिसे विज्ञान सिंग्युलैरिटी (singularity) कहता है।

इसे एक काल्पनिक उदाहरण से समझते हैं। यह कुछ ऐसा है कि हम ऊर्जा के एक तरंग को अपनी दो हथेलियों के बीच दबाएँ। ऐसा करने से उस तरंग की ३,००,००० किमी/ सैकण्ड की गति से मिलनेवाली गति ऊर्जा हमारी हथेलियों के बीच शक्ति के भण्डार के तौर पर दबेगी और स्थित ऊर्जा में बदल जाएगी। और हमारी हथेलियों के बीच तरंग की स्थित ऊर्जा से बनी उस गेंद को पहले एक सैकण्ड के लिए उस तरंग का अद्वैत पिंड़ स्वरूप कहा जाएगा।

मैं उसे पहले एक सैकण्ड का अद्वैत पिंड़ स्वरूप कह रहा हूँ, क्योंकि इस एक सैकण्ड तक उस प्रचण्ड ऊर्जा को एक बिन्दवत गेंद में दबाने से उस गेंद में प्रचण्ड ऊर्जा घनता उत्पन्न होगी, जो बाहर की ओर निकलने के लिए दबाव करेगी। इस दबाव के अंतर्गत वह पिंड़ अगले ही सैकण्ड विस्फोट के स्वरूप में फूटकर अपनी शक्ति को बिखेर देगा।

लेकिन वास्तव में इस सृष्टि में ऐसा एक तरंग दबाकर उसका पिंड़ स्वरूप हाँसिल करना संभव नहीं है, क्योंकि सृष्टि में समग्र ऊर्जा एक दूसरे के साथ जुड़ी हुई है। इसलिए अगर हम एक तरंग को लेकर उसे दबाने के कोशिश करेंगे तो उसके साथ जुड़ी हुई सृष्टि की बाकी की ऊर्जा निरंतर उसकी स्थिति को प्रभावित करती रहेगी और इस कारण वह तरंग की ऊर्जा कभी अद्वैत स्वरूप प्राप्त नहीं कर पाएगी। ऊर्जा का अद्वैत स्वरूप तभी संभव है, जब इस सृष्टि की समग्र ऊर्जा इस तरह किसी हथेली में एक सैकण्ड के लिए दबायी जाए। तो चलिए, देखते हैं ऐसा करने से क्या होता है?

इसके जवाब के लिए हमें पहले पिंड़ स्वरूप में संग्रहित ऊर्जा को समझना पड़ेगा। पिंड़ स्वरूप में संग्रहित ऊर्जा अर्थात् एक छोटे बिन्द पर ३,००,००० किमी/ सैकण्ड की गति से उत्पन्न होनेवाली गति ऊर्जा के साथ एक सैकण्ड के लिए संकुचित ३,००,००० किलोमीटर लंबा अवकाश (जरा ठहरें और समझें)। हमारी सृष्टि बिगबैंग धमाके से पहले ऐसे ही पिंड़ स्वरूप में थी। इसलिए हम कह सकते हैं कि उस समय समग्र सृष्टि की ऊर्जा ३,००,००० किमी/सैकण्ड की गति से उत्पन्न होनेवाली गति ऊर्जा के साथ उस छोटे पिंड़ जितने कद में, जिस एक सैकण्ड के लिए संग्रहित थी, उस एक सैकण्ड के सृष्टि के स्वरूप को हम अद्वैत पिंड़ स्वरूप कहते हैं। इस कारण ही हमने उस एक सैकण्ड की शुरूआत में अवगणना की थी। क्योंकि वह एक सैकण्ड उस पिंड़ स्वरूप का मूल स्थान है। उसकी मूल स्थिति अथवा उसका घर है। दूसरे शब्दों में, अद्वैत पिंड़ स्वरूप और कुछ नहीं, बल्कि समग्र सृष्टि की ऊर्जा को ३,००,००० किमी/सैकण्ड की गति ऊर्जा के साथ एक बिन्दवत अवकाश में धारण करनेवाला एक सैकन्ड का समय है।

आधुनिक विश्व में अद्वैत पिंड़ या सिंग्युलैरिटी (singularity) का स्वरूप असल में क्या है, उस विषय में दी गई यह सर्व प्रथम समझ है, जो इस पुस्तक में सर्वप्रथम बार प्रकाशित हुई है।

तो, आइन्सटाइन के विशिष्ट सापेक्षवाद के इस आंकलन के साथ यह बात साबित हुई कि असल में समय और अवकाश एक ही सच्चाई है, जो पदार्थ की तेजी पर आधारित है। दोनों एकसाथ उत्पन्न होते है, एकसाथ सिकुड़ते और विस्तृत होते है और एकसाथ ही उनका लोप होता है। किसी भी घटना को घटने के लिए कितना समय लगेगा, वह उस घटना को देखनेवाले व्यक्ति की तेजी पर निर्भर है। अगर एक स्थिर बैठा हुआ व्यक्ति सेब को ५ सैकण्ड में पेड़ पर से नीचे गिरते हुए देखता है, तो वह समय उस व्यक्ति के लिए ५ सैकण्ड से कम होगा, जो बहुत तेजी से जा रही एक कार में से उस सेब को गिरते हुए देखता है। इस प्रकार प्रत्येक दर्शक का किसी घटना को देखने का अपना समय होता है, जिसे उस दर्शक का 'प्रॉपर टाइम' कहते हैं। और इस प्रॉपर टाइम का आधार उस दर्शक की गति पर निर्भर है। जैसे दर्शक की गति तेज होगी, वैसे उसका प्रॉपर टाइम कम होगा।

इस तरह आइन्सटाइन ने यह साबित किया कि वास्तव में ईथर से बना अवकाश नहीं, बल्कि समय सापेक्ष है। समय कोई अचल राशि नहीं है, वास्तव में वह चौथा परिमाण है, जो अवकाश के तीन परिमाणों के साथ ही उत्पन्न होता है - दोनों एक ही है। यहीं से आधुनिक विज्ञान में 'अवकाश' शब्द के स्थान पर 'अवकाश-समय' (space-time) शब्द लिखना प्रारंभ हुआ।

आइंस्टाइन और गुरुत्वाकर्षण:

सन १९०७ में आइंस्टाइन को अपने इस - 'समय सापेक्ष है' - वाले विचार को गुरुत्वाकर्षण की समझ में डालने का विचार आया, जिसे बाद में उन्होंने अपने जीवन का सबसे किमती विचार घोषित किया। क्योंकि उस विचार ने गुरुत्वाकर्षण को देखने के ढाईसो साल पुराने तरीक़े को पलट दिया। उसने न्यूटन की उस द्विधा का जवाब दिया, जिसे खुद न्यूटन नहीं

सुलझा पाए थे। इस विचार को अंजाम देकर आइंस्टाइन सन १९१५ में फिर दुनिया के सामने आए, एक नयी थीयरी लेकर, जिसका नाम था 'सामान्य सापेक्षवाद'।

इस थीयरी के तहत उन्होंने कहा की असल में यह पूरा ब्रह्मांड अवकाश-समय की इस चादर में बना हुआ है और जब भी इस ब्रह्मांड में कोई द्रव्यमान बनता है तब वह इस चादर को अपने आसपास मोड़ देता है। यह कुछ ऐसा ही है, जैसे हम कपड़े की एक चादर को चारों छोरों से सख़्ताइसे पकड़कर रखे और फिर उसके बीच में कोई थोड़ी भारी वस्तु रख दे तो वह कपड़े की चादर उस वस्तु के आसपास एक मोड़ बनाएगी। यह सर्कस में बांधी गई उस नेट की तरह भी है जो जोकर को ऊपर से नीचे घिरने के लिए बांधी जाती है। जोकर ऊपर से उस नेट में कहीं पर घिरता है और फिर खड़ा होकर चलता हुआ उस नेट के बीच में आता है। उससे वह नेट जोकर के आसपास एक मोड़ बना देती है। अब जोकर के बाद ऊपर से जो भी लोग कूदेंगे वह सब नेट पर घिरते ही सरकते हुए बीच में खड़े जोकर के पास खिंचे चले आएँगे। वह सब जोकर को जाकर टकराएँगे और उसके आसपास इकट्ठे होंगे। तो क्या हम इसे जोकर का गुरुत्वाकर्षण बल कह सकते है? क्या वह जोकर उन दूसरे लोगों पर कोई आकर्षण बल लगा रहा है? नहीं। वह बस मूडी हुई नेट से उत्पन्न होनेवाली एक असर (effect) है।

यही होता है आकाशीय पदार्थों के आसपास भी। अवकाश-समय की चादर ब्रह्मांडो में बननेवाले द्रव्यमान के आसपास मोड़ बना देती है, जिससे जो भी दूसरा पदार्थ उस मोड़ के अंदर आता है, वह उस केंद्र के द्रव्यमान की ओर सरक जाता है। बिलकुल वही असर जो नेट में जोकर के आसपास बनती है वह अवकाश-समय में हर द्रव्यमान के आसपास बनती है, और उसी असर को हम उस द्रव्यमान या पदार्थ का गुरुत्वाकर्षण कहेते है। यहाँ हम मोड़ के केंद्र में रहे पदार्थ और उसके ऊपर गिरनेवाले पदार्थ को विवरण की सरलता के ख़ातिर अलग संबोधन कर रहे है। केंद्र में रहे पदार्थ को हम द्रव्यमान और उस पर गिरनेवाले छोटे पदार्थ को हम 'पदार्थ' कहेंगे, असल में दोनों ही पदार्थ है, और दोनों के ही द्रव्यमान भी है।

तो फिर सूर्य के आसपास पृथ्वी और पृथ्वी के आसपास चाँद घूम क्यों रहा है? क्यों पृथ्वी सूर्य पर और चाँद पृथ्वी पर गिर नहीं जाता? ब्रह्मांड में सारे आकाशीय पदार्थ किसी ना किसी बड़े पदार्थ के आसपास घुम रहे है, क्योंकि वह उत्पन्न ही उस बड़े पदार्थ से हुए है। जैसे ही वह अपनी धुरी पर भ्रमण कर रहे उस बड़े पदार्थ से अलग हुए, वे उस बड़े पदार्थ के आसपास मुड़ी हुई अवकाश-समय की चादर में ही गिरे, और बड़े पदार्थ की भ्रमण की गति उन्हें विरासत में मिली। इसीलिए वह उस गति से उस बड़े पदार्थ के आसपास घूमने लगे। नीचे आकृति (१२.२ i) में ऐसे ही एक बड़े द्रव्यमान के आसपास मुड़े अवकाश-समय में एक छोटा पदार्थ घूमता दिखाया गया है। लेकिन वह दो परिमाणीय आकृति है। असल में अवकाश-समय यूँ सिर्फ़ द्रव्यमान के आसपास या अगल-बग़ल ही नहीं होता। वह द्रव्यमान के चारों ओर होता है। किसी द्रव्यमान के आसपास का अवकाश-समय चारों ओर से उस द्रव्यमान के केंद्र की ओर खिंचता और मुड़ता है। यह हक़ीक़त हमें आकृति (१२.२ ii) में दिखाई देती है, जो इस अवकाश-समय के मुड़ने की ज़्यादा बेहतर तस्वीर है। कोई भी द्रव्यमान के आसपास बना अवकाश-समय का मोड़ जैसे जैसे द्रव्यमान की ओर जाए वैसे वैसे तीव्र और संकुड़ा बनता जाता है, और जैसे जैसे द्रव्यमान से दूर जाए वैसे खुलता जाता है। यह हम नीचे की दोनों आकृतियों में देख सकते है।

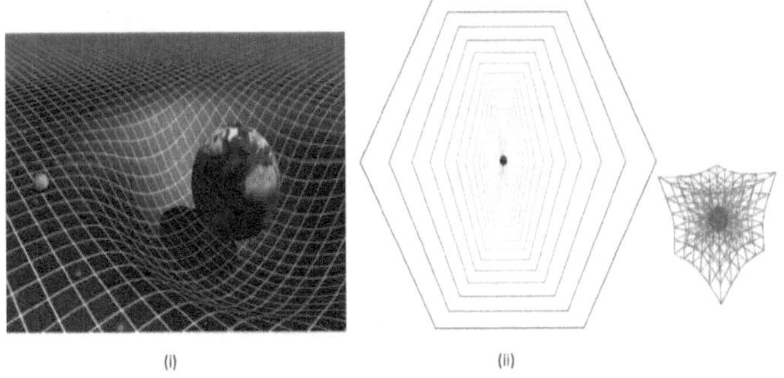

आकृति १२.२ द्रव्यमान के आसपास अवकाश-समय का मोड़ और गुरुत्वाकर्षण

द्रव्यमान के आसपास बने अवकाश-समय के इस मोड़ का उसमें प्रवेश करनेवाले पदार्थ पर क्या असर होगा, वह उस दूसरे पदार्थ की गति पर निर्भर करता है। अगर कोई पदार्थ एक निश्चित गति के साथ उस मोड़ में प्रवेश करता है, तो अवकाश-समय की चादर के दबाव से उस पदार्थ की गति बार बार मुड़ती रहती है और वह केंद्र के द्रव्यमान के आसपास घूमने लगता है। अगर उस निश्चित गति से कम गति से कोई पदार्थ उस मोड़ में प्रवेश करेगा तो वह धीरे धीरे केंद्र के द्रव्यमान की ओर खिंचता चला जाएगा और एक वक्त पर उस पर गिर जाएगा। अगर उस निश्चित गति से ज़्यादा गति से कोई पदार्थ उस मोड़ में आएगा तो अवकाश-समय की चादर के दबाव से उस पदार्थ की गति की दिशा ही बदलेगी और वह पदार्थ मोड़ के दूसरे छोर से बाहर निकल जाएगा। प्रकाश के किरण के साथ यह तीसरी घटना घटती है। प्रकाश की किरण भी एक निश्चित ऊर्जा का थक्का ही है। वह ऊर्जा प्रकाश की गति से जब किसी द्रव्यमान के आसपास बने अवकाश-समय के मोड़ में से गुजरती है, तो उस मोड़ की तीव्रता के आधार पर उसकी दिशा में परिवर्तन आता है, और वह मोड़ के दूसरे छोर से बाहर निकल जाती है। पर अगर अवकाश-समय का मोड़ अतिशय तीव्र है, तो वह प्रकाश की किरण भी नहीं निकल पाती, और वह किरण भी अन्य पदार्थों की तरह केंद्र में रहे द्रव्यमान पर गिर जाती है। वह दूसरी ओर से बाहर नहीं निकल पाती। अब हम स्कूल के समय से जानते है की अगर किसी पदार्थ पर प्रकाश का किरण आपात हो, पर परावर्तित होकर वापस ना आ पाए तो क्या होता है? उस पदार्थ को हम देख नहीं पाते। तो इसीलिए ऐसे अतिशय तीव्र मोड़ वाले द्रव्यमान, जिनके मोड़ से प्रकाश की किरण बाहर नहीं निकल पाती, वह ब्रह्मांड में दिखना बंद हो जाते है। ऐसे पदार्थ को ब्लैक होल कहेते है, जिनकी बात हम बाद में अध्याय १४ में करेंगे।

तो, प्रकाश की किरण को या किसी गतिशील पदार्थ की दिशा को अवकाश-समय का मोड़ कितना मोड़ेगा, वह उस अवकाश-समय के केंद्र में रहे द्रव्यमान के मूल्य पर आधारित है। इस बात को भी जोकर के

उदाहरण से समझते है। जोकर जीतना भारी और मोटा होगा, वह नेट को उतनी ज़्यादा मोड़ेगा, जिससे जोकर के आसपास बननेवाला नेट का मोड़ ज़्यादा तीव्र बनेगा। इस वजह से बाद में नेट में कूदनेवाले लोग ज़्यादा गति से जोकर की ओर सरकते हुए आएँगे। इस गति को जोकर का 'गुरुत्व प्रवेग' कहते है। यहाँ पर जोकर से टकरानेवाले लोग अगर वापस जोकर से दूर जाना चाहेंगे तो उन्हें दुबले-पतले जोकर की नेट से ज़्यादा शक्ति लगानी होगी। यानी कि जितना जोकर का द्रव्यमान ज़्यादा, उतना उसके आसपास नेट का मोड़ ज़्यादा और उतनी उसकी गुरुत्वाकर्षण की असर ज़्यादा। गुरुत्वाकर्षण की असर ज़्यादा तो उतना उसका गुरुत्व प्रवेग भी ज़्यादा। लोग ज़्यादा गति से जोकर की ओर सरकेंगे।

तो बस, यही है सारे आकाशीय पदार्थों का गुरुत्वाकर्षण। यही सब न्यूटन ने भी कहा था। ग्रह या तारा जीतना बड़ा या भारी होगा, उसका गुरुत्वाकर्षण और गुरुत्व प्रवेग उतना ज़्यादा होगा। पर न्यूटनने ये बातें गणितीय समीकरणों से समझी थी और फिर उसे उन ग्रहों और तारों के बीच सीधे आकर्षण बल की तरह समझाया था। पर आइंस्टाइनने समझाया की असल में गुरुत्वाकर्षण बल कोई बल नहीं, एक असर है जो उस जोकर की नेट की तरह ब्रह्मांड के पदार्थों के आसपास अवकाश-समय की चादर मुड़ने से उत्पन्न होती है।

अब तक यह सब सही जा रहा था। पर यह गुरुत्व प्रवेग से एक विरोधाभास उत्पन्न हुआ। प्रवेग यानी अगर किसी पदार्थ का वेग (उसकी गति की तेज़ी) या उसकी गति की दिशा लगातार बदल रही है, तो उसे वेग के स्थान पर पदार्थ का प्रवेग कहेते है। उस गति को पदार्थ की प्रवेगी गति कहेते है। और प्रवेगी गति तभी हो सकती है, जब उस पदार्थ पर लगातार कोई बल लग रहा हो। अगर कोई बाहरी बल लग रहा होगा तभी, तो किसी पदार्थ की तेजी या उसकी दिशा बदलेंगी, वरना कैसे बदलेगी? तो, न्यूटन ने अपने गणितीय समीकरणों से यह साबित कर दिया था कि गुरुत्वाकर्षण के चलते पृथ्वी जैसे किसी पदार्थ की ओर गिर रहे छोटे पदार्थ का वेग लगातार बढ़ता जाएगा। उन्होंने गणित चलाकर आँकड़े भी

दे दिए थे। पृथ्वी के गुरुत्वाकर्षण के चलते उस पर गिरने वाले पदार्थ का वेग ९.८ मीटर/सेकंड स्क्रेर जितना बढ़ेगा, यह भी बता दिया था। जब की चंद्र का गुरुत्वाकर्षण कम है तो उस पर गिरनेवाले पदार्थ का वेग १.६२३ मीटर/सेकंड स्क्रेर जितना ही बढ़ेगा। लेकिन आइंस्टाइन तो कह रहे थे की 'गुरुत्वाकर्षण' बल है ही नहीं, वह बस अवकाश-समय के मुड़ने से उत्पन्न होनेवाली असर है। तो फिर बिना बल लगे उस अवकाश-समय में गिरने वाले पदार्थों की गति कैसे तेज होती चली जाती है? वह प्रवेगी गति क्यों कर रहे है?

आइंस्टाइन ने इस सवाल का जवाब ढूँढ रखा था। जो बल गुरुत्वाकर्षण में प्रवेगी गति उत्पन्न करता था, वह प्रत्याघाती आभासी बल (fictitious force) था, जिसे हम कार में भी महसूस करते हैं। हमारी कार सड़क पर चल रही हो तब बड़े पैमाने पर प्रवेगी गति कर रही होती है, क्योंकि उसकी तेजी लगातार बदलती रहती है। प्रवेगी गति तभी होती है, जब बल लगता है और वह हम कार के ऐक्सिलरेटर से लगा रहे होते है। अब न्यूटन के तीसरे नियम के अनुसार, जब कहीं बल लगता है तब उसके साथ उसकी विरुध्द दिशा में उसी की मात्रा का एक प्रत्याघाती बल भी उत्पन्न होता है। गतिशील कार में उत्पन्न होने वाला यह प्रत्याघाती बल हमें कार की गति से विपरीत दिशा में कार की सीटों के साथ जकड़कर रखता है। अगर ध्यान से देखें तो, कई बार ऐसा भी लगता है कि जैसे हमें सीटों से जकड़कर रखने वाला यह बल ही मुख्य हैं और उसके प्रत्याघाति बल के रूप में कार चल रही है। इसीलिए इसे आभासी बल (fictitious force) भी कहते हैं।

इसी बात को हम पृथ्वी के लिए करें तो, पृथ्वी लगातार अपने वलयाकार कक्षा में सूर्य के आसपास गति करती हैं। वलयाकार मार्ग पर पृथ्वी की दिशा लगातार बदलती रहती है, इसलिए यह गति भी प्रवेगी गति ही है। पृथ्वी की सूर्य के आसपास घूमने की गति २९.७७ किलोमीटर/सैकन्ड है। इतनी उच्च तेजी से प्रवेगी गति के विरुद्ध दिशा में वही आभासी प्रत्याघाती बल लगता है। यह बल पृथ्वी के आसपास मुड़े हुए अवकाश-समय की चादर पर लगता है और चादर के द्वारा यह

प्रत्याघाती बल मुड़े हुए अवकाश-समय से गुजरने वाले प्रत्येक पदार्थ पर लगता है। हालाँकि, यह प्रत्याघाती बल अवकाश-समय के मोड़ के हर स्थान पर समान लगता है, पर हम जानते हैं कि अवकाश-समय का मोड़ जैसे जैसे केंद्र के द्रव्यमान की ओर जाता है, वैसे वैसे वह संकुड़ा बनता जाता है। इसी कारण अवकाश-समय के मोड़ में गिरने वाला पदार्थ जैसे जैसे केंद्र के द्रव्यमान के नजदीक जाता है, वैसे वैसे उस पर अवकाश-समय की चादर द्वारा लगने वाला प्रत्याघाती बल का दबाव बढ़ता चला जाता है। इस कारण अगर कोई पदार्थ आकाश से पृथ्वी की ओर गिर रहा हो तो जैसे जैसे वह पृथ्वी की ओर आता है, वैसे वैसे पृथ्वी के आसपास बने अवकाश-समय के मोड़ का दबाव लगातार बढ़ता चला जाता है। इस कारण उस गिरते पदार्थ की तेजी लगातार बढ़ती चली जाती है, मतलब कि वह प्रवेगी गति करता है। मतलब, गुरुत्वाकर्षण में गिरनेवाले पदार्थों का प्रवेग आकाशीय पदार्थों की वलयाकार गति से उत्पन्न होनेवाले प्रत्याघाती बल से आता है। गुरुत्वाकर्षण खुद बल नहीं है, वह एक असर है। अगर कोई आकाशीय पदार्थ वलयाकार गति जैसी प्रवेगी गति ना करता हो, मतलब कि स्थिर हो या अचल वेग से गति करता हो, तो उसके आसपास मुड़ी हुई चादर में प्रवेशनेवाले पदार्थ पर कोई बल नहीं लगेगा। मतलब, ऐसे द्रव्यमान का अपना गुरुत्वाकर्षण तो होगा, पर उस पर गिरनेवाले पदार्थों का गुरुत्व प्रवेग नहीं होगा।

इस तरह १९०५ में विशिष्ट सापेक्षवाद से आइन्स्टाइन ने अवकाश-समय की चादर का जो एक नया तथ्य दुनिया के समक्ष रखा था, उसी तथ्य को दस साल बाद १९१५ में उन्होंने गुरुत्वाकर्षण के विषय में डालकर गुरुत्वाकर्षण की असली समझ से दुनिया को रूबरू करवाया।

गुरुत्वाकर्षण और समय:

पर पदार्थों के आसपास मुड़नेवाली इस अवकाश-समय की चादर में तो समय भी है। जब यह चादर मुड़ती है तो अवकाश के तीन परिमाण मुड़ते है और समय का एक परिमाण भी मुड़ता है। अवकाश के तीन परिमाण

मुड़ने से गुरुत्वाकर्षण की यह नेटवाली असर पैदा होती है। पर इसके साथ जब समय का परिमाण मुड़ता है तब क्या होता है?

तब वही होता है जो आकृति १२.१ में तेज गति से अवकाश-समय मुड़ने से होता था। जब अवकाश-समय मुड़ता है, तब अवकाश कम होता है और समय धीमा पड़ता है। जिस पदार्थ का द्रव्यमान ज़्यादा है, वह अपने आसपास अवकाश-समय की चादर को ज़्यादा मोड़ेगा। जिससे उस पदार्थ के आसपास गुरुत्वाकर्षण की असर ज़्यादा तीव्र होगी और वहाँ समय ज़्यादा धीमा होगा। यानी कि दो चीजों से अवकाश-समय मुड़ता है; एक तेज गति और दूसरा पदार्थ का द्रव्यमान। और ये दोनों ही चीजें समय को धीमा कर सकती है। इस तरह से गुरुत्वाकर्षण की असर समय के साथ भी जुड़ी हुई है। जितना पदार्थ का गुरुत्वाकर्षण ज़्यादा, उतना उस पदार्थ पर समय धीमा चलेगा। जितना पदार्थ का गुरुत्वाकर्षण कम, उतना वहाँ समय तेज चलेगा। यह समय पर प्रभाव डालनेवाली बात न्यूटन के गुरुत्वाकर्षण के सिद्धांत में नहीं थी, क्योंकि वहाँ अवकाश-समय की जानकारी ही नहीं थी। गुरुत्वाकर्षण की तीव्रता के साथ समय की धीमा पड़ने की इस घटना को 'ग्रेविटेशनल टाईम ड़ाइलेशन' (Gravitational Time Dilation) कहेते है।

वर्ष 2014 में आइ क्रिस्टोफ़र नोलन की फ़िल्म 'इंटरस्टेलर' ग्रेविटेशनल टाईम ड़ाइलेशन के इसी सिद्धांत पर आधारित थी। फ़िल्म में एक दस साल की लड़की का ऐस्ट्रोनॉट पिता लड़की को छोड़कर दूर की आकाशगंगा में पृथ्वी जैसा ग्रह खोजने जाता है। पर बीच में वह एक ऐसे ग्रह पर पहुँच जाता है जिसका गुरुत्वाकर्षण पृथ्वी के गुरुत्वाकर्षण से बहुत ज़्यादा होता है। इस वजह से उस ग्रह पर बीतते एक घंटे के समांतर पृथ्वी पर सात वर्ष बीत रहे होते है। इस कारण कुछ वक्त बाद जब वह पिता वापस पृथ्वी पर आता है, तब उसकी उम्र तो वही जवानी की ही होती है, पर उसकी बेटी सौ साल से ज़्यादा उम्र की होकर अपने आख़री दिन गिन रही होती है। यह पूरी कहानी कोई इस लिए लिख पाया क्योंकि अवकाश-समय की चादर के बारे में पश्चिमी विश्व को आइंस्टाइन ने रूबरू करवाया। पर मैं सिर्फ़ 'पश्चिमी विश्व' को कह रहा हूँ, क्योंकि काल

की चादर की बात तो वेदों के ब्रह्मांड वर्णन की मुख्यधारा में थी। और जो कहानी 'इंटरस्टेलर' के ज़रिए पश्चिम विश्व ने इक्कीसवीं सदी में कही, वह हज़ारों साल पहेले 'श्रीमद् भागवत्' में भारतीय ऋषि कह चुके थे।

जिन्होंने भागवत पुराण पढ़ी है अथवा जिन्होंने रामानंद सागर का 'श्री कृष्ण' सिरियल देखा है, उन्हें यह प्रसंग स्मरण होगा। एक बार देवता दानवों के साथ युद्ध में पराजित हुए। उनके पास स्वर्ग को बचाने का एकमात्र रास्ता यह था कि पृथ्वी पर आकर इक्ष्वाकु वंश के राजा और भगवान राम के पूर्वज राजा मुचुकुन्द की सहायता मांगी जाए। वह मुचुकुन्द के पास आए और राजा मुचुकुन्द ने उनके सेनापति के रूप में दानवों के खिलाफ लड़ने की सहमति व्यक्त की। मुचुकुन्द स्वर्ग में गए और कई वर्षों तक अंतरिक्ष में दानवों के खिलाफ लड़े। उन्होंने तब तक दानवों को पराजित कर के रखा, जब तक देवों को कार्तिकेय के रूप में नये सेनापति ना मिल गए। जब कार्तिकेय ने सेना की जिम्मेदारी उठायी, तब देवों ने राजा मुचुकुन्द को धन्यवाद देते हुए कहा, 'हे राजन। हम देवता आपके ऋणी हैं कि आपने राज्य और परिवार का बलिदान देकर हमारी रक्षा की।'

राजा ने कहा 'आप उसे बलिदान क्यों कह रहे है? यह बस कुछ वर्ष की ही तो बात थी। मैं मेरे राज्य और परिवार के पास अब वापस लौट रहा हूँ।'

तब देवताओं ने कहा, 'हे राजन, आप स्वर्ग में हैं। स्वर्ग के एक वर्ष के बराबर पृथ्वी पर तीन सौ साठ वर्ष बीतते हैं। आपके स्वर्ग में बिताए गए समय के सामने पृथ्वी पर अनेक सदियाँ बीत गई हैं। आपके एक वंशज राम के रूप में भगवान विष्णु ने एक अवतार भी पूरा कर लिया है। अब आपको वहाँ कोई नहीं पहचानेगा। लेकिन हम देवता आपके ऋणी हैं, इसलिए आपको आग्रह करते हैं कि आप हमारे पास मोक्ष के सिवा कोई भी वरदान मांगे। क्योंकि मोक्ष देने के लिए सिर्फ नारायण ही समर्थ हैं।'

राजा मुचुकुन्द ने कहा, 'अब सिर्फ मोक्ष ही मेरी पीड़ा को शान्त कर सकता है। मुझे वरदान दीजिए कि मैं पृथ्वी पर नारायण के साकार रूप

के दर्शन कर मोक्ष प्राप्त करूं। और वह समय आए तब तक चिर निद्रा में रहूँ, जिससे स्वजनों को खोने का शोक मुझे ना हो।' देवों ने मुचुकुन्द को यह वरदान दिया और कहा कि, 'आप त्रेतायुग में भगवान श्रीकृष्ण के दर्शन करेंगे। लेकिन त्रेतायुग में जब आप निंद्रा से जागेंगे तब जिस प्रथम व्यक्ति पर आपकी नजर पड़ेगी, वह जलकर भस्म हो जाएगा।'

जब जरासंघ ने श्रीकृष्ण को मारने के लिए कालयवन को भेजा तब श्रीकृष्ण ने इस राजा मुचुकुन्द का उपयोग कर कालयवन को भस्म किया था, क्योंकि कालयवन को वरदान मिला हुआ था कि उसकी मृत्यु किसी भी अस्त्र-शस्त्र से नहीं होगी।

इस प्रकार पश्चिमी समाज आज २१ सदी में जिस प्रकार इन्टरस्टेलर जैसी काल्पनिक कहानियाँ लिखकर आधुनिक विज्ञान के सत्य को सामान्य लोगों तक पहुंचाता है, वैसे ही प्राचीन भारत में भी भागवत पुराण की दंतकथाओं में उपनिषदों के विज्ञान को प्रस्तुत किया जाता था।

अवकाश और समय - काल के बच्चे:

तो यह पूरी अवकाश-समय की समझ जो हमने इस अध्याय में प्राप्त की, वह आज के आधुनिक विज्ञान के वर्णन के मुताबिक़ थी। इस में दो बातें वेदांत के एकीकृत विज्ञान से अलग पड़ती है।

पहेली, जब आइंस्टाइन से पूछा गया की 'जिस अवकाश-समय की चादर की मुड़ने की आप बात कर रहे है, वह चादर बनी किससे है, यह तो बताइए!', तब आइंस्टाइन का जवाब था, 'यह मैं नहीं जानना।' और उनके बाद जितने भी वैज्ञानिक आए है वह आज तक इस सवाल का जवाब नहीं दे पाए है की जिस 'अवकाश-समय' के तारें और ग्रहों के आसपास मुड़ने से गुरुत्वाकर्षण की इतनी बड़ी असर उत्पन्न होती है, वह बना किस चीज़ का है? अब तो कुछ वैज्ञानिक कह रहे है की यह तो बस एक थीयरी है जो हमें गुरुत्वाकर्षण कैसे उत्पन्न होता है यह गणितीय बात व्यावहारिक भाषा में समझाती है। असल में वहाँ ऐसी कोई चादर जैसी चीज़ नहीं है। लेकिन सिर्फ़ क्योंकि हम जानते नहीं की वह चीज़ क्या है,

हम उसके होने को जूठला नहीं सकते, ख़ासकर जब वह हमारे रोज़ के जीवन को चलाने में इतना महत्वपूर्ण योगदान देता हो।

इसलिए वेदांत का एकीकृत विज्ञान ऐसा नहीं कहता। वह तो शुरू से ही यह बताता हुआ आगे बढ़ता है की ब्रह्मांड में फैली यह अदृश्य, अंधकारमय काली चादर कहाँ से आइ? यहाँ हम शुरू से ही अपाकर्षण रेखाओं को धीरे धीरे काल के रूप में स्थायी होते देखते है और यह सवाल हमारे मन में पैदा ही नहीं होता की यह काल किस चीज़ का बना है? हम जानते है की अपाकर्षण रेखाओं के रूप में वह तटस्थ ऊर्जा का ही एक स्वरूप है। और हम यह भी जानते है की वह कहाँ से अस्तित्व में आती है? तटस्थ ऊर्जा के बादल के केंद्र की ऊर्जा में से।

अब दूसरा भेद। वेदों में कहीं पर भी 'अवकाश-समय' जैसे शब्द का उपयोग नहीं है। वहाँ 'अवकाश' शब्द है, 'समय' शब्द भी है और 'काल' भी है, पर कोई शब्द यूँ एकदूसरे से जोड़े नहीं गए है। इसका कारण यह है की आधुनिक विज्ञान में जिसे अब 'अवकाश-समय' (space-time) कहा जाता है, उसे वेदों में सिर्फ़ 'काल' कहा गया है।

वेदों के वर्णन के मुताबिक़ जब अपाकर्षण रेखाएँ 'काल' के रूप में ब्रह्मांडो में फैली तब उसने ब्रह्मांडो में अंतर (distance) की एक नई राशि को जन्म दिया। इस अंतर की राशि के लिए ही संस्कृत शब्द प्रायोजित हुआ, 'अवकाश'। 'अवकाश' यानी 'रिक्त स्थान'। जिस स्थान में कुछ नहीं है, वह अवकाश है। इस तरह काल के फैलने से जो रिक्त सन्नाटा अस्तित्व में आया, उसे ही कहा गया अवकाश। तो इस तरह से काल के फैलने की वजह से अवकाश पैदा हुआ। पर क्योंकि जहां जहाँ काल है, वहाँ वहाँ अवकाश भी है, काल और अवकाश समानार्थी शब्द बन गए।

इसी तरह बात आती है समय की। वेदों में काल और समय भी अलग है। काल के मुड़ने से ही समय उत्पन्न होता है। जहाँ काल मुड़ा हुआ नहीं है, वहाँ उस स्थान का अपना कोई समय नहीं है। जब किसी पदार्थ के आसपास काल मुड़ता है, तभी समय उत्पन्न होता है। काल ज़्यादा मुड़ता है तो कम समय उत्पन्न होता है, वह कम मुड़ता है तो

ज़्यादा समय उत्पन्न होता है। समय ज़्यादा उत्पन्न होना मतलब उसका तेज चलना, और समय का कम उत्पन्न होना मतलब उसका धीमे चलना। इस तरह समय, यानी की वक्त, जिसे हम विविध प्रकार की घड़ियों में महसूस करते है, वह तभी महसूस होता है जब काल को अपने आसपास मोड़नेवाले पदार्थों की उपस्थिति हो। इस तरह अवकाश की तरह समय भी काल से ही उत्पन्न होता है।

लेकिन आधुनिक विज्ञान अभी वेदांत की इस गहरी स्पष्टता तक नहीं पहुँचा है, इसलिए वह काल को 'स्पेस-टाइम' कहता है और घड़ी में महसूस होनेवाले समय को 'टाइम'। पर मैं भौतिक वैज्ञानिको से कहना चाहता हूँ की अगर अवकाश और समय एक ही है, तो 'स्पेस-टाइम' को सिर्फ़ 'टाइम' भी कह सकते है। तो फिर घड़ी में महसूस होनेवाले 'टाइम' को ब्रह्मांड में फैली 'टाइम' की चादर से अलग कैसे करे? ऐसे हाल में आधुनिक विज्ञान को ब्रह्मांड में फ़ैली अपाकर्षण रेखाओं की चादर को 'टाइम' और उस चादर के मुड़ने से उत्पन्न होनेवाली समय की असर, जिसे हम घडी में महसूस करते है, उसे 'टाइम-इफ़ेक्ट' कहना चाहिए। और अगर 'टाईम' और 'टाईम-इफ़ेक्ट' जैसे समान शब्दों का प्रयोग ना करना हो, तो वेदांत की तरह 'अवकाश-समय' को 'काल' और समय को 'टाईम' कहना चाहिए। यह ज़्यादा वैज्ञानिक और सत्यपूर्ण है। इसलिए, हम यहाँ से आगे कहीं पर भी 'अवकाश-समय का मुड़ना' यह शब्द प्रायोजित नहीं करेंगे, भले ही आधुनिक विज्ञान वह करता हो। हम वेदांत के वर्णन के साथ चलते हुए 'काल का मुड़ना' - यही शब्द प्रायोजित करेंगे। अवकाश और समय तो काल के बच्चे है। काल के फैलने से अवकाश (space) उत्पन्न होता है और काल के मुड़ने से समय (time) पैदा होता है।

ब्रह्मांड के खोए हुए परिमाण:

काल को फैलते हुए तो जान लिया और उसने पैदा की हुई समय और गुरुत्वाकर्षण जैसी क्रांतिकारी असरों को भी समझ लिया। पर अब यह

जानने की कोशिश करते हैं की आख़िर उस ज्योतिर्पिंड की कितनी ऊर्जा इस काल में फैलती होंगी, जो उतना बड़ा प्रभाव पैदा कर पाती है।

पहेले एक सवाल। ज्योतिर्पिंड विस्फोट से स्टेज (१) में दो परिमाणों में खंडित हुआ। फिर स्टेज (२) में और ज़्यादा खंडित हुआ, तो सात परिमाणों में विभाजित हुआ। फिर वह स्टेज (३) और स्टेज (४) में और ज़्यादा खंडित हुआ। फिर तो स्टेज (४) में उसे सात से ज़्यादा परिमाणों में खंडित होना चाहिए था। फिर स्टेज (५) तीन परिमाणों में ही कैसे बना? ऊर्जा तो आगे खंडित ही हुई थी, एकत्रित नहीं?

वास्तव में स्टेज (४) में ब्रह्म सात से ज्यादा परिमाणों में विभाजित होने जा रहा था, लेकिन ऊर्जा उस सीमा तक खंडित हो गइ थी कि सिर्फ तीन ही परिमाणों में संगठित होकर कण बना सकी। बाक़ी के परिमाणों की ऊर्जा तो उन सूक्ष्म कणों के बीच उत्पन्न हुई असंख्य अपाकर्षण रेखाओं की ऊर्जा में और फोटोन प्रदेशों के बीच बने त्रि-परिमाणीय हिग्ज बोसोन की ऊर्जा में समा गई। वह सब हिग्ज बोसोन फूटे और उनके स्टेज (४) में फिर से तीन परिमाण वाले कण बने और शेष परिमाणों की ऊर्जा कणों के बीच की अपाकर्षण रेखाओं और नयी पीढ़ी के हिग्ज बोसोन में रही। तो अब सवाल यह है कि आखिर कितने परिमाणों की ऊर्जा उन अपाकर्षण रेखाओँ और हिग्ज प्रदेश में रुकी होगी? और स्टेज (४) में आखिर कितने परिमाणों में ब्रह्म विभाजित होने जा रहा था?

यहाँ हमें आधुनिक विज्ञान की समझ को उपयोग में लेना होगा। भौतिक विज्ञान हाल के ब्रह्मांड के लिए कह रहा है की इस ब्रह्मांड में जितने भी दृश्य पदार्थ है, यानी कि सौ अरब आकाशगंगाएँ और उन सभी आकाशगंगाओं के सारे तारें, ग्रह और उपग्रह वह सब मिलाकर पूरे ब्रह्मांड की सिर्फ़ ५ प्रतिशत ऊर्जा ही है। ब्रह्मांड की बाक़ी की ९५ प्रतिशत ऊर्जा अदृश्य है। इस अद्रश्य ऊर्जा में २५ प्रतिशत ऊर्जा बलेक होल जैसे अतिभारी पदार्थों से बनी है जो हमें दिखाई नहीं देते। उन्हें आधुनिक विज्ञान ने 'डार्क मैटर' यानी कि 'काला पदार्थ' कहा है। यह बलेक होल क्या है उसकी चर्चा हम अगले अध्याय में करेंगे। ब्रह्मांड की अद्रश्य ऊर्जा का बाक़ी का ७० प्रतिशत हिस्सा ऐसी ऊर्जा से बना है,

जिसका स्वरूप आधुनिक विज्ञान को पता नहीं है। वह ऊर्जा पदार्थ नहीं है, वह तरंग भी नहीं है। पर वह वो ऊर्जा है जो इस ब्रह्मांड का ब्रह्मांड के बीच में से विस्तरण कर रही है। वह ब्रह्मांड के बीच में लगातार फैल रही है और ब्रह्मांड की सीमाओं का विस्तार कर रही है। इस रहस्यमयी ऊर्जा को आधुनिक विज्ञान 'डार्क एनर्जी' यानी कि 'काली ऊर्जा' कहता है। और इस किताब में वेदांत के एकीकृत विज्ञान को जानने के बाद आप कह सकते है की आधुनिक विज्ञान यहाँ किसकी बात कर रहा है? वह बात कर रहा है अपाकर्षण रेखाओं की, जो अदृश्य ऊर्जा है, जो ना तरंग है - ना पदार्थ और जो ब्रह्मांडो का बीच में से ही विस्तरण कर रही है। तो डार्क एनर्जी और कुछ नहीं पर हमारी अपाकर्षण रेखाएँ है, यह बात हम जानते है। और आधुनिक विज्ञान यह जानता है की वह वर्तमान ब्रह्मांड का ७० प्रतिशत हिस्सा है।

तो, स्टेज (४) ब्रह्मांड की कुल ऊर्जा का सत्तर प्रतिशत हिस्सा अपाकर्षण रेखाओं में तथा हर बार उत्पन्न होने वाले नयी पीढ़ी के हिग्ज बोसोन में बिखर गया। जबकि, शेष तीस प्रतिशत ऊर्जा में से तीन परिमाण वाले पदार्थ बने। अर्थात् कि तीस प्रतिशत ऊर्जा में से तीन परिमाण में पदार्थ बन पाए तो, अगर शेष सत्तर प्रतिशत ऊर्जा साथ रहती तो स्टेज (४) में कितने परिमाण में पदार्थ बने होते? जवाब आसान है - दस।

इस प्रकार स्टेज (४) में ब्रह्म दस परिमाण में विभाजित होनेवाला था, पर वह इतना खंडित हो चुका था कि ब्रह्मांड के प्रत्येक गुब्बारे में सिर्फ तीन परिमाण ही बना पाया और शेष सात परिमाण अपाकर्षण रेखाओं की ऊर्जा में तथा उस वक्त मौजूद हिग्ज बोसोन में बिखर गए। इस प्रकार स्टेज (२) के सात परिमाणों की ऊर्जा स्टेज (४) के दस परिमाणों की ऊर्जा जितनी है, जो सृष्टि की कुल ऊर्जा है।

इस प्रकार:

स्टेज (२) के सात परिमाण = स्टेज (४) के दस परिमाण (तीन अभिव्यक्त हुए + सात खोए हुए)

इस प्रकार सृष्टि के प्रत्येक ब्रह्मांड के प्रत्येक गुब्बारे में किसी भी समय देखने से तीस प्रतिशत ऊर्जा तीन परिमाण वाले पदार्थ के स्वरूप में है और सत्तर प्रतिशत ऊर्जा अपाकर्षण रेखाएँ और नयी पीढ़ी के हिग्ज बोसोन के स्वरूप में है।

अध्याय – १३

काल और विघुत बल का खेल

तो एक ओर ब्रह्मांडो ने नई नई अस्तित्व में आनेवाली अपाकर्षण रेखाओं से विस्तृत होना शुरू किया और दूसरी ओर वह अपाकर्षण रेखाएँ जिन कणों के बीच में उत्पन्न हुई थी, उन्होंने आपस में जुड़कर बड़े बड़े पदार्थों को बनाना शुरू किया। कणों ने एकदूसरे के साथ अलग अलग स्तर पर जुड़ने के लिए जिन दो मूलभूत बलों का उपयोग किया, वह थे विदृत-चुम्बकीय बल और स्ट्रोंग बल। तीसरे विक न्यूक्लियर बल की असर कणों को जोड़ने में ना होकर अणुओं में प्रोटॉन और न्यूट्रोन को एकदूसरे में परिवर्तित करने में थी। और फिर उत्पन्न हुआ चौथा मूलभूत बल - गुरुत्वाकर्षण, जो बल ना होकर काल के मुड़ने से उत्पन्न होनेवाली एक असर था। आधुनिक विज्ञान आज सृष्टि के इन चार मूलभूत बलों के बीच समानता ढूँढ रहा है। क्योंकि आधुनिक विज्ञान कि थीयरियों में इनमें से प्रत्येक बल की उत्पत्ति भिन्न है। अभी तक आधुनिक विज्ञान इनके बीच समानता नहीं खोज पाया है, जो वेदांत के एकीकृत विज्ञान के लिए तो एक आश्चर्य है। क्योंकि वेदांत के इस एकीकृत विज्ञान में पहेले तीनों बल कणों के विदृत बल से ही उत्पन्न हुए थे। और चौथा गुरुत्वाकर्षण कहाँ से उत्पन्न हुआ, यह जानने के लिए हमें एक बुनियादी सवाल पूछना होगा। सवाल है, 'क्यों?' हमेशा 'क्यों' पूछने से हमें कारण मिलता है। और मानवजाति हमेशा 'कारण' की ही खोज में ही रहती है। तो आइए पूछते है वह बुनियादी सवाल की, 'क्यों, क्यों मुड़ा काल द्रव्यमान के आसपास? आखिर, ऐसा क्या हुआ की काल की चादर को द्रव्यमान की आसपास मुड़ना पड़ा?'

इसे समझने के लिए हमें कणों के विदृत बल का अपाकर्षण रेखाओं रूपी इस काल की चादर पर प्रभाव समझना होगा। हम जानते है की यह अपाकर्षण रेखाएँ असल में तटस्थ ऊर्जा ही है, जो कभी ऊर्जा के बादल के केंद्र में केंद्रित थी और फिर उसी केंद्र की ऊर्जा ने बादल को परिधि

की ओर धक्का लगाया, जिससे बदल फट गया। बादल के विस्फोट से उत्पन्न हुए दो विरोधी विभागों के बीच यह केंद्र की ऊर्जा बहने लगी और पूरे ब्रह्मांड में उसने अपनी एक नेट या चादर बना ली।

अब, जब भी कोई प्रकृति धारण करनेवाले कण या विभाग इन अपाकर्षण रेखाओं की चादर में घूमते तब कणों की प्रकृति का विद्रुत बल आकृति १३.१ में दिखाए अनुसार इन रेखाओं पर अपनी प्रकृति अनुसार दबाव डालता। बहिर्गामी प्रकृति बहार की ओर दबाव देकर रेखाओं को लिंग के आकार में मोड़ती, तो अंतर्गामी प्रकृति रेखाओं को अंदर की ओर खिंचाव का दबाव लगाकर योनि आकार में मोड़ती। और जब इन विरोधी प्रकृति से युक्त कण अपनी धुरी पर संकोचन-विस्तरण और परिभ्रमण की क्रिया करते, तब उससे उत्पन्न होनेवाली ऊर्जा आकृति में दिखाएं अनुसार अपाकर्षण रेखाओं की चादर में (काल में) प्रवेश करती। और फिर ये ऊर्जा कणों के ही डोरी आकार की प्रतिकृति में काल में वहन करती।

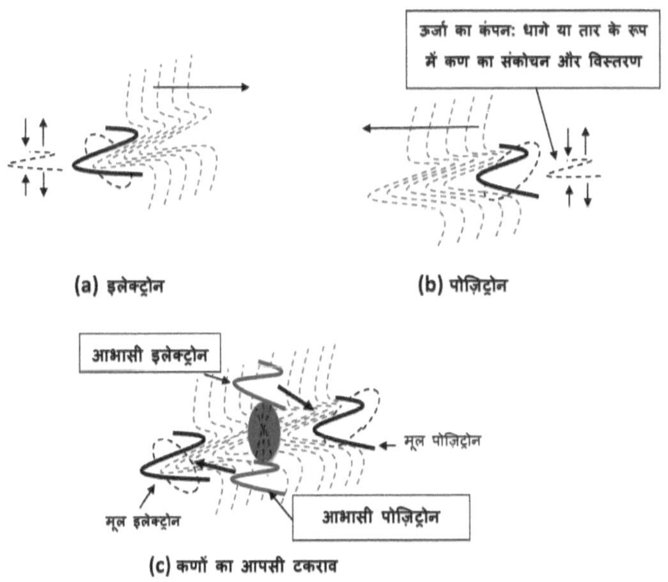

आकृति १३.१ काल पर कणों के विद्रुत बल का प्रभाव

इस तरह आकृति में दिखाएं अनुसार इलेक्ट्रोन अपने आकार में ऊर्जा काल में छोड़ता है और पॉज़िट्रॉन अपने आकार में। इसलिए जब इलेक्ट्रोन-पॉज़िट्रॉन या क्वार्क-एंटी क्वार्क जैसे विरोधी कण एकदूसरे के नज़दीक आते है, तब उनसे निकलने वाली विद्त ऊर्जा उनके टकराने से पहेले काल में टकराती है (आकृति १३.१-c)। यहाँ दोनों के बहिर्गामी आकार उनके सामने के अंतर्गामी आकार के साथ भारी ऊर्जा के साथ टकराते हैं। इसलिए टकराव के स्थान पर तटस्थ ऊर्जा का एक बादल बनता है, जिसकी ऊर्जा का दबाव एक केन्द्र में केंद्रित होता है। बादल की इस ऊर्जा में विस्तरती अपाकर्षण रेखाओं की अपनी ऊर्जा भी शामिल होती है। दबाव से तुरन्त ही बादल का केन्द्र बाहर की ओर धक्का मारता है और बादल फटता है। बादल फटने से उसमें से भी एक मुख्य घन प्रकृति और सूक्ष्म ऋण प्रकृति वाला (पॉजीट्रॉन जैसा) तथा एक मुख्य ऋण प्रकृति और सूक्ष्म घन प्रकृति वाला (इलेक्ट्रॉन जैसा) - ऐसे दो अस्थायी कण उत्पन्न होते हैं। इसमें से पॉजीट्रॉन जैसा अस्थायी कण मूल इलेक्ट्रॉन से आकर्षित होकर उससे टकराता है और विस्फोट से तटस्थ ऊर्जा के तरंग में बदल जाता है। जहाँ दूसरी ओर इलेक्ट्रॉन जैसा अस्थायी कण भी मूल पॉजीट्रोन से आकर्षित होकर उसके साथ टकराता है और विस्फोट से तरंग में रूपांतरित हो जाता है।

इस तरह काल में कभी भी दो विरोधी कणों की भेंट हो ही नहीं पाती। हर बार विरोधी कण एकदूसरे से टकराने से पहेले ही यूँ काल में उनके बीच बने अपने विरोधी अस्थायी कण से टकराकर ही तटस्थ ऊर्जा में परिवर्तित हो जाते है। हर बार स्टेज (४) की सृष्टि में जब भी विरोधी प्रकृतियाँ आमने सामने आती है, वही होता है जो आकृति १३.१ में दिखाया गया है। यही घटना प्रोटॉन और न्यूट्रोन में जुड़े हुए तीन कवार्कों के बीच के बंधो में भी घटती है, पर थोड़ा सा फ़र्क़ होता है। और उस फ़र्क़ की वजह से ही वहाँ विरोधी क्वार्क आपस में टकराकर नष्ट होने की बजाए आपस में बांध बनाते है।

प्रोटॉन और न्यूट्रोन में रहे क्वार्क पासवाले क्वार्क की ओर अपने आकार में ऊर्जा उनके बीच के काल में छोडते है। काल में दोनों क्वार्क के विरोधी आकार टकराते है, अस्थायी कण बनते है जो समानेवाले मूल

विरोधी कण को आकर्षित करके नज़दीक खिंचते है। इसलिए उन दो क्वार्क के बीच की दूरी घटती है। लेकिन यहाँ पर मूल कण नज़दीक आकार अस्थायी कण से टकरा नहीं पाते, क्योंकि दूसरी ओर वह किसी और क्वार्क से भी जुड़े हुए है। वे तीन की जोड़ है, दो की नहीं। इसी वजह से कुछ देर बाद वे विरोधी अस्थायी कण आपस में ही एकदूसरे से टकरा जाते है। इससे फिर मूल क्वार्क अपने स्थान पर वापस जाते है। फिर वे अपने आकार में ऊर्जा बीच के काल में छोडते है, फिर अस्थायी कण बनते है जो मूल कणों को अपनी ओर खिंचते है। फिर क्वार्क स्थान छोड़कर जा नहीं पाते, बस एकदूसरे के थोड़े नज़दीक खिंच आते है। और फिर वे अस्थायी कण आपस में टकरा जाते है। ये हमेशा हमेशा चलता रहेता है और वे क्वार्क वहाँ जुड़े रहकर प्रोटॉन और न्यूट्रॉन को स्थायी बनाए रखते है। क्वार्को के बीच उन आकारों में बहती ऊर्जा को आधुनिक विज्ञान में 'ग्लुओन' नाम का तरंग कहा गया है और अस्थायी कणों के बार-बार उत्पन्न होने और नष्ट होने की घटना को ग्लुओन तरंग की क्वार्को के बीच लगातार होनेवाली आप-ले कही गई है। इलेक्ट्रोन-पॉज़िट्रॉन के बीच की ऐसी आप-ले करनेवाले तरंग को आधुनिक विज्ञान 'फ़ोटोन' कहेता है। जब जब विरोधी कणों के बीच काल में अस्थायी कणों के उत्पन्न होने की ऐसी घटना घटती है, तब आधुनिक विज्ञान उसे किसी एक तरंग का नाम देकर, उन कणों के बीच उस तरंग की आप-ले से वह घटना हुई है- ऐसा दर्शाता है। यह उसका इस घटना को वर्णन करने का एक तरीक़ा है। क्योंकि आधुनिक विज्ञान अभी तक काल (उसका 'अवकाश-समय') किस चीज़ का बना हुआ है यह नहीं जानता, और ना हिं वह कणों की विरोधी प्रकृति के आकार को जानता है।

तो, अब हम यह समझने के लायक़ बन चुके है की ब्रह्मांड का चौथा और आख़िरी मूलभूत बल, गुरुत्वाकर्षण, कैसे पैदा हुआ?

अब हम जानते है की कणों का विदृत बल अपाकर्षण रेखाओं को दबाता है और उन्हें दबाव देकर मोड़ता है। जब काल की चादर में प्रोटॉन और न्यूट्रॉन बनानेवाले तीन क्वार्क एकदूसरे से जुड़े तब उनके बीच बने विदृत बांधो ने काल की अपाकर्षण रेखाओं को नीचे आकृति (१३.२

i) में दिखाए अनुसार दबाया। और इस तरह तीनों बांधो के बीच दबने से अपाकर्षण रेखाएँ प्रोटॉन और न्यूट्रोन के आसपास आकृति (१३.२ ii) में दर्शाए अनुसार चारों ओर मुड़ गई। तीन परिमाणों में यह रचना कुछ ऐसे बनी की मानों एक चलनी हो, जहाँ चलनी का संकुड़ा हिस्सा बीच के पदार्थ के नज़दीक है और जैसे जैसे पदार्थ से दूर जाए वैसे वैसे काल की वह चलनी खुली बनती जाती है। इस तरह, ब्रह्मांड में पहलीबार किसी कण या पदार्थ के आसपास काल मुड़ा और इसकी वजह भी कणों के बीच का विद्रत बल ही था। इस तरह, सृष्टि के चारों मूलभूत बल ब्रह्म की दो विरोधी प्रकृतियों के बीच के विद्रत बल की असर से ही उत्पन्न हुए।

आधुनिक विज्ञान के लिए प्रोटॉन और न्यूट्रोन की रचना में एक और रहस्य है। एक क्वार्क कण का द्रव्यमान ११ इकाई है। इस प्रकार तीन क्वार्क मिलकर हुआ ३३ इकाई। तो तीन क्वार्क से बने प्रोटोन का द्रव्यमान ३३ इकाई या उससे थोड़ा ज्यादा होना चाहिए। लेकिन असल में प्रोटोन का द्रव्यमान है ९३८ इकाई। अर्थात् तीन क्वार्क के संयुक्त द्रव्यमान से तीस गुना ज्यादा। तो सवाल यह है कि इतना ज़्यादा अतिरिक्त द्रव्यमान प्रोटॉन में आया कहाँ से? विज्ञान कहता है वह क्वार्क कणों को आपस में जोड़ के रखनेवाले ग्लुओन तरंगो की आप-ले से आता है, जब की साथ में वह यह भी कहता है कि ग्लुओन का अपना कोई द्रव्यमान नहीं है।

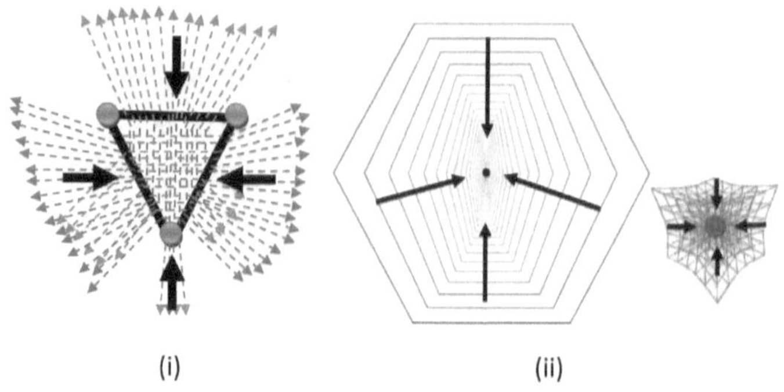

(i)   (ii)

आकृति १३.२ (i) प्रोटॉन के बांधो के बीच दबी अपाकर्षण रेखाएँ
(ii) प्रोटॉन के आसपास बना चलनी जैसा काल का मोड़

असल में प्रोटोन और न्यूट्रोन का यह अतिरिक्त द्रव्यमान आता है उनके बांधो के बीच दबी अपाकर्षण रेखाओं में से। अपाकर्षण रेखाएं स्वयं एक विस्तरती ऊर्जा है। क्वार्क के बीच बांध में जब अपाकर्षण रेखाएँ दबती है, तब उनकी ऊर्जा वहाँ क़ैद हो जाती है और वह ऊर्जा क्वार्क के बीच के उन तीनों बांधो में मिलती है। और इसी ऊर्जा ने प्रोटोन और न्यूट्रोन को यह अतिरिक्त (९०५) इकाई का द्रव्यमान दिया है।

प्रति-पदार्थ (anti-matter) का ब्रहमांडो से लुप्त होना:

तो पिछले एक अध्याय में हमने चर्चा की थी की प्रोटॉन और न्यूट्रोन के साथ ब्रह्मांडो में उनके प्रति-कण एंटी-प्रोटॉन और एंटी-न्यूट्रोन भी बने थे। इलेक्ट्रॉन, अप कवार्क, डाउन कवार्क, प्रोटॉन और न्यूट्रोन - इन सब कणों को पदार्थ (matter) कहा जाता है। जब की एंटी-इलेक्ट्रोन (यानी कि पॉज़िट्रॉन), एंटी-अप कवार्क, एंटी-डाउन कवार्क, एंटी-प्रोटॉन और एंटी-न्यूट्रोन जैसे प्रति-कणों को प्रति-पदार्थ (anti-matter) कहा जाता है। पिछले अध्याय में हमने कहा था की द्रव्यमान और पदार्थ दोनों एक ही चीज़ है, इसलिए हम गुरुत्वाकर्षण की चर्चा में केंद्र के पदार्थ को द्रव्यमान कहेंगे और उस द्रव्यमान के आसपास बने काल के मोड़ में प्रवेशनेवाले पदार्थ को पदार्थ कहेंगे। पर असल में द्रव्यमान और पदार्थ एक चीज़ थे नहीं, वे बन गए। ब्रह्मांडो में जब ऊर्जा ने द्रव्यमान प्राप्त किया तब वह या तो कण बने या प्रति-कण। यानी कि द्रव्यमान पदार्थ भी था और प्रति-पदार्थ भी। पर आगे चलकर प्रति-पदार्थ ब्रह्मांडो से नष्ट हो गए। और उससे द्रव्यमान प्राप्त करनेवाले स्वरूपों में सिर्फ़ पदार्थ ही रहे। सामान्य ज्ञान में द्रव्यमान (mass) और पदार्थ (matter) समानार्थी शब्द बन गए। आख़िर क्या हुआ प्रति-पदार्थ (anti-matter) के साथ, यह यहाँ देखेंगे।

जैसे प्रोटॉन के आसपास काल की चलनी आकार का मोड़ बना, वैसा एंटी-प्रोटॉन के आसपास भी बना। प्रोटॉन बहिर्गमी धन प्रकृति था, जब की एंटी-प्रोटॉन अंतर्गमी ऋण प्रकृति था। इसलिए, ब्रह्मांड में घूमते (-१) विद्त भार वाले इलेक्ट्रॉन प्रोटॉन से खींचकर उसके काल के मोड़ में चले आए और (+१) विद्त भार वाले पॉज़िट्रॉन एंटी-प्रोटॉन के काल के मोड़ में

खिंचे चले आए। इलेक्ट्रोन और पॉज़िट्रॉन अपनी गति की वजह से क्रमशः प्रोटॉन और एंटी-प्रोटॉन के आसपास घूमने लगे, पर केंद्र में रहे प्रोटॉन और एंटी-प्रोटॉन की विरोधी प्रकृति उन्हें खिंच रही थी। इसलिए इलेक्ट्रोन और पॉज़िट्रॉन वक्त के साथ परिभ्रमण करते करते केंद्र के भारी कणों के नज़दीक भी जा रहे थे। अब जैसे जैसे केंद्र के कण के नज़दीक जाते है, काल का मोड़ चलनी के शीर्ष बिंदु के नज़दीक जाने पर जैसे होता है, वैसा तीव्र बनता जाता है। एक बहुत ही संकुड़े भाग में प्रवेश होने से इलेक्ट्रोन और पॉज़िट्रॉन की गति ऊर्जा लगातार बढ़ने लगी। जब वे केंद्र के भारी कण के बिल्कुल नज़दीक पहुँचे तब उनकी गति ऊर्जा उस संकुड़े भाग में इतनी बढ़ गई की उनका वहाँ टिकना मुश्किल हो गया। और यहीं से प्रोटॉन और एंटी-प्रोटॉन में उनकी प्रकृति की वजह से अलग अलग घटना बनी।

हम जानते है की, जब दो विरोधी प्रकृतियाँ सामने आती है तब ऋण प्रकृति अंतर्गामी होने से घन प्रकृति को अपनी ओर खिंचती है और धन प्रकृति बहिर्गामी होकर ऋण का शून्यावकाश भरना चाहती है। प्रोटॉन और एंटी-प्रोटॉन द्रव्यमान में इलेक्ट्रॉन और पॉज़िट्रॉन से १८३६ गुना ज़्यादा भारी थे। इसलिए हल्का इलेक्ट्रोन अपनी अंतर्गामी प्रकृति से भारी प्रोटॉन को अपने अंदर खिंच नहीं सकता था। इसलिए प्रोटॉन के बेहद नज़दीक उस संकुड़े भाग में गति ऊर्जा बहुत ज़्यादा बढ़ जाने से इलेक्ट्रोन प्रोटॉन के आसपास बने काल के मोड़ में वापस दूर चला गया, जहां वह अपनी बढ़ी हुई गति ऊर्जा से भ्रमण कर सकता था। फिर से धीरे धीरे वह प्रोटॉन से आकर्षण बल के चलते भ्रमण करते हुए नज़दीक आता गया, फिर से वह उस बेहद संकुड़े भाग में आया और फिर से ऊँची गति ऊर्जा के साथ दूर की कक्षा में चला गया। वह यह करता गया और इस तरह एक प्रोटॉन और एक इलेक्ट्रोन की एक स्थायी रचना अस्तित्व में आइ। यह रचना ब्रह्मांड का पहला अणु था, हाइड्रोजन अणु।

पर दूसरी ओर एंटी-प्रोटॉन के तंत्र में खुद एंटी-प्रोटॉन भारी भी था और अंतर्गामी प्रकृतिवाला भी था। इसलिए, जब पॉज़िट्रॉन एंटी-प्रोटॉन के पास उस संकुड़े भाग में आया और उसकी गति ऊर्जा बढ़ी, तब एंटी-

प्रोटॉन ने उसे अपनी ओर खींच लिया। पॉज़िट्रॉन इलेक्ट्रॉन की तरह दूर की भ्रमण कक्षा में छट नहीं पाया। एंटी-प्रोटॉन से पॉज़िट्रॉन टकराया और वह पूरा तंत्र विस्फोट के साथ तटस्थ ऊर्जा की भारी तरंगो में टूट पड़ा। इस तरह, प्रोटॉन का तंत्र अणु बनकर सामने आया और ब्रह्मांड में दृश्य सृजन की नींव रखी, जब की एंटी-प्रोटॉन ब्रह्मांड में बार-बार पॉज़िट्रॉन से टकराकर फूटते रहे। यही कारण है की आज का पूरा ब्रह्मांड कणों या पदार्थ (matter) से बना हुआ है और प्रति-पदार्थ (anti-matter) एंटी-प्रोटॉन की रचना से आगे नहीं बढ पाया।

यह जवाब आधुनिक विज्ञान के पास नहीं है की 'एंटी-मैटर क्यों नष्ट हो गया, और कब से?' वह बस प्रोटॉन के आसपास इलेक्ट्रॉन कैसे छट कर दूर की भ्रमण कक्षा में चला जाता है, वही समझा पाता है। एंटी-प्रोटॉन या समूचे एंटी-मैटर के साथ क्या हुआ, यह आधुनिक भौतिक विज्ञान की जानकारी के बाहर है। हम इसका जवाब दे पाए, क्योंकि शुरुआत से ही हमने एक बात पक्की कर दी थीं की, धन प्रकृति यानी बहिर्गामी प्रकृति और ऋण प्रकृति यानी अंतर्गामी प्रकृति। एक सही बुनियाद पूरी यात्रा को स्पष्ट और सफल बना देती है।

अध्याय – १४

ब्रह्मांडो का प्रवेगी विस्तरण और गुरुत्वाकर्षण की ब्रेक

प्रोटॉन और न्यूट्रोन में क्वार्क कणों के बीच अपाकर्षण रेखाओं के दबने की घटना हर माइने में ऐतिहासिक थी। इस ऐतिहासिक घटना के दो अहम पहलू थे। एक, उन तीन बांधो के पास अपाकर्षण रेखाओं की ऊर्जा दबने से उस प्रदेश में अपाकर्षण रेखाओं की विस्तरण पाने की क्षमता उतनी कम हुई। उससे उतने भाग में ब्रह्मांड का विस्तरण भी दूसरे क्षेत्र की सापेक्ष में धीमा पड़ा।

और दूसरा पहलू यह था की, अपाकर्षण रेखाओं की ऊर्जा का जो हिस्सा प्रोटॉन के द्रव्यमान के रूप में क़ैद हुआ, यह वही ऊर्जा थी जो इस स्टेज (४) ब्रह्मांड में नए परिमाण बनाने में असमर्थ होने से अपाकर्षण रेखाओं में बह गई थी। वह बिखरी हुई ऊर्जा अब प्रोटॉन और न्यूट्रोन के द्रव्यमान के रूप में वापस त्रि-परिमाणीय दृश्य ब्रह्मांड में लौट रही थी। जैसे जैसे ज़्यादा प्रोटॉन और न्यूट्रोन बने और उन प्रोटॉन और न्यूट्रोनों ने आपस में जुड़कर बड़े बड़े तत्व और पदार्थ बनाए, वैसे वैसे अपाकर्षण रेखाओं में बिखरी ज़्यादा से ज़्यादा ऊर्जा वापस त्रि-परिमाणीय पदार्थों में संगठित होने लगी। इस तरह प्रोटॉन और न्यूट्रोन का निर्माण हर ओर से ब्रह्म के लिए ब्रह्मांडो के विस्तरण को रोकने का पहला सबसे बड़ा हथियार बनके उभरा। उन्होंने अपाकर्षण रेखाओं की ऊर्जा को अपने अंदर समेटना शुरू किया और उन्हें अपने आसपास मोड़ कर ब्रह्मांड के विस्तरण को ब्रह्मांड के बीच में से ही धीमा करने की शुरुआत की।

और फिर तो ब्रह्म ने अपने इस ब्रह्मास्त्र का पूरा उपयोग किया। ब्रह्म ने अपने ब्रह्मांडों में प्रोटॉन और न्यूट्रोन से बने पदार्थों का एक पूरा समुद्र खड़ा कर दिया। सौ अरब आकाशगंगाएँ और उन प्रत्येक आकाशगंगा

में सूर्य से भी अनेको अनेक गुणे बड़े सौ अरब तारे। और उनमें से प्रत्येक तारे के आसपास अनेको अनेक ग्रह और उपग्रह। एक और ब्रह्मांडो में हिग्ज प्रदेशों का विघटन चलता रहा, जहां हर नई पीढ़ी के हिग्ज़ बोसोन के आसपास करोड़ों कण और उनके बीच की नई-नई अपाकर्षण रेखाएँ बिछती रही, तो दूसरी ओर ब्रह्म उन्ही करोड़ों कणों को आपस में जोड़कर एक के बाद एक आनेवाले 'लोक' में विराट पदार्थों का निर्माण करता रहा। जिन कणों के बीच ब्रह्मांडों को विस्तारने वाली अपाकर्षण रेखाएँ उत्पन्न हो रही थी, उन्ही कणों को जोड़कर ब्रह्म ज़्यादा से ज़्यादा प्रोटॉन और न्यूट्रोन से युक्त आकाशीय पदार्थ बना रहा था। इस तरह युगों तक अनेक ब्रह्मांडो से बनी इस सृष्टि का विस्तरण करनेवाली और उसे वापस ज्योतिर्पिंड बनाने की कोशिश करनेवाली विरोधाभासी ऊर्जा साथ साथ कार्य करती रही।

यहाँ से सीधे हम आ जाते है उस बनाव पर जिससे हमने अध्याय १ की शुरुआत की थी। बीसवीं सदी के पूर्वार्ध तक पश्चिम के सारे वैज्ञानिक, जिनमें महान अल्बर्ट आइंस्टाइन भी शामिल थे, यही सोच रहे थे की यह सृष्टि स्थिर है, ना बढती हुई - ना सिकुड़ती हुई। पश्चिम के वैज्ञानिको को अपाकर्षण रेखाओं जैसी विस्तारित होती किसी चीज़ के बारे में ना तब पता था ना आज है। उनकी समझ आइंस्टाइन ने अवकाश-समय की जो ताज़ा बात समझाई थी, वहीं तक थी और वह अवकाश-समय स्थिर था। लेकिन ईसीसे, आइंस्टाइन जैसे महान वैज्ञानिकों की परेशानी बनी हुई थी। परेशानी यह थी की अगर यह सृष्टि स्थिर है, तो फिर इतने विराट और इतने असंख्य आकाशीय पदार्थों के गुरुत्वाकर्षण बल से इस सृष्टि का संकोचन शुरू हो जाना चाहिए। और ऐसे हाल में यह सृष्टि स्थिर नहीं हो सकती, यह लगातार सिकुड़ने वाली ही हो सकती है। और अगर सृष्टि अभी सिकुड़ रही हो तो सृष्टि की ऊर्जा का धक्का चारों ओर सृष्टि के बीच की ओर होता और उससे तो सारे कण और पदार्थ जो आपस में जुड़े हुए है, वह उखड़ने लगते। एक तरह से इस वक्त सृजन नहीं, प्रलय चल रहा होता। तो उनको किसी तरह यह बताना था की इतने विराट पदार्थों के गुरुत्वाकर्षण बल के बावजूद यह सृष्टि सिकुड़ नहीं रही है, स्थिर है।

तो, इस काम के लिए भी आइंस्टाइन ही आगे आए और 'कोसमोलोजिकल कोंस्टंट' (cosmological constant) नाम की एक थीयरी सामने रखी। यह थीयरी कह रही थी कि, इस ख़ाली अवकाश-समय में कोई ऐसी विस्तरण की शक्ति है जिससे अवकाश-समय लगातार विस्तरीत होता रहता है। अवकाश-समय की यही विस्तरण की शक्ति आकाशीय पदार्थों के गुरुत्वाकर्षण के सामने इस सृष्टि का संकोचन होने से रोकती है, और सृष्टि स्थिर रहेती है। आइंस्टाइन ने यह थीयरी सामने रखी ही थी की १९२९ में इडविन हबल का टेलीस्कोप से दूर की आकाशगंगाओं को देखकर वह तारण सामने आया। पृथ्वी के चारों ओर आकाशगंगाएँ पृथ्वी से लगातार दूर जा रही थी। सृष्टि लगातार फैल रही थी, क्योंकि वह भूतकाल में किसी एक पिंड के विस्फोट से शुरू हुई थी। उस विस्फोट के धक्के से सृष्टि लगातार उसी अचल वेग से फैल रही थी। यह बिल्कुल सीधी समझ थी, इसके अवकाश-समय की लगातार विस्तृत होने की किसी अलौकिक शक्ति की ज़रूरत नहीं थी। इसके चलते आइंस्टाइन की 'कोसमोलोजिकल कोंस्टंट' थीयरी कचरा पेटी के डिब्बे में डाल दि गई। आइंस्टाइन ने उसे अपने जीवन की सबसे बड़ी भूल बताई और १९५४ में दुनिया छोड चले गए।

पर असली भूकंप आया १९९८ में। १९९८ में वैज्ञानिक सोल पर्लमुटर, ब्रायन स्कीमीडट और एडम रीज ने संयुक्त रूप से अति दूर स्थित एक सुपर नोवा (एक प्रकार का तारा) के अभ्यास से जाना कि ब्रह्मांड का विस्तरण तो प्रवेगी है। मतलब ब्रह्मांड सिर्फ विस्तृत ही नहीं हो रहा है, बल्कि उसके विस्तार की तेजी भी समय के साथ लगातार बढ़ती जा रही है। यह एक घोर आश्चर्य था। कैसे? ज़रा सोचिए, हम एक बॉल को पृथ्वी पर खड़े होकर आकाश की ओर उछालें तो कुछ दूरी तक जाने के बाद वह बॉल वापस नीचे आने लगेगा। हाँ, वहीं गुरुत्वाकर्षण की वजह से। पर अगर बॉल नीचे आने की जगह बस ऊपर ही ज़ाया करे, कहीं पर भी रुके बिना तो? इतना ही नहीं, अगर बॉल की ऊपर आकाश की ओर जाने की गति भी प्रति सैकण्ड बढ़ती चली जाए तो? ज़रूर कोई जादुई

अद्रश्य शक्ति उस बोल को लगातार ऊपर जाने के लिए बल लगा रही होगी! सही?

बस, एसे ही वैज्ञानिक सुत्र रह गए, जब १९९८ में उन तीन वैज्ञानिकों ने दुनिया को बताया कि, अरबों विराट तारे, ग्रह और आकाश गंगाओं के गुरुत्वाकर्षण बल के बावजूद ब्रह्मांड का विस्तरण धीमा नहीं पड़ा, बल्कि लगातार बढ़ रहा है। आधुनिक विज्ञान को यह भयानक सदमा देने के लिए उन तीन वैज्ञानिकों को २०११ में नोबल प्राइज दिया गया। यह एक सराहनीय निर्णय था, जो कि पश्चिमी समाज की पहचान रही है। स्थापित मान्यताओं को सदमा पहुँचाकर जो खोज सम्पूर्ण सत्य की ओर जाने के लिए मानवजाति को धकेले वहीं 'नोबल' कार्य है।

ब्रह्मांड निरंतर प्रवेगी गति से विस्तृत हो रहा है। ब्रह्मांड का प्रत्येक पदार्थ एक दूसरे से दूर जा रहे हैं। चाँद की भ्रमण कक्षा भी पृथ्वी से प्रतिवर्ष ३.७८ सेंटी मीटर जितनी दूर सरक रही है, और यह आंक वक्त के साथ बढ़ता जाएगा। ब्रह्मांड का यह प्रवेगी विस्तरण (accelerated expansion) आज के विज्ञान के समक्ष एक बहुत बड़ी पहेली बनके आया। क्योंकि आख़िर वह अद्रश्य जादुई ताक़त है कौन जो ब्रह्मांड या सृष्टि को लगातार बीच में से विस्तृत होने का बल लगा रही है? और तब वैज्ञानिकों को दशकों पहले डस्टबीन में डाला हुआ आइंस्टाइन का वह 'कॉस्मोलॉजिक कॉन्स्टंट' का विचार याद आया। अवकाश-समय में कोई ऐसी शक्ति है जो बीच में से सृष्टि को लगातार अपाकर्षी बल लगाकर उसका विस्तरण कर रहा है। इक्कीसवीं सदी की शुरुआत आइंस्टाइन के इस विचार को डस्टबीन से बाहर निकाला गया और अब वह भौतिक विज्ञान के लिए एक बड़े संशोधन का विषय है। आधुनिक विज्ञान ने आइंस्टाइन के 'अवकाश-समय' की विस्तरीत होने की उस रहस्यमयी शक्ति को 'डार्क एनर्जी' नाम दिया है। उसका अर्थ है 'काली या अंधेरी ऊर्जा'। 'डार्क एनर्जी' को रहस्यमयी मानकर उस पर रिसर्च यह चल रहा है की आख़िर ब्रह्मांड का लगातार विस्तरण करने की यह शक्ति इस 'अवकाश-समय' में लगातार आती कहाँ से है? एसी शक्ति जो खरबों विराट अवकाशीय पदार्थों के गुरुत्वाकर्षण बल को भी हरा देती है!

इस किताब में हमने अपाकर्षण रेखाओं के रूप में जो चीज़ समझाई, उसकी उत्पत्ति से लेकर उसके प्रभाव और स्वभाव तक, वह आधुनिक विज्ञान के इस सवाल का जवाब है। वह 'डार्क एनर्जी' अपाकर्षण रेखाएँ ही है। बस, कमाल यह है की, हज़ारों साल पहेले वेदों ने भी उन अपाकर्षण रेखाओं को 'काल' ही कहा था। 'काल' यानी 'अंधेरा', काला अंधेरा।

पर एक जवाब तो हमें भी समझना पड़ेगा कि आख़िर ब्रह्मांडो का यह विस्तरण प्रवेगी क्यों है? सृष्टि नई नई अपाकर्षण रेखाओं के उत्पन्न होने से फैल रही है, यह तो समझे, पर हर बार उत्पन्न होनेवाले नई पीढ़ी के हिग्ज बोसोनों की ऊर्जा तो उनकी पिछली पीढ़ी से कम होती है। इसलिए उनमें से उत्पन्न होनेवाले कण और अपाकर्षण रेखाएँ भी पिछली पीढ़ी से कम होती है। फिर विस्तरण होता रहे तो भी, विस्तरण वक्त के साथ धीमा होना चाहिए! फिर विस्तरण की गति बढ़ कैसे रही है? जवाब है - 'मृत काल'।

मृत काल का खेल:

हिग्ज प्रदेश में फैंके गए उन तरंगो के टकराने से जो बादल बने, उनकी ऊर्जा घनता उनके केंद्र में केंद्रित हुई थी। जब वे बादल केंद्र की उस ऊर्जा के धक्के से टूटे तब बादलों की ऊर्जा में से दो विरोधी कण उत्पन्न हुए और बादलों के केंद्र की ऊर्जा उन कणों के बीच काल के रूप में फैलने लगी। इस विस्तरती ऊर्जा को हमने नाम दिया था अपाकर्षण रेखाएँ। अब उन तरंगो के बादल के केंद्र में जितनी ऊर्जा दबी होगी उतनी ही वह कणों के बीच काल के रूप में फैल पाएगी। एकबार वह ऊर्जा काल के रूप में फैल गई, फिर क्या होगा? क्या वह नष्ट हो जाएगी, या वापस सिकुड़ने लगेगी? नहीं, जब तक कोई बाहरी बल उस पर नहीं लगता, तब तक वह ऊर्जा वहीं पर मृत रूप में पड़ी रहेगी। यानी कि वह ब्रह्मांड में फैले काल का ऐसा हिस्सा होगा जिसमें फैलने की शक्ति अब नहीं रही। इसी लिए हम उसे 'मृत काल' नाम देते है। वेदों में काल के ऐसे अवकाश को जो विस्तरित नहीं हो रहा, उसे 'शून्यवकाश' कहा गया था। आज हम 'शून्यवकाश' जैसे संस्कृत शब्दों का व्यवहारिकरण कर चुके है

और तारों और ग्रहों के बीच के समग्र काल को 'शून्यवकाश' कहने लगे है। पर असल में शून्यवकाश वह काल है जहां अपाकर्षण रेखाओं की विस्तरण की शक्ति खतम हो चुकी है। वह मृत काल है। वह अब विस्तृत नहीं हो रहा, पर जितने भाग में यह विस्तरित हो चुका है, वह अब ब्रह्मांड की सीमाओँ के भीतर का क्षेत्र है।

तो, हिग्ज विघटन के दौरान ऐसा होता है की पिछली पीढ़ी के हिग्ज बोसोनों में से उत्पन्न हुई अपाकर्षण रेखाएँ विस्तृत होना बंध कर देती है और मृत काल के रूप में वहाँ स्थायी रह जाती है। और उन्हीके बीच में नई पीढ़ी के हिग्ज बोसोनों का विघटन शुरू होता है, जो अपने स्टेज (४) में आकर नई अपाकर्षण रेखाओं का जाल पैदा करता है। यह नई अपाकर्षण रेखाएँ शक्ति से भरी हुई होती है और चारों ओर फैल रही होती है। इस तरह ब्रह्मांडो में लगातार पुरानी अपाकर्षण रेखाएँ मृत काल में रूपांतरित होती जाती है और उन्ही के बीच में नई पीढ़ी के हिग्ज बोसोनों में से नई अपाकर्षण रेखाएँ निकलती रहती है। यह नई अपाकर्षण रेखाएँ तब तक फैलती रहती है, जब तक की उनमें रही ऊर्जा खतम ना हो जाए। ऐसी अपाकर्षण रेखाओं को हम 'जीवंत अपाकर्षण रेखाएँ' या 'जीवंत काल' कहते हैं।

यह जीवंत अपाकर्षण रेखाएँ अपने विस्तरण के दौरान शुरुआत में ही पहले से बिखरी उन 'मृत अपाकर्षण रेखाओं' या 'मृत काल' के संपर्क में आती हैं। तब होता ये है कि, जीवंत अपाकर्षण रेखाओं की ऊर्जा मृत पड़ी अपाकर्षण रेखाओं के एक छोर पर स्पर्श करती है और सीधी उस मृत अपाकर्षण रेखा के दूसरे छोर से आगे बहने लगती है। इसलिए, अगर कोई दर्शक इस घटना को देख सकता हो, तो उसे लगेगा कि जैसे विस्तरती अपाकर्षण रेखा आकृति (१४.१) में दर्शाए अनुसार बिन्द A से बिन्द B तक जानेवाली थी, वह छलांग लगाकर सीधी बिन्द C तक चली गई और वहीं से आगे विस्तृत होने लगी।

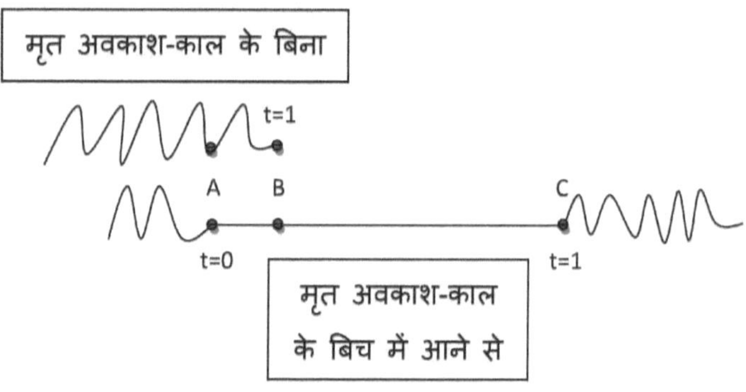

आकृति १४.१ काल का प्रवेगी विस्तरण

इसलिए, जीवंत काल (t=1) के समय जो बिन्द B तक विस्तृत होने वाला था, वह अब (t=1) वक़्त पर बिन्द C से आगे विस्तृत होने लगेगा। इस प्रकार, विस्तरती अपाकर्षण रेखाओँ के मार्ग में जहाँ जहाँ यह मृत अपाकर्षण रेखाएँ आएगी, वहाँ वहाँ उनकी तेजी पहले से ज्यादा बढ़ जाएगी। जबकी असल में वहाँ तेज़ी नहीं बढ़ रही है, वहाँ अपाकर्षण रेखा की ऊर्जा काल के एक छोर से दूसरे छोर पर कूद रही है। इस तरह, जैसे जैसे सृष्टि आगे बढ़ रही है, उसमें मृत अपाकर्षण रेखाओं की संख्या बढ रही है। और इसी वजह से नई पैदा होनेवाली अपाकर्षण रेखाओं को कूदने के लिए और ज़्यादा लम्बे मृत काल के टुकड़े मिल रहे है। परिणाम स्वरूप, हमारे लिए काल के विस्तृत होने की तेज़ी वक़्त के साथ बढ़ती चली जाती है। उसे ही हम कहेते है सृष्टि का प्रवेगी विस्तरण होना।

तो, आप देख रहे है की जो सवाल आधुनिक विज्ञान के लिए गहरे रहस्य और अनसुलझे क़िस्से है, वह एक के बाद एक वेदांत के एकीकृत विज्ञान से कितनी आसानी से समझ में आ रहे है। जबकी वेदांत के एकीकृत विज्ञान में से हमने आधुनिक विज्ञान की बुनियाद में सिर्फ़ तीन ही बाते नई जोड़ी है।

एक, धन और ऋण प्रकृति को बहिर्गमी और अंतर्गमी प्रकृति के रूप में स्थापित करना।

दूसरा, कणों को एक नहीं, दोनों (प्रमुख और गौण) प्रकृति के साथ आंदोलित होनेवाले डोरी आकार की ऊर्जा के रूप में देखना।

और तीसरा, विरोधी प्रकृतियों के मिलन से बने बादल में ऊर्जा का केंद्र में केंद्रित होना और उसी केंद्र की ऊर्जा का बादल को परिधि की ओर धक्का मारकर अपाकर्षण रेखाओं के रूप में विभागों के बीच फैलना - यह हक़ीक़त जो सृष्टि में ऊपर से लेकर नीचे सूक्ष्म स्तर तक बारंबार घटती है, उसे सामने लाना।

बस इन तीन बातों को आधुनिक विज्ञान में शामिल करके हम चले थे और देखिए, हमने तक़रीबन आधुनिक विज्ञान के सारे अनसुलझे सवालों का ना सिर्फ़ समाधान दिया है, बल्कि उसे विकसित होने के लिए कुछ नए आयाम और दिशाएँ भी दी है।

विश्व को ज़रूरत है एक एकीकृत विज्ञान की, जहां सृष्टि की समझ को अनेक छोटी छोटी शाखाओं और थीयरियों में बाँटा ना गया हो। जहां सृष्टि की समझ शुरू से लेकर आख़िर तक एक ही दिशा में एक ही यात्रा के रूप में हो और जहां विज्ञान बस विकसित हो रहा हो, खंडित ना हो रहा हो। स्टीफ़न हाँकिंग ने अपनी किताब में ऐसे ही एकीकृत विज्ञान के लिए दुनिया को आहवान किया था (पढ़े इस किताब की दूसरी प्रस्तावना), और हम वेदांत के एकीकृत विज्ञान को आधुनिक युग में लाकर इस किताब में वही करने का प्रयास कर रहे है।

ब्लैकहॉल और वार्महॉल:

अब आख़िर में बात करते है ब्लैक होल की। अपाकर्षण रेखाओं के फैलने से हो रहे विस्तरण को रोकने के लिए ब्रह्म ने अब तक का जो सबसे शक्तिशाली पदार्थ बनाया है, वह है ब्लैक होल। तो कैसे बना यह ब्लैक होल?

आकाशगंगाओं के अति विशाल तारें जब उनकी करोड़ों वर्ष की उम्र के अंतिम पड़ाव पर पहुंचते हैं, तब उनमें जलते रहने के लिए ज़रूरी ईंधन कम हो जाता है। अर्थात् उनमें मौजूद हाइड्रोजन और हीलियम

वायु की ज्वलनशीलता कम हो जाती है। इस वजह से तारों में विद्यमान असंख्य अणु एक दूसरे से अलग होने लगते हैं, जिससे तारे भीतर से छिद्र वाले या खोखले बनते जाते हैं। अलग हो चुके ऐसे अणु अपने गुरुत्वाकर्षण बल के द्वारा एक दूसरे को आकर्षित करना शुरू कर देते हैं। इस खिंचाव में पूरा तारा उसके केन्द्र की ओर संकुचित होकर टूट पड़ता है। इस घटना को तारे का गुरुत्वाकर्षीय पतन (gravitational collapse) कहते हैं।

केन्द्र की ओर संकुचित होता यह तारा उसके आसपास के काल को भयंकर रूप से मोड़ता है और अपने आसपास ऊंचा गुरुत्वाकर्षण बल खड़ा करता है, जो प्रकाश की किरण को भी बाहर नहीं जाने देता। इसलिए यह स्थान अंधकारमय नजर आता है, कोई देख नहीं पाता की वहाँ क्या है। पर वहाँ होता है एक गहरा कुँवा जो उसके नज़दीक जानेवाली हर चीज़ को अपने अंदर खींचकर ग़ायब कर देता है और बाहर से हमें कुछ समझ नहीं आता की वह चीज़ कहाँ गई, क्योंकि वहाँ से प्रकाश की किरण भी बाहर नहीं आ सकती। इसी स्थान को ब्लैक होल कहते हैं। ब्लैक होल बनने से तारे के कद में कितना भयंकर संकुचन आता है उसका उदाहरण यह कहा जा सकता कि, अगर सूर्य जितने कद का कोई तारा अपने आंतरिक गुरुत्वाकर्षण के कारण टूटकर ब्लैक होल बने तो उसका का क़द एक फूटबॉल जितना हो जाएगा। लेकिन ब्लैक होल बनने के लिए तारे का कद सूर्य से तीन या चार गुना ज्यादा होना जरूरी है। इसलिए, उपरोक्त उदाहरण सिर्फ एक ब्लैकहॉल बनने से कद में होने वाले भारी परिवर्तन को समझने के लिए उपयोग किया गया है। तारे का कद और उसके आसपास मुड़े काल से ब्लैकहॉल की जो एक संपूर्ण रचना बनती है, वह आकृति (१४.२) में दर्शायी गई है।

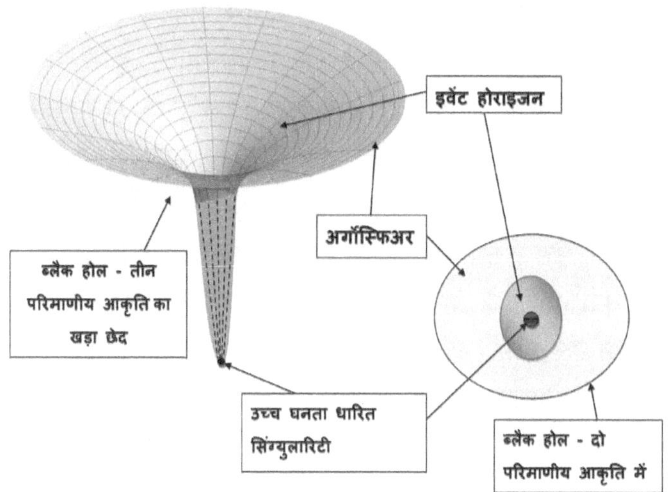

आकृति १४.२ ब्लैक होल

ब्लैकहॉल बनने से यह प्रत्येक तारे भी अपनी अपनी धुरी के आसपास भ्रमण करते हैं। तारे के महत्तम संकुचित कद के आसपास काल इतना भयंकर रूप से मुड़ता है कि उसके आसपास कुछ दूरी तक अगर कोई दूसरा आकाशीय पदार्थ आए, तो वह सीधा ब्लैकहॉल में गिरकर तारे के महत्तम संकुचित कद में जाकर मिल जाता है। उसी महत्तम संकुचित क़द को आधुनिक विज्ञान उस तारे का अद्वैत पिंड या सिंग्युलैरिटी कहता है।

आकृति १४.२ में ब्लैकहॉल की रचना को समझाया गया है। चित्र के पहले भाग में ब्लैक होल चलनी के आकार में है जबकि पास ही में वह छोटी गोल गेंद के आसपास बने वर्तुल जैसा दिखता है। यह गोल वर्तुलों वाली आकृति सच्चे तीन परिमाण दर्शाती आकृति हैं, जबकि खड़ी चलनी वाली आकृति इस सच्ची गोलेवाली रचना को खड़े छेद में दिखाती है, जो उसकी एक कुएं जैसी रचना को समझाने के लिए है। दोनों आकृतियों में महत्तम संकुचित द्रव्यमान या सिंग्युलैरिटी ब्लैकहॉल का केन्द्र मानी जाती है।

इवेन्ट होरिजन वह स्थान है जिसकी सीमा में अगर कोई पदार्थ प्रवेश करता है, तो ब्लैक होल उसे अपने अंदर निगल लेता है। इंवेंट होरीज़ॉन की सीमा से बाहर भी कुछ दूरी तक काल ब्लैकहॉल के आसपास मुड़ा हुआ होता हैं और ब्लैकहॉल के भ्रमण के साथ भ्रमण भी करता है। इवेन्ट होरिजन से बाहर आए मुड़े हुए काल के इस पट्टे को अर्गोस्फीयर कहते हैं। इस अर्गोस्फीयर में आए पदार्थ ब्लैकहॉल में गिरते नहीं हैं, लेकिन ब्लैकहॉल के भ्रमण के साथ उसके आसपास भ्रमण करने लगते हैं। इस प्रकार, सृष्टि की प्रत्येक आकाशगंगा की रचना इसी तरह हुई है की जहां आकाशगंगा के केन्द्र में ऐसा एक अतिविशाल ब्लैक होल मौजूद है और उसके आसपास विद्यमान अर्गोस्फीयर में आकाशगंगा में उपस्थित सौ अरब से ज्यादा तारे उस ब्लैक होल का परिक्रमण करते हैं। प्रत्येक आकाशगंगा के केंद्र में एक ब्लैक होल है। अब, समझाने की ज़रूरत नहीं है की ब्लैक होल की बात करनी क्यों ज़रूरी थी और कैसे वह हमारे अस्तित्व के केंद्र में बसा हुआ है। आगे यह बात मनुष्य की यात्रा में भी आएगी।

अब वॉर्म हॉल की चर्चा करते हैं। दो भारी आकाशीय पदार्थों के आसपास तीव्रता से मुड़ा हुआ काल, जब उन दो पदार्थों के नजदीक आने के कारण एक दूसरे के संपर्क में आता है, तब वह दो भारी पदार्थ भी एक दूसरे के गुरुत्वाकर्षण से आपस में खिंच जाते हैं। परिणाम स्वरूप, समय के साथ साथ आगे चलकर वे दो पदार्थ भी एक दूसरे के साथ जुड़ जाते हैं और दोनों का संयुक्त मुड़ा हुआ काल दोनों ओर एक विशाल कटोरे जैसा आकार बना देता है।

लेकिन, अगर वह दो भारी आकाशीय पदार्थ दो ब्लैकहॉल हों तो उनका महत्तम संकुचित द्रव्यमान बीच में एकदूसरे से मिल जाता है। उससे दो ब्लैक होल के दो छोरों पर मुड़े हुए काल के बीच में आकृति (१४.३) में दिखाए अनुसार एक टनल बन जाती है।

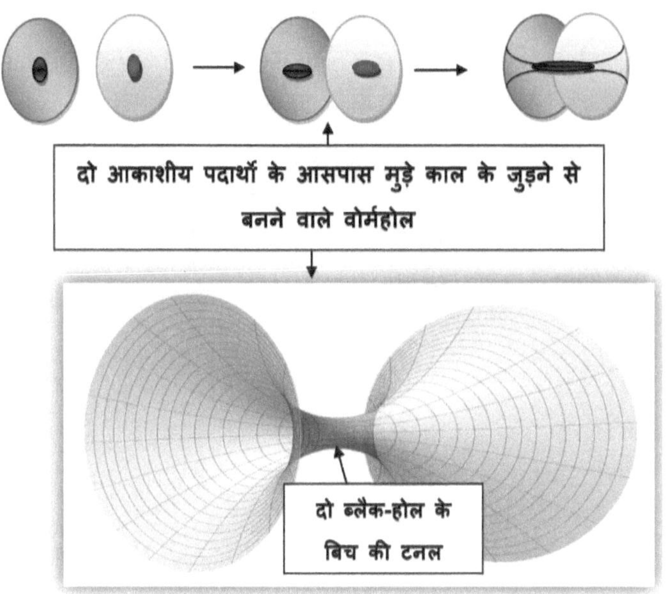

आकृति १४.३ वार्म हॉल

इस तरह ब्रह्मांड के दो अलग अलग क्षेत्रों को अपने आसपास मोड़कर रखनेवाले ब्लैकहॉल जब एक दूसरे से इस प्रकार जुड़ जाते है, तब ब्रह्मांड के उन दो क्षेत्रों को जोड़ती हुई एक टनल बन जाती है। एक प्रकार से उन दो क्षेत्रों के बीच का एक शॉर्टकट। टनल के द्वारा जुड़े हुए इन दो ब्लैक होलों की संयुक्त रचना को ही वार्म होल कहा जाता है।

सैद्धांतिक रूप से इस टनल द्वारा हम ब्रह्मांड की एक आकाशगंगा में से दूसरी आकाशगंगा में जा सकते हैं। इसी प्रकार, जैसा क्रिष्टोफर नोलन की 'इन्टरस्टेलर' फ़िल्म में दिखाया गया है। लेकिन वास्तविक रूप से यह मुश्किल इसलिए हैं कि वार्म होल की वह टनल दो ब्लैकहॉल के जीर्ण हुए द्रव्यमान से बनी होती है। इसलिए वहाँ वह पूरा द्रव्यमान या पदार्थ गुजरनेवाले से टकराता है। दूसरा, ब्लैक होल का गुरुत्वाकर्षण बल इतना ऊंचा होता है कि प्रकाश की किरण भी वहाँ से बाहर नहीं निकल सकती। मतलब हम एक ब्लैक होल से भीतर तो जा सकते हैं लेकिन

दूसरी और के ब्लैक होल के आसपास मुड़ा काल हमें आसानी से बाहर नहीं जाने देता। उसके लिए बहुत ऊँची गति ऊर्जा की ज़रूरत पड़ती है, जिससे काल के उस तीव्र मोड़ के दबाव को हराया जा सके।

तो यह वोर्म होल है, जिसकी रचना ब्लैक होल से जुड़ी हुई थी, इसलिए यहाँ चर्चा कर दी गई। एकीकृत विज्ञान की इस सीधी यात्रा में यह हमारे लिए इतना ज़रूरी नहीं है। लेकिन, वक़्त आने पर ब्लैक होल हमारी यात्रा से ज़रूर जुड़ेगा।

अध्याय – १५

सूर्य और पृथ्वी

इस अध्याय के साथ हम पूरी सृष्टि की बुनियाद को समझते हुए हमारे घर की ओर मूड रहे है। हमारा सौर-मंडल, हमारा सूर्य, हमारी पृथ्वी - यह जिस सृष्टि में उत्पन्न हुए वह सृष्टि उनके उत्पन्न होने से पहले इन पड़ावों से गुजरी थी, जिन्हें हमने अब तक के अध्यायों में जाना। हमने अध्याय ११ की शुरुआत में सृष्टि की यात्रा को ब्रह्मांडों के हाइड्रोजन और हिलियम वायु के बादलों के रूप में आने पर रोक दिया था। वहाँ से हमने काल और उसके प्रभाव से उत्पन्न हुई अवकाश, गुरुत्वाकर्षण, समय और सृष्टि के प्रवाही विस्तरण जैसी हक़ीक़तों को समझा। अब यहाँ से हम सृष्टि की यात्रा को फिर वहीं से आगे बढ़ा रहे है, जहाँ हमने उसे अध्याय ११ की शुरुआत में रोकी थी।

सृष्टि के सारे ब्रह्मांड हाइड्रोजन और हिलियम वायु के अणुओं से भरे हुए थे। हाइड्रोजन एक प्रोटॉन और एक इलेक्ट्रोन की रचना था और हिलियम दो प्रोटॉन और दो इलेक्ट्रोन की। यह दोनों ज्वलनशील वायु थे और इसीलिए सारे ब्रह्मांड इन दों वायुओं के जलद बादलों के स्वरूप में थे। अब यहाँ से हम उन सारे ब्रह्मांडो के प्रतिनिधि के रूप में किसी एक ब्रह्मांड की ही बात करेंगे, ताकि विवरण सरल बना रहे। इस एक ब्रह्मांड में जो होगा, वही उन सारे ब्रह्मांडो में भी घटित हुआ होगा, यह आपको समझ लेना है। प्रत्येक ब्रह्मांड भी सृष्टि की ही रचना में था, यानी कि उसके अपने समांतर गुब्बारे थे और उन गुब्बारों के अंत में तटस्थ ऊर्जा की एक छोटी गेंद के रूप में अपना स्वयं का केंद्र था।

ब्रह्मांड के प्रत्येक गुब्बारे में जब हाइड्रोजन गैस का एक विराट बादल बना, तब वह सारे गुब्बारे प्रचंड गर्मी से आग उगल रहे थे। और क्योंकि प्रत्येक हाइड्रोजन अणु के केंद्र में रहा प्रोटॉन अपनी धुरी पर घूम रहा था, इसलिए ऐसे ही असंख्य अणुओं से बना यह पूरा बादल भी अपनी

धुरी पर गोल गोल घूम रहा था। आगे चलकर उस प्रचण्ड गर्मी के कारण बादल में कहीं कहीं पासपास रहे हाइड्रोजन अणुओं के प्रोटोन आपस में जुड़ गए, और केंद्र में दो प्रोटॉन वाले अणु का निर्माण किया। यह नया अणु हिलियम वायु का था। उसमें केंद्र के दो प्रोटॉन के आसपास दों इलेक्ट्रोन घूम रहे थे। इस प्रकार ब्रह्मांड के हर गुब्बारे में ऐसे हाइड्रोजन और हीलियम वायु के ज्वलनशील बादल अस्तित्व में आए। इन बादलों में हाइड्रोजन और हीलियम के अणु एक दूसरे के गुरुत्वाकर्षण से आकर्षित होकर एक दूसरे के नज़दीक खिंचाने लगे और उससे वह बादल भी अंदर की ओर दबने लगा, संकुचित होने लगा। इस संकोचन से बादल अंदर से खंडित हुआ। अब वह एक बादल न होकर पासपास दबे हुए बड़े बड़े आग के गोलों का एक समूह था। यह सब आग के गोले समान क़द के नहीं थे। कहीं कहीं बहुत ज़्यादा विशालकाय गोले बने तो कहीं कहीं सापेक्ष में छोटे गोले बने। यह सब आग के गोले और कुछ नहीं, हमारे ब्रह्मांड के पहली पीढ़ी के तारे थे।

आगे चलकर उन गोलों में भी हाइड्रोजन और हीलियम वायु के अणु उनके गुरुत्वाकर्षण से आपस में खिंचे चले आए। इससे वह गोले भी संकुचित हुए। उससे उनके अंदर भी दबाव बना और वह खंडित होकर और छोटे आग के गोलों के समूह के रूप में आए। यह दूसरी पीढ़ी के तारे थे। उनमें भी हाइड्रोजन और हिलियम वायु के अणुओं के बीच गुरुत्वाकर्षी खिंचाव आया, और वह तारे भी खंडित होकर और छोटे तारों में परिवर्तित हुए। यह तीसरी पीढ़ी के तारे थे। हमारा सूर्य इन तीसरी पीढ़ी के तारों में से एक माना जाता है।

इस तरह ब्रह्मांड के अनेक गुब्बारों में बने वह हाइड्रोजन और हिलियम वायु के बादल लगातार संकोचन और आंतरिक विभाजन से अनेकों तारों के झुंड में तब्दील हो गए। उनमें से जो तारें बहुत ज़्यादा बड़े थे, उनके अंदर समय जाते आंतरिक संकोचन इतना बढ़ा कि वे आपने अंदर ही तूट पड़े और अतिविशालकाय ब्लैक होल में तब्दील हो गए। इस तरह ब्रह्मांड में फैले हाइड्रोजन और हिलियम वायु के बादलों में अनेको ब्लैक होल अस्तित्व में आए। और उन सभी ब्लैक होलों के आसपास बने

उसके अर्गोस्फ़ियर में बाक़ी छोटे-बड़े तारें ब्लैक होल के आसपास घूमने लगे। इस तरह केंद्र में मौजूद अंधेरे ब्लैक होल के आसपास घूमनेवाले अरबों तारों की विशाल थालियाँ (dishes) अस्तित्व में आइ। इन घूमती हुई थालियों को ही आज हम आकाशगंगाएँ कहेते है। हमारा सूर्य इन्ही में से एक आकाशगंगा में है।

अब इन सारी आकाशगंगओं में तारों का क़द काफ़ी छोटा हो चुका था। इस लिए जब अब इन तारों में हाइड्रोजन और हिलियम वायु के अणु एकदूसरे के गुरुत्वाकर्षण से खींचकर नज़दीक आए, तब इन तारों का भी संकोचन हुआ। पर क्योंकि अब ये तारे क़द में छोटे हो चुके थे, अब उनके भीतर और नए तारे बना पाए उतना ईंधन नहीं था। इस लिए इन तारों के संकोचन से उनके तापमान में बहुत ज़्यादा वृद्धि हुई। इस बढ़े हुए तापमान की वजह से पासपास आ चुके हाइड्रोजन और हिलियम अणु के प्रोटॉन एकदूसरे से केंद्र में जुड़ने लगे। इस वजह से केंद्र में ज़्यादा प्रोटॉन वाले अणु अस्तित्व में आए। यह नए अणु थे कार्बन, नाइट्रोजन, ऑक्सिजन, आयर्न और सल्फ़र जैसे भारी तत्व। यह नए तत्व केंद्र में ज़्यादा प्रोटॉन होने की वजह से वजन में भारी थे और हाइड्रोजन और हिलियम से कम ज्वलनशील थे। इस लिए तारों के अपनी धुरी के आसपास भ्रमण की वजह से यह भारी तत्व लगातार तारों की परिधि की ओर खिसकते चले गए। कइ सालों तक यह चलता रहा। तारों के केंद्र में तापमान बढ़ने से प्रोटॉनों का एकदूसरे से जुड़ना और भारी तत्व पैदा करना और उन भारी तत्वों का तारों के भ्रमण की वजह से परिधि की ओर खिसकना। इस वजह से सारे तारों की परिधि भारी तत्वों से भर गई, जो कम ज्वलनशील थे। कम ज्वलनशीलता की वजह से तारों की परिधि का भाग उनके केंद्र के सापेक्ष में लगातार ठंडा पड़ता गया। इस वजह से कुछ सदियों बाद तारों की परिधि में से यह ठंडे भारी तत्वों के विशाल टुकड़े तारों से अलग होकर तारों के आसपास मुड़े काल में गिरने लगे। इन टुकड़ों को तारों की भ्रमण गति विरासत में मिली और इस वजह से तारों के आसपास वह सारे टुकड़े गोल गोल घूमने लगे। यह टुकड़े कुछ और नहीं, तारों के आसपास घूमनेवाले शुरुआती ग्रह थे।

इस तरह ब्रह्मांड की अरबों आकाशगंगाओं के खरबों तारों के आसपास उनके ग्रहों का मंडल अस्तित्व में आया। हमारे सूर्य के आसपास अलग अलग क़द के ऐसे नौ टुकडे अलग हुए। उनमें से तीसरे नंबर का टुकड़ा था हमारा पृथ्वी ग्रह।

घर का निर्माण:

भले ही सूर्य से अलग हुए पृथ्वी जैसे ग्रह सूर्य जैसे तारों के तापमान के सापेक्ष में ठंडे हो, पर आज की पृथ्वी के सापेक्ष में उस शुरुआती पृथ्वी का तापमान बहुत ही ज़्यादा था। वह पत्थरों और राख से बने जलते हुए लावा के रूप में थी, वैसे ही लावा जैसे आज ज्वालामुखी फटने पर धरती से निकलते है।

पृथ्वी पर रहे पुराने खडको के रेडियो-एक्टिव डेटिंग से पता चलता है की पृथ्वी का यह जन्म आज से लगभग ४६० करोड़ वर्ष पहेले हुआ। पृथ्वी की यह उम्र बिग बेंग के साथ सृष्टि की शुरुआत के तीसरे हिस्से जितनी मानी जाती है। शुरुआत में पृथ्वी अतिशय गर्म थी। सूर्य में से ही गर्म गोले के रूप में अलग पड़ी होने की वजह से उसके केंद्र की ओर अभी भी हाइड्रोजन और हिलियम वायु भरे हुए थे, जब की उसकी परिधि की ओर बाक़ी भारी तत्व थे। केंद्र के हाइड्रोजन और हिलियम अणु भी गुरुत्वाकर्षण से एकदूसरे के नज़दीक आते और उनका तापमान अतिशय बढ़ जाता। उससे उनके प्रोटॉन एकदूसरे से जुड़ने लगते और कार्बन, नाइट्रोजन, ओकसीजन, आयर्न और सल्फ़र जैसे भारी तत्वों का निर्माण होता। यह भारी तत्व समय के साथ पृथ्वी की परिधि की ओर जमा हुए। इस प्रकार धीरे धीरे हाइड्रोजन और हीलियम कम होती गई और भारी तत्त्वों के पिघलने से बने लावा से पृथ्वी की परत निर्मित हुई। इस वजह से समय के साथ पृथ्वी थोडी ठण्डी पड़ी। उस लावा की चट्टानें बनी और उन चट्टानों में से अकार्बन डायोक्साइड, नाइट्रोजन, हाइड्रोजन सल्फाइड, सल्फर डायोक्साइड जैसी गैस निकलकर पृथ्वी के आसपास मुड़े हुए काल में पृथ्वी के आसपास घूमने लगी। इस प्रकार इन सारे वायुओं से पृथ्वी का प्रारंभिक वातावरण बना।

आगे चलकर लावा की गर्म चट्टानों में से ऑक्सिजन जैसे भारी तत्व वातावरण में शामिल हुए। वातावरण में पहले से मौजूद हाइड्रोजन वायु

के अणु इन ऑक्सिजन अणुओं के साथ जुड़े और पानी की भाप उत्पन्न हुई। धीरे धीरे वह भाप घने बादलों में तब्दील होने लगी। जब पानी के यह बादल ज़्यादा घने बने तब वह बारिश बनकर पृथ्वी की सतह पर घिरने लगे। परन्तु अभी पृथ्वी की परत गर्म होने की वजह से पानी पृथ्वी पर गिरते ही भाप बन जाती थी। इससे फिर पृथ्वी के सतह से नज़दीक ही पानी के बादल बने। फिर वह वर्षा बनके बरसे और पृथ्वी की सतह पर पड़ते ही भाप बन गए। काफी वर्षों तक यह जारी रहा। इससे पृथ्वी का तापमान पानी को धारण करने जितना नीचे आया। इससे भारी वर्षा का चक्र शुरू हुआ जो अनेक वर्षों तक चला। वर्षा का पानी पृथ्वी के छेद वालें परत में से होकर नीचे उतरा और भूगर्भ जल के तौर पर स्थित हुआ। इससे पृथ्वी अपनी परत के नीचे से ठंडी होना शुरू हुई। इस तरह लगातार ठंडी होकर भारी तत्त्वों और धातुओं से बनी पृथ्वी की परत सख्त बन गई।

परत के लगातार सख्त बनने से पानी अब पृथ्वी की सतह पर भरने लगा। अब सतह पर भरे पानी का बाष्पिभवन शुरू हुआ, जिससे फिर आकाश में घने बादल बने। फिर वह बादल बारिश बनकर बरसे और फिर बाष्पिभवन हुआ। इस तरह बाष्पीकरण और बरसात का चक्र शुरू हुआ जिससे पृथ्वी पर महासागर अस्तित्व में आए। यह वह समय था जब समग्र पृथ्वी महासागरों के जल से भरी हुई थी। महासागरों के जल ने पृथ्वी का तापमान काफी कम किया जिससे बाष्पीभवन घटा और वर्षा कम हुई। कम वर्षा के इस समयकाल में जब पानी धीरे धीरे जमीन में उतरा, तब पृथ्वी की सतह कुछ स्थानों पर जलविहीन हो गई और वातावरण के साथ सीधे सम्पर्क में आइ। पृथ्वी की ठंडी सतह के साथ वातावरण का यह पहला संपर्क था। अब तक सिर्फ़ गर्म सतह ही वातावरण के सम्पर्क में आइ थी। इस प्रकार पृथ्वी पर जल, जमीन, अग्नि (सूर्य की गर्मी और पृथ्वी के केंद्र में रहे हाइड्रोजनें और हिलियम), हवा और आकाश सहित पाँच महाभूतों का निर्माण हुआ। इन पँचमहाभूतों में से ही ब्रह्म ने वह महान क्रांति सृजित की, जिसने हमारे जन्म की नींव डाली। यह क्रांति थी - जीवन की शुरूआत।

अध्याय – १६

जीवन की शुरूआत

अब यहाँ से भौतिक विज्ञान (physics) रसायन (chemistry) और जीव विज्ञान (biology) में रूपांतरित हो जाता है। ब्रह्म ने विस्तरण के असंतुलन को रोकने के लिए सूक्ष्म टुकड़ों (कणों) को जोड़कर विशालकाय आकाशीय पदार्थों की रचना कर दी, यहाँ तक कि आसपास का सबकुछ अपने अंदर खिंच लेने वाले महाकाय ब्लैक होल भी बना दिए, पर सृष्टि का विस्तरण ना रुका। इसलिए ब्रह्म ने कणों से बने अणु, अणु से बने परमाणु, परमाणु से बने तत्व और तत्वों से बने संयोजन को जोड़ने के काम को एक नई दिशा दी। इस नई दिशा की वजह से भी भारी मात्रा में बड़े बड़े परमाणु और संयोजन एकदूसरे से जुड़े, जैसे वह तारों और ग्रहों के निर्माण में जुड़े थे, पर यहाँ पर उन पदार्थों का क़द तारों और ग्रहों से बहुत कम था। एक तरह से ब्रह्म ने काल को सबसे ज़्यादा मोड़नेवाले अपने सबसे आख़िरी और विकसित सृजन ब्लैक होल के ही विचार को आगे बढ़ाया, पर एक अलग अन्दाज़ में। और इस नए तरीक़े के सृजन से जो परिणाम निकला, उसी को हम कहेते है - जीवन की उत्पत्ति।

'प्रिमोर्डियल सूप':

पृथ्वी जब सम्पूर्णतया महासागरों से भरी हुई थी, जब सूर्य उसकी किरणों द्वारा अपनी ऊर्जा महासागरों के उस जल को पहुँचा रहा था और जब वातावरण में मुक्त ऑक्सिजन उपलब्ध नहीं थी, तब ब्रह्मांड ने उसकी यात्रा में एक अजीब मोड़ लिया। महासागरों के उस जल में कार्बन, नाइट्रॉजन और ऑक्सिजन जैसे भारी तत्व बन चुके थे। इसमें कार्बन परमाणु के चारों ओर बाहर की कक्षा में चार इलेक्ट्रॉन थे और जैसे ब्रह्मांड की प्रत्येक वस्तु स्थिर होना चाहती है, वैसे ही कार्बन अणु भी इन चार इलेक्ट्रॉन के साथ और एलेक्ट्रोन जोड़कर स्थिरता प्राप्त करने की कोशिश में थे। कार्बन

अणु की बाहरी कक्षा के इन चार इलेक्ट्रॉन के साथ पानी में हाइड्रोजन, नाइट्रोजन और ऑक्सिजन के अणु अपने बाहरी इलेक्ट्रॉन के ज़रिए जुड़े और अलग अलग संयोजन बने। परन्तु सच्ची क्रांति तब हुई जब कार्बन के चार इलेक्ट्रॉन में एक अथवा ज्यादा इलेक्ट्रॉन के साथ कार्बन के ही अन्य अणु जुड़े। इन दूसरे कार्बन अणु में भी बाहर चार इलेक्ट्रॉन थे जिनसे आगे और कार्बन अणु जुड़े। इस प्रकार कार्बन अणु एक-दूसरे के साथ जुड़कर अनंत श्रृंखला बनाने लगे। इसके लिए ज़रूरी ऊर्जा उनको सूर्य की गर्म किरणों से मिली। कार्बन अणुओं की इस श्रृंखला में हाइड्रोजन, नाइट्रोजन और ऑक्सिजन जैसे अन्य तत्व भी जुड़ने से महासागरों में जो संयोजन अस्तित्व में आए, वह थे - चरबी (लिपीड), कार्बोहाइड्रेट और एमीनो एसिड। इन संयोजन को हम 'कार्बनिक संयोजन' कहते हैं ।

इन संयोजनो में आपस में फ़र्क़ इस बात से था की उनके कार्बन अणु के साथ जुड़े तत्व और उन तत्वों के कार्बन के साथ बने विद्युत बांध अलग थे। इस कारण उन संयोजनों का स्वरूप, रंग और गुणधर्म अलग अलग बना। शुरुआती महासागरों के पानी में सूर्यप्रकाश से तैयार हुए इन संयोजनों की उत्पत्ति प्रयोगात्मक रूप से भी साबित की जा सकी है। ई. स. १९५४ में मिलर और उरे नामक वैज्ञानिकों ने 'मिलर-उरे प्रयोग' किया। उन्होंने सोचा कि पृथ्वी का शुरूआती वातावरण हाइड्रोजन से युक्त होगा। इसलिए उन्होंने मीथेन और अमोनिया (जो कार्बन और हाइड्रोजन का संयोजन है) के साथ एक फ्लास्क में हाईड्रोजन अणु और पानी की भाप (बाष्प) भरी। उन्होंने उस समय के तीव्र सूर्यप्रकाश के विकल्प के तौर पर फ्लास्क में निरंतर इलेक्ट्रिक चिंगारियाँ दी। परिणाम स्वरूप कई जटिल संयोजन प्राप्त हुए, जिनमें फ्लास्क के तल में पानी में जमा हुए एमिनो एसिड प्रमुख थे।

दूसरा एक प्रयोग श्रीलंका के वैज्ञानिक डॉ. सायरिल पोन्नामेरून्मा ने मेरी लैण्ड युनिवर्सिटी में किया था। उन्होंने मिलर-उरे प्रयोग के पदार्थों की मात्रा में थोड़ा बदलाव किया और फिर शुरूआत की पृथ्वी जैसी स्थिति रचने के लिए उसमें ऊंची ऊर्जा वाली इलेक्ट्रॉन तथा अल्ट्रावायोलेट किरणें छोड़ी। उनको भारी मात्रा में ATP अणु और एमिनो एसिड प्राप्त

करने में सफलता प्राप्त हुई। ATP अणु हमारे शरीर के प्रत्येक कोष में ऊर्जा का संग्रह करते है। हमारे शरीर से होने वाले सारे कार्यों के लिए ऊर्जा इन ATP अणुओं से ही ली जाती है। डॉ. पोन्नामेरून्मा की टीम को DNA और RNA की रचना करनेवाले न्यूक्लिओटाइड के परमाणु भी मिले। इस तरह इन दों प्रयोगों से साबित किया गया की पृथ्वी के उन शुरुआती महासागरों में जिन मूलभूत तत्वों का निर्माण हो गया था, वह सिर्फ़ सूर्यप्रकाश की गर्मी मिलने से उन संयोजनों को बनाने में सक्षम हो गए थे, जो आज हमारे शरीरों की रचना के आधार है। इस थियरी को 'आदिकालीन रस' अर्थात् 'प्रिमोर्डियल सूप' (Primordial Soup) थियरी कहते हैं ।

इस थियरी के मुताबिक पृथ्वी पर मौजूद शुरुआती महासागरों का पानी एक सूप की तरह था जिसमें यह सब कार्बनिक संयोजन मिले हुए थे। और इन्ही संयोजनों में से जीवन का निर्माण (सर्जन) हुआ। कुछ मत यह भी कहेते है कि एमिनो एसिड जैसे संयोजन पृथ्वी पर महासागरों में नहीं, बल्कि तारों के सिरे पर घूमती भारी तत्त्वों की राख में बने थे और यह राख की चट्टानें उल्कापात के स्वरूप में पृथ्वी पर आयी और पृथ्वी पर के पानी में मिल गई। इस लेकिन दोनों संभावना में सामान्य हकीकत यह है कि उस समय की पृथ्वी पर का जल इन सभी जटिल संयोजनों से युक्त बना और उनको जोड़ने के लिए ऊर्जा सूर्यप्रकाश ने दी।

विभूति:

इस प्रकार जब महासागर का पानी इन कार्बनिक संयोजनों से भरा तब जिस स्थान पर इस कार्बनिक संयोजन की मात्रा ज्यादा थी, वहाँ पानी की घनता बढ़ी, यानी कि पानी वहाँ ज्यादा गाढा बना। इस गाढ़े पानी में आगे चलकर एमिनो एसिड ने एकदूसरे के साथ जुड़ना शुरू किया और एक लम्बी श्रृंखला बनायी। एमिनो एसिड की इसी श्रृंखला को प्रोटीन कहते हैं। एमिनो एसिड भी उनके अंदर कार्बन के साथ अन्य तत्व कौन कौन से स्थान पर जुड़े हुए है, इस आधार पर अनेक प्रकार के बने हुए थे। इसलिए एमिनो एसिड की श्रृंखला में भी कौन से एमिनो एसिड कौन से स्थान पर है

इसके आधार पर प्रोटीन भी अलग अलग प्रकार के बने। अब इन प्रोटीनों ने भी एकदूसरे के साथ जुड़कर बस्तियाँ बनायी। इन बस्तियों में प्रोटीन का एक अणु दूसरे अणु से अपने बाहरी इलेक्ट्रोनों का आदान प्रदान करने लगा और इस तरह इन प्रोटीन बस्तियों में ऊर्जा का विनिमय शुरू हुआ। इस कारण नए प्रोटीन जुड़ते गए और बस्तियों की वृद्धि होने लगी, अब वे बस्तियाँ अपना आकार भी बदलने लगी। प्रोटीन की इन बस्तियों को 'विषाणु' कहते हैं, जो सजीव और निर्जीव के बीच की अंतिम कड़ी थे।

यह विषाणु ही निर्जीव पदार्थों में से सजीव तत्त्व की ओर पहली शुरूआत थी। यह घटना घटित होने के पिछे मूल कारण यह था कि उस समय मुक्त ऑक्सिजन नहीं थी। ऑक्सिजन पानी और अन्य संयोजन के स्वरूप में ही थी। मुक्त ऑक्सिजन के सम्पर्क में आते ही कार्बनिक संयोजन विघटित होने लगते हैं, सड़ने लगते हैं। परन्तु उस समय के मुक्त ऑक्सिजन रहित वातावरण में प्रोटीन जैसे कार्बनिक संयोजन लम्बे समय तक विघटित नहीं होते थे, और इस कारण धीरे धीरे वह एक दूसरे के साथ जुड़कर ऊर्जा का आदान प्रदान कर वृद्धि पाने लगे। आज पृथ्वी पर (२१) प्रतिशत मुक्त ऑक्सिजन होने से निर्जीव में से सजीव बनने का यह कार्य गहरे पानी के सिवाय संभव नहीं है। पानी में भी हवा का ऑक्सिजन शोषित होने से निर्जीव कार्बनिक संयोजन पूर्व जितने लम्बे समय तक टिक नहीं पाते। इस कारण आज के समय में निर्जीव घटकों में से सजीव तत्त्व उत्पन्न होने की दर बहुत कम है। आज सजीव मौजूदा अस्तित्व में रहे सजीवों में से प्रजनन क्रिया और कोष विभाजन की क्रिया से ही उत्पन्न होते है।

प्रोटीन के समूहों ने उस समय के जल को ज्यादा गाढ़ा बनाया और इस गाढ़े पानी में कार्बोहाइड्रेट, चरबी आदि एक दूसरे के साथ जुड़कर इलेक्ट्रॉन के आदान प्रदान द्वारा ऊर्जा का विनिमय करने लगे। इस प्रकार महासागरों के पानी के भीतर यह एक स्वतंत्र गाढ़ा द्रव्य उत्पन्न हुआ, जिसे हम 'जीवरस' कहते हैं। यह जीवरस उसके आसपास के स्वच्छ पानी के साथ भी इलेक्ट्रॉन का आदान प्रदान करता था। धीरे धीरे विभिन्न प्रकार के प्रोटीन एक दूसरे के साथ जुड़े और इस गाढे जीवरस के चारों ओर

उसकी एक सतह बनाने लगे। इस सतह के प्रोटीन में कार्बोहाइड्रेट और चरबी के अणु भी जुड़े और जीवरस के आसपास एक दीवार खड़ी हो गई जो उसे आसपास के पानी से अलग करती थी। इस दीवाल को आज हम 'कोषदीवार' और जीवरस के साथ कोषदिवार की उस पूरी रचना को 'कोष' कहते हैं। अब, उस जीवरस के इलेक्ट्रॉन उसकी दीवार के मार्फत बाहर के पानी से ऊर्जा का विनिमय करते थे। इस रचना से ऊर्जा का एक नया जटिल स्वरूप अमल में आया जो बाहर की पंचमहाभूत से बने सृजन से स्वतंत्र और अलग दिखायी देता था। वह उसकी अपनी ही धुन में उस बाहरी कुदरत के साथ ऊर्जा विनिमय करता था, परन्तु वास्तव में वह उस ब्रह्मांड की ही ऊर्जा के अनेक छोटे स्वरूप इकट्ठा होकर बना एक जटिल स्वरूप था।

ब्रह्मांड के अन्य तमाम स्वरूपों के साथ खुद स्वतंत्र रूप से ऊर्जा का विनिमय करते ब्रह्म के इस स्वरूप को ही हमने 'जीवन' कहा। उपनिषदों में इस घटना के लिए कहा गया है कि 'आदिकाल में शुद्ध ऊर्जा में से एक जटिल पदार्थ अस्तित्व में आया जो उस शुद्ध ऊर्जा को स्वयं से बाँध सकता था और उसे आकार दे सकता था। और वहीं से यह ब्रह्मांड सदा के लिए दो भिन्न स्वरूपों में बंट गया।' यह नया स्वरूप उपनिषदों में 'विभूति' (विशिष्ट स्वरूप) कहलाया और शेष स्वरूप 'संभुति' (समान सरल स्वरूप) कहलाया।

RNA और DNA:

शुरूआत के समय में यह विभूति स्वरूप एककोषीय बैक्टिरिया के स्वरूप में था। उसकी उत्पत्ति आज से करीब ३५० करोड़ वर्ष पूर्व अर्थात् कि पृथ्वी की उत्पत्ति से ११० करोड़ वर्ष बाद हुई होगी, ऐसा अनुमान है। यह एककोषीय बैक्टीरीया सल्फेट, नाइट्रेट और सल्फर जैसे तत्त्वों में से इलेक्ट्रॉन लेकर अपने जीवरस में मौजूद कार्बोहाइड्रेट (मिश्री) का विघटन किया करते थे और ऊर्जा प्राप्त करते थे। इस प्रक्रिया में उनके जीवरस में कचरे के रूप में लेक्टिक एसिड उत्पन्न होता था, जिसका वह पानी में त्याग करते थे। उस समय पृथ्वी पर कहीं भी मुक्त ऑक्सिजन नहीं थी,

इसलिए ऑक्सिजन की अनुपस्थिति में इस तरह खुद में अपना खुराक उत्पन्न करनेवाले शुरूआती बैक्टिरीया को 'एनेरॉबिक (ऑक्सिजन पर आधारित न हो ऐसा) बैक्टिरीया' कहते हैं।

समय बीतने पर इन एनरॉबिक बैक्टिरीया के जीवरस में मौजूद मिश्री के साथ नाइट्रोजन और कार्बन के संयोजन वाला एक अणु 'नाइट्रोजन बेज' जुड़ा। यह रचना 'रिबॉज शुगर' (अब से हम मिश्री को शुगर कहेंगे, जो उसका अंग्रेज़ी नाम है) कहलायी। इस रिबॉज शुगर के साथ फास्फरस और कार्बन के संयोजन वाला एक अणु फास्फेट शामिल हुआ, इसलिए पूरी रचना 'रिबोन्युक्लिओटाइड' कहलायी। यह रिबॉन्युक्लिओटाइड एक दूसरे के साथ जुड़े और एक लम्बी श्रृंखला बनायी, जिसे 'रिबॉन्युक्लिओइक एसिड' या प्रचलित रूप में RNA कहा जाता है। RNA चेन के परमाणुओं में कोष के जीवरस में मौजूद रचनाओं की जानकारी का संग्रह था। इस कारण अब जब यह एक कोषीय सजीव विभाजित होकर दो कोषों में तब्दील हुए, तब उन दोनों कोषों में RNA चेन में मोजूद जानकारी द्वारा वह सब प्रोटीनयुक्त रचनाएं फिर से उत्पन्न होती थी। इस प्रकार एक कोषीय सजीवों की विरासत बरकरार रहने लगी और पृथ्वी पर पहली बार विरासती जीवन प्रारंभ हुआ।

RNA में जो नाइट्रोजन बेज परमाणु थे, वह चार प्रकार के थे। पर उनमें से एक ऐसा था जो RNA में रहते हुए भी आसपास किसी और परमाणु से जुड़ जाता था, यानी कि क्रॉस-लिंकिंग कर देता था। दूसरी ओर खुद रिबोज शुगर पानी में द्राब्य थी, यानी कि कुछ एक देर बाद वह पानी में पिघल जाती थी। इन दोनों वजह से RNA अणु लम्बे वक़्त तक एक जैसा रहेने के लिए असमर्थ था। इस वजह से एनारॉबिक बैक्टिरीया बहुत अल्प जीवन वाले थे। इसलिए आगे चलकर ब्रह्म ने रिबॉज शुगर की रचना में से एक छोटा सा ओकसीजन अणु निकाल दिया, जिसने उसे पानी में अद्राब्य बना दिया। इस नई निर्मित शुगर को 'डीओक्सी-रिबोज शुगर' ('डीओक्सी' यानी जिसमें से एक ओकसीजॉन निकाला गया है वह अणु या परमाणु) कहा गया। साथ ही ब्रह्म ने इस ड़ीओक्सी-रिबोज शुगर के साथ जुड़नेवाले उस एक क्रॉस-लिंकिंग करनेवाले नाइट्रोजन बेज को

भी बदल दिया। यह नया नाइट्रोजन बेज सीधा था, किसी ओर से क्रॉस-लिंकिंग ना करनेवाला। और इस वजह से अब RNA के बदले जो रचना बनी वह लम्बे-लम्बे वक्त तक बिलकुल वैसी की वैसी रह सकती थी। इस रचना को 'डिऑक्सि-रिबॉन्युक्लिओइक एसिड' या ज़्यादा प्रचलित रूप से DNA कहते है। जी हाँ, यहीं है हमारे (बेक्टेरिया के) DNA के जन्म की दास्तान। क्योंकि अब यह DNA कोष के प्रोटीनों की रचना की जिनेटिक जानकारी लम्बे समय तक संभाल सकता था, इसलिए एनेरोबिक बैक्टिरिया की जीवनरेखा बढ़ गई।

पहला प्रलय:

इन प्रारंभिक एककोषीय बैक्टिरिया में उत्पन्न हुआ शुरुआती DNA एक छोटी डोरी जैसा था। उस वक्त के उन बेक्टेरिया के जीव रस में कोई केंद्र नहीं था। कोषकेंद्र विहीन और छोटे DNA धारित ऐसे प्राथमिक कोष की रचना वाले अल्प विकसित बैक्टिरिया को 'आदि बैक्टिरिया' या 'प्रोकारिओटिक बैक्टिरिया' (Prokaryotic Bacteria) कहते हैं। पर आज से लगभग २५० करोड़ वर्ष पूर्व इस प्रोकारिओटिक बैक्टिरिया में एक ऐसा प्रोटीन बना जिसने पृथ्वी पर जीवन को एक नई ऊँचाई दी। उस समय के एनोरेबिक बैक्टिरिया (अर्थात् कि ऑक्सिजन बगैर जीने वाले बैक्टिरिया) में उत्पन्न होने वाली ऊर्जा कम थी। इसलिए ज्यादा ऊर्जा उत्पन्न करने के आशय से उन्होंने 'फिकोसायनिन' नामक आसमानी रंग का प्रोटीन बनाया, जिसमें सूर्यप्रकाश का शोषण करने की क्षमता थी। सूर्यप्रकाश का शोषण होने से कोष के जीवरस में मौजूद पानी ऑक्सिजन और हाइड्रोजन में विभाजित होने लगा। इस परिस्थिति का सामना करने के लिए वह एक कोषीय बैक्टिरिया पानी के कार्बन डाईऑक्साइड का शोषण करने लगे। इस कार्बन डाइऑक्साइड ने कोषों में अलग पड़े हाइड्रोजन के साथ मिलकर ग्लुकॉज बनाया जो एक शुगर (कार्बोहाइड्रेट) थी। इस प्रक्रिया में संतुलन बनाए रखने के लिए कोषरस में अलग पड़ा वह ऑक्सिजन कोष से बाहर निकलकर महासागर के पानी में मिल गया। सूर्यप्रकाश की उपस्थिति में शुगर के स्वरूप में खुराक बनाने की इस घटना को 'प्रकाशसंश्लेषण' कहते है। प्रकाशसंश्लेशण करने की क्षमता

वाले इस बैक्टिरिया को 'साइनोबैक्टिरिया' नाम दिया गया है, जो की एक वनस्पति कोष था।

साइनोबैक्टेरिया वर्तमान समय में भी अस्तित्व में हो ऐसा पृथ्वी पर का सबसे पुराना सजीव है। यह सजीवों का सबसे पुराना पूर्वज है, जो आज भी जीवित है। यानी की सजीवों की शुरुआत पहेले वनस्पति कोष से हुई थी, प्राणी कोष से नहीं। २५० करोड़ वर्ष पूर्व असंख्य साइनो बैक्टिरिया ने प्रकाश संश्लेषण की क्रिया द्वारा भारी मात्रा में ऑक्सिजन को महासागरों के पानी में डाला। शुरू में तो वह ऑक्सिजन पानी में मौजूद कार्बन और लौह तत्त्व के साथ जुड़ गया, परन्तु कुछ वर्षों के बाद जब पानी में ऑक्सिजन के साथ जुड़ने लायक कोई तत्त्व मुक्त ना रहा तब वह ऑक्सिजन मुक्त स्वरूप में पानी में बसने लगा। उस एनोरोबिक बैक्ट्रिया के लिए जो ऑक्सिजन के बगैर ही जीने के लिए आदी थे, उनके लिए पानी में बसनेवाला यह मुक्त ओक्सिजन एक प्रलय का सामान था। ऑक्सिजन उन एनोरोबिक बैक्टिरिया के जीवरस में प्रवेश कर हाइड्रोजन के साथ जुड़ा और हाइड्रोजन पेरोक्साइड जैसा जहरीला संयोजन बनाया। इस संयोजन ने एनेरोबिक बैक्टिरिया के जीवरस को खत्म कर दिया और इस प्रकार समग्र पृथ्वी पर से एनेरोबिक बैक्टिरिया का नामोनिशान मिट गया। साइनोबैक्टीरिया ने उससे पुराने अल्प-विकसित सजीवों को इस तरह जीने लायक़ नहीं छोड़ा और ख़त्म कर दिया। इस घटना को 'दी ग्रेट ऑक्सिजन इवेन्ट' या 'ऑक्सिजन प्रलय' कहते हैं। यह घटना साइनो बैक्टिरिया उत्पन्न होने के २० करोड़ वर्ष के बाद हुई, ऐसा अनुमान है। पृथ्वी पर की जीवसृष्टि में आया हुआ यह सब से प्रथम प्रलय था।

आधुनिक कोष का निर्माण:

इस प्रकार, साइनोबैक्टिरिया अपने लिए तो सूर्यप्रकाश में से ऊर्जा और मिश्री रूपी भोजन प्राप्त करते ही थे परन्तु स्वयं भी मिश्री (कार्बोहाइड्रेट) से बनी एक तैयार खुराक बन जाते थे। यह वनस्पति जीवन की शुरुआत थी। करोड़ों वर्षों तक साइनो बैक्टिरिया द्वारा ऑक्सिजन छोड़ने से अब पानी में मुक्त ऑक्सिजन का प्रमाण बढ़ा। इसलिए ऐसे कोष अस्तित्व में

आए जो पानी में से कार्बन डायोक्साइड के स्थान पर ऑक्सिजन शोषित करते थे और उस ऑक्सिजन का उपयोग अपने जीवरस में मौजूद रिबोज शुगर के साथ फास्फेट समूह के तीन अणु जोड़कर एक बड़ा शक्तिशाली अणु बनाने के लिए करते थे। इस नये बने बड़े अणु को हम ATP अणु कहेते है। इस ATP के तीन फास्फेट जोड़ों में से कोई एक जोड़ जब टूटता था तब उसमें संग्रहित ऊर्जा कोष में मुक्त होती थी। यह ऊर्जा कोष में नये प्रोटीन बनाने, अतिरिक्त प्रोटीन को कोषदीवार से बाहर पानी में धकेल देने और बाहर पानी में से नये अणु और ऑक्सिजन को कोष के भीतर खींचने के लिए उपयोग में आती थी। ATP निर्माण के समय कोषों में कार्बन डायोक्साइड अलग पड़ता था, जो कोष से बाहर निकलकर पानी में मिलता था। इस प्रकार पहली बार ऐसे एककोषीय सजीव अस्तित्व में आए जिनको पोषण के लिए सूर्यप्रकाश की जरूरत नहीं थी, मुक्त ओक्सिजन की जरूरत थी। ऑक्सिजन का शोषण और कार्बन डाइऑक्साइड का त्याग करके ATP निर्माण का कार्य करते इन एककोषीय बैक्टिरिया को 'ऐरोबिक बैक्टिरिया' कहते हैं। और ATP का निर्माण करके ऊर्जा उत्पन्न करने के कार्य को एरोबिक कोषों का 'श्वसन' कहते हैं। आज हमारे प्रत्येक कोषों में यही कार्य कणाभसूत्रों द्वारा होता है और इसलिए हम भी ऑक्सिजन को सांस के साथ भीतर खींचते हैं और कार्बन डायोक्साइड बाहर निकालते हैं। प्राणी सृष्टि की नींव डालनेवाले इन एक कोषीय सजीवों को हम 'कणाभ बैक्टिरिया' कहते हैं। जैसे साइनोबैक्टिरिया ने प्रकाश संश्लेषण की शुरूआत करके वनस्पति जीवन की नींव डाली, उसी तरह कणाभ बैक्टिरिया ने ऑक्सिजन के शोषण और कार्बन डाईऑक्साइड के उत्सर्जन द्वारा श्वसन क्रिया करके प्राणी जीवन की नींव डाली। साइनोबैक्टिरिया और कणाभ बैक्टिरिया अभी भी डोरी जैसा शुरूआती DNA धारण करनेवाले कोषकेन्द्र विहीन बेक्टेरिया ही थे। मतलब, वह अभी भी एक आदि (प्रोकारिएरिक) बैक्टिरिया थे।

शुरूआत की पृथ्वी पर का पानी ऐसे असंख्य आदि बैक्टिरिया से भरा हुआ था। कुछ बहुत बड़े आकार के थे तो कुछ छोटे आकार के थे। इन बड़े आकार के बैक्टिरिया छोटे बैक्टिरिया को अपनी कोषदीवार

में खींचकर शामिल करने लगे, जिससे छोटे बैक्टिरिया बड़े आकार के बैक्टिरिया में कोशिकाओं के रूप में स्थापित हुए। इस तरह छोटे आकार के साइनोंबैक्टिरिया बड़े साइनोबैक्टेरिया में क्लोरोप्लास्ट नामक कोशिका के तौर पर बने, जो प्रकाश संश्लेषण का कार्य संभालती थी। तो, छोटे कणाभ बैक्टिरिया भी बड़े साइनोंबैक्टिरिया में कणाभ सूत्र के तौर पर स्थापित हुए, जो कोष द्वारा बनायी गई शुगर में से ATP अणु और ATP में से ऊर्जा उत्पन्न किया करते थे। इस प्रकार पानी में मौजूद बड़े आकार के बैक्टिरिया पृथ्वी पर मौजूद वनस्पति कोष बने, जिसमें प्रोटीन का निर्माण करते बड़े रिबोजोम थे, प्रकाश संश्लेषण का कार्य करते क्लोरोप्लास्ट थे और ऊर्जा उत्पन्न करनेवाले कणाभ सूत्र थे। साइनोबैक्टिरिया ने क्लोरोप्लास्ट के रूप में दूसरे बैक्टिरिया के जीवरस में स्थान पाया उसके बाद, उनमें मौजूद आसमानी रंग का द्रव्य ज्यादा प्रकाश का शोषण करने के लिए विकसित होकर हरे रंग का बन गया। क्लोरोप्लास्ट में मौजूद इस हरे रंग के द्रव्य को हम 'क्लोरोफिल' कहते हैं ।

इन नयी कोशिकाओं से युक्त बने कोषों की कार्यप्रणाली अतिविकसित बनी और वह बड़े प्रमाण में उर्जा का उत्पादन करने में सक्षम बने। यह ऊर्जा जीवरस में नये नये प्रोटीन और उस प्रोटीन में से नयी नयी कोशिकाएँ बनाने में उपयोगी होने लगी। इस कारण उन कोषों के मध्य में DNA के आसपास प्रोटीन और चरबी से बनी नयी दीवार अस्तित्व में आयी। उस दीवार से बना वर्तुल 'कोषकेन्द्र' या 'न्युक्लिअस' कहलाया। धीरे धीरे कोष केन्द्र का जीवरस नये अणुओं से युक्त बनकर गाढ़ा बनता गया और इस कारण कोष का DNA विकसित बना। कोष केन्द्र के बाहर जीवरस में भी गोल्गीकाय और अंतःकोष रसजाल (Endoplasmic reticulum) जैसी कोशिकाएँ अस्तित्व में आयी। इन कोशिकाओं से कोष में ऊर्जा का उपयोग और ज्यादा विकसित हुआ। अंतःकोष रसजाल नये बने प्रोटीन को सम्पूर्ण कोष में फैलाने का कार्य करती थी और उन्हें गोल्गीकाय में डालती थी। गोल्गीकाय उन प्रोटीन को चरबी के साथ मिलाकर ज़रूरी अंतःस्ताव बनाती और ज़रूरत पड़ने पर उन्हें कोष के अंदर और बाहर छोड़ती।

इस तरह जब कोष का कार्य क्षेत्र बढ़ता गया, तब नयी पीढ़ी के कोषों को देने के लिए ज्यादा सूचना संग्रह की आवश्यकता हुई। इससे नये बने प्रोटीन अणुओं ने परस्पर जुड़कर कई जटिल संयोजन बनाए। इन जटिल संयोजनों को आज हम उत्सेचक (Enzymes) कहते हैं। इसमें से एक था DNA पोलीमरेज उत्सेचक। इस उत्सेचक ने कोषरस में से DNA की दूसरी एक चेन बनायी जो DNA की पहली चेन के साथ जुड़ी। इस प्रकार समांतर चलने वाली और एक दूसरे से जुड़ी हुई दो लम्बी चेनों वाला DNA अस्तित्व में आया। इन दो चेनों के बीच का जोड़ उनके नाइट्रोजनबेज के बीच बना हुआ था और यह दोनों चेन एकदूसरे से विरुद्ध दिशा में स्थापित हुई थी।

तो इस प्रकार एक कोषिय बैक्टिरिया नये नये प्रोटीन उत्पन्न कर कोषकेंद्र और दो श्रृंखलावाले DNA से युक्त बने। इन कोषकेंद्र और दो चेनोंवाले DNA से युक्त विकसित बैक्टिरिया को 'आधुनिक बैक्टिरिया' या 'युकोरिओटिक बैक्टिरिया' (Eukaryotic Bacteria) कहते हैं।

वनस्पति और प्राणी:

इस प्रकार उस समय के महासागर असंख्य यूकारिओटिक (आधुनिक) बैक्टिरिया से भरे और उनकी आबादी बढ़ने से एक कोष दूसरे कोष के सीधे सम्पर्क में आया। इससे एक दूसरे के साथ जुड़ने के लिए उन्होंने कई ऐसे प्रोटीन बनाए, जो उनकी कोषदीवार को दूसरे कोष की कोषदीवार के साथ चिपका देते थे। इस प्रकार एक कोष का दूसरे कोष के साथ पुल बना और उनके बीच पानी और अन्य पोषक तत्त्वों का आदान प्रदान होने लगा। यह एक-क्रोषि सजीवों में से बहुकोषि सजीव में पहला रूपांतरण था। इस प्रकार धीरे धीरे अनेक कोष जुड़े और नील जैसी समुद्री वनस्पति अस्तित्व में आयी। इस समुद्री वनस्पति के प्रत्येक कोष में प्रकाश संश्लेषण होता था और ग्लुकोज के रूप में भोजन तैयार होता था। इस पूरी प्रक्रिया के दौरान बड़े प्रमाण में ऑक्सिजन अलग होती थी, जिसमें से कुछ कणाभसूत्रों में शुगर के दहन से ऊर्जा उत्पन्न करने में

इस्तेमाल होती थी और बाक़ी की कोष से बाहर निकलकर महासागरों के पानी में मिल जाती थी।

महासागरों के पानी में ऑक्सिजन की मात्रा बढ़ने सैे वह आगे बढ़कर मुक्त ऑक्सिजन के रूप में वातावरण में मिलने लगी। इससे पृथ्वी के वातावरण में कार्बन डाइऑक्साइड घटने लगी और ऑक्सीजन बढ़ने लगी। इस कारण पृथ्वी का तापमान अति तीव्र गति से नीचे आया। वातावरण इतना ठंडा हुआ कि समय बीतने पर महासागरों का ज्यादातर पानी बर्फ बन गया और शीतयुग आ गया। बहुत सारे बैक्टिरिया और वनस्पति नष्ट हुई, परन्तु पानी में जैसे जैसे ऑक्सिजन बढ़ती गई, वैसे वैसे उस ऑक्सिजन का उपयोग कर शुगर का दहन करने वाले कणाभ बैक्टिरिया भी बढ़ते गए। यह कणाभ बैक्टिरिया शुगर का दहन कर पानी में कार्बन डाइऑक्साइड छोड़ते थे। इससे जहाँ जहाँ पर कणाभ बैक्टिरिया बढ़ जाते थे, वहाँ पानी बर्फ नहीं बना और जीवसृष्टि टिकी रही। यह कणाभ बैक्टिरिया भी अब बड़े कणाभ बैक्टिरिया की कोषदीवार में लिपट गए और उनके जीवरस के भीतर कणाभसूत्र के तौर पर स्थायी हुए। बड़े कणाभ बैक्टिरिया में क्लोरोप्लास्ट नहीं था। इसलिए वह ऑक्सिजन का ही उपयोग कर अपने जीवरस में मौजूद शुगर का दहन किया करते थे और भोजन बनाते थे। अब उनके अंदर भी तरह तरह के प्रोटीनों का निर्माण हुआ और जैसे वनस्पति कोष में विकसित हुआ था, वैसे आपस में विरूद्ध दिशा में जुड़ी हुई दो चेनों वाला DNA और कोषकेंद्र उनके अंदर अस्तित्व में आया। और इस तरह पृथ्वी पर के महासागरों में बड़े कणाभ बैक्टेरिया में से पहले युकारियोटिक प्राणी कोष अस्तित्व में आए।

इस प्रकार पानी और हवा की ऑक्सिजन का शोषण कर ATP अणु बनानेवाले और ATP द्वारा शुगर का दहन कर ऊर्जा उत्पन्न करने वाले अमीबा और पेरामिशियम जैसे एककोषीय प्राणी जीव अस्तित्व में आए। इन एककोषीय सूक्ष्म जीवों के श्वसन से (शुगर का अपने जीवरस में दहन करने से) ज्यादा से ज्यादा कार्बन डायोकसाइड उनके जीवरस में उत्पन्न हुई, जो उनकी कोष-दिवार से बाहर निकलकर महासागरों के पानी में और वातावरण में मिली। इसलिए फिर पृथ्वी का तापमान ऊंचा आने

लगा और महासागरों की बर्फ पिघलने लगी। फिर से वनस्पति कोष और समुद्री वनस्पति जीवित होने लगी। शीतयुग के दौरान वर्षा ना के बराबर हुई, इसलिए बर्फ पिघलने से पृथ्वी पर पहले जितना पानी ना रहा। पृथ्वी की जमीन कई स्थानों पर खुली हुई और वातावरण के सीधे सम्पर्क में आयी। इस कारण समुद्र की वनस्पति धीरे धीरे समुद्र किनारे की जमीन में भी उगने लगी, जहाँ जमीन के कुछ ही भीतर पानी था। यहाँ वनस्पति कोषों ने एकदूसरे के साथ जुड़कर 'जड़' नमक एक अलग अंग बनाया, जो ज़मीन के अंदर से वनस्पति को आधार और पोषण देता था। इस जड़ के कोष एकदूसरे के साथ एक नस से जुड़े हुए रहते थे और उस नस में होकर पानी एक कोष में से दूसरे कोष में जाता था और वनस्पति के हर कोष में फैलता था। जमीन पर पत्तों में क्लोरोफिल था, जो सूर्यप्रकाश और कार्बन ड़ायोक्साइड का उपयोग करके भोजन तैयार करने लगा और उस क्रिया में उत्पन्न हुई ऑक्सिजन पृथ्वी के वातावरण में मिलने लगी। इस प्रकार धीरे धीरे जमीन पर दूर दूर तक वनस्पति ऊगती गई और पानी प्राप्त करने के लिए उसकी जड़ें गहरी होती गई। कुछ समय के बाद पृथ्वी की परत वृक्षों से युक्त बनी और उनके द्वारा उत्सर्जित ऑक्सिजन से वातावरण भर गया।

वृक्षों के द्वारा कार्बन डायोक्साइड के भारी शोषण और ऑक्सिजन के उत्सर्जन से वातावरण में कार्बन डायोकसाइड घटी और ऑक्सिजन बढ़ी। वातावरण में ओक्सिजन बढ़ने से महासागरों के पानी में भी उनका शोषण बढ़ा। पानी में पिघले ऑक्सिजन का प्रमाण बढ़ा और इस कारण पानी में बसे अमीबा जैसे एककोषीय प्राणी बैक्टिरिया की संख्या बढ़ी। अब असंख्य बैक्टिरिया से जब महासागरों के पानी भरे तब उन बैक्टिरिया ने ऐसे प्रोटीन बनाए जिससे उनकी कोष-दीवारें एकदूसरे के साथ चिपकी रह सके। इस तरह उन एककोषि बैकटेरिया की वसाहतें बनी और उनके बीच इलेक्ट्रोन के रूप में ऊर्जा और तत्वों के रूप में शुगर और प्रोटीन जैसे संयोजनों का आदान प्रदान होने लगा। इस तरह महासागरों के पानी में एक-कोषि में से बहुकोषिय प्राणी जीवन अस्तित्व में आया।

इस तरह ध्यान से देखने पर मालूम होता है की जीवन पहले वनस्पति के रूप में विकसित हुआ और उसने वातावरण के कार्बन डायोकसाइड को अपने में भरकर ओक्सिजन को वातावरण में छोड़ा। इस वजह से इस ओक्सिजन का उपयोग करके जीवन निभा सके ऐसे प्राणी कोष अस्तित्व में आए। फिर जब वनस्पति की संख्या अतिशय बढ़ गई और उसने वातावरण में कार्बन डायोकसाइड को कम करके पृथ्वी को शीत युग में धकेल दिया, तब खुद वनस्पति के जीवन पर संकट आया। और तब उन प्राणी कोषों ने ओक्सिजन खींचकर कार्बन ड़ायोक्साइड बाहर छोड़ा और पृथ्वी पर वापस वनस्पति जीवन के विकसित होने के लिए ज़रूरी हालात बनाए। इस तरह पहली बात हमें याद यह रखनी है कि हम प्राणियों को उत्पन्न करनेवाली वनस्पति है। और दूसरी बात यह भी याद रखी जाए की पृथ्वी पर जीवन को अविरत आगे बढ़ाने के लिए प्राणी और वनस्पति में संतुलन होना ज़रूरी है। दोनों में से एक का भी ज़रूरत से ज़्यादा होना, पृथ्वी पर ना सिर्फ़ दूसरे को बल्कि पूरे जीवन को रोक देनेवाले हालात पैदा करेगा। अगर वनस्पति ही बढ़ती रहेगी तो भी पृथ्वी जीवन को शीत युग से रोक देगी और अगर प्राणी ही वनस्पति का नाश करके बढ़ते रहेंगे तो पृथ्वी गर्म होकर वापस अपने आप को महासागरों के पानी से ढँक देगी और जीवन की जल समाधि बना देगी। हम प्राणियों और वनस्पति को समप्रमाण में रहकर पृथ्वी पर जीवन को आगे ले जाना है। 'जीवन की शुरुआत' नाम के इस पूरे अध्याय से हमें यही मूल सिख मिलती है।

✦ ✦ ✦

अध्याय – १७

मस्तिष्क निर्माण

महासागरों के पानी में अब कैल्शियम, सोडियम और पोटेशियम जैसे वायुओं से भारी तत्व भी बड़े प्रमाण में उत्पन्न हो चुके थे। बैक्टिरिया के समूहों ने इन तत्त्वों का शोषण करना शुरू कर दिया था और आगे चलकर उसीसे एक नवीन क्रांति का सृजन हुआ। यह तत्त्व इलेक्ट्रॉन का आदान प्रदान करने के मामले में अति सक्रिय थे और उन्होंने प्रत्येक कोष के भीतर अपने अणुओं की एक शृंखला बनाना शुरू कर दिया। सबसे पहले कैल्शियम ने उसके अणुओं की शृंखला बनायी जिसे 'कैल्शियम चैनल' कहेते है। इस कैल्शियम चैनल का एक छोर कोष की कोषदीवार पर था और दूसरा छोर कोष के कोषरस में, जिसे हम जिवरस कहेते है। कोषदीवार पर का चैनल का छोर रिसेप्टर यानी की 'स्वीकारक' कहलाता था। यह रिसेप्टर बाहर समुद्री पानी में से कैल्शियम आयनों का शोषण कर कोषरस में डालते थे, जहाँ यह आयन कोषरस में एक नयी प्रक्रिया को प्रारंभ करते थे।

किसी भी तत्व के अधूरे अणुओं को आयन कहते हैं। जैसे कि कैल्शियम (Ca) सम्पूर्ण अणु हैं, परन्तु Ca(+२) आयन है, क्योंकि उसे अणु बनने के लिए अपने पास मौजूद दो अतिरिक्त इलेक्ट्रॉन किसी को दे देने पड़ेंगे। तब वह केलशियम अणु (Ca) बन जाएगा। इसलिए, जिस प्रकार समग्र सृष्टि स्थिर होना चाहती है, वैसे यह आयन भी कोषरस में प्रवेश कर अपने यह दो अतिरिक्त इलेक्ट्रॉन किसी को दे देने का प्रयास शुरू करते हैं। ऐसे अनेक आयन एक साथ कोषरस में आने से उनके द्वारा छोड़े हुए इलेक्ट्रॉन कोषरस में नयी प्रक्रियाएं शुरू करते हैं। इस प्रकार समूहों में रहते बैक्टिरिया एक दूसरे के साथ इन आयनों का आदान प्रदान करने लगे, जिससे कोषों के कोषरस में नयी नयी रासायनिक प्रक्रियाएँ शुरू हुई। एक कोष में होने वाली प्रक्रिया और उसके परिणाम का असर

उसके पास वाले कोष पर भी पड़ने लगा। इस प्रकार, इन कैल्शियम चैनलों ने समूहों में रहने वाले उन बैक्टिरिया की वसाहतों को ज्यादा बेहतर रूप से एकसूत्रता में जोड़ा।

इस प्रकार ज्यादा से ज्यादा बैक्टिरिया उन समूहों में जुड़ने लगे और एकसूत्रता में बंधते चले गए। एककोषीय बैक्टिरिया में से बहुकोषीय प्राणी की तरह कार्य करने की राह में यह बहुत महत्वपूर्ण विकास था। यही केल्शियम चेनल आगे चलकर विकसित हुई और बाहर पानी में से मिलनेवाली विविध संवेदनाओं या आघातों को स्वीकारकर उसके जवाब में अपने अंदर के कोषों में अलग अलग रासायणिक प्रक्रियाएँ शरु करने लगी। अब बहुकोषीय प्राणियों में कोष धीरे धीरे बढ़ते ही चले गए। एक समय वह इतना बढ़ गए कि अब कैल्शियम चैनलों की कार्यक्षमता धीमी पड़ने लगी। इसलिए इन केल्शियम चेनल और उनके साथ संवेदना का वहन करने में मदद करनेवाली अन्य तमाम चेनलों के आसपास एक विशेष प्रकार के कोषों की रचना तैयार हुई। यह कोष विशेष कर संवेदना वहन के कार्य के लिए ही ऊर्जा उत्पन्न व वपराश करते थे। साथ ही संवेदना जो कि केल्शियम चेनलों में इलेक्ट्रोन के माध्यम से वहन करती थी, वे इलेक्ट्रोन आसपास के कोषों में कहीं और वहन पाकर व्यय ना हो जाए, उसके लिए यह विशेष कोष चेनल के आसपास एक आवरण का भी काम करते थे। इस तरह केल्शियम चेनलों की रचना उनके आसपास आवरण बनाकर रखनेवाले विशिष्ट कोषों की रचना के रूप में परिवर्तित हुई। नये बने उन विशेष कोषों को हम 'चेताकोष' (neuron) कहते हैं और उन चेताकोषों की चैनल को हम 'चेता' (nerve) कहते हैं। तो, केल्शियम चेनल अब चेता के रूप में विकसित हुई। यह चेता उन शुरुआती बहुकोशिय प्राणीयों में प्रत्येक सामान्य कोष से जुड़ी हुई थी। किसी भी एक कोष में महसूस की जाने वाली उत्तेजना को वह बाकी के सभी सामान्य कोषों में पहुँचाती थी।

बहुकोषिय प्राणी सजीवों में उत्तेजना का वहन कर सके ऐसी कैल्शियम चैनल वनस्पति कोषों में दिखायी नहीं दी। इस प्रकार वनस्पति और प्राणियों में (प्रकाश संश्लेषण का कार्य करने वाली) क्लोरोप्लाष्ट

कोशिका के बाद यह दूसरा फर्क खड़ा हुआ। प्राणियों में प्रकाश संश्लेषण के लिए क्लोरोप्लास्ट नहीं था और वनस्पतियों में संवेदना का इतना तेज वहन करती एवं रासायनिक प्रक्रिया द्वारा उसका उत्तर देनेवाली कैल्शियम चैनलों की सलंग रचना अनुपस्थित थी। इस कारण प्राणी अपने ही शरीर में भोजन बनाने के लिए शक्तिहीन बने और वनस्पतियों को प्राणियों जितनी संवेदना नहीं मिली। इसी कारण समयकाल में प्राणियों के लिए वनस्पति स्वयं ही एक भोजन बन गई। इस प्रकार शुरुआती त्रि-पारिमाणीय कणों (प्रजापति) में से उत्पन्न हुए दो सजीव स्वरूपों में मूलभूत फर्क उत्पन्न हुआ, जो आगे जाकर उनके बीच भोजन और भोजक का सम्बंध उत्पन्न होने के लिए जवाबदेह बना। उपनिषदों में वनस्पति और छोटे प्राणीयों को भोजन और हिंसक पशुओं एवं मनुष्य जैसे उच्च चेतनेवाले प्राणियों को भोजक कहा है।

आगे चलकर प्राणी कोषों में अस्तव्यस्त स्थापित चेताकोष का एक जाल अस्तित्व में आया जिसे 'चेताजाल' (nerve net) कहते हैं। चेता जाल सबसे प्राथमिक स्तर का चेतनातंत्र था, जो शुरूआत के बहुकोषीय सजीवों में दिखायी देता था। वह किसी भी बाह्य उत्तेजना को महसूस कर सकते थे और उसे रासायनिक प्रक्रिया से जवाब भी दे सकते थे, लेकिन वह उत्तेजना किस में से आती है या वह किस प्रकार की है, इसका ज्ञान उनको नहीं होता था। जैसे कि हाइड्रा जैसे बहुकोषीय प्राणी उनके किसी भी कोष पर अनुभव की जाने वाली किसी भी उत्तेजना का एक ही जवाब देते हैं और वह जवाब होता है अपने शरीर का (अब से प्राणी की बहुकोषीय जीवंत रचना को हम शरीर कहेंगे) क्रमिक संकुचन और विस्तरण करना। हाइड्रा में उसके पूरे शरीर में केंद्रित हो ऐसी एक ही चेताजाल होती है, परन्तु एकीनोर्डम जैसे कोई समुद्री तारे हाइड्रा के आगे विकसित होते हैं। एकीनोर्डम के प्रत्येक पंख में एक चेताजाल होती है, और यह सभी चेताजाल उनके शरीर के ठीक मध्य में बने एक वर्तुल 'चेतारींग' (nerve ring) के साथ जुड़ी होती है। यह रचना कुछ अंश में रथ के पहिये जैसी होती है, जहां पहिए के केंद्र में वर्तुल में चारों ओर के आरे जुड़े हुए होते है। इस कारण एकीनोर्डम उनके शरीर की विभिन्न

जगहों पर महसूस अलग अलग प्रकार की उत्तेजनाओं को ज्यादा बेहतर रूप से जवाब दे सकती है। यह चेतारींग प्राणियों में मस्तिष्क की शुरुआत मानी जाती है। यह शरीर का एक केंद्रीय स्थान था जहां पूरे शरीर की सारी चेताएँ जुड़ी होती थी, जहां से हर संवेदना को महसूस किया जाता था और उसका जवाब दिया जाता था।

चक्रों का जन्म:

इससे आगे जब बहुकोषीय सजीवों में कोषों की संख्या बढ़ती गई तब अपाकर्षण रेखाओं (काल) की ज्यादा से ज्यादा ऊर्जा सजीव शरीर में जुड़ती चली गई। अब पूरे शरीर की ऊर्जा चेता द्वारा ज़्यादा अच्छी तरह मस्तिष्क रूपी केंद्रीय स्थान में केन्द्रित होती थी और दबती थी। जब ऊर्जा दबती है तो घनता धारण करती है और घनता की ऊंचाई पर वह तटस्थ ऊर्जा विरोधी प्रकृतिवाले विभागों में बंटती है। शुरूआत के सजीवों के विभाग में दबने वाली ऊर्जा प्रमाण में कम थी। इसलिए जब वह विभाजित हुई तब विरोधी प्रकृतियों के बीच का ध्रुवीकरण अंशतः ही हुआ। इस प्रकार उन सजीवों में अंशतः पुरुष (घन) प्रकृति और अंशतः स्त्री (ऋण) प्रकृति वाले विभाग उत्पन्न हुए। इन दो विभागों के कारण चेताओं का काम भी दो विभागों में बँट गया। एक, शरीर के किसी भी कोष में ग्रहण हुई संवेदना को मस्तिष्क तक पहुंचाने का कार्य और दूसरा, मस्तिष्क से मिले आदेश को शरीर के सम्बंधित कोषों तक पहुँचाने का कार्य। चेताएँ मस्तिष्क में खडे हुए दो विभागों में से किसी भी एक विभाग में संवेदना पहुँचाती थी और वह संवेदना और कुछ नहीं बल्कि मुक्त इलेक्ट्रॉन के कुछ निश्चित भण्डार की गति थी, जो इस एक विभाग पर आपात होती थी। इसलिए उस विभाग की ऊर्जा बढ़ती थी और वह उसकी ऊर्जा को रासायनिक प्रक्रिया द्वारा सामने वाले विभाग पर जाने देता था। वह सामने वाला विभाग उस ऊर्जा को दूसरी चेताओं में छोड़ता था। यह चेताएँ उस ऊर्जा को लेकर शरीर के सम्बंधित भाग तक पहुँचाती थी और उस भाग द्वारा कोई कार्य करके ऊर्जा को शरीर के बाहर फेंकती थी। इस प्रकार वह दूसरी चेता शरीर में आइ संवेदना का बाहरी विश्व को जवाब देने का कार्य करती थी। इस तरह, मस्तिष्क में प्रकृतियों का प्रथम

अंशतःविभाजन होते ही सजीव शरीर की चेताएँ दो भागों में बँट गई। जो चेताएँ बाहर से संवेदना ग्रहण करके उन्हें मस्तिष्क तक पहुँचाने का कार्य करती थी, उन्हें 'संवेदनाग्रही चेता' (sensory nerve) और जो चेताएँ मस्तिष्क से किसी कार्य के आदेश को उस आदेश का पालन करनेवाले शरीर के भाग तक पहुँचाने का कार्य करती थी, उन्हें 'प्रेरक चेता' (motor nerve) कहा गया।

मस्तिष्क और चेताओं की संयुक्त रचना से समुद्रों में मौजूद उन बहुकोषीय प्राणियों का कुदरत के साथ ऊर्जा का विनिमय एक नयी ऊंचाई पर पहुँचा। इन जलचर प्राणियों के चेताकोष में कैल्शियम चैनलों का स्थान अब उनसे ज्यादा कार्यदक्ष सोडियम (Na+१) चैनलों ने ले लिया, जो ज़्यादा तेज गति से संवेदना और मस्तिष्क से निकले आदेश का वहन कर सकती थी।

लेकिन मस्तिष्क में उत्पन्न हुए उस अंशतः ध्रुवीकरण के कारण शुरूआत के सजीव अल्प विकसित रहे। किसी भी सजीव में होने वाली ऊर्जा का विनिमय उस शरीर के दो विरोधी प्रकृतियों के बीच का विनिमय ही होता है। इलेक्ट्रोन कोषों के बीच एक स्थान से दूसरे स्थान वहन करता है, जिसे हम संवेदना का वहन कहते है। जहाँ प्रकृतियाँ पूर्ण प्रमाण में अलग हो, वहाँ इलेक्ट्रोन का लेन-देन तेजी से होता है। यानी की वहाँ ऊर्जा विनिमय ऊंचे प्रमाण में और तेज होती है। परिणाम स्वरूप सजीव उच्च स्तर के कार्य करने में और तेज़ी से कार्य करने में सक्षम बनते है। परन्तु शुरूआत के उन सजीवों में प्रकृतियां अंशतः ही अलग होने से उनके बीच की ऊर्जा विनिमय अल्प विकसित होती है।

उन शुरुआती बहुकोशिय प्राणीयों में जब और ज़्यादा कोषों की संख्या बढ़ी तब उनके शरीर का कद और ऊर्जा भी बढ़े। अब बड़े कद के कारण शरीर के प्रत्येक भाग से ऊर्जा समान रूप से मस्तिष्क तक पहुँचाना संभव नहीं था। इसलिए शरीर के मस्तिष्क से दूर के भाग की ऊर्जा चेताओं के एक अन्य केन्द्र में केन्द्रित होकर दबी और वहाँ विरोधी विभागों में उसका विभाजन हुआ। यहाँ ऊर्जा पहेले से ज्यादा होने के कारण इस केन्द्र में विभागों का विभाजन स्पष्ट था।

यह दूसरा केन्द्र और कुछ नहीं बल्कि उन बहुकोषीय सजीवों में उत्पन्न हुआ दूसरा चक्र था, जो मस्तिष्क से बाहर था। अंशतः ध्रुवीकरण प्राप्त केन्द्र शरीर का पहला चक्र था, जो मस्तिष्क में ही स्थित था। शरीर में उत्पन्न हुआ यह दूसरा चक्र भी कई चेताओं के द्वारा मस्तिष्क से जुड़ा हुआ था, और मस्तिष्क में अपने प्रतिनिधित्व के लिए एक मस्तिष्क केंद्र रखता था। यह मस्तिष्क केंद्र वह स्थान था जहां उस चक्र की ऊर्जा मस्तिष्क में आपात होती थी या केंद्रित होती थी। इस प्रकार समय के साथ जैसे जैसे बहुकोषीय सजीवों के शरीरों में कोष बढ़ते गए, वैसे वैसे उन शरीरों के कद और ऊर्जा भी बढ़ती गई। कद बढ़ने से शरीर के प्रत्येक नये भाग में वहाँ की ऊर्जा केन्द्रित होकर एक नया चक्र बना और उस प्रत्येक चक्र ने मस्तिष्क में अपना एक मस्तिष्क केन्द्र स्थापित किया। इस हक़ीक़त को हम आकृति १७.१ में देख सकते है।

ज्ञानेंद्रिय और कर्मेंद्रिय का जन्म:

इस प्रकार अपाकर्षण रेखाओं में बिखर चुकी सृष्टि की ऊर्जा सजीव शरीर में कोषों की संख्या बढ़ने से वापस इकट्ठा होने लगी। और जब इस ऊर्जा ने नये नये चक्रो में केन्द्रित होकर मस्तिष्क में अपने केंद्र बनाए, तब वे मस्तिष्क-केंद्र और कुछ नहीं, बल्कि वह परिमाण थे जो अपाकर्षण रेखाओं की ऊर्जा में बिखर गए थे। इस तरह, प्राणियों के मस्तिष्क में उन परिमाणों का पुन:निर्माण शुरू हुआ, जो स्टेज -४ के ब्रह्मांड में अपाकर्षण रेखाओं की ऊर्जा में बिखर गए थे। इस प्रकार प्रत्येक चक्र ने सजीवों के मस्तिष्क में एक नये परिमाण को जन्म दिया। अब शरीर के प्रत्येक चक्र में केंद्रित होनेवाली ऊर्जा जैसे जैसे बहुकोशिय प्राणियों के क़द बढ़ने से बढ़ती गई, वैसे वैसे चक्रो की ऊर्जा चक्रो के स्थान पर दबने लगी। इस वजह से एक के बाद प्रत्येक चक्र में ऊर्जा दबने से पँच महाभूतों के विभिन्न तत्त्वों के गुण प्रगट हुए।

जो चक्र शरीर के सब से निचले भाग में था, वहाँ पृथ्वी का गुरुत्वाकर्षण बल सबसे ज्यादा लगने पर उस चक्र की उर्जा ने ज्यादा घनता धारण की और उसमें पृथ्वी तत्त्व जैसी सख्ती और जुड़ाव के गुण उत्पन्न हुए। इससे

उपर के चक्र की ऊर्जा में गुरुत्वाकर्षण का असर पहले चक्र की तुलना में कम होने के कारण, वहाँ जल के गुण विकसित हुए। इस प्रकार उससे उपर के चक्रो में क्रमशः गुरुत्वाकर्षण के कम असर के कारण अग्नि, वायु और आकाश तत्त्व के गुण विकसित हुए। भिन्न भिन्न चक्रो में विकसित इन तत्त्वों ने शरीर के बाहर मौजूद प्रकृति के पाँच भूतों में से आनेवाली विभिन्न संवेदनाओं को ग्रहण करने के लिए तथा उनको संवेदना का जवाब देने के लिए चकोर की ऊर्जा में से ज्ञानेन्द्रिय और कर्मेन्द्रिय की रचना की। अब क्योंकि संवेदना का ज्ञान ग्रहण करने का और उसे जवाबी कर्म का आदेश देने का कार्य मस्तिष्क में होता था, यह ज्ञानेन्द्रियाँ और कर्मेन्द्रियाँ भी प्रत्येक चक्र में उत्पन्न होने के बजाए, चक्र के साथ जुड़े मस्तिष्क केन्द्र में विकसित हुई। यह संपूर्ण उत्क्रांति उन बहुकोषीय प्राणियों के DNA में संग्रहित हुई, जिससे प्रत्येक नयी पीढ़ी के प्राणी इन इंद्रियों के साथ ही पेदा होने लगे ।

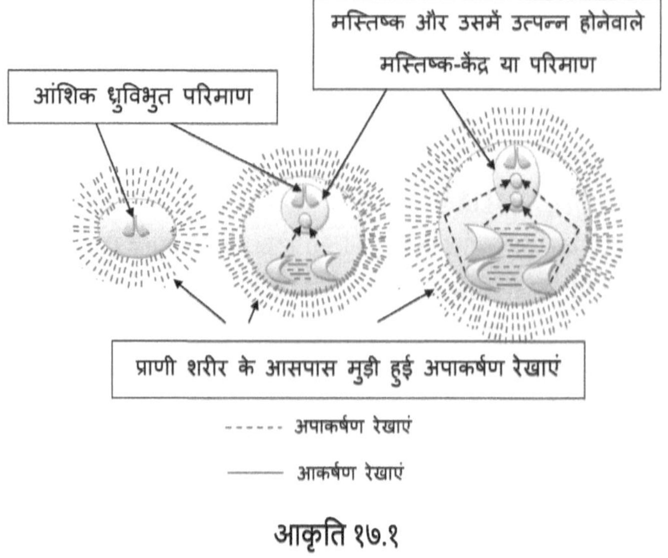

आकृति १७.१

तो, आकृति १७.१ में दर्शाए अनुसार प्रत्येक सजीव में चक्रो की ऊर्जा दो विभागों में बँटी हुई थी। प्रत्येक चक्र एक विभाग में स्त्री प्रकृति वाला था तो

सामने वाले विभाग में पुरुष प्रकृति वाला। जबकी, इसके ठीक पासवाला चक्र पहले विभाग में पुरुष प्रकृति वाला था, तो सामनेवाले में स्त्री प्रकृति वाला। शरीर के इन दोनों विभागों में भी एक में पुरुष प्रकृति ज़्यादा थी, तो स्त्री प्रकृति कम और समानेवाले विभाग में स्त्री प्रकृति ज़्यादा थी, तो पुरुष प्रकृति कम। यहाँ भी विभागों के बीच अपाकर्षण रेखाओं और प्रकृतियों के बीच का आकर्षण बल कार्यरत था। और सृष्टि के स्टेज (१) और स्टेज (२) की तरह यहां भी विभाग अपाकर्षण रेखाओं के दो छोर पर थे। इसलिए, विभाग आकर्षण बल के अंतर्गत एक दूसरे से टकराते थे और तटस्थ उर्जा बन जाते थे। इस तटस्थ ऊर्जा के समय सजीव शरीर निष्क्रिय रहता था। लेकिन बाहर से जब प्रकाश या स्पर्श जैसी कोई संवेदना प्रवेश होती थी, तब वह संवेदना ऊर्जा के रूप में मस्तिष्क में पहुँचती थी। यह बाहर की ऊर्जा शरीर की तटस्थ ऊर्जा में बढ़ावा करती और उससे सजीव के मस्तिष्क में सारे परिमाणों में ऊर्जा विरोधी विभागों में विभाजित हो जाती थी। एक विभाग संवेदना को ग्रहण कर उसका संग्रह करने का कार्य करता था और सामने वाला विभाग उस संवेदना का विश्लेषण कर उसका जवाब देने का कार्य करता था। एक बार संवेदना के जवाब के रूप में ऊर्जा बाहर निकल जाती थी, फिर विभाग वापस आकर्षण बल के अंतर्गत एक दूसरे में मिलकर तटस्थ ऊर्जा बना देते थे।

इस प्रकार वे शुरुआती बहुकोशिय प्राणि बाहर से संवेदना प्राप्त होने पर ही सक्रिय होते थे, बाक़ी के समय पर निष्क्रिय होते थे। बाहर से संवेदना प्रवेश करने पर जब मस्तिष्क में विरोधी विभाग उत्पन्न होते थे, तब जिस विभाग पर संवेदना आपात और संग्रहित होती थी, वह विभाग ज्ञानेंद्रिय का केंद्र बना और सामनेवाला विभाग, जो उस संवेदना को जवाब देना तय करता था, वह कर्मेंद्रिय का केंद्र बना। इस तरह मस्तिष्क के सभी परिमाणों के एक विभाग में ज्ञानेंद्रिय और दूसरे विभाग में कर्मेंद्रिय के केंद्र विकसित हुए।

इस तरह जैसे जैसे बहुकोशिय प्राणी विकसित होते गए, उनके चक्रों के मस्तिष्क केंद्रो में निश्चित ज्ञानेंद्रिय और कर्मेंद्रिय का प्रक्षेपण हुआ। वह ज्ञानेंद्रिय और कर्मेंद्रिय कौन सी थी, वह हम मनुष्य का प्रक्षेपण होने के

बाद एकसाथ जान लेंगे। लेकिन उसके पहले इस यात्रा के अगले सबसे महत्वपूर्ण मोड़ को जानना पड़ेगा, जिसने पृथ्वी पर प्राणियों के स्वरूप को हमेशा हमेशा के लिए बदल दिया।

अध्याय – १८

लिंग भेद

स्त्री और पुरुष शरीरों का जन्म

शुरूआती अल्पविकसित सजीव तभी सक्रिय होते थे जब उनमें संवेदना प्रवेश करती थी। उस संवेदना का जवाब दे दिया जाए, तब फिर विभागों के एक दूसरे में मिल जाने से वे तटस्थ ऊर्जा बन जाते थे। परन्तु इसके बाद शरीरों में ज्यादा कोष मिलने से ऐसे बहुकोषिय प्राणी उत्पन्न हुए, जिनमें इतनी ऊर्जा थी कि वातावरण का तापमान बदलने से भी उनकी तटस्थ स्थिति टूट जाती थी और उनमें विरोधी प्रकृति वाले विभाग उत्पन्न होते थे। इसमें भी, सर्दी में कोई एक प्रकृति ज्यादा अभिव्यक्ति होती थी, तो गर्मी में उससे विरोधी प्रकृति ज्यादा अभिव्यक्त होती थी। एक ऋतु में उनकी ऊर्जा स्त्री प्रकृति के रूप में संवेदना का जवाब देती थी, तो दूसरी ऋतु में पुरुष प्रकृति के रूप में। 'सेरानिडेज' और 'पोमासेन्ट्रिड्रा' कुल की कई छोटी मछलियाँ इस प्रकार के प्राणी हैं। वे एक ऋतु में स्त्री और दूसरी ऋतु में पुरुष प्रकृति के रूप में संवेदना का जवाब देती है। अर्थात् वह एक ऋतु में स्त्री और दूसरी ऋतु में पुरुष होती है। इस प्रकार वह लिंगभेद का सबसे प्राथमिक पडाव दिखायी देता है।

इससे ज्यादा कोषवाले प्राणी जब अस्तित्व में आए तब उनकी ऊर्जा और बढ़ी। परिणाम स्वरूप उनकी इन्द्रियाँ विकसित बनी और वह सब बारीक संवेदनाएँ भी ग्रहण करने लगे। इससे उनके विभाग अब ज्यादा समय के लिए सक्रिय रहने लगे। इस कारण इन प्राणियों के शरीर में एक ही समय में दो विरोधी प्रकृतियों वाले प्रजनन अंग उत्पन्न हुए। ऐसे सजीव प्राणी और वनस्पति दोनों में दिखायी देते है, जो एक ही समय में स्त्री और पुरुष प्रकृतियों को अभिव्यक्त करते है। ऐसे सजीवों में 'सिन्क्रोनोयस हर्माफ्रोडाइटस' जैसे प्राणी आते हैं जिनके शरीर में शुक्रकोष और

अन्डकोष दोनों उत्पन्न करते अंगों का विकास हुआ होता है। जब उनके विभाग उत्पन्न होते है, तब वह सक्रिय समय में ही शुक्रकोष और अंडकोषों को अपने शरीर में मिलन करवाकर प्रजनन करते हैं।

अब बहुकोषीय सजीवों में एक ही शरीर में पुरुष और स्त्री प्रकृति समान मात्रा में अभिव्यक्त होने लगी अर्थात् उन शरीरों में प्रजनन अंग लगातार सक्रिय रहने लगे। परिणाम स्वरूप वह बाहर से जो भी आहार अथवा ऊर्जा प्राप्त करते थे वह उनके इन प्रजनन अंगों के बीच की प्रक्रियाँ में अर्थात् कि उनके अल्पविकसित संभोग में खर्च हो जाती थी। इस प्रकार इस समय के प्राणियों से समस्या खड़ी हुई। बाहर से हासिल की जाने वाली तमाम शक्ति प्रजनन क्रिया में व्यर्थ जाने से सजीवों का विकास रुक गया। साथ ही शरीर की तमाम शक्ति निरंतर प्रजनन क्रिया या संभोग में उपयोग होने से शरीरों की कार्यक्षमता घटने लगी और उनके कोष तेजी से वृद्घ होने लगे। परिणाम स्वरूप ऐसे प्राणी अल्पजीवी और स्थगित शक्तिवाले बने। पर अल्प जीवन में भी लगातार प्रजनन के कारण उनकी संख्या बढ़ने लगी। इसके चलते उस समय के महासागर ऐसे अल्पजीवीत और निरंतर संभोग में लीन रहते विकासहीन प्राणियों से भर गए। प्राणियों की उत्क्रांति रुक गई। सजीवों की उत्क्रांति की यात्रा में यह एक ऐसा पड़ाव आया जो आज भी मनुष्य के रूप में हमारे लिए समझना आवश्यक है। यह नियम है कि अगर सजीव की समग्र शक्ति सिर्फ विरोधी प्रकृतिवाले प्रजनन अंगों के बीच की प्रक्रिया में अर्थात् कि संभोग में ही खर्च हो जाए तो वह सजीव ब्रह्म के लिए अर्थहीन बन जाता है। क्योंकि वह सृष्टिचक्र में अवरोध और स्थगितता उत्पन्न कर ब्रह्म की यात्रा को रोक देता है। ब्रह्म ऐसे सजीवों को लुप्त कर देता हैं, और आगे बढ़ने के लिए एक नया मोड़ लेता है। उस समय ब्रह्म ने जो बड़ा मोड़ लिया, वह था लिंगभेद।

ब्रह्म ने सजीवों के कोषों में मौजूद DNA में कुछ ऐसा परिवर्तन किया कि जिससे सजीव शरीर में उत्पन्न हुए दो विभागों में से किसी एक विभाग को अभिव्यक्त करती जानकारी सक्रिय रही और दूसरे विभाग को शरीर में अभिव्यक्त करते रिकोर्ड उस प्राणि के DNA में निष्क्रिय रहे। इस

कारण प्राणियों का एक ही विभाग उनके शरीर में अभिव्यक्त हुआ और दूसरा विभाग बिनअभिव्यक्त ऊर्जा के रूप में मस्तिष्क में सुषुप्त मन के तौर पर अस्तित्व में आया। जो विभाग अभिव्यक्त हुआ उस विभाग की प्रकृतियाँ उस शरीर के हर चक्र में और मस्तिष्क के हर परिमाण में अभिव्यक्त हुई और उसके सामने वाले विभाग की विरोधी प्रकृतियाँ निष्क्रिय रहीं। इस प्रकार, अभिव्यक्त विभागों की प्रकृतियों के मुताबिक शरीर की रचना उद्भवित हुई। शरीर की ज्ञानेन्द्रियाँ और कर्मेन्द्रियाँ, जो अब तक दो आमने सामने के विभागों में थी, वह इस उत्क्रांति के साथ शरीर के अभिव्यक्त विभाग की ऊर्जा में ही सृजित होने लगी। इस सम्पूर्ण बात में सबसे पहले उत्पन्न होनेवाला अंशतः ध्रुवीकृत परिमाण विभाजित नहीं हुआ, क्योंकि उन विरोधी प्रकृतियों में अंशतः ही ध्रुवीकरण होने के कारण दो स्पष्ट विभाग उत्पन्न नहीं हुए थे। इस प्रकार अंशतः ध्रुवीकृत हुए परिमाण के सिवाय प्राणी शरीर का प्रत्येक परिमाण और चक्र एक ही विभाग में अभिव्यक्त बना और दूसरा विभाग उस सजीव के सुषुप्त मन के रूप में निष्क्रिय बना।

अब प्रत्येक विभाग में या तो ज्यादा पुरुष प्रकृति थी और कम स्त्री प्रकृति या फिर उसका उलटा। जिस शरीर में ज्यादा पुरुष प्रकृति और कम स्त्री प्रकृति वाला विभाग अभिव्यक्त हुआ, वह पुरुष का शरीर बना और जिस शरीर में ज्यादा स्त्री प्रकृति तथा कम पुरुष प्रकृति वाला विभाग अभिव्यक्त हुआ, वह स्त्री का शरीर बना। अर्थात् एक शरीर मुख्यतः स्त्री प्रकृति को अभिव्यक्त करता तो दूसरा मुख्य रूप से पुरुष प्रकृति, पर दोनों में दूसरी गौण प्रकृति मौजूद थी। और यहाँ से, सजीव शरीरों में जब नए कोषों की संख्या बढ़ी, तब आगे की उत्क्रांति स्त्री और पुरुष के शरीरों में अलग अलग होने लगी। स्त्री और पुरुष के इस प्रकार स्वतंत्र शरीर अस्तित्व में आने की घटना को लिंगभेद (sex differentiation) कहते हैं।

यह फर्क सर्वप्रथम मछलियों में आया। शुरूआत में मादा मछलियाँ अपने अण्डों को पानी में छोड़ती थी और पुरुष मछली अपने शुक्रकोषों को पानी में छोड़ती थी। इन शुक्रकोष और अण्डों का फलन पानी में होता था और वह फलित अण्डे में से समय बीतने के बाद नयी मछली का जन्म

होता था। इस प्रकार प्राणियों में सर्वप्रथम बार शरीर से बाहर होने वाले बाह्य फलन की शुरूआत हुई। अब दोनों शरीर सामनेवाले विभाग की विरोधी प्रकृतियों के ना होने से हमेशा ध्रुवीभूत रहते थे। इसलिए आसपास के वातावरण के साथ उनकी सक्रियता अतिशय बढ़ गई। उनमें नये नये प्रोटीन और नई नई कोशिकाओं का निर्माण होने लगा। पुरुष शरीर और स्त्री शरीर के विभागों की प्रकृति एक दूसरे से विरुद्ध होने से पुरुष और स्त्री शरीरों के बीच आकर्षण शुरू हुआ। इस आकर्षण के अन्तर्गत नर और मादा प्राणी एक दूसरे के शरीर का सांनिध्य प्राप्त करने की कोशिश करने लगे। परिणाम स्वरूप धीरे धीरे पुरुष और स्त्री शरीर में उनके स्वतंत्र जननांगों का विकास हुआ। इन जननांगों की उत्पत्ति एक विशेष प्रकार से हुई।

पुरुष शरीर में पुरुष की बहिर्गामी प्रकृति मुख्य थी और स्त्री की अंतर्गामी प्रकृति गौण थी। अब शरीर एक भौतिक पदार्थ होने से उसके अंदर कार्यरत जीवंत ऊर्जा पर नीचे की ओर गुरुत्वाकर्षण का खिंचाव रहता था। इस वजह से शरीर की मुख्य प्रकृति उनके नीचे के भाग में पहले चक्र पर केंद्रित हुई और उस स्थान पर एक जननांग का निर्माण हुआ। पुरुष शरीर में पहले चक्र के स्थान पर लिंग और स्त्री शरीर में योनी का प्रक्षेपण हुआ। लिंग और योनी दोनों में शरीर के प्रत्येक हिस्से में से आनेवाली चेताओं के एक ओर के छोर खुलते थे। इस प्रकार एक तरह से शरीर में संवेदना का वहन करने वाली चेताओं का एक छोर मस्तिष्क या रीढ़ की हड्डी में था, तो दूसरा छोर उनके जननांग में खुलता था। शरीर के प्रत्येक चक्र की ऊर्जा भी एक ओर मस्तिष्क के साथ और दूसरी ओर शरीर के जननांगों वाले के स्थान पर प्रथम चक्र के साथ जुड़ी रहती थी। इस वजह से पहले चक्र के स्थान पर लिंग या योनी को स्पर्श द्वारा ऊर्जा देते ही शरीर के तमाम चक्रो की ऊर्जा सक्रिय और उत्तेजित हो जाती थी।

जाहिर था, अब पुरुष और स्त्री उनके जननांगो के मार्फत सीधा मिलन करने लगे। मुर्गी जैसे प्राणियों में नर द्वारा फलन होने के बाद मादा अण्डे देती थी और उसका सेवन करती थी। परन्तु एक साथ ज्यादा अण्डे देने के कारण नयी पीढ़ी के सजीवों की कार्यक्षमता और गुणवत्ता

निम्न रहती थी। बाह्य कुदरती परिस्थितियों का भी अण्डों पर विपरीत प्रभाव पड़ता था। परिणाम स्वरूप अण्डे में से बच्चे का जन्म होने की दर नीची रहती थी। इसलिए, अब जैसे प्राणी शरीर में कोषों की संख्या बढ़ने से अपाकर्षण रेखाओं की ऊर्जा शरीरों में बढ़ी, वैसे DNA में नये जीन (जीन अर्थात् डीएनए के न्यूकिलोटाइड अणुओं का निश्चित समूह जिसमें शरीर रचना की निश्चित जानकारी के रिकार्ड रहते है) उत्पन्न हुए। इन नए जिन से स्त्री शरीर के भीतर ही गर्भाशय नामक एक थैली का सृजन हुआ। इस थैली में अण्डकोष और शुक्रकोष का मिलन करवाकर बालक का सृजन करने की और उसका पालन-पोषण करने की क्षमता थी। इस प्रकार अण्डे देने वाले प्राणियों में से बालकों को सीधे जन्म देने वाले प्राणी अस्तित्व में आए, जिन में स्तनधारी वर्ग के प्राणी मुख्य थे। स्तनधारी वर्ग में ही आगे चलनकर कोषों की संख्या बढ़ने से मनुष्य शरीर का प्रक्षेपण हुआ। और मनुष्य शरीर भी उसके पीछे के प्राणियों की तरह स्त्री और पुरुष के विरोधी शरीरों में बँटा हुआ था।

अध्याय – १९

मनुष्य
गुणात्मक अभिव्यक्ति की शुरूआत

एक बार एक चित्रकार स्वप्न में एक सुंदर हिल स्टेशन पहुँचा। उसने उस हिल स्टेशन पर काफी सुंदर वस्तुए देखी। वहाँ पर रंग बिरंगे पत्तों वाले वृक्ष थे। सुंदर फूलों वाले पौधे थे। तालाब था, तालाब के किनारे एक नलियों वाला घर था। हिरण जैसे प्राणी मैदान पर विचरण कर रहे थे। सूर्योदय अभी हुआ ही था और उसकी किरणें तालाब पर बनाए गए लकड़ी के छोटे पुल पर पड़ रही थी। इन सभी की सुंदरता में वृद्धि कर रहे थे आकाश में उड़ते सुंदर पक्षी, जिनमें से कुछ तालाब में पानी पीने के लिए भी जमा हुए थे। इन सबके साथ दूसरी छोटी छोटी जानकारियां उस दृश्य को अत्यंत मनोरम बनाती थी। चित्रकार जब नींद में से ऊठा, तब उसे लगा कि यह उसके मन में आया अब तक का सबसे सुंदर दृश्य था। उसे लगा कि अगर उस स्वप्न में देखा गया चित्र वह हूबहू बना सके तो, वह विश्व का सबसे सुंदर चित्र बनेगा।

परंतु जब वह चित्र बनाने बैठा, तब उसे लगा कि वह स्वप्न की बहुत सारी बातें भूल चुका था। उसने उन तमाम बातों को याद करने की कोशिश की और चित्र बनाने लग गया। परन्तु जब वह चित्र पूरा करता, वैसे ही उसे स्वप्न की नयी जानकारी याद आने लगती, जो दूसरी जानकारी के साथ विशेष तौर से जुड़ी हुई थी। इसलिए चित्रकार को पूरा चित्र फिर से बनाना पड़ता। इस प्रकार जब उसने एक के बाद एक कई चित्र बनाए। जब उसने बाईसवां चित्र बनाया तब वह उस दृश्य की तमाम जानकारियों को उनके सही संबंध में वापस पा चुका था। अब उसने उस चित्र में स्वप्न में जैसे रंग देखे थे, वैसे रंग भरने की कोशिश की, लेकिन रंग के शेड भी वह भूल चुका था। वापस उस दृश्य जैसे मिलते झुलते रंग उस चित्र में

शामिल करने के लिए उसे दूसरे २८ चित्र बनाने पड़े। इस प्रकार ५० वाँ चित्र उसने बिल्कुल वैसा ही तैयार किया, जैसा उसने स्वप्न में देखा था।

लेकिन अब उसने विचार बदला। उसने एक प्रदर्शनी का आयोजन किया और सिर्फ पचासवें चित्र के स्थान पर तमाम पचास चित्र, जिस क्रम में तैयार किए थे, उसी क्रम में लगाए। जब लोगों ने उन तमाम चित्रों को देखा तब उन्हें उनमें उत्क्रांति की धारा दिखायी दी। पहले जानकारियों की उत्क्रांति हो रही थी और फिर रंगों की। जानकारियों की उत्क्रांति को हम 'संख्यात्मक उत्क्रांति' कह सकते हैं, क्योंकि जानकारियों की संख्या बढ़ रही है और रंगों की उत्क्रांति को हम 'गुणात्मक' उत्क्रांति कह सकते हैं, क्योंकि वहाँ उन चित्रों की गुणवत्ता बेहतर हो रही है।

तो सजीवों की उत्क्रांति भी कुछ इसी तरह हुई। ब्रह्म उसका मूल ज्योतिर्पिण्ड स्परूप गँवा चुका है और अपनी अभिव्यक्ति कर रहा है की वह कौन है, या क्या है? उसे अभिव्यक्ति करते करते विकसते जाना है और फिर अपने मूल स्वरूप ज्योतिर्पिण्ड को पाना है। ब्रह्म की अभिव्यक्ति के क्रमिक विकास को ही हम उत्क्रांति कहते हैं। तो ब्रह्म की अभिव्यक्ति की यह उत्क्रांति दो प्रकार से हुई। एक, संख्यात्मक अभिव्यक्ति, जहाँ ब्रह्म ने अपनी क्षमताओं में लगातार बढ़ोतरी की और कीड़े, मछली, बन्दर, चिम्पांजी और आदि मानव के स्वरूप में एक के बाद एक नये सजीवों में उत्क्रांति पाते हुए अंत में मनुष्य का स्वरूप धारण किया। मनुष्य शरीर में ब्रह्म की प्रत्येक क्षमताएँ कैद हो गईं। वह प्रत्येक क्षमताएं जो ब्रह्म में थी, वह अब मनुष्य में भी थी। इस प्रकार मनुष्य की उत्पत्ति उस बाइसवें चित्र समान थी, जिसमें चित्रकार ने दृश्य की तमाम जानकारियाँ शामिल कर ली थी। मनुष्य की उत्पत्ति ब्रह्म की संख्यात्मक अभिव्यक्ति का अन्त था।

अब, ब्रह्म की अभिव्यक्ति मनुष्य में उन प्रत्येक क्षमताओं को सक्रिय करने और उन्हें सम्पूर्णता की ओर ले जाने के लिए थी। यह बिल्कुल वैसी ही यात्रा है जैसी चित्रकार ने उस २२ वें चित्र में रंग भरने के लिए दूसरे २८ चित्र बनाकैर की थी। मनुष्य में ब्रह्म की क्षमताएं सक्रिय होने की इस गुणात्मक अभिव्यक्ति को ही हम मनुष्य की आध्यात्मिक यात्रा - मनुष्य का आध्यत्मिक विकास या मनुष्य की आध्यात्मिक उत्क्रांति कहते

हैं। मनुष्य में ब्रह्म की इस गुणात्मक अभिव्यक्ति का अंत है ज्योतिर्पिण्ड स्वरूप। जब ब्रह्म मनुष्य शरीर से वह ज्योतिर्पिण्ड स्वरूप प्राप्त कर लेगा, तब यह गुणात्मक अभिव्यक्ति पूर्ण होगी। उसके बाद फिर ब्रह्म को मनुष्य शरीर की ज़रूर नहीं रहेगी। यही मनुष्य का मोक्ष है, वही ब्रह्म का वह ५० वाँ चित्र है।

नर के स्वरूप में नारायण:

तो, एक समयकाल के बाद प्राणियों में उत्क्रांति स्त्री और पुरुष के दो अलग अलग शरीरों में हुई। और इसी मार्ग पर आगे चलकर मनुष्यरूप में स्त्री और पुरुष अस्तित्व में आए। मनुष्य में चक्रों की संख्या सात तक पहुँच गई थी, जिन्होंने मनुष्यों के मस्तिष्क में सात परिमाण उत्पन्न किए थे। तो अब, पहला सवाल यह है कि यह सात परिमाण कौन से थे? सृष्टि की यात्रा में हमने दो जगह पर सात परिमाणों की बात जानी। एक, सृष्टि के स्टेज (२) या महाविष्णु स्टेज के सात परिमाण, जो समग्र सृष्टि की कुल ऊर्जा थे। और दूसरे, स्टेज (४) में अपाकर्षण रेखाओं की ऊर्जा में बिखरे सात परिमाण, जो सृष्टि की ७० प्रतिशत ऊर्जा थे। तो मनुष्य के मस्तिष्क में उत्पन्न हुए सात परिमाण इसमें से कौन से हैं?

पहले दूसरी संभावना देख लेते हैं कि मनुष्य के भीतर उत्पन्न सात परिमाण आज के ब्रह्मांड के कुल दस परिमाण में से वह सात परिमाण हैं, जो अपाकर्षण रेखाओं की उर्जा में बिखर गए थे। इसका अर्थ यह हुआ कि वर्तमान में जिन तीन परिमाणों से यह ब्रह्मांड बना है, उसके साथ मनुष्य का कुछ लेना-देना ही नहीं है। लेकिन यह तो झूठ है। मनुष्य का शरीर तो जिन तीन परिमाणों से इस ब्रह्मांड के कण सृजित हुए हैं या सम्पूर्ण दृश्य ब्रह्मांड सृजित हुआ है, उसीसे बना हुआ है। अर्थात् मनुष्य में यह तीन परिमाण तो हैं ही। तो इसका अर्थ यह हुआ कि मनुष्य के सात परिमाण सृष्टि के स्टेज (२) या महाविष्णु स्टेज के सात परिमाण ही होने चाहिए। इस संभावना को सच साबित करता दूसिरा तर्क यह है कि अगर आज के ब्रह्मांड के दस परिमाणों में से सात परिमाण ही मनुष्य में बने हों तो इसका अर्थ यह है कि सजीव शरीर में अभी तीन परिमाणों जितनी

ऊर्जा मिलनी बाकी है। और इस तर्क के मुताबिक तो मनुष्य से आगे भी और उत्क्रांति जारी रहनी थी और दस परिमाण वाले किसी सजीव पर ब्रह्म की संख्यात्मक अभिव्यक्ति पूरी होनी चाहिए थी। परन्तु हम पिछले दो लाख वर्ष के इतिहास में देख चुके हैं कि मनुष्य शरीर से आगे कोई उत्क्रांति नहीं हुई है और मनुष्य में ही ब्रह्म की गुणात्मक उत्क्रांति हुई है। राम, कृष्ण, बुद्ध, ईशु और मौहम्मद जैसे गुणात्मक अभिव्यक्ति पूर्ण कर चुके मनुष्य उत्पन्न हो चुके हैं। इस प्रकार मनुष्य ही ब्रह्म की संख्यात्मक अभिव्यक्ति का अंत है और गुणात्मक अभिव्यक्ति का आरंभ है।

अर्थात् यह साबित होता है कि मनुष्य में अब कोई नये परिमाण या क्षमताएँ शामिल होना शेष नहीं है। बस, जो परिमाण और क्षमताएं शामिल हो चुकी हैं उनका सक्रिय होकर पूर्णता हासिल करना ही शेष है। इस प्रकार, यह साबित होता है कि मनुष्य के सात परिमाण सृष्टि की समग्र ऊर्जा वाले महाविष्णु स्टेज के सात परिमाण हैं। अर्थात् मनुष्य के शरीर के रूप में ब्रह्म महाविष्णु स्टेज की सृष्टि में वापस आ चुका है, जो अद्वैत ज्योतिर्पिंड के लक्ष्य से सिर्फ दो कदम ही दूर है। पर अगर मनुष्य महाविष्णु है, तो फिर मनुष्य को गुणात्मक अभिव्यक्ति करने की जरूरत क्यों है?

दरअसल मनुष्य शरीर महाविष्णु स्थिति में है, परन्तु हमने देखा कि सजीवों का शरीर दो विभागों का बना हुआ है, जिसमें से एक पूरा विभाग लिंगभेद की उत्क्रांति के बाद बिनअभिव्यक्त है। अर्थात् प्रत्येक मनुष्य शरीर में एक ही विभाग सक्रिय है, दूसरा विभाग निष्क्रिय है। इस दूसरे बिनअभिव्यक्त विभाग को मनुष्य जब अपने शरीर में सक्रिय कर देता है, तब वह महाविष्णु बन जाता है, तब नर नारायण बनता है और नारी नारायणी बनती है। इस बिनअभिव्यक्त विभाग को सक्रिय करने की यात्रा को ही कहते हैं - मनुष्य की आध्यात्मिक यात्रा। यही है ब्रह्म की गुणात्मक अभिव्यक्ति जो पूरी पृथ्वी पर सिर्फ़ मनुष्य शरीर में ही होती है।

अध्याय – २०

मनुष्य शरीर के चक्र और इंद्रियाँ

प्राणी शरीर उत्क्रांति पाकर मनुष्य शरीर में आया, तब उसमें सात चक्र अस्तित्व में थे। यह सात चक्र मनुष्य के शरीर में सक्रिय ऊर्जा के केन्द्र हैं। वह भौतिक बिंदु नहीं है, जिन्हें मानव शरीर का पोस्टमोर्टम करके देखा जा सके। वह मानव शरीर को चलानेवाली ऊर्जा, जो कि ब्रह्म का ही एक हिस्सा है, उसका हिस्सा है। इस तरह सजीव प्राणियों के शरीरों के रूप में सृष्टि में ऐसे भौतिक पदार्थ अस्तित्व में आए, जिनके अंदर ब्रह्म की अद्रश्य ऊर्जा ऊँचे परिमाणों में घूम रही थी। वह अद्रश्य ऊर्जा ही उन शरीरों को भिन्न भिन्न प्रकार के कार्य करने में सक्षम बनाती थी, वहीं उन शरीरों को निर्जीव पदार्थों से अलग बनाती थी। शरीरों को जड़ पदार्थों से हटकर एक सजीव पदार्थ बनानेवाली उसके अंदर घूम रही उस ऊर्जा को 'चेतना' कहा गया। प्राणी शरीरों के वे चक्र उस प्राणी शरीर की चेतना के केंद्र थे।

प्रत्येक चक्र मानवशरीर की रीढ़ की हड्डी में बने चेताओं के सामूहिक रस्से में बने हुए है। प्रत्येक चक्र जिस स्थान पर स्थित है, उस स्थान के आसपास के हिस्सों के कोषों में कणाभसूत्रों द्वारा उत्पन्न होने वाली ऊर्जा को वह चक्र अपने में केंद्रित करता है। और फिर आवश्यकता के मुताबिक प्रत्येक चक्र अपनी ऊर्जा को मस्तिष्क में मौजूद अपने मस्तिष्क केन्द्र तक पहुंचाता है। इस तरह मनुष्य शरीर के सात चक्रों के नाम और उनके स्थान निम्न प्रकार है।

इन चक्रों को शरीर में नीचे से ऊपर की ओर क्रम दिया गया है। प्रथम चक्र है मूलाधार चक्र, जो गुप्तांग के पीछे के भाग में रीढ़ की हड्डी के सबसे निचले छोर पर स्थित है। यह चक्र पैर और जाँघ में मौजूद कोषों में उत्पन्न होने वाली शक्ति को स्वयं में केंद्रित करता है। दूसरा चक्र है स्वाधिस्थान चक्र, जो नाभि और गुप्तांग के बीच समाया हुआ है। वह पेडु और जनेन्द्रिय के बीच मौजूद अवयवों के कोषों की शक्ति को

संग्रहित करता है। तीसरा चक्र मनिपुर चक्र है, जो नाभि के पीछे और चौथा अनाहत चक्र हृदय की सीध में स्थापित है, जो उनके आसपास स्थित अवयवों की शक्ति को स्वयं में केंद्रित करता है। पाँचवां विशुद्धि चक्र गर्दन के मध्य में और छठा अज्ञ चक्र दो भ्रमरों के बीच ललाट में स्थित है। रीढ़ की हड्डी गरदन तक ही होती है। इस कारण पाँचवें चक्र के बाद छठा चक्र रीढ़ की हड्डी में ना होकर मस्तिष्क (brain) में होता है।

सातवाँ चक्र है सहस्रार चक्र, जो खोपड़ी की चोटी में स्थित है। पहले पाँच चक्र मस्तिष्क से दूर शरीर के अन्य भाग में स्थित होते हैं और उनके केंद्र मस्तिष्क में बने होते है। जबकि छठा चक्र मस्तिष्क के ही हिस्से में स्थित होने के कारण वह स्वयं ही अपना मस्तिष्क केन्द्र होता है। छठा चक्र बुद्धि के स्थान पर होता है। जबकि सातवाँ चक्र भी मस्तिष्क से बाहर खोपड़ी के ऊपर के भाग में शरीर से थोड़ा ऊपर होता है। हाँ, सातवाँ चक्र ना रीढ़ की हड्डी में है, ना मस्तिष्क में, वह शरीर से बाहर शरीर को छुए बिना सर से थोड़ा ऊपर स्थित रहता है। पर यह सातवाँ चक्र भी खुद से जुड़ा अपना परिमाण मस्तिष्क में रखता है। यह सातवाँ परिमाण वह अंशतः ध्रुवीकृत केन्द्र है, जो प्राणियों में सबसे पहले बना था। सातवाँ चक्र दो विभागों में विभाजित नहीं हुआ था, इसलिए ना उसमें ना उससे जुड़े सातवें परिमाण में कोई अभिव्यक्त अथवा बिन अभिव्यक्त विभाग होता है। जबकि उसके सिवाय शेष छह चक्रों की ऊर्जा अभिव्यक्त और बिनभिव्यक्त विभाग की ऊर्जा में बंटी हुई होती है।

प्रत्येक चक्र में बिनअभिव्यक्त विभाग की प्रकृतियाँ निष्क्रिय हो जाने से अभिव्यक्त विभाग की प्रकृतियों के अनुसार शरीर का निर्माण होता है। जब की शरीर के बिनअभिव्यक्त विभाग की ऊर्जा सुषुप्त मन की ऊर्जा के रूप में निष्क्रिय रहती है। और शरीर की यह ५० प्रतिशत निष्क्रिय ऊर्जा रीढ़ की हड्डी के सबसे निचले छोर पर बनी एक त्रिकोण आकार की हड्डी के मध्य में स्थित होती है। इसी सुषुप्त ऊर्जा को क्रिया योग में 'कुंडलिनी' कहा जाता है। यह सुषुप्त ऊर्जा किस क़दर सिकुड़ कर दबी होती है, यह समझाने के लिए क्रिया योग में एक उदाहरण दिया जाता है। उस उदाहरण के मुताबिक़, जैसे सर्प अपनी ही पूँछ को अपने मुँह

में दबाकर सिकुड़कर बैठा हो, वैसे वह सुषुप्त ऊर्जा रीढ़ की हड्डी की पूँछ में दबी हुई होती है। यानी की उसको सक्रिय करना बहुत मुश्किल होता है। कुंडलिनी की यह सुषुप्त ऊर्जा रीढ़ की हड्डी में बनी शून्यवकाश युक्त एक सूक्ष्म केनाल के ज़रिए मस्तिष्क से जुड़ी हुई होती है। उस शून्यवकाश युक्त केनाल को 'सुषुम्ना नाड़ी' कहेते है। जब भी कुंडलिनी रूपी इस बिनअभिव्यक्त विभाग की सुषुप्त ऊर्जा का सक्रिय होने का समय आता है, तब वह ऊर्जा इस सुषुम्ना नाड़ी के ज़रिए जिस चक्र तक पहुँचना है वहाँ तक पहुँचती है। इसी सुषुम्ना नाड़ी के ज़रिए यह सुषुप्त ऊर्जा मस्तिष्क में बने छठे चक्र तक भी पहुँच सकती है।

शरीर के बिनअभिव्यकत विभाग की इस सुषुप्त ऊर्जा के जागरूक होने की घटना को ही कहा जाता है, 'कुंडलिनी जागरूक होना'। पर वह क्रिया योग के विवरण में दी जाती शब्दावली है, जिसे हम इस ग्रंथ में इस्तेमाल नहीं करेंगे। हम इस पुस्तक में बिनअभिव्यकत विभाग की सुषुप्त ऊर्जा के सक्रिय होने की ही बात करेंगे।

तो, बिनअभिव्यकत विभाग की ऊर्जा सुषुप्त मन की ऊर्जा के रूप में निष्क्रिय रहती है, और अभिव्यक्त विभाग की ऊर्जा शरीर और मन के निर्माण का कार्य करती है। जिस शरीर में अभिव्यक्त विभाग में नीचे पहेला चक्र बहिर्गामी प्रकृति हो, वह पुरुष शरीर बनता है, और जो अभिव्यक्त विभाग पहले चक्र में अंतर्गामी प्रकृतिवाला हो, वह स्त्री शरीर को जन्म देता है। इस प्रकार, स्त्री और पुरुष शरीर में चक्रों की प्रकृति आपस में विरूद्ध होती है। देखिए आकृति २०.१।

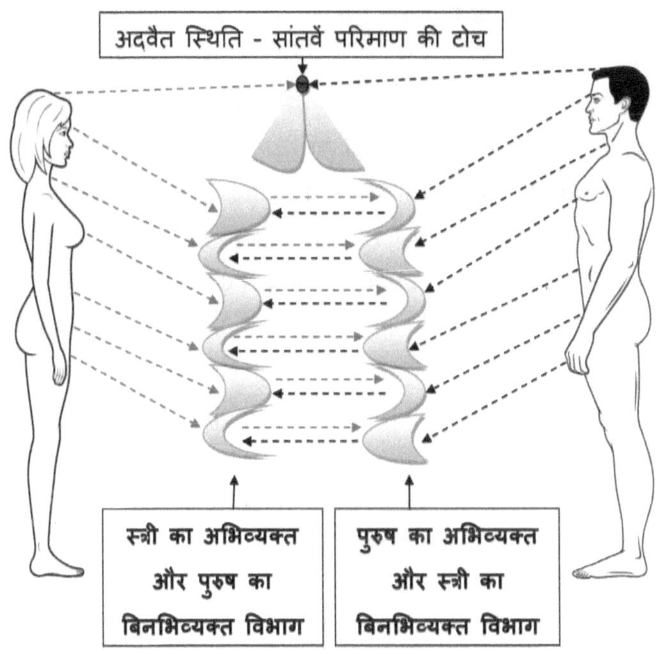

आकृति २०.१ स्त्री और पुरुष के चक्रों की प्रकृति

आकृति में मनुष्य के दो विरोधी विभाग दर्शाए गए हैं। जिस शरीर में आकृति में दर्शाए बांयी ओर का विभाग अभिव्यक्त होता है, वह शरीर स्त्री का शरीर बनता है, जबकि जिस शरीर में आकृति का दांयी ओर का विभाग अभिव्यक्त होता है, वह पुरुष शरीर बनता है। इस प्रकार स्त्री शरीर में जो विभाग बिनअभिव्यक्त होता है, वही विभाग पुरुष में अभिव्यक्त बनता है। और जो विभाग पुरुष में बिनअभिव्यक्त रहता है, वही विभाग स्त्री में अभिव्यक्त होता है। मतलब पुरुष का बिनअभिव्यक्त विभाग स्त्री का अभिव्यक्त विभाग है और स्त्री का बिनअभिव्यक्त विभाग पुरुष का अभिव्यक्त विभाग है।

अब, आकृति के मुताबिक स्त्री के अभिव्यक्त विभाग में पहला चक्र अंतर्गामी होता है, जो उस स्थान पर योनि को जन्म देता है। दूसरा चक्र बहिर्गामी होता है। तीसरा चक्र अंतर्गामी और चौथा फिर से बहिर्गामी होता है, जो स्त्री के स्तन के रूप में अभिव्यक्त होता है। पाँचवां चक्र स्त्री में अंतर्गामी होता है, जो स्त्री की तिनि आवाज के लिए जिम्मेदार होता है। छठा चक्र स्त्री में बहिर्गामी होता है। इसी प्रकार पुरुष का प्रथम चक्र बहिर्गामी है जो उसके जननांग लिंग के रूप में अभिव्यक्त होता है। पुरुष का दूसरा चक्र अंतर्गामी है। तीसरा बहिर्गामी और चौथा फिर अंतर्गामी है जो पुरुष के अल्प विकसित स्तन के लिए जिम्मेदार है। पाँचवां चक्र पुरुष में बहिर्गामी होता है जो उसकी भारी आवाज और दाढ़ी-मूंछों के लिए जिम्मेदार है। बुद्धि के स्थान पर स्थित पुरुष का छठा चक्र अंतर्गामी होता है। इस प्रकार स्त्री-पुरुष के चक्र एक दूसरे से बिल्कुल विरुद्ध हैं, जो उनके शरीर को निर्धारित करते हैं।

चक्र और इंद्रियाँ:

शरीर की ऊर्जा जब इन चक्रों में केंद्रित होती है तब गुरुत्वाकर्षण बल के असर के अंतर्गत वह शरीर के नीचे के भाग की तरफ खिंचती है। इस प्रकार सबसे ज्यादा गुरुत्वाकर्षण बल जहाँ लगता हो, उस पहले चक्र में शक्ति का केंद्रीयकरण ज्यादा मात्रा में होता है। जैसे जैसे ऊपर के चक्रों की तरफ जाते हैं, वैसे वैसे गुरुत्वाकर्षण का असर भी कम होता जाता है। इससे उपर के चक्रों में शक्ति का केंद्रीयकरण अर्थात् कि एक प्रकार से उर्जा की घनता क्रमिक रूप से घटती जाती है। अब, प्रत्येक शरीर में चक्रों की ऊर्जा किसी एक प्रकृति में अभिव्यक्त होने के कारण वह ध्रुवीभूत ऊर्जा चक्र के स्थान पर लगातार स्पंदन करती है। निरन्तर स्पंदन के धक्के से प्रत्येक चक्र की ऊर्जा अपनी धुरी पर भ्रमण भी करती है।

जब, चक्र अपनी धुरी के आसपास भ्रमण करता है तब उसमें संचित ऊर्जा का बड़ा भण्डार ऊसके केन्द्र की ओर दबता है और ज्यादा घना बनता है। इसे कहते हैं ऊर्जा का घनीकरण होना अथवा घनता प्राप्त करना। जैसे कि हमने पहल बात की जो चक्र नीचे की ओर होते है, उन

पर गुरुत्वाकर्षण का खिंचाव ज़्यादा होने से घनीकरण ज़्यादा होता है। इसलिए जैसे जैसे चक्रों में ऊपर की ओर जाते है, वैसे वैसे ऊर्जा का घनीकरण घटता चला जाता है। इस कारण पहले चक्र के स्थान पर उच्च घनता वाला पृथ्वी तत्त्व उत्पन्न होता है। पृथ्वी तत्त्व उत्पन्न होने का अर्थ यह नहीं है कि वहाँ कंकड़, पत्थर पैदा हुए। इसका अर्थ यह है कि उस स्थान पर संचित हुई ऊर्जा में घनता, सख़्ती और जमीन से जुड़ने जैसे गुण उत्पन्न हुए। दूसरा चक्र, जहाँ संचित हुई ऊर्जा पर गुरुत्वाकर्षण का असर कम लगता है, वहाँ ऊर्जा की घनता पहले चक्र से कम रहती है। इससे वहाँ जल तत्त्व के गुण उत्पन्न होते हैं। इस प्रकार ऊर्जा की घनता ऊपर के चक्रों में कम होती जाती है और उसके कारण तीसरे चक्र में अग्नि और चौथे चक्र में वायु तत्त्व के गुण उत्पन्न होते हैं। पाँचवां चक्र जहां ऊर्जा घनता सबसे कम होती है, वहाँ आकाश तत्त्व के गुण उत्पन्न होते हैं। इस प्रकार प्रथम पाँच चक्रों के संतुलन द्वारा शरीर में कुदरत के इन पाँच तत्त्वों का संतुलन बरकरार रहता है। इन पाँच तत्त्वों को पंच महाभूत कहते हैं।

अब, इन पाँच चक्रों में उत्पन्न हुए प्रकृति के पाँच तत्त्व मानव शरीर का नियमन किस प्रकार करते हैं, उसकी चर्चा करते है। पृथ्वी तत्व हमें जमीन के साथ जोड़कर रखने का काम करता है, जो गुरुत्वाकर्षण के माध्यम से होता है। मानव शरीर का आकार और बदलती प्रकृति के सामने शरीर को टिकाए रखने का संघर्ष करने की वृत्ति हमको इस तत्त्व से मिलती है। अर्थात् वह हमको हमारे अस्तित्व के प्रति ज्यादा जागरुक रखता है। पुरुष शरीर की रचना जिन 'Y' रंगसूत्रों में होती है, वह इस प्रथम चक्र के स्थान पर स्थित शुक्रपिण्ड (टेरिस्ट) में बनते हैं। इसीलिए Y रंगसूत्रों और उनकी वजह से पुरुष की रचना में पृथ्वी तत्व के गुण ज़्यादा प्रभावी होते है। स्त्री शरीर की रचना 'X' रंगसूत्रों में होती है, वह स्त्री शरीर में स्थित अंडपिण्ड (ओवरी) में बनते हैं और अण्डपिंड स्त्री के दूसरे चक्र के प्रदेश में आता है। इसीलिए X रंगसूत्रों में और स्त्री के शरीर में जल तत्त्व के लचीले गुणों का प्रभाव ज़्यादा होता है।

इस प्रकार पुरुष स्वभाव की सख़्ती और स्त्री का प्रवाहीपन क्रमशः पृथ्वी और जल तत्त्व की देन है, जो उनके रंगसूत्रों के मार्फत उनको

मिलते हैं। इसके साथ ही मूत्रपिण्ड का स्थान भी दूसरे चक्र के स्थान पर होने के कारण इस चक्र का जल तत्त्व शरीर में पानी के प्रमाण का नियमन भी करता है। तीसरे चक्र का अग्नि तत्त्व जठर में एसिड के स्राव के लिए कारण बनता है जो कि भोजन को पचाने के लिए आवश्यक है। चौथे चक्र का वायु तत्त्व फेफड़े की श्वसन क्रिया के साथ जुड़ा हुआ है। गरदन के मध्य में स्थित पाँचवें चक्र का आकाश तत्त्व स्वरपेटी के कंपन के लिए और उस कंपन से उत्पन्न होती ध्वनि तरंगो के लिए ज़रूरी अवकाश से जुड़ा हुआ है।

चक्रों के साथ जुड़े यह पाँच तत्त्व ही शरीर की इंद्रियों को जन्म देते हैं। पंचमहाभूतों का इंद्रियों के साथ का यह संबंध सिर्फ ध्यान और समाधि द्वारा महसूस किया जा सकता है। अगर आप पहले चक्र पर स्वयं को एकाग्र कर ध्यान में बैठेंगे तो आपको पृथ्वी तत्त्व के साथ जुड़ाव महसूस होगा। इस समय ध्यान में अगर आप यह जानने की कोशिश करेंगे कि यह पृथ्वी तत्त्व किसी ज्ञानेंद्रिय के साथ जुडा हुआ है, तो आपको महसूस होगा कि वह सूंघने की ज्ञानेन्द्रिय है। हाँ, जब आपका समग्र ध्यान आपके शरीर के भीतर की चेतना पर हो, तब आप इस जुड़ाव को महसूस कर सकते हैं।

सूंघने की इंद्रिय पृथ्वी तत्त्व के साथ जुड़ी हुई है, इस कारण सूंघने की क्रिया का नियमन पहले चक्र में संचित ऊर्जा से होता है। इसी प्रकार स्वाद की इंद्रिय जल तत्त्व के साथ जुडी हुई है, जिससे वह दूसरे चक्र की शक्ति से संचालित होती है। दृष्टि की इंद्रिय तीसरे चक्र के अग्नि तत्त्व (प्रकाश) के साथ जुड़ी हुई है, जिससे उसका नियमन तीसरे चक्र की शक्ति करती है। स्पर्श की इंद्रिय वायु तत्त्व के साथ जुड़ी हुई है, जिससे स्पर्श ज्ञानेंद्रिय का नियमन चौथे चक्र की शक्ति द्वारा होता है। सुनने की इंद्रिय आकाश तत्त्व के साथ जुड़ी हुई हैं। इसलिए उसका नियमन पाँचवां चक्र करता है। इसप्रकार प्रकृति के पाँच तत्त्व हमारे शरीर में रचे हुए हैं और प्रत्येक तत्व ने एक ज्ञानेंद्रिय को जन्म दिया है, जो शरीर के बाहर की प्रकृति के इन पाँच तत्त्वों में से आने वाली संवेदनाओं को शरीर में ग्रहण कर उसको मस्तिष्क में अपने अपने केंद्रो तक पहुँचाती है। दूसरे शब्दों

में कहें तो शरीर में इन पंचमहाभूतों ने (प्रकृति के पाँच तत्त्वों ने) ज्ञानेंद्रियों की नियुक्ति की, जिससे उनके द्वारा मनुष्य प्रकृति के संदेश समझ सके।

प्रकृति ने उसकी बात पहुँचाने के लिए तत्त्वों द्वारा ज्ञानेन्द्रियों की नियुक्ति तो कर दी, परन्तु मनुष्य को उस बात का जवाब भी तो देना होगा। इसके लिए शरीर के उन पंचमहाभूतों ने रचना की कर्मेन्द्रियों की। इन कर्मेन्द्रियों की रचना भी चक्र की ऊर्जा से उत्पन्न हुए इन पाँच महाभूतों ने की। प्रत्येक चक्र का अभिव्यक्त विभाग जैसे एक ज्ञानेन्द्रिय को संवेदना मस्तिष्क में पहुँचाने शक्ति प्रदान करता है, वैसे ही वह एक कर्मेन्द्रिय को भी प्रकृति को जवाब देने की शक्ति प्रदान करता है।

प्रथम चक्र उत्सर्जन (मूल-मूत्र का त्याग) करने के अवयवों को शक्ति प्रदान करता है। दूसरा चक्र प्रजनन करने के अवयव (जननांग) को शक्ति प्रदान करता है। तीसरा चक्र प्रचलन करने के अवयव (पैरों) को शक्ति प्रदान करता है। चौथा चक्र पकड़ने के अवयव (हाथ) को शक्ति प्रदान करता है। पाँचवां चक्र बोलने के अवयवों (स्वर पेटी और जीभ) को शक्ति प्रदान करता है।

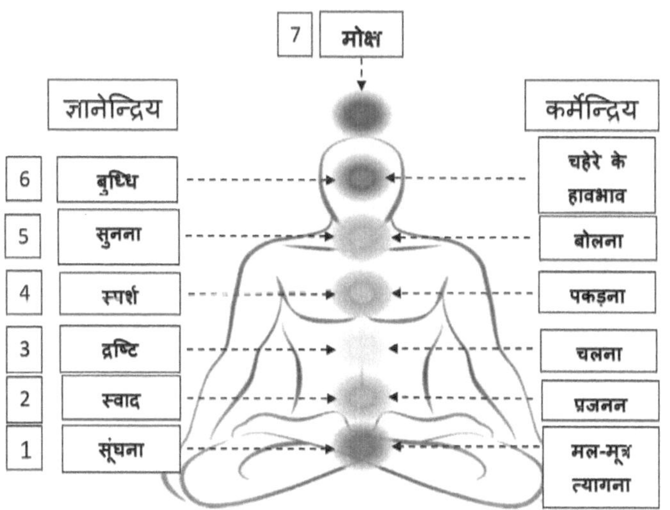

आकृति २०.२ चक्र और इंद्रियाँ

अब बात आती है छठे और सातवें चक्र की। छठा चक्र पहली पाँच ज्ञानेन्द्रियों को नियमन करती बुद्धि के साथ जुड़ा हुआ है। इसलिए बुद्धि को वेदों में छठी ज्ञानेन्द्रिय भी कहा गया है। इसके साथ कर्मेन्द्रियों के तौर पर छठा चक्र चहेरे और आँखों के हावभाव के लिए शक्ति प्रदान करता है, जो भी एक तरह से मनुष्य की बुद्धि का ही प्रतिबिंब है। छठा चक्र प्रकृति के किसी तत्व के साथ सीधा जुड़ा हुआ नहीं होता। इसलिए छठे चक्र पर स्थित बुद्धि, प्रकृति के पाँच तत्त्व और उनमें से रचित पहली पाँच ज्ञानेन्द्रियों से उपर हैं, श्रेष्ठ है।

सातवाँ चक्र बुद्धि से भी ऊपर है। वह मनुष्य के भीतर की ऊर्जा और बाहर ब्रह्मांड की ऊर्जा के बीच एक पुल है। हमने जाना कि सातवाँ चक्र मनुष्य शरीर के सबसे उपले हिस्से में शरीर से थोड़ा बाहर होता है। यानी की उसका शरीर से सम्पर्क नहीं होता। ऐसा क्यों, वह हम अगले किसी अध्याय में जानेंगे। पर शरीर के बाहर रहा सातवाँ चक्र शरीर के अंदर खोपड़ी या मस्तिष्क के सबसे ऊपरी भाग में सातवें परिमाण से सम्पर्क में होता है। यानी जैसे पहले पाँच परिमाण मस्तिष्क से नीचे रीढ़ की हड्डी में रहकर अपना एक केंद्र मस्तिष्क में रखते है, वैसे सातवाँ चक्र मस्तिष्क से ऊपर शरीर से थोड़ा बाहर रहकर मस्तिष्क की टोच में अपना एक केंद्र स्थापित करता है। इन चक्रों कि मस्तिष्क केंद्रो को ही हम मस्तिष्क के परिमाण कहते है। सिर्फ़ छठा चक्र ही खुद मस्तिष्क में होने की वजह से खुद अपना ही मस्तिष्क केंद्र और खुद अपना ही परिमाण है।

सातवाँ परिमाण एक उलटी चलनी के आकार का होता है, जिसका फैला हुआ छोर नीचे छठे चक्र की ओर और नुकीला छोर ऊपर सातवें चक्र की ओर होता है। सातवें परिमाण की अपनी ऊर्जा बहुत ही ना के बराबर होती है, परन्तु वह एक शंकु के समान है, जो नीचे के सभी चक्रों की ऊर्जा को अपने भीतर शोषित कर शक्ति का एकत्व धारण कर सकती है। उस शंकु के शिरोबिन्द या उसकी चोटी के आगे ब्रह्मरंध छिद्र स्थित है। जब मनुष्य की समग्र ऊर्जा सातवें परिमाण की उस ऊँचाई पर एकत्व धारण कर ले, तब यह ब्रह्मरंध्र छिद्र खुल जाता है और मनुष्य की उस एकत्व धारण की गई ऊर्जा को सातवें चक्र में मिला देता है। इसी

घटना को मनुष्य का मोक्ष कहा गया है। इस प्रकार सातवाँ परिमाण मोक्ष का द्वार है, और सातवाँ चक्र मोक्ष का घर है। आगे इस रहस्य पर से और परदा उठता जाएगा।

अध्याय – २१

जागरूक, अर्धजागरूक और सुषुप्त मन

हजारों वर्ष पूर्व उपनिषदों में लिखा गया है कि यह ब्रह्मांड मूलभूत रूप से ब्रह्म के दो स्वरूपों में बंटा हुआ है। एक है अव्यक्त ब्रह्म और दूसरा है व्यक्त ब्रह्म। अव्यक्त ब्रह्म है बल (force) और व्यक्त ब्रह्म हैं पदार्थ (matter)। यह दोनों एक दूसरे में परिवर्तनशील है। यह वही बात है जो १९०५ में अल्बर्ट आइन्स्टाइन के सूत्र E=mc2 (c square) द्वारा आधुनिक विज्ञान में सर्वप्रथम बार साबित हुई। E यानी पदार्थ की कुल ऊर्जा और m यानी पदार्थ का द्रव्यमान। किसी भी पदार्थ के द्रव्यमान में उतनी ऊर्जा (E) होती है, जितना उसके द्रव्यमान (m) का प्रकाश की गति के वर्ग (c square) से गुणाकर करने पर मिलती है। इसी सूत्र के आविष्कार ने बीसवीं सदी के मध्य में वैज्ञानिकों को अणु बोम्ब बनाने की राह दिखाई। हिरोशिमा और नागासाकी में हुई वह बर्बादी पदार्थ के द्रव्यमान में से निकली विशालकाय ऊर्जा (E) ने ही की थी। इसी सूत्र का उलटा स्वरूप m=E/c2 (c square) यह भी कह रहा था की सृष्टि में घूम रही मुक्त ऊर्जा (E), उसका प्रकाश की गति के वर्ग (c square) से भागाकार करने पर मिलने वाले मूल्य जितना द्रव्यमान (m) भी धारण कर सकती है। इस उलटे स्वरूप को साबित करने की कोशिश वैज्ञानिकों को १९६० के दशक में हिग्ज़ बोसोन की खोज की ओर ले गई। मुक्त ऊर्जा (E) को द्रव्यमान (m) में तब्दील करनेवाला हिग्ज़ बोसोन ही था। कुल मिलाकर आइंस्टाइन के इस सूत्र ने आधुनिक पश्चिम विश्व को यह समझाया की पदार्थ और मुक्त ऊर्जा दोनों एक ही ऊर्जा के दो स्वरूप है, और वे दोनों एकदूसरे में रूपांतरित हो सकते है। यही बात उपनिषद लिखनेवाले ऋषियों ने अपनी अद्वैत फ़िलोसोफ़ी की समझ में समझाई थी।

लेकिन उपनिषद यहीं तक नहीं ठहरे। वह आधुनिक विज्ञान से और गहरे उतरते हैं और कहते है कि ऐसी भी एक इकाई है जो जगत के सभी

बलों को (मुक्त ऊर्जा को) अपने भीतर समा लेती है। यह इकाई है प्राण। प्राण अर्थात् स्पंदन अथवा कंपन। यह अव्यक्त ब्रह्म की एकता है। और जगत के सभी जड़ पदार्थों को स्वयं में समा लेने वाली इकाई है आकाश, जो व्यक्त ब्रह्म की एकता है। और फिर उपनिषदों में एक और गहरा प्रश्न पूछा जाता है, 'तो फिर वह अंतिम इकाई कौन सी है, जो प्राण और आकाश को भी अपने भीतर समा लेती है?' जवाब दिया जाता है, 'महत'। 'महत' अर्थात् 'मस्तिष्क' (brain)।

उपनिषद यहाँ कहेते है की मनुष्य का मस्तिष्क इस ब्रह्मांड के सर्व बलों और पदार्थों को एकत्व में धारण करने वाली अंतिम इकाई है। मनुष्य का मस्तिष्क ३० प्रतिशत पदार्थ के रूप में व्यक्त हुए और ७० प्रतिशत अंधेरी ऊर्जा के रूप में अव्यक्त रहे ब्रह्म की आखिरी एकता है। इसलिए ही तो मनुष्य समग्र सृष्टि की ऊर्जा को स्वयं में धारण करते महाविष्णु स्टेज के सात परिमाणों को फिर से अपने मस्तिष्क में धारण कर पाया है। इसलिए मनुष्य के मस्तिष्क को संपूर्ण सृष्टि की प्रतिकृति माना जाता है।

इस मस्तिष्क नामक पदार्थ में जब प्राण घूमता हैं तब वह जागरूक मन बनता है। प्राण अर्थात् शरीर की जागरूक ऊर्जा। मस्तिष्क के जितने भाग में ऊर्जा का वहन जागरूक है, होशपूर्ण अवस्था में है, उतना भाग जागरूक मन है। जागरूक मन के सिवाय के मस्तिष्क में दूसरे दो मन हैं; एक है अर्धजागरूक मन और दूसरा है सुषुप्त मन। हमने पहले देखा कि आज के ब्रह्मांड के यह तीन परिमाण उनके सभी पदार्थों के साथ ब्रह्मांड की कुल ऊर्जा का तीस फीसदी भाग ही है, जब कि शेष ७० फीसदी ऊर्जा अदृश्य है, जिसको हम काली ऊर्जा (dark energy) कहते हैं। जिस तीस प्रतिशत ऊर्जा से हमारे ब्रह्मांड के त्रि-परिमाणीय पदार्थ बने हैं उसमें भी सिर्फ पाँच प्रतिशत पदार्थ ही दृश्य हैं। मतलब सृष्टि की समग्र सौ अरब आकाशगंगाएं और प्रत्येक आकाशगंगा के सौ अरब तारों को मिला दें तो समग्र सृष्टि की मात्र पाँच प्रतिशत ऊर्जा ही बनती है। तीन परिमाणों में बने ब्लैकहॉल जैसे शेष पच्चीस प्रतिशत आकाशीय पदार्थ भी अदृश्य हैं। जिनको हम काला पदार्थ (dark matter) कहते हैं। बस, इसी हकीकत के साथ जुड़ा हुआ है हमारा मन।

शरीर की शत प्रतिशत ऊर्जा से बना संपूर्ण मन आकृति में दिखाए गए तीन भागों में बँटता है। जो भाग ब्रह्मांड की सत्तर प्रतिशत अदृश्य ऊर्जा के साथ संलग्न है उसे कहते हैं 'सुषुप्त मन'। मन का बाक़ी का तीस प्रतिशत भाग पदार्थों से जुड़ा हुआ है, पर जैसे कि हम जानने हैं, सिर्फ़ पाँच प्रतिशत पदार्थ ही दृश्य है। मतलब, अगर कोई मनुष्य सृष्टि के तमाम पदार्थों को अपनी ज्ञानेंद्रियों से जानना चाहे तो भी वह उसके संपूर्ण मन की पांच प्रतिशत ऊर्जा का ही उपयोग कर सकेगा। लेकिन इतनी विशाल सृष्टि के तमाम पदार्थों को कोई देख नहीं सकता। इसलिए ज्यादातर मनुष्यों में यह जागरूक ऊर्जा ज़्यादा से ज़्यादा एक-दो प्रतिशत तक ही सक्रिय होती है। अर्थात् अधिकतम पाँच प्रतिशत क्षमता वाले उस भाग को जागरूक मन कहते हैं जो इंद्रियों के साथ सीधा जुड़ा हुआ है। यह मन आसपास की प्रकृति और संसार के साथ व्यवहार करने में ही इस्तेमाल होता है। इसके आगे उसकी पहुँच नहीं है।

पदार्थों के साथ संलग्न मन में इस पाँच प्रतिशत जागरूक मन के सिवाय शेष पच्चीस प्रतिशत मन, जो जागरूक होने के बावजूद ब्रह्मांड में दृश्य पदार्थों के अभाव में निष्क्रिय दिखता है, उसे अर्धजागरूक मन कहते हैं।

वास्तव में पदार्थ के साथ जुड़े कुल तीस प्रतिशत मन में से जितना भाग जागरूक मन है, उसके सिवाय का भाग अर्ध जागरूक मन ही कहलाता है। अर्थात् अगर जागरूक मन दो प्रतिशत ही सक्रिय है तो अर्ध जागरूक मन २८ प्रतिशत होगा। इस प्रकार अर्धजागरूक मन एक ऐसा जागरूक मन है, जिसके हिस्से कोई काम नहीं आया। यह एक ऐसा फुर्सत वाला होशियार व्यक्ति है, जो जब जागरूक मन कार्य में व्यस्त हो तब अन्य कार्य करने का अवसर खोज लेता है। इस प्रकार अर्धजागरूक मन शरीर के श्वासोच्छ्वास, फेफड़ों, हृदय, मूत्राशय, और आंतों के संकुचन-विस्तरण की (peristaltic) मूवमेन्ट जैसे शरीर के कार्य जागरूक मन की जानकारी बगैर लगातार करता रहता है। साथ ही वह इंद्रियों के सीधे सम्पर्क में ना होने से खाली समय में सुषुप्त मन के सम्पर्क में रहता है। जबकि सुषुप्त मन तटस्थ ऊर्जा होने से सृष्टि की तटस्थ ऊर्जा

के साथ जुड़ा रहता है। इसलिए 'यह सृष्टि एक ही अद्वैत ऊर्जा से बनी हुई है'- यह एकमात्र मूल अनुभव सुषुप्त मन में स्थापित रहता है। सुषुप्त मन के सीधे सम्पर्क के कारण और बाह्य इंद्रियों के साथ सीधा सम्पर्क ना होने के कारण अर्धजागरूक मन में भी 'अस्तित्व अद्वैत है'- इस बात का हल्का सा अनुभव संग्रहित होता है।

जागरूक और अर्धजागरूक मन की कुल ३० प्रतिशत ऊर्जा शरीर के अभिव्यक्त विभाग की ऊर्जा में आती है, जबकि सुषुप्त मन की बीस प्रतिशत ऊर्जा अभिव्यक्त विभाग में तथा शेष पचास प्रतिशत ऊर्जा शरीर के बिनअभिव्यक्त विभाग में आती है।

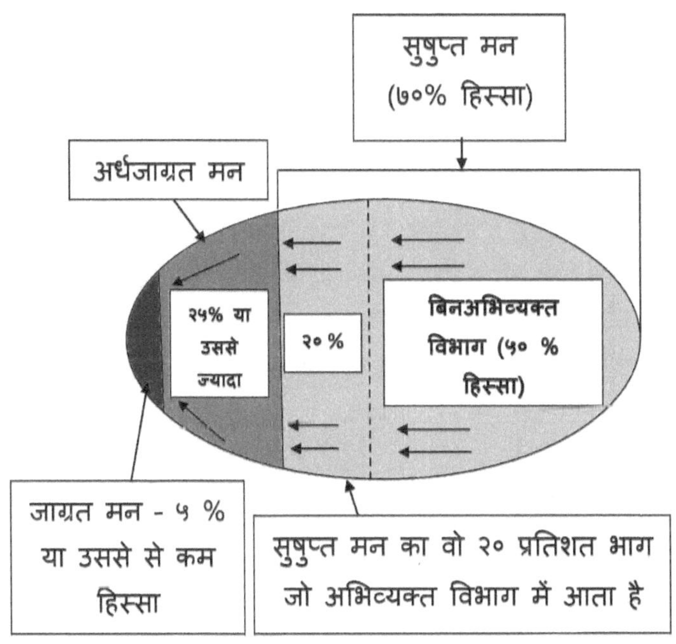

आकृति २१.१ जागरूक, अर्ध जागरूक और सुषुप्त मन

हम आंख, कान, नाक, जीभ और त्वचा जैसी ज्ञानेन्द्रियों द्वारा जो भी संवेदनाएं महसूस करते हैं वह हमारे जागरूक मन में संग्रहित होती है, जबकि उन संवेदनाओं का हम अपनी कर्मेन्द्रियों द्वारा जो जवाब देते

हैं वह जवाब और उस जवाब का निष्कर्ष हमारे अर्धजागरूक मन में संग्रहित होता है। उदाहरण के तौर पर, अगर हमने सामने एक सोने का बिस्किट देखा, तो वह बिस्किट हमारे जागरूक मन में संग्रहित होता है। अब सोचें कि हम वह बिस्किट लेने जाएँ, लेकिन हमारे वहाँ पहुँचने से पहले कोई दूसरा उसे ले जाता है। हम बिस्किट लेने गए, वह कार्य हमारे अर्धजागरूक मन में संग्रहित होता है। हमारे सामने कोई दूसरा वह बिस्किट ले गया, वह दृश्य हमारे जागरूक मन में संग्रहित होता है, लेकिन हमें बिस्किट प्राप्त करने में असफलता मिली या हमारी इच्छा पूरी ना हुई, हमारी हार हुई और कैसे हुई, यह पूरा निष्कर्ष हमारे अर्धजागरूक मन में संग्रहित होता है। तो जागरूक मन सिर्फ एक भौतिक माहिति देनेवाली चेतना है, जो हमें सिर्फ बाहरी दुनिया की जानकारी देता है और उसे संग्रहित करता है। लेकिन उस जानकारी के प्रति हमारी समझ और निष्कर्ष हमारे अर्धजागरूक मन में संग्रहित होते है।

पर सुषुप्त मन हमारी तमाम ज्ञानेन्द्रियों और कर्मेन्द्रियों से दूर है। वह ब्रह्मांड के शेष ब्रह्म के साथ उसकी तटस्थ स्थिति में जुड़ा रहता है। हमारे रोजभरा जीवन के तमाम कार्य जागरूक और अर्धजागरूक मन की जुगलबंदी से ही होते हैं। वह कार्य किस प्रकार होते है, इसके लिए हमें मन के यह तीन मुख्य भाग के भीतर मौजूद चार उपभागों को जानना होगा।

मन के उपभाग:

जागरूक और अर्धजागरूक मन इन चार उपभागों में बँटे हुए है; मनस, चित्त, अहंकार और बुद्धि। पहले हम जागरूक मन के इन चार उपभागों को जान लेते हैं।

जागरूक मनस

इस में पहले पाँच चक्रों के मस्तिष्क केन्द्र होते हैं। यह पाँचों चक्र उनके मस्तिष्क केंद्रो में एक ज्ञानेन्द्रिय और एक कर्मेन्द्रिय के साथ जुड़े हुए होते हैं, इसलिए इन मस्तिष्क केन्द्रों को इंद्रियों के मस्तिष्क केन्द्र भी कहते हैं। और क्योंकि चक्रों की ऊर्जा उनके इन मस्तिष्क केंद्रो में दबने से ही

मस्तिष्क में परिमाण भी उत्पन्न हुए, यह सारे मस्तिष्क केंद्र अपने आप में एक परिमाण भी है। पहेले चक्र से जुड़ा पहला मस्तिष्क केंद्र पहला परिमाण है, दूसरा मस्तिष्क केंद्र दूसरा और इसी तरह आगे जाते हुए पाँचवा मस्तिष्क केंद्र पाँचवाँ परिमाण है। बुद्धि के स्थान पर मौजूद छठा चक्र खुद ही छठा मस्तिष्क केंद्र और छठा परिमाण है। सबसे ऊपर सातवाँ परिमाण है। वहाँ कोई मस्तिष्क केंद्र नहीं है, वहाँ शंकु आकार के परिमाण की चोटी पर ब्रह्मरंध्र छिद्र है।

मस्तिष्क में आए हुए यह मस्तिष्क केन्द्र ही हमारी सच्ची इन्द्रियां हैं। उदाहरण के तौर पर जब हम कोई वस्तु देखते हैं तब उस वस्तु का प्रतिबिंब हमारी आँखो के नेत्रपटल पर बनता है। वह प्रतिबिंब चेता द्वारा मनस में मौजूद तीसरे मस्तिष्क केंद्र की ज्ञानेन्द्रिय पर पहुँचता है, क्योंकि दृष्टि की ज्ञानेंद्रिय तीसरे चक्र से जुड़ी होती है। इसी कारण संवेदना के मस्तिष्क तक आने के इस कार्य में ऊर्जा भी तीसरा चक्र ही प्रदान करता है। हम किसी वस्तु को तभी देख सकते हैं जब उसका प्रतिबिंब इस तीसरे मस्तिष्क केन्द्र पर आपात हो। अगर यह मस्तिष्क केन्द्र नष्ट हो जाए, तो हम अन्धे हो जाएँगे, भले ही हमारी आँखें सही सलामत हो। इस प्रकार आँख, कान, नाक, जीभ और त्वचा - यह तो सिर्फ़ संवेदना के शरीर प्रवेश के प्रवेशद्वार है। असली इंद्रियाँ तो मस्तिष्क में बने मस्तिष्क केन्द्र है।

जागरूक चित्त

यह वह भाग है जहाँ प्रत्येक ज्ञानेन्द्रिय की संवेदना का रिकोर्ड संग्रहित होता है। प्रत्येक ज्ञानेन्द्रिय की अपनी संवेदना होती है जैसे कि आवाज, स्पर्श, दृश्य, सुगंध और स्वाद। जागरूक मनस में मौजूद कोई मस्तिष्क केन्द्र उसकी निश्चित संवेदना को ग्रहण करता है और उसको चित्त में भेज देता है। चित्त उस संवेदना से संबंधित जितनी भी पुरानी जानकारी मौजूद हो उसे इकट्ठी करके बुद्धि को भेजता है। अगर पुराना कोई रिकोर्ड न हो और संवेदना बिलकुल नई हो तो चित्त उस नए रिकोर्ड को अपने अंदर भविष्य के लिए संग्रह कर देता है।

उदाहरण के तौर पर, जब हम किसी व्यक्ति को देखते हैं तब उस व्यक्ति का चित्र जागरूक मनस में मौजूद तीसरे मस्तिष्क केन्द्र में आपात होता है। अब जागरूक मनस उस चित्र को जागरूक चित्त में भेजता है और चित्त उस चित्र की स्वयं में संग्रहित जानकारी खोजता है। अगर हमने उस व्यक्ति को पहले देखा होगा तो उसका चित्र हमारे चित्त के संग्रहालय में होगा और चित्त उसे पहचान कर उस व्यक्ति के साथ आज तक के हमारे सारे व्यवहार और अनुभव का रिकोर्ड बुद्धि तक पहुँचाएगा। इस प्रकार सभी ज्ञानेन्द्रियों द्वारा आज तक अनुभव की गई सभी संवेदनाएँ जागरूक चित्त में संग्रहित होती है। इस प्रकार जागरूक चित्त उन तमाम ज्ञानेन्द्रियों का पहला मिलन स्थान है जो सभी ज्ञानेन्द्रियों की संवेदनाओं को एक ही स्थान पर संग्रहित रखता है और जरूरत पड़ने पर उन्हें एकसाथ बुद्धि तक पहुँचाता है। यहाँ भी संवेदना को जागरूक मनस में से जागरूक चित्त में और जागरूक चित्त में से जागरूक बुद्धि में ले जाने की ऊर्जा, वह संवेदना जिस ज्ञानेन्द्रिय की होती है उस ज्ञानेन्द्रिय के साथ जुड़े हुए चक्र से ही उपलब्ध होती है।

प्रत्यक्ष अहंकार

अहंकार हमारी इंद्रियों द्वारा होने वाले कार्य की एक ऐसी विभाजनकारी आड़पैदाश है, जो दुर्भाग्यवश हमारे मन का एक हिस्सा बन जाती है। हमारी आँखें देखती हैं कि हम इस शरीर द्वारा बाहरी किसी भी वस्तु से अलग हैं। कान जो आवाज सुनते हैं, वह हमारे सिवाय दूसरे किसी की होती है, चमड़ी दूसरे का स्पर्श महसूस करती है। जीभ अन्य वस्तु का स्वाद चखती है और नाक अन्य वस्तु की गंध को परखते है। इस प्रकार जब जागरूक मनस लगातार ऐसी संवेदनाएँ महसूस करता है, जो उसे कहती है कि 'तू बाहर की उन वस्तुओं से भिन्न है' तब चित्त इस अलगाववाद के रिकोर्ड को भी अपने संग्रहालय में संग्रहित करता है। संवेदना चाहे किसी भी ज्ञानेंद्रिय की हो, वह इस अलगाववाद के रिकोर्ड के साथ ही जागरूक चित्त में आती है। इसलिए शुरू से ही जागरूक चित्त में जो सबसे ताकतवर रिकोर्ड बनता है वह यह अलगाववाद का रिकोर्ड ही होता है। और वह हर नई संवेदना के साथ और ज़्यादा मजबूत

- और ज़्यादा गहरा बनता जाता है। यह रिकोर्ड मनुष्य को अपनी समझ में, अपने आत्मबोध में समग्र सृष्टि से अलग कर देता है। मनुष्य को अपनी पहचान बाक़ी सृष्टि से अलग होने का भास कराते इस अलगाववाद के रिकोर्ड को ही हम कहेते है 'अहंकार' (ego)।

जब जागरूक चित्त किसी भी संवेदना की जानकारी बुद्धि को देता है तब उस उस जानकारी की नींव या आधार भी अलगाववाद का यह रिकोर्ड ही होता है कि 'मैं सबसे अलग हूँ'। इसलिए बुद्धि भी अलगाववाद के इस भ्रमित विचार के प्रभाव में ही प्रत्येक विश्लेषण और निर्णय करती है।

इस प्रकार अहंकार कुछ और नहीं बल्कि सृष्टि से अपने आप को अलग समझने वाला हमारे मन का अलगाववाद ही है जो मन के तीनों मुख्य उपभागों (मनस, चित्त, बुद्धि) को स्वयं से ढँक लेता है। इस अलगाववाद को उत्पन्न करने वाला कारण यह है कि हमारी इंद्रियाँ सिर्फ दृश्य ब्रह्मांड को ही देख सकती हैं। शेष ९५ प्रतिशत अदृश्य ब्रह्मांड और दृश्य ब्रह्मांड में मौजूद ऊर्जा की एकता को वे नहीं देख पाती। इस कारण मनुष्य सृष्टि में स्पंदित ब्रह्म और उसके शरीर के अंदर कार्यरत ब्रह्म को एक नहीं जान पाता। वह अपने शरीर को चलानेवाली ऊर्जा और दूसरे सारे मनुष्यों एवं जड़-चेतन पदार्थों को चलानेवाली ऊर्जा को एक नहीं जान पाता। इसीलिए एक अधूरे सत्य के तौर पर वह प्रत्येक वस्तु को एक दूसरे से अलग देखता है और उसके पीछे छिपी ब्रह्म रूपी एकता को इंद्रियों द्वारा जान नहीं सकता। इंद्रियों द्वारा लगातार अनुभव किए जानेवाले इस अर्ध सत्य को ही हम 'माया' कहते हैं।

तो, माया असत्य या भ्रम नहीं है, वह एक अर्ध सत्य है। वह सम्पूर्ण सत्य का पाँच प्रतिशत से भी कम हिस्सा है, और हम उसे ही संपूर्ण सत्य मानकर जीते है। यह अहंकार की वजह से होता है।

जागरूक बुद्धि

बुद्धि चित्त में से आनेवाली जानकारी का विश्लेषण करनेवाला और उस विश्लेषण के अंत में नियत कर्म करने का उचित निर्णय लेने वाला मन

का सबसे महत्त्वपूर्ण उपभाग है। जागरूक चित द्वारा भेजी गई प्रत्येक संवेदना की जानकारी जागरूक बुद्धि में आती है और इस जानकारी की जड़ में होता है अलगाववाद का वह रिकोर्ड, अहंकार।

सामान्य व्यक्ति की जागरूक बुद्धि इस जानकारी का इस अलगाववाद (अहंकार) के असर के तहत विश्लेषण करती है और अंत में उस संवेदना के विरुद्ध क्या जवाब देना है, इसका निर्णय लेती है। यह निर्णय फिर से जागरूक मनस में आता है, क्योंकि जैसे कि हम जानते है की जागरूक मनस का प्रत्येक मस्तिष्क केंद्र एक ज्ञानेंद्रिय और एक कर्मेंद्रिय से जुड़ा होता है। जागरूक बुद्धि का निर्णय जिस कर्मेंद्रिय के लिए होता है, उससे जुड़े हुए मस्तिष्क केंद्र पर वह निर्णय ऊर्जा के उप में आपात होता है। आगे उस आदेश के मुताबिक कर्मेन्द्रिय कार्य करती है।

इस प्रकार हमारा मन हमारी रोजमरा की क्रियाओं का नियमन करता है। उदाहरण के तौर पर, हम एक बगीचे में बैठे है और पीछे से किसी व्यक्ति की आवाज़ हमें सुनाई देती है। हमें वह आदमी पसंद नहीं, और हम उसे देखे बिना वहाँ से उठकर चले जाना पसंद करते है। तो यह कार्य कैसे होगा?

उस व्यक्ति की आवाज़ हमारे जागरूक मनस के पाँचवें मस्तिष्क केंद्र पर आती है और हम उसे सुनते है। पाँचवें केंद्र पर इसलिए क्योंकि सुनने की ज्ञानेंद्रिय पाँचवें चक्र से जुड़ी हुई है। वह आवाज़ अब जागरूक चित्त में जाती है। चित्त उस व्यक्ति के सारे नए-पुराने रिकोर्ड जागरूक बुद्धि तक पहुँचाता है। बुद्धि पिछले अनुभव पर से निर्णय लेती है कि उस व्यक्ति का सामना नहीं करना है और वह स्थान छोड़ देना है। यह आदेश फिर जागरूक मनस में जाता है और तीसरे मस्तिष्क केंद्र पर आपात होता है, क्योंकि खड़े होकर चलते हुए वहाँ से जाने का काम पैरों को करना है और पैरों की कर्मेंद्रिय तीसरे चक्र से जुड़ी हुई है। कान में उस आवाज़ के आने के बाद से इस संवेदना के कानों से मनस, मनस से चित्त, चित्त से बुद्धि और बुद्धि से वापस मनस के तीसरे मस्तिष्क केंद्र तक के सम्पूर्ण वहन की ऊर्जा पाँचवे चक्र की ऊर्जा में से आती है। कारण साफ़ है, क्योंकि यह पूरी प्रक्रिया सुनने की इंद्रिय से शुरू हुई है जो पाँचवें चक्र

से जुड़ी हुई है। अब, मनस के तीसरे मस्तिष्क केंद्र से वह आदेश तीसरे चक्र पर जाएगा और तीसरा चक्र वहाँ से उठकर जाने की पूरी क्रिया में पैरों को ऊर्जा प्रदान करेगा। जैसे ही वह आदेश तीसरे मस्तिष्क केन्द्र पर आपात होगा कि तुरन्त ही तीसरा चक्र पैर को चलने के लिए ऊर्जा उपलब्ध करवाएगा। अगर आदेश कुछ बोलने का होता तो वह पाँचवें मस्तिष्क केन्द्र पर आपात हुआ होता और पाँचवें चक्र ने बोलने की शक्ति प्रदान की होती। इस प्रकार प्रत्येक मस्तिष्क केन्द्र एक निश्चित ज्ञानेन्द्रिय और निश्चित कर्मेन्द्रिय दोनों के लिए कार्य करता है।

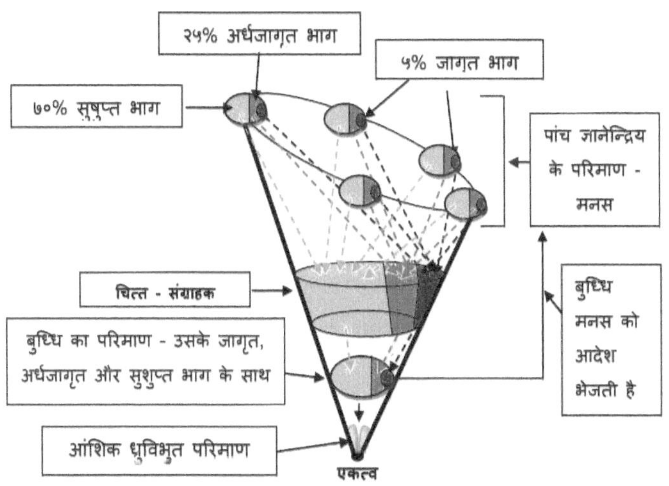

आकृति २१.२ मस्तिष्क के परिमाणों में जागरूक, अर्ध जागरूक और सुषुप्त मन की स्थापना।

आकृति में दर्शाए अनुसार पाँच इन्द्रियों के परिमाण, चित्त और बुद्धि जागरूक, अर्धजागरूक तथा सुषुप्त मन रूपी तीन हिस्सों में बँटे हुए है। जागरूक मनस, जागरूक चित्त और जागरूक बुद्धि मिलकर जागरूक मन बनता है, जबकि अर्धजागरूक मन, अर्धजागरूक चित्त और अर्धजागरूक बुद्धि मिलकर अर्धजागरूक मन बनता है। सुषुप्त मन भी इन भागों में बंटा हुआ होता है, लेकिन इंद्रियों की तरफ से आया

हुआ कोई रिकोर्ड वहाँ पहुँचता नहीं है, इसलिए सुषुप्त मन में यान तीन उपभाग उत्पन्न नहीं होते। सुषुप्त मन पूरे शरीर में एकसाथ जुड़ा हुआ होता है।

जागरूक मनस में से कोई भी संवेदना या रिकोर्ड आकृति में दर्शाए अनुसार जागरूक चित्त में आते है और वहाँ से वह जागरूक बुद्धि में जाते है, जबकि अर्धजागरूक मनस के भाग में से रिकोर्ड अर्धजागरूक चित्त में आते है और वहाँ से अर्धजागरूक बुद्धि में आते है। इस प्रकार जागरूक मन की संपूर्ण माहिति जागरूक बुद्धि में आती है और अर्धजागरूक मन की संपूर्ण माहिति अर्धजागरूक बुद्धि में आती है। इस समय तक कहीं जागरूक और अर्धजागरूक मन एक दूसरे के साथ किसी जानकारी का आदान प्रदान नहीं करते। जागरूक और अर्धजागरूक मन का आदान प्रदान सीधा बुद्धि में ही होता है। तो चलिए, जानते हैं कि अर्धजागरूक मन के मनस, चित्त और बुद्धि में क्या होता है और अर्धजागरूक बुद्धि किस प्रकार जागरूक बुद्धि के साथ जानकारी का आदान प्रदान करती है?

अर्धजागरूक मन के उपभाग:

अर्धजागरूक मनस

पाँचों चक्रों की ऊर्जा उनके स्थान पर दबने से जो अलग अलग तत्त्व उत्पन्न हुए उन तत्त्वों के गुण अर्धजागरूक मनस में संग्रहित होते हैं। पहले चक्र पर पृथ्वी तत्त्व के गुण प्रगट हुए, जो उसके साथ जुड़े हुए मस्तिष्क केन्द्र अर्थात् पहले परिमाण के अर्धजागरूक भाग में संग्रहित हुए। यह गुण हैं अस्तित्व की सुरक्षा, अहम, सामाजिक सुरक्षा, परिवार के प्रति अति ममत्व, शारीरिक सुखों और दुःखों के प्रति अति जुड़ाव आदि। इसी प्रकार दूसरे चक्र में जल तत्त्व के गुण उत्पन्न होते हैं जो मस्तिष्क में दूसरे परिमाण के अर्धजागरूक भाग में संग्रहित होते हैं। यह गुण है आरोप-प्रत्यारोप, अपराध, भौतिक सुख, धन और सत्ता लोलुपता, संभोग और जातिगत आकर्षण, आनंद, क्रोध और डर जैसी भावनाएं आदि। तीसरे मस्तिष्क परिमाण के अर्धजागरूक भाग में अग्नि

तत्त्व के गुण जैसे की ऊंचा अहंकार, प्रसिद्धि की भूख, विफलता का डर, स्वयं की निन्दा और प्रसंशा के प्रति संवेदनशीलता, अपने व्यक्तित्व के प्रति सजगता जैसे गुण संग्रहित होते हैं। चौथे परिमाण के अर्धजागरूक भाग में वायु तत्त्व के गुण जैसे कि प्रेम, करुणा, भक्ति, आत्मविश्वास, प्रेरणा, ईर्ष्या और घृणा आदि संग्रहित होते हैं। इसी तरह पाँचवें परिमाण के अर्धजागरूक भाग में आकाश तत्व से व्यक्तिगत अभिव्यक्ति, सर्जनशीलता, तत्त्वचिंतन, व्यसन, श्रद्धा, निर्णय शक्ति और साहस आदि गुण संग्रहित होते हैं।

छठा चक्र बुद्धि चक्र होता है, उसका अर्धजागरूक भाग अर्धजागरूक बुद्धि कहलाता है। छठा चक्र प्रत्येक भौतिक तत्त्व से तथा इंद्रिय से विरक्त होने से अर्धजागरूक बुद्धि में सत्यता के विषय के सवाल एवं विचार, अनुशासन, निर्णयशक्ति, मूल्यांकन, बुद्धिजीविता, वैराग्य, सत्य जानने की लालसा और द्वैत की स्थिति के प्रति संदेह जैसी भावनाएँ संग्रहित होती है। सातवाँ चक्र जागरूक और अर्धजागरूक भाग में बंटा हुआ नहीं होता है। वह मोक्ष का घर है।

अर्ध जागरूक चित्त

कर्मेन्द्रियों द्वारा जो कर्म किए जाते हैं, उन कर्मों के रिकोर्ड और उन कर्मों से जो परिणाम आता है, उसका निष्कर्ष यहाँ अर्धजागरुक चित्त में संग्रहित होता है।

परोक्ष अहंकार

अर्धजगरूक मन किसी इंद्रिय के साथ जुड़ा हुआ नहीं होने से 'मैं दूसरों से अलग हूँ' यह अलगाववाद का रिकोर्ड यहाँ नहीं बनता है। लेकिन जागरूक बुद्धि प्रत्येक निर्णय अहं के रिकोर्ड के अंतर्गत ही लेती है, इसलिए तथा कर्मेन्द्रियां प्रत्येक कर्म अहं के साथ करती है, इसलिए कर्मों के उस रिकोर्ड के साथ अहं का भी एक हल्का सा रिकोर्ड अर्धजागरूक मन में संग्रहित रहता है। इसलिए इस हल्के अहं को परोक्ष अहं कहते हैं, क्योंकि वह अर्धजागरुक मन में उत्पन्न नहीं होता, वह उसे जागरूक बुद्धि से मिलता है।

अर्धजागरूक बुद्धि

यहाँ बहुत कुछ है। सर्वस्व कहेंगे तो भी चलेगा। मूलरूप से यहाँ छठे चक्र के सत्य के साक्षात्कार के गुण संग्रहित होते है। लेकिन, निम्न लिखित चार रिकोर्ड भी अर्धजागरुक बुद्धि में ही आते है।

(१) अर्धजागरूक मनस के पांचों परिमाणों में संग्रहित गुण भी आखिर में यहीं आते हैं। इसलिए मनुष्य जिस समय, जिस चक्र के प्रभाव के तहत होता है, उस चक्र के साथ संलग्न परिमाण के गुण उस समय की अर्धजागरूक बुद्धि में सक्रिय होते है। इसलिए उस समय के दौरान मनुष्य का चरित्र उस चक्र के गुणों के मुताबिक ही प्रस्तुत होता है। मतलब, अगर किसी व्यक्ति की ऊर्जा या उसका प्राण पहेले चक्र पर स्थित है, तो उसकी अर्धजागरूक बुद्धि में पहेले चक्र के अस्तित्व टिकाई रखने के मूलभूत गुण प्रभावी होंगे। वह व्यक्ति रोटी, कपड़ा और मकान जैसी बुनियादी ज़रूरतों से आगे नहीं सोच पाएगा।

(२) जागरूक बुद्धि जो निर्णय लेती है, उन निर्णयों का संग्रह अर्धजागरूक बुद्धि करती है। यह निर्णय जागरूक मन और अहं के साथ लिए गए होने से अर्धजागरूक बुद्धि जब उन निर्णयों का संग्रह करती है, तब उसके साथ परोक्ष अहं भी होता है।

इस तरह, मनुष्यों द्वारा लिए गए सभी निर्णयों का संग्रह अर्धजागरूक बुद्धि में होता है, लेकिन उन निर्णयों के चलते कर्मेंद्रियों द्वारा जो कर्म किया जाता है उस कर्म का और उस कर्म के परिणाम का रिकोर्ड अर्धजागरूक चित्त में संग्रहित होता है।

(३) अर्धजागरूक चित्त में संग्रहित कर्मों के और उन कर्मों के परिणाम से संबंधित निष्कर्षों के यह रिकॉर्ड भी आगे बढ़ते हुए अर्धजागरूक बुद्धि में आते हैं। इन रिकॉर्ड में भी परोक्ष अहंकार समाया हुआ होता है।

(४) सुषुप्त मन के साथ लगातार सम्पर्क के कारण सृष्टि की ऊर्जा और यह समग्र अस्तित्व अद्वैत है - एक ही तत्त्व है, ऐसा एकत्व का रिकॉर्ड भी अर्धजागरूक बुद्धि में संग्रहित होता है।

तो अब जानते है की कैसे जागरूक और अर्धजागरूक मन साथ मिलकर काम करते है। जब भी कोई संवेदना जागरूक मनस से जागरूक चित्त में आती है और जब वह संवेदना जागरूक चित्त में से उसके रिकॉर्ड के साथ जागरूक बुद्धि में आती है, तब अर्धजागरूक बुद्धि उसके पास उपलब्ध ऊपर के चार रिकॉर्ड जागरूक बुद्धि को देती है। जरूरत पड़े तो पिछला वाक्य फिर से पढ़िए और समझीए।

जागरूक बुद्धि जागरूक चित्त में से आए संवेदनाओं के तत्कालीन रिकॉर्ड के साथ अर्धजागरूक बुद्धि में से आनेवाले इन चार रिकॉर्ड की तुलना कर अपना निर्णय लेती है। जागरूक बुद्धि के द्वारा इन पाँच रिकॉर्ड की तुलना करने की प्रक्रिया को ही हम बुद्धि द्वारा किया गया 'विश्लेषण' कहते हैं। जागरूक बुद्धि जो भी निर्णय लेती है उसमें अर्धजागरूक मन में से आए तीन रिकॉर्ड का बड़ा प्रभाव होता है। पहला, मनुष्य की ऊर्जा जिस चक्र पर स्थिर होती है उस चक्र के गुणों का रिकॉर्ड। दूसरा, पूर्व में किए गए निर्णयों का रिकॉर्ड और तीसरा, उन निर्णयों पर किए गए कर्मों और उन कर्मों के परिणामों का रिकोर्ड। पहले पाँच चक्रों में से किसी चक्र पर मनुष्य की ऊर्जा जब स्थित हो तब यह तीन रिकोर्ड हावी रहते है। जब यह ऊर्जा छठे चक्र पर केन्द्रित होती हैं, तब अर्धजागरूक बुद्धि का चौथा अद्वैत का रिकॉर्ड प्रबल बनता है और शेष रिकॉर्ड को दबाने लगता है।

आत्मा का 'ब्लैक बोकस':

अब, आगे बढ़ने से पहले अर्धजागरूक मन का सब से बड़ा महत्त्व जान लेते हैं। अर्धजागरूक मन ही हमारे मन का वह भाग है, जो मृत्यु होने के बाद आत्मा के साथ एक शरीर में से दूसरे शरीर में जाता है। भगवद गीता में कहा गया है कि जैसे 'पवन एक स्थान की सुगंध अपने साथ लेकर दूसरे स्थान पर पहुँचता है, वैसे ही आत्मा एक शरीर में किए गए कर्मों का रिकॉर्ड दूसरे शरीर में ले जाती है।' मनुष्य का जागरूक मन ज्ञानेंद्रियों से जुड़ा होने के कारण शरीर को ही अपना अस्तित्व मानता है, इसलिए वह 'मैं फलां व्यक्ति हूँ' इस अहंकार पर ही रचा होता है। अब मृत्यु उस 'फलां नामक पहचान' अर्थात् अहंकार का ही अन्त है, जो उस शरीर के साथ

जुड़ा हुआ था। इसी लिए जागरूक मन के सभी रिकॉर्ड मृत्यु के साथ उसी शरीर में नष्ट हो जाते है। लेकिन, अर्धजागरूक मन शरीर की इंद्रियों के साथ सीधा जुड़ा हुआ ना होने के कारण, उसके रिकॉर्ड मृत्यु के बाद भी शरीर को चलानेवाली ऊर्जा के साथ रहते हैं। शरीर को चलानेवाली समग्र ऊर्जा के इस जत्थे को हम आत्मा कहते है। अर्धजागरूक मन के यह रिकॉर्ड आत्मा के साथ दूसरे शरीर में प्रवेश करते हैं और वह नये शरीर के मस्तिष्क में अर्धजागरूक मन के स्वरूप में फिर स्थापित होते हैं। इसलिए उस नये शरीर में मौजूद मनुष्य के निर्णयों में और कर्मों में उसके पिछले जन्म के कर्मों का प्रभाव रहता है। इस प्रकार अर्धजागरूक मन ही वह महत्त्वपूर्ण ब्लॉक बॉक्स है, जो आत्मा की यात्रा को एक शरीर में जहाँ पूरी हुई हो, वहीं से दूसरे शरीर में शुरू करवाता है।

अच्छे और बुरे व्यक्तियों का मूल:

एक बार जरा अर्धजागरूक मनस के पहले पाँच परिमाणों में संग्रहित गुणों को फिर से देखिए। छठे चक्र पहले के प्रत्येक चक्र में दो प्रकार के गुण हैं; एक सृजनात्मक और दूसरा विनाशक। ध्यान से देखेंगे तो पता चलेगा कि जो चक्र प्रेम के गुण उत्पन्न करता है, वही चक्र नफ़रत और घृणा के गुण भी उत्पन्न करता है। जो आनंद को उत्पन्न करता है, वही भय और क्रोध को भी उत्पन्न करता है। जो चौथा चक्र आत्मविश्वास और आशावाद को उत्पन्न करता है वही चक्र डर और निराशा को भी उत्पन्न करता है। जो करुणा जन्माता है, वही क्रोध को भी जन्म देता है।

इसका कारण यह है कि सृजनात्मक और नकारात्मक गुणों को उत्पन्न करते दो बीज मानव मन में हमेशा रहते हैं, चाहे वह मनुष्य किसी भी चक्र के गुणों के अंतर्गत हो। सृजनात्मक गुणों को उत्पन्न करता बीज है प्रेम। प्रेम का बीज उत्पन्न होता है सुषुप्त मन में पली हुई अद्वैत की भावना से, जो अर्धजागरूक मन द्वारा जागरूक मन को प्रत्येक निर्णय से पहले मिलती है। विनाशक गुणों को उत्पन्न करनेवाला बीज है अहंकार, जो नाम है जागरूक मन में उत्पन्न हुए 'मैं दुनिया से अलग हूँ'- इस अलगाववाद के रिकॉर्ड का। अहंकार उत्पन्न होता है माया से, और माया उत्पन्न होती

है इंद्रियों के सम्पूर्ण शत प्रतिशत ब्रह्म को ना जान सकने की मर्यादा से-यानी कि अज्ञान से। इस प्रकार, मनुष्य के मन में मात्र दो ही मुख्य बीज है। एक अद्वैत की भावना का और दूसरा अहंकार। एकत्व की भावना सुषुप्त मन में उदभवित होती है और अहंकार जागरूक मन में। और यह दोनों मन अर्धजागरूक मन के साथ जुड़े होने के कारण यह होनों बीज अर्धजागरूक मन में स्थायी होते हैं। प्रत्येक निर्णय से पहले अर्धजागरूक मन यह दोनों बीज मनुष्य की जागरूक बुद्धि को देता है। जब जागरूक बुद्धि अद्वैत के रिकॉर्ड को ज्यादा ग्रहण करती है, तब मनुष्य प्रेमपूर्वक व्यवहार करता है और सृजनात्मक गुणों को धारण करता है। जिस समय जागरूक बुद्धि अहंकार को ज्यादा ग्रहण करती है, तब मनुष्य स्वार्थी रूप से व्यवहार करता है और विनाशक गुणों को धारण करता है।

जब नीचे के चक्रों में व्यक्ति की ऊर्जा केंद्रित होती है, तब मनुष्य में अहंकार के रिकोर्ड को ग्रहण करने की प्रकृति ज्यादा होती है। बस जनीनिक (genetic) रूप से जुड़े हुए अपने नाती-रिश्तेदारों और मित्रों और स्नेहीजनों के समक्ष ही मनुष्य के भीतर का अद्वैत का रिकॉर्ड ज्यादा ग्रहण होता है। उसमें भी मित्रता और स्नेहीजनों के संबंध में हमेशा सामाजिक और सांसारिक फ़ायदे-नुक़सान का गणित हाज़िर होता है, इसलिए वहाँ निःस्वार्थ प्रेम शायद ही दिखायी देता है। लेकिन जैसे जैसे मनुष्य की ऊर्जा उपर के चक्रों की ओर स्थित होती है, वैसे वैसे उसकी अद्वैत की अनुभूति ग्रहण करने की क्षमता क्रमिक रूप से बढ़ती जाती है।

तो, इस प्रकार कोई भी मनुष्य सम्पूर्णतया खराब या सम्पूर्णतया अच्छा नहीं होता है। प्रत्येक मनुष्य में अच्छे और बुरे गुणों के बीज प्रत्येक समय मौजूद रहते हैं। कोई व्यक्ति कौन से पल किस बीज की ओर ज़्यादा ढलेगा, उससे वह अच्छा बर्ताव करेगा या बुरा, यह तय होता है। इस तरह, जिस इंसान में स्वार्थ की ओर ढलने की प्रकृति ज़्यादा होती है, वह ज़्यादातर स्वार्थी और जिस इंसान में प्रेम की तरफ ढलने की प्रकृति ज़्यादा है, वह ज़्यादातर अच्छे इंसान के रूप में दिखता है। लेकिन इसका अर्थ यह बिल्कुल नहीं है कि अच्छा व्यक्ति खराब कृत्य नहीं करेगा और खराब व्यक्ति कभी अच्छा कार्य नहीं करेगा। जिस समय अच्छे मनुष्य के

मन में अहंकार का बीज हावी हो जाएगा, उस समय वह खराब कृत्य भी करेगा और जिस समय खराब व्यक्ति के मन पर प्रेम हावी हो जाएगा, उस समय वह अच्छे व्यक्ति के तौर पर उभर आएगा। इस प्रकार हमें व्यक्ति का मूल्यांकन उसकी कौन से बीज की तरफ ढलने की प्रकृति ज्यादा है, उस आधार पर करना चाहिए। और साथ ही हमेशा तैयार रहना चाहिए कि अच्छा व्यक्ति कभी भी बुरा कृत्य कर सकता है और बुरा व्यक्ति अच्छा काम कर सकता है। सारांश, यह है कि किसी व्यक्ति को अच्छे या बुरे में वर्गीकृत करके उससे निश्चित व्यवहार की अपेक्षा करने के बजाए, हमेशा एक जागरूकता बनाई रखनी चाहिए की किसी वर्तमान परिस्थिति में इस पल कोई व्यक्ति कौन से गुण की ओर ढलने की ओर झुक रहा है, प्रेम और निस्वार्थता की ओर या अहंकार और स्वार्थ की ओर?

मन का संपूर्ण स्वरूप:

इस प्रकार मानव शरीर की प्रत्येक बाह्य क्रिया जागरूक और अर्धजागरूक मन की इस प्रकार की जुड़ी हुई कार्यप्रणाली से होती है। लेकिन यह जागरूक, अर्धजागरूक और सुषुप्त मन खाली मस्तिष्क के परिमाण तक ही सीमित नहीं है। जागरूक मन और अर्धजागरूक मन को उनका कार्य करने के लिए ऊर्जा चक्र उपलब्ध करवाते है और चक्र उनके मस्तिष्क केंद्रों के द्वारा मस्तिष्क से जुडे होते हैं। इसलिए प्रत्येक चक्र की ऊर्जा में भी यह तीन भाग पड़ जाते है। जागरूक मन के कार्य के लिए प्रत्येक चक्र की जिस पाँच प्रतिशत ऊर्जा का हिस्सा काम आता है, उसे उस चक्र की जागरूक ऊर्जा कहते हैं। अर्धजागरूक मन के कार्यों, जिनमें मुख्य तौर पर कर्मों का रिकॉर्ड रखने और शरीर के भीतर के अवयवों की क्रियाओं और स्पंदनों की नियमन रखना मुख्य है, उसके लिए प्रत्येक चक्र की पच्चीस प्रतिशत ऊर्जा काम आती है। इस ऊर्जा को चक्र की अर्धजागरूक ऊर्जा कहते हैं। प्रत्येक चक्र की ७०% ऊर्जा सुषुप्त रहती है, जिसमें से पचास प्रतिशत ऊर्जा तो बिनअभिव्यक्त विभाग की होती है। इस प्रकार जागरूक, अर्धजागरूक और सुषुप्त मन सिर्फ मस्तिष्क की रचना नहीं है। यह सम्पूर्ण शरीर की रचना है।

शरीर की रचना में यह चक्र हमारी रीढ़ की हड्डी में से पसार होनेवाली चेताओ के समूह में बनते है। इसलिए कईबार ऐसा होता है की कुछ रिकोर्ड जो शरीर के अस्तित्व टिकाने के लिए ज़रूरी तत्काल कार्य करने के लिए है, या फिर जिन रिकोर्डों का जागरूक चित्त में अतिशय बार पुनरावर्तन हो चुका है, ऐसे कुछ कार्यों के लिए निर्णय बुद्धि की जगह पर इन चक्रों के जागृत भाग ही ले लेते है। उदाहरण के तौर पर अगर हमारे सामने कोई हमें मारने के इरादे से या अभिनय से हाथ या हथियार उठाता है, या हमारा पैर किसी अंगारे या काँटे पर आ जाता है, तो बचाव के लिए शरीर के जिस अंग को हमें हिलाने की ज़रूरत होती है उसके साथ जुड़े हुए चक्र का जागरूक भाग ही बुद्धि के दख़ल बिना वह कार्य कर देता है। ऐसे कार्यों में तो जब इससे विपरीत कार्य करने हो तब बुद्धि को जानबूझकर दाख़िल होना पड़ता है। जैसे अगर कोई गर्म अंगारो के ऊपर चलना चाहता है तो उसकी बुद्धि को बार-बार बीच में दख़ल देकर चक्रों के जागरूक भाग के विपरीत जाकर अंगारो पर चलते रहने के आदेश देने पड़ेंगे। ऐसा ही आत्महत्या के क़िस्सों में भी बुद्धि अस्तित्व टिकाने से विपरीत कार्य करने का निर्णय चक्रों के जागरूक भाग के विपरीत जाकर ही देती है।

इस तरह,

मस्तिष्क के परिमाणों का और चक्रों का जागरूक भाग मिलाकर जो बनता है वह शरीर का जागरूक मन है।

मस्तिष्क में परिमाणों का और चक्रों का अर्धजागरूक भाग मिलाकर जो बनता है, वह शरीर का अर्धजागरूक मन है।

और मस्तिष्क के परिमाणों का तथा चक्रों का सत्तर प्रतिशत सुषुप्त भाग मिलाकर जो बनता है वह शरीर का सुषुप्त मन है।

इस प्रकार मन मस्तिष्क और चक्रों से बनती एक संयुक्त रचना है। मस्तिष्क में जिस प्राण के घूमने से मन अस्तित्व में आता है, वह प्राण रूपी ऊर्जा चक्रों में से ही आती है।

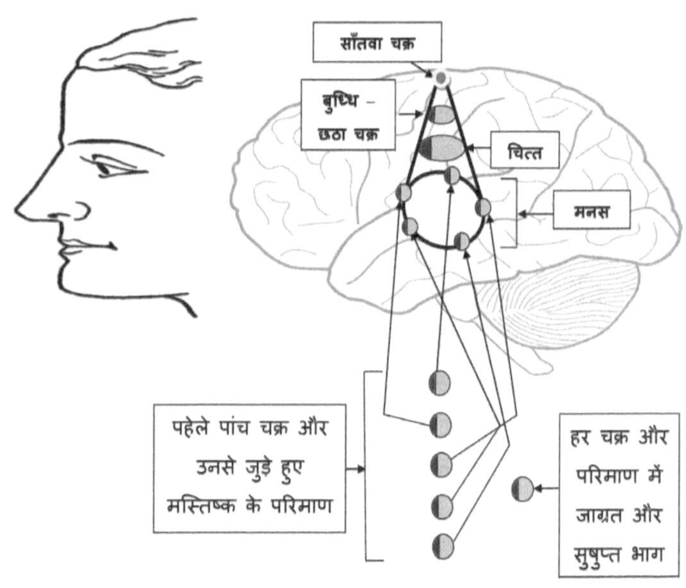

आकृति २१.३ समग्र शरीर में फैला मन

आकृति २१.३ में सरलता के लिए जागरूक और अर्धजागरूक भाग को साथ बताकर मन को तीस प्रतिशत जागरूक भाग और सत्तर प्रतिशत सुषुप्त भाग, इस प्रकार दो विभागों में बाँटा गया है।

मनुष्य का मस्तिष्क - एक उल्टा वृक्ष:

भगवद् गीता में कहा गया है कि मनुष्य की चेतना एक उल्टे पीपल के वृक्ष के समान है, जहाँ इंद्रियाँ वृक्ष की डालियाँ है, जो नीचे की ओर हैं। बुद्धि वृक्ष का तना है जो ऊपर की ओर है और आत्मा उस वृक्ष की जड़े हैं, जो मस्तिष्क की चोटी है। इस वर्णन का वैज्ञानिक अर्थ हम आकृति २१.३ में देख सकते है। मस्तिष्क में दर्शायी गई उल्टी चलनी जैसी रचना यही वृक्ष है। वृक्ष की डालियाँ नीचे की तरफ चलनी के चौड़े सिरे के रूप में है, जहाँ पाँचों इंद्रियोंवाला मनस स्थापित है। उपर की ओर जाने से पहले चित्त आता है और फिर बुद्धि। बुद्धि वृक्ष का तना है, जो इंद्रियों को पकड़कर रखता है, उनका नियमन करता है। चलनी की चोटी वृक्ष की

जड़ें हैं, जो सातवेँ परिमाण से बनी है। इसे गीता में आत्मा कहा गया है। तो आत्मा क्या है?

आत्मा अर्थात् शरीर की कुल ऊर्जा। अर्थात् कि शरीर के पहले छह चक्रों में तथा उनमें संलग्न मस्तिष्क केंद्रों में संग्रहित कुल ऊर्जा, जो अभिव्यक्त और बिनअभिव्यक्त दो भागों में बंटी हुई है। यही ऊर्जा जो जागरूक, अर्धजागरूक एवं सुषुप्त मन में बंटी हुई है, वही एकसाथ मिलकर हमारी आत्मा बनती है। व्यक्ति में जितना मन जागरूक है उतनी उसकी आत्मा जागरूक है। मनुष्य के शरीर में मौजूद उस जागरूक आत्मा - जागरूक ऊर्जा या जागरूक ब्रह्म को उस मनुष्य का प्राण कहते हैं। जैसे जैसे व्यक्ति का जागरूक मन विस्तृत होता जाता है, वैसे वैसे मनुष्य उसकी आत्मा को ज्यादा से ज्यादा जानने लगता है। अर्थात् उसका प्राण बढ़ता चला जाता है, विकसित होता जाता है। जब मनुष्य का जागरूक मन शरीर की सिर्फ पाँच प्रतिशत ऊर्जा के बदले शरीर की समग्र ऊर्जा को शामिल कर लेता है, तब उसकी समग्र आत्मा जागरूक हुई मानी जाती है। ऐसी सम्पूर्ण जागरूक हुई आत्मा अंत में सातवें चक्र में खिंचकर वहाँ अंतिम एकत्व को प्राप्त करती है। इस प्रकार सातवाँ चक्र सम्पूर्ण आत्मा के एकत्व का स्थान है। इसलिए ही इसे गीता में मानव-चेतना के वृक्ष में आत्मारूपी मूल (जड़) कहा गया हैं।

अध्याय – २२

भाषा और शब्द का आविर्भाव

मानव के अस्तित्व को उससे पहले के प्राणियों से अलग करने वाला अगर कोई सबसे मुख्य आयाम है तो वह है शब्द और भाषा। मानव की उत्क्रांति के साथ ही प्राणियों में शब्दों का आविर्भाव हुआ और इस तरह प्राणियों की अभिव्यक्ति करने की तथा विश्व को समझने की पद्धति में आमूल परिवर्तन आया। मानव इंद्रियों द्वारा महसूस की जानेवाली प्रत्येक संवेदना को शब्दों द्वारा व्याख्यांकित करने लगे और इस प्रकार उत्पन्न हुआ शाब्दिक ज्ञान, जिसने शास्त्रों को जन्म दिया।

मनुष्य में शब्दों और भाषा की समझ उसके जागरूक और अर्धजागरूक मन की ही जुगलबंदी का खेल है। हम जब भी कोई नया शब्द सुनते हैं तब वह शब्द जागरूक मनस में मौजूद श्रवण के मस्तिष्क केन्द्र में आपात होता है। अब, वह शब्द पहले सुना हुआ ना होने की वजह से जागरूक चित्त में उसका कोई रिकॉर्ड नहीं होता। इसलिए यह नया शब्द अब जागरूक चित्त में आकर अपना पहला रिकॉर्ड स्थापित करता है। यह रिकॉर्ड चित्त के उस भाग में मौजूद मस्तिष्क के चेताकोष एकदूसरे के साथ निश्चित प्रकार से जुड़कर बनाते है। असल में चित्त में प्रत्येक रिकोर्ड ऐसे एक से ज्यादा चेताकोषों के निश्चित प्रकार से जुड़ने से बनती एक जाली के रूप में होता है। इस जाली को चेताजाल (nerve net) कहते हैं। संवेदनाओं का रिकॉर्ड जितना जटिल होता है, वैसे चेताजाल की रचना भी जटिल बनती जाती है।

अब, शब्द का रिकोर्ड तो बन गया, पर हमें उस शब्द का अर्थ पता नहीं होता है। अर्थात् बगैर अर्थ का शब्द बुद्धि तक पहुँचता है और बुद्धि को उसका रिकॉर्ड नहीं मिलने पर वह बोलने वाली कर्मेंद्रिय को सवाल पूछने का आदेश देती है कि इस शब्द का अर्थ क्या है? सवाल पूछने का कर्म हमारे अर्धजागरूक चित्त में संग्रहित होता है। अब, बाहर से शब्द

का अर्थ समझाता हुआ जवाब आता है, जिससे अन्य शब्द या वाक्य हमारे मनस के श्रवण केन्द्र तक पहुंचते हैं। अगर हम सवाल पूछने की जगह डिक्शनरी में खोजते है, तो उस शब्द का अर्थ हमारे मनस के दृष्टि केंद्र में पहुँचता है। अर्थ समझाते उन सभी शब्दों का अर्थ हमको पता होता है, बस उन शब्दों की जमावट अलग होती है जो हमको उस शब्द का अर्थ समझाती है। जैसे कि 'चाबी' शब्द का अर्थ हमको पता ना हो और जबाव के तौर पर हम सुनें कि - 'जो ताले को खोलती है वह'। इसमे 'ताला खोलना', 'जो', 'वह' - इन शब्दों का अर्थ हमको पता होता है, लेकिन 'जो ताला खोले वह', यह जमावट हमारे लिए नयी समझ लेकर आती है।

शब्द के अर्थ की यह पूरी शाब्दिक रचना हमारे जागरूक चित्त में एक बड़े चेताजाल के स्वरूप में संग्रहित होती है। अब क्योंकि वह वाक्य 'चाबी' शब्द के अर्थ के तौर पर कहा गया है, इसलिए यह दूसरा चेताजाल पहले बने हुए 'चाबी' शब्द के चेताजाल के साथ जुड़ता है। इस प्रकार दो जुड़े हुए चेताजालों के स्वरूप में हमारे चित्त को पता चलता है कि चाबी शब्द का अर्थ यह होता है। इसलिए दूसरी बार जब भी हम 'चाबी' शब्द सुनेंगे तब वह शब्द मनस में से चित्त में जाएगा। चित्त चाबी शब्द की चेताजाल से जुड़ी उसके अर्थ की चेताजाल को भी सक्रिय कर देगा और हमारी बुद्धि को वह शब्द और उसका अर्थ एकसाथ भेज देगा। इस प्रकार हमारे जागरूक चित्त में प्रत्येक भाषा के अनेक शब्दों का चेताजाल, उनके अर्थ के चेताजाल के साथ जुड़ा हुआ है और इसी तरह हम उन सारी भाषाओं को जानते है।

अगर बुद्धि को कुछ बोलकर कहीं जबाव देना होगा तो वह उन ज़रूरी शब्दों को जागरूक चित्त में ही खोजेगी। बुद्धि चित्त के जिन शब्दों को याद करेगी उन शब्दों के साथ उसका अर्थ भी बुद्धि तक आ जाएगा। इस प्रकार बहुत सारे शब्द और उनके अर्थ को समझकर बुद्धि उन उपलब्ध शब्दों की एक क्रम में जमावट करके वाक्य बनाएगी और तय करेगी कि उन वाक्यों का अर्थ वह है कि नहीं, जो वह कहना चाहती है। जब उसे लगेगा कि उन शब्दों की जमावट बिल्कुल वही अर्थ उत्पन्न करती है जो वह स्वयं कहना चाहती है, तभी बुद्धि बोलने के मस्तिष्क

केन्द्र को वह वाक्य बोलने का आदेश देगी। इस तरह सबसे पहेले ज़रूरत पड़ती है भाषा के जितने हो सके उतने ज़्यादा शब्दों की। शब्द भंडार (vocabulary) जितना ज़्यादा होगा, उतना उस मनुष्य के चित्त में ज़्यादा शब्द उनके अर्थ के साथ संग्रहित होंगे, और उतने ज़्यादा वैविध्य और प्रभावी रूप से वह मनुष्य अपना जवाब दे पाएगा। लेकिन उसके बाद और महत्वपूर्ण बात आती है शब्दों के चयन की। ज़्यादा विकसित बुद्धि शक्ति वाले व्यक्ति शब्दों और उनके अर्थों का चयन तथा उनकी जमावट बहुत सटीक रूप से करते हैं। इसलिए ही ऐसे वैसे और अर्थहीन बोलने वालों को हम कम बुद्धि वाला कहते हैं।

तो, इस प्रकार एक छोटा बालक उसके शुरूआती जीवन में नये नये शब्द सुनता है और धीरे धीरे उन शब्दों के अर्थ के चेताजाल को शब्दों के चेताजाल के साथ जोड़ता जाता है। कभी नये शब्द शामिल होते हैं, तो कभी पुराने शब्दों के नये अर्थ शामिल होते हैं। शब्दों और उनके अर्थों के चेताजाल के रूप में इस तरह बालक की भाषा का विकास होता है, जो उसे समाज में अपनी अभिव्यक्ति करने में सक्षम बनता है। प्रत्येक शब्द का अर्थ दूसरे शब्द के अर्थ के साथ जुड़ा हुआ होता है। जैसे कि चाबी का अर्थ ताले के अर्थ के साथ, ताले का अर्थ दरवाज़े के अर्थ के साथ, दरवाज़े का अर्थ घर और अन्य जगहों के साथ तो लोहे और अन्य धातुओं की समझ के साथ जुड़ा हुआ होता है। इस प्रकार किसी एक भाषा के तीस-चालीस मूल अक्षरों से बने हजारों शब्दों की लाखों श्रृंखलाएँ समय के साथ एक महावृक्ष की तरह जागरूक चित्त में स्थापित होती है। किसी एक भाषा के चेताजाल से बने इस महावृक्ष को हम उस भाषा का चेतावृक्ष कहेंगे। इस चेतावृक्ष का मूल (जड़) उस भाषा के मूलाक्षरों से बना होता है और तना उन मूलाक्षरों तथा शब्द जोड़ने के नियम अर्थात् कि उस भाषा के व्याकरण से बना होता है। व्यक्ति तीस वर्ष की उम्र में भी जो वाक्य सुनता है, वह प्रत्येक वाक्य उस पूरे चेतावृक्ष के मूल में रचित मूलाक्षरों और व्याकरण के चेताजाल सक्रिय होने से ही उसे समझ में आते हैं। अर्थात् ज्ञान प्रदान करने वाला प्रत्येक वाक्य, उस भाषा के चेतावृक्ष के मूल

से ही उसका अर्थ हाँसिल करते करते ऊपर आता है और वृक्ष के आख़री विकसित छोर पर एक नया चेताजाल शामिल करता है।

इस तरह किसी एक ही भाषा में ज्ञान प्राप्त करने से चेताजालों का एक एकीकृत वृक्ष तैयार होता है, जो प्रत्येक सच्चाई को मूल में मौजूद प्रारंभिक चेताजाल से उपर के अंतिम चेताजाल तक लगातार एकसूत्रता में बाँधता है। इस वजह से जीवनपर्यंत एक ही भाषा में ज्ञान प्राप्त करनेवाले व्यक्ति किसी भी नये ज्ञान को गहराई से और तेजी से आत्मसात कर सकते है। वह अपनी भाषा के चेतावृक्ष में हर शब्द और हक़ीक़त की लगातार गहराई से छानबीन और संशोधन कर सकते है। इस कारण व्यक्ति में प्रत्येक वस्तु को उसके मूल से समझने की प्रचंड संशोधनात्मक वृत्ति पैदा होती है। यही कारण है कि चीन, जापान और पश्चिमी देशों में पिछली दो सदियों में इतनी अद्‌त वैज्ञानिक क्रांति हुई है। क्योंकि वहाँ की शिक्षण प्रणाली में प्राथमिक शिक्षा से लेकर ग्रेज्युएट, पोस्ट ग्रेज्युएट और पीएचडी तक की प्रत्येक शाखाएँ मातृभाषा में ही पढ़ायी जाती है। जब की वेदांत में विज्ञान की इतनी गहराई और ऊँचाई तक जाने के बाद भी वर्तमान भारत में संशोधनात्मक प्रवृत्ति लगातार क्षीण होती जा रही है, क्योंकि पिछले दो सो साल से भारत की शिक्षण प्रणाली को मातृभाषाओं से हटाकर लगातार अंग्रेज़ी के रंग में रंगा जा रहा है। इसलिए आजादी मिल जाने के बाद भी आज भी यहाँ की शिक्षण प्रणाली से वह कर्मचारी ही पैदा हो रहे है, जिनकी ब्रिटिश राज में अंग्रेजों को ज़रूरत थी।

इसलिए सच्चे वैज्ञानिक और महान विचारक खड़े करने हों तो सम्पूर्ण विद्याभ्यास उसी भाषा में होना चाहिए, जिस भाषा में बालक सामाजिक और कौटुंबिक जीवन व्यतीत कर रहा है। अंग्रेजी भाषा को विश्व के साथ व्यवहार करने के लिए एक ज़रूरी भाषा के तौर पर अवश्य सीखनी चाहिए, पर उसे शिक्षा प्राप्त करने के माध्यम के रूप में स्थापित करने की मूर्खता से सभी देशों को दूर रहना चाहिए। हम एकदूसरे को समझने के लिए या ज्ञान का आदान प्रदान करने के लिए एक वैश्विक भाषा रख सकते है, पर दुनिया को और अस्तित्व को समझने के लिए ज्ञान हमें हमारी मातृभाषाओं में ही ग्रहण करना चाहिए।

तो, इस तरह मनुष्य से पहेले के प्राणीयों के मस्तिष्क में इतनी बड़ी संख्या में और गुणवत्ता में चेताक़ोष नहीं थे की जिससे उनके चित्त में मनुष्यों के चित्त की तरह प्रत्येक शब्द और उसके अर्थ की चेताजालें बने और वह चेताजालें लगातार एकदूसरे के साथ जुड़ते हुए भाषा का एक असीमित चेतावृक्ष बना दे। मस्तिष्क के क़द के साथ मनुष्यों में उस मस्तिष्क में समानेवाले चेताकोषों की संख्या में भी लगातार वृद्धि हुई, जिससे शब्दों और भाषाओं को मस्तिष्क में समाना आसान होता गया। यही वजह है की यह अतिशय महत्वपूर्ण उत्क्रांति सिर्फ़ मनुष्यों में ही हुई, और उनके पहले के किसी प्राणी में नहीं हुई।

अध्याय – २३

नादब्रह्म

तो मानव मस्तिष्क में शब्दों और भाषा का प्रक्षेपण होने के बाद प्राचीन भारत के ऋषिमुनियों को पता चला कि जब कोई शब्द बोला जाता है तब गले में स्वरपेटी का कम्पन होता है और उस कम्पन में से जो तरंगें निकलती हैं, वह तरंगें ही आवाज है। उसी आवाज़ या ध्वनि को उस समय 'नाद' कहा गया। अब, हम जानते हैं कि तरंग और कुछ नहीं, बल्कि एक निश्चित मात्रा वाली ऊर्जा है, जो काल में बहती है। इसलिए अलग अलग शब्दों का उच्चारण अलग अलग मात्रा की ऊर्जावाली तरंगें काल में छोड़ता है। और क्योंकि उस ऊर्जा को हम 'ब्रह्म' कहते हैं, वह ऊर्जा जिन स्वरों से उत्पन्न होती है उन स्वरों को वेदों में 'नादब्रह्म' कहा गया।

मतलब, स्वर स्वयं ही ब्रह्म है, क्योंकि वह ऊर्जा की तरंग के स्वरूप में ही एक स्थान से दूसरे स्थान पर जाते है। इस प्रकार जब ऋषिमुनियों को पता चला कि ऊर्जा के प्रत्येक कम्पन से स्वर उत्पन्न होता है, तब उनका ध्यान इस सत्य पर गया कि सृष्टि की शुरूआत से अब तक ऊर्जा का कम्पन तो जारी ही है। तो, उस प्रत्येक कम्पन का अपना एक स्वर होना चाहिए। इसी विचार पर से शुरूआत हुई 'ओम' सहित सारे वैदिक मंत्रों की और शास्त्रीय संगीत की भी।

ओम:

हमने जाना कि मानव शरीर में सात चक्र होते हैं, जिनकी ऊर्जा शरीर के अभिव्यक्त विभाग और बिनअभिव्यक्त विभाग में बंटी हुई होती है। मनुष्य की जागरूक अवस्था में चक्रों के अभिव्यक्त विभाग की पाँच से तीस प्रतिशत ऊर्जा ही सक्रिय होती है, लेकिन जब 'ध्यान' में किसी एक चक्र पर मन को केन्द्रित किया जाता है, तब उस चक्र के दोनों विभागों की समग्र ऊर्जा एक बनकर आन्दोलित होती है। इस समय सिद्ध ध्यानस्थ

मनुष्य उस चक्र की ऊर्जा के आन्दोलित होने से उत्पन्न होने वाली ध्वनि को महसूस कर सकता है। इसी प्रकार प्राचीन भारतीय ऋषिमुनियों ने जाना कि प्रत्येक चक्र की समग्र ऊर्जा में से एक निश्चित ध्वनि निकलती थी। उस निश्चित ध्वनि को स्वर कहा गया। इस प्रकार मनुष्य शरीर के सात चक्रों के साथ क्रमशः जुड़े सात स्वर (सा, रे, गा, मा, पा, धा, नि) की खोज हुई। इन सात स्वरों को लयबद्ध रूप से आंदोलित करके जो संगीत बनाया गया, उसे शास्त्रीय संगीत कहते हैं। इस शास्त्रीय संगीत का मुख्य उद्देश्य यह था कि स्वरों के निश्चित संयोजन से बने रागों से विविध चक्रों की समग्र ऊर्जा को जागरूक करना। और क्योंकि चक्रों की समग्र ऊर्जा में बिनभिव्यक्त विभाग की ऊर्जा भी आ जाती है, यह एक तरह से शरीर के बिनअभिव्यक्त विभाग को जागरूक कर मनुष्य को सृष्टि के स्टेज (२) रूपी महाविष्णु बनाने का संगीतमय मार्ग था।

लेकिन जब ऋषिमुनि छठे चक्र पर एकाग्र होकर ध्यान में गहरे उतरे तब उनको इन सभी स्वरों की संयुक्त ध्वनि सुनायी दी और वह थी 'आउम'। इसका कारण यह था कि छठा चक्र बुद्धि के साथ जुड़ा हुआ है और पहले पाँच चक्र पाँच इंद्रियों के साथ। पाँचों इन्द्रियाँ का बुद्धि द्वारा नियमन होता है। इसलिए छठा चक्र भी पहले पाँचों चक्रों की ऊर्जा का संचालन करता है। इससे छठे चक्र में संग्रहित ऊर्जा में तमाम चक्रों की ऊर्जा की सामूहिक ध्वनि एकसाथ सुनायी देती है जो 'आउम' होती है।

लेकिन इस 'आउम' की ध्वनि को निरन्तर सुनते जाने से वह एकाग्र शब्द 'ओम' की तरह सुनायी देती है, जब कि वास्तव में वह है 'आउम'। इस प्रकार सात परिमाणों में विभाजित ऊर्जा जब छठे परिमाण में एकत्र होती है तब 'आउम' ध्वनि उत्पन्न होती है। अर्थात् कि जब शरीर की समग्र ऊर्जा एक स्थान पर एकाग्र होकर तटस्थ ऊर्जा का पिण्ड बनाती है तब 'आउम' नाद उत्पन्न होता है। मतलब जब पुरुष प्रकृति और स्त्री प्रकृति का मिलन होकर तटस्थ ऊर्जा का पिण्ड बनता है, तब भी वहाँ से 'आउम' नाद के स्वर ही उत्पन्न होते है। बस, यहीं पर 'आउम' की उत्पत्ति का सही विज्ञान मिलता है।

जब बहिर्गामी पुरुष प्रकृति स्त्री प्रकृति के अंतर्गोल भाग में प्रवेश करने की शुरूआत करती है तब ऊर्जा के उस कम्पन में से 'आआ...' स्वर गूँजता है। जब पुरुष प्रकृति स्त्री प्रकृति के गर्भ में स्थापित हो रही होती है, तब उस समय की उनकी सामूहिक ऊर्जा के कम्पन में से 'उ..उ...' स्वर निकलता है। और जब पुरुष प्रकृति सम्पूर्णतया स्त्री के गर्भ में स्थित हो जाती है, और दोनों के मिलन से तटस्थ पिण्ड बन जाती है, तब उस तटस्थ ऊर्जा के अंतिम कम्पन में से 'मम...' स्वर गूंजता है। मनुष्य जब ध्यान में बैठकर 'आउम' शब्द का जाप करता है, तब 'आ...' स्वर उसके शरीर के नाभि से जननांग तक के प्रदेश (पहेले से तीसरे चक्र के प्रदेश) में कंपन उत्पन्न करता है। 'उ...' शब्द उसकी छाती के नीचे नाभि तक और ऊपर गले तक कंपन उत्पन्न करता है। और 'मम...' शब्द छठे चक्र को केंद्र में रखकर नीचे गर्दन और ऊपर सातवें परिमाण तक कंपन उत्पन्न करता है। इस तरह 'आउम' शब्द के आख़िरी स्वर के साथ शरीर की समग्र ऊर्जा छठे चक्र में केंद्रित होती है और ऊपर सातवें परिमाण में एकत्व प्राप्त करने की कोशिश करती है।

इस तरह, जब जब ब्रह्मांड की ऊर्जा का कोई हिस्सा विरोधी प्रकृतियों के मिलन से तटस्थ ऊर्जा का पिण्ड बनता है तब तब वहाँ 'आउम' स्वरों का नाद सुनाई देता है। इस प्रकार सृष्टि की शुरूआत में जब सदाशिव स्टेज में अलग हुए दो विभाग एक दूसरे में मिले और तटस्थ ऊर्जा का बादल बना, तब सृष्टि का पहला 'आउम' नाद उत्पन्न हुआ था। इसलिए 'आउम' को सृष्टि में उत्पन्न हुआ पहला शब्द या प्रथम ब्रह्मनाद कहते हैं। इसके बाद जब महाविष्णु स्टेज के दो विभाग एक दूसरे में मिले, तब सृष्टि का दूसरा 'आउम' नाद उत्पन्न हुआ। और तभी से आजतक जब जब और जहाँ जहाँ ब्रह्म की दो विरोधी प्रकृतियाँ एक दूसरे में मिलती हैं तब तब वहाँ 'आउम' नाद उत्पन्न होता है। इसलिए भारतीय शास्त्रों में कहा गया है कि 'आउम' नाद ब्रह्मांड में चारों ओर गूंज रहा है। वेदों में कही गई इस बात का समर्थन अब अमेरिका की खगोलशास्त्र पर कार्य करती प्रसिद्ध संस्था 'नासा' ने भी कीया है। ब्रह्मांड में विरोधी प्रकृति वाले इलेक्ट्रॉन और पॉजीट्रॉन जैसे विरोधी कणों का मिलन और विच्छेदन लगातार जारी रहता

है। इस कारण सूक्ष्म से सूक्ष्म आवाज रिकॉर्ड की जा सके ऐसे यंत्रों पर 'आउम' शब्द की तरंगें लगातार दर्ज की जा सकी हैं।

सांसारिक जीवन में जीने वाले व्यक्तियों को नैसर्गिक रूप से 'आउम' नाद उत्पन्न होता सुनना हो तो वह संभोग की क्रिया पर ध्यान दे सकते हैं। संभोग की क्रिया के दौरान अपनी विरोधी प्रकृतियों का मिलन करवाते स्त्री और पुरुष के मुँह में से एक के बाद एक यह तीन शब्द लगातार गूंजते हैं 'आआ.. उउ ... उम्म...'। इस हकीकत को पोर्न फिल्मों में ज्यादा बहेतर ढंग से सुना जा सकता है। यह दिखलाता है कि सृष्टि का विज्ञान कितना अनवरत और एकीकृत है, जो सृष्टि में घूमते विरोधी प्रकृतिवाले छोटे कणों और ध्यान में बैठे ऋषि से लेकर कामुक बनकर संभोग करते स्त्री-पुरुष तक एक ही लय में बहता है।

'आउम' शब्द विरोधी प्रकृतियों में विभाजित हुई ऊर्जा में से तटस्थ ब्रह्म बनने का मार्ग है। इसलिए तपस्वी और आध्यात्मिक साधक 'आउम' का जाप करके अपने शरीर के प्रत्येक चक्र में ध्रुवीभूत हुई ऊर्जा को तटस्थ करते हैं और तमाम चक्रों की ऊर्जा को ऊपर उठाकर छठे चक्र पर केंद्रित करने का प्रयास करते है। इस प्रकार वह सृष्टि के तटस्थ ब्रह्म के साथ एकाकार होने की कोशिश करते हैं। इस प्रकार 'आउम' का जाप ब्रह्म के साथ एकत्व के लिए मनुष्य के पास उपलब्ध सबसे सहज हथियार है।

मंत्रो का विज्ञान:

अब वह मुख्य बात, जो क्रांतिकारी है। ब्रह्मांड का छोटे से छोटा और बड़े से बड़ा पदार्थ, सूक्ष्म कणों के एक दूसरे के साथ जुड़ने के कारण बना है। सूक्ष्म कणों के बीच का बांध उनकी इन दो विरोधी प्रकृतियों के बीच बना बांध ही होता है। उनके इन बांधो में भी ऊर्जा का कम्पन होता है। अर्थात् प्रत्येक पदार्थ एक निश्चित आवृत्ति के ऊर्जा के कम्पन द्वारा जुड़ा हुआ है। और क्योंकि प्रत्येक कंपन एक स्वर को जन्म देता है, हम यह भी कह सकते है की ब्रह्मांड का प्रत्येक पदार्थ स्वरों के कम्पन से ही जुड़े हुए है। पदार्थों के भीतरी बांध ख़ास स्वरों से बने है। इसलिए अगर हम किसी जड़

पदार्थ में सूक्ष्म कणों के जुड़ने से उत्पन्न होने वाले उन स्वरों को जान लें, तो हम उन स्वरों को बाहर उत्पन करके या उन स्वरों को गति देती ध्वनि निकालकर उस पदार्थ के बांध को प्रभावित कर सकते है। इसी तरह अगर हम किसी चेतन पदार्थ की ऊर्जा के कम्पन से उत्पन्न होने वाले स्वर को जान लें, तो बाहर से उस स्वर को उत्पन्न करती ध्वनि छोड़कर उस चेतन पदार्थ की क्षमता को असर कर सकते हैं।

जब प्राचीन भारतीयों की पहुँच इस विज्ञान तक हुई, तब उन्होंने मंत्रों की रचना की। अर्थात् मंत्र और कुछ नहीं बल्कि निश्चित समायोजन के साथ बोले गए स्वर है, जो निश्चित पदार्थ की शक्ति को बढ़ाने या घटाने के उद्देश्य से बोले गए होते हैं। निश्चित ऊर्जा और उद्देश्य वाले उन मंत्रों के निश्चित उच्चारणों को वेदों में 'वाक' कहा गया है। वाक एक ऐसी देवी है जो स्वयं में ऊर्जा को लेकर आगे बढ़ती है और जड़-चेतन पदार्थ पर असर करती है। यह देवी और कुछ नहीं, बल्कि निश्चित तरंग लम्बाई और ऊर्जा वाले तरंग है जो मंत्रो की ध्वनि से निकलते है।

इस प्रकार ऐसे वैदिक मंत्र खोजे गए जो मनुष्य की ऊर्जा को विकसित कर सकते थे, गर्भ में मौजूद बालक के मन में निश्चित संस्कार रोप सकते थे और अन्य भी बहुत कुछ कार्य कर सकते थे। प्रत्येक कार्य के लिए निश्चित स्वरों को निश्चित रूप से समायोजित किया गया था। किसी को उसके खराब कार्यों के लिए श्राप देने में भी मंत्रों का उपयोग होता था और किसी को अच्छे कार्यों के लिए वरदान देने के लिए भी। लेकिन ऐसे मंत्रों का असर सामने वाले की निर्दोषता या दोष पर तथा उस श्राप या वरदान को स्वीकारने के उसके समर्पण पर रहता था। किसी बुरे व्यक्ति को दिया गया वरदान लम्बा टिकता नहीं था, क्योंकि उस बुरे व्यक्ति की ऊर्जा के कम्पन में से निकलते स्वर और वरदान देने के लिए बोले गए मंत्रों के स्वरों में लम्बे समय तक सुसंगतता बरकरार नहीं रहती थी। इसी प्रकार अच्छे और निर्दोष व्यक्ति को श्राप देते वक्त बोले गए मंत्रों का कम्पन भी उस व्यक्ति की निर्दोष ऊर्जा के कम्पन से भिन्न होता था। इसलिए वह श्राप उस पर असर नहीं करता था। पर अगर कोई जानता है की उसने कुछ गलत किया है और दिया गया श्राप उसी अपराध के लिए

है, तब श्राप के दौरान मंत्रो के स्वर उस व्यक्ति की ऊर्जा पर अपना पूरा प्रभाव छोड़ते थे। इस प्रकार मंत्रों की सफलता सृष्टि में बह रहे ब्रह्म (सत्य) के कम्पन के साथ वह कितना सुसंगत है, इसमें थी, किसी की व्यक्तिगत इच्छाओं पर नहीं।

शास्त्रीय संगीत और संस्कृत भाषा:

लेकिन मंत्र सुनने में कर्णप्रिय और मधुर नहीं थे। वह एक टेकनिकल आवाज थी, जो किसी निश्चित कार्य के लिए निकाली जाती थी। इसलिए प्राचीन भारतीयों ने उस टेकनिकल आवाज में उसका प्रभाव बना रहे, उस प्रकार मधुरता और कर्णप्रियता शामिल की। और इस तरह तैयार हुआ भारतीय शास्त्रीय संगीत। शास्त्रीय संगीत के राग भी निश्चित स्वरों का समायोजन करके छोड़ी गई तरंगें ही थीं, जो निश्चित जड़ या चेतन वस्तु पर असर करते थे। अगर शास्त्रीय संगीत का राग पानी के अणुओं के जुड़ाव में मौजूद स्वर को पा लेता था, तो उस राग को निरंतर बहता छोड़ने पर बादल फट जाते थे और बरसात होने लगती थी। ऐसे राग को 'राग मल्हार' कहते हैं। किसी राग के स्वर लगातार किसी रुई या कपड़े के कम्पन को बढ़ाकर उसे गर्मी देते रहते थे, तो उसमें अग्नि प्रगट हो जाती थी। ऐसे राग को 'राग दीपक' कहा जाता है। अगर कोई राग मकान की दीवार में ईंटों के जोड़ में जिन स्वरों का समायोजन है, वह प्राप्त कर लेता था और संगीत द्वारा निरन्तर उस स्वर को छेड़े रहता था, तो दीवार के जोड़ में मौजूद ऊर्जा अतिशय बढ़ जाती थी और दीवार टूट जाती थी। शास्त्रीय संगीत जानने वाले लोगों के लिए एक अनुभव बहुत सामान्य होता है। जब वे एक दूसरे की जुगलबंदी में रह कर एकसाथ सितार या वीणा जैसे उपकरण बजाते है, तब कोई समय ऐसा आता है जब एक स्वर मिल जाने पर दो सितारों का तार एकसाथ टूट जाता है।

प्राचीन भारतीय ब्रह्म के कम्पन और कणों के बांध से उत्पन्न होने वाले इन स्वरों को इतनी गंभीरता से लेते थे कि उन्होंने जो भाषा विकसित की थी, वह भी इन स्वरों पर आधारित थी। संस्कृत भाषा में किसी भी पदार्थ के लिए जो शब्द रचे गए, वह शब्द उस पदार्थ को जोड़ने वाले

जोड़ में से निकलते स्वरों से बनाए गए। जैसे कि 'जल' शब्द उन्हीं स्वरों से बना है, जो स्वर पानी के अणुओं के जोड़ की ऊर्जा के कम्पन में से उत्पन्न होते हैं। इस कारण हम जब 'जल' बोलते हैं तब सिर्फ पानी के विषय में बात ही नहीं करते, हम पानी के साथ उस स्वर के माध्यम से जुड़ते भी हैं, मानों पानी को भी अहसास होता है की हमने उसे पुकारा।

इसी प्रकार संस्कृत भाषा में संसार के प्रत्येक पदार्थ को उसके कम्पन में से निकलने वाले स्वरों में से ही नाम देने के कोशिश हुई है। इस कारण संस्कृत भाषा बोलते समय हम कोई बकवास नहीं करते। हम हमारे प्रत्येक शब्द द्वारा समग्र सृष्टि को पुकारते है, उससे जुड़ते है। यानी कि संस्कृत भाषा 'नाद ब्रह्म' के मूलभूत विज्ञान पर बनाई गई है। अब कुछ ऐसे संशोधन भी हुए है कि सिर्फ पंद्रह मिनट तक सही उच्चारण के साथ संस्कृत बोलने पर व्यक्ति का ब्लडप्रेशर नॉर्मल होता है और उसके शरीर में अंतःस्रावों का प्रमाण संतुलन में आता है। उसका कारण यही है, की संस्कृत का उच्चारण हमें उस प्रकृत्ति और ब्रह्म से जोड़ता है जिससे क्रमशः हमारा शरीर और चेतना बने है। हम हमारी बनावट के मूल तत्व से जुड़ते है, एक भाषा के ज़रिए, नादब्रह्म के ज़रिए।

अध्याय – २४

मनुष्य और सृष्टि की एकरूपता

अब समय आ गया है कि हम मनुष्य में समायी हुई सृष्टि को जान लें। यह अध्याय मानव जीवन के कई महत्त्वपूर्ण पहलुओं को रहस्य और अज्ञान से मुक्त करने जा रहा हैं।

सजीवों की उत्क्रांति के अध्यायों में हमने देखा कि जैसे जैसे सजीव शरीर में ज्यादा से ज्यादा कोष मिलते गए और जैसे जैसे उन कोषों में ज्यादा से ज्यादा कोशिकाएँ मिलती गई, वैसे वैसे अपाकर्षण रेखाओं में बिखरी ऊर्जा फिर से इकट्ठी होती गई और स्टेज ४ ब्रह्मांड के खोए हुए परिमाण फिर से सजीव शरीर में निर्मित होने लगे। इसमें हमने देखा कि मनुष्य शरीर में निर्मित सात परिमाण महाविष्णु स्टेज के सात परिमाणों के समान थे, जो आज के स्टेज ४ ब्रह्मांड के दस परिमाणों के समकक्ष हैं। यह समग्र ब्रह्म जिस लक्ष्य के पीछे भाग रहा है, वह लक्ष्य ऊर्जा नहीं है, बल्कि वह है ऊर्जा घनता। ऊर्जा तो ब्रह्म स्वयं ही है। लेकिन वह ऊर्जा कितने कम से कम कद में संकुचित होकर इकट्ठी रह सकती ह, वही पूरा खेल है। ब्रह्म का लक्ष्य एक ऐसा ज्योतिर्पिण्ड बनना है, जो सृष्टि की समग्र ऊर्जा को एक बिन्दवत कद में संकुचित कर लेने वाली छोटी सी गेंद हो।

तो, इस प्रकार ज़्यादा से ज़्यादा ऊर्जा को छोटे से छोटे क़द में सिकुड़ते हुए, मनुष्य शरीर के रूप में ऊर्जा सृष्टि की शुरूआत में थी वह महाविष्णु स्टेज की संगठित अवस्था में पहुँच चुकी है। यानी कि मनुष्य शरीर में उत्पन्न हुई ऊर्जा- घनता सृष्टि के महाविष्णु स्टेज जितनी है।

इस बात का आंकलन करना हो तो जरा मनुष्य शरीर में मौजूद अणुओं पर ध्यान देना चाहिए। मानव शरीर में कुल औसतन ३७ ट्रिलियन अर्थात् कि ३७ हजार अरब कोष हैं। इन में से सौ अरब तो सिर्फ मस्तिष्क के चेता कोष हैं। इन खरबों कोषों के प्रत्येक कोष में एक छोटा कोष

केन्द्र होता है और उस कोष केन्द्र के बाहर कणाभसूत्र, गोल्गीकाय, अंतःकोषरसजाल, रिबोजॉम्स जैसी कोशिकाएँ होती है। यह कोशिकाएँ अनेक प्रोटीनों के जुड़ने से बनी होती है। प्रत्येक प्रोटीन अनेक अमिनो एसिड से बना होता है। प्रत्येक अमिनो एसिड अनेक कार्बन, ऑक्सिजन और नाइट्रोजन अणु से बना होता है। प्रत्येक कार्बन अणु में चार प्रोटोन और चार न्यूट्रॉन - ऑक्सिजन तथा नाइट्रॉजन में आठ से भी ज्यादा प्रोटोन और न्यूट्रॉन होते है।

अब, एक प्रोटोन या एक न्यूट्रॉन के कवार्क़ों के बीच बने बांधो में दबी अपाकर्षण रेखाएँ और उससे इकट्ठी हुई ऊर्जा को हमने जाना था। तो सोचिए, कि एक कोष में मौजूद इन कोशिकाओं में कितने सारे प्रोटोन और न्यूट्रॉन होंगे? लेकिन यह तो सिर्फ कोष केन्द्र के बाहर मौजूद कोशिकाओं की बात है। कोष केन्द्र के अंदर होता है इन सब का पिता अर्थात् डीएनए। डीएनए न्यूक्लिओटाइड नामक अणुओं की एक श्रृंखला है। एक न्यूक्लिओटाइड अणु में कई कार्बन, ऑक्सिजन, नाइट्रोजन और फास्फोरस अणु होते है और उनमें उपरोक्तानुसार असंख्य प्रोटोन और न्यूट्रॉन होते है। ऐसे असंख्य न्यूक्लिओटाइड से डीएनए की श्रृंखला बनी होती है। कोष के डीएनए में न्यूक्लिओटाइड की संख्या कितनी होगी, उसका अन्दाज इस बात पर से लगता है कि एक कोष में ४६ रंगसूत्र होते हैं, जहां प्रत्येक रंगसूत्र में डीएनए प्रोटीन की एक लकड़ी (स्टिक) के आसपास जाल की तरह लिपटा हुआ होता है। प्रत्येक कोष के उन ४६ रंगसूत्रों में मिलाकर डीएनए २ से ३ मीटर लम्बा होता है, जब कि मानव कोष का औसत कद २०-३० माइक्रो मीटर होता है। माइक्रो मीटर अर्थात् मीटर का दस लाखवाँ भाग। अर्थात् मीटर के दस लाख वें भाग जितने कद में २ मीटर लम्बा डीएनए लिपटा हुआ होता है। यह एक घड़ी आँखे बंद करके कल्पना करने की कोशिश करनेवाली बात है। अगर मानव शरीर के तमाम कोषों का डीएनए इकट्ठा करें तो इसकी लम्बाई का अनुमान २००० करोड़ किलोमीटर से ज़्यादा है। यह अन्तर पृथ्वी से सूर्य तक जाने और आने का एक ऐसे ७० चक्कर लगाने जितना है।

लेकिन, डीएनए और अन्य कोशिकाएँ तो मानव शरीर का ३० से ३५ प्रतिशत भाग ही है। मानव शरीर में ६५ से ७० प्रतिशत हिस्सा तो सिर्फ पानी का है, जिसमें असंख्य हाइड्रोजन और ऑक्सिजन परमाणु जुड़े हुए हैं। इस प्रकार पाँच से छह फुट के मानव शरीर में ऊर्जा का इतना विशाल भण्डार दबा होता है की जिसके कारण उसकी ऊर्जा घनता महाविष्णु स्टेज की ऊर्जा घनता को समा लेती है और महाविष्णु के केन्द्र के समांतर आ जाती है। इस कारण मनुष्य के मस्तिष्क में बिल्कुल ऐसे ही परिमाण उत्पन्न होते हैं जैसे सृष्टि के स्टेज (२) में हुए थे। इस कारण मनुष्य मस्तिष्क समग्र सृष्टि की प्रतिकृति है, जिसे हम नीचे की आकृति में देख सकते हैं।

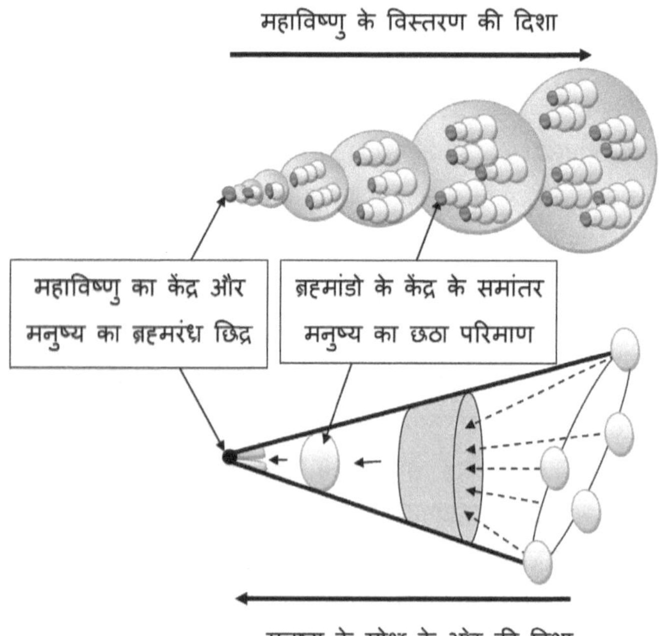

आकृति २४.१ मनुष्य और महाविष्णु

आकृति २४.१ में दर्शाए अनुसार प्राणी शरीर में निरंतर कोषों का प्रमाण बढ़ने से मनुष्य शरीर में इतनी ऊर्जा-घनता उत्पन्न हुई कि उसकी ऊर्जा

ने सृष्टि के महाविष्णु की रचना में अपनी मस्तिष्क की रचना पा ली। आकृति में दर्शाए अनुसार मनुष्य के पहले पाँच परिमाण वह सृष्टि के तथा ब्रह्मांड के जिस गुब्बारे में जन्मा है उस गुब्बारे और उसके बाद कुछ गुब्बारों जितनी ऊर्जा-घनता रखते है। बुद्धि का भाग मनुष्य सृष्टि के अनेकों ब्रह्मांडो में से जिस ब्रह्मांड में है, उस ब्रह्मांड के केन्द्र जितनी ऊर्जा-घनता रखता है। मनुष्य का सातवाँ चक्र सृष्टि के या महाविष्णु के केन्द्र जितनी ऊर्जा-घनता रखता है। और यही पर उस रहस्य की गुत्थी सुलझती है की सातवाँ चक्र शरीर के बाहर क्यों होता है?

असल में सातवाँ चक्र शरीर के सातवें परिमाण से जुड़ा हुआ होता है, जो शरीर के सारे चक्रों की ऊर्जा को अपने अंदर खींचकर अपने शंकु आकार के शिरोबिंदु में उसका एकत्व धारण कराता है। और यह एकत्व होने पर सातवें चक्र से जुड़ा ब्रह्मरंध्र छिद्र खुल जाता है और शरीर की एकत्व धारण की हुई ऊर्जा को सातवें चक्र की ऊर्जा में मिला देता है। मनुष्य के शरीर से ऊपर, उसे छुए बिना बना हुआ यह सातवाँ चक्र और कुछ नहीं, हमारे सृष्टि का केंद्र है। जी हाँ, हर मनुष्य अपना पूरा जीवनकाल सृष्टि के केंद्र से जुड़े रहकर ही जीता है। हम सभी की पहुँच सृष्टि के केंद्र हर पल बनी रहती है, क्योंकि वही हमारा सातवाँ चक्र है। पर सरेराश मानवों में उनकी ऊर्जा नीचे के चक्रों पर कार्यरत होने से वे सातवें चक्र का कभी अनुभव नहीं कर सकते। पूरी सृष्टि की तरह हमारी चोटी भी सृष्टि के केंद्र से जुड़ी हुई है। हम पूरी तरह से इस सृष्टि की ही प्रतिकृति है। समग्र सृष्टि की रचना मनुष्य के मस्तिष्क में कैद है।

हमारे बाहर सिर्फ ब्रह्मांड के किसी एक गुब्बारे में मौजूद दस परिमाणों की ऊर्जा हैं, जिसमें से तीन परिमाण निर्मित हुए हैं और सात काल की ऊर्जा के स्वरूप में बिखर गए हैं। वही काल की ऊर्जा हमें चारों ओर अवकाश के रूप में दिखाई देती है। जब कि हमारे भीतर समग्र सृष्टि को समा लेता महाविष्णु का सात परिमाणीय स्टेज (२) है। अर्थात् समग्र सृष्टि हमारे मस्तिष्क में कैद है। हम बाहर जो त्रि-परिमाणीय वस्तु देखते हैं, वह हमारी आँखों से मनस में आए हमारे दृष्टि केन्द्र तक पहुंचती है। दृष्टि केन्द्र मस्तिष्क में स्थित सृष्टि में उस दृश्य का स्थान चेताकोषों

के निश्चित समायोजन से निश्चित करता है। मस्तिष्क के जिस स्थान में यह होता है, उसे हम चित्त कहते है। चित्त चेताकोषों के उस निश्चित समायोजन को एक नाम और पहचान देकर स्वयं में संग्रहित करता है। इस प्रकार हम जो भी बाह्य सृष्टि देखते हैं उसका खाली चित्र हम तक नहीं आता है। वास्तव में बाह्य सृष्टि का उतना हिस्सा हमारे भीतर की सृष्टि के एक स्थान के रूप में हमेशा के लिए खुल जाता है। बाहरी ब्रह्मांड का उतना हिस्सा अब मनुष्य के भीतरी ब्रह्मांड में भी खुल जाता है। इस तरह से हमारा जागरूक मन विकसित होता जाता है। इस तरह हमारा मस्तिष्क एक जीपीएस सिस्टम जैसा बनता जाता है, जिसमें सृष्टि की प्रत्येक वस्तु का एक स्थान बना होता है और दो अलग वस्तुओं को एक दूसरे के साथ जोड़ने वाला मार्ग अर्थात् कि उन दोनों वस्तुओं के बीच का संबंध भी रचा हुआ होता है।

हम अलग अलग स्थान के रास्ते याद रख पाते हैं, इसका कारण यही है कि जिस रास्ते पर से हम बार बार चलते हैं, वह रास्ता हमारे मस्तिष्क में खुल जाता है। इसलिए अब जब भी ज़रूर होती है तब जीपीएस नेवीगेशन सिस्टम की तरह हमें हमारे मन में वह रास्ता दिखायी देता है। जैसे जैसे हम जीते जाते हैं, वैसे वैसे हमारे भीतर का ब्रह्मांड बाहर के ब्रह्मांड से ज्यादा से ज्यादा जानकारियाँ स्वयं के भीतर खोलता जाता है।

तो, यही कारण है कि कैसे हमारे इतने छोटे आकार के मस्तिष्क में इतने विशालकाय जहाज, मकान, व्यक्ति, शहर और अंतरीक्ष के पदार्थ समा जाते हैं। आखिर कहाँ से इतने सारे विशाल पदार्थ हमारे मन में समाते हैं? क्योंकि यह पदार्थ सिर्फ चित्र नहीं है, वह सृष्टि का एक स्थान है जो अब हमारे भीतर की स्टेज (२) सृष्टि में चेताकोषों के विशिष्ट समायोजन के रूप में जागरूक बन चुका है। हम उसे बाहर नहीं देख रहे, हम उसे हमारे मस्तिष्क की सृष्टि में देख रहे हैं। हम किसी आवाज को बाहिर के ब्रह्मांड में नहीं, हमारे भीतर के ब्रह्मांड में सुनते हैं। हम किसी का स्पर्श बाहर के ब्रह्मांड में नही, हमारे भीतर के सात परिमाणीय ब्रह्मांड में महसूस करते हैं। बाहर से तो सिर्फ उस जानकारी की ब्लू प्रिंट लिए ऊर्जा हमारे भीतर के ब्रह्मांड में आती है, जिसे हम संवेदना कहते

हैं। इस प्रकार संवेदना जानकारी नहीं है, वह बाहर के ब्रह्मांड में मौजूद किसी जानकारी का ब्लू प्रिंट है, जिससे वह हमारे भीतर के ब्रह्मांड में उस जानकारी की रचना करता है। इस प्रकार हमारा मस्तिष्क स्वयं में ही समग्र सृष्टि है, जो बाहर से संवेदना रूपी ऊर्जा ग्रहण कर नयी नयी जानकारियों को अपने अंदर जागरूक करता है। समय के साथ हमारे मस्तिष्क की सृष्टि में हमारे द्वारा देखी गई, स्पर्श की गई, चखी गई और सुनी गई प्रत्येक जानकारी के साथ हमारी एक आत्मीयता की भावना जगती है। वह जानकारी अब हमारे मस्तिष्क में हमारे अस्तित्व का हिस्सा बन चुकी होती है। वह हमारे अहंकार जा हिस्सा बन चुकी होती है। वह जानकारी अब हमारा 'मैं' का हिस्सा होती है।

लेकिन दृष्टि ज्ञानेंद्रिय और स्पर्श ज्ञानेंद्रिय के बीच एक फर्क है। दृष्टि ज्ञानेंद्रिय जो चीज़ देखती है वह मनुष्य को उस चीज़ की जानकारी देती है। इसलिए वह मनुष्य का उससे लगाव या तिरस्कार उत्पन्न करवाती है। जबकि स्पर्श इंद्रिय मनुष्य द्वारा स्पर्श किए गए पदार्थ के साथ एकत्व का भौतिक अनुभव करवाती है। वह मनुष्य को भरोसा करवाती है कि उसके द्वारा देखी गई वस्तु वास्तव में मौजूद है। स्पर्श द्वारा मनुष्य बाह्य ब्रह्मांड के किसी स्थान या वस्तु से तीन परिमाणों में एकत्व प्राप्त करता है। बस, यही छिपा हुआ है मनुष्य की भौतिकता के पीछे की अंधी दौड़ के पीछे का प्राथमिक कारण। मनुष्य दृष्टि द्वारा जो भी देखता है वह उसके भीतर के ब्रह्मांड में जागरूक हो जाता है। उसके द्वारा देखी गई वह प्रत्येक वस्तु अब उसके भीतर के ब्रह्मांड का अर्थात् उसके अस्तित्व का भाग है। अब वह चीज़ हमेशा उसके भीतर जागरुक रहती है, पर उसके साथ भौतिक एकत्व का अहसास मनुष्य को नहीं होता। इसलिए अब उसे उस वस्तु के साथ एकत्व प्राप्त करने की इच्छा होती है। मनुष्य उस वस्तु को स्वयं से अलग देख नहीं सकता। उसे उस चीज़ के साथ एक हो जाना है, उसे पा लेना है। इसलिए मनुष्य बाहर जो भी है, उसे अपने भीतर दाखिल कर लेने या ज्यादा अच्छे शब्दों में कहें तो, अपने साथ एक कर देने की कोशिश करता है। इसलिए वह प्रत्येक वस्तु को स्पर्श करना चाहता है और स्पर्श उसे अनोखा आनंद प्रदान करता है, क्योंकि स्पर्श ही वह पहला मार्ग है

जो किसी भी बाह्य वस्तु को मनुष्य की तीस प्रतिशत ऊर्जा से भौतिक एकत्व दे देता है।

वह भौतिक वस्तु बाहर के ब्रह्मांड के दस में से तीन परिमाण में बनी है, इसलिए वह बाहरी ब्रह्मांड के तीस प्रतिशत अस्तित्व का ही एक भाग है। इसलिए किसी भी बाह्य भौतिक वस्तु का स्पर्श भी मनुष्य की आंतरिक ऊर्जा में से तीस प्रतिशत ऊर्जा से ही अपना एकत्व या जुड़ाव बना सकता है। मनुष्य की बाक़ी की सत्तर प्रतिशत ऊर्जा भौतिक पदार्थों से संतृप्त नहीं की जा सकती। अर्थात् इंद्रियों के द्वारा किसी बाह्य वस्तु से प्राप्त किया जा सके उतना यह महत्तम एकत्व है। अपने परिमाणों के तीस प्रतिशत हिस्से से ज़्यादा हिस्से में मनुष्य किसी बाह्य वस्तु से इंद्रियों द्वारा एकत्व नहीं पा सकता।

यही कारण है कि नवजात बालक जैसे जैसे बड़ा होता जाता है वैसे वैसे प्रत्येक वस्तु को पकड़ने की कोशिश करता है। जब पकड़ लेने से भी उसे संतोष नहीं होता, तो वह प्रत्येक वस्तु को मुँह में डालकर उसे अपने साथ एक कर लेना चाहता है। लेकिन मुँह में डालकर भी उस वस्तु के साथ, उसे सम्पूर्ण एकता महसूस नहीं होती, तब वह कुछ समय के बाद उसको फेंक देता है और दूसरी वस्तु की ओर भाग जाता है। इस प्रकार मन के सक्रिय होने की शुरूआत से ही मनुष्य जो भी देखता है, उसे अपने भीतर एक कर देना चाहता है, क्योंकि वह उस वस्तु को अपने भीतर ही महसूस करता है।

इस प्रकार व्यक्ति बाह्य जगत में सबकुछ स्पर्श करके भी सम्पूर्णता की अनुभूति नहीं कर सकता। लेकिन अब उस कार्य को जानते है जो अपूर्णता की इस भावना को एक नये आयाम पर ले जाकर उसे मनुष्य का मूलभूत स्वभाव बना देती है। वह कार्य है - निंद्रा।

अध्याय – २५

निंद्रा - एक छिपा खिलाड़ी

शरीर के कोष कणाभसूत्रो में एटीपी अणुओं को तोड़-तोड़कर जो ऊर्जा अलग करते रहते है, उसे हम पूरे दिन अलग अलग कार्यों में उपयोग करते रहते है। शाम होते होते एक समय आता है जब शरीर के कोषों के पास ऊर्जा छोड़ने के लिए एटीपी अणु नहीं होते। और शुगर में से नये एटीपी अणु बनाने के लिए ख़ुराक और ऊर्जा नहीं होती। इसलिए जागरूक मन पहेले संवेदनाओं का जवाब देने की और बाद में संवेदना को ग्रहण करने की क्षमता खोने लगता है। इसी स्थिति को हम 'निंद्रा आना' कहते हैं।

अब कोषो में नये एटीपी अणु बनाने के लिए जिस ऊर्जा की आवश्यकता पड़ती है, वह आती है भोजन के दौरान लिए गए पोषकतत्त्वों से। वह पोषकतत्त्व आंतो में ख़ुराक से अलग होकर रक्त में मिलते है। और रक्त उन्हें पूरे शरीर के कोषों में पहुँचाता है। निंद्रा के दौरान जब कोषों पर अन्य किसी कार्य का भार नहीं होता, तब वह पोषक तत्त्वों का ऑक्सीजन से दहन कर ऊर्जा उत्पन्न करते हैं। कोष यह ऊर्जा नये एटीपी अणु बनाकर उसमे संग्रहित कर लेतें है। यह ऊर्जा दूसरे दिन के कार्य के लिए काम आती है। इस प्रकार हमारे दूसरे दिन के कार्यों के लिए ऊर्जा उपलब्ध करवाने का कार्य कोष हमारी निंद्रा के दौरान करते हैं। इसलिए ही नियत आहार और नियत निंद्रा स्वस्थ जीवन का आधार कहलाता है।

यह बात हुई निंद्रा के दौरान शरीर के कोषो में क्या होता है उसकी। अब बात करते हैं निंद्रा के दौरान मन में जो होता है उसकी। जब जागरूक मन अपनी जागरुकता खोता है, तब उसका इंन्द्रियों के साथ संपर्क टूट जाता है। परिणाम स्वरूप महत्तम पांच प्रतिशत भाग वाला जागरूक मन और पास में मौजूद २५ प्रतिशत भागवाला अर्धजागरूक मन एक होने लगता है। जागरूक मन में पड़ी वे संवेदनाऐं और रिकोर्ड

जिन पर बुद्धि ने कोई विश्लेषण नहीं किया है, या फिर वे संवेदनाएँ और रिकोर्ड जिन पर बुद्धि ने अतिशय विश्लेषण (विचारमंथन) किया है लेकिन कोई निश्चित निष्कर्ष निद्रा आने तक मिला नहीं है, वे सभी संवेदनाएँ एवं रिकोर्ड जागरूक मन में अधूरे सर्किट के समान होते हैं। जागरूक मन की ऊर्जा को अर्धजागरूक मन की ऊर्जा के साथ एक होने के लिए इन अधूरे सर्किटों का किसी तरह पूर्ण होना जरूरी होता है। इसलिए निंदा आते ही जागरूक मन की ऊर्जा जब अर्धजागरूक मन की ऊर्जा के साथ एक होने का प्रयास करती है, तब बीच में मौजूद वे अधूरी सर्किट रूपी रिकर्ड एक दूसरे से अस्तव्यस्त जुड़ जाते है। इस तरह वे सर्किटें किसी निश्चित समझ के बगैर जुड़ जाती हैं और हमारे मन में उटपटांग स्वप्न के स्वरूप में दिखने लगती हैं। जब वे सारी सर्किट स्वप्नो के रूप में अपना खेल दिखा देती है, तब जागरूक मन की ऊर्जा अर्धजागरूक मन की ऊर्जा के साथ एक हो जाती है।

अब अर्धजागरूक मन में पूरे दिन के दौरान या जीवन के उस पूरे समयकाल के दौरान जो ऐसे अधूरे रिकार्ड होते हैं, जिनका विश्लेषण हुआ है पर निष्कर्ष नहीं मिला, वह एकदूसरे के साथ जुड़ने लगते है। और यहीं से स्वप्नों का दूसरा दौर शुरू होता है जिसके अंत में जागरूक और अर्धजागरूक मन की संयुक्त ३० प्रतिशत ऊर्जा सुषुप्त मन की ७० प्रतिशत ऊर्जा से एक हो जाती है। सुषुप्त मन की सत्तर प्रतिशत ऊर्जा इंद्रियों के संपर्क से दूर होने के कारण सृष्टि के शेष ब्रह्म के साथ एकत्व में होती है। अर्धजागरूक मन और सुषुप्त मन की ऊर्जा एक होने से मनुष्य के अर्धजागरूक मन में संग्रहित अनुत्तरीत सवालों, जिन पर सबसे ज्यादा चिंतन किया गया हो, वह सबसे प्रबल अधूरे सर्किट के तौर पर बीच में आते हैं। इनको पूर्ण करने के लिए समग्र ब्रह्म के साथ एक बना सुषुप्त मन उसका जवाब भेजता है, जो उस सवाल के अधूरे सर्किट के साथ जुड़ने से स्वप्न का सृजन होता है। इस प्रकार कई गणितशास्त्री, संशोधक और आध्यात्मिक साधकों को उनके सवालो के जवाब कईबार उनकी निंद्रा के समय के दौरान स्वप्नों के मार्फत मिलते हैं। कई बार सवालों के अधूरे सर्किट उतने प्रबल ना हो तो स्वप्न नहीं आते या याद ना रहे ऐसे आते है,

लेकिन सुषुप्त मन की ऊर्जा में से उसका जवाब उस सवाल के सर्किट के साथ जुड़ चुका होता है। इसलिए जागरूक अवस्था में मनुष्य बाद में कभी उस सवाल पर फिर से चिंतन करता है, तब उस अनसुलझे सवाल का जवाब उसके मन में अनायास ही उपज आता है। मनुष्य प्रसन्न होकर बोल उठता हैं कि 'मैने यह खोज निकाला, मैंने वह खोज निकाला', पर वास्तव में प्रत्येक सत्य निंद्रा के दौरान, गहन ध्यान के दौरान या मन की शांत अवस्था के दौरान तीन मन एक होने की प्रक्रिया से सिर्फ ब्रह्म में से ही आता हैं।

इस प्रकार, जब अर्धजागरूक मन के सभी अधूरे रिकोर्ड स्वप्र के स्वरूप में अपना खेल खेल देते है, तब जागरूक और अर्धजागरूक मन की कुल ऊर्जा बाकी ७० प्रतिशत सुषुप्त मन के साथ एक हो जाती है। सुषुप्त मन में कोई रिकोर्ड न होने से अब स्वप्र नहीं आते। यह निंद्रा का वह समय होता है जब हमारे शरीर की समग्र सौ प्रतिशत ऊर्जा एक हो चुकी होती है और, यही वह समय होता है जब हमारा मन संपूर्ण बंद होता है। इसी अवस्था को हम 'गहरी निंद्रा का समय' कहते हैं। गहन निंद्रा का यह स्टेज आख़िर में आता है। इसलिए ही कहा जाता है कि रात से सोने के बावजूद आधी रात के बाद की और भोर से ठीक पहले की नींद बहुत गहरी होती है, क्योंकि इस हिस्से की नींद में स्वप्र नहीं आते। गहन निंद्रा के समय में मनुष्य की समग्र ऊर्जा एक लय में होती है। इस समय के दौरान हमारे भीतर की समग्र ऊर्जा जिसे हम आत्मा कहते है, वह समग्र ब्रह्म के साथ एकत्व में होती है।

गहन निंद्रा के समय कोष जब उनकी क्षमता के अनुसार महत्तम ऊर्जा उत्पन्न करके ऊर्जा को एटीपी अणुओं में संग्रहित कर लेते हैं, तब शरीर ऊर्जावान बनता है। ऊर्जा आने के कारण जागरूक मन धीरे धीरे सतेज होता जाता है और धीरे-धीरे आसपास की संवेदनाओं को अनुभव करने लगता है। इस प्रकार हम धीरे-धीरे निंद्रा से बाहर आते जाते हैं। फिर कोषो में उत्पन्न हुई ऊर्जा उपयोग होती है और दिन के अंत में निंद्रा आती है और फिर कोष ऊर्जा से भरने पर निंद्रा पूरी होती है। यह रोजाना हमारे जीवन में चलते निंद्रा के चक्र का विज्ञान है।

निंद्रा के दौरान जो घटनाएं घटित होती हैं उनका तो महत्त्व है ही, पर निंद्रा के दौरान घटित होती एक घटना निंद्रा पूरी होने पर जो प्रभाव उत्पन्न करती है, वह मनुष्य के जीवन का ही नहीं, बल्कि उसकी आत्मा का भी प्रवाह तय करती है। निंद्रा के इस प्रभाव का पता चलते ही हमको महसूस होगा कि निंद्रा हमारे जीवन का कितना बड़ा छिपा खिलाड़ी है।

निंद्रा पूरी होते ही मनुष्य इंद्रियो के कब्जे में चला जाता है। वह उन इंद्रियो से जितना जान सकता है, उतना ही महसूस करता है और उतने को ही सच मानता है। अर्थात् मन का पांच प्रतिशत या उससे कम जागरूक हिस्सा ही उसका समग्र अस्तित्व बन जाता है। लेकिन अभी कुछ समय पहले निंद्रा में, कुछ घण्टे तक उसका संपूर्ण शत प्रतिशत मन समग्र सृष्टि के साथ एकत्व में था। उस गहन निंद्रा के दौरान उसका मन समग्र सृष्टि के साथ एक था। वह सर्वस्व था, संपूर्ण था। संपूर्णता की वह अनुभूति उसके मन की समग्र ऊर्जा में चेताकोषों का एक रिकोर्ड बनकर बस गई होती है। लेकिन निंद्रा से जागने के बाद, जागरूक अवस्था में वह इंद्रियों से अनुभव की जाने वाली अधूरी दुनिया को ही सच मानता है। इसलिए अब उसे संपूर्णता की वह अनुभूति नहीं हो पाती। गहन निंद्रा के दौरान मिला वह संपूर्णता का रिकोर्ड जागरूक अवस्था में एक खोई हुई अवस्था की याद के रूप में मौजूद रहता है। इसलिए, जागरूक अवस्था में व्यक्ति स्वयं अपूर्ण है-अधूरा है, ऐसी लगातार अनुभूति करता है। यह अधूरेपन की भावना दूसरी अन्य भावनाओं की तरह उसके अर्धजागरूक मन में संग्रहित होती है।

क्योंकि शरीर के कोषों को ऊर्जा उत्पन्न करने के लिए निंद्रा रोज जरूरी है, इसलिए रोज निंद्रा के दौरान उसके मन की ऊर्जा में संपूर्णता की भावना मजबूत होती जाती है और निंद्रा पूर्ण होने पर उसके मन में उत्पन्न होने वाली अधूरेपन की भावना भी प्रबल होती जाती है। इसतरह एक ओर मनुष्य को प्रत्येक बाहर की वस्तु अपने भीतर के ब्रह्मांड में ही दिखायी देती है, इसलिए वह बाहर की प्रत्येक वस्तु को अपने साथ एक करना चाहता है और दूसरी ओर रोज निंद्रा के दौरान उत्पन्न होने वाली

सम्पूर्णता की भावना निंद्रा पूर्ण होते ही चली जाती है, इसलिए अधूरेपन की भावना उसमें हमेशा के लिए घर कर जाती है।

इन दोनों कारणों से मनुष्य निरंतर अपने आपको अधूरा महसूस करके पूर्णता की अनुभूति प्राप्त करने में लगा रहता है। नजर से दिखायी देने वाली प्रत्येक वस्तु को छूने की कोशिश करता है और स्पर्श करने के बाद भी उसे अंतिम एकत्व नहीं मिलने पर उसे हासिल करने के लिए सांसारिक भौतिकवाद की ओर मुड़ जाता है। इस प्रकार शुरु हो जाती है मनुष्य जीवन की निरंतर कुछ हासिल कर पूर्ण होने की सामाजिक एवं आध्यात्मिक यात्रा, जो उसमें घर कर चुकी अधूरेपन की भावना की देन है।

अध्याय – २६

आत्मन और ब्राह्मन

हमने देखा कि किस तरह प्राणी शरीर ज्यादा से ज्यादा ऊर्जा एकत्र करता हुआ और नये-नये परिमाण उत्पन्न करता हुआ मनुष्य शरीर तक पहुंचा। एक चींटी में मौजूद कुल ऊर्जा अर्थात् की उसकी आत्मा जब चींटी के शरीर में अपनी यथासंभव संपूर्ण अभिव्यक्ति कर लेती है, तब चींटी के शरीर को छोड़कर मकौड़े और तिलचट्टे (कोकरोच) जैसे बड़े शरीर में स्थापित होती है। शुरूआत में यह आत्मा चींटी के शरीर जितनी ऊर्जा वाली होती है, इसलिए मकौड़े या तिलचट्टे के शरीर के डीएनए में कुछ जीन या रीकोर्ड निष्क्रिय होते हैं। ऐसे मकौड़े या तिलचट्टे अल्प विकसित होते हैं। जैसे जैसे वह मकौड़ा या तिलचट्टा उस शरीर की क्षमता के अनुसार भोजन या अन्य मार्ग से ऊर्जा एकत्र करता है वैसे- वैसे उसके डीएनए में चेतना के नए जीन सक्रिय होते जाते हैं।

इस प्रकार वह आत्मा ऊर्जावान बनकर तिलचट्टे के लायक बनती है, और उस शरीर के परिमाणों के मुताबिक अपनी अभिव्यक्ति करती है। जब वह आत्मा तिलचट्टे के शरीर में यथासंभव महत्तम अभिव्यक्ति कर लेती है तब वह शरीर छोड़ देती है और उससे बड़े आकार के शरीर में स्थापित होती है। हो सकता है इसके लिए उसे एक से अधिक बार तिलचट्टे का शरीर धारण करना पड़ा हो, क्योंकि जब तक तिलचट्टे के शरीर में मुमकिन महत्तम अभिव्यक्ति न हो जाए तब तक वह उसी जीव का शरीर बारबार धारण करते हुए आगे बढ़ती है। तिलचट्टे शरीर छोड़कर जब आत्मा पहलीबार उससे बड़े शरीर में जाती है, तब वहां भी वह शुरू में अल्प विकसित होती है। धीरे- धीरे आत्मा उस शरीर के मुताबिक आहार, हवा और पानी ग्रहण कर ऊर्जावान बनती है, और उसके डीएनए में चेतना के और नये- नये जीन सक्रिय बनते हैं। उस शरीर में जब उसकी अधिकतम अभिव्यक्ति हो जाती है तब वह आत्मा उस शरीर को छोड़कर

आगे बड़े शरीर में जाती है। इस तरह मछली, कछवे और अन्य प्राणियों से होती हुई आत्मा कुत्ते और बंदर जैसे प्राणी शरीर को धारण करती है। आत्मा क्रमशः बड़े शरीरों में जाकर ऊर्जावान बनती जाती है और अपने अंदर चेतना की अभिव्यक्ति को हर बार नए स्तर पर ले जाती है। इस प्रकार नीचे के तमाम प्राणी शरीरों में अपनी यथासंभव महत्तम अभिव्यक्ति पूरी करके आखिर वह आत्मा मनुष्य शरीर धारण करती है। मनुष्य गर्भ में फिर वह आत्मा एक कोषीय जीव से स्तनवर्गीय मनुष्य तक की संख्यात्मक उक्रांति करती है, और ९ माह में मनुष्य शरीर धारण कर गर्भ से बाहर आती है।

सात चक्र, तीन गुण और चार स्वभाव:

तमाम प्राणी शरीरों में से विकास करके मनुष्य शरीर में आइ हुई आत्मा की यात्रा क्रमशः सात चक्रों में, तीन गुणो में और चार स्वभावों में होती है। यह पूरी यात्रा किसी एक ही शरीर में पूरी नही हो सकती। इसके लिए आत्मा को अनेक बार शरीर बदलने पड़ते है, अर्थात् अनेक जन्म लेने पड़ते हैं। प्राणी शरीर में से उक्रांति साधकर मनुष्य शरीर में प्रवेशी आत्मा शुरूआत में प्राणियों के स्तर की चेतना वाली होती है। इसलिए एसे शुरुआती मनुष्य के डीएनए में उसकी चेतना का जीन अल्प विकसित होता है। मनुष्य के डीएनए में स्थित इस चेतना के जीन को ही हम 'इन्टलेक्ट जीन' अर्थात् 'बुद्धि जीन' कहते हैं, जहाँ 'जीन' अर्थात् डीएनए में निश्चित न्युक्लीयोटाइड अणुओं की श्रृंखला जो एक निश्चित गुण या लक्षण का रिकोर्ड रखते है।

यह बुद्धि के जीन शुरूआती मनुष्य में प्राणियों की स्थिति में होने की वजह से एसे मनुष्य के विचार सिर्फ अस्तित्व टिकाए रखने के आसपास सीमित होते है। इनका जीवन भोजन, आवास और कपड़े की आवश्यकता पूरी करने में ओर शारीरिक सुख का आनंद करने तक ही होता है। ऐसे मनुष्य को तमस गुण का एवं शूद्र स्वभाव का मनुष्य कहते हैं, जो की पहले चक्र के गुण है। क्योंकि प्राणी शरीर से मनुष्य शरीर में पहलीबार प्रवेश करने पर आत्मा मनुष्य शरीर के पहले चक्र पर ही केंद्रित होती है।

पहले चक्र पर स्थित आत्मा काए गुण उसके जागरूक मन में किस तरह सक्रिय होते है उसे पहले समझ लेते है।

मनुष्य की ऊर्जा जब जिस चक्र पर स्थिर होती है तब उस चक्र के अभिव्यक्ति विभाग की ऊर्जा उस चक्र के स्वर के साथ महत्तम कंपन करती है। चक्र के अभिव्यक्त विभाग की ऊर्जा महत्तम पांच प्रतिशत जागरूक भाग, पच्चीस प्रतिशत अर्धजागरूक भाग और बीस प्रतिशत सुषुप्त भाग में बंटी हुई होती है। सुषुप्त भाग की शेष पचास प्रतिशत ऊर्जा प्रत्येक चक्र के बिनअभिव्यक्त विभाग में होती है। जब किसी चक्र का अभिव्यक्त भाग महत्तम कंपन करता है, तब उस चक्र के अर्धजागरूक मनस में संग्रहित गुण जागरूक मन में सक्रिय बनते हैं। इस कारण शुरुआती मनुष्यों में अर्धजागरूक मन पहले चक्र के गुणों के मुताबिक ही जागरूक मन को रिकोर्ड देते हैं। परिणाम स्वरूप शरीर का समग्र जागरूक मन उस चक्र के गुणों के मुताबिक ही विश्लेषण और निर्णय करता है।

पहले चक्र पर मौजूद यह तमस गुणी मनुष्य धीरे- धीरे शरीर की क्षमता के मुताबिक आहार और ऊर्जा ग्रहण करता है और ऊर्जावान बनता है। वक्त के साथ एक या उससे अधिक शरीरों में वक्त बिताने के बाद वह उस स्थिति पर आ जाता है की उसकी अस्तित्व टिकाने के लिए जरूरी आवश्यकताएं पूर्ण होने लगती हैं। तब उसके मन में निरंतर स्थायी हुई वह अधूरेपन की भावना कुछ ज़्यादा प्रबल बनती है, जो निंद्रा पूर्ण होने पर मनुष्य के अर्धजागरूक मन में स्थापित होती थी। इसलिए देखी हुई प्रत्येक वस्तु को पाने या उसके साथ एक होने की उसकी इच्छा होती है। उनकी इंद्रियां अब विषयों को भोगने के लिए जाग उठती हैं। उन्हें ऐसा लगता है कि यह इंद्रियां जिन विषयों की ओर उनको ललचा रही हैं वह विषय हासिल कर लेने से उनके अधूरेपन की भावना पूर्ण हो जाएगी और उनको संतुष्टि मिलेगी। इस विचार की उत्क्रांति होते ही उसके शरीर की ऊर्जा पहले चक्र की जागरूक ऊर्जा को संतृप्त कर देती है और दूसरे चक्र पर आ जाती है। अब उस मनुष्य के डीएनए में पहले चक्र तक की बुद्धिक्षमता वाले बुद्धिजीन हमेशा के लिए स्थायी हो जाते है, और दूसरे

चक्र के बुद्धि जीन सक्रिय होने लगते है। इसका अर्थ यह है कि अब वह आत्मा चाहे किसी भी शरीर में जाए, उसमें मनुष्य शरीर के पहले चक्र जितनी बुद्धिक्षमता तो होगी ही। अब वह आत्मा उससे पीछे नहीं जा सकती। वह नीचे गिर सकती है, पर वापस जल्दी से मनुष्य के पहले चक्र के गुणों पर आकर स्थिर हो जाती है, और दूसरे चक्र के गुणों की ओर बढ़ने लगती है।

अब दूसरे चक्र में रजस गुण होता है। ऐसे व्यक्ति को धन कमाकर भोगविलास करने में और समाज में अपने भोगविलास एवं अपनी मालिकी की वस्तुओं का प्रदर्शन करने में जीवन की सार्थकता लगती है। ऐसा दूसरे चक्र पर स्थित व्यक्ति वैश्य स्वभाव का कहलाता है। लेकिन भरपूर धन कमाने के बाद, भोगविलास कर लेने के बाद और धन-वैभव का प्रदर्शन एवं दंभ दिखा देने के बाद भी जब मनुष्य के अधूरेपन की भावना नहीं जाती, तब उसकी ऊर्जा दूसरे चक्र को संतृप्त कर तीसरे चक्र पर आ जाती है। इस कारण उसके डीएनए में दूसरे चक्र की बुद्धिक्षमता वाले बुद्धि जीन हमेशा के लिए स्थायी होकर तीसरे चक्र के बुद्धि जीन सक्रिय होने लगते हैं। मतलब, आत्मा की अभिव्यक्ति विकसित होती है और मनुष्य की बुद्धिक्षमता बढ़ती है। तीसरे चक्र पर भी आत्मा रजस गुण में ही होती है। लेकिन यहां उसे धन और भोग विलास से ज़्यादा किसी आदर्श या ध्येय को समर्पित होकर प्रतिष्ठा तथा सम्मान प्राप्त करने की भूख ज्यादा होती है। ऐसे लोगों में नेतृत्व क्षमता भी प्रबल होती है। मनुष्य शरीर में आत्मा का यह ऐसा पहला पड़ाव होता है जहां मनुष्य में निःस्वार्थता के शुरूआती अंश नजर आने लगते हैं। तीसरे चक्र पर स्थित ऐसे व्यक्ति को क्षत्रिय स्वभाव का व्यक्ति कहते हैं। ऐसे व्यक्ति सिर्फ अपनी ही नहीं बल्कि कुटुंब, समाज, देश और निश्चित आदर्शों की प्रतिष्ठा के लिए जीते हैं और इसके लिए आवश्यकता पड़ने पर प्राण त्यागने के लिए भी तैयार रहते हैं। राष्ट्र की रक्षा के इरादे से लड़ने के लिए तैयार सैनिक और राजनेता एवं समाजसेवक और क्रांतिकारी इस स्थिति में होते हैं। लेकिन यह सेवा करने से और सिद्धांतों के लिए समर्पित जीवन जीने से भी अर्धजागरुक मन की वह अधूरेपन की भावना नहीं जाती। और जब

मनुष्य एसे क्षत्रिय जीवन से संतृप्त होकर भी जब अपनेआप को अधूरा महसूस करता रहता है, तब उसकी ऊर्जा चौथे चक्र पर आकर केंद्रित हो जाती है। अब उसके डीएनए में तीसरे चक्र के बुद्धिजीन हमेशा के लिए स्थायी हो जाते है और चौथे चक्र के गुण सक्रिय होने लगते है।

चौथे चक्र पर स्थित मनुष्य प्रेम और कला-साहित्य की ओर खिंचा चला जाता है। उसे प्रेम करने की और प्रेम पाने की इच्छा होती है। ऐसे व्यक्ति साहित्यकार, चित्रकार और संगीतकार जैसे कलाकार बनकर रचनात्मक कामों में पारंगत बनते हैं। ऐसे व्यक्ति प्रेमी, भक्त, कवि और साहित्यकार बनकर संतृप्तता प्राप्त करने का प्रयास करते हैं। लेकिन अनेक निष्फलताओं के बाद किसी जन्म में प्रेम प्राप्त कर लेने के बाद भी मृत्यु और अन्य संजोगो से वे प्रेमी को खो देते हैं और असह्य पीड़ा प्राप्त करते है। प्रेम का वह आनंद छिनने से ही संसार की सबसे असहनीय पीड़ा होती है, और अधूरेपन की भावना प्रबल बनती है। इसलिए कई मनुष्य प्रेम की और अधूरेपन की पीड़ा से मुक्त होने के लिए तत्त्वज्ञान की और मुड़ जाते हैं, तो कई उस पीड़ा को शांत करने के लिए भक्ति की और मुड़ जाते हैं। भक्ति भी पहले उनके मन में तत्त्वज्ञान को ही उपजाती है। इस प्रकार दोनो मार्ग से वह इंसान तत्वज्ञान की दुनिया में प्रवेश करता है। यहीं पर उसकी आत्मा चौथे चक्र को संतृप्त करके पाँचवे चक्र पर केंद्रित हो जाती है। उसके डीएनए में अब चौथे चक्र तक के बुद्धिजीन स्थायी होते है और पाँचवे चक्र के बुद्धिजीन सक्रिय होते है।

पांचवां चक्र ज्ञान का चक्र है। अब वह व्यक्ति जीवन और अस्तित्व का कारण बतलाते तत्त्वज्ञान के पीछे पड़ता है। वह तमाम धर्मग्रंथ पढ़ लेता है, तत्त्वज्ञान की तमाम पुस्तकें पढ़ लेता है, आध्यात्मिक पुरुषों के साथ सत्संग करता है और धर्म की चर्चा में संलग्र रहता है। लेकिन सृष्टि की अंतिम समझ पढ़कर और समझकर भी उसे संतृप्तता नहीं मिलती, बस एक क्षणिक आराम मिलता है। पर अभी भी भीतर से वह अधूरा ही रहता है। एक तरह से वह बस शारीरिक भोगविलास से वैचारिक भोगविलास की ओर आया होता है। यहां भी उसे संतृप्तता नहीं मिलती और इससे उसकी आत्मा छठे चक्र पर आकिर स्थित हो जाती है। यहां

उसके डीएनए में पांचवें चक्र तक के बुद्धिजीन हमेशा के लिए स्थायी बन जाते है और छठे चक्र के बुद्धिजीन सक्रिय होते है। जैसे - जैसे बुद्धि जीन बढ़ते जाते है, वैसे - वैसे मनुष्य की क्षमता प्रत्येक क्षेत्र में बढ़ती चली जाती है।

पहले पांच चक्रों पर ऊर्जा केंद्रित होने पर मनुष्य के मन में जन्म लेने वाली विभिन्न इच्छाओं को भारतीय अध्यात्म में 'वासना' कहा गया है। मनुष्य एक के बाद एक चक्र पर की वासनाओं जैसे कि आहार की वासना, भोग की वासना, प्रसिद्धि की वासना, प्रेम की वासना और ज्ञान की वासना पूर्ण करके छठे चक्र पर पहुंचता है। चक्रों की यह वासनाएँ उनकी जागरूक ऊर्जा से जुड़ी हुई होती है। यानी की वासनाओं को तृप्त करते हुए ऊपर के चक्रों की ओर होनेवाली यह गति चक्रों के जागरूक भाग में ही होती है। आत्मा छठे चक्र के जागरूक भाग पर केन्द्रित होते ही रजस गुण पूर्ण हो जाता है और सत्व गुण की शुरुआत होती है। इस प्रकार तमस गुण में एक ही चक्र का असर है, जबकि रजस गुण का असर सबसे लम्बा चार चक्र तक रहता है। वैश्य, क्षत्रिय, प्रेम और कला में निपुण व्यक्ति और तत्त्वज्ञानी यह चारों स्थिति के मनुष्य रजस गुण के अंतर्गत आते हैं।

आत्मज्ञान:

अब छठे चक्र पर स्थित व्यक्ति के आत्मा ने सब कुछ परख लिया है। उसने भोग विलास करके देख लिया है। उसने प्रतिष्ठा प्राप्त करके देखी है। उसने प्रेमी बनकर स्त्री या पुरुष का सहवास कर लिया हैं और सृष्टि का समग्र तत्त्वज्ञान भी जान लिया है। लेकिन उसको संतोष प्राप्त नहीं हुआ है। अब छठे चक्र का अर्धजागरूक भाग जो कि अर्धजागरुक बुद्धि कहलाती है, वह छठे चक्र के जागरूक भाग यानी की जागरूक बुद्धि को वैराग्य और आत्मसाक्षात्कार के लिए तत्पर बनने के गुण प्रदान करती है। अब उस मनुष्य को संसार से दूर जाकर जो भी सत्य उसने सुना, पढ़ा और समझा है, उसे अनुभव करने की तड़प होती है। उसने तत्त्वज्ञान में जो भी सुना है, आत्मा, परमात्मा और आत्मसक्षात्कार वाली बातें, वह अब उसे अनुभव करनी है। एसे व्यक्ति जीवन के एक निश्चित समय तक एक

या दूसरे तरीके से संसार से अलग हो जाते हैं। सत्य की खोज में निकल जानेवाले और साधना करनेवाले सच्चे संन्यासी इस स्थिति में होते है। वह अब कोई भी कार्य सांसारिक उद्देश्य से नहीं करते। उनका प्रत्येक कार्य प्रत्येक विचार बस सत्य की अनुभूति करने के लिए होता है।

इसलिए अब उनके जागरूक मन में अहंकार के नये रिकोर्ड बनने बंद हो जाते हैं, और पुराने रेकोर्ड सत्य की खोज के मार्ग में आने वाली यातनाओं से दूर होते जाते हैं। जी, अगर आप ध्यान दें तो जान पाएँगे की हमारी सारी यातनाएँ असल में हमारे 'मैं' और 'मेरे' से बने अहंकार पर आघात होने से ही आती है। 'मुझे चोट लगी', 'मुझे दर्द हो रहा है', 'मेरी नौकरी छीन गई', 'मुझे कोई नहीं समझता', 'मेरा संबंधी मर गया', 'मुझे सफलता नहीं मिल रही' - वगेरा वगेरा। यह सब दुःख 'मैं', 'मेरा' और 'मुझे' को आहत करनेवाली ही बातें है। यानी कि वह हमारे अहंकार को आहत करनेवाली बातें है। यानी कि वह हमारी अलगाववादी सोच को आहत करनेवाली घटनाएँ है, जहां हमने सोच रखा है की हम इस बाक़ी की सृष्टि से अलग कोई वस्तु है और उस वस्तु को हमने एक नाम दे रखा है, जिसे हम हमारा नाम कहेते है। इसलिए सत्य की खोज में निकले संन्यासी के 'में' और 'मेरे' से होनेवाले सारे कार्य और विचार ख़त्म होने लगते है और आज तक की आत्मा की यात्रा में जितने भी यह अहंकार के रिकोर्ड बने है वह अब शारीरिक, मानसिक और भावनात्मक यातनाओं से टूटने लगते है। हर दुःख उसके आत्मा से चिपकी अहंकार की परख को कमजोर करता है और उसे अपने आप को एक ऊर्जा के रूप में अनुभूति करने के नज़दीक लाता है। एक समय एसा आता है कि जब उसके जागरूक मन में बने प्रत्यक्ष अहम के तमाम रिकोर्ड उसे मिली यातनाओं से दूर हो जाते है। जागरूक मन में अहम का अंतिम रिकोर्ड टूटते ही जागरूक मन की पांच प्रतिशत या उससे कम ऊर्जा और पच्चीस प्रतिशत या उससे ज्यादा अर्धजागरूक मन की ऊर्जा एक हो जाती है।

अब छठा चक्र ही पहले पांच चक्रों की ऊर्जा का नियमन करता है, और नीचे के चक्रों की वासनाएं भी संतुष्ट हो चुकी होती है। इसलिए छठे चक्र में जब जागरूक और अर्धजागरूक भाग एक होता है, तब

नीचे के तमाम चक्रों में और उनसे जुड़े मस्तिष्क के पहले पांच परिमाणों में भी जागरूक और अर्धजागरूक भाग की ऊर्जा एक हो जाती है। मतलब, शरीर के समग्र अर्धजागरूक मन की ऊर्जा अब शरीर के समग्र जागरूक मन की ऊर्जा के रूप में स्थित हो जाती है।

अब, अर्धजागरूक मन में सुषुप्त मन से आनेवाला समस्त सृष्टि के अद्वैत होने का रिकोर्ड हमेशा स्थायी होता है। इसलिए, जैसे ही शरीर का समग्र जागरूक और अर्धजागरूक मन एक हो जाता है, मनुष्य के मन में मस्तिष्क का एक विशाल ३० प्रतिशत भाग खुल जाता है और वही उसे वह पहली अनुभूति देता है कि यह समग्र अस्तित्व एक ही ऊर्जा का बना हुआ है और हम भी उसी ऊर्जा का एक अंश है। यह अनुभव होते ही मनुष्य को स्वयं में ओर बाह्य दुनिया की प्रत्येक वस्तु में एक ही अद्वैत ऊर्जा का अनुभव होने लगता है। उसे वह स्वयं और बाकी की सृष्टि एक ही ऊर्जा से जुड़े हुए हैं, यह हक़ीक़त महसूस होने लगती है। इसी क्षण को मनुष्य का 'आत्म साक्षात्कार' कहते हैं। इस घटना को कहते हैं 'मनुष्य को आत्मज्ञान प्राप्त होना' और ऐसे मनुष्य को या मनुष्य में मौजूद आत्मा की इस स्थिति को कहते है, 'आत्मन'। आत्मन की यह अवस्था भी उस मनुष्य के डीएनए में बुद्धिजीन के रूप में स्थायी बनती है। आत्मन की अवस्था के सत गुण संतृप्त हो जाता है। ऐसा इंसान- तमस्, रजस और सत- इन तीनों गुणों से ऊपर उठ जाता है। वह 'गुणातीत' कहलाता है।

अब आगे बढ़े उससे पहले एक प्रतिप्रश्न कर ले। तो आत्म साक्षात्कार सन्यासी के जागरूक मन से प्रत्यक्ष अहम के आख़िरी रिकोर्ड भी टूट जाने से होता है। लेकिन ऐसा तो है नहीं कि हमें दुःख सिर्फ़ छठे चक्र पर ही मिलता है। पहले चक्र पर जीनेवाले शूद्र गुण के मनुष्य को या दूसरे चक्र पर के वैश्य और तीसरे चक्र पर क्षत्रिय गुण के मनुष्य को भी जीवन में अनेकों दुःख आते रहते हैं। तो फिर उनके अहम दूर होकर वह नीचे के चक्र पर ही आत्मसाक्षात्कार प्राप्त क्यों नहीं करते? कारण यह है कि जब तक मनुष्य नीचे के चक्रों में होता है तब तक दुःखों से मुक्त होने के लिए अगले चक्र की इच्छा की ओर बढ़ता है। पहले चक्र का व्यक्ति जब जीवन में दुःखों से और शारीरिक पीड़ाओं से त्रस्त होता है, तब यह मान

लेता है कि इन सभी दुःखों का कारण धन और सम्पत्ति का अभाव है। तो वह धन और संपत्ति की ओर भागता है। दूसरे चक्र का धनी व्यक्ति जब दुःख भोगता है तब उससे छुटकारा पाने के लिए धन-दौलत से ऊपर उठकर समाज सेवा और क्षत्रिय गुणों की ओर मुड़ता है। क्षत्रिय जब उसके जीवन में आनेवाले दुःखों और शारीरिक पीड़ाओं से परेशान होता है तब सम्मान और प्रतिष्ठा का मोह छोड़कर बस किसी से प्रेम करना और प्रेम पाना चाहता है। चौथे चक्र पर का प्रेमी जब प्रेमीपात्र को गँवाता है और उसके भयानक दुःख से पीड़ित होता है, तब तत्त्वज्ञान की ओर भागता है। पांचवें चक्र पर के तत्त्वज्ञानी को पता चलता है कि दुनिया और ब्रह्मांड के विषय में इतना सारा ज्ञान प्राप्त कर लेने के बाद भी जीवन के दुःख और शारीरिक पीड़ाओं से छुटकारा तो नहीं है। तब वह उन सारे दुखों से ऊपर उठने का आख़री मार्ग खोजने लगता है। इस तरह वह छठे चक्र पर आकर दुःखों से मुक्त होने के लिए आत्मसाक्षात्कार के लिए पुरुषार्थ करने वाला संन्यासी बनता है।

इस प्रकार मनुष्य जहां है, वहां से दुःख और पीड़ा भोगकर उसके आगे के चक्र के चरित्र को ही देख और समझ पाता है। पहेले, दूसरे और तीसरे चक्र पर स्थित किसी भी दुखी इंसान को आप सत्य की समझ और तत्वज्ञान नहीं दे पाएँगे। वह सुनेगा, शायद कुछ देर मुंडी भी हिलाएगा, पर आपके दूर जाते ही वह अपने मौजूदा या तो फिर अगले चक्र की वासनाओं की ओर अग्रसर हो जाएगा। चौथे चक्र पर स्थित इंसान को भी आप तब तक तत्वज्ञान से प्रेरित नहीं कर सकते जब तक उसका चौथे चक्र की वासनाओं से पूरा मन ना भर गया हो। इसलिए आत्मज्ञान की ओर जल्दी जाने का एक ही तरीक़ा है, आप जिस वक्त जहां भी है वहीं से अपनी इच्छाओं और वासनाओं की ओर तेज चलिए। आलसी न बनिए और भय से अपनी गति धीमी ना करे। एकाग्रता और तीव्रता, बस ज़रूरत इन दो गुणों की है। जो एकाग्र होकर तीव्रता से अपनी दिली इच्छाओं को पूरी करने के लिए प्रयास करता है, उसकी यात्रा तेज बनती है। वह उतना जल्दी सत्य को प्राप्त करता है। प्राचीन भारत में तंत्र मार्ग के रूप में इसी मूल बात को व्यवहार में डालती हुई एक शाखा खड़ी की गई थी।

आत्मज्ञान से ब्रह्मज्ञान की ओर:

आत्मन बने व्यक्ति की जागरूक ऊर्जा में जागरूक और अर्धजागरूक मन की कुल ३० प्रतिशत ऊर्जा होती है। जागरूक मन में बने अहम के रिकोर्ड नष्ट हो चुके होते हैं, लेकिन अर्धजागरूक मन में स्थापित कर्मों के रिकोर्ड में भी परोक्ष अहम होता है। क्योंकि वह कर्म भी 'मैं' और 'मेरे' की समझ से ही किए होते है। इसीलिए, आत्मन की स्थिति पर मनुष्य अनुभव करता है कि मैं और संसार का समग्र ब्रह्म एक ही है। जो सर्वस्व और सर्वत्र है, वह मेरे भीतर भी है। लेकिन फिर भी 'मैं' के स्वरूप में मनुष्य अपने नाम से अपनी पहचान करता है। इस स्थिति को दूसरे वर्गीकरण के मुताबिक 'विशिष्टाद्वैत' की स्थिति कहा जाता है। यह वर्गीकरण मनुष्य के साथ ब्रह्म के संबंध पर आधारित है। मनुष्य का ब्रह्म से संबंध की तीन पड़ाव में बँटा हुआ है; द्वैत, विशिष्टाद्वैत और अद्वैत।

पांचवें चक्र तक की मनुष्य की स्थिति 'द्वैत' में आती है, जहां मनुष्य स्वयं को और सृष्टि को चलानेवाली शक्ति को अलग मानता है और उसकी आराधना करता है। इसके बाद छठे चक्र पर जागरूक और अर्धजागरूक मन मिलने पर मनुष्य का आत्मसाक्षात्कार होता है और वह आत्मन बनता है। यह स्थिति 'विशिष्टाद्वैत' कहलाती है, जहां मनुष्य को अनुभूति होती है कि मैं और शेष समग्र सृष्टि एक ही तत्त्व के बने हुए हैं और जुड़े हुए हैं। यानी की 'मैं और ईश्वर जुड़े हुए हैं।', लेकिन यहां 'मैं' के तौर पर अपने शरीर का और नाम का अहसास मौजूद होता है। ईसा मसीह और मोहम्मद पयंगबर के तमाम संदेश विशिष्टाद्वैत की अर्थात् आत्मन की भूमिका से दिए गए हैं। ईशु ने प्रत्येक संदेश इस तरह दिए कि 'सृष्टि का संचालन करने वाले ईश्वर या ब्रह्म मेरे पिता हैं और मैं उनका पुत्र हूं। वह मुझे जो कहते हैं, वही में आपको संदेश के रूप में कहता हूँ।' मोहम्मद पयगंबर ने भी संदेश इसी तरह दिए कि, ईश्वर या ब्रह्म, जिसे उन्होंने 'अल्लाह' कहा, उन अल्लाह से मिलनेवाले आदेशों और उपदेशों को ही मोहम्मद ने दुनिया को सुनाए। यह दोनों उदाहरण आत्मन और विशिष्टाद्वैत स्थिति के सटीक उदाहरण हैं।

विशिष्टाद्वैत या आत्मन स्थिति में मनुष्य दुनिया की प्रत्येक वस्तु को ब्रह्म से युक्त देखकर, खुद अपने आपसे करता है वैसा निःस्वार्थ प्रेम वह प्रत्येक बाह्य वस्तु से करने लगता है। साथ ही व्यवहारिक जीवन से विरक्त हो जाने की वजह से और अभी भी शरीर को अपना स्वरूप मानने के कारण तिरस्कार, अपमान और विरोध जैसी सांसारिक यातनाएं और बीमारी, रोग, जैसी शारीरिक यातनाएँ आत्मन स्थिति में मनुष्य को महसूस होती रहती है। इन यातनाओं से अर्धजागरूक मन में मौजूद परोक्ष अहम भी धीरे धीरे नष्ट होता है। अर्धजागरूक मन के परोक्ष अहम का अंतिम रेकोर्ड टूटते ही मनुष्य का प्रत्येक चक्रों और परिमाणों में फैला ३० प्रतिशत जागरूक मन उसके ७० प्रतिशत सुषुप्त मन के साथ एक हो जाता है। इस पल मनुष्य को दूसरा साक्षात्कार होता है जिसे 'ब्रह्म साक्षात्कार' कहते हैं। यह वह पहला अवसर होता है जब बिनअभिव्यक्त विभाग की ५० प्रतिशत ऊर्जा (कुंडलिनी) रीढ़ की हड्डी के आख़िरी छोर से मुक्त होकर सुषुम्ना नाड़ी से होती हुई मस्तिष्क में छठे चक्र के सुषुप्त भाग पर पहुँचती है। मस्तिष्क का यही वह भाग होता है जिससे यह सुषुप्त ऊर्जा सुषुम्ना नाड़ी के मार्फ़त जुड़ी हुई होती है, या जहां तक सुषुम्ना नाड़ी बनी हुई होती है। कुंडलिनी या बिनअभिव्यक्त विभाग की सुषुप्त ऊर्जा पहलीबार समग्र शरीर में जागरूक बनती है। वह शरीर के प्रत्येक चक्र में जागरूक बनती है। इसी घटना को 'कुंडलिनी जागरूक होना' कहेते है। और इसी घटना को मनुष्य को 'ब्रह्मज्ञान प्राप्त होना' भी कहते है।

ब्रह्मज्ञान प्राप्ति का अनुभव उतना सटीक और आकस्मिक नहीं होता जितना आत्मज्ञान प्राप्ति का होता है। आत्मज्ञान जागरूक मन के प्रत्यक्ष अहंकार के रिकोर्ड टूटने से प्राप्त होता है, इसलिए वह अनुभव एक बड़ी घटना के रूप में प्राप्त होता है। जब की उसके सापेक्ष ब्रह्मज्ञान की प्राप्ति धीरे धीरे एक क्रमिक स्पष्टता की यात्रा के तौर पर होती है। मनुष्य धीरे धीरे उस सम्पूर्ण सत्य की स्पष्टता की ओर बढ़ता जाता है, और एक वक्त पर आकर उसे महसूस होने लगता है की पूर्ण स्पष्टता की वह स्थिति आ चुकी है। वही स्थिति ब्रह्मज्ञान को प्राप्त हो जाना कहलाती है। यह क्रमिक स्पष्टता का कारण यही है की अर्धजागरूक मन में संग्रहित अहंकार परोक्ष

अहंकार होता है। उसका प्रभाव जितना सूक्ष्म होता है, उसके जाने का प्रभाव भी उतना सूक्ष्म होता है। ब्रह्मज्ञान को प्राप्त हो चुके ऐसे मनुष्य को या उस मनुष्य में विद्यमान आत्मा की उस स्थिति को 'ब्राह्मन' कहा जाता है।

वेदों और उपनिषदों में जिस 'ब्राह्मन' शब्द का बारंबार उल्लेख आता है, वह यही 'ब्राह्मन' स्थिति के आत्मा के बारे में है जो सृष्टि के समग्र ब्रह्म से एक लय में आ चुका है। ब्राह्मन स्थिति में मनुष्य शरीर के दोनों विभागों की संपूर्ण १०० प्रतिशत ऊर्जा अर्थात् की उसकी संपूर्ण आत्मा उसके जागरूक मन के प्रभाव में आ जाती है। छठे चक्र में ३० प्रतिशत जागरूक और अर्धजागरुक भाग एक हो जाने से पहले पाँच चक्रों और उनसे जुड़े पहले पाँच परिमाणों में भी यह दो भाग एक होकर शरीर की सम्पूर्ण ऊर्जा जागरूक मन की तरह कार्य करती है। शरीर की समग्र ऊर्जा अब उसकी जागरूक ऊर्जा है।

मनुष्य की ऊर्जा उसके सुषुप्त मन के मार्फत समग्र सृष्टि के साथ जुड़ी हुई होती है और ब्राह्मन स्थिति में वह सुषुप्त मन मनुष्य के जागरूक मन के दायरे में आ जाने से मनुष्य समग्र सृष्टि के ब्रह्म को ही अपना सच्चा स्वरूप अनुभव करने लगता है। अब वह यह नहीं कहेता कि 'सृष्टि का ब्रह्म और मैं जुडे हुए हैं और एक है', अब उसका अनुभव उसे कहता है कि 'मैं ही समग्र सृष्टि में फैला हुआ ब्रह्म हूं। सर्व स्थान पर मैं ही हूं। ऐसा कुछ भी नहीं है जो मुझसे अलग है। ऐसा कुछ भी नहीं है, जो मुझ में नहीं है और ना ही कुछ ऐसा है, जिसमें मैं नहीं हूं।' इसी ब्राह्मन स्थिति को मनुष्य की अद्वैत स्थिति कहेते है। द्वैत, विशिष्टाद्वैत और अद्वैत के वर्गीकरण में यह सबसे सर्वोच्च पड़ाव है। भगवद गीता में श्री कृष्ण ने बोले हुए वचन इसी अद्वैत स्थिति से बोले हुए वचन है। वह अद्वैत स्थिति का सटीक उदाहरण है।

ब्राह्मन स्थिति के इस मनुष्य का 'मैं' अब सिर्फ उसके शरीर तक ही सीमित नहीं होता। अब वह जब 'मैं' कहता है, तब वह सृष्टि में फैले ब्रह्म के तमाम स्वरूपों की बात करता है। वह ब्रह्म के समग्र नेटवर्क की और सृष्टि को संचालित करने वाले ब्रह्म के एकीकृत विज्ञान की बात करता है।

ऐसी ब्राह्मन स्थिति प्राप्त करने वाले मनुष्य के डीएनए में इसी स्थिति के सर्वोच्च बुद्धिजीन भी हमेशा के लिए सक्रिय हो जाते हैं। गौतम बुद्ध ने इस स्थिति को ही 'निर्वाण' कहा है। तो, जो फर्क है आत्मन और ब्राह्मन के बीच है, वही फ़र्क़ है आत्मज्ञान और ब्रह्मज्ञान के बीच और वही फर्क है विशिष्टाद्वैत और अद्वैत के बीच। ईसा मसीह के जीवन में अद्वैत स्थिति के आगमन की एक छोटी सी घटना, उनके जीवन के अंतिम क्षणो में जानने को मिलती है। जब उनको सूली पर चढ़ाकर यातनाएं दी जा रही थीं, तब उन्होंने ईश्वर से कहा कि 'हे परमपिता! आपने मुझे कैसे अकेला छोड़ दिया? आप मेरी मदद के लिए क्यों नहीं आए?' लेकिन थोड़ी देर तक जब उनको जवाब नहीं मिला, तो कुछ पल चुप रहकर वह बोले, 'अब मैं और मेरे पिता दोनों एक ही है।' शरीर छोड़ने की अंतिम क्षणों में ईशु के यह शब्द उनके द्वारा अद्वैत स्थिति के साक्षात्कार की साक्षी रही है। जैसे उन यातनाओं ने उनके अर्धजागरुक मन के बचे कूचे परोक्ष अहम के रिकोर्ड को एकसाथ तोड़ दिया और उन्हें ब्रह्म साक्षात्कार करा दिया।

तो इस तरह आत्मा प्राणियों में से मनुष्य शरीर धारण करके अनेक मनुष्य जन्म लेती हुई शुद्र स्थिति में से ब्राह्मन स्थिति तक पहुंचती है। इस प्रकार शुद्र, वैश्य, क्षत्रिय और ब्राह्मण कोई जाति नहीं है, वह आत्मा की आध्यात्मिक अवस्थाएं हैं। शूद्र, वैश्य, क्षत्रिय और ब्राह्मण स्थिति की आत्माएं किसी भी घर में जन्म ले सकती है। एक शुद्र स्थिति की आत्मा जन्म लेने के साथ अगर जनोई पहनकर शास्त्रों को रटना शुरू कर दें तो उससे वह ब्राह्मन स्थिति प्राप्त नहीं कर लेती। और अगर कोई ब्राह्मन स्थिति की आत्मा को आजीवन शास्त्रो के स्पर्श से वंचित कर दिया जाए, तो उससे वह ब्राह्मन स्थिति की आत्मा शूद्र नहीं बन जाती।

अध्याय – २७

विष्णु और शिव

ब्राह्मन स्थिति प्राप्त करते ही मनुष्य के पहले छह चक्रों और परिमाणों की समग्र ऊर्जा अर्थात् जागरूक, अर्धजागरूक और सुषुप्त ऊर्जा एक हो जाती है। अब ऐसे मनुष्य में उसकी ब्राह्मन स्थिति जैसे जैसे मज़बूत बनती जाती है, यानी कि उसका सृष्टि के समग्र ब्रह्म के साथ एकत्व जितना गहन होता जाता है, वैसे वैसे उसकी ऊर्जा ऊपर छठे चक्र से नीचे पहले चक्र तक और वहाँ से वापस ऊपर छठे चक्र तक ऊपर-नीचे आन्दोलन करती है। इस तरह उसकी ऊर्जा पहले छह चक्रों और पहले छह परिमाणों को उनके स्वरों के साथ 'सा रे गा मा पा...' की एक लय में बांधती है। इस स्थिति में उसके सारे छह चक्रों के गुण उनकी श्रेष्ठ अवस्था में एकसाथ सक्रिय हो जाते हैं। यहीं पर आकर एक मनुष्य की आत्मा सृष्टि के महाविष्णु स्टेज के समांतर जागरूक हो जाती है। अब उस मनुष्य के अंदर सृष्टि का महाविष्णु स्टेज कार्यरत है। अब उस मनुष्य की ऊर्जा ज्योतिर्पिंड की आख़िरी एकता से दो कदम ही दूर है। इसी लिए इस स्थिति के व्यक्ति को ब्राह्मन न कहकर 'विष्णु' कहा जाता है। इसीलिए 'राम' शब्द का अर्थ भी होता है, 'सर्वोच्च ब्राह्मन', ब्राह्मनों में भी जो सर्वोच्च है वह विष्णु है। इस प्रकार ब्राह्मन स्थिति का व्यक्ति विष्णु बनता है।

यह विष्णु स्थिति का मनुष्य अपनी ऊर्जा को उसके छह परिमाणों में व्यक्त करता हैं। यह विष्णु स्थिति भी उस मनुष्य के शरीर में डीएनए के बुद्धि जीन के तौर पर दर्ज होती है। अब, ऐसा निर्वाण प्राप्त विष्णु अगर संसार से अलग रहकर अपना जीवन व्यतित करे तो वह ऐसा चमत्कारी ऋषि बनता है जैसा हिमालय के जंगलों में दिखायी देते है। वह छठे चक्र पर ध्यान करके 'आउम' शब्द का जाप करने लगता है। इस कारण पहले चक्र से छठे चक्र तक की समग्र ऊर्जा, 'आउम' शब्द के नाद से साथ एकत्व धारण करने लगती है। एस वजह से शरीर की ऊर्जा अब

पांचवें और छठे चक्र की ओर खींचकर उन्ही दो चक्रों में केन्द्रित हो जाती है। इससे अब उस आत्मा की अभिव्यक्ति में पाँचवे और छठे चक्र के गुणों की अभिव्यक्ति ही प्रमुख बनती है। इस स्थिति को आत्मा की 'शिव स्थिति' कहेते है, जिसमें आत्मा की पूरी ऊर्जा सिर्फ़ पाँचवे और छठे चक्र पर केंद्रित होती है। पांचवां चक्र ज्ञान का प्रतीक है, जबकि छठा वैराग्य का। यह दोनों शिवत्व के गुण हैं। ऐसे ऋषियो में ऊर्जा बाह्य अभिव्यक्ति में कम खर्च होती है। इसलिए उनके आत्मा का एकत्व सृष्टि के समस्त ब्रह्म के साथ बढ़ता जाता है। परिणाम स्वरूप उनकी ऊर्जा भीतर निरंतर संचित होती रहती है और वे उन सारे चमत्कारों को करने में सक्षम बनते है जो स्वयं ब्रह्म कर सकता है।

तो यह बात थी उन लोगों की जो विष्णु स्थिति में आने के बाद संसार से अलिप्त होकर अपनी ऊर्जा को और संचित और केंद्रित करने की ओर कार्यशील रहते है। लेकिन अगर कोई विष्णु स्थिति का इंसान अपनी समग्र ऊर्जा को विभिन्न परिमाणों में अभिव्यक्त करके सत्य की स्थापना के लिए संसार में प्रवेश करता है, तो उसे 'विष्णु का अवतार' कहा जाता है। संसार में प्रवेश किए विष्णु ने अपनी उन इंद्रियों को काबु कर लिया होता है, जिन्होने अब तक उन्हें अपने नियंत्रण में रखा था। वह अपनी इंद्रियों को अपनी इच्छा के अनुसार साधन के तौर पर उपयोग करता है और उन इंद्रियों के कारण उत्पन्न होने वाले अहम, क्रोध और काम जैसे भावों को भी वह अपनी आवश्यकता के अनुसार उपयोग करता है। भारतीय शास्त्र में मनुष्य की इस अवस्था को 'पुरुष की प्रकृति पर जीत' कहा गया है, जहां मनुष्य के आत्मा को 'पुरुष' और इंद्रियों को 'प्रकृति' कहा गया है।

छह परिमाणों के गुणों में अपनी ऊर्जा को अभिव्यक्त करते हुए सत्य की स्थापना के लिए सांसारिक कार्य करने में विष्णु की ऊर्जा खर्च होती है। इसलिए इन सांसारिक विष्णुओं में चमत्कार करने की क्षमता कम होती है। लेकिन वह समग्र सृष्टि के ब्रह्म के साथ एक होने से, समय और ऊर्जा का श्रेष्ठ उपयोग करता है। वह काल के मुड़ने से उत्पन्न होनेवाले समय के तीनों पड़ाव; भूत, वर्तमान और भविष्य - को जान सकता है।

ऐसा विष्णु पहले चक्र की स्थिति पर एक शुद्र की तरह श्रम भी करता है (राम का वनवास), तो दूसरे चक्र की स्थिति में वैश्य बनकर व्यापार करके धन भी कमाता है (श्रीकृष्ण की व्यापार के लिए समृद्ध द्वारिका नगरी)। वह तीसरे चक्र की स्थिति में क्षत्रिय बनकर राजनीति और शौर्य का दर्शन करवाता है और प्रसिद्धि पाता है (राम और श्रीकृष्ण के क्षत्रिय कार्य)। वह चौथे चक्र की स्थिति में प्रेमलीला भी करता है (श्रीकृष्ण की रासलीला), तो पांचवें चक्र का तत्त्वज्ञान भी प्रगट करता है (भगवद् गीता) और छठे चक्र का वैराग्य भी धारण करता है (बुद्ध का सन्यास)। इस प्रकार विष्णु चारों वर्ण (शूद्र, वैश्य, क्षत्रिय, ब्राह्मन) और तीनों गुणों (तमस्, रजस और सत्व) को धारण करके एक पूर्ण पुरुषोत्तम के रूप में सत्य को हर परिस्थिति में जीकर दिखाता है। वह उस सत्य को समाज में स्थापित करते हुए समाज का पालन-पोषण करता है। इस कारण विष्णु को संसार का पालनहार कहा जाता है।

पर सांसारिक सक्रियता की जब ज़रूरत ना हो, तब यही विष्णु अपने ब्रह्म स्वरूप में लीन रहता है। वह ना कोई वर्ण और ना ही कोई गुण धारण करता है। वह उन सब वर्णों और गुणों से ऊपर गुणातीत रहता है। उसे हमेशा ज्ञात रहता है की उसकी या ब्रह्म की मूल स्थिति तो ज्योतिर्पिंड़ स्थिति है। उसका अपना मूल लक्ष्य तो वही ज्योतिर्पिंड की एकता है। इसलिए जैसे जैसे विष्णु को अपना जीवनकार्य समाप्त होता हुआ नज़र आता है, वह छह चक्रों में होनेवाली अपनी अभिव्यक्ति को धीरे धीरे सिकुड़ने लगता है। ऐसा करने पर यहाँ भी उसके शरीर की समग्र ऊर्जा खींचकर ऊपर पाँचवे और छठे चक्र की ओर आ जाती है और उन दो चक्रों में केंद्रित हो जाती है। अब उस मनुष्य की अभिव्यक्ति पांचवें और छठे चक्रों के गुण के मुताबिक ही होती है, अर्थात् कि ज्ञान और वैराग्य। ऐसे मनुष्य को शिव कहते हैं। यह शिवत्व की स्थिति है। अर्थात् विष्णु और शिव में एक समान शक्ति और जागरूकता है, पर विष्णु ब्रह्म की समस्त शक्तियों की पूर्ण अभिव्यक्ति करते है, जबकि शिव में अब ब्रह्म के गुणों और शक्तियों की अभिव्यक्ति करने की चाह नहीं रहती। शिव

में शक्तियों की अभिव्यक्ति के प्रति वैराग्य जन्म लेता है। बस विष्णु और शिव में यही एक फ़र्क़ है।

लेकिन शिवत्व तक पहुंचने से पहले एक बीच की स्थिति आती है, जहां विष्णु की पूर्ण पुरुषोत्तम स्थिति छूट चुकी है, लेकिन शिव की स्थिति अभी आयी नहीं है। यानी की विष्णु की ऊर्जा नीचे के चक्रों से ऊपर की ओर खिंचने लगी है, पर अभी पूरी तरह से पाँचवें और छठे चक्र पर केंद्रित नहीं हुई है। इस बीच के समयकाल में मनुष्य ब्रह्मज्ञानी और बुद्ध होने के बावजूद लगातार क्रोधित रहता है। लेकिन फर्क इतना होता है कि उनका क्रोध किसी सांसारिक मोह-माया के कारण प्रगट नहीं होता। वह प्रगट होता है सत्य की स्थिति में लगातार खलल पड़ने से। वह उनके भीतर सत्य के संपूर्ण स्वरूप को पा चुके होते हैं और समग्र ब्रह्म के साथ एकत्व में होते है। लेकिन उनके आसपास का संसार उस एकत्व से विपरीत अहम से उत्पन्न हुए व्यक्तिगत स्वार्थ के लिए जीता है। यह मनुष्य अपनी चारों ओर जो भी देखते है, उससे उनके भीतर की सत्य की स्थिति में निरंतर खलल पहुंचता है। इसलिए वह प्रत्येक बाहरी वस्तु पर क्रोध में रहते है। क्रोध उनका समान्य व्यवहार बन चुका होता है। क्योंकि उनमें विष्णु की राजनीति और कूटनीति की कुशलता रही नहीं और शिव की स्थिरता अभी आइ नहीं। परशुराम के जीवन का बाद का काल इसी स्थिति का उदाहरण है। इन मनुष्यों का क्रोध सात्विक और सत्य की रक्षा करने वाला होता है, सत्य को ध्वस्त करने वाला नहीं।

अब, यहां से ज्यादा संकुचित होकर जब उनकी आत्मा पांचवे और छठे चक्र पर संपूर्ण रूप से स्थायी होती है, तब वह मनुष्य शिव बनता है। अब उसमें विष्णु की कूटनीति तो रही नहीं, पर छठे चक्र का वैराग्य होता है। अब वह स्वार्थी संसार से अलिप्त रह सकता है, और ज़रूरत पड़ने पर ही ज्ञान देने या दंड देने अपने ध्यान से बाहर आता है।

इस प्रकार उस मनुष्य में मौजूद आत्मा विष्णु के रूप में अपनी अभिव्यक्ति को समेटकर शिव रूप में अस्तित्व में आता है। अब वह अपने लक्ष्य ज्योतिर्पिंड से एक कदम ही दूर है। ऐसा शिव बना मनुष्य राजनीति, कूटनीति और प्रेमलीला जैसे अभिनय मांगते गुणो से वैराग्य

अनुभव करता है। वह लगातार ध्यान में रहकर सृष्टि के समग्र ब्रह्म के साथ एकत्व में स्थिर रहता है। इस तरह वह संदेश देता है कि मानव जीवन में अनंत सुख, शांति और आनंद प्राप्त करने का यह एक ही मार्ग है- स्वयं में पूर्णत्व प्राप्त कर उसमें स्थिर रहना। बाहर की और प्राप्त किए जाने वाला कोई भी सुख अधूरा और क्षणिक है। अर्थात् मानवजाति जिस शाश्वत सुख की लालसा में अंधी बनकर घूम रही है, वह इस शिवत्व की स्थिति को प्राप्त करके ही मिल सकता है, और कहीं नहीं। इसी लिए शिवत्व मानव चेतना का अंतिम लक्ष्य है। उस स्थिति के बाद सिर्फ़ शरीर छोड़कर ज्योतिर्पिंड की एकता पा लेने का कार्य ही बचता है। यही कारण है कि शिव को महादेव कहा गया है। क्योंकि उनमें विष्णु जितनी ही शक्ति और ज्ञान है, लेकिन उनमें वह ज्ञान और शक्ति की बाह्य अभिव्यक्ति करने की लालसा नही है। यह बात हमें कहती है कि सुख का मार्ग पूर्णता प्राप्त कर अभिव्यक्ति से विमुख हो जाने में है।

लेकिन इस विमुखता में धर्म और ज़िम्मेदारी से विमुखता नहीं है। शिव स्थिति में लीन ऐसे मनुष्य को जब ज्ञात होता है कि उसके आसपास सत्य की हानी हो रही है और अधर्म प्रबल बन रहा है, तब वह वैराग्य की स्थिति से बाहर निकलता है, और अपनी तमाम शक्ति के साथ अधर्मी शक्तियों पर टूट पड़ता है। वह विष्णु की तरह उन शक्तियों को समझाने की कोशिश नहीं करता, ना ही उन्हें मौक़ा देता है। वह जाग चुका है, यानी अब विष्णु की कूटनैतिक कोशिशें काम नहीं आ रही और उस व्यक्ति या वस्तु का विनाश स्वयं विष्णु ने शिव को सौंप दिया है। इस क्षण के लिए कहा गया है - 'शिव का तीसरा नेत्र खुलना।'

इस प्रकार शाश्वत सुख के लिए ध्यान में लीन रहने वाले शिव के पास समाज में सत्य और धर्म की स्थापना बनी रहे उसके लिए 'तीसरे नेत्र' की जागरूकता भी है। यानी कि शिवत्व व्यक्तिगत शांति प्राप्त करने की कोई गैर जिम्मेदाराना स्वार्थी स्थिति नहीं है। शिवत्व प्रत्येक मानव को शाश्वत सुख प्राप्त करने और सत्य की रक्षा करने की जिम्मेदारी बतलाते संतुलित जीवन का मार्ग सिखाता है। ऐसा शिवत्व धारण करने वाले मनुष्य के शरीर में शिवत्व के अंतिम बुद्धि जीन डीएनए में हंमेशां के लिए जागरूक

हो जाते है। इस प्रकार जिस शरीर में मनुष्य जिस स्थिति को प्राप्त करे, उस स्थिति के बुद्धि जीन उस शरीर के डीएनए में स्थापित हो जाते है।

तो, एककोषीय बेक्टेरीया में से बहुकोषीय प्राणी शरीर और प्राणी शरीर में से मनुष्य शरीर की संख्यात्मक उत्क्रांति को हमने जाना और साथ ही मनुष्य शरीर में एक के बाद एक चक्रों में होने वाली ब्रह्म की गुणात्मक उत्क्रांति को भी। हमने देखा कि ब्रह्म एक आत्मा के रूप में कैसे एक बेक्टेरिया से विकसित होकर मनुष्य शरीर में आत्मन और ब्राह्मन बनता है और वहाँ से कैसे विष्णु और शिव बनता है। मनुष्य में उत्पन्न होनेवाली शिवत्व की स्थिति सृष्टि के स्टेज (१) यानी की सदशिव स्टेज के समांतर स्थिति है। इसका अर्थ यह है की किसी एक मनुष्य के अंदर रहा ब्रह्म का टुकड़ा अब ज्योतिर्पिंड के विस्फोट के तुरंत बाद की स्थिति तक पहुँच चुका है। अब बस उसे ज्योतिर्पिंड बनना ही बाक़ी है। वह अपने लक्ष्य से, अपने मोक्ष से एक कदम ही दूर है। यह एक कदम वह कैसे लेता है और मनुष्य शरीर को हमेशा के लिए कैसे तिलांजलि देता है, वह हम अब सीधे अध्याय ३६ में देखेंगे। क्योंकि इसके पहले आत्मन, ब्राह्मण, विष्णु और शिवत्व के इन पड़ावों तक पहुँचते हुए मनुष्य जिन रास्तों से गुजरता है, जिन अवस्थाओं से पसार होता है और जिन घटनाओं से प्रभावित होता है, वह रास्ते, वह अवस्थाएँ और वह घटनाएँ इस सृष्टि में कैसे संचालित होती है, यह जानना ज़रूरी है। क्योंकि यही वह कारक है जो हमारे रोज़बरोज के जीवन को प्रभावित करते है, और हमें इन्ही कारकों के बीच से गुजरते हुए हमारे लक्ष्य तक पहुँचना होगा। इसलिए लक्ष्य पर पहुँचने से पहले उन्हें जानते है।

अध्याय – २८

तंत्र, मंत्र और यंत्र

मनुष्य शरीर में आने के बाद किसी आत्मा को पहले चक्र के तमस् गुणों से आगे विकसित करते हुए, शिवत्व तक ले जाने के प्रमुख तीन रास्ते है। उनके नाम है, तंत्र, मंत्र और यंत्र। तंत्र मार्ग के मूल विचार और विज्ञान की चर्चा हमने 'आत्मन और ब्राह्मन' अध्याय में की थी। मंत्र मार्ग के मूल विचार की चर्चा भी ज़्यादातर नादब्रह्म के अध्याय में हो चुकी है। तो, उन दोनों का संक्षेप पुनरावर्तन करते हुए हम यंत्र मार्ग को इस अध्याय में विस्तार से समझेंगे।

एकाग्रता और तीव्रता; मनुष्य में अपनी भीतरी इच्छाओं और वासनाओं को पूरी करने के लिए जितनी ज़्यादा एकाग्रता और तीव्रता होंगी, उतना जल्दी वह अंतिम सत्य तक पहुँचेगा। हमने यह बात आत्मन और ब्राह्मन के अध्याय में कही थी। जितनी ज़्यादा एकाग्रता और जितनी ज़्यादा तीव्रता, उतनी जल्दी इच्छा पूरी होती है, उतनी जल्दी उस इच्छा के पूरे होने के बाद भी जारी रहनेवाली अधूरेपन की भावना का अनुभव होता है और उतनी जल्दी हम नई इच्छा या वासना की ओर भागते है। इसी तरह जल्दी से जल्दी वासनाओं को संतोषते हुए और फिर भी अतृप्त रहते हुए हम आगे के चक्रों की ओर जाते है और विकसित होते जाते है। इसी लिए प्राचीन भारत में खोजे गए तंत्र मार्ग में मनुष्य को सारे सामाजिक बंधनो और धारणाओं से मुक्त करके अपनी वासनाओं के पीछे भगाने के लिए छोड दिया जाता है। और इस तरह आख़िर में जब वह तत्वज्ञान के गुण तक विकसित होकर पाँचवे चक्र तक पहुँचता है, तब जाकर उसका आध्यात्मिक शिक्षण शुरू होता है। तब तक सिर्फ़ वह अपनी वासनाओं को तृप्त करने के लिए गतिमान रहने के लिए मुक्त रहता है। खजुराहो के प्रसिद्ध मंदिर जिनकी बाहरी दीवारों पर संभोग में उन्मद स्त्री-पुरुषों की मूर्तियाँ है, वह इसी तंत्र शाखा के अंतर्गत बनएँ गए थे। जब तक किसी

इंसान को मंदिर की परिधि पर बने वह चित्र विचलित करते थे, ललचाते थे, तब तक उसे मंदिर के भीतर प्रवेश करने की मनाई थी। क्योंकि मंदिर के भीतर सिर्फ़ भगवान की मूर्ति और वेदाभ्यास होता था। तो यह तंत्र मार्ग है।

अब, मंत्र अर्थात् ध्यान, योग और प्रार्थना करते वक्त बोले जाने वाले मंत्र का मार्ग। विभिन्न योग साधनाएँ, ध्यान और प्राणायाम के मार्ग से अपने शरीर की ऊर्जा को ऊपर के चक्रों की ओर गतिमान करने का मार्ग मंत्र मार्ग में आता है। योग चार प्रकार के होते है; कर्म योग, ज्ञान योग, क्रिया योग आर भक्ति योग। इसमें ज्ञान योग और क्रिया योग मंत्र मार्ग में आते है। ज्ञान योग अर्थात् वेद, उपनिषद जैसे वैज्ञानिक और आध्यात्मिक ग्रंथो का अध्ययन। और क्रिया योग का अर्थ है अपने शरीर के चक्रों और उन्हें जोड़नेवाली नाड़ियों पर क्रिया करके शरीर की ऊर्जा को ऊपर के चक्रों की ओर गतिमान करना। सामान्यत: गुरु-शिष्य परंपरा में गुरु के आश्रमों में शिष्य ज्ञान योग और क्रिया योग का साथ में अभ्यास करते है। आध्यात्मिक ग्रंथो का अध्ययन और चिंतन साधक के मन में लगातार सत्य आधारित मनन-चिंतन को गतिशील रखता है, ताकि क्रिया योग के अभ्यास के दौरान ध्यान और प्राणायाम में अगर साधक का मन भटके भी तो सत्य और आध्यात्मिकता से जुड़े सवालों पर ही घूम-फिरकर वापस क्रिया में एकाग्र हो जाए।

आध्यात्मिक ग्रंथो के अध्ययन में भी निश्चित उच्चारण के साथ संस्कृत मंत्रो का पठन किया जाता है। और क्रिया योग के दौरान भी एकाग्र होकर 'आउम' या किसी अन्य मंत्र का जाप किया जाता है। क्रिया योग की लगभग सभी पद्धतियों में छठे चक्र पर ध्यान धरते हुए 'आउम' नाद के जाप को विशेष स्थान दिया गया है। 'आउम' नाद का जाप कैसे सारे चक्रों की ऊर्जा को छठे चक्र पर केंद्रित करने में मदद करता है, यह हम नादब्रह्म के अध्याय में देख चुके है। वेदाभ्यास के दौरान मंत्रो का जाप उस मंत्र में कहे गए ज्ञान को साधक के मन में अनुभूति के साथ स्थापित करने की ऊर्जा प्रदान करता है। तो, मंत्र मार्ग ज्ञान योग और क्रिया योग का मार्ग है। क्रिया योग को ज़्यादा विस्तार से समझने के लिए स्वामी

विवेकानंद के प्रवचनों पर बनाई गई 'राजयोग' पुस्तक बेहद योग्य है। वह पतंजलि के अष्टांग योग को प्राणायाम और नाड़ियों के विज्ञान के साथ समझाने का श्रेष्ठ प्रयास करती है। तो, क्रिया योग के उस बृहद विषय को हम उस योग्य पुस्तक के आधार पर छोड़कर हमारी मूल यात्रा में आगे बढ़ते है।

अब आता है, यंत्र। यंत्र भक्ति योग का मार्ग है। यंत्र अर्थात् देवी-देवताओं की मूर्तियां। ब्रह्मा, विष्णु और शिव की तीन ईश्वरीय स्थितियों के बाद हिन्द धर्म के देवी-देवीताओं में दो भाग हैं। एक, प्रकृति के विभिन्न स्वरूपों को प्रस्तुत करते अग्नि देव, वरुण देव, उषा, गंगा आदि। दूसरे प्रकार के देवी-देवता हैं, शक्ति, दुर्गा, सरस्वती, लक्ष्मी, गणपति, हनुमान, वेद-गायत्री और विश्वकर्मा जैसे यंत्र। प्रत्येक जाति और प्रत्येक व्यवसाय के अपने देवी -देवता हैं, जो असल में उनसे संभव हो उतना जल्दी सफलता दिलवाने वाला यंत्र है। जिसे वेदों का तत्त्वज्ञान आत्मसात् करना है, वह गायत्री की पूजा करता है। जिसको ज्योतिष, खगोल, गणित और संगीत आदि शास्त्रीय विद्याओ में पारंगत बनना है, वह सरस्वती की वंदना करता है। जिसको सम्पति की कामना है, वह लक्ष्मी की पूजा करता है। पुरुष जिम्मेदारियों का वहन करने के लिए, जिसे शक्ति और साहस चाहिए वह हनुमान की पूजा करता है। स्त्री जिम्मेदारियों का वहन करने के लिए जिसको शक्ति और साहस चाहिए वह शक्ति की पूजा करती है। जिनको मार्ग से विघ्न दूर करने हैं और बुद्धिमान दीर्घद्रष्टा बनकर अपना ध्येय सिद्ध करना है, वह गणपति की आराधना करता है। जिसको शिवत्व प्राप्त करना है, वह शिव की आराधना करता है। यह सब हमारे यंत्र हैं, जिनका विज्ञान कुछ इस तरह से है।

यह समग्र सृष्टि हमारे मस्तिष्क मे केंद्रित है। हम इंद्रियों से बाहर की सृष्टि में हम जो भी वस्तु देखते हैं वह हमारे मस्तिष्क की सृष्टि में रचती है, तभी हम उसे देख सकते हैं। इसलिए जब हम धन कमाने की इच्छा से लक्ष्मीजी की प्रतिमा के सामने उन्हे ईश्वर मानकर देखते हैं, तब लक्ष्मीजी की मूर्ति हमारे मस्तिष्क में ईश्वर के स्वरूप में स्थान पाती है। इससे हमारे मस्तिष्क में दो खंड बनते है। एक स्वयं हम, जो मस्तिष्क

की सृष्टि में हमारे जागरूक मन जितना छोटा हिस्सा है और दूसरा लक्ष्मी स्वरूप में शेष समग्र मन, क्योंकि वह ईश्वर का प्रतीक है। इसलिए, हम लक्ष्मी की मूर्ति को ईश्वर मानकर जो भी मांग करते हैं, उस अनुसार ब्रह्म पहले मस्तिष्क की सृष्टि में और फिर बाहरी सृष्टि में निश्चित रचनाएँ करता है। इस रचना से कभी हमें सामने चलकर धन मिलने का संजोग बनता है, तो कभी वह हमारे मन में सफल होने के मार्ग को जागरूक करता है, जिस पर चलकर हम आगे धन प्राप्त करते हैं। इस प्रकार प्रत्येक यंत्र कार्य करता है।

'यंत्र' शब्द का अर्थ है - 'पदार्थ के (मनुष्य के) मूल आधार (आत्मा) की सहायता कर, उसे अड़चनों से मुक्ति देना।' पिछले एक हजार वर्ष के सब से महान गणितशास्त्री माने जाने वाले एस. रामानुजन हमेशा अपने साथ देवी सरस्वती की एक छोटी मूर्ति रखा करते थे। वह हमेशा देवी के साथ बातें करते रहते और बदले में देवी उनको गणित की भाषा में जो कहती थी, उसे वह नोट में लिख दिया करते थे। रामानुजन कभी स्कूल नहीं गए थे, लेकिन इस रास्ते उन्होंने जो गणित खोजा, वह इससे पहले विश्व में अस्तित्व में ही नहीं था। वर्षों तक गणितशास्त्रियों को पता ही नहीं चला कि उसका उपयोग कहां करें? लेकिन आज ज्योतिर्पिण्ड की और ब्लैक होल की आख़िरी एकता वाली 'सिंग्युलैरिटी' की स्थिति को समझने के लिए रामानुजन का गणित रीढ़ की हड्डी माना जाता है। यानी की अनंत एकता को व्याख्यायित करने के लिए जिस गणित की आवश्यकता होती है, रामानुजन वह देकर गए थे। इसलिए रामानुजन के लिए कहा जाता है 'एक व्यक्ति जिसने अनंतता को जाना (A Man Who Knew Infinity)'। आश्चर्य यह है कि वह गणित रामानुजन ने १९०८ में दिया था, तब ब्लैकहॉल जैसा कोई विचार अस्तित्व में ही नहीं था। रामानुजन हमेशा कहा करते थे कि 'गणितीय सूत्र मेरे लिए कुछ नहीं है, अगर वह मेरी देवी के विचार व्यक्त ना करे।'

इस यंत्र मार्ग का आत्मसाक्षात्कार के लिए उपयोग कुछ इस तरह होता है। इसमें किसी एक देवी-देवता की मूर्ति को अंतिम ईश्वर मानकर उसके पास लगातार सत्य का साक्षात्कार माँगा जाता है। यहाँ साधक एक

ही मूर्ति को लगातार सामने रखकर उसके पास से सत्य के स्वरूप को प्रगट करने की मांग प्रार्थना और भक्ति के द्वारा करता है। इस कारण उस साधक का मन धीरे धीरे दो भागों में विभाजित हो जाता है। एक दो से पांच प्रतिशत जागरूक मन, जो साधक स्वयं है। दूसरा, शेष ९५ प्रतिशत या उससे ज्यादा मन, जो सम्बंधित देवी-देवता के स्वरूप के साथ जुड़ता है। इस प्रकार यहाँ साधक उस देवी-देवता को ही ईश्वर समझता है, इसलिए साधक के सुषुप्त मन की ऊर्जा भी उस देवी या देवता की मूर्ति की पहचान के साथ जुड़ जाती है। यहाँ साधक का ध्यान सिर्फ उस मूर्ति की ओर ही होता है और मन में एक ही लक्ष्य होता है - इस देवी को सत्य के स्वरूप में देखना। इस कारण साधक के अहम के साथ होने वाले स्वार्थी कर्म बन्द हो जाते हैं और पहले बने अहम के पुराने रिकॉर्ड संसार से विमुख हो जाने से तथा सत्य प्राप्त ना होने की यातनाओं से टूटते जाते हैं।

इस तरह की प्रबल भक्ति का मार्ग वही मनुष्य अपना सकता है जिसकी उर्जा चौथे चक्र पर आ चुकी होती है, यहाँ मनुष्य में पहली बार निर्मल प्रेम और भक्ति का गुण प्रगट होता है। नीचे के तीन चक्रों पर स्थित मनुष्यों को इस तरह मूर्ति के साथ भक्ति करने को कहा जाए तो भी कुछ समय बाद उनका ध्यान उस चक्र के गुणों के अनुरूप विषयों पर ही चला जाता है। किसी का ध्यान अस्तित्व टिकाने की रोजमर्रा की आवश्यकताओं पर तो किसी का ध्यान धन कमाने पर, तो किसी का प्रतिष्ठा कमाने पर चला जाता है। कई बार ऐसे नीचे के चक्रों पर स्थित व्यक्तियों पर देवी-देवताओं की भक्ति थोप दी जाती है, तब वह बाहर से तो वह भक्ति करते हैं, लेकिन भीतर से भक्ति के पाखंड का उपयोग धन, जातिय सुख, कीर्ति, प्रतिष्ठा कमाने में करने लगते है। वही लोग फिर हमारे सामने ढोंगी बाबा के रूप में उभर के आते है।

सच्ची भक्ति और सच्चा प्रेम सिर्फ़ चौथे और उससे ऊपर के चक्र पर स्थित मनुष्य ही कर सकता है। उससे नीचे के चक्रों पर स्थित मनुष्यों के प्रेम में भी हमेशा सांसारिक स्वार्थ छिपा रहता है। इस तरह, ऐसे चौथे चक्र पर स्थित मूर्ति की भक्ति करते साधक के अहमों के रिकॉर्ड टूटने लगते हैं और उसकी ऊर्जा पाँचवें चक्र पर आती है। इससे उसमें तत्त्व ज्ञान

प्रगट होता है। कुछ समय बीतने के बाद और ज्यादा अहम के रिकॉर्ड टूटते हैं और वह छठे चक्र पर आकर संसार से सम्पूर्णता: वैरागी बन जाता है। इससे आगे जब भक्ति के द्वारा उसके अहम के रिकोर्ड टूटते है, तब वह आत्मन और ब्राह्मन स्थिति के साक्षात्कार कर लेता है। उससे विकसित होकर वह विष्णु स्थिति में आता है। लेकिन वह देवी-देवता का मुख देखकर भक्ति करता है, इसलिए विष्णु स्थिति की उसकी ऊर्जा संकुचित होकर पाँचवें और छठे चक्र में आकर केन्द्रित हो जाती है। यह मनुष्य की शिव स्थिति है।

अर्थात् मनुष्य का समग्र शरीर सात परिमाण धारण करनेवाले सृष्टि के महाविष्णु स्टेज में है। पर मनुष्य का चहेरा, जो पाँचवें और छठे चक्र की सीमाओं में आता है, वह विरोधी प्रकृति वाले दो परिमाणों से बने सृष्टि के सदाशिव स्टेज में है। इसी कारण, देवी-देवताओं की मूर्तियां मनुष्य के मन के एक बड़े हिस्से में ईश्वर के रूप में स्थायी होकर मनुष्य को अपने भीतर अद्वैत का साक्षात्कार करवाती है और उसे शिव स्वरूप में स्थायी करती है। मीरा की कृष्ण के लिए भक्ति ऐसे ही यंत्र के स्वरूप की भक्ति थी। रामकृष्ण परमहंस का माँ काली की भक्ति से हुआ आत्मसाक्षात्कार भी इसी यंत्र स्वरूप की भक्ति का ही उदाहरण है।

तो इस प्रकार वर्षों से शुष्क ज्ञानियों द्वारा मूर्ति पूजा का जो विरोध हुआ है वह भक्ति के यंत्र मार्ग को ना जानने का एक अज्ञान मात्र है। देवी-देवताओं की मूर्तियाँ मनुष्य रूप में ही ज्यादातर क्यों होती है, उसका कारण भी यही है। मनुष्य का शरीर सात परिमाणों वाले महाविष्णु के स्टेज (२) में है, जबकि मनुष्य का चहेरा सदाशिव के स्टेज (१) में है। यहाँ चहरे में मौजूद पाँचवा चक्र ब्रह्म की एक प्रकृति व्यक्त करता है, तो छठा चक्र उससे विरोधी प्रकृति व्यक्त करता है। साथ ही छठा चक्र नीचे के तमाम चक्रों की संयुक्त ऊर्जा की आवृत्ति भी व्यक्त करता है, क्योंकि उसके साथ जुड़ी बुद्धि नीचे के पंचो चक्रों से जुड़ी इंद्रियों का नियमन करती है। इस प्रकार मनुष्य स्वरूप ज्योतिर्पिण्ड के बाद की ब्रह्म की दो सबसे संगठित स्थितियाँ रखता है। मनुष्यरूपी किसी देवी-देवता के चहेरे को देखते ही हमारे जागरूक मन के सिवाय की समग्र ऊर्जा सृष्टि के

स्टेज (१) की स्थिति में केंद्रित हो जाती है। इस वजह से मनुष्य की अनेक चक्रों में बिखरी हुई ऊर्जा को शिव स्थिति में केंद्रित करने के लिए एक साधन मिलता है, एक यंत्र मिलता है। इस प्रकार जैसे हर स्थान पर हवा है, उसके बावजूद हम पंखे के नीचे ही आराम महसूस करते हैं, बिल्कुल उसी तरह भक्त प्रत्येक स्थान पर ब्रह्म होने के बावजूद वह ब्रह्म के प्रतीक समान किसी एक मूर्ति से ही आराम महसूस करता है। क्योंकि वह मूर्ति उस समग्र ब्रह्म को उसकी दूसरी सबसे संगठित स्थिति (सदाशिव स्टेज) में उस भक्त के सामने पेश करता है। यही है मूर्ति पूजा का रहस्य। जैसे पंखा हवा को एक स्थान पर केन्द्रित कर के हम तक पहुँचाता है, वैसे ही मूर्ति ब्रह्मांड के समग्र ब्रह्म को उसके सबसे एकत्र (सदाशिव) स्वरूप में भक्त के सामने रख देती है। उससे हमारी भक्ति और ऊर्जा भी उस एक मूर्ति द्वारा समग्र ब्रह्मांड की ऊर्जा तक एकाग्र होकर पहुँचती है।

इस प्रकार, देवी-देवताओं की मूर्तियाँ मोक्ष प्राप्ती के लिए जारी हमारी यात्रा में बीच- बीच में रखे गए हेल्प सेन्टर्स हैं, जो हमें जब जब जिस मुक़ाम पर हम फँस जाएं, तब तब वहाँ से निकालकर आगे की ओर गतिशील करने में सहाय करते हैं।

अध्याय – २९

ब्रह्म का नेटवर्क
सृष्टि की घटनाओं का आधार

सृष्टि ऊर्जा की एक चादर के रूप में विस्तृत हो रही है। हम इसे अपाकर्षण रेखाओं की या काल की चादर कहते हैं। यह अपाकर्षण रेखाएँ भी ब्रह्मांड की ऊर्जा यानी ब्रह्म ही है। इस सृष्टि का हर एक स्थान ब्रह्म से बना हुआ है और उस प्रत्येक स्थान के बीच ब्रह्म अथवा ऊर्जा का आदान-प्रदान होता रहता है। इसी प्रकार सृष्टि गतिमान है। तमाम सजीवों के शरीर इस उर्जा की चादर में बहते पदार्थ हैं जो स्वयं भी उसी ऊर्जा से बने हैं। इसलिए उनके साथ भी ऊर्जा का निरन्तर आदान-प्रदान यह सृष्टि उसके विभिन्न स्वरूपों के मार्फत करती रहती है। किसी भी निश्चित समय में सृष्टि के किसी एक स्थान पर किसी सजीव के साथ, किस प्रकार की उर्जा का आदान-प्रदान होगा, वह उस सजीव के साथ घटती घटनाओं को आकार देता है। यह आदान-प्रदान ऊर्जा संरक्षण के नियम पर आधारित है।

ऊर्जा संरक्षण का यह नियम ही ब्रह्म का नेटवर्क बनाता है। यह नियम कहता है कि सृष्टि की समग्र ऊर्जा अचल है, वह ना बढ़ती है और ना घटती है। बस वह एक स्वरूप से दूसरे स्वरूप में रूपांतरित होती रहती है। कभी यह ऊर्जा एक तटस्थ पिंड़ के स्वरूप में थी, और उस पल वह तटस्थ थी। वह ना पुरुष या धन प्रकृति में थी, ना ही स्त्री या ऋण प्रकृति में। इसलिए आज अनेक ब्रह्मांडों में फैली पिंड़ की यह समग्र ऊर्जा भी कुल औसत के रूप में तटस्थ ही है। अर्थात् आज की विस्तृत होती जा रही सृष्टि में भी ब्रह्म का कुल विदृत भार देखे तो वह हर पल शून्य ही होता है।

अर्थात् समग्र सृष्टि का ब्रह्म संयुक्त रूप से हर समय तटस्थ ही होता है। तो बस, सृष्टि की उर्जा का नेटवर्क इन दो बातों पर ही आधारित है।

(१) ब्रह्म बिगबैंग के विस्फोट के बाद के अगले ही क्षण से फिर एक तटस्थ ज्योतिर्पिण्ड बन जाना चाहता है। जो कुछ भी इस सृष्टि में हो रहा है, वह ब्रह्म के इस मूल ध्येय को पूर्ण करने की ओर ही हो रहा है। यही सृष्टि की दिशा है।

(२) और दूसरा, ज्योतिर्पिण्ड बनने की ओर अपनी इस यात्रा में ब्रह्म हर पल तटस्थता का अपना मूल स्वभाव बरकरार रखता है।

ब्रह्म द्वारा यह दो कार्य लगातार करने से जो घटनाएँ घटित होती हैं, वही इस सृष्टि का इतिहास, वर्तमान और भविष्य है। ब्रह्म के इन दो कार्यों से ही हमारे जीवन की और समग्र सृष्टि की सारी घटनाएँ आकर लेती हैं। ब्रह्म के इन दो कार्यों की वजह से समग्र सृष्टि में निरंतर उत्पन्न होने वाले ऊर्जा के समीकरणों को ही ब्रह्म का नेटवर्क कहते हैं।

पहले बात करते हैं नेटवर्क के लिए जिम्मेदार पहले परिबल-ज्योतिर्पिण्ड की ओर गति की। ऊर्जा संरक्षण के नियम के मुताबिक सृष्टि की कुल ऊर्जा तो अचल है, ना नई उत्पन्न होती है, ना उत्पन्न हुई नष्ट होती है। वह बस स्वरूप बदलती है। अगर अपाकर्षण रेखाएं नयी उत्पन्न होती हैं तो वह कोई बाहर से नयी उत्पन्न होकर ब्रह्मांड में नहीं आती। वह ब्रह्मांड के भीतर के ही हिग्ज प्रदेश के विघटन से उत्पन्न होती हैं। मतलब हिग्ज बोसोन की उच्च घनत्व और गोलाकार संमिति वाली ऊर्जा ही विस्तरती मुक्त ऊर्जा में परिवर्तित होती है। हिग्ज प्रदेश की ऊर्जा घटती है और काल या अपाकर्षण रेखाओं का विस्तरण बढ़ता है।

उससे विपरीत, जब प्रोटोन और न्यूट्रॉन के जोड़ के बीच अपाकर्षण रेखाएँ दबती हैं तब उन अपाकर्षण रेखाओं की ऊर्जा घटती है और वह प्रोटोन तथा न्यूट्रॉन के द्रव्यमान में शामिल होती हैं। इस प्रकार मुक्त ऊर्जा का द्रव्यमान में रूपांतरित होता है। ऐसे असंख्य प्रोटोन और न्यूट्रॉनों से ग्रह और तारे जैसे भौतिक पदार्थ बनते हैं, तो ऐसे असंख्य प्रोटोनों और न्यूट्रॉनों से सर्जीव शरीर का एक कोष बनता है और ऐसे अगणित कोषों से हमारा शरीर बनता है। इसलिए आधुनिक विज्ञान की कुछ थियरीयों में कहा गया है कि जब मनुष्य और अन्य सजीवों के शरीर का निर्माण हो

रहा था, उस समय सृष्टि का विस्तरण अत्यंत मन्द पड़ गया था। क्योंकि उनके कोषों में मौजूद अरबों प्रोटोन और न्यूट्रॉन के बीच अपाकर्षण रेखाएं इतनी दबी थी की उसने सृष्टि के विस्तरण को मंद कर दिया था। इसका कारण यह था की उन अपाकर्षण रेखाओं की ऊर्जा को संगठित करके ही शरीरों का वह समूह अस्तित्व में आया था।

लेकिन कुछ समय के बाद फिर ब्रह्मांड का विस्तरण शुरू हो गया, क्योंकि ब्रह्मांड के प्रत्येक गुब्बारे में मौजूद हिग्ज प्रदेश का विघटन चालु ही था, जो लगातार नयी नयी विस्तरती अपाकर्षण रेखाएँ उत्पन्न करता जा रहा था। इसलिए शुरूआत में जब सृष्टि में यहाँ वहाँ प्राणी के शरीर बनने लगे तब एक समय ऐसा आया कि शरीरों में संगठित हुई ऊर्जा और सृष्टि की अपाकर्षण रेखाओं की विस्तृत हो रही उर्जा संतुलन में आ गई। इस कारण सृष्टि का विस्तरण थम गया। लेकिन जितनी मात्रा में अपाकर्षण रेखाएं सृष्टि में नयी शामिल होती गई, उतने प्रमाण में नये शरीर नहीं बनते थे। इससे एक समय के बाद फिर यह संतुलन बिगड़ा और सृष्टि का विस्तरण शुरू हो गया।

तो इस प्रकार ब्रह्म का नेटवर्क इस पहली हकीकत से प्रभावित होता है कि सृष्टि में कितनी ऊर्जा हिग्ज बोसोन की गोलाकार संमिति और उच्च घनत्व वाली ऊर्जा में से अपाकर्षण रेखाओं में परिवर्तित होती है और कितनी ऊर्जा अपाकर्षण रेखाओं में से संगठित द्रव्यमान में परिवर्तित होती है।

दूसरी हकीकत है ब्रह्म की निरंतर तटस्थता बरकरार रखने की कोशिश।

हम जानते हैं कि बिगबैंग से पहले सृष्टि की समग्र ऊर्जा एक तटस्थ ज्योतिर्पिंड़ के स्वरूप में थी। वह तटस्थ थी। अर्थात् कि उसकी प्रकृति शून्य थी। इस स्थिति को ब्रह्म की 'मूल स्थिति' (ground state) अथवा शून्य स्थिति (zero state) कहते हैं। इस प्रकार तटस्थता ब्रह्म का मूल स्वभाव है। अनेक गुब्बारों में फैले और निरंतर विस्तृत होते जा रहे अनेक ब्रह्मांडों में भी ब्रह्म उसकी तटस्थता बरकरार रखता है, जो शुरूआत के

पिंड में थी। इसी कारण आज अनंत रूप से विस्तरती जा रही सृष्टि में भी ब्रह्म का कुल विद्युत बल देखें तो वह हर समय शून्य ही होता है। यह समग्र ब्रह्म आखिर में ना घन है ना ऋण है। यह ना शिव है और ना शक्ति। वह तटस्थ है। वह एक और जितना घन है, उतना ही दूसरी ओर ऋण है। एक और शिव प्रकृति जितने प्रमाण में है, उसे तटस्थ बनाने के लिए दूसरी ओर शक्ति प्रकृति भी उतने ही प्रमाण में है। अगर एक ओर ब्रह्म ज्यादा बहिर्गामी प्रकृति दर्शाता है, तो वह तभी संभव बनता है जब ब्रह्म दूसरी और उतनी ही अंतर्गामी प्रकृति दर्शाए।

आप इस ब्रह्मांड का एक स्थान हो। आपके स्थान कुछ अच्छा बना है तो उसका अर्थ यह है कि ऊर्जा बहिर्गामी प्रकृति धारण करके आप तक पहुँची है, लेकिन यह तभी संभव है जब ब्रह्मांड के दूसरे किसी स्थान से ऊर्जा कम हुई हो। जिसे ऊर्जा मिलती है वह स्थान या व्यक्ति कुछ प्राप्त करता है, लेकिन उसके कारण दूसरे स्थान या व्यक्ति के पास से ऊर्जा छिनती है, मतलब वह कुछ खो देता है। जिस स्थान से ऊर्जा छिनती है, उस स्थान पर ऊर्जा के लिए एक शून्यावकाश या कम ऊर्जा का क्षेत्र उत्पन्न होता है। इससे उस स्थान पर अंतर्गामी प्रकृति सक्रिय बनती है। इस अंतर्गामी प्रकृति से आकर्षित होकर आसपास की ऊर्जा बहिर्गामी प्रकृति के रूप में उसकी तरफ बढ़ती है और उसको भरती है। इससे, उस स्थान पर मौजूद दूसरा व्यक्ति कुछ पाता है, पर उसके बदले वह ऊर्जा जिस स्थान से वहाँ आइ उस स्थान का तीसरा आदमी कुछ खोता है।

अर्थात् पहले व्यक्ति को कुछ देने के लिए जिस दूसरे व्यक्ति ने कुछ खोया था उसे अब कुछ मिलता है लेकिन किसी तीसरे के एवज में। उस तीसरे के स्थान पर उत्पन्न हुए अंतर्गामी शून्यावकाश को भरने के लिए किसी चौथे स्थान की ऊर्जा बहिर्गामी बनकर वहाँ पहुँचती है और अपने स्थान पर शून्यावकाश उत्पन्न करती है। और हो सकता है, कि वह चौथा स्थान वही पहिला व्यक्ति हो जिसने सबसे पहले किसी के पास से ऊर्जा प्राप्त की थी। इस प्रकार उस पहले व्यक्ति ने जो प्राप्त किया था वह या

उसके बदले में कुछ दूसरा उसे ब्रह्म की तटस्थता बरकरार रखने के लिए चौथे स्टेप में गँवाना पड़ता है।

किसी को ऊर्जा मिलना अर्थात् उसकी विचारधारा और इच्छाओं को सकारात्मक बल मिलना, सहायता मिलना। दूसरे शब्दों में हमारे अहम को समर्थन मिलना। और हमारे स्थान से ऊर्जा का दूसरे स्थान पर जाना, यानी हम जिसको अपना मान बैठे हो, ऐसा कुछ हमसे छिन जाना। अर्थात् हमारे अहम पर आघात होना, जिसे हमने पिछले प्रकरण में दुःख कहा था।

इस प्रकार ब्रह्म ज्योतिर्पिण्ड की ओर अपनी यात्रा, इस तरह लगातार अपनी तटस्थ स्थिति बनाए रखते हुए करता है। हमारे पास कब क्या आने वाला है और हमारे पास से कब क्या छिन जाने वाला है, इसका सम्पूर्ण आधार ब्रह्म की यह निरंतर तटस्थता बरकरार रखने के लिए की गई कोशिशों पर आधारित है। यही जीवन में लगातार आने वाले सुख और दुःख के पड़ावों की श्रृंखला का कारण है। इसलिए उपनिषदों और भगवद्गीता का मुख्य संदेश है - स्थितिप्रज्ञता। अगर हमारे साथ किसी पल अच्छा होनेवाला है कि बुरा, इसका संचालन हमारे हाथ में नहीं है, तब सुख और दुःख, हार और जीत, मान और अपमान तथा जीवन और मृत्यु में समान रहना, यही बुद्धिमानी है। यही ज्ञान है, यही सत्य है, यही हमारी ब्रह्म के रूप में मूल तटस्थ स्थिति हैं।

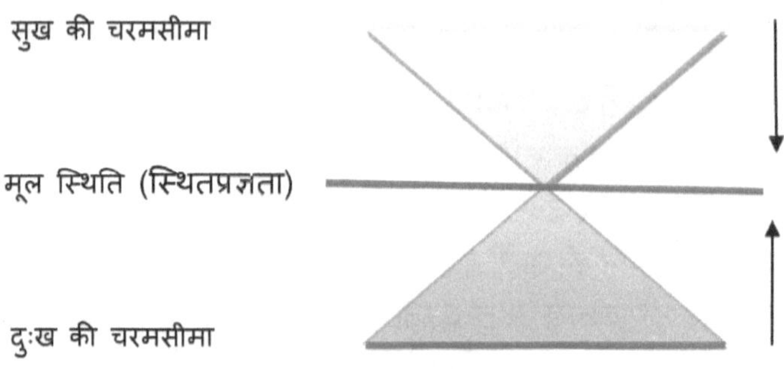

आकृति २९.१ स्थितप्रज्ञता

आकृति २९.१ दर्शाती है कि जब ब्रह्म बहिर्गामी प्रकृति धारण करके आप के पास से बहुत सारी ऊर्जा ले जाता है, तब हम अपनी मूल तटस्थ स्थिति से उपर जाते हैं और सुख भोगते है। लेकिन फिर कुछ ही समय में आसपास के किसी शून्यावकाश को भरने के लिए हमारे पास से ऊर्जा छीन ली जाती है और हम सुख की उस उत्तेजना से या तो मूल स्थिति में अथवा अतिशय दुःख की पीड़ा में डूब जाते है। इस तरह हमारे स्थान पर शून्यावकाश पैदा होता है। उस शून्यावकाश को भरने के लिए फिर कहीं से ऊर्जा हमारे पास आती है और हमको फिर से सुख का अहसास करवाती है। इस प्रकार अगर स्थितिप्रज्ञता की मूल स्थिति को हम ना जानें या उस पर स्थित ना रहें तो हमारा सम्पूर्ण जीवन एक के बाद एक आने वाले सुख के आनंद और दुःख की पीड़ा के अनुभवों में ही गुजर जाता है। हमें कभी शाति नहीं मिलती क्योंकि शांति तटस्थता की मूल स्थिति पर होती है, सुख की उत्तेजना या दुःख की पीड़ा में नहीं।

हमारे सुषुप्त मन की ऊर्जा इंद्रियों के सम्पर्क से दूर रहने के कारण ब्रह्म की मूल तटस्थ स्थिति का ही स्वभाव रखती है। इसलिए तो जब हम अतिशय सुख को भोगते हैं तब लगातार हमारे मन में एक छिपा हुआ भय महसूस होता है कि कहीं, 'यह सुख चला जाएगा तो?' यह भय असल में हमारा अर्धजागरूक मन हमारे जागरूक मन को देता है। अर्धजागरूक मन सुषुप्त मन के साथ सम्पर्क में होता है। जब जागरूक मन सुख की उत्तेजना में जाता है तो अर्धजागरूक मन सुषुप्त मन की तटस्थ स्थिति का यह हल्का सा संदेश जागरूक मन को देता है कि 'तटस्थता ही हमारी मूल स्थिति है - हमें फिर से वहीं पर जाना होगा।'

इसी तरह जब हमारा जागरूक मन अतिशय दुःख महसूस करता है, तब भी उसे एक छिपा आश्वासन मिलता है कि, 'यह दुःख चला जाएगा और सुख वापस लौट आएगा।' यह संदेश भी अर्धजागरूक मन ही सुषुप्त मन के उसी संदेश के तौर पर जागरूक मन को देता है कि 'तटस्थता हमारी मूल स्थिति है, हमें फिर वहीं जाना होगा।'

श्रीकृष्ण ने गीता में भी यही उपदेश दिया था, 'हे अर्जुन, एक स्थितिप्रज्ञ मुनि बन जाओ। वही मोक्ष का मार्ग है।' मौहम्मद पैगम्बर के

इस्लाम का मुख्य संदेश भी यही है, "मुस्लिम बनो"। मुस्लिम शब्द का अर्थ है - जिसने अपने आप को अल्लाह की इच्छा को सौंप दिया है। 'अल्लाह' का अर्थ इस्लाम में है, निराकार ब्रह्म। मतलब आप स्वयं को ब्रह्म को सौंप दीजिए। ब्रह्म से अपना एकत्व बनाए रखिए और ब्रह्म अपनी तटस्थता बरकरार रखने और ज्योतिर्पिण्ड बनने की कोशिशों में आपके लिए जो कुछ भी लेकर आए, उसे उसकी इच्छा मानकर स्वीकार कर ले। यही स्थितप्रज्ञता है।

इस प्रकार मुस्लिम होने का अर्थ है स्थितिप्रज्ञ होना। अर्थात् जब मौहम्मद पैगम्बर ने कहा कि जब समग्र मानवजाति मुस्लिम (स्थितिप्रज्ञ) बन जाएगी, तब वह पवित्र बन जाएगी और धरती पर अल्लाह (ब्रह्म) का राज्य स्थापित होगा, तब उन्होंने ठीक ही कहा था। जब सब मानव ब्रह्म की ज्योतिर्पिंड का आख़िरी एकत्व पाने की यात्रा में एक माध्यम और साधन बनके रहेंगे, तब मानवजाति पवित्र बनकर अपने लक्ष्य की ओर बढ़ेगी। लेकिन पैगम्बर मौहम्मद के अवसान के बाद उनके अनुयायी उनकी इस आध्यात्मिक बात को समझ नहीं सके और दुनिया को ख़ास प्रकार की टोपी पहननेवाले, ख़ास प्रकार की दाढ़ी रखनेवाले और उस एक ईश्वर को सिर्फ 'अल्लाह' शब्द से ही पुकारनेवाले लोगों में बरगलाने निकल पड़े। भटकाव इतना विरोधाभासी था, की रक्तपात के मार्ग से ईश्वर के नाम पर सत्ता हासिल करने को ही 'अल्लाह का राज्य' या 'इस्लामिक स्टेट' का स्वरूप बना बैठे। जबकि वास्तव में इस्लामिक स्टेट की कल्पना स्थितप्रज्ञ मुनि बने आध्यात्मिक मनुष्यों के समाज की थी।

'कर्मण्ये वाधिकारस्ते माफलेषु कदाचन':

हमने अब तक जाना कि प्रत्येक मनुष्य पुरुष की बहिर्गामी प्रकृति और स्त्री की अंतर्गामी प्रकृति का कम-ज्यादा समन्वय है। प्रत्येक शरीर का अभिव्यक्त विभाग एक प्रकृति को ज्यादा धारण करता है और दूसरी को कम। इस तरह, कहा जाता है कि प्रत्येक पुरुष में ६० प्रतिशत पुरुष प्रकृति है तो ४० प्रतिशत स्त्री प्रकृति है और प्रत्येक स्त्री में ६० प्रतिशत स्त्री प्रकृति है और ४० प्रतिशत पुरुष प्रकृति है। यह प्रतिशत के आँकड़े

आगे-पिछले भी हो सकते है, पर मूल हक़ीक़त यह है की हर पुरुष में स्त्री प्रकृति का एक हिस्सा सक्रिय है और हर स्त्री में पुरुष प्रकृति का एक हिस्सा सक्रिय है।

जब मनुष्य किसी इच्छा के पीछा आक्रमकता और दृढ़ता से कार्य करता है, तब उस मनुष्य की (चाहे वह स्त्री हो या पुरुष) बहिर्गामी प्रकृति ब्रह्म के नेटवर्क में प्रस्तुत होती है। और जब मनुष्य (चाहे स्त्री हो या पुरुष) त्याग, प्रेम, करुणा और समर्पण दर्शाता है, तब उसके भीतर मौजूद स्त्री प्रकृति या अंतर्गामी प्रकृति ब्रह्म के नेटवर्क के सामने प्रस्तुत होती है। अब हम यह जानते है कि बहिर्गामी प्रकृति लिंग की तरह एक स्थान पर जमा हुई स्थित ऊर्जा का भण्डार है। स्थित ऊर्जा द्रव्यमान या ऊर्जा का घनत्व उत्पन्न करती है और द्रव्यमान अपने आसपास ब्रह्मांड की ऊर्जा को चादर की तरह मोड़ता है। इसलिए अपनी इच्छा के पीछे दृढ़ता से कार्य करनेवाले मनुष्य के आसपास ब्रह्मांड की ऊर्जा बहती है और जमा होती है। लेकिन यह आसपास की ऊर्जा उस मनुष्य की बहिर्गामी प्रकृति के आसपास जमा ही हो पाती है, वह उस मनुष्य द्वारा स्वीकारी नहीं जा सकती। क्योंकि ऊर्जा स्वीकार करने का काम बहिर्गामी प्रकृति नहीं, बल्कि अंतर्गामी प्रकृति करती है। इस प्रकार स्वयं की इच्छा के पीछे अपने द्वारा किए गए कार्य का फल प्राप्त करने के लिए मनुष्य को अपने भीतर मौजूद अंतर्गामी प्रकृति का शून्यावकाश सृष्टि के नेटवर्क के समक्ष प्रस्तुत करना पड़ता है। तभी वह अपने कार्य के बदले में ब्रह्म के नेटवर्क ने जो मानदेय भेजा है, वह स्वीकार कर सकता है। लेकिन सवाल यह है कि अंतर्गामी प्रकृति का शून्यावकाश उत्पन्न कैसे करें?

शून्यावकाश अर्थात् वेक्यूम (vacuum)। शून्यावकाश की स्थिति होना अर्थात् उस इच्छा की सम्पूर्ण अनुपस्थिति होना। मतलब यह हुआ कि किसी भी वस्तु को प्राप्त करने का वैज्ञानिक मार्ग यह है कि पहले उस वस्तु को प्राप्त करने के लिए जो भी कोशिश और परिश्रम हो सकता है, वह श्रेष्ठ परिश्रम कर दें और उसके बाद उस वस्तु की इच्छा छोड़ दे। ब्रह्मांड का नेटवर्क अपने संतुलन को संभालता-संभालता जितना श्रेष्ठ हो, उतना श्रेष्ठ कर्मफल आपके आसपास जमा करेगा। वह आपको ठीक

तरह से तभी मिल पाएगा जब आप अपनी इच्छा को छोड़कर अंतर्गामी प्रकृति धारण करेंगे। लेकिन अंतर्गामी प्रकृति धारण करने का अर्थ यह बिल्कुल नहीं है कि श्रेष्ठ परिश्रम कर लेने के बाद हम शांत होकर राह तके कि कब वह फल हमें मिलेगा? यह शून्यावकाश नहीं है। शून्यावकाश अर्थात् परिश्रम पूर्ण करने के बाद उस वस्तु को प्राप्त करने की इच्छा को ही शून्य कर देना। इच्छा का त्याग ही सच्चा शून्यावकाश उत्पन्न करता है। अपना ध्यान वहाँ से सम्पूर्णतया हटा लेना और दूसरे कार्यों के लिए परिश्रम करने में लगा देना। यही जीवन सृष्टि के विज्ञान के अनुरूप है।

पर अगर इच्छा को त्यागने की बात को याद रखा जाए तो इंसान उस इच्छा के लिए श्रेष्ठ कार्य ही कैसे करे? इच्छा को त्यागने की बात सिर्फ़ तब आती है, जब परिस्थितियाँ इतनी विपरीत हो जाए की आप उस इच्छा पूर्ति के लिए कोई कार्य ही ना कर सके। जब तक यह पल नहीं आता तब तक सत्य की आख़री सीमाओं तक हमें उस इच्छा की पूर्ति के लिए पुरुषार्थ करना चाहिए। इसे ही कहा जाता है श्रेष्ठ से श्रेष्ठ परिश्रम करना। जब तक कर्म करने का अवकाश है, करते रहे। जब आगे कर्म करने को ही सत्य की राह मना कर दे, तब उस इच्छा के लिए किए गए संपूर्ण कर्म को ब्रह्म को समर्पित कर दें और इच्छा को त्यागकर दूसरे कार्य में लिप्त हो जाए। फिर कुछ समय बाद उस त्यागी हुई इच्छा का कुछ फल दिखेगा, कोई छोटा या बड़ा मार्ग खुलेगा। फिर उस मार्ग पर श्रेष्ठ कर्म कीजिए और जहां तक कर सकते है उतना श्रेष्ठ कर्म कीजिए। फिर कर्म की सीमा पूरी होने पर इच्छा त्यागकर दूसरे कार्य में प्रवृत्त हो जाइए। फिर जब नया फल सामने आए तब फिरसे आगे अपना कर्म कीजिए। इसी तरह जीने को 'कर्म योग' कहेते है। पिछले अध्याय में हमने ज्ञान योग, क्रिया योग और भक्ति योग को जाना था, इस अध्याय में आख़री बचे कर्म योग को जाना।

इस तरह कई बार क्रमिक प्रयासों से इच्छित कार्य पूर्ण होता है। कई बार कार्य पूर्ण होता है, तब बिल्कुल वैसा नहीं होता जैसी शुरुआत में हमारी इच्छा थी। ब्रह्मांड के नेटवर्क में तमाम मनुष्यों और सजीवों की ऊर्जा एक दूसरे के साथ जुड़ी हुई है। इसलिए वह इच्छा पूरी करने के लिए जो ऊर्जा चाहिए उसके लिए तमाम लोगों के बीच एक खींचतान बनी

रहती है। ब्रह्म के नेटवर्क में हमारे पास आने वाली ऊर्जा किसी दूसरे के पास से ही आती है। अर्थात् शक्ति संरक्षण के नियम के मुताबिक वह अन्य लोगों से छिनकर ही हमको मिल सकती है। इस वजह से वह अन्य व्यक्ति आसानी से अपनी ऊर्जा जाने नहीं देते, यानी की अपने स्वार्थों और हितों को आसानी से नहीं छोड़ते। वे उसे बचाने के लिए संघर्ष करते हैं। उनका संघर्ष ब्रह्म के नेटवर्क में उनकी बहिर्गामी प्रकृति के तौर पर आगे आता है और ऊर्जा को अपने आसपास जमा करता है। इसलिए एक व्यक्ति की इच्छा पूर्ति में दूसरे व्यक्तियों का यह संघर्ष अवरोध खड़ा करता है। इसलिए फल के तौर पर मिलने वाली ऊर्जा तमाम के बीच बँट जाती है ।

जिस व्यक्ति की इच्छा ज्यादा तीव्र परिश्रम और शक्ति से भरी होती है और जो उस इच्छा पर सबसे लम्बे समय तक परिश्रम करता रहता है तथा जिसके प्रयासों में निःस्वार्थता और स्वार्थहीन प्रेम होता है, उसके पास ब्रह्म के नेटवर्क से ज्यादा ऊर्जा पहुँचती है। दूसरों के पास कम पहुँचती है। इन तीनों परिबलों में कर्म की सफलता का सबसे ज्यादा आधार उसी परिबल पर होता है कि कर्म सत्य के मार्ग के कितना समानांत है। सत्य का मार्ग अर्थात् ब्रह्म की इच्छा के समानांतर इच्छा किसकी है और उसे ब्रह्म का कितना साथ मिलता है? ब्रह्म की ज्योर्तिपिंड स्थिति की ओर जाने की कोशिशों से जिसकी इच्छा समांतर होंगी, उसे ब्रह्म का ज़्यादा साथ मिलेगा।

हमारे साथ घटने वाली सभी घटनाएँ ब्रह्म की ज्योतिर्पिण्ड की ओर गति बनाए रखने और उस गति के दौरान लगातार अपनी तटस्थता बनाए रखने के प्रयासों से ही उत्पन्न होती है। यही सत्य है। इसलिए इस समग्र अनिश्चितता के बीच सफलता के लिए एक ही मूल मंत्र है, सत्य। जो व्यक्ति अपने व्यक्तिगत स्वार्थ से ऊपर उठकर समाज और सृष्टि के आत्मीय एकत्व (शारीरिक नहीं, शरीर के अंदर मौजूद ब्रह्म के एकत्व) की दिशा में कर्म करता है, उस व्यक्ति के कर्म आखिर में पूर्ण सफल होते हैं। जिस व्यक्ति के कर्म व्यक्तिगत स्वार्थ और सांसारिक सत्ता को टिकाए रखने के लिए होते हैं, उनकी गति ब्रह्म के ज्योर्तिपिंड़ की ओर हो रही गति

के विपरीत होती है। इसलिए उन तक ब्रह्म, पहले उल्लेख किया, वैसे अनिश्चित मात्रा में पहुँचता है। ऐसी इच्छाएं जैसे तैसे पूर्ण होती है अथवा आधी अधूरी रह जाती हैं। जितनी पूर्ण होती है, वह भी क्षणिक होती है क्योंकि ब्रह्म के अद्वैत बनने की गति किसी भी एक व्यक्ति के व्यक्तिगत स्वार्थ और सत्ता की गति से विरुद्ध होती है। इसलिए ब्रह्म जैसे जैसे अद्वैत की ओर आगे बढ़ता है, वैसे वैसे वह मनुष्यों की व्यक्तिगत स्वार्थ के लिए प्राप्त सफलताओं को उठलाता हुआ आगे बढ़ता है। इसीलिए स्वार्थ नाशवंत है, आत्मीय प्रेम शाश्वत है। वह आत्मीय प्रेम ही सत्य है।

अध्याय – ३०

समष्टि-मन और कर्म का सिद्धांत

तो, समग्र सृष्टि में ऊर्जा का एक अविरत नेटवर्क कार्यरत है। इस नेटवर्क में ऊर्जा अलग अलग संगठित स्थिति में कार्यरत है। कहीं काल के रूप में फैली अद्रश्य ऊर्जा है, तो कहीं अद्रश्य ब्लैक होल के रूप में अतिशय छोटे क़द में संकुचित हुई विशाल ऊर्जा का भंडार है तो कहीं निर्जीव और सजीव द्रश्य पदार्थ है। पेड़-पौधों के सिवाय के तमाम सजीव पदार्थों को हम प्राणी शरीर कहते हैं, जिसमें मन होता है। उसमें भी मनुष्य ऐसे शरीर हैं जिनके मस्तिष्क में सृष्टि के स्टेज (२) स्थिति के सात परिमाण फिर निर्मित हुए हैं। मतलब की मनुष्य का मन समग्र सृष्टि की स्टेज (२) स्थिति की प्रतिकृति है। जैसी सृष्टि बाहर है, वैसी ही एक समांतर सृष्टि मनुष्य के मस्तिष्क में भी कैद है। इसलिए सृष्टि के तमाम जड़-चेतन पदार्थों में मौजुद ब्रह्म मनुष्य के मस्तिष्क से जुड़ा हुआ है। इसलिए मनुष्य के मस्तिष्क में सृष्टि के तमाम सजीव पदार्थों की चेतना भी शामिल है।

इस प्रकार मनुष्य सिवाय के प्राणियों की चेतना भी उनके मस्तिष्कों में आपस में और मनुष्यों के साथ जुड़ी रहती है। सारे पेड़-पौंधो की चेतना भी आपस में और प्राणियों एवं मनुष्यों की चेतना से जुड़ी हुई होती है। इस तरह सजीव चेतना वाले तमाम पदार्थों की ऊर्जा या उनके मन एक दूसरे के साथ जुड़े हुए होते हैं। इन तमाम सजीवों के मन की संयुक्त चेतना को उनकी संयुक्त ऊर्जा को 'समष्टि मन' कहते है।

उपनिषद कहते हैं कि सारे सजीव उनके भीतर मौजूद सुषुप्त मन की ऊर्जा के द्वारा एकदूसरे से जुड़े हुए रहते है। सभी प्राणियों का सुषुप्त मन आपस में जुड़ा हुआ होता है। प्राणियों का यह सुषुप्त मन उनके अर्धजागरूक मन को यह संदेश देता है कि 'इस ब्रह्मांड के तमाम स्वरूप वही ऊर्जा है, जो ऊर्जा इस शरीर में काम कर रही है। अर्थात् हम सब एक ही ऊर्जा या तत्व है।' यह संदेश प्राणियों के अर्धजागरूक मन

को मिलता है, जिससे अर्धजागरूक मन भी समष्टि मन के साथ जुड़ता है। सिर्फ प्राणियों का जागरूक मन ही ज्ञानेंद्रियों के कब्जे में होने के कारण यह बात नहीं जानता। इस प्रकार प्रत्येक सजीव की पाँच प्रतिशत जागरूक ऊर्जा सिवाय शेष ९५ प्रतिशथ ऊर्जा इस समष्टि मन में हमेशा जुड़ी होती है। लेकिन इन सभी प्राणियों में सिर्फ मनुष्य के मस्तिष्क में ही सृष्टि के महाविष्णु स्टेज की रचना जागृत हो चूकी है। इसलिए सिर्फ़ मनुष्य के मस्तिष्क में ही अर्धजागरूक मन में मौजूद समग्र सृष्टि के अद्वैत होने के इस सत्य का एक समय पर साक्षात्कार हो सकता है। मनुष्य की ऊर्जा ब्राह्मन स्थिति प्राप्त करके समग्र समष्टि-मन के साथ एक हो सकती है। इस स्थिति में ब्राह्मन बना मनुष्य समष्टि मन को ब्रह्म के नेटवर्क के अनुसार संचालित करने की भी शक्ति प्राप्त करने लगता है।

वृक्षो में मन नहीं है, लेकिन चेतना है। और उनकी चेतना समष्टि-मन में होने से उस पर मनुष्य और अन्य प्राणियों के विचारों एवं व्यवहार का गहरा प्रभाव पड़ता है। उपनिषदों के इन दावों पर कई संशोधन हुए हैं और उन संशोधनों में यह दावा सच निकला है। ऐसा ही एक संशोधन है रशियन वैज्ञानिक डॉ. कोंस्टंटाइन कोरोत्कोव और उनकी टीम का। कोरोत्कोव और उनकी टीम ने संशोधन कर के जाना कि कोई पौधा जब नफरत और हिंसा जैसे नकारात्मक विचारों का सामना करता है तब उसकी कुल ऊर्जा का बादल जिसे 'औरा' कहते हैं, वह घटती है। जब पौधे को प्रेम से स्पर्श किया जाता है या ममतापूर्ण विचारों से उसके साथ व्यवहार किया जाता हैं, तब उसकी समग्र ऊर्जा का बादल फैलता है। कोरोत्कोव और उनकी टीम ने दूसरे कई ऐसे प्रयोग भी किए जिसमें एक कमरे में एक व्यक्ति और एक पौधे को बन्द कर दिया गया। उस व्यक्ति द्वारा पौधे के प्रति अलग अलग भाव प्रगट किए गए। उन प्रत्येक भावों के समय पौधे की ऊर्जा जीडीवी (GDV) कैमरे के मार्फत नापी गई जो प्रत्येक विचार के समय स्पष्ट रूप से अलग थी।

दूसरे एक प्रयोग में डॉ. कोरोत्कोव की टीम ने अद्भुत परिणाम हासिल किया है। उन्होंने देखा कि पौधों और वृक्षों की चेतना उस अकेले पौंधे या

वृक्ष तक ही सीमित नहीं होती। किसी एक बगीचे में उगे पौधों के समूह और जंगल में उगे वृक्षों के समूह की एक संयुक्त चेतना होती है। उनके ऊर्जा क्षेत्र एक दूसरे के साथ जुड़े हुए होते हैं। यह चीज हमें हॉलीवुड की प्रसिद्ध फिल्म 'अवतार' में दिखाए गए पैंडोरा नामक ग्रह के पेड़ों के समान लगती है, पर असल में पृथ्वी पर के पेड़-पौधें भी फ़िल्म में दिखाए गए पेड़-पौधों की तरह एकदूसरे से ऊर्जा के नेटवर्क से जुड़े होते है। समूह में उगे वृक्षों की एक संयुक्त चेतना होती है। अगर बगीचे के किसी एक पौधे को काट दिया जाए तो अन्य सभी पौधों की ऊर्जा स्पष्ट रूप से कम हो जाती है। इस प्रकार यह संशोधन हमारे उस विज्ञान को साबित करता है कि सृष्टि के तमाम सजीवों की चेतना एक दूसरे के साथ समष्टि मन में जुड़ी हुई है। पौंधे, वृक्ष, प्राणी और मनुष्यों के आसपास फैला उनकी ऊर्जा का बादल, जिसे 'औरा' कहा जाता है, उसमें होते परिवर्तनों को जानने के लिए खास तौर पर (GDV) कैमरे उपयोग में लिए जाते हैं। कोरोत्कोव और उनकी टीम अब ऐसी टेक्नोलॉजी तैयार कर रही है जो भिन्न भिन्न स्थान पर पृथ्वी का ऊर्जा क्षेत्र माप सके। उसके द्वारा वह यह जानना चाहते है कि धरती के भिन्न भिन्न स्थानों के ऊर्जा क्षेत्रों का सजीवों के मन पर कैसा प्रभाव पड़ता है। भूमि के प्रत्येक हिस्से का मनुष्यों के मन पर विशिष्ट प्रभाव होता है - यह विचार भी भारतीय शास्त्रों का एक महत्वपूर्ण हिस्सा रहा है।

सजीवों का यह समष्टि मन, पिछले अध्याय में हमने जिसकी चर्चा की उस सृष्टि की कुल ऊर्जा के नेटवर्क के साथ जुड़ा होता है। यहाँ भी समग्र सृष्टि में ब्रह्म की तटस्थता के चलते बहिर्गामी और अंतर्गामी प्रकृतियों के हिसाब-किताब जारी रहते हैं। एक जितना हासिल करता है, दूसरा उतना गँवाता है। दूसरा कुछ हासिल करता है तो तीसरा कुछ गँवाता है और तीसरा जब कुछ प्राप्त करता है, तो पहला गँवा देता है। लेकिन सजीवों में मन होने से यह सब हिसाब एक दूसरे के प्रति ऋणों के स्वरूप में मन में स्थायी बनते हैं। यह ऋण सजीवों की आत्मा को एक दूसरे के साथ जोड़कर रखते हैं। ऋणों के उस हिसाब-किताब को ही कर्म का सिद्धांत कहते हैं।

कर्म का सिद्धांत:

हमने जाना कि समष्टि-मन में हम जो कुछ भी प्राप्त करते हैं, वह दूसरों को नुकसान के एवज में होता है। हम तक आने वाली ऊर्जा समष्टि-मन में मौजूद किसी दूसरे मन की ऊर्जा से ही आती है। इसलिए जो गँवाता है उसके अर्धजागरूक मन में कुछ खोने का रिकोर्ड बनता है (याद है ना, कर्मों के परिणाम का निष्कर्ष अर्धजागरूक मन में संग्रहित होता है)। जो इंसान कुछ पाता है, उसके मन में कुछ प्राप्त होने का रिकॉर्ड बनता है। इस प्रकार यह दो रिकॉर्ड समष्टि मन में मौजूद उन दो अर्धजागरूक मन को एक दूसरे के प्रति ऋण के बंधन से जोड़ देता है। जिस व्यक्ति ने ऊर्जा गँवा दी, वह जब तक उस दूसरे व्यक्ति के पास से उतनी ऊर्जा वापस प्राप्त नहीं करेगा, तब तक वह दोनों उस ऋण से बंधे हुए रहेंगे। एक लेने के लिए बंधा है तो दूसरा देने के लिए। ऋणों का यह हिसाब-किताब दो आत्माओं के प्रेममार्ग (भक्ति मार्ग) से होनेवाले मिलन में भी बीच में आता है। जब तक उनके बीच के ऋण चुकाए नहीं जाते, तब तक उन दो आत्माओं का प्रेममार्ग से एक दूसरे में पूर्ण मिलन नहीं हो सकता।

अब अर्धजागरूक मन मृत्यु के बाद एक शरीर में से दूसरे शरीर में भी जाता है। इसलिए, वह पिछले शरीर के कर्मों के रिकॉर्ड के साथ उस शरीर द्वारा बांधे गए ऋणों के रिकॉर्ड को भी नये शरीर में ले जाता है। इसलिए इस नये शरीर के तौर पर जन्मी आत्माएं भी उनके पिछले शरीर में बाँधे गए ऋणों से बंधी रहती है। इस कारण समष्टि-मन का नेटवर्क उन दोनों आत्माओं को वे एक दूसरे के प्रति अपने ऋण चुका सके ऐसी परिस्थिति, संजोग और सम्बंध में ही नया शरीर देने की कोशिश करता है। इसमें यह भी हो सकता है की वह दो मन (अर्थात् वह दो सजीव) कभी एक दूसरे के साथ सीधे सम्पर्क में ना आए हों या एक दूसरे को पहचानते भी ना हों, इसके बावजूद उनके मन में स्थापित 'कुछ गँवा दिया' और 'कुछ प्राप्त किया' - यह रिकॉर्ड उन दोनों को एक दूसरे का ऋणी बना देते हैं। जब तक वह ऋण उतरता नहीं, तब तक वह दो मन जुड़े रहते हैं। लेकिन हम जानते हैं कि समष्टि-मन में तो पल पल होनेवाली प्रत्येक घटना

ऊर्जा के इस प्रकार एक स्थान से दूसरे स्थान पर पहुँचने से ही बनती है। और ऊर्जा का यह प्रत्येक लेन-देन प्राणियों का मन 'मैंने यह प्राप्त किया' या 'मैने यह गँवा दिया' इस अहम के साथ ही स्वीकार करता है। इसलिए, समष्टि-मन में मौजूद प्रत्येक सजीव एक दूसरे के साथ ऋणों के ऐसे घने जाल से निरंतर बंधे हुए होते है। ऋणों का यह असीमित जाल ही प्राणियों और मनुष्यों के आत्मा की गुलामी है। जब तक बंधा हुआ ऋणों का जाल उतरता नहीं, तब तक समष्टि-मन में संतुलन स्थापित नहीं होता। मनुष्य सुख भोगता है, या दुःख भोगता है, जन्म लेता है या मृत्यु को प्राप्त करता है - इस प्रत्येक घटना के पीछे नए निर्माण होते और पुराने पूरे होते ऋणों की जाल है। यही कर्म का सिद्धांत है। जिसने जितना और जैसा किया है, वैसा और उतना बदले में प्राप्त करना पड़ेगा। चाहे उसमें एक जन्म लगे या अनेक।

तो फिर इसका अंत कहाँ है? निरंतर बंधने वाले ऋणों से मुक्त होने का मार्ग क्या है? मार्ग तीन है, जिन्हें एकसाथ अपनाना पड़ता है।

पहला है साक्षीभाव। अगर इस बंधन में से छूटना है, तो मनुष्य को यह मानकर प्रत्येक कर्म करना पड़ेगा की, "मुझसे कोई कार्य हुआ ही नहीं है। जो भी कार्य मेरे द्वारा हो रहा है वह समग्र ब्रह्मांड का ब्रह्म ही उसके एकत्व के लक्ष्य के लिए मेरे पास करवा रहा है। वह मुझे कुछ देता है तो वह ब्रह्म के नेटवर्क के अनुसार ही मुझ तक पहुँचाता है और उसी नेटवर्क के अनुसार ब्रह्म वापस मुझसे कुछ छीनकर दूसरे को दे देता है। इस प्रकार जो कुछ भी अच्छा या बुरा इस शरीर द्वारा हो रहा है, हम बस उसके साक्षी हैं। कर्ता ब्रह्म का नेटवर्क है।"

हमारे मन में उद्भवित होने वाला प्रत्येक विचार ब्रह्म के नेटवर्क द्वारा ही उत्पन्न होता है। हमारे मन में स्थापित ऋणों के बंधन को दूर करना, ब्रह्म को ज्योतिर्पिण्ड की ओर ले जाना और ब्रह्म की तटस्थता निरंतर बरकरार रखना - यह तीन लक्ष्य के लिए ही जो जरूरी है, उसका विचार ब्रह्म हमारे अर्धजागरूक मन में उत्पन्न करता है। अगर उस विचार पर कर्म करना ज़रूरी लगे तो हम उसे ब्रह्म की इच्छा के अनुसरण के रूप में ही करे और जो कुछ भी परिणाम मिले उसे भी यही मान ले की वह

हमारे लिए नहीं, ब्रह्म के लिए है- तो इसे ही कहते हैं साक्षीभाव। कर्ता होते हुए भी अकर्ता हो जाना। इस प्रकार कर्म करने से अच्छा कर्म भी ऋण उत्पन्न नहीं करता क्योंकि उसमें 'यह मैंने किया' इस भावना के स्थान पर 'यह ब्रह्म या ईश्वर की इच्छा का अनुसरण था'- यह भाव होता है। इस प्रकार अगर आपसे किसी की मदद हुई हो या अच्छा कर्म हुआ हो तो यही मानिये कि ब्रह्म ने उसके एक स्वरूप में से कुछ वस्तु दूसरे स्वरूप में पहुँचायी है। अगर आपसे आदर्श का पालन करते समय किसी का नुक़सान हुआ है, तो भी यही मानिए की ब्रह्म ने अपने एक स्वरूप से कुछ छिनकर दूसरे स्वरूप को दिया है। इस सब में आप कहीं पर नहीं है। ऐसे साक्षीभाव से किए गए प्रत्यक्ष कर्म भी कोई ऋण ख़डा नहीं करते।

साक्षीभाव एक तरह से कर्म योग का ही मार्ग है और स्थितप्रज्ञता की ही निशानी है। इसमें सुख-दुःख, हार-जीत, मान-अपमान, लाभ-हानि, सब समान होता है। वास्तव में यह साक्षीभाव और कुछ नहीं बल्कि शरीर और इंद्रियों से ऊपर उठकर अपने आप को 'ब्रह्म' के तौर पर देखने के अभ्यास की शुरूआत है। यही अभ्यास हमें आख़िरकार आत्मसाक्षात्कार तक ले जाता है। आत्मसाक्षात्कार होने के बाद साक्षीभाव व्यक्ति में नैसर्गिक बन जाता है, क्योंकि वह आत्मा रूपी ब्रह्म से और उसके नेटवर्क से एक हो चुका है।

ऋणों के बंधन में से मुक्त होने का दूसरा मार्ग है क्षमा और तीसरा मार्ग है पश्चाताप साक्षिभाव जब तक सहज ना हो, तब तक उसे अपनाते वक्त भी अगर हम से व्यक्तिगत स्वार्थ की भावना में कुछ गलत हो जाए तो? जिसने गलत किया है वह पश्चाताप कर सकता है और सामने से ब्रह्म के पास उसकी सजा माँग सकता है, जिससे उसका यह ऋण जल्दी से जल्दी उतर जाए। जब तक साक्षिभाव का अभ्यास सहज न हो, तब तक अगर हमारे साथ कोई अन्याय या दुर्व्यवहार करता है तो? तो उसे क्षमा कर दे। इस तरह उस व्यक्ति के साथ आपका ऋण बनता रुक जाएगा। अगर आप उसे क्षमा नहीं करते, तो उसका दुष्कर्म आपके मन में उसे सजा दिलाने की या खुद सजा देने का ऋण खड़ा कर देता है। फिर जब तक वह काम नहीं होता, आप मुक्त नहीं हो पाते, और उस काम को

करने की यात्रा में आप कई और ऋण खड़े कर देते है। क्षमा करने से हम उस अपराध के प्रतिफल से बंधते नहीं है, और जिसने गलत किया हो, वह सीधा ब्रह्म के नेटवर्क का अपराधी बनता है। अब ब्रह्म उसे किसी ना किसी मार्ग से सजा देता है। अब मान लो की वह अपराधी भी पश्चाताप करते हुए ब्रह्म से सामने से सजा देने की प्रार्थना करता है, तो ब्रह्म जिसके द्वारा उस अपराधी को सजा देगा, उसे वह अपराधी यह मानकर क्षमा कर पाएगा की 'यह व्यक्ति तो सिर्फ़ माध्यम है। असल में ब्रह्म ने ही मुझे उस कर्म की सजा दी है, जो मैंने माँगी थी।' इस तरह वह अपराधी उस सजा देनेवाले इंसान से नए ऋण बनने के चक्र से बच जाता है। इस तरह पश्चाताप सजा से बचने के लिए नहीं है, वह नये ऋण से बचने के लिए है।

इस प्रकार क्षमा और पश्चाताप से व्यक्ति ऋणों की दूसरी एक श्रृंखला में प्रवेश करने से बचता है। इसी कारण भारतीय शास्त्रों में क्षमा और ईसाई धर्म में पश्चाताप का स्थान महत्त्वपूर्ण बतलाया गया है। ईसा मसीह ने उनके शिष्यों से कहा था, 'जीवन छोटा है, इसलिए निरंतर अपने पापों के लिए पश्चाताप करो और उन पापों को धो डालो।'

इस प्रकार अगर मनुष्य साक्षीभाव, क्षमा और पश्चाताप के यह तीन गुण एकसाथ अपनाने का अभ्यास करे, तो हजारों कर्म करने के बाद भी ऋणों के नए बंधन से मुक्त रहता है। और जैसे जैसे पुराने ऋण पूरे होते जाते है, वह आत्म साक्षात्कार प्राप्त करने के नज़दीक आता जाता है। यह भी कर्मयोग का ही एक अंश है।

विष्णु के दस अवतार और समष्टि मन की उत्क्रांति:

अब, अगर प्रत्येक आत्मा ब्रह्मत्व धारण करके विष्णु बनकर शिव बनती हो, तो फिर विष्णु के अवतार दस ही क्यों है? क्या आज तक सिर्फ नौ लोग ही विष्णु स्थिति तक पहुँचे होंगे? बस ९ मनुष्यों को ही आज तक मोक्ष मिला होगा? नहीं। मानवजाति के इतिहास में लाखों-करोड़ों लोगों को मोक्ष मिला है ओर वह भी बिल्कुल इसी विष्णुत्व और शिवत्व के मार्ग से होकर। जिसे हम विष्णु के अवतार कहते हैं, वह ऐसे विष्णु है जो इतिहास के ऐसे पड़ावों पर सामने आए जब पृथ्वी पर सजीवों का चरित्र

और उसके कारण समग्र समष्टि-मन की स्थिति बदल रही थी। इस कारण वह प्रसिद्ध बने, जबकि अन्य अनेक विष्णु छोटे-छोटे नगरों और गाँवों में, जंगलों में या हिमालय की गुफाओं में गुमनाम रह गए।

अवतार एक प्रकार की आध्यात्मिक 'उपाधि' है। यह अवतार समाज के ऊँचे स्थानो पर मौजूद ऐसे प्रसिद्ध मनुष्य थे जो विष्णु स्टेज में पहुँचे और उनके आसपास घटित घटनाएं भी बडे परिप्रेक्ष्य में बनी। इससे, उनको प्रसिद्धि मिली। समस्त सृष्टि जिस एक विज्ञान से चल रही है और जिस एक तत्व से बनी हुई है, उसे सत्य कहेते है। इसलिए इस एक सृष्टि में सत्य का साक्षात्कार जिसे भी होता है वह प्रत्येक व्यक्ति समान होता है। इसमें कोई ऊंच-नीच नहीं होती है। इन नौं अवतारों के सिवाय जो भी विष्णु बने वह राजा और राजकुमार जैसे प्रसिद्ध नहीं थे। इसलिए उनकी शक्तियाँ जिस वातावरण और समाज में व्यक्त हुई वह छोटा था। परिणाम स्वरूप उन पर धार्मिक इतिहासकारों का ध्यान नहीं गया। वे किसी जंगल में या किसी गरीब व्यक्ति की झोंपड़ी में विष्णु स्थिति को प्राप्त हुए। उनके आसपास जो भी अल्प लोग उनके सम्पर्क में आए, उन्हें ही उनकी दिव्यता का अनुभव हुआ। पुराणों में राजा भारत के तीसरे अवतार के तौर पर आने वाले ब्रह्मज्ञानी जड़भरत की कथा हमें यही संदेश देती है। हजारों राम और कृष्ण गुमनामी में गर्त हो गए तब एक राम और कृष्ण का नाम हुआ। हजारों बुद्ध और ईशु गुमनाम रह गए, तब किसी एक बुद्ध और ईशु को दुनिया ने जाना।

तो फिर विष्णु के दसवें अवतार को अंतिम अवतार क्यों कहा गया है? क्या शास्त्र गणना करके थक गए, इसलिए दसवें अवतार के बाद पूर्णविराम रखने का विचार किया? नहीं। वह एक नये सत्य का मूल है। दसवें अवतार को अंतिम अवतार समग्र समष्टि-मन की स्थिति के लिए कहा गया है। जो नौं अवतार पुराणों में पसंद किए गए, उनमें उन लोगों के प्रसिद्ध होने पर ही ध्यान दिया गया ऐसा नहीं है। उन नौं अवतारों का ऐसे अलग अलग समय में से चयन किया गया कि जिससे वे पृथ्वी पर संजीवों की संख्यात्मक और गुणात्मक उत्क्रांति को रेखांकित कर सके। मतलब पृथ्वी पर तमाम प्राणियों के संयुक्त मन से बने समष्टि-मन की

उत्क्रांति किस तरह आगे बढ़ी, यह हम उन अवतारों की उत्क्रांति से समझ सकते हैं।

प्रथम अवतार है मत्स्य अर्थात् मछलियाँ, जो समष्टि मन की शुरूआत मछलियाँ जैसे जलचर प्राणियों की शुरुआत से हुई, यह दर्शाता है। इससे आगे उत्क्रांति होकर जब जमीन पर बसनेवाले शुरुआती प्राणी विकसित हुए तो दूसरे अवतार के तौर पर उसे कछुआ माना गया और उसकी एक पौराणिक कथा लिखी गई। इसी प्रकार तीसरा अवतार है वराह अर्थात् कि सुअर, जो धरती पर पशुओं का समय दर्शाता है। चौथा अवतार है नरसिंह, जो प्राणियों और मनुष्य दोनों को जोड़ने वाली प्रजाति की ओर इशारा करता है। पाँचवां अवतार है वामन, जो छोटे कद के मनुष्य के रूप में मानव उत्क्रांति की शुरूआत दर्शाता है। इसके बाद छठा अवतार है परशुराम, जो शुरूआत के हिंसक मानव समाज का समय दर्शन है, जहाँ वह हिंसक समाज को संतुलित रखने के लिए विष्णु अवतार के रूप में परशुराम भी निरंतर हिंसा करते हैं। सातवें अवतार के रूप में मर्यादा पुरुषोत्तम राम हैं, जो मानव समाज में सामाजिक और पारिवारिक आदर्शों और रीति नियमों का युग दर्शाति हैं।

राम का जीवन कड़ी, आदर्शवादी और स्थापित परंपराओं के सम्मान का था, लेकिन उनके बाद के आठवें अवतार कृष्ण का जीवन और उनका गीता संदेश ज्यादा उदार, लचीला, परिपक्व, तार्किक और वैज्ञानिक था। सत्य जब संकट में हो और स्थापित स्थापित मर्यादाओं और नियमों को ढाल बनाकर उनके पिछले ही अधर्म पलपने लगे, तब उँ मर्यादाओं और नियमों को उठाकर सत्य की स्थापना करने को ही कृष्ण ने धर्म का मार्ग बतलाया। इस प्रकार कृष्ण का मार्ग क्रियाकांडों, सामाजिक नियमों और मर्यादाओं से आगे सत्य के मूल स्वरूप की जागरुकता और रक्षा को ही मुख्य लक्ष्य मानता था। राम के जीवन में समाज को नियमों से संतुलित करने की आवश्यकता थी क्योंकि उनके पहले का मानव समाज अभी पशुवृत्ति से बाहर नहीं आ सका था। जब राम द्वारा बनाए गए नियम, जड़ता बन गए तब कृष्ण ने उन नियमों से उपर सत्य की चेतना और प्रेम के आनंद को धर्म कहा। आपका निर्णय कड़े सामाजिक नियमों के स्थान

पर सत्य की जागरूकता और प्रेम से प्रेरित हो, तो ही वह सच्चा निर्णय रहता है। यह कृष्ण का जीवन संदेश था।

कृष्ण के बाद आए नवें अवतार बुद्ध। बुद्ध के साथ मानव समाज में यह संदेश आया कि प्रत्येक व्यक्ति में ईश्वर यानी कि ब्रह्म विद्यमान है। दूसरे ईश्वर और देवी-देवताओं के पीछे क्रियाकांड करने में मानव जाति का कोई फायदा नहीं है। मानव जाति का मुख्य लक्ष्य है स्वयं में मौजूद ईश्वर का साक्षात्कार करना। बुद्ध का जीवन मूल सत्य और मूल विज्ञान का अनुकरण करना था। बुद्ध के संदेश कृष्ण से ज्यादा तार्किक स्वरूप में थे। बुद्ध उपनिषदों के इस ठोस सत्य को स्पष्ट रूप से कहने वाले अवतार थे कि - भगवान जैसी कोई अलग वस्तु नहीं है। बस एक निराकार ऊर्जा है और वह प्रत्येक स्थान पर है। जो उसको स्वयं में जान लेता है वह स्वयं ही वह ऊर्जा बन जाता है।

इस प्रकार बुद्ध का अवतार पृथ्वी पर के समष्टि मन का विष्णु स्थिति में से शिवत्व की ओर प्रयाण दर्शाता प्रथम अवतार था। लेकिन वह सम्पूर्ण शिवत्व पर पहुँचा ना होने से बुद्ध के संदेश में अस्तित्ववाद का मूल अध्याय गायब था। इस कारण बुद्ध की मृत्यु के बाद उनके अनुयायी अहिंसा और निवृत्ति के नाम पर नास्तिक और पलायनवादी बन गए। जबकि वेदान्त का सनातन मार्ग कृष्ण के पूर्णपुरुषोत्तम रूप का मार्ग था। उसमें बुद्ध के आध्यात्मिक सिद्धांतों के साथ समाज में सत्य का अस्तित्व टिकाए रखने के लिए निरंतर जागरूकता बरकरार रखने और संघर्ष के लिए तैयार रहने का भी संदेश था। कृष्ण का वह पूर्ण मार्ग हिन्द विचार के रूप में अमर रहा। जबकि बुद्ध का मार्ग अनेक परिवर्तन प्राप्त कर मिलावट वाला बनता गया। भारत और तिब्बत जैसे स्थानों पर विभिन्न कारणों से उसका अस्तित्व चला गया, तो चीन और जापान जैसे स्थलों पर उसका स्वरूप काफी हद तक बदल गया।

इस प्रकार विष्णु के दस अवतारों की रूपरेखा पृथ्वी पर मछलियों की शुरूआत के साथ प्राणियों के मन की संयुक्त चेतना के रूप में अस्तित्व में आए समष्टि मन की उत्क्रांति को दर्शाता है। अवतारों की यह उत्क्रांति दर्शाती है कि परशुराम और राम के समय समष्टि-मन की जो

विष्णु स्थिति थी वह कृष्ण के समय में सब से ज्यादा शक्तिशाली बनी। बुद्ध के समय में उस विष्णु स्थिति ने शिव स्थिति की ओर प्रयाण शुरू कर दिया। विष्णु का दसवाँ अवतार अंतिम अवतार इसलिए है क्योंकि वह उस समय का प्रतिनिधि रहेगा, जब समष्टि-मन विष्णु स्थिति में से शिव स्थिति में स्थापित हो जाएगा। वह स्थिति जहाँ समग्र समष्टि-मन की शक्ति मनुष्य के पाँचवें और छठे उन दो परिमाणों में ही केंद्रित हुई होगी। ऐसे समय में समष्टि - मन की घन और ऋण प्रकृति एकदम ही एक दूसरे के आपने-सामने केंद्रित हो जाएगी। दुनिया दो विरोधाभासी गुणों वाले लोगों में स्पष्ट रूप से बँट जाएगी। एक और आध्यात्मिक और दूसरी तरफ तथाकथित नास्तिक - जिनको मैं सत्य की खोज में पुरुषार्थ करने में कमजोर और पलायनवादी कहता हूं। उस स्थिति के समष्टि-मन में विष्णु के दूसरे परिमाणों में से व्यक्त होने वाले गुणों की अभिव्यक्ति समय के साथ कम होती चली जाएगी। अर्थात् दुनिया में से अधूरे मार्ग के साहित्यिक विचार लुप्त होते जाएंगे। स्त्री-पुरुष के बीच का आकर्षण भी ज्यादा सीधा और तीव्र बनेगा। स्त्री-पुरुष के बीच एक ही संबंध मुख्य बनेगा कि वह ब्रह्म की दो विरोधी प्रकृतियां है और उनकी आत्मा के सम्पूर्ण मिलन से वह तटस्थ पिण्ड बन सकते हैं। इस कारण समाज में खड़े किए गए स्त्री-पुरुष के बीच के विभिन्न संबंध लुप्त होते चले जाएंगे और समाज के नियम और व्यवस्थाएं बदलने लगेगी। स्त्री-पुरुष के बीच के आकर्षण या प्रेम की अभिव्यक्ति के साधन के तौर पर संगीत, नृत्य और मित्रता का प्रभाव बढ़ेगा।

मनुष्य का मन उसके मूल उद्देश्य को जानने में पूरी तीव्रता से केंद्रित होगा। जो लोग उस मूल उद्देश्य को समझ पाएँगे, वह अध्यात्मिकता की ओर बढ़ने लगेंगे। जो नहीं समझ पाएँगे, वह निराशा में हिंसा और सत्ता की ताकत के मार्ग पर मुड़ जाएँगे। इससे शिवत्व प्राप्त किए हुए लोग सत्य की रक्षा के लिए उन लोगों के साथ सीधे संघर्ष में आएँगे। क्योंकि शिवत्व कोई अहिंसा के अव्यवहारिक और पलायनवादी विचार की स्थिति नहीं है, वह सत्यरूप बनने एवं सत्य को समाज में मौजूद रखने वाली जागरूक स्थिति है।

इस प्रकार समष्टि-मन विष्णु स्थिति में से शिव स्थिति में आते ही अच्छे और अत्याचारी लोगों के बीच भेदरेखा ज्यादा स्पष्ट बनेगी और उनके बीच का संघर्ष ज्यादा तेज बनेगा। अच्छे लोग संघर्ष से अपने कर्म बंधनों के ऋण चुकाकर मोक्ष प्राप्त करने लगेंगे और गलत लोग बारंबार संहार पाकर धीरे धीरे मानव अस्तित्व के ध्येय को समझने की स्थिति में आने लगेंगे।

अध्याय – ३१

बुढ़ापा, मृत्यु और मृत्यु के बाद

हमने पूर्व उल्लेख किया कि पहले चक्र से छठे चक्र तक की मनुष्य की आत्मन् और ब्राह्मन बनने की यात्रा किसी एक जन्म में पूरी नहीं होती। इसके लिए आत्मा को अनेक शरीर धारण करने पड़ते हैं। ऐसा होने का मुख्य कारण है बुढ़ापा। पर यह बुढ़ापा कैसे आता है? कैसे जीवन के एक समय तक मनुष्य शक्तिशाली बनता चला जाता है, और फिर उसकी शक्ति घटने लगती है?

जन्म के साथ बमुश्किल डेढ़ फूट के कद में जन्मा मनुष्य युवा बनकर महत्तम कद और ऊर्जा वाला बनता है। उस महत्तम कद का रिकॉर्ड पहले से ही मनुष्य के डीएनए में कैद होता है और वह डीएनए बनता है माता के अण्डकोष और पिता के शुक्रकोष के मिलन से। डीएनए रिकॉर्ड के मुताबिक महत्तम संख्या के कोष जब तक मनुष्य के शरीर में नहीं बनते और उन कोषों में ज़रूरी तमाम कोशिकाएँ नहीं बनती, तब तक उस शरीर का विकास जारी रहता है। सामान्यतया यह विकास मनुष्य की शुरूआत के पच्चीस वर्ष की आयु तक पूर्ण हो जाता है। यह समय जवानी का सबसे उच्च काल कहलाता है। इस समय के बाद उन कोषों की संख्या या उनके भीतर के घटक द्रव्य और कोशिकाओं की संख्या बढ़ती नहीं है। अब वह सिर्फ जरूरत के मुताबिक़ खर्च होती है और फिर से मूल संख्या तक पुनःनिर्मित होती है। अब पूरा समीकरण कोषों में उन घटक द्रव्यों के बनने की और शरीर द्वारा उनके उपयोग की दर पर आधारित होता है। अगर उपयोग की दर घटक द्रव्यों के निर्माण की दर से ज्यादा हो तो उसे 'तनाव' (stress) कहते हैं। इन परिस्थितियों में शरीर के कोषों की कार्यक्षमता घटती चली जाती है और जवानी वृद्धावस्था की ओर लुढ़कती जाती है।

जैसे जैसे तनाव ज्यादा होता है वैसे वैसे वृद्धावस्था की ओर जाने की गति ज्यादा होती है। जितना तनाव कम होता है, उतना घटक द्रव्यों का निर्माण और उसके उपयोग की दर संतुलित होती है। परिणाम स्वरूप बुढापे की ओर धकेले जाने की गति भी कम रहती है। अगर निर्माण हुए घटक द्रव्यों का आवश्यकता के अनुसार उपभोग ना हो तो उसे हम 'आलसीपन' कहते हैं। इस परिस्थिति में कोषों में घटक द्रव्यों की मात्रा इतनी बढ़ जाती है की कोषों की सामान्य कार्यप्रणाली अवरुद्ध होती है। परिणामतः वह घटक द्रव्यों का प्रमाण रक्त और स्नायुओं में बढ़ने लगता है। इससे स्थूलता आती है। इन परिस्थितियों में मनुष्य शरीर की कार्यक्षमता का बुढ़ापे से पहले ही क्षय होने लगता है। इस प्रकार युवावस्था में ही मनुष्य बुढ़ापा आने से पहले ही मृत्यु की तरफ चला जाता है। कोषों में घटक द्रव्यों के निर्माण और शरीर द्वारा उनके उपयोग की दर जितनी संतुलित होती है, उतनी ही जवानी का क्षय होने की दर घटती है। अगर यह संतुलन दोनों ओर से एक ओर भी अवरुद्ध होता है तो बुढ़ापा या बुढ़ापे से पहले की मृत्यु दोनों तरफ शरीर तेजी से जाता है।

अब यह जानते हैं कि कोषों में घटक द्रव्यों का निर्माण और उसके उपयोग की दर किस प्रकार अवरूद्ध होती है। हमने देखा कि मनुष्य भोजन द्वारा पोषक तत्त्व और श्वास द्वारा ऑक्सिजन लेता है। निंद्रा के दौरान कोषों के कणाभसूत्र उस ऑक्सिजन के उपयोग से पोषक तत्त्वों में से ऊर्जा उत्पन्न करते हैं। प्रत्येक कोष में उत्पन्न हुई यह ऊर्जा ATP अणुओं में संग्रहित होती है। खरबों कोषों के ATP अणुओंमें एकत्रित ऊर्जा शरीर के विभिन्न चक्रों में केंद्रित होती है और वहाँ से मस्तिष्क द्वारा विभिन्न कार्यों में ऊर्जा का उपयोग होता है।

पहले चक्र पर स्थित मनुष्य अपनी ऊर्जा को जीवन आवश्यकताओं की वस्तुएँ प्राप्त करने के संघर्ष में उपयोग में लेता है, तो दूसरे चक्र वाला मनुष्य भोगविलासों और धन-वैभव कमाने में उसका उपयोग करता है। इस तरह प्रत्येक चक्र पर स्थित व्यक्ति उसके चक्र की वासना के अनुरूप लक्ष्य पार करने के लिए अपनी ऊर्जा का उपयोग करता है। लेकिन जब तक छठे चक्र पर आत्मसाक्षात्कार नहीं होता, तब तक मनुष्य की नीचे के

चक्रों पर मौजूद वासनाओं की ओर दौड़ इतनी ज्यादा होती है कि मनुष्य को निंद्रा, कार्य और आहार का संतुलन रखने की परवाह नहीं रहती। जो लोग इस संतुलन को बनाए रखते हुए सिर्फ आयुष्य लम्बा करने के लक्ष्य में लगे रहते हैं, उनकी संबंधित चक्रों पर मौजूद वासनाओं को पूर्ण करने की तीव्रता चली जाती है। परिणाम स्वरूप वह ध्येय अधूरे रह जाते हैं और मनुष्य की यात्रा शिथिल पड़ जाती है। परिणाम स्वरूप ऐसे मनुष्य आगे चलकर जीवन से रस खो बैठते है। वह मानसिक रूप से वृद्ध होने लगते है और वही मानसिक उदासीनता उनके शरीर को वृद्धावस्था की ओर ले जाती है। इसलिए, कईबार हम देखते है की हमेशा अच्छे स्वास्थ्य की बात करनेवाले और बस उसिका ध्यान रखनेवाले लोग अचानक कोई व्याधि आने से थोड़े ही देर के अंतराल में अचानक मृत्यु को प्राप्त होते है। ऐसे कुछ लोगों के लिए ब्रह्म अन्य मार्ग से भी आकस्मिक मौत चुनता है। क्योंकि निरंतर अपने लक्ष्य के लिए गतिशील ब्रह्म के नेटवर्क के लिए इस तरह के लोग एक अवरोध या स्पीड ब्रेकर बन जाते है। ब्रह्म ऐसे मनुष्यों को एक वक्त के बाद आकस्मिक मृत्यु देकर उनकी आत्मा को उस शरीर में से दूसरे शरीर में शिफ्ट कर उनकी यात्रा को एक नयी शुरूआत देता है।

इस प्रकार जब मनुष्य चक्रों पर मौजूद निश्चित वासनाओं के पीछे दौड़कर उनको पूर्ण करे, तब ही उसकी आत्मा का विकास संभव बनता है और उस ध्येय के पीछे दौड़ने के पुरुषार्थ में आहार, निंद्रा और कार्य का संतुलन हमेशा बाधित होता है। लक्ष्य के पीछे की दौड़ में कार्य का बोझ हमेशा बढ़ जाता है। परिणाम स्वरूप शरीर के कोष लगातार तनाव में रहते हैं। तनाव समय के साथ बढ़ते जाने से कोषों की कार्य क्षमता क्रमश: घटती चली जाती है। ब्लड प्रेशर, डायाबिटीस और डिप्रेशन जैसे रोग होते है। चिकित्सकीय संशोधन के मुताबिक मनुष्य को होने वाले कुल रोगों में से ८० फीसदी रोग ऐसे हैं, जिनका उद्भव इस तनाव के कारण होता है। तनाव और उसके कारण होने वाले रोगों से बुढ़ापा आता है। बुढ़ापे के अंत में कोष कार्य करने की क्षमता गँवा देते है और आत्मा उस शरीर को छोड़कर दूसरे शरीर में बिल्कुल उसी तरह प्रवेश करती है जैसे थककर

कबाड़ होती गाडी को छोड़कर हम नयी गाड़ी ले आते हैं। इस तरह हम जैसे नयी गाड़ी में अपनी आगे की यात्रा जारी रखते हैं, वैसे ही आत्मा भी उस नये शरीर में अपनी आगे की यात्रा जारी रखती है। बुढ़ापे के अन्त में शरीर के कोषों का इंधन ख़त्म हो जाने से आत्मा द्वारा शरीर को छोड़ देने की इसी घटना को हम 'बुढ़ापे से मृत्यु' कहते हैं।

इस प्रकार पर्याप्त आहार, स्वच्छ हवा और पर्याप्त नींद स्वस्थ युवावस्था जीने और बुढ़ापे को यथासंभव दूर धकेलने का एक उपाय है। जो लोग अधिक कार्य के बोज की वजह से पर्याप्त नींद नहीं ले सकते, उनके लिए दिन में एक घण्टा ध्यान करना अति आवश्यक है। गहन ध्यान के दौरान भी हमारा जागरूक मन शान्त होता है और हमारी इंद्रियों में उपयोग होने वाली ऊर्जा बंद होती जाती है। सामान्य मनुष्यों में ध्यान तनाव को न्यूनतम करने का श्रेष्ठ उपाय है। सही तरीक़े से नियमित किया जानेवाला एक घंटे का ध्यान तीन से चार घंटे की नींद के समान होता है। उस गहरे ध्यान के दौरान भी कोष ऊर्जा बनाने का कार्य जारी रखते है, और जागरूक, अर्धजागरूक और सुषुप्त मन एक होते है। पर यहाँ पर तीनों मन की ऊर्जा एक होने पर मनुष्य का जागरूक मन सूक्ष्म रूप से सभान होता है। इस तरह जागरूक मन में अद्वैत होने की अनुभूति ज़्यादा गहरी और वास्तविक बनती है। ऐसे ध्यान से साधक नींद का समय कम करते है और ज़्यादा ऊर्जा एवं अद्वैत की अनुभूति पाते है।

ब्राह्मन स्थिति के मनुष्यों के लिए तो ध्यान उससे भी आगे का एक साधन होता है। छठे चक्र पर समग्र ब्रह्म के साथ ध्यानस्थ हो चुके योगी अपनी ऊर्जा द्वारा छठे और सातवें चक्र के बीच ऊर्जा का पुल बनाते हैं। इस कारण सातवें परिमाण के शिखर पर मौजूद ब्रह्मरंध्र छिद्र खुलता है और शरीर के भीतर के ब्रह्म और शरीर के बाहर के सृष्टि के ब्रह्म के बीच संबंध स्थापित होता है। इस प्रकार सिद्ध ऋषि सृष्टि में फैले ब्रह्म में से अपनी आवश्यकता के मुताबिक ब्रह्म खींचकर अपने चक्रों को नयी ऊर्जा से भरकर रखते हैं। परिणाम स्वरूप उनके कोष नयी ऊर्जा से लैस होकर फिर से कार्यदक्ष बनते हैं। इस प्रकार जीवनभर तनाव से थके कोष रिपेर होते हैं और सिद्ध योगी अपने बुढ़ापे को और रोगों को

दूर रखते है। योग द्वारा शरीर के रोग मिटाने के एवं अविश्वसनीय लगे उतने वर्षों का आयुष्य टिकाए रखने के योगियों के क़िस्से इसी विज्ञान पर आधारित होते है। हिमालय की मुलाकात ले चुके अनेक संशोधकों का कहना है कि हिमालय में ऐसे अनेक ऋषि हैं जो इस तरह अपने कार्य और ऊर्जा का संतुलन रखकर ४०० वर्ष से इस दुनिया में जीवित हैं। उनको आत्मसाक्षात्कार हो चुका है, पर वह शरीर में ज्यादा से ज्यादा रहकर समग्र सृष्टि के साथ एकत्व से महसूस होनेवाले परम आनंद में हमेशा के लिए डूबे रहना चाहते है। उनके लिए जीवन, मृत्यु और मुक्ति एक ही चीज़ बन चुके है। वह उस शरीर के साथ और शरीर के बिना भी वही है, मुक्त ब्रह्म।

पुनर्जन्म:

मृत्यु के दो मार्गों को हमने जाना। एक वृद्धावस्था के मार्ग से और दूसरा शिथिल एवं नाकार बन चुके जीवन को ब्रह्म उस आत्मा की यात्रा को दूसरे शरीर में आगे धकेलने के लिए आकस्मिक रूप से खत्म कर देता है। इसके साथ ही अकाल मृत्यु आने का दूसरा कारण है मनुष्य के ऋण। जब समष्टि मन के किसी दूसरे प्रदेश या स्थान के साथ मनुष्य का ऋण कुछ ज्यादा ही जुड़ गया हो और वह वर्तमान शरीर के स्थान पर उतर सकने की स्थिति में ना हो, तब समष्टि-मन उस आत्मा को उस शरीर से आजाद कर जहाँ उसके ऋण बंधे होते हैं उस स्थान पर नया शरीर प्रदान करता है।

हमने पहले ही जाना कि आत्मा किसी भी शरीर को छोड़ते वक्त उस शरीर में मौजूद अर्धजागरूक मन के रिकॉर्ड को अपने साथ लेकर जाती है। इन रिकॉर्डों में उस शरीर में किए गए कर्मों के रिकॉर्ड होते हैं। साथ ही उस शरीर में आत्मा की यात्रा जिस चक्र की स्थिति पर पहुँची हो, उस चक्र की अभिव्यक्ति के रिकॉर्ड होते हैं। अर्थात् उस शरीर के डीएनए में रचित लेटेस्ट बुद्धि-जीन के रिकॉर्ड लेकर आत्मा दूसरे शरीर में प्रवेश करती है। तो अब आएगा यह प्रसिद्ध सवाल कि 'आत्मा शरीर में प्रवेश कब करती है? और कैसे?'

इस जवाब की बहुत सारी थियरियां हैं और प्रत्येक दृष्टा उसका जवाब अपने अपने तरीके से देता है। उन जवाबों में कई साम्यताएँ होती हैं और कई भिन्नताएँ भी होती है। मैंने मेरे दर्शन से जो जाना है, वह यह है। माता के गर्भ में अंडकोष और शुक्रकोष का मिलन होने के बाद एक फलित हुआ अण्डा बनता है। इस फलित हुए अण्डे में मातापिता दोनों के डीएनए होते हैं, जो उनके रूप, कद-काठी, स्वभाव और बुद्धि-शक्ति का रिकॉर्ड रखते हैं। स्वभाव और बुद्धि शक्ति के रिकॉर्ड वाले जीन को बुद्धि-जीन (intellect gene) कहते हैं। बुद्धि-जीन को अब तक आधुनिक वैज्ञानिक मनुष्य के डीएनए में खोज नहीं पाए हैं, लेकिन वे उसके प्रभाव को मानते हैं। मैं इस बुद्धि-जीन की पहेली में एक नयी बात यह जोड़ रहा हूँ, कि असल में डीएनए के दो भाग हैं। एक जड़ डीएनए और दूसरा चैतन्य डीएनए। जड़ डीएनए व्यक्ति के रंग और कद-काठी का रिकॉर्ड रखता है, जबकि चैतन्य डीएनए व्यक्ति की बुद्धि शक्ति के विकास का रिकोर्ड रखता है।

व्यक्ति जिस चक्र पर स्थित होता है उस चक्र के बुद्धि-जीन उसके डीएनए में उसकी जीवंत अवस्था में मौजूद होते हैं। अगर कोई चौथे चक्र पर स्थित हो तो उसके डीएनए में प्रथम चक्र से चौथे चक्र तक के बुद्धि-जीन की एक पूरी श्रृंखला जीवित होती है। इसे ही 'चैतन्य डीएनए' कहते है। जब व्यक्ति के शरीर में से उसकी आत्मा चली जाती है, तो उसकी बुद्धि-शक्ति कौन से चक्र तक पहुँची है, उसका रिकॉर्ड लेकर जाती है। इसलिए मरे हुए व्यक्ति के डीएनए में चैतन्य डीएनए नहीं मिलता। माता-पिता फलन के समय जिस चक्र पर स्थिर हों, उस चक्र के बुद्धि-जीन उनके चैतन्य डीएनए में होते हैं। फलित हुए अण्डे में माता-पिता के डीएनए का मिश्रण होता है। किस के डीएनए में से कितने रिकॉर्ड आएंगे, इसका फैसला यहाँ हो जाता है। इस प्रकार यह मिश्रण प्राप्त नया डीएनए किस चक्र के बुद्धि-जीन रखता होगा, यह यहीं पर निर्धारित होता है। इसमें या तो माता-पिता के बुद्धि-जीन के बीच का पड़ाव आता है, या फिर किसी एक की बुद्धि-जीन की अविरत चैन आती है। इसका आधार दोनों के डीएनए का मिश्रण किस तरह हुआ, इस पर निर्भर करता है।

पुरुष में से लिंग निर्धारण के लिए 'Y' रंगसूत्र आएगा या 'X', यह भी यहीं पर निर्धारित हो जाता है।

अब, यह अण्डा फेलोपियन नली में से माता के गर्भाशय में आता है और गर्भाशय की दीवार के साथ जुड़कर विकसित होता है। इस फलित हुए अण्डे का विभाजन होता रहता है और उसके कोषों की संख्या बढ़ती जाती है। प्रत्येक कोष में माता-पिता का मिश्रण प्राप्त डीएनए होता है। वह नये डीएनए के मुताबिक धीरे धीरे कोष नये नये प्रोटीन, कोशिकाएँ और अवयव बनाने लगते है। इस प्रकार ४० से ५० दिन के बीच अर्थात् छह से सात सप्ताह के बीच प्राणी शरीर की एक सामान्य आवृत्ति तय हो जाती है जहाँ मस्तिष्क, हृदय और रीढ़ की हड्डी के भाग निर्मित हो गए होते हैं। अंतरीक्ष (अर्थात् काल में) घूमती विभिन्न आत्मा इस स्थिति की गर्भवती स्त्रियों के गर्भ में अपने नये शरीर को खोज रही होती है। अथर्ववेद में अंतरीक्ष के इसी स्थान को पित्रलोक कहा गया है, जहाँ यह आत्माएँ अपना अगला शरीर प्राप्त करने का इंतज़ार कर रही होती है।

आत्मा स्वयं ब्रह्म का ही अंश होने से और उस समय किसी शरीर या इंद्रियों से जुड़ी ना होने से ब्रह्म के नेटवर्क के साथ सीधी जुड़ी हुई होती है। इसलिए ब्रह्म के नेटवर्क के मुताबिक आत्मा दो शर्त पर शरीर खोजती है। एक, उसमें संग्रहित पूर्व जन्म के ऋण किस स्थान पर पूर्ण हो सकते हैं और दूसरा, उसकी उत्क्रांति जिस चक्र पर है, उस चक्र के मुताबिक उसकी वासनाएँ कहाँ तृप्त हो सकती है। ऋण चुकाने की पहली शर्त मुख्य होती है। इस प्रकार आत्मा ४० से ४८ दिन के गर्भ में माता की नाभी के मार्फत प्रवेश करती हैं और गर्भ में विकसित हो रहे शरीर में स्थापित होती है। इस समय में गर्भ में मौजूद शरीर में धड़कन शुरू होती है, जिसे 'बालक में प्राण आया' कहा जाता है। यहाँ से अगले लगभग ४० दिनों तक वह आत्मा और ब्रह्म का नेटवर्क उस शरीर में जाँचते है कि उस आत्मा का वहाँ प्रवेश करने का निर्णय सही है या गलत? उस शरीर के डीएनए में बुद्धि-जीन कौन से चक्र तक है और प्रवेश की हुई आत्मा में बुद्धि-जीन कौन से चक्र तक है इसकी जाँच होती है। अगर शरीर नीचे के चक्र की स्थिति पर है तो उस स्थान पर जन्म लेकर क्या उस आत्मा का विकास

हो सकता है? क्या उसके ऋण उतारने का अवसर उसको मिल सकता है? अगर इन सभी सवालों का सकारात्मक जवाब ना मिले तो आत्मा गर्भावस्था के ९० दिन के भीतर-भीतर उस शरीर को छोड़ देती है। यहाँ पर हमारा गायनेक डॉक्टर प्रेगनेन्सी के तीसरे माह में हमें कहता है कि 'बालक का विकास रूक गया है और धडकनें बन्द हो गई हैं।' अर्थात् कि उस आत्मा ने वह शरीर छोड़ दिया है।

अब उस तीन माह के भौतिक शरीर को मांस के एक लोथड़े के रूप में स्त्री के शरीर में से बाहर निकालना पड़ता है। लेकिन अगर उन सवालों का सकारात्मक जवाब प्राप्त हो, तो ब्रह्म का नेटवर्क आत्मा को वह शरीर स्वीकारने के लिए कहता है। यह होते ही आत्मा अपनी ऊर्जा को उस शरीर में विभिन्न चक्रों में पूर्ण रूप से स्थापित करने लगती है। उन चक्रों की ऊर्जा के मुताबिक मस्तिष्क में परिमाण उत्पन्न करती है और वह प्रत्येक चक्रों में तथा परिमाणों में ऊर्जा को जागरूक, अर्ध जागरूक और सुषुप्त मन में बाँट देती है। गर्भावस्था में इंद्रियों के बन्द होने से जागरूक मन सक्रिय नहीं होता। पर अर्धजागरूक मन पिछले शरीर के कर्मों और ऋणों के रिकॉर्ड तथा संबंधित चक्र तक की बुद्धि के विकास के रिकॉर्ड अर्धजागरूक चित्त में संग्रहित कर देता है।

पिछले शरीर में से आए अर्धजागरूक मन के इन रिकोर्डों को उस बालक का 'पूर्वजन्म संस्कार' कहते हैं, जो उसके वर्तमान जन्म के निर्णयों और स्वभाव को निश्चित करता है। बालक के जन्म के बाद उसकी इंद्रियाँ और जागरूक मन धीरे धीरे सक्रिय होते हैं। शुरूआत में विभिन्न संवेदनाओं को क्या जवाब देना है, वह अर्धजागरूक मन में मौजूद उसके यह पूर्व जन्म के संस्कार और माता पिता की ओर से मिले बुद्धि-जीन ही उसे कहते हैं। धीरे धीरे उसके आसपास के सगे संबंधी उसे विभिन्न सीख और जानकारी देते हैं। साथ ही, वह अपने अनुभवों से कुछ तथ्य सीखता हैं। यह उसके जागरूक और अर्धजागरूक मन में संग्रहित होता जाता है। इससे अब पूर्वजन्म संस्कार और मातापिता के बुद्धि-जीन के साथ यह नये रिकॉर्ड भी उसके निर्णयों में अपना किरदार अदा करते हैं। इसके बावजूद वह प्रत्येक मार्गदर्शन जो उसे नये शरीर के अनुभवों से नहीं

मिलता, वह व्यक्ति उसके पिछले जन्म के सस्कारों में से प्राप्त करता है और उसी के हिसाब से कर्म करता है और यहीं से आता है स्वर्ग और नर्क का विचार।

स्वर्ग और नर्कः

अगर मनुष्य के पिछले जन्म के कर्म खराब हों, अर्थात् व्यक्तिगत स्वार्थ में दूसरों को नुकसान पहुँचाने वाले कर्म हों अथवा वह बहुत सारे लोगों के साथ कुछ देने का ऋण लेकर ही जन्मा हो, तो बहुत सारे प्राणी उसके साथ कुछ प्राप्त करने या उससे बदला देने के ऋण से जुड़े होंगे। इसलिए ऐसे अतिशय स्वार्थी कर्मवाले मनुष्यों की आत्मा को ब्रह्म का नेटवर्क ऐसे स्थान पर जन्म देता है जहाँ वह पहले उन पुराने ऋणों से मुक्त हो सके। अर्थात् वह ऐसी जगह जन्म लेता है जहाँ दूसरे लोग उसका शोषण करते हों और उसे दुःख देते हों। ऐसे जन्म को ही हम नर्क कहते हैं। और अगर मनुष्य के पिछले जन्म के कर्म अच्छे हों तो बहुत सारे प्राणियों के मन में उस मनुष्य का आभार मानते हुए ऋण बंधे होंगे। इसलिए यह ऋण चुकाने के लिए भी ब्रह्म उस मनुष्य की आत्मा को ऐसी जगह पर जन्म देगा, जहाँ दूसरे प्राणी अथवा मनुष्य उसे बदले में लाभ पहुँचाकर या प्रेम देकर अपने पुराने ऋण उतार सकें। मनुष्य के ऐसे जन्म को हम स्वर्ग कहते हैं। हिन्द अध्यात्म में स्वर्ग और नर्क यही है। अपने कर्मों का फल देने वाला नया जन्म।

लेकिन यहाँ दूसरी जानकारी यह भी खयाल में रखें कि मनुष्य अच्छे ऋणों से बंधा हुआ हो या बुरे ऋणों से, ब्रह्म का नेटवर्क हो सके उतना जल्दी आत्मा को उन ऋणों से मुक्त कर आगे बढ़ाना चाहता है। इसलिए चाहे स्वर्ग भोगना हो या नर्क, ब्रह्म का नेटवर्क एक या एक से अधिक जन्म देकर वह स्वर्ग या नर्क मनुष्य से भुगवा लेना चाहता है। इस प्रकार वह उस आत्मा को शुद्ध कर आत्मसाक्षात्कार की ओर मूल मार्ग में आगे धकेलता है। स्वर्ग हो या नर्क, ऋण पूरा होते ही मनुष्य फिर उसी चक्र की स्थिति के सामान्य जीवन में वापस लौटता है जहां तक उसकी यात्रा उन बहुत अच्छे या बहुत बुरे कर्मों को करने के दौरान पहुँची थी। यही कारण

है कि हिन्द सभ्यता में स्वर्ग अंतिम लक्ष्य नहीं है। वह एक क्षणिक आनंद है, जो ऋण पूरा हो जाने पर चला जाएगा। जैसे आप बुरे ऋण चुकाने के लिए बंधे हैं, वैसे ही अच्छे ऋण चुकाने के लिए भी बंधे हैं। इसलिए अगर नर्क लोहे की जंजीर है, तो स्वर्ग सोने की ज़ंजीर है, लेकिन बंधन तो है ही। स्वर्ग और नर्क के इस बारंबार घूमते चक्र में से सम्पूर्णतया मुक्त हो जाना ही मनुष्य के जीवन का पहला लक्ष्य है। इस प्रकार हिन्दत्व में स्वर्ग नहीं, बल्कि मुक्ति मूल लक्ष्य है। ऋणों से मुक्ति, कर्म के बंधन से मुक्ति, सिमितता से मुक्ति और जन्म-मरण के निरंतर जारी फेरों से मुक्ति। और इस मुक्ति का पहला अनुभव होता है आत्मन के आत्मसाक्षात्कार से। यही मनुष्य का प्रथम लक्ष्य है।

अब वापस आते है आत्मा के नये शरीर में आने के बाद उसकी आगे की यात्रा की बात पर। आत्मा में अपनी किसी एक चक्र तक पहुँची हुई बौद्धिक स्थिति होती है। शरीर में भी मातापिता के मिश्रित डीएनए से जिस चक्र पर के बुद्धि-जीन मिले हों, उस चक्र तक का चैतन्य डीएनए होता है। एक बार आत्मा किसी शरीर में रहने का फैसला कर लेती हैं, उसके बाद आत्मा की बौद्धिक स्थिति और शरीर के डीएनए में मौजूद बुद्धि-जीन, दोनों मनुष्य के अर्धजागरूक मन में सक्रिय होते हैं। अब, आत्मा और शरीर के डीएनए की बौद्धिकता हाथ में हाथ मिलाकर एक संयुक्त तंत्र बनकर कार्य करती है। इस कारण आत्मा और डीएनए की बौद्धिकता के बीच तीन संभावनाएँ होती है। आत्मा की बौद्धिकता डीएनए के बुद्धि-जीन से ज्यादा विकसित हो, कम विकसित हो या दोनों समान हो। अगर आत्मा की बौद्धिकता उस शरीर के बुद्धि-जीन से ज़्यादा विकसित है, तो यह कुछ ऐसा है कि दूर दूर के प्रदेशों में पहुँचने के लिए नदी का पानी तो खूब है, लेकिन पानी पहुँचाने के लिए केनाल अभी बनी नहीं है। मतलब, आत्मा पहले से विकसित है, पर शरीर अभी उसकी अभिव्यक्ति के लिए परिपक्व नहीं बना। इस मामले में पानी स्वयं ही अपने लिए रास्ता बनाता है। अर्थात् आत्मा शरीर के बुद्धि-जीन जिस चक्र पर स्थित हों, उस चक्र पर स्थित वासनाओं को भुगवाने की ओर मनुष्य को धकेलती है। इस तरह आख़िर में वह आत्मा स्वयं जिस चक्र पर हो, उस चक्र के बुद्धि-जीन

तक मनुष्य की यात्रा को उस शरीर में ले आती है। इस वजह से इस समय के दौरान मनुष्य सामाजिक रूप से बहुत उथलपुथल मचाने वाले तेज और क्रांतिकारी निर्णय लेता है, और अलग अलग वासनाओं के पिछले आक्रामक होकर भागता है।

अगर शरीर की बौद्धिकता आत्मा की बौद्धिकता से ज्यादा हो, तो मतलब यह हुआ कि केनाल तैयार है लेकिन पानी नहीं है। मतलब आत्मा उतना विकसित नहीं है जितना शरीर है। इस मामले में ज्यादातर व्यक्ति के बचपन और किशोरावस्था में उनका शरीर कमजोर रहता है, क्योंकि उस विकसित शरीर को पूर्ण रूप से संचालित कर सके उतनी क्षमता उस आत्मा में नहीं होती। लेकिन एक बार शरीर के डीएनए में जो बुद्धि-जीन जागरूक हो गए हैं, वह नष्ट नहीं होते। इसलिए ऐसे मनुष्यों में जैसे जैसे उम्र के साथ शक्ति बढ़ती है, वैसे वैसे उनका ऊपर के चक्रों की तरफ आध्यात्मिक विकास सरलता से होता है। ऐसे मनुष्यों को ऊपर के चक्रों के बुद्धि-जीन जागरूक करने में ज़्यादा सांसारिक या सामाजिक संघर्ष नहीं करना पड़ता। जब जितना पानी आता है, वह केनाल जहाँ तक तैयार है वहाँ तक पहुँच जाता है। इस प्रकार आत्मा डीएनए के बुद्धि-जीन से ज्यादा विकसित हो तो उत्क्रांति तेज परन्तु उथलपुथल और फसाद वाले रास्ते से होती है और अगर आत्मा से डीएनए के बुद्धि जीन ज्यादा विकसित हो तो उत्क्रांति धीमी परंतु सरलता से होती है। तीसरी संभावना है आत्मा और शरीर एक ही स्थिति की बुद्धिमता वाले हो। ऐसे लोगो में आगे के चक्रों की यात्रा उसी तरह होती है, जैसे हमनें आत्मन और ब्राह्मन अध्याय में देखा। इसमें किसी को अतिरिक्त लाभ नहीं मिलता।

कई आत्मा जो ब्राह्मन स्थिति में या आत्मन की स्थिति में पहुंचने के बाद शरीर छोड़ देती है, उनको सीधे उस स्थिति का शरीर मिलना बहुत मुश्किल होता है। और अगर ऐसा शरीर उनको मिल भी जाए तो वह बहुत छोटी आयु में आगे की विष्णु और शिव स्थिति धारण करके मोक्ष प्राप्त कर लेते है। लेकिन अगर ब्राह्मन स्थिति के उन आत्माओं का संसार में कोई ऋण बाकी रह गया है, तो कभी कबार ऐसी आत्माओं को दो या तीन हिस्सों में विभाजित होना पड़ता है। इस प्रकार एक ही ब्रह्मज्ञानी

आत्मा के अलग अलग हिस्सों को अलग-अलग शरीर धारण करने पड़ते हैं। इन शरीरो में वह आत्मा संपूर्ण ना होने से उसमें आत्मज्ञान नहीं होता। इसलिए इन जीवनो में आत्मा के उन टुकड़ों पर कई नये सांसारिक ऋण चढ़ते हैं। जब उन शरीरों में से कोई एक शरीर को छोड़कर आत्मा का टुकड़ा जब नया शरीर धारण करता है, तब उस आत्मा के बाकी के टुकड़े भी अलग-अलग शरीर छोड़कर आत्मा के उस पहले टुकडे में मिल जाते है। इस प्रकार वह नयी संयुक्त आत्मा इस नए शरीर में फिर से ब्रह्मज्ञान प्राप्त कर लेती है, पर अब उस पर कई सांसारिक ऋण चढ चुके होते है। उन ऋणों को चुकाने के लिए उसे कुछ समय अपने ज्ञान और शक्तियों के साथ संसार के बीच रहना पडता है। ऐसे ही जन्म विष्णु के अवतारों जैसे जन्म बनते है।

माता-पिता और संतान:

माता - पिता जब अपनी संतान को देखते हैं तब बाहर से वह उनके जड़ डीएनए का प्रोडक्ट होती है। यानी कि उनका ही मिलावटी या समान चहेरा उन्हें सामने दिखता है। संतान के चैतन्य डीएनए में भी मारा-पिता के चैतन्य डीएनए का अंश होता है। इस कारण बालक स्वभाव में माता-पिता के लक्षण प्रदर्शित करता है। इस कारण माता-पिता जब अपने संतान को देखते हैं, तब उनको अपनी ही प्रतिकृति दिखायी देती है और महसूस होती है। उनको लगता है कि जैसे सामने के शरीर में भी वह ही है। लेकिन यह एक छलावा है, क्योंकि उस शरीर को चलाने वाला ड्राइवर, उसका आत्मा, कोई दूसरा है, जो अपने ही ऋण और किसी एक चक्र की वासनाएँ एवं जीवन कार्य लेकर आया है। यहां दुनिया के हर माता-पिता ठगे जातें है। ज्यादातर सामान्य माता-पिता यह भूल करते हैं। वे तीस वर्ष की उम्र में माता-पिता बनते हैं और वहां से अपनी संतान में ही अपना जीवन खोजने और जीने लगते हैं। उनका अपना जीवन एक तरह से वह खत्म कर देते हैं, और जो करते हैं वह बस उनके संतान के लिए ही करते हैं। तीस वर्ष की उम्र में उनका अपने चहरे से रस चला जाता है और वह फेसबुक या वोट्सएप के प्रोफाईल पिक में अपने स्थान पर अपनी संतानों के फोटो रखने लगते हैं। एक प्रकार से तीस वर्ष की उम्र में ही

वह मर जाते हैं। वह आत्मा जो जीवन कार्य और उत्क्रांति की संभावनाएं लेकर आयी थी, वह संतानों के आने के बाद खत्म हो जाती है। अब वह एक छोटे शरीर में अपने स्वार्थों का भविष्य देखने की कोशिश करते हैं।

लेकिन जैसे जैसे वह संतान बड़ी होती जाती है, वैसे -वैसे उसके शरीर और मन पर से माता-पिता का नियंत्रण खत्म होता जाता है। अब संघर्ष उत्पन्न होता है, जिसे हम 'जनरेशन गैप' कहते हैं। लेकिन असल में वह संघर्ष एक ही शरीर पर दो मालिकों के अधिकारों का संघर्ष है। माता-पिता यह स्वीकार नहीं कर सकते की जिस शरीर को वह इतने वर्षों तक अपनी प्रतिकृति मानकर जी रहे थे, जिसमें वह अपने आप को देख रहे थे, उस शरीर का मालिक कोई और है। उस शरीर में दूसरी आत्मा है जो अपना एक स्वतंत्र भाग्य और जीवनपथ लेकर आयी है। लेकिन यह समझते-समझते माता-पिता का शरीर वृद्धावस्था के द्वार तक आ चुका होता है। वास्तव में वे तभी वृद्ध हो चुके थे, जब तीस वर्ष की उम्र में उन्होंने अपना जीवन खत्म कर, किसी दूसरे के शरीर में अपना जीवन जीने की कोशिश की थी। उन्होने जीवन का अमूल्य समय इस भ्रम में बिता दिया कि 'मेरी संतान में भी मैं ही हूं।' जबकि असल में उसमें एक दूसरा ही मालिक, दूसरा ही खिलाड़ी अपनी अलग दुनिया बना रहा था।

तो इसका अर्थ यह नहीं है कि हम अपनी संतानो को प्रेम ना करें और अपनी प्रोफाईल पिक में से उनका फोटो निकाल दें। यह सबकुछ करें। उनको भरपूर प्रेम दें। जीवन क्या है, दुनिया क्या है, सत्य क्या है, असत्य क्या है, इसका श्रेष्ठ प्रशिक्षण दें। लेकिन जहां हमारे अधिकारों की और सत्य की सीमा पूरी होती है, वहां पर हमें भी ठहर जाना है। वहां से हमें उनको उनके ऋण चुकाने हैं तथा उनको अपने चक्रों की यात्रा आगे बढ़ाने के लिए जाने देना है और हमारी यात्रा जिस चक्र पर है, वहां से हमें अपनी यात्रा को आगे ले जाना है। हम स्वयं जो जीवन कार्य और ऋण लेकर आए हैं, उन्हे पूर्ण करना है। यही हमारे जीवन की सार्थकता और हमारी आत्मा की मुक्ति का मार्ग है।

संतानों को माता-पिता को देखकर उतना प्रबल अपनापन महसूस नहीं होता जितना माता-पिता को संतानो को देखकर होता है। संतानो को

माता-पिता हमेशा एक छत का अहसास करातें है, जो उनको सुरक्षित किए हुए है। संतानो का माता-पिता के प्रति प्रेम इसी कृतज्ञता के भाव से होता है। कुछ ऐसा ही जैसा आपको आपके किसी समर्पित रक्षक या बॉडीगार्ड से होता है। इसका कारण भी वैज्ञानिक हैं। मैनें पुस्तक के प्रारंभ में ही कहा की यह सृष्टि ब्रह्म की अभिव्यक्ति का प्रक्षेपण है। मतलब, ब्रह्म लगातार आगे की ओर प्रक्षेपित होता रहता है। आत्मा भी निरंतर आगे की ओर विकसित होती रहती है, वह वापस नहीं लौटती। इसलिए व्यक्ति का जीवन आगे बढ़ते-बढ़ते एक समय ऐसा आता है कि जब वह माता या पिता बनता है। अब अपना डीएनए वह स्वयं से आगे अपनी संतान के शरीर में भी अनुभव करता है। जबकि संतान के शरीर में माता-पिता के डीएनए के साथ उसकी आत्मा के पूर्व जन्मो के ऋण और किसी चक्र पर की अधूरी वासनाएँ होती है। इसलिए संतान की आत्मा का विकास भी लगातार आगे की ओर अर्थात् अपने पुराने ऋण चुकाने ओर अपनी वासनाओं को पूर्ण करने की ओर होता है। इसलिए स्वाभाविक रूप से ही संतान का ध्यान पीछे अपने माता-पिता की ओर कम होता है और अपने जीवन के विकास में ज़्यादा होता है। लेकिन यही संतान जब खुद माता या पिता बनती हैं, तब वह भी अपने आप को अपनी संतानों में महसूस करने लगती हैं। इसलिए कहा जाता है की संतान जब स्वयं माता या पिता बनती है, तभी वह अपने माता-पिता को समझ सकती है। हमारा ध्यान - हमारी गति आग की ओर ही रहती हैं, पलटकर पीछे की ओर ध्यान बनाए रखना ब्रह्म की गति के विपरीत होता है। माता-पिता और संतानों के संबंध में यह एक और विरोधाभास है, जो एक वक्त बाद उनके बीच तनाव का कारण बनता है।

स्वयंभू शिव:

जब तक जागरूक मन में अहंकार के सभी रीकोर्ड दूर होकर आत्मन का साक्षात्कार ना हो, तब तक मनुष्य अपने माता-पिता के डीएनए के प्रभाव में रहता है। यह साक्षात्कार होते ही वह सृष्टि के समग्र ब्रह्म के साथ अंधरूनी संपर्क में आता है। यहाँ से मनुष्य में अपने डीएनए में से आनेवाले स्वभाव और निर्णयों के प्रति जागरूकता आ जाती है। अब वह

सृष्टि के ब्रह्म में से आनेवाली शुद्ध चेतना को महसूस करने लगा होता है, इसलिए उसके डीएनए में से आनेवाले विचारों और आदतों को वह सही-गलत में अलग करने लगता है। डीएनए के सही गुणों और आदतों को वह अपने अंदर कायम रखता है और गलत गुणों और आदतों को अपने में से दूर करने लगता है। यही मनुष्य जब आगे चलकर ब्राह्मन स्थिति पर स्थित हो जाता है, तब अपने आत्मा में मौजूद पिछले जन्मों के गुणों और आदतों को सामने देखने लगता है। अब वह अपने आत्मा की यात्रा से पड़े पूर्व-जन्म संस्कारों में से अच्छे संस्कारों को कायम रखता है और बुरे संस्कारों को मिटाने लगता है। एक तरह से वह अपने आप को ज़्यादा से ज़्यादा पवित्र बनाकर सृष्टि में फैले शुद्ध ब्रह्म के समान बनाता जाता है, ताकि वह ब्रह्म के साथ संपूर्ण एकत्व में रह सके।

एक़बार ब्राह्मन का साक्षात्कार हो जाए, फिर इंसान अपने आप को उस शुद्ध ब्रह्म से तनिक भी अलग पड़ा हुआ सहन नहीं कर पाता। वह ब्रह्म से एकरस बनने की लगातार कोशिशें करता है। जब उस इंसान की आत्मा ब्राह्मन से विष्णु स्थिति में जाकर शिव स्थिति पर कायम होती है, तब वह बिल्कुल ब्रह्म के साथ एक रस होती है। अब वह उसी तरह व्यवहार करती है, जैसे समग्र सृष्टि में फैला हुआ ब्रह्म करता है। इसी स्थिति को कहते हैं 'स्वयंभू' हो जाना। अर्थात् अब वह मनुष्य उसकी अपनी बनावट है। अब वह उसके माता-पिता के डीएनए का गुलाम नहीं है और ना ही अपनी पिछली यात्रा में पड़े संस्कारों का गुलाम है। अब वह बिल्कुल वैसा है जैसे अभी अभी यहीं पर सीधा ब्रह्म से पैदा हुआ हो। अब उसके पिछे कोई चिन्ह मौजूद नहीं है। अब आप नहीं जान सकते की उसके माता-पिता कौन है या उसके पिछले जन्म क्या थे। वह उन सारे आवरणों को धो चुका है। वह स्वयंभू शिव है। इसीलिए शिव के माता-पिता का शास्त्रों में कोई उल्लेख नहीं है। इसीलिए शिव ने कभी नहीं कहा की 'मैं अपने पूर्व जन्म जानता हूँ', जो विष्णु बने कृष्ण ने गीता में कहा है।

इस तरह आत्मन, ब्राह्मन और विष्णु स्थिति से शिव स्थिति तक जाने की पूरी यात्रा को इस तरह भी व्याख्यायित किया जा सकता है, की किसी भी शरीर में मनुष्य जन्म धारण करने के बाद हमारे दो ही मुख्य कार्य

है। एक, अपने डीएनए के गुणों को छाँटते हुए ब्रह्म के अनुरूप अच्छे गुणों को रखना और बुरे गुणों को निकलाते जाना। और दूसरा, वह काम हो जाने के बाद आपने आत्मा की पिछली यात्रा से पड़े संस्कारों में से अच्छे संस्कारों को रखना और बुरे संस्कारों को निकालते जाना। इस तरह स्वयंभू बनने का यह अभ्यास भी आख़िरकार हमें शिव स्थिति पर ही लेकर आता है। सारे रास्ते आख़िर में हमें शिवत्व तक ही ले आते है।

अध्याय – ३२

भाग्य और भविष्य

"क्या सब कुछ पहले से ही तय है? क्या हम सिर्फ कठपुतली हैं? या फिर हम अपना भाग्य स्वयं ही बनाते हैं?" मानव जीवन में सबसे ज्यादा पूछे गये यह सवाल है। असल में उसका जवाब दोनों संभवानाओं का मिश्रण है।

दो बातें पहले से निश्चित है। एक, ब्रह्म के नेटवर्क की वह दो कोशिशों - ज्योतिर्पिण्ड की ओर गति करना और निरंतर तटस्थता बनाए रखना- के मुताबिक जो-जो हमारे सामने या हमारे ऊपर आएगा, उसका सामना करने के लिए हम बाध्य है। इससे बचने का कोई मार्ग ही नहीं है। उससे सिर्फ ऊपर उठने का मार्ग है और वह है स्थितप्रज्ञ बन जाना। दूसरी निश्चित बात जिसे भोगने के लिए हम बाध्य है, वह है हमारे पिछले कर्मों से बने विभिन्न ऋण और उसके परिणाम। वह भी हमें भोगने ही होंगे, उससे छुटकारा संभव नहीं। उससे ऊपर उठने का मार्ग है, साक्षीभाव।

तो, प्रत्येक बार जब हम जन्म लेते हैं तब इन दो बातों से प्रभावित होने के लिए बंधे हुए होते हैं। इतना हमारे हाथ में नहीं है। जो हमारे हाथ में है, वह है अब यहाँ से आगे का कर्म। और हम जहां भी है, वहाँ से अब आगे क्या है? वह है, जिस चक्र पर हम स्थित है उससे जुड़ी वासनाओं को जल्दी से जल्दी संतृप्त करने का हमारा लक्ष्य।

अर्थात् अगर आप पहले चक्र पर स्थित है, तो जीवन की आवश्यक वस्तुए प्राप्त करने के लिए निरंतर परिश्रम करना आप के हाथ में है। ब्रह्म अपनी उन दो निरंतर कोशिशों को पूरी करते हुए जितना हो सकेगा, आपको आतंके प्रयत्नों का फल देता रहेगा। और उन प्रयासों के मार्ग में पिछले जन्म या चालु जन्म के अच्छे-बुरे ऋणों को चुकाते रहना होगा। अगर अच्छे ऋण होंगे तो आपका ध्येय प्रमाण में सरलता से प्राप्त होगा।

अगर बुरे ऋण होंगे तो थोड़ी बहुत विफलताएं झेलते-झेलते कुछ समय बाद सफलता मिलेगी। अगर दुःख और विफलताओं के मार्ग से गुज़रे तो क्षमा और साक्षीभाव को साथ रखकर प्रयास करते रहे, ताकि नए ऋण कम से कम बने और अब यहाँ से आपके आगे के चक्रों की वासनाएँ आसानी से और जल्दी पूरी हो सके। अगर ध्येय तक सरलता से पहुँचे तो भी मन में साक्षीभाव को बनाए रखे ताकि अहंकार और ज़्यादा मजबूर ना हो। और इस दौरान अगर अहंकार पर क़ाबू न पाने से कोई भूल हो जाए, तो जल्दी से प्रायश्चित करके अपनी सजा माँग ले। ताकि आगे की यात्रा जटिल न बने।

तो यहाँ तक हमारे जीवन की कहानी सरल ही है, अगर हम साक्षीभाव, क्षमा और प्रायश्चित को साथ रखना जानते है। और अगर हम इस ज्ञान को जानते है की वर्तमान वासनाएँ जो मन में उठी है, वे अंतिम नहीं है। ना ही वे अंतिम लक्ष्य है। हम एक के बाद एक चक्रों की विकसित होती जाती वासनाओं से गुजरने वाले है और आख़िर में सत्य को प्राप्त करनेवाले है। हमारे मनुष्य जन्म की यात्रा की मूल रूपरेखा और लक्ष्य हमें पता होना चाहिए।

इस प्रकार प्रत्येक चक्र की संतृप्ति के हमारे ध्येय में आधा भाग्य हम भोगने के लिए बंधे हुए हैं, जबकि शेष आधा हमारे हाथ में है कि हम कब कितनी तीव्रता और कितनी दृढ़ता से उस चक्र के ध्येय को हासिल करने की कोशिश करते है। अगर हमारी महेनत ईमानदार और प्रमाणिक होगी, तो जो बातें हमारे हाथ में नहीं है, वह हमारे ध्येय प्राप्ती के समय को थोड़ा आगे-पीछे ही कर सकेगी। इससे ज्यादा कुछ नहीं। जैसे ही पिछले ऋणों का वह नकारात्मक प्रभाव हटेगा, आपकी कोशिशें कामयाब होती दिखने लगेगी। ब्रह्म की तटस्थता बनाए रखने की कोशिशें अगर आपको अवरोध रही है, तो कुछ वक्त तक धीरज के साथ अपने मार्ग पर टीके रहने से, वही ब्रह्म को कोशिशें फिर कुछ देर आपके अनुकूल भी हो जाएगी। आपको बस उस समय तक अपनी कोशिशों में लगे रहना है। उस अंधेरे तूफ़ान के बीच में भी अपने ध्येय पर अड़े रहना है और भविष्य की चिंता छोड वर्तमान में उस ध्येय की प्राप्ति के लिए जो ज़रूरी है वह

करते रहना है। यह है सामान्य व्यक्ति का भाग्य; आधी चीजें निश्चित और आधी उसके अपने हाथ में।

लेकिन छठे चक्र पर आत्मसाक्षात्कार का ध्येय सिद्ध हो जाने के बाद मनुष्य के लिए भाग्य की व्याख्या बदल जाती है। ऐसा मनुष्य अब सृष्टि के समग्र ब्रह्म के साथ जुड़ जाता है। वह ब्रह्म के नेटवर्क को जानने लगता है। वह अब जानने लगता है कि नेटवर्क में होने वाला ऊर्जा का आदान-प्रदान उसे अलग-अलग समय क्या देने वाला है या क्या छीनने वाला है? वह अपने ऋणों के बंधन को भी जान जाता है कि वह किस प्रकार किसके साथ जुड़े हुए हैं तथा वह कब और किस तरह उतरेंगे। जैसे जैसे वह आत्मन स्थिति से ब्राह्मन स्थिति की ओर जाता है, उसका ब्रह्म से एकत्व बढ़ता जाता है। वह अब वर्तमान से पीछे और वर्तमान के आगे देख पाता है। क्योंकि पदार्थों के आसपास काल के मुड़ने से ही समय के तीन खंड; भूत, वर्तमान और भविष्य- सृष्टि में उत्पन्न हुए थे। और पदार्थ एवं काल खुद भी ब्रह्म (ऊर्जा) का ही सूक्ष्म रूप है। इसलिए ब्राह्मन स्थिति का मनुष्य ब्रह्म के साथ एकत्व की वजह से पदार्थ के आसपास बने इस मोड़ के पार देख सकता है। उसके लिए समय के खंडो का भेद नहीं रहता। उसके लिए समय भूत, वर्तमान और भविष्य की एक ही धारा बन जाती है। इसे ही कहते है ब्रह्मज्ञानी मनुष्य को 'त्रिकाल ज्ञान होना'।

आत्मन स्थिति में वह मनुष्य जान चुका था की उसके ऋण किसके साथ किस तरह बने हुए है और वह ऋण इस तरह उतर पाएँगे। पर अब ब्राह्मन स्थिति में वह मनुष्य अपने ऋण उतराने के उस पूरे पथ को खुद बना पाता है। यहाँ तक कि किस गर्भ में जन्म लेना और अपने आसपास किन आत्माओं को इकट्ठा करवाना यह भी वह तय कर पाता है। वह अपनी मुक्ति का पथ खुद बनाता है और उस पर चलकर अपनी मुक्ति पा लेता है। इस तरह मनुष्य जीवन की यात्रा दो मुक़ामों में बनी हुई है। पहला मुक़ाम है आत्मन स्थिति का साक्षात्कार करके ब्रह्म रूपी अपनी सही पहचान को जानना और फिर ब्राह्मन स्थिति में आकर अपने बाक़ी ऋणों को चुकाने का पथ खुद बनाना और उस पर चलते हुए मुक्ति पा लेना।

तो, सामान्य इंसान से अलग ब्राह्मन स्थिति के इंसान को देखकर लगता है की जैसे उस मनुष्य का भाग्य उसके हाथ में है। पर वह सिर्फ़ इसलिए ऐसा है क्योंकि उसके ऋणों का मार्ग उसकी वासनाओं के मार्ग में दखल नहीं देता। क्योंकि उसकी कोई वासनाएँ बची ही नहीं है। अपने ऋणों से मुक्त हो जाना, यही अब उसकी एकमात्र वासना है। इसलिए उसके मार्ग में क्षणिक रुकावटें सिर्फ़ ब्रह्म की तटस्थता बनाए रखने की कोशिशों से आती है। और क्योंकि वह पूरे ब्रह्म से एकत्व में है, ब्रह्म की इस प्राथमिकता से आनेवाले विक्षेपों से वह वाक़िफ़ है। इसलिए वह अनिश्चितताओं के बीच जगह बनाता हुआ धीरे धीरे, पर सीधा अपने ऋण चुकाने के लक्ष्य को पा लेता है।

इस तरह भाग्य की बात इतनी सी है। मनुष्य जन्म की यात्रा का मूल लक्ष्य ज्ञात न होने से संसार की क्षणिक और अनिश्चित वासनाओं को ही जीवन का लक्ष्य मान लेने से 'भाग्य' शब्द का उदय हुआ है। वह एक सांसारिक शब्द है, आध्यात्म में उसकी कोई जगह नहीं है। आध्यात्म में एक ही बात का मूल्य है, आप ब्रह्म की चेतना से कितने एकत्व में है? जितने ज़्यादा एकत्व में होंगे, उतने जल्दी पहले आत्मज्ञान और फिर मुक्ति के लक्ष्य को पा जाओगे। आध्यात्म और सत्य की दुनिया में हम सबका बस यही एक भाग्य है; पहले आत्मज्ञान पाना, और फिर मुक्ति पाना।

इसके बावजूद भाग्य के विषय में एक सुंदर प्रतिप्रश्न हमेशा किया जाता है, और उस प्रश्न का उत्तर देकर ही हम भविष्य को समझने के मुद्दे पर जाएंगे। सवाल यह है कि अगर भगवान है और अच्छे कर्मों का फल अच्छा और बुरे कर्मों का फल बुरा ही होता है, तो फिर क्यों कई बहुत ही अच्छे व्यक्तियों के साथ जीवन में बहुत ही खराब होता हैं और क्यों कई बहुत ही खराब व्यक्तियों के साथ जीवन में बहुत ही अच्छा होता है?

हमने देखा कि प्रत्येक मनुष्य के अर्धजागरुक मनस में प्रेम और अहम का बीज मौजूद है। प्रेम मनुष्य से अच्छे कर्म करवाता है और अहं बुरे कर्म करवाता है। कुछ लोगों के बुरे कर्म कम होते हैं और अच्छे कर्म ज्यादा होते हैं। ब्रह्म अपने नेटवर्क के संजोग अनुसार कइबार उनके बुरे कर्मों का फल पहले देकर अच्छे कर्मों का पिटारा बाद में खोलता है।

लेकिन कई बार उन अच्छे कर्मों का पिटारा खुलने से पहले मृत्यु का वक्त बीच में आ जाता है। और इस स्थिति में उस व्यक्ति के अच्छे कर्मों का बदला उसे उसके दूसरे जन्म की शुरुआत से ही मिलने लगता है। कई लोगों के अच्छे कर्म कम होते है और बुरे कर्म ज्यादा होते हैं, इसिलिए ब्रह्म उनके अच्छे कर्मों के फल जल्दी से जल्दी देकर, उनके बुरे कर्मों के पिटारे को एकसाथ खोलने की कोशिश में होता है। लेकिन उसमें भी कई बार मृत्यु का समय बीच में आ जाने से खराब व्यक्ति अच्छे फल भोगकर गया हो, ऐसे दृश्य दिखायी देते हैं। जब कि वास्तव में उस आत्मा का नया जन्म दुःखों से भरा हुआ होता है। लेकिन जन्मांतरण हमारी यादों में नहीं रहता। इस वजह से यह सत्य समाज के सामने उभर नहीं सकता और उसके कारण नास्तिकता फैलती है। इसके साथ एक और कारण है जो अच्छे व्यक्ति को खराब और खराब व्यक्ति को अच्छी परिस्थितियों में प्रदर्शित करता है। यह कारण हम इस उदाहरण से समझेंगे।

एक शिक्षक के यहां दो लड़के ट्युशन पर आया करते थे। बारहवीं की प्रिलिम परीक्षा में उनमें से एक के ९७ प्रतिशत आए और दूसरे के ५८ प्रतिशत। शिक्षक उस ९७ प्रतिशत अंक लाने वाले विद्यार्थी के प्रति सख्त बने और दो माह के लिए उसके खेलने जाने और मौज-मस्ती करने पर प्रतिबंध लगा दिया। लेकिन उस ५८ प्रतिशत लाने वाले विद्यार्थी पर कोई प्रतिबंध नहीं लगाया, ना सजा दी। इससे वह विद्यार्थी प्रसन्न हो गया और दो महिने तक उस लड़के को कहता रहा, 'ले, क्या मिला अच्छे नंबर पाकर? इतना सारा पढ़कर और मेहनत करके? मुझे कैसे खेलने और घूमने मिलता है और तू सजा भुगत रहा है।'

जब बोर्ड की मूल परीक्षा का परिणाम आया, तब ९७ प्रतिशत वाले विद्यार्थी ने मेरीट में १०० प्रतिशत नंबर ला दिए थे और दूसरा विद्यार्थी ५० प्रतिशत नंबर लाकर पास हुआ।

ब्रह्मांड भी ऐसा ही करता है। अगर आप की आत्मा की स्थिति अद्वैत की पूर्णता से नजदीक आ गई है, तो वहां से ब्रह्म हमें नये कर्म बंधनों को बांधने के लिए खुला छोड़ना उचित नहीं समझता। क्योंकि वह कर्म बंधन हमें फिर से माया में ले जाएंगे और नये ऋणों के चक्कर में डालकर

हमारी यात्रा को पीछे ले जाएंगे। बहुत से अध्यात्मिक व्यक्तियों को आने वाले दुःखों का कारण यही होता है। ब्रह्म उनके सूक्ष्म अहं से हुई छोटी-मोटी भूलों को भी तुरंत दुःख देकर अहंकार के उस पड़ को उनके आत्मा से तुरंत उतार देता है। इस तरह ब्रह्म उस आध्यात्मिक आत्मा की पवित्रता को बनाए रखता है। यह सब उस ९७ प्रतिशत वाले विद्यार्थी को १०० प्रतिशत पर ले जाकर उसकी यात्रा पूर्ण करवाने के लिए होता है। स्थितप्रज्ञ और आत्मज्ञानी व्यक्ति को पता होता है, कि उस पर आने वाले दुःखों का कारण क्या है? इसलिए वह शांत होता है, लेकिन माया के वश में फँसे सांसारिक लोगों को वह दुःख दिखता है। ऐसे क़िस्सों में कई ईर्ष्यालु ऐसा कहने वाले मिलते हैं कि, 'देखो, पूरी जिन्दगी आध्यात्मिक बनकर रहा, तो भी भगवान दुःखी ही कर रहा है। बहुत छिपे पाप किए होंगे।'

वह सब सांसारिक व्यक्ति उस ५८ प्रतिशत वाले विद्यार्थी जैसे होते हैं। उनको ब्रह्म उनके कर्मों के मुताबिक ऋणों के जाल में भटकने के लिए छोड़ देता है। ब्रह्म उनको समय देता है कि क़ब उनकी ऊर्जा शरीर के उच्च चक्रों में स्थापित होकर धीरे धीरे १०० प्रतिशत जागरूकता के पास पहुंचे। तब तक उनका जीवन उनके कर्म और ऋणों के मुताबिक सुख-दुख की एक के बाद एक होनेवाली घटनाओं में से पसार होता रहता है। लेकिन जब उनमें से कोई पूर्णता की ओर आता है, तब ब्रह्म उसे भी भटकने नही देता। उसके मन में उद्भवित एक छोटे अहम के रिकोर्ड को भी दुःख देकर उतार दिया जाता है और उसे जल्दी से अद्वैत की पूर्णता में विलीन हो जाने के लिए धकेल दिया जाता है। ईसा मसीह को उनके जीवन के अंत में हुई पीड़ाएं भी ९७ प्रतिशत यात्रा को १०० प्रतिशत की पूर्णता तक ले जाने के लिए ही थी।

भविष्य:

तो फिर भविष्य क्या है? क्या कोई भविष्य जान सकता है? क्या भविष्य पहले से तय होता है, या हम अपना भविष्य खुद बनाते है?

पहली बात यह है कि भविष्य कोई स्थान नही है जहां हमको जाना है। सृष्टि ब्रह्म की लगातार बदलती चली जाती रचनाओं (designs) के एक

नेटवर्क के रूप में आगे बढ़ती है। इस गति की दिशा फिर से ज्योतिर्पिंड़ बनने की ओर है। तो भविष्य कुछ और नहीं बल्कि ब्रह्म इस नेटवर्क में अगली कौन सी रचना या डिज़ाइन धारण करेगा उसका अन्दाजा है। हाँ, भविष्य सिर्फ़ एक अन्दाजा है, क्योंकि जैसे ही ब्रह्म अगली डिज़ाइन में जाता है, वह वर्तमान बन जाता है और जो वर्तमान था वह भूतकाल बन जाता है। और फिर से एक नए अंदाज़े के रूप में भविष्य चर्चा में आता है। तो, भूतकाल और वर्तमान एक हक़ीक़त है, भविष्य हमेशा एक अंदाज़ा है।

जैसे -जैसे मनुष्य ब्रह्म के नेटवर्क की गति और वर्तमान स्थिति को समझता जाता है, वैसे वैसे वह ब्रह्म की अगली डिज़ाइन के सटीक अंदाज़े लगाने की क़रीब आता है। यानी कि, मनुष्य जितना ब्रह्म से एकत्व में होता है, वह उतना ज़्यादा अच्छी तरह जान पाता है की ब्रह्म के नेटवर्क की वर्तमान परिस्थिति अगले कदम पर किस परिस्थिति या रचना में होगी। ऐसे ब्रह्मज्ञानीयों को हम त्रिकाल ज्ञानी कहते है। असल में वे बस एक उच्च दर्जे के गणितज्ञ है, जिन्होंने ब्रह्म के नेटवर्क की वर्तमान डिज़ाइन को सही तरह से समझा है, और वह जानते है की यह डिज़ाइन आगे कितनी संभावित डिज़ाइनों में तबदील हो सकती है। वह सारी संभावित डिज़ाइनें संभावित भविष्य होते है। उसमें जो सबसे उच्च दर्जे का गणितज्ञ होगा, वह सटीकता से जान पाएगा की ब्रह्म के नेटवर्क के वर्तमान समीकरण आगे किसी एक निश्चित समीकरण में तबदील होंगे। तो, असल में भविष्य जानना बस एक ऊँचे दर्जे के गणितज्ञ का ही काम है। बस वह गणितज्ञ ब्रह्म से इतने एकत्व में होगा की उसे अपने ऊर्जा स्वरूप होने की और उस ऊर्जा स्वरूप आत्मा की पिछली यात्राओं की अनुभूति भी हो चुकी होंगी। बस यही है भविष्य, सृष्टि के अगले समीकरण का एक गणित। गणित जितना ज़्यादा सही होगा, वह अंदाज़े से ज़्यादा तथ्य बनता जाएगा। वह चाहे अंदाज़ा साबित हो या तथ्य, पर दोनों ही सूरतों में भविष्य कोई स्थान नहीं है, जहां आप जा सकते है। वह सृष्टि का अगला कदम है, जिसका आप को सटीक भास हो सकता है अगर आप किसी भी वजह

से एक पल के लिए भी ब्रह्म के नेटवर्क की वर्तमान स्थिति के साथ एकत्व में हो जाए।

तो, फिर भविष्य जानना ज्यादा आसान है या भविष्य का निर्माण करना? बेशक, उसका निर्माण करना। क्योंकि भविष्य आज की परिस्थितियों का ही अगला चरण है। आज की परिस्थिति में आप जैसा करते है, उसके अनुरूप उस परिस्थिति का अगला चरण निर्मित होता है। वही भविष्य है। तो, आगे भविष्य में क्या होगा, यह सोचना ही सबसे बड़ी मूर्ख और अवैज्ञानिक बात है। हम जो भी करना चाहते है, लागातार पूरा ध्यान और पूरी शक्ति उसी कार्य में देते रहना, यही उस परिस्थिति को जन्म देने का एकमात्र मार्ग है। यानी कि भविष्य देखना नहीं, वर्तमान पर कार्य करके उचित भविष्य का निर्माण करना हमारा कार्य है। हम हमारे इच्छित भविष्य का निर्माण किस हद तक कर पाएंगे, उसका आधार फिर उसी बात पर होगा जिस बात पर हमारी इच्छा पूरी होने का आधार था। यही की हमारी इच्छा ब्रह्म की गति की दिशा से कितनी समांतर है, वह सत्य से कितनी समांतर है।

अध्याय – ३३

सातवाँ परिमाण
मोक्ष का प्रवेश द्वार

तो, सारे रास्ते आख़िरकार मनुष्य को शिव स्थिति पर ही ले आते है। अब बढ़ते है शिव स्थिति से आगे। जानते है की शिव स्थिति के बाद मनुष्य का वह आत्मा मुक्ति कैसे पाता है? और सबसे महत्वपूर्ण सवाल, मुक्ति पाकर मनुष्य का वह आत्मा जाता कहाँ है? इन सवालों के जवाब आख़िरी अध्यायों में मिलेंगे, पर उन जवाबों तक पहुँचने की शुरुआत इसी अध्याय से होगी।

विष्णु में से शिव बने मनुष्य की ऊर्जा पांचवें और छठे चक्र पर केंद्रित होती है। मतलब पांचवें चक्र का तत्त्वज्ञान और छठे चक्र का वैराग्य उसका चरित्र होता है। लेकिन शिव स्थिति ब्रह्म की मूल स्थिति नही है। ब्रह्म की मूल स्थिति तो अद्वैत ज्योतिर्पिंड की स्थिति है। इसलिए शिव बने मनुष्य में मौजूद ब्रह्म भी और ज्यादा संकुचित होकर अंतिम अद्वैत स्थिति धारण करने की कोशिश करता है। यह तभी संभव बनता है जब शरीर के दोनों विभागों की समग्र ऊर्जा सातवें परिमाण में प्रवेश कर एक पिण्ड बने। सातवां परिमाण उस आखरी अद्वैत स्थिति को प्राप्त करने का प्रवेश द्वार है।

सातवां परिमाण एक उल्टी चलनी के आकार का है, जो मस्तिष्क के सबसे ऊपरी स्थान पर है। उसका नीचे का सिरा छठे परिमाण की ओर खुला छूटा हुआ है। वह जैसे जैसे ऊपर जाता है, वैसे वैसे संकड़ा होता चला जाता है, और ऊपर एक नुकीले सिरे में परिवर्तित हो जाता है। नुकीला सिरा मस्तिष्क के सबसे ऊपर के स्थान पर चलनी की नोंक या शंकु के शिरोबिंदु की तरह होता है। जब उस शिरोबिन्द के भाग तक शरीर की ऊर्जा पहुंचती है, तब उस बिन्दवत भाग में संकुचित होकर सृष्टि

की शरुआत से पहले बने एक परिमाणीय ज्योतिर्पिंड़ जैसी रचना धारण करती है। इस प्रकार समग्र सृष्टि में सिर्फ़ मनुष्य के सातवें परिमाण की यह चोटी ही वह स्थान है, जो सृष्टि से पहले बने ज्योतिर्पिंड़ जैसी रचना सृष्टि के भीतर बना सकती है। इसके सिवाय ब्रह्मा और हिग्ज बोसोन जैसे स्पिन (०) स्थिति के कण तीन परिमाणों में बनी तटस्थ ऊर्जा की एक गेंद ही होती है। जब की सृष्टि से पहले का ज्योतिर्पिंड और मनुष्य के सातवें परिमाण की चौटी पर बनता पिंड़ बिन्द जैसे एक परिमाण में अद्वैत स्थिति धारण करते है। मनुष्य के सातवें परिमाण की इस चोटी से लगकर उससे ऊपर एक छिद्र होता है। इसे ब्रह्मरंध्र कहते हैं। यही ब्रह्मरंध्र छिद्र मनुष्य के शरीर की अंतिम सीमा है। ब्रह्मरंध्र छिद्र के ऊपर शरीर से थोड़ा ऊपर सातवाँ चक्र होता है। और हम जानने है, यह सातवाँ चक्र क्या है? वह सृष्टि का केंद्र है।

आकृति ३३.१ के मुताबिक, जब मनुष्य शिव स्थिति में हो, तब उसकी समग्र शक्ति पांचवे और छठे परिमाण में दोनों विभागों में केंद्रित होती है। मोक्ष प्राप्त करने के लिए शिव स्थिति के मनुष्य को अपने दोनो विभागों में मौजूद ऊर्जा का सातवें परिमाण के नीचे के खुले छोर में प्रवेश करवाकर उसे चोटी के शिरोबिन्द में एकत्व देना पड़ता है।

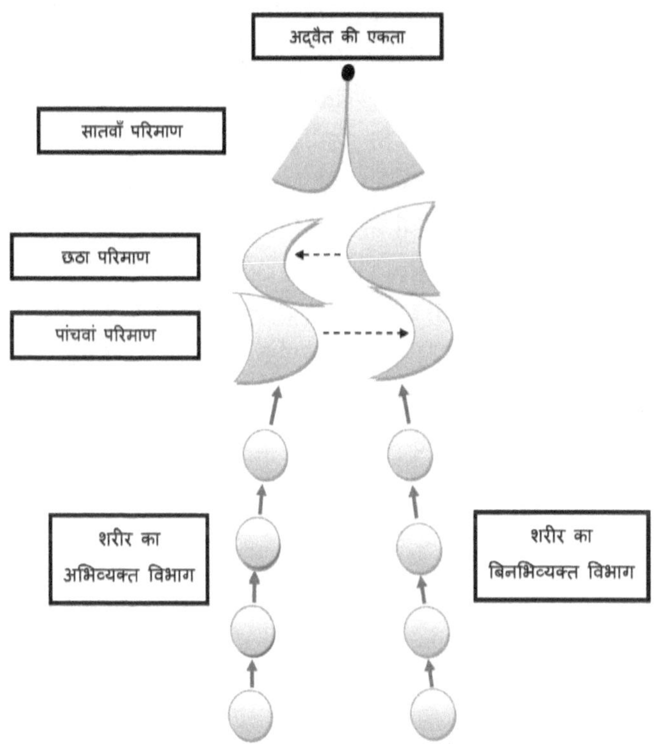

आकृति ३३.१ शिव स्थिति में ऊर्जा का केंद्रीकरण (पुरुष शरीर)

लेकिन सवाल यह है कि शिव स्थिति में जो प्रचंड ऊर्जा मानव शरीर में केंद्रित हुई हो, उसे सातवे परिमाण के इतने संकड़े मुख में किस तरह प्रवेश करवाया जाए? इसके लिए आवश्यक होता है कि छठे परिमाण में ऊर्जा की दो विरोधी प्रकृतियों के बीच नजदीकी दूरी से इतना आकर्षण बल का दबाव खड़ा हो, जिससे अंशतः ध्रुवीकरण वाले सातवें परिमाण का नीचे का सिरा खुल जाए। ऐसा दबाव कि जो मोक्ष के उस अंतिम दरवाजे को शरीर की ऊर्जा के लिए खोल दे, ताकि हमारे दोनों विभागों की ऊर्जा उसमें एकसाथ प्रवेश करके ऊपर चोटी में पिंड स्वरूप धारण कर सके।

सातवें परिमाण का मुख खोलने के लिए मनुष्य शरीर के छठे परिमाण में ऐसा उच्च दबाव उत्पन्न कर सके, ऐसे दो ही मार्ग इस जीवसृष्टि में उपलब्ध है। एक तेज किन्तु क्षणिक है, दूसरा धीमा किन्तु स्थायी है। पहला मार्ग सातवें परिमाण के शिरोबिन्द को अति तीव्र गति से स्पर्श कर वापस लौटता है, जबकि दूसरा धीरे-धीरे उस और आगे बढ़कर अंतिम शिरोबिन्द पर स्थायी हो सकता है और उसे छेदकर बाहर भी निकल सकता है। पहला मार्ग इंद्रियग्रस्त व्यक्ति का मार्ग है। दूसरा मार्ग इंद्रियातीत बने मनुष्य का मार्ग है। इंद्रियग्रस्त व्यक्तियों का वह तीव्र और क्षणिक मार्ग है - संभोग। और इंद्रियातीत व्यक्तियों का धीमा लेकिन स्थायी मार्ग है - भक्ति। पहले हम संभोग को जान लेते हैं, ताकी हम भक्ति के महत्व को सही से समझ सके।

अध्याय – ३४

संभोग का विज्ञान

इस अध्याय को इस ग्रंथ का सबसे लम्बा प्रकरण रखा गया है, क्योंकि संभोग वह स्थान है जहां आज की समग्र मानवजाति आकर ठहर गई है। आज के मानव का जो दो प्रतिशत जागरूक मन चल रहा है, उसकी लगभग ७० प्रतिशत शक्ति संभोग की लालसा में या उसकी इच्छा का निरंतर दमन करने में रुकी हुई है। शेष तीस प्रतिशत शक्ति से मनुष्य जो करता है, उसी से यह दुनिया चल रही है। इसलिए संभोग के इस विज्ञान को उसके सबसे बारीक स्वरूप में दर्शाने वाला यह प्रकरण सिर्फ इस ग्रंथ का ही नहीं, बल्कि समग्र मानवजाति के इतिहास का एक महत्वपूर्ण प्रकरण है।

हमने जाना कि मनुष्य किसी भी बाह्य भौतिक वस्तु को अपने भीतर की सृष्टि में ही अनुभव करता है। बाहर की कोई भी जानकारी जब उसके अभिव्यक्त विभाग में स्थित जागरूक मन में रचती है, तभी वह उस जानकारी को जान सकता है। इस तरह जब मनुष्य अपने सामने दूसरे मनुष्य को देखता है, तब उस सामने वाले मनुष्य का त्रि-परिमाणीय भौतिक शरीर पहले मनुष्य के अभिव्यक्त विभाग में (जागरूक चित्त में) रचा जाता है। लेकिन मनुष्य सिर्फ कोई भौतिक वस्तु नहीं है। उसके भीतर सात परिमाणीय सृष्टि धड़कती है। इसलिए सामनेवाले मनुष्य के सात में से पहले छे चक्रों में से निकलने वाली तरंगों की आवृत्ति भी देखनेवाले मनुष्य के भीतर की सृष्टि में रची जाती है। इन छह चक्रों की संयुक्त आवृत्ति को ही उस मनुष्य का 'औरा' या उसकी चेतना कहते है। आवृत्ति अर्थात् कि तरंग की तीव्रता, उसकी शक्ति। यही वजह है की एक मनुष्य दूसरे मनुष्य को किसी निर्जीव पुतले के स्थान पर एक जीवंत सजीव के रूप में अनुभव कर सकता है। लेकिन इस कहानी में एक मोड़ आता है लिंगभेद के कारण। सामने देखे जानेवाला मनुष्य या

तो पुरुष हो सकता है या स्त्री। पुरुष शरीर की ऊर्जा में जो विभाग शरीर के रूप में अभिव्यक्त हुआ है, वही विभाग स्त्री शरीर में बिनअभिव्यक्त रहा है। और जो विभाग स्त्री शरीर में अभिव्यक्त हुआ है, वह पुरुष शरीर में बिनअभिव्यक्त रहा है। इस प्रकार आकृति (३५.१) में दर्शाए अनुसार पुरुष का अभिव्यक्त विभाग स्त्री का बिनभिव्यक्त विभाग है और स्त्री का अभिव्यक्त विभाग पुरुष का बिनभिव्यक्त विभाग है। जैसे कि हमने पिछले अध्यायों में जाना, मनुष्य का बिनअभिव्यक्त विभाग उसके सुषुप्त मन की ऊर्जा के तौर पर होता है।

इन विरोधी विभागों के कारण जब कोई पुरुष किसी स्त्री को देखता है, तब उस स्त्री का त्रि-परिमाणीय भौतिक शरीर पुरुष के अभिव्यक्त विभाग में रचा जाता है, लेकिन स्त्री के अभिव्यक्त विभाग में से निकलने वाले छह चक्रों की तरंगों की आवृत्ति पुरुष के बिनअभिव्यक्त विभाग में सक्रिय होती है, क्योंकि स्त्री का अभिव्यक्त विभाग ही पुरुष का बिनअभिव्यक्त विभाग है। इस कारण पुरुष का बिनअभिव्यक्त विभाग पहले छह चक्रों में अपनी प्रकृतियों के साथ सक्रिय हो जाता है। और साथ ही चक्रों के साथ जुड़े छह परिमाणों में भी बिनअभिव्यकत विभाग अपनी प्रकृतियों के साथ सक्रिय हो जाता है। बिनअभिव्यकत विभाग में इन छह परिमाणों की प्रकृति अभिव्यक्त विभाग के छह परिमाणों की प्रकृतियों से विरुद्ध होती हैं। इसलिए पुरुष के भीतर की ऊर्जा में दो विभागों की विरोधी प्रकृतियों के बीच आकर्षण शुरु होता है। इसी वजह से स्त्री को देखने से पुरुष को आकर्षण महसूस होता है, जो असल में उसके भीतर सक्रिय बने उसके अपने बिनअभिव्यक्त विभाग का आकर्षण है।

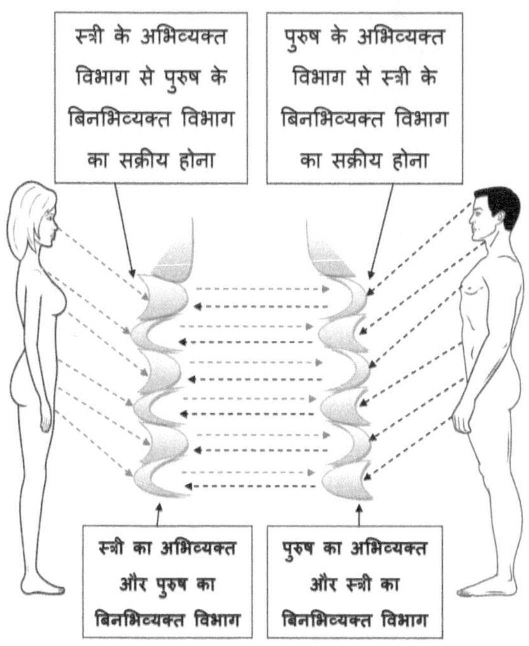

आकृति ३५.१ मनुष्य के अभिव्यक्त और बिन अभिव्यक्त विभाग

इसी प्रकार स्त्री जब पुरुष को देखती है, तब पुरुष का शरीर ही उसके अभिव्यक्त विभाग (जागरूक मन) में रचता है। पुरुष के अभिव्यक्त विभाग में से निकलने वाली तरंगों की आवृत्ति स्त्री के बिनअभिव्यक्त विभाग में सक्रिय होती है। इसलिए स्त्री में भी पुरुष को देखकर बिनभिव्यक्त विभाग के पहले छह चक्र और परिमाण सक्रिय हो जाते है, जिनकी प्रकृति स्त्री के अभिव्यक्त विभाग के परिमाणों की प्रकृति से विरुद्ध होती है। इसलिए स्त्री के भीतर भी दो विरोधी विभागों के बीच आकर्षण शुरू होता है, जो बाह्य रूप से स्त्री को पुरुष के प्रति आकर्षण का अनुभव करवाता है। लेकिन अगर पुरुष दूसरे पुरुष या स्त्री दूसरी स्त्री को देखे, तो सामनेवाले व्यक्ति का भौतिक शरीर और उसके अभिव्यक्त

विभाग में से निकलने वाली तरंगो की आवृत्ति, दोनों पहले व्यक्ति के अभिव्यक्त विभाग में ही रचती हैं। इस कारण समलिंगी मनुष्य को देखने पर मनुष्य में बिनअभिव्यक्त विभाग सक्रिय नहीं होता, जिससे उनको जातीय आकर्षण महसूस नहीं होता।

लेकिन कई मनुष्यों के चक्रों की रचना में कुदरती रूप से कमी होती है। उनके चक्रों की प्रकृतियां बिल्कुल स्त्री या पुरुष जैसी ना होकर कोई एक, दो या ज्यादा चक्रों में सामान्य से विपरीत होती हैं। परिमाण स्वरूप ऐसे मनुष्य किसी एक लिंग का शरीर लेकर तो जन्म लेते हैं, लेकिन उन्हें समलिंगी व्यक्ति को देखकर भी आकर्षण होता है। कई लोगों को इन अस्त-व्यस्त प्रकृतियों के कारण स्त्री और पुरुष, दोनों से आकर्षण होता है। इस प्रकार स्त्री- पुरुष के आकर्षण का पूरा खेल मनुष्य के भीतर के दो विभागों की प्रकृतियों के बीच के आकर्षण का खेल है।

अब, पुरुष एक बार स्त्री को देख ले तो उसके भौतिक शरीर का रिकॉर्ड पुरुष के अभिव्यक्त विभाग में मौजूद जागरूक चित्त में संग्रहित होता है और उस स्त्री के अभिव्यक्त विभाग में से निकलने वाली तरंगों की आवृत्ति पुरुष के बिनअभिव्यक्त विभाग में अर्थात् मस्तिष्क में मौजूद सुषुप्त मन के भाग में संग्रहित होती है। यानी कि अब सुषुप्त मन की इतनी ऊर्जा एक रिकोर्ड के रूप में मनुष्य के जागरूक मन के प्रभाव में आती है। इसी प्रकार किसी पुरुष के अभिव्यक्त विभाग की आवृत्ति स्त्री के सुषुप्त मन में चेता कोषों के जाल के रूप में सक्रिय होती है और उसके जागरूक मन के प्रभाव में आती है। इस प्रकार मनुष्य के सुषुप्त मन में समग्र जीवन में सिर्फ यह एक ही रिकोर्ड निर्मित होता है, और वह है विरोधी लिंग के शरीर में स्थित तरंगों की आवृत्ति। इस कारण पुरुष फिर फुरसत के पलों में भी अगर स्त्री को याद करे तो उसके जागरूक मन में स्त्री का शरीर और सुषुप्त मन में उस शरीर से संलग्न ऊर्जा की आवृत्तियाँ एक साथ सक्रिय हो जाती है। स्त्री के शरीर में भी पुरुष को उसकी अनुपस्थिति में याद करने से ऐसा ही होता है। यही कारण है कि हम सिर्फ विरोधी लिंग के मनुष्य को याद करके भी आकर्षित और उत्तेजित हो सकते हैं।

मनुष्य का चहेरा - शिव स्थिति:

अब एक सवाल। अगर किसी पुरुष को स्त्री का संपूर्ण शरीर नग्न दिख जाए, पर उसका चहेरा ना दिखे, तो क्या वह उस नग्न शरीर से उत्तेजित होगा? जरा कल्पना करें और जवाब तय करे। जवाब है नहीं। जिन लोगो ने जवाब में 'हां' सोचा है, उन लोगो ने उस नग्न शरीर के साथ किसी जानी पहचानी स्त्री का चहेरा कल्पना में जोड़ दिया है। तभी वह आकर्षण या उत्तेजना हुई। अगर आपने चहेरे की कल्पना ना की हो, तो स्त्री के चहेरे सिवाय का पूरा नग्न शरीर देखकर भी पुरुष को आकर्षण नही होगा। इसी प्रकार, स्त्री को भी पुरुष का चहेरा देखे बगैर उसके नग्न शरीर का आकर्षण नहीं होगा। अब दूसरा सवाल, मान लीजिए कि आपको थोड़ा कन्शेशन मिलता है। अब आप उस नग्न स्त्री की आंखें, ललाट और बाल देख सकते हैं, लेकिन आपको चहेरे का नाक से गले तक का भाग दिखायी नहीं देता। वह ढंका हुआ है, बाक़ी सब नग्न है। क्या आपको उससे आकर्षण होगा? सही जवाब कुछ ऐसा होगा, 'हां, अब देखते रहने का मन होता है, लेकिन आकर्षण नहीं। अधुरा लगता है। मन करता है कि अगर नाक, होठ और गर्दन तक का भाग दिखायी दे तो बेहतर होगा।' अब आश्चर्य यह है कि स्त्री का पूरा नग्न शरीर सामने मौजूद है, लेकिन आपको उसकी डाढ़ी का भाग, होंठ और गर्दन देखे बगैर आकर्षण नहीं होता। इसी तरह स्त्री को भी पुरुष के प्रति होता है। यहां यह भ्रम टूटता है कि हम स्त्री या पुरुष के नग्न शरीर से आकर्षित होते है। असल में हम प्राथमिक तौर पर पुरुष या स्त्री के चहेरे से आकर्षित होते हैं। हां, चहेरा देखने को मिलता हो तो ही नग्न शरीर आकर्षण में अनेक गुना बढ़ोतरी कर देता है, लेकिन चहेरे के बगैर नग्न शरीर किसी काम का नहीं। तो, आख़िर ऐसा क्या है मनुष्य के चहेरे में?

स्त्री और पुरुष के शरीर में स्त्री प्रकृति और पुरुष प्रकृति दोनों अभिव्यक्त होते हैं। इसिलिए स्त्री-पुरुष का आपसी आकर्षण होने के लिए दोनो शरीरों में इन दोनों प्रकृतियों को सामने की विरोधी प्रकृति मिलना जरुरी है। इस प्रकार स्त्री-पुरुष का आकर्षण द्वि-प्रकृति आकर्षण

है। अब, मनुष्य का चहेरा शिव स्थिति में है। शिव स्थिति यानी समग्र शरीर की ऊर्जा को और ब्रह्म की दोनों विरोधी प्रकृतियों को दो परिमाणों में व्यक्त करनेवाली स्थिति। ललाट के भाग में मौजूद छठा चक्र मस्तिष्क में बुद्धि के स्थान पर स्थित है। बुद्धि की ऊर्जा छठे चक्र की ऊर्जा है। पहली पाँच इन्द्रियों का नियमन बुद्धि करती है। इसलिए पहले पाँच परिमाणों और चक्रों की ऊर्जा भी आख़िर में बुद्धि में ही आती है, यानी कि छठे चक्र में या छठे परिमाण में ही आती है। इस कारण छठे चक्र की ऊर्जा में पहले पाँचों चक्रों की ऊर्जा का योग होता है और छठे चक्र में से निकलती तरंगों की आवृत्ति प्रथम पाँचों चक्र या परिमाणों की आवृत्ति का योग होती है। मतलब, छठे चक्र की ऊर्जा में मनुष्य शरीर की समग्र ऊर्जा का केंद्रीकरण होता है। यही वजह है कि योगी छठे चक्र पर ध्यान करके बैठते हैं। दूसरा, छठे चक्र में से निकलने वाली तरंगें ब्रह्म की दो प्रकृतियों में से कोई एक प्रकृति प्रगट करती है। अगर पुरुष शरीर है तो छठे चक्र की प्रकृति अंतर्गामी होती है और अगर स्त्री शरीर है तो बहिर्गामी। स्त्री-पुरुष के द्वि-प्रकृति आकर्षण के लिए आवश्यक दूसरी प्रकृति देता है पाँचवां चक्र। यह गरदन के भाग पर स्थित है। उसकी प्रकृति छठे चक्र की प्रकृति से विरुद्ध होती है। पुरुष में यह बहिर्गामी होती है और स्त्री में अंतर्गामी।

छठे चक्र की ऊर्जा उसकी आवृत्ति (यानी कि शक्ति का प्रमाण) और प्रकृति के साथ ललाट, आँखों और नाक के हिस्से तक अभिव्यक्त होती हैं। इसलिए मनुष्य की बुद्धि जितनी ज्यादा हो, उतनी ही उसकी आँखों में गहराई और तीक्ष्णता ज्यादा होती है। पाँचवें चक्र की ऊर्जा उसकी आवृत्ति और प्रकृति के साथ नाक के नीचे मूँछ, होठ, दाढ़ी और गरदन के हिस्से पर अभिव्यक्त होती है। पुरुष का पाँचवां चक्र पुरुष प्रकृतिवाला होता है। इसलिए जिन पुरुषों में पुरुष प्रकृति ज्यादा प्रबल होती है, उनमें पुरुष अंतःस्राव टेस्टोटेरोन का प्रमाण ज्यादा होता है। ऐसे पुरुषों की आवाज ज्यादा भारी और दाढ़ी-मूँछ ज्यादा घनी होती है। इसी प्रकार स्त्री में पाँचवें चक्र में स्त्री प्रकृति का प्रभाव ज्यादा होता है और उनमें प्रोजेस्टेरोन अंतःस्राव का प्रमाण ज्यादा होता है। उसकी अभिव्यक्ति के

स्वरूप में उस स्त्री के होंठ मोटे और उभरे हुए होते हैं। इस प्रकार कई स्त्रियाँ उनकी उच्च बुद्धि के कारण अपनी आँखों, ललाट और नाक के हिस्से से आकर्षक दिखायी देती हैं और कुछ स्त्रीयाँ उनकी ज़्यादा स्त्री प्रकृति के चलते आकर्षक दिखती है, जिनकी सुन्दरता उनके होंठ, दाढ़ी और गरदन के हिस्से में होती है। विकसित आत्मा वाली कई स्त्रियाँ किसी एक जगह से ज़्यादा आकर्षक न होकर, इन दोनों जगहों से समान रूप से आकर्षक होती है। ऐसा ही विकसित पुरुषों में भी होता है।

आत्मा और प्राण:

इस प्रकार मनुष्य का चहेरा स्त्री-पुरुष के आकर्षण के लिए आवश्यक - शरीर की ऊर्जा की कुल आवृत्ति और ब्रह्म की दोनों विरोधी प्रकृतियां - उपलब्ध करवा देता है। मनुष्य शरीर का दूसरा कोई भाग देखने से यह दोनों चीजें साथ में नहीं मिल सकती। शरीर की जागरूक ऊर्जा की कुल आवृत्ति एक स्थान पर केंद्रित हो, ऐसा सिर्फ छठा चक्र ही है। जागरूक ऊर्जा अर्थात् मनुष्य के मस्तिष्क में जितना भाग जागरूक हो, वह ऊर्जा। अर्थात् कि जागरूक मन की ऊर्जा। इसे भारतीय शास्त्रों में 'प्राण' कहा गया है। तो मनुष्य के प्राण और आत्मा के बीच यह फर्क है। 'आत्मा' मनुष्य की कुल ऊर्जा है, और 'प्राण' मनुष्य की जागरुक ऊर्जा है। मनुष्य में जितनी आत्मा जागरूक है, उसे प्राण कहते हैं। हमने जाना था कि सामान्य व्यक्तियों में यह जागरूक ऊर्जा एक दो प्रतिशत जितनी ही होती है, लकिन छठे चक्र पर आत्मन स्थिति में आने से पहले वह अधिकतम पाँच प्रतिशत तक विस्तृत हो सकती है। छठे चक्र पर आत्मन का आत्मसाक्षात्कार होने पर वह तीस प्रतिशत हो जाती है, और ब्राह्मन का साक्षात्कार होने पर वह पूर्ण सौ प्रतिशत हो जाती है। यानी की ब्रह्म साक्षात्कार से सम्पूर्ण आत्मा जागरूक बन जाता है, समग्र आत्मा प्राण बन जाती है।

मनुष्य के किसी भी चक्र में से जो ऊर्जा तरंगो के रूप में निकलती है, वह उसकी जागरुक ऊर्जा ही होती है। क्योंकि प्रत्येक चक्र के कंपन से, उस चक्र के जागरूक भाग जितनी ऊर्जा ही उत्पन्न होती है। यानी

कि जितना मनुष्य जागरुक होगा, उतनी उसके चक्रों में से निकलने वाले तरंगो की आवृत्ति ज़्यादा होगी। पुरुष और स्त्री जब एक दूसरे को देखकर आकर्षित होते हैं, तब सामने वाले के अभिव्यक्त विभाग में मौजूद इस जागरूक ऊर्जा से ही आकर्षित होते हैं। मतलब, स्त्री को देखने से पुरुष के बिनअभिव्यक्त विभाग में जो ऊर्जा सक्रिय होती है, वह बिनअभिव्यक्त विभाग का भी दो से पाँच प्रतिशत जितना ही भाग होता है, जो सामने वाली स्त्री में जागरूक है। इस प्रकार सामने वाले पुरुष की जागरूक ऊर्जा जितने प्रतिशत हो, उतनी ही स्त्री के बिनअभिव्यक्त विभाग में वह सक्रिय होती है। इस प्रकार संभोग का जातीय आकर्षण स्त्री-पुरुष की जागरूक ऊर्जा के बीच का आकर्षण है, उनके प्राणों के बीच का आकर्षण। यह आकर्षण कुछ और नहीं बल्कि दोनों विभागों में सक्रिय बनी (स्त्री और पुरुष) दोनों के प्राण जितनी ऊर्जा की एकत्व प्राप्त करने की प्रबल इच्छा होती है। और एकत्व की ओर बढ़ने के लिए तो मनुष्य को विष्णु स्थिति से शिव स्थिति की ओर आना ही पड़ता है। इस प्रकार, सिर्फ मनुष्य की आध्यात्मिक यात्रा में ही नहीं, स्त्री-पुरुष के बीच के आकर्षण में भी ऊर्जा सात परिमाण की विष्णु स्थिति से चहेरे की दो परिमाणीय शिव स्थिति में केंद्रित होती है। इसीलिए बिना चहेरा देखे किसी का नग्न शरीर भी स्त्री-पुरुष का आकर्षण नहीं करा सकता।

स्त्री-पुरुष एक दूसरे के चहेरे से आकर्षित होते है, तब उनके छठे चक्र की ऊर्जा उनके पहले पाँचों चक्रों की ऊर्जा को अपनी ओर ऊपर खिंचती हैं। इससे नीचे के तमाम चक्रों की ऊर्जा ऊपर की ओर खिंचती है। इस कारण जब पहले चक्र की ऊर्जा ऊपर की ओर खिंचती है, तब पुरुष में पहले चक्र के स्थान पर मौजूद लिंग की उत्तेजना बढ़ती है और उसका उत्थान होता है। जबकि स्त्री में इस खिंचाव के कारण योनी खुलती है।

अब हम जानते है कि पुरुष सामनेवाली स्त्री को और स्त्री समानेवाले पुरुष को उसके शरीर और उसके अभिव्यक्त विभाग की प्रकृतियों के साथ अपने भीतर की सृष्टि में ही अनुभव करते है। और जिसे आप स्वयं में ही देखते हैं, वह अगर बाहर आपसे भिन्न दिखायी देता है तो आप उसे

स्पर्श करना चाहते हैं। हमने देखा कि एक छोटा बालक भी शुरूआत में इसी कारण जिसको भी देखता है, उसे पकड़ने की कोशिश करता है। और उस वस्तु को पकड़ने से भी संतुष्टि ना होने पर व उसे मुँह में डालता है। वह उस वस्तु को अपना हिस्सा बनाने की कोशिश करता है, उससे एकत्व हासिल करने की कोशिश करता है। यही होता है स्त्री-पुरुष के आकर्षण के अगले चरण में। सामने वाली स्त्री को देखकर अपने विभागों के बीच आकर्षण उत्पन्न होने से पुरुष अब उस स्त्री को स्पर्श करना चाहता है। वह उसके शरीर को छूकर उससे एक होना चाहता है। यहाँ सामाजिक और स्थानीय परिबलों के मुताबिक दो संभावनाएँ है। एक या तो पुरुष उस स्त्री को स्पर्श कर सकता है या स्पर्श नहीं कर सकता। पहले हम इस संभावना पर आगे बढ़ें कि मानो वह स्त्री उस पुरुष की पत्नी या प्रेमिका है और वह उसे छूने के लिए स्वतंत्र है। तब वह संभोग के मार्ग पर सिरकने लगते है।

स्पर्श और संभोग:

हम जानते हैं कि मनुष्य के बाहर की सृष्टि में दस परिमाण हैं, जो मनुष्य के भीतर के सात परिमाणों के समकक्ष हैं। लेकिन बाहर के दस परिमाणों में से तीन परिमाण ही निर्मित हुए हैं और सात अपाकर्षण रेखाओं की ऊर्जा में बिखर गए हैं। इसलिए बाहर की कोई भी भौतिक वस्तु ब्रह्मांड के तीस प्रतिशत परिमाणों से ही बनी है। अर्थात् कि बाहर की किसी भी भौतिक वस्तु का हम स्पर्श करते हैं तब वह हमारे भीतर की सृष्टि में भी तीस प्रतिशत परिमाणों से ही एक होती है। हमारे भीतर के परिमाणों का शेष ७० प्रतिशत भाग उस स्पर्श से अनछुआ ही रहता है।

इसलिए स्त्री को देखकर अपने सात परिमाणों में बिनअभिव्यक्त विभाग से आकर्षण महसूस करने वाला पुरुष जब उस स्त्री को स्पर्श करता है तब उसके भीतर के सात परिमाण की कुल ऊर्जा में से सिर्फ़ ३० प्रतिशत ऊर्जा ही उस स्त्री से एकत्व महसूस कर सकती है। उसके भीतर सात परिमाणों में जितना आकर्षण उसे महसूस हो रहा है, उसके तीस प्रतिशत परिमाण ही उसे बाहर स्त्री के शरीर से मिल रहे हैं। स्त्री

के बाकी के परिमाणों की ऊर्जा के साथ पुरुष स्पर्श के माध्यम से एक नहीं हो सकता। और, यहाँ खड़ी होती है मानव समाज की सबसे बड़ी मर्यादा। यह कुछ ऐसा है जैसे जिसके लिए हमारा अस्तित्व है - हमारे दोनों विभागों की ऊर्जा को सक्रिय कर उसको एक कर देना - उसके लिए मार्ग तो हमें नजर आया, लेकिन चलना प्रारंभ किया तो पता चला कि बीच में एक चमड़ी की दीवार है। हम हमारी पूर्णता की मंज़िल देख सकते है, महसूस कर सकते है, पर उसे पा नहीं सकते। हम सारे परिमाणों में सम्पूर्ण आकर्षण महसूस करते हैं, लेकिन शरीर के मार्फत उन सभी परिमाणों में एकत्व प्राप्त नहीं कर सकते। तो स्पर्श से क्या होता है? स्पर्श से वही होता है, जो देखने से हो रहा था - एकत्व की इच्छा का उत्तेजित हो जाना। स्पर्श से बस उस उत्तेजना की तीव्रता बढ़ जाती है।

पुरुष जब स्त्री को स्पर्श करता है तब स्त्री का शरीर एक त्रि-परिमाणीय भौतिक पदार्थ के तौर पर पुरुष के अभिव्यक्त विभाग में रचता है, जबकी पुरुष स्त्री शरीर के जिस भाग को स्पर्श करता है उस भाग से संलग्न चक्र में से आने वाली ऊर्जा की आवृत्ति पुरुष के बिनअभिव्यक्त विभाग में सक्रिय होती है। अर्थात् अगर पुरुष स्त्री के होंठ और मुख को स्पर्श करता है, तो पुरुष के बिनअभिव्यक्त विभाग में उस स्त्री के पाँचवें और छठे चक्र की आवृत्ति सक्रिय होती है। अगर वह स्त्री के स्तन को स्पर्श करता है तो पुरुष के बिनअभिव्यक्त विभाग में स्त्री के चौथे चक्र की आवृत्ति सक्रिय होती है। जबकि सामने वाले सिरे पर स्त्री के शरीर को पुरुष शरीर का जो भाग छूता है, उस भाग से संलग्न चक्र की ऊर्जा स्त्री के बिनअभिव्यक्त विभाग में सक्रिय होती है। अर्थात् पुरुष अगर स्त्री को हाथ से स्पर्श करता है, तो स्त्री के बिनअभिव्यक्त विभाग में चौथे चक्र की प्रकृत्ति सक्रिय होगी और अगर पुरुष स्त्री को अपने होंठ से स्पर्श करेगा तो स्त्री के बिनअभिव्यकत विभाग में पाँचवें चक्र की प्रकृत्ति सक्रिय होगी। लेकिन स्पर्श से सक्रिय होने वाले बिनअभिव्यक्त विभाग की तीव्रता सिर्फ देखने से उत्पन्न होने वाली तीव्रता से अनेक गुनी ज्यादा होती है। क्योंकि चक्रों में केंद्रित होने वाली ऊर्जा शरीर के कोषों में ही बनती है, इसलिए शरीर के कोष ऊर्जा का स्त्रोत है। जब तक पुरुष उस ऊर्जा के स्त्रोत

यानी स्त्री के शरीर को दूर से देखता था तब तक उसमें से निकलने वाली तरंगों की आवृत्ति महसूस करता था। अब तो वह उस स्त्रोत को सीधा स्पर्श करता है। इसलिए स्पर्श करने से शरीर के चक्रों की ऊर्जा अतिशय तीव्रता के साथ सामने वाले के बिनअभिव्यक्त विभाग में सक्रिय होती है।

अब पुरुष और स्त्री एक दूसरे के चहेरे से आकर्षित होकर ही एक दूसरे को स्पर्श करने आए होते है। इसलिए पहले वह सीधे एक दूसरे के चहेरे को ही स्पर्श करना चाहते हैं। इसी कारण शरीर के अन्य भागों पर हाथों के शुरुआती स्पर्श के बाद मूल शुरुआत हमेशा होंठ पर चुम्बन से होती है, जो मुख के अन्य स्थानों पर पहुँचता है। यहां पुरुष उसकी मुख प्रकृति बहिर्गामी प्रकृति से व्यवहार करता है और स्त्री उसकी अंतर्गामी प्रकृति से। इसलिए होंठ के चुम्बन द्वारा पुरुष शिवलिंग की रचना के अनुसार स्त्री के शरीर में घूसना चाहता है और स्त्री पुरुष को अपने भीतर खींचना चाहती है। एक दूसरे के होंठों के स्पर्श से होता यह चुम्बन उनके विभागों के आकर्षण को अनेक गुना बढ़ा देता है, क्योंकि चहेरे पर के स्पर्श के कारण पुरुष और स्त्री दोनों में बिनअभिव्यक्त विभाग के पाँचवें और छठे परिमाण सक्रिय हो जाते है। इससे छठे चक्र द्वारा पहले पाँच चक्रों की ऊर्जा को लगने वाला खिंचाव अतिशय बढ़ जाता है। यह खिंचाव दोनों विभागों में होता है। इस वजह से नीचे के चक्रों में भी बिनअभिव्यक्त विभाग की ऊर्जा उत्तेजित होती है। इससे स्त्री-पुरुष को अब एक दूसरे के चहेरे सिवाय के बाक़ी के संपूर्ण शरीर को स्पर्श करने की इच्छा होती है। यहीं पर वह दोनों अपने कपड़े उतारकर एक दूसरे के खुले शरीर के विभिन्न भागों को अलग अलग तरीके से सहलाने लगते है। इस सम्पूर्ण स्पर्श से उनके बिनअभिव्यक्त विभाग की ऊर्जा प्रत्येक चक्र में अतिशय सक्रियता धारण करती है और अभिव्यक्त विभाग को और ज़्यादा तीव्रता से आकर्षित करती है। उससे दोनों विभागों में ऊर्जा ऊपर की ओर ज्यादा प्रबलता से खिंचने लगती है। इससे अब लिंग और योनी उनकी महत्तम उत्तेजना धारण करते है। लिंग का महत्तम उत्थान होता है, जबकि योनि खुली होकर गीली होने लगती है। इसलिए शरीर की समग्र ऊर्जा को अपनी ओर खींच रहे स्त्री-पुरुष के छठे चक्र से जुड़ी बुद्धि कर्मेन्द्रियों को

जननांगों को स्पर्श कर ऊर्जा देने का आदेश देती है। इससे पहले चक्र पर से ऊपर खिंच रही ऊर्जा को उपर चढ़ाने का कार्य आरंभ होता है। या तो स्त्री-पुरुष अपने हाथ द्वारा जननांगों को स्पर्श करते है या फिर उनके जननांगों को एक दूसरे का स्पर्श करवाते है। इस प्रकार पुरुष अपना लिंग गीली योनी में डालता है और वहाँ से दोनों अपने जनानांगो को आपस में घिसने लगते है। इस एक क्रिया से स्त्री और पुरुष दोनों के पहले चक्र की ऊर्जा ऊपर की ओर गतिमान होने लगती है।

इस प्रकार स्त्री-पुरुष के आकर्षण का अनुसरण एक लयबद्ध श्रृंखला जैसा है। एक बार उनके चहेरे एक दूसरे से आकर्षित हुए और उनके छठे चक्र ने उनकी ऊर्जा को उपर खींची, फिर उनका सम्पूर्ण शरीर छठे चक्र के पास स्थित बुद्धि की इच्छा के बस में आ जाता है। यहाँ पर बुद्धि की इच्छा है शरीर की समग्र ऊर्जा को उपर शिव स्थिति में खींचें लाना और उसे सातवें परिमाण में चढ़ाकर एक कर देना। इसलिए एक बार शुरू हो जाने के बाद संभोग के इस खिंचाव को रोकना मनुष्य के लिए मुश्किल होता है। इसके बावजूद अर्धजागरूक बुद्धि में पड़े सामाजिक नियमों, संयम के आदेश, अन्य जिम्मेदारीयों का बोध या फिर अचानक आ जाने वाली किसी रुकावट के कारण अगर स्त्री-पुरुष अपने जननांगों को घर्षण देना बंद कर दे, तो उसी पल से ऊर्जा ऊपर चढ़नी रुक जाती है और संभोग की क्रिया बंद हो जाती है।

संभोग की शिव स्थिति और एक परिमाणीय स्थिति:

लिंग और योनी के परस्पर घर्षण से स्त्री पुरुष के चक्रों की ऊर्जा उपर चढ़कर पाँचवें और छठे चक्र में स्थापित होती है, क्योंकि संभोग के दौरान भी उनका ध्यान उनके चहेरे पर ही बारबार जाता है। संभोग को जारी रखने के लिए छठा चक्र मुख्य निर्देशित होने के कारण स्त्री पुरुष का ध्यान एक दूसरे के चहेरे पर निरंतर जाना आवश्यक होता है। वह एक दूसरे के चहेरे को ना देख पाए तो भी उनका मुख और स्पर्श बारबार एकदूसरे के चहेरे पर जाता है। शरीर की समग्र ऊर्जा पाँचवें और छठे

चक्र में केंद्रित होने से इस स्थिति को संभोग की शिव स्थिति कहा जाता है। अब तक पुरुष उसकी बहिर्गामी प्रकृति और स्त्री उसकी अंतर्गामी प्रकृति से व्यवहार कर रही थी, और इस तरह वे इस शिव स्थिति तक पहुँचे हैं। लेकिन यहाँ से व्यवहार बदलता है। अब पुरुष में मौजूद ६० फीसदी बहिर्गामी प्रकृति उसके पाँचवें चक्र में और ४० प्रतिशत अंतर्गामी प्रकृति छठे चक्र में होती है। स्त्री में मौजूद ६० फीसदी अंतर्गामी प्रकृति उसके पाँचवें चक्र में और ५० फीसदी बहिर्गामी प्रकृति उसके छठे चक्र में होती है। वही उन शरीरों में उन चक्रों की प्रकृति है। अब बुद्धि रूपी छठा चक्र ही मुख्य संचालक होने से उसकी प्रकृति पहले अभिव्यक्त होती है। इस प्रकार स्त्री स्वयं में मौजूद ४० प्रतिशत बहिर्गामी प्रकृति को खोकर सम्पूर्णतया अंतर्गामी प्रकृति का शून्यावकाश बन जाना चाहती है। इसी प्रकार पुरुष उसके छठे चक्र के बिनअभिव्यक्त विभाग में से स्त्री की बहिर्गामी प्रकृति लेकर अपनी ४० प्रतिशत अंतर्गामी प्रकृति का शून्यावकाश भर देना चाहता है। ऐसा करने के बाद पुरुष के पास सिर्फ उसकी मूल बहिर्गामी प्रकृति और स्त्री के पास सिर्फ उसकी मूल अंतर्गामी प्रकृति ही रहेगी। यही समय होता है जब पुरुष का ध्यान स्त्री के स्तनों की ओर जाता है। वह स्तनों को चूसने और दबाने लगता है क्योंकि स्तन स्त्री में मौजूद बहिर्गामी प्रकृति की एकमात्र अभिव्यक्ति है।

यही वजह है कि पुरुषों में हमेशा स्त्री के स्तनों का आकर्षण होता है और स्त्रियाँ उनके स्तनों के उभार को दिखाने के लिए उत्सुक होती है। मनुष्य का चहेरा हमेशा शिव स्थिति में ही होता है इसलिए स्त्री-पुरुष के बीच का आकर्षण हमेशा इस शिव स्थिति में होता है। इससे स्त्री का चहेरा देखने के बाद पुरुष सबसे पहले स्त्री के पास से उसकी बहिर्गामी प्रकृति ले लेना चाहता है। इसी प्रकार पुरुष का चहेरा देखने के बाद स्त्री पहले अपनी बहिर्गामी प्रकृति पुरुष को देकर स्वयं सम्पूर्णतया अंतर्गामी प्रकृति का शून्यावकाश बन जाना चाहती है। इसलिए स्त्री अपने स्तन

दिखाकर पुरुष को उसमें मौजूद बहिर्गामी ऊर्जा को ले लेने के लिए उत्तेजित करती है।

इसी वजह से संभोग में शिव स्थिति के बाद जब पुरुष स्त्री के स्तनो को अपने मुँह से सहलाता है, तब स्त्री भी पुरुष को अपने स्तन से दबाती है। इस प्रकार जब स्त्री अपनी बहिर्गामी प्रकृति सम्पूर्णतया गँवा देती है, तब उसकी योनी में से उस बहिर्गामी प्रकृति की ऊर्जा के स्वरूप में प्रवाही का स्त्राव होता है। यह इस बात का संकेत होता है कि स्त्री अब खाली होकर शून्यावकाश बन गई है और पुरुष की बहिर्गामी प्रकृति को सम्पूर्णतया स्वयं में स्वीकार करने को तैयार है। जबकि दूसरी ओर पुरुष भी अपने ४० फीसदी शून्यावकाश को भरकर अब पूर्ण रूप से बहिर्गामी प्रकृति के स्वरूप में आ चुका होता है। छठे चक्र की प्रकृतियों के तटस्थ बन जाने से स्त्री-पुरुष में शेष बची पाँचवें चक्र की एकाकी प्रकृतियाँ उपर चढ़कर छठे चक्र में आ जाती है। क्योंकि उनका आकर्षण अभी वैसा का वैसा है, या और ज़्यादा तीव्र हो चुका है, और मिलन के कार्य का संचालन तो सिर्फ बुद्धि वाले छठे चक्र के हाथ में ही होता है। इस प्रकार संभोग में शिव स्थिति के बाद आती है 'एक परिमाणीय स्थिति'। एक परिमाणीय स्थिति में पुरुष के अभिव्यक्त विभाग में बहिर्गामी प्रकृति होती है और बिनअभिव्यक्त विभाग में अंतर्गामी प्रकृति, जबकि स्त्री में बिल्कुल इससे विपरीत स्थिति होती है।

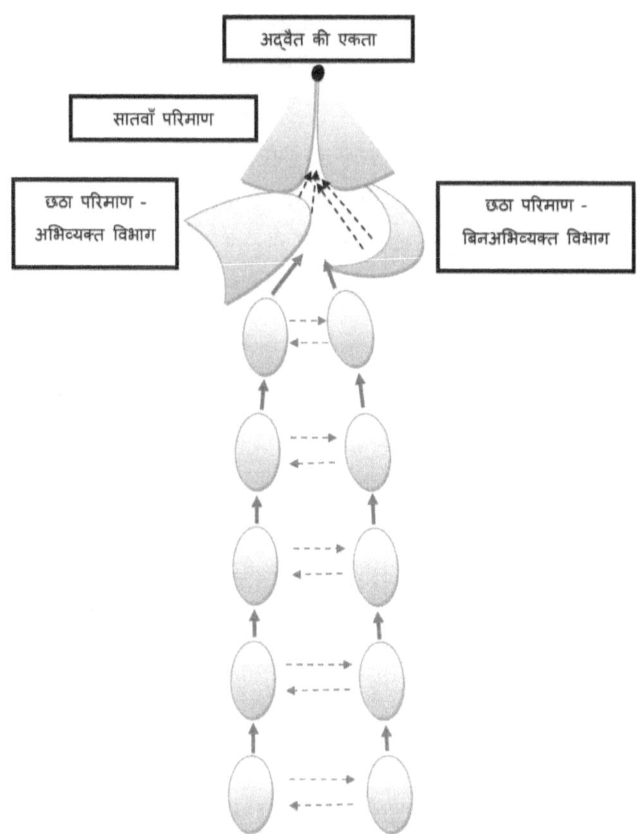

आकृति ३५.२ : पुरुष शरीर में एक परिमाणीय स्थिति

अब, संभोग उसके अंतिम चरण में प्रवेश करता है। यहाँ से स्त्री और पुरुष की उत्तेजना भी आख़री उन्माद में आ जाती है। जैसे जैसे छठे परिमाण में स्त्री-पुरुष के अभिव्यक्त विभाग की प्रकृति और बिनअभिव्यक्त विभाग की प्रकृति एक दूसरे से आकर्षित होकर एक दूसरे की ओर आती जाती है, वैसे वैसे उनके आकर्षण के दबाव से छठे चक्र की ओर मौजूद सातवें परिमाण का अंशतः ध्रुवीकरण प्राप्त मुख खुल जाता है। इस कारण

विरोधी प्रकृति वाली विभागों की ऊर्जा एक दूसरे की ओर आने के स्थान पर आकृति में दर्शाए अनुसार ऊपर सातवें परिमाण में घुस जाती है। अब सातवाँ परिमाण जैसे जैसे ऊपर जाता है, वैसे वैसे संकुचित होता जाता है और चोटी पर एक बिन्द बन जाता है। इस कारण दोनों विरोधी प्रकृतियाँ सातवें परिमाण के मुख में प्रवेश करते ही बहिर्गामी प्रकृति अंतर्गामी प्रकृति के गर्भ में प्रवेश करने लगती है और सातवें परिमाण की चोटी पर पहुंचते ही वह दोनों प्रकृतियाँ एकत्व प्राप्त करती है। इस कारण मनुष्य परम् आनंद का अनुभव करता है, जिसे चरमसीमा कहते हैं।

यह चरमसीमा शरीर में मौजूद जागरूक ऊर्जा यानी कि प्राण द्वारा अद्वैत स्थिति के नज़दीक की स्थिति प्राप्त होने के कारण होती है। सृष्टि की शुरूआत के बाद यह पहला ऐसा अवसर और स्थान होता है, जहाँ ब्रह्म का कोई छोटा हिस्सा भी अद्वैत स्थिति की चरमसीमा के नज़दीक पहुँचता है। इसलिए इस परमानंद जैसा आनंद भौतिक सृष्टि में और कहीं उपलब्ध नहीं होता है। यह ब्रह्म की मूल स्थिति का छोटा सा अनुभव होता है। यह मोक्ष की स्थिति का छोटा सा अनुभव होता है। इस प्रकार संभोग की चरमसीमा सामान्य से सामान्य मनुष्य को भी मोक्ष की उस चरमसीमा की हल्की अनुभूति करवा देती है। चरमसीमा का वह परमानंद निम्नलिखित चार स्थितियों के एकसाथ उत्पन्न होने के कारण आता है:-

(i) समय का लय (शून्य) होना: जब सातवें परिमाण के शिखर पर दो विभागों की ऊर्जा एक दूसरे में मिलकर तटस्थ अद्वैत ऊर्जा में परिवर्तित हो जाती है, तब मनुष्य अपने भौतिक रूप से हटकर अपने आप को अद्वैत ऊर्जा के रूप में अनुभव करता है और इसी वजह से उसके आसपास काल के मोड़ की वजह से उत्पन समय का अहसास चला जाता है। यह समय शून्यता की स्थिति होती है।

(ii) अहम का लय होना: जब शरीर की ऊर्जा अद्वैत बनती है तब 'मैं', और 'तुम' जैसा कोई भेद नहीं रहता। यह अहम शून्यता का अनुभव होता है।

(iii) विचारों का लय होना: शरीर की जागरूक ऊर्जा अद्वैत बनती है तब अभिव्यक्ति बंद हो जाती है। अभिव्यक्ति हमेशा दो के बीच होती है। जबकि अद्वैत की स्थिति में सिर्फ़ एक ही अस्तित्व होता है, वहाँ दूसरा कोई नहीं होता। इसलिए विचार भी उत्पन्न नहीं होते। यह विचार शून्यता की स्थिति होती है।

(iv) ध्रुवीकरण का लय होना: शरीर के दो विभाग शरीर को दो विरोधी प्रकृतियों के बीच ध्रुवीभूत रखते हैं, बंटे हुए रखते हैं। लेकिन जब वह विभाग एक दूसरे में मिलते हैं तब शरीर की ऊर्जा तटस्थ बन जाती है। सम्भोग की चरमसीमा शरीर की जागरूक ऊर्जा को तटस्थ बना देती है।

यह उपरोक्त चार घटनाएँ जब एकसाथ शरीर में आकार लेती हैं तब अद्वैत की अनुभूति उद्भवित होती है। अथवा जब अद्वैत की अनुभूति उद्भवित होती है तब यह चार घटनाएँ एकसाथ आकार लेती हैं। समय, अहंकार, विचार (मुक्त ऊर्जा के तरंग) और प्रकृतियों के बीच का ध्रुवीकरण यह चार वह असंतुलन है जो ज्योतिर्पिण्ड के विस्फोट के बाद सृष्टि में अस्तित्व में आए। और मनुष्य की ऊर्जा जब अद्वैत स्थिति को प्राप्त करती है, तब वह चारों असंतुलन मनुष्य के मन में फिर से नष्ट होते हैं।

संभोग का अंत:

दो विभागों की विरोधी प्रकृतियाँ सातवें परिमाण में प्रवेश करते ही एक दूसरे में मिलने लगती हैं। और बिल्कुल उसी क्षण से पुरुष के लिंग में मूत्राशय और मूत्रनली को जोड़ने वाला दरवाजा लिंग के बाहरी छोर तक खुल जाता है। जैसे ही सातवें परिमाण की चोटी पर प्रकृतियाँ एक दूसरे में एकाकार होती हैं, बिल्कुल उसी क्षण वीर्य, पोटेस्टंट में से पूरी तेजी के साथ मूत्रनली में प्रवेश करता है और झटके के साथ लिंग के सिरे से बाहर निकलता है। तो यह वीर्य स्राव क्या है? यह स्राव असल में सातवें परिमाण में अंतर्गमी प्रकृति में प्रवेश कर रही पुरुष के अभिव्यक्त विभाग की बहिर्गमी ऊर्जा होती है। पुरुष में संभोग की एक परिमाणीय

स्थिति में अभिव्यक्त विभाग में बहिर्गामी ऊर्जा थी, और बिनअभिव्यकत विभाग में अंतर्गामी ऊर्जा। जब बहिर्गामी प्रकृति सातवें परिमाण के मुख में अंतर्गामी प्रकृति में मिलने लगती है, तब अंतर्गामी प्रकृति के शून्यावकाश में जाती है। लेकिन अभिव्यक्त विभाग की उस बहिर्गामी ऊर्जा को शरीर में स्वीकार कर सके, ऐसा कोई स्त्री अंग या अंतर्गामी अंग पुरुष के शरीर में होता नहीं है। क्योंकि बिनअभिव्यक्त विभाग की प्रकृतियों के मुताबिक शरीर में अंगों का निर्माण नहीं होता। इसलिए वह ऊर्जा परिमाणों के सबसे ऊपरी स्तर से सीधी नीचे ऊतरती है और प्रोटेस्ट ग्रंथी में संग्रहित वीर्य को पहला तीव्र झटका देती है, इससे वीर्य का पहला स्त्राव लिंग के बाहर निकल आता है।

सामने की ओर स्त्री में ठीक इसका पूरक होता है। स्त्री के सातवें परिमाण में चरमसीमा के समय अभिव्यक्त विभाग में अंतर्गामी ऊर्जा होने के कारण बिनअभिव्यक्त विभाग की बहिर्गामी ऊर्जा को धारण करने के लिए शरीर में गर्भाशय उपस्थित रहता है। इसलिए स्त्री में सातवें परिमाण की चोटी पर जब बिनअभिव्यक्त विभाग की बहिर्गामी ऊर्जा अभिव्यक्त विभाग की अंतर्गामी प्रकृति में प्रवेश करती है, तब वह ऊर्जा शरीर के बाहर ना निकलने पर स्त्री की योनी और गर्भाशय के स्नायुओं को भीतर की ओर संकुचन का पहला तीव्र झटका देती है। इस प्रकार स्त्री और पुरुष की चरमसीमा में यह फर्क है। पुरुष में अभिव्यक्त विभाग की ऊर्जा शरीर में गर्भ के अभाव में लिंग के मार्फत बाहर निकल जाती है, जबकि स्त्री में बिनअभिव्यक्त विभाग की बहिर्गामी ऊर्जा स्वीकार करने के लिए योनी और गर्भ मौजूद होता है। इससे चरमसीमा के समय स्त्री में योनी और गर्भाशय के स्नायुओं में संकुचन होता है। इस प्रकार एक तरह से स्त्री अपने गर्भ में ऊर्जा प्राप्त करती है जबकि पुरुष ऊर्जा गँवाता है।

जब तक प्राणियों में लिंग भेद नहीं हुआ था, तब तक के प्राणियों में दोनों विभागों की प्रकृतियों वाली रचनाएँ एक ही शरीर में थी। इसलिए उन प्राणियों में संभोग के अंत में बहिर्गामी प्रकृति धारण करने के लिए गर्भ उसी शरीर में हाजिर था। इसलिए ऐसे प्राणी अपने ही शरीर में फलन करते थे और अपने ही शरीर में गर्भ धारण करते थे। लेकिन लिंग भेग होने

के बाद पुरुष और स्त्री, दो शरीर अलग हो गए। दो सर्किट आधे हो गए और संभोग के दौरान वही दो सर्किट पूर्ण बनते हैं। क्योंकि पुरुष लिंग के मार्फत वीर्य के रूप में जो बहिर्गामी ऊर्जा फेंकता है, वह स्त्री उसके अंतर्गामी धक्के के मार्फत योनी और गर्भाशय के स्नायुओं का संकुचन कर अपने गर्भ में अंदर खिंचती है। इस प्रकार संभोग की क्रिया में एक सर्किट पूर्ण होकर वीर्य स्त्री के गर्भ में दाखिल होता है, जो स्त्री के गर्भ में मौजूद अण्डे का फलन कर एक नये जीवन का सृजन करता है। इस प्रकार दोनों विभागों की ऊर्जा एक दूसरे में मिलकर अद्वैत बनती है और ब्रह्म की इस मूल स्थिति पर ही एक नये जीवन का सृजन होता है।

अब, संभोग में प्राप्त होने वाली यह चरमसीमा अल्पजीवी या क्षणिक होती है। कारण यह है कि संभोग स्त्री-पुरुष की जागरूक ऊर्जा के बीच ही होता है, जो शरीर की कुल उर्जा का ज्यादा से ज्यादा दस प्रतिशत हिस्सा ही है। महत्तम पाँच प्रतिशत अभिव्यक्त विभाग का और महत्तम पाँच प्रतिशत बिनअभिव्यक्त विभाग का, जो समानेवाले लिंग के व्यक्ति को देखकर सक्रिय हुआ है। इसलिए जैसे ही यह महत्तम दस प्रतिशत ऊर्जा सातवें परिमाण के शिखर पर पहुँचती है, वैसे ही शरीर की शेष नब्बे प्रतिशत या उससे ज़्यादा ऊर्जा उसे वहाँ से वापस नीचे खींचती है। शरीर की वह बाक़ी की नब्बे प्रतिशत ऊर्जा उस दस प्रतिशत ऊर्जा को अकेली अकेली सातवें परिमाण से आगे ब्रह्मरंध्र छिद्र खोलकर बाहर नहीं जाने देती। वह उसे अपने पास वापस खिंच लेती है। इसलिए संभोग की क्रिया में ब्रह्मरंध्र नहीं खुलता। पुरुष की बात करें तो, सातवें परिमाण के शिखर पर पहले बहिर्गामी धक्के के रूप में वीर्यस्त्राव के साथ ऊर्जा गँवाने के बाद उसकी कुल जागरूक ऊर्जा में कमी आती है। इससे वह शरीर की शेष ऊर्जा से खिंचकर छठे चक्र पर उतर आती है।

संभोग की पूरी क्रिया में सातवें चक्र से नीचे के किसी चक्र में दो विभागों की विरोधी प्रकृतियाँ एक दूसरे में नहीं मिली थीं। दोनों विभागों की ऊर्जा छठे चक्र द्वारा स्वतंत्र रूप से ही ऊपर खिंची थी, और छठे चक्र में एक होने गई तभी सातवें परिमाण का मुख खुल गया था। इसलिए संभोग के अंत के वक्त सातवें परिमाण से नीचे के सारे परिमाण तटस्थ

नहीं होते। उनकी जागरूक ऊर्जा ही ऊपर खींचकर सातवें परिमाण में चली गई होती है। अब जब ऊर्जा वापस सातवें परिमाण से छठे परिमाण में आती है, तब छठे चक्र पर वापस दोनों विभागों की प्रकृति में विभाजित होती है। लेकिन सातवें परिमाण की बिंदुवत चोटी में प्रकृतियाँ एक बार एकाकार बन चुकी होने के चलते उनको एक दूसरे में मिलने का तीव्र वेगमान मिल चुका होता है। इसलिए अब छठे परिमाण में गिरने के बाद वह तत्काल एक दूसरे की ओर आगे बढ़ती हैं। इस बार सातवां परिमाण तटस्थ होने के कारण उनका सातवें परिमाण में चढ़ने का सवाल ही नहीं होता।

अब छठा चक्र ही शरीर की महत्तम ऊर्जा स्थिति होती है। इसलिए यहाँ पुरुष के बिनअभिव्यक्त विभाग की बहिर्गामी ऊर्जा अभिव्यक्त विभाग की अंतर्गामी प्रकृति में प्रवेश करती है। इस कारण पुरुष शरीर में स्त्री के पहले झटके जैसा अंतर्गामी झटका मिलता है। इसलिए पुरुष के वीर्य स्राव में रुकावट आती है। इसी वक्त स्त्री शरीर में उलटा होता है। स्त्री शरीर में छठे चक्र पर अभिव्यक्त विभाग की बहिर्गामी ऊर्जा बिनअभिव्यकत विभाग की अंतर्गामी ऊर्जा में मिलती है। इस वजह से स्त्री के गर्भाशय और योनि के स्नायुओं का संकोचन शिथिल बनता है। अब यह ऊर्जा नीचे की ओर खिंचकर पाँचवें चक्र पर आती है। यहाँ फिर वह विरोधी प्रकृतियों में विभाजित होती है और पाँचवें चक्र में एक दूसरे से मिलती है। यहाँ पुरुष में फिर अभिव्यक्त विभाग अपनी बहिर्गामी प्रकृति बिनअभिव्यक्त विभाग की अंतर्गामी प्रकृति में डालता है। लेकिन पुरुष शरीर में अंतर्गामी प्रकृति की कोई रचना ना होने के चलते वह नीचे उतरकर प्रोटेस्ट में शेष वीर्य को धक्का मारती है। इससे लिंग द्वारा दूसरे झटके के रूप में वीर्य स्राव होता है। जबकि इसबार स्त्री शरीर में अभिव्यक्त विभाग अंतर्गामी होने से बिनअभिव्यकत विभाग की बहिर्गामी ऊर्जा अंतर्गामी प्रकृति के शून्यवकाश में ग्रहण होती है और स्त्री को गर्भ और योनि के संकोचन का दूसरा झटका मिलता है।

अब ऊर्जा चौथे चक्र पर आती है। यहाँ पुरुष में अभिव्यक्त विभाग की अंतर्गामी प्रकृति बहिर्गामी ऊर्जा ग्रहण करती है इसलिए अंतर्गामी

धक्का लगता है और वीर्यस्त्राव नहीं होता। जबकि स्त्री में अभिव्यक्त विभाग बहिर्गामी ऊर्जा बिनअभिव्यक्त विभाग में छोड़ता है, जिससे गर्भ और योनि संकोचन में शिथिलता आती है। इस ऊर्जा के तीसरे चक्र पर आने पर पुरुष में फिर बहिर्गामी ऊर्जा बिनअभिव्यक्त विभाग की अंतर्गामी ऊर्जा में प्रवेश करने लगती है। इसलिए, फिर वह नीचे ऊतरकर लिंग द्वारा वीर्य स्त्राव के तीसरे झटके के रूप में बाहर निकलती है। उससे विपरीत स्त्री शरीर में तीसरे चक्र पर योनि और गर्भ के संकोचन का तीसरा झटका मिलता है। फिर दूसरे चक्र पर पुरुष में अंतर्गामी झटके से वीर्य स्त्राव में रुकावट आती है, और स्त्री में बहिर्गामी झटका मिलने से योनि और गर्भ संकोचन में शिथिलता आती है। अब ऊर्जा नीचे आख़री छोर पर पहले चक्र पर आ जाती है। यहाँ फिर पुरुष में बहिर्गामी झटके के रूप में वीर्य स्त्राव का आख़री झटका आता है, और स्त्री में अंतर्गामी झटके के रूप में योनि गर्भ संकोचन का आख़री झटका महसूस होता है।

इस तरह संभोग की क्रिया में चरमसीमा के पड़ाव से पहले जब ऊर्जा ऊपर चढ़ती है, तब पहले छह चक्रों में विरोधी प्रकृतियाँ मिलन किए बगैर सीधी सातवें परिमाण में घुसती है। पर जब चरमसीमा के बाद वह ऊर्जा नीचे उतरती है, तब एक के बाद एक प्रत्येक चक्र में प्रकृतियों का मिलन करवाकर उनको तटस्थ बनाते हुए नीचे उतरती है। प्रत्येक चक्रों पर मिलनेवाले बहिर्गामी या अंतर्गामी झटके पुरुष और स्त्री में विरूद्ध होते है। इस तरह गर्भाशय और योनी के स्नायुओं का क्रमिक संकुचन और विस्तरण बाहर से किसी चीज़ (वीर्य) को अंदर खिंचने की कोशिश की तरह होता है, और वीर्य स्त्राव के क्रमिक झटके वीर्य को एक के बाद एक झटकों से गति देकर गर्भाशय में गहराई तक पहुँचाने के लिए होते है।

इस प्रकार संभोग में स्त्री और पुरुष दोनों शिवलिंग की उस मूल स्थिति में आ जाते हैं, जो ब्रह्म की मूल स्थिति है। उनके प्रत्येक चक्र की ऊर्जा शिवलिंग की रचना के मुताबिक तटस्थ होकर नीचे उतरती है, इसलिए स्त्री-पुरुष का शरीर तटस्थ बनता है। चरमसीमा के बाद पुरुष वीर्य स्त्राव में ऊर्जा बाहर निकाल देता है, इसलिए शक्तिहीन बन जाता है।

उसकी इंद्रियाँ संवेदनाएं ग्रहण करने जितनी सक्षम नहीं रहती, इसलिए वह निंद्रामय स्थिति महसूस करता है। जबकि चरमसीमा के दौरान स्त्री अपने बिनअभिव्यक्त विभाग से अपने अभिव्यक्त विभाग में ऊर्जा प्राप्त करती है, इसलिए वह संभोग के बाद भी ऊर्जावान होती है। चरमसीमा के बाद पुरुष सो जाना चाहता है, जबकि स्त्री बातचीत करना चाहती है और हल्के चुंबन से अपने प्रेमी को सहलाना चाहती है, क्योंकि संभोग ने स्त्री के जागरूक मन के पास से ऊर्जा छीनी नहीं है, बल्कि ऊर्जा प्रदान की है। लेकिन दोनों के चक्र तटस्थ हो चुके होते हैं, इसलिए पुरुष या स्त्री दोनों में से किसी को तुरन्त एक दूसरे से आकर्षण नहीं होता। पुरुष जब तक अपने चक्रों के अभिव्यक्त विभाग में नयी ऊर्जा प्राप्त ना करे तब तक और स्त्री जब तक अपने चक्रों के अभिव्यक्त विभाग में प्राप्त ऊर्जा गँवा कर मूल स्थिति में न आए, तब तक उनको फिर से संभोग की इच्छा नहीं होती। जब यह दोनों कार्य हो जाते हैं, तब वह स्त्री-पुरुष फिर से संभोग के लिए तैयार होते हैं।

तो, यह पूरी बात हुई स्त्री से स्पर्श मार्ग पर आगे बढ़कर संभोग करने की। लेकिन अगर पुरुष उस स्त्री को स्पर्श ना कर पाए और इसके बावजूद वह उससे आकर्षित हो तो? तो दूसरा मार्ग है हस्तमैथुन। स्त्री-पुरुष एक दूसरे के चहेरे को जागरूक मन में जब याद करते हैं, तब उन चहेरों के साथ उनके अभिव्यक्त विभाग की आवृत्तियाँ और प्रकृतियाँ भी उन स्त्री-पुरुष के बिनअभिव्यक्त विभाग में सक्रिय हो जाती हैं। इसलिए यहाँ भी उनके चहेरे को याद करते हुए छठा चक्र नीचे के चक्रों में मौजूद दोनों विभागों की ऊर्जा को ऊपर खींचता है। इससे लिंग का उत्थान होता है और स्त्री में योनी खुलती है। अब वे अपने हाथ या दूसरे किसी पदार्थ के स्पर्श द्वारा अपने जननांग को ऊर्जा और उत्तेजना देते है और चरमसीमा की बिल्कुल उन्हीं घटनाओं में से गुजरते है, जो कि संभोग में घटित होती है। बस हस्तमैथुन के अपने कुछ नफे-नुकसान होते हैं। हस्तमैथुन की चरमसीमा संभोग से ज्यादा आनंद और संतोष प्रदान करने वाली होती है। इसकी वजह यह है कि संभोग की चरमसीमा के दौरान जब पुरुष यह महसूस करता है कि उसकी ऊर्जा उसकी प्रेमी स्त्री में जा रही है, तब वह

उस स्त्री के शरीर रूपी एक भौतिक पदार्थ के स्पर्श में होता है। और इसी कारण चरमसीमा के उस अनुभव के दौरान वह स्त्री के होंठ या चहेरे पर अपने चहेरे को दबाकर उसके भीतर जाने की कोशिश करता है। इसी तरह स्त्री भी अपनी चरमसीमा के दौरान पुरुष को अपने भीतर ले लेने के लिए उसके शरीर या चचेरे को अपने चहेरे से ज़ोर से दबाती है।

लेकिन शरीर रूपी वह बड़ा भौतिक पदार्थ समानेवाले बड़े भौतिक शरीर के अंदर नहीं जा सकता। इसलिए उनकी चरमसीमा एक दूसरे को कसकर लिपटने में चली जाती है। उसी पल उन्हें अहसास हो जाता है की वह आपस में नहीं मिल पाए, बस उनके शरीर में एक प्रक्रिया हो गई जिसने उनको एक अनुभव दिया। इसलिए संभोग की चरमसीमा के बाद स्त्री-पुरुष को एकदूसरे के स्पर्श से दूर हो जाने की इच्छा होती है, क्योंकि जो कुछ भी अच्छा घटा है वह ऊनके अपने शरीर में ही घटा है, यह बात उनकी समझ में आ गई होती है। हालाँकि, यह बात अलग है कि सामनेवाले को बुरा ना लगे इस वजह से वह मजबूरन स्पर्श में रहने की कोशिश करते रहते है।

जबकि हस्तमैथुन में स्त्री या पुरुष अपने मन में ही समानेवाले पात्र के चहेरे एवं शरीर की कल्पना करते है। यहाँ पर चरमसीमा के वक्त वे समानेवाले पात्र के अंदर समा जाने का या समानेवाले पात्र को अपने भीतर समा लेने का अनुभव करते है। क्योंकि यहाँ पर सामने वाले का शरीर कोई अवरोध नहीं बनता। हस्तमैथुन और संभोग दोनों में मनुष्य की सिर्फ़ दस प्रतिशत जागरुक ऊर्जा का ही मिलन होता है, पर हस्तमैथुन में भौतिक शरीर अवरोध न बनने से ऊर्जाओं का यह मिलन उसमें संभोग के सापेक्ष ज़्यादा बहेतर रूप से होता है। इस लिए हस्तमैथुन में चरमसीमा का आनंद संभोग की चरमसीमा से ज्यादा संतोष प्रदान करनेवाला होता है। लेकिन सामने नुक़सान यह है कि, यह अतिरिक्त आनंद मनुष्य की उन कल्पनाओं में मौजूद व्यक्ति के शरीर को भौतिक रूप में हासिल करने की तलब को बढ़ा देता है। इसलिए लगातार बढ़ती तलब के पीछे वह या तो हस्तमैथुन का आदी बनकर शक्ति और स्वस्थ्य बिगाड़ता रहता

है या सामने वाले का शरीर संभोग के लिए हासिल करने के नुस्खे खोजता रहता है, जो कई बार अपराध की सीमा तक पहुँच जाते हैं।

इस प्रकार हस्तमैथुन में संभोग से ज्यादा आनंद है, तो सामने काल्पनिकताओं के पीछे नष्ट होती शक्ति और उत्पन्न होती विकृति भी है। लेकिन इसका सबसे बड़ा नुकसान यह है कि वह वास्तविकताओं से दूर है। संभोग हमें इस सत्य का अनुभव करा देता है की हम जिससे आकर्षित होते हैं, वह एक तीन परिमाणों में बना चमड़े का पदार्थ ही है। वह कड़वा सत्य, जो कल्पनाओं में नचाकर शक्तिहीन बनाने वाला हस्तमैथुन नहीं करवा सकता।

इस प्रकार संभोग में भले ही दो शरीर एक दूसरे के साथ क्रीड़ा करें, लेकिन संभोग की क्रिया तो प्रत्येक शरीर में उसके दो विभागों के बीच स्वतंत्र रूप से ही होती है। इसलिए ज्यादातर ऐसा होता है कि स्त्री या पुरुष दोनों में से कोई एक पहले चरमसीमा का अनुभव कर लेता है और सामने वाले शरीर में से उसी क्षण दिलचस्पी खो देता है। इसलिए, सामने वाले व्यक्ति के शरीर में संभोग की प्रक्रिया रूक जाती है और वहाँ चरमसीमा अनुभव नहीं हो पाती। इसलिए वह व्यक्ति या तो असंतुष्ट रहता है या अपने आवेग को अंजाम तक ले जाने के लिए हस्तमैथुन करके चरमसीमा महसूस करता है। कौन पहले चरमसीमा का अनुभव करेगा उसका आधार संभोग के दौरान उनकी मनोस्थिति कैसी है, कौन ज़्यादा सक्रियता और आवेग से क्रिया में संमेलित है और संभोग की प्रक्रिया में जननांगों को उत्तेजित करने के लिए योग्य स्थिति किसे प्राप्त होती है - इन बातों पर होता है। यदि स्त्री और पुरुष उनके शरीरों में एक ही समय में चरमसीमा अनुभव करें तो उसका अर्थ क्रिया में उनकी समान एकाग्रता, उत्तेजना और सहयोग है, लेकिन वह एक 'लक बाय चान्स' का मामला है, जो कभी कभी ही आकार लेता है। ज्यादातर किसी एक को ही पहले चरमसीमा प्राप्त होती है। लेकिन संभोग के समय एकसाथ चरमसीमा प्राप्त होने से या पहले स्त्री को चरमसीमा प्राप्त होने के बाद ही पुरुष का वीर्यस्त्राव होने का एक महत्वपूर्ण लाभ है। वह यह है कि स्त्री के गर्भाशय के स्नायुओं का भीतर की ओर संकुचन होने पर पुरुष का वीर्य बहुत तेजी

से और गुणतत्वापूर्ण अवस्था में स्त्री के अण्डकोष तक पहुँच सकता है। इससे गर्भ रहने की संभावनाएँ काफी बढ़ जाती है। यह गर्भधारण के ध्येय से हो रहे संभोग में ध्यान रखने लायक़ बात है।

संभोग
अनंत मृगतृष्णा, उपयोगी मार्गदर्शक

तो, यह एक बड़ा भ्रम है कि पुरुष किसी स्त्री से या स्त्री किसी पुरुष से आकर्षित होती है। असल में हम सक्रिय बने हमारे ही बिनअभिव्यक्त विभाग से आकर्षित होते हैं और संभोग की क्रिया भी हमारे भीतर ही होती है। स्त्री-पुरुष के शरीर तो सिर्फ एक दूसरे के बिनअभिव्यक्त विभाग को सक्रिय करने और फिर एक दूसरे के जननांगों को घर्षण देने के लिए उपलब्ध पदार्थ के रूप में ही काम आते है। अगर इच्छित व्यक्ति की याद मन में मौजूद है, तो संभोग की बिलकुल वही प्रक्रिया और अनुभव इंसान अकेले में भी ले सकता है। पर दोनों ही तरीक़ों से मनुष्य ज़्यादा से ज़्यादा सिर्फ़ अपनी दस प्रतिशत ऊर्जा को ही सातवें परिमाण में एक कर सकता है, फिर वहाँ से शरीर की बाक़ी की नब्बे प्रतिशत ऊर्जा उस ऊर्जा को नीचे खिंच ले आती है। संभोग के वक्त शरीर का प्रत्येक चक्र उत्तेजित बनकर उसके आसपास के कोषों में बनी ऊर्जा खींचने लगता है और ऊर्जावान बनता है। इस प्रकार प्रत्येक चक्र ऊर्जावान बनकर अपनी ऊर्जा को ऊपर सातवें चक्र तक धकेलता है। और चरमसीमा के बाद जब वह ऊर्जा नीचे ऊतरने लगती है, तब वह ऊर्जा पुरुष में वीर्य स्खलन में और स्त्री में गर्भाशय एवं योनी के स्नायुओं के संकोचन में चली जाती है। अगर मनुष्य अपनी जवानी के वर्षों में पंद्रह दिन में एक बार संभोग करता है तो यह उसके शरीर के कोषों पर किसी भी तरह का तनाव उत्पन्न नहीं करता। लेकिन उससे ज्यादा संभोग और हस्तमैथुन शरीर के कोषों पर तनाव उत्पन्न करके उनकी शक्ति एवं कार्यक्षमता को क्रमशः घटाता है और बुढ़ापे तथा मृत्यु को करीब लाता है। अलग अलग प्राणियों में यह क्षमता अलग अलग होती है। कई ऐसे प्राणी हैं जो उनके समग्र जीवन में सिर्फ एक ही बार संभोग कर पाते हैं। एक बार संभोग करने में

ही उनकी शक्ति इतनी खर्च हो जाती है कि उनकी मृत्यु हो जाती है। इस प्रकार यह मृगतृष्णा लत (आदत) बन जाए तो यह एक क्षणिक आनंद के लिए ललचाकर हमारी प्राणशक्ति को नष्ट करता रहता है और हमें तेजी से मृत्यु की ओर ले जाता है।

यह बात हुई संभोग के शरीर पर असर की। अब बात करते हैं बारबार होने वाले संभोग से स्त्री-पुरुष के संबंधों पर होने वाले असर की। बात करते हैं ऐसे स्त्री-पुरुष की जो एक-दूसरे के प्यार में डूबे हुए हैं और विवाह करके संभोग द्वारा अपना प्रेम व्यक्त कर रहे है। प्रत्येक बार वह स्त्री-पुरुष सामने वाले के सात परिमाणों से आकर्षित होकर उन सात परिमाणों के साथ एकाकार होना चाहते हैं। लेकिन प्रत्येक बार वह सामने वाले पात्र के तीन परिमाणों वाले शरीर से टकराकर अपने ही भीतर क्षणिक चरमसीमा महसूस कर वापस लौट आते हैं। अब, इस चरमसीमा के समय पुरुष शरीर की बात करे तो, पुरुष की जागरूक ऊर्जा (अभिव्यक्त विभाग द्वारा) और स्त्री की जागरूक ऊर्जा (बिनअभिव्यक्त विभाग द्वारा) पुरुष के सातवें परिमाण के शिखर पर एक दूसरे में एकाकार हो जाती है। इस समय पुरुष द्वारा स्त्री का शरीर जकड़ा हुआ होता है तथा ज्यादातर उनके चहेरे एक-दूसरे के साथ दबाव से स्पर्श किए हुए होते हैं। इस समय सातवें परिमाण की टोच पर उनकी जागरूक ऊर्जा एक होने से स्त्री की जागरूक ऊर्जा की आवृत्ति पुरुष के अभिव्यक्त विभाग में मौजूद जागरूक मन में आ जाती है। इसलिए चरमसीमा के इस पल में पुरुष ऐसा महसूस करता है कि 'यह (स्त्री का शरीर) मैं ही हूँ।' इस पल से पुरुष के जागरूक मन में उस स्त्री का शरीर उसकी जागरूक ऊर्जा के साथ पुरुष के अहं के रूप में स्थायी हो जाता है। अब वह स्त्री उसके शरीर और जागरूक ऊर्जा के साथ उस पुरुष के अहंकार का, उसके "मैं" का हिस्सा है। इसी तरह स्त्री शरीर में चरमसीमा के वक्त पुरुष के शरीर का और उसकी जागरूक ऊर्जा का रिकोर्ड स्त्री जागरूक मन में स्थायी हो जाता है। स्त्री भी उस पुरुष को देखते हुए यही महसूस करती है की, 'यह पुरुष शरीर मैं ही हूँ।' अर्थात् वह पुरुष उसके

शरीर अत जागरूक ऊर्जा के साथ उस स्त्री के अहंकार का, उसकी "मैं" वाली पहचान का हिस्सा बन जाता है।

अब, मनुष्य की जागरूक ऊर्जा अर्थात् उसके जागरूक मन की ऊर्जा - मनुष्य का प्राण। मतलब, पहले चक्र पर जिस मनुष्य की ऊर्जा स्थित है, उसकी तुलना में दूसरे चक्र पर स्थित मनुष्य की जागरूक ऊर्जा ज्यादा होगी। तो तीसरे चक्र पर स्थित मनुष्य की ऊर्जा दूसरे चक्र वाले से अधिक होगी। यानी कि जो मनुष्य जितने ऊपर के चक्र पर स्थित होगा, उतना उसका प्राण ज़्यादा होगा। एक ही चक्र पर मौजूद मनुष्यों की जागरूक ऊर्जा भी थोड़ी बहुत कम ज्यादा होती है, क्योंकि वह अपनी यात्रा में थोड़े बहुत आगे-पिछले ज़रूर होते है। इस प्रकार संभोग करने वाले स्त्री-पुरुष की जागरूक ऊर्जा भी ज्यादा-कम होगी ही। इसलिए चरमसीमा के समय जब दोनों की जागरूक ऊर्जा एक-दूसरे के जागरूक मन में स्थायी हो जाती है, तब जिसकी जागरूक ऊर्जा कम होती है वह अपने मन में अपने ज़्यादा जागरूक ऊर्जा वाले साथी से स्थिरता महसूस करता है। उदाहरण के तौर पर, अगर स्त्री की जागरूक ऊर्जा पुरुष से कम है तो, चरमसीमा के बाद पुरुष को लगेगा कि 'इस स्त्री का शरीर मैं ही हूँ। वह मुझ में है।', लेकिन उस स्त्री को चरमसीमा के बाद लगेगा की समय 'यह पुरुष शरीर मैं ही हूँ और मैं इसमें हूँ।' स्त्री स्वयं को पुरुष में महसूस करेगी क्योंकि पुरुष की जागरूक ऊर्जा उससे ज्यादा है। इसलिए वह स्त्री, उस पुरुष की जागरूक ऊर्जा से संतुष्टि प्राप्त कर लेती है, लेकिन ऊस पुरुष का कुछ प्राण उस स्त्री के प्राण के साथ एक होने के बाद भी असंतुष्ट रहता है। इसी प्रकार अगर स्त्री की जागरूक ऊर्जा पुरुष से ज्यादा है, तो पुरुष को लगता है कि - 'यह स्त्री का शरीर में ही हूँ और मैं इसमें हूँ।' इस क़िस्से में स्त्री को लगेगा की 'यह पुरुष शरीर मैं ही हूँ, और यह मुझ में है।' यहाँ पर पुरुष उस स्त्री से संतृप्तता हासिल कर लेगा, पर स्त्री की कुछ जागरुक ऊर्जा या कुछ प्राण अभी भी असंतृप्त रह जाएगा।

इस प्रकार चरमसीमा के बाद स्त्री और पुरुष दोनों के शरीर एक दूसरे के जागरूक मन में उनके अहं और अस्तित्व का अंश बन जाते

हैं। प्रत्येक नये संभोग के बाद उनकी यह अनुभूति प्रबल बनती जाती है कि, सामने वाले का शरीर और सामने वाला चहेरा मैं ही हूँ। इससे उनका एकदूसरे के ऊपर मालिकी का भाव बढ़ता चला जाता है। वह समानेवाले को स्वयं का हिस्सा, स्वयं की मालिकी की वस्तु के रूप में अहसास करने लगते है। उन दोनों शरीरों के प्राण अब एक हो चुके हैं, दो शरीर - एक प्राण। इसलिए अब उनको एक दूसरे का चहेरा देखकर संभोग का आकर्षण नहीं होता। उनको अब संभोग के लिए उत्तेजित होने के लिए एक दूसरे का नग्न शरीर देखना पड़ता है। अब सातों चक्रों की विरोधी प्रकृतियाँ ज़्यादा तीव्रता से उनके अंदर जाग्रत होने से ही उनमें वह प्रारंभिक उत्तेजना आती है। कुछ समय के बाद नग्न शरीर देखने पर भी वह उत्तेजना आनी बन्द हो जाती है और मात्र एक दूसरे के नग्न शरीर को स्पर्श करने से ही वह उत्तेजना आती है। अब संभोग किसी प्रेम की जगह एक व्यसन और चरमसीमा प्राप्त करके क्षणिक आनंद प्राप्त करने का बस एक साधन बन जाता है। अब संभोग के मार्फत प्रेम व्यक्त नहीं होता, बल्कि व्यक्तिगत क्षणिक आनन्द के लिए दूसरे के शरीर का उपयोग और शोषण होता है।

इसके बाद कुछ लोग संभोग के व्यसनी बनकर संभोग करते रहते हैं, तो कई लोग संभोग को क्षणिक आनंद देकर शक्तिहीन कर देने वाली चीज जानकर उससे दूर हो जाते हैं और अन्य कार्यों में अपने आप को लगा देते हैं। लेकिन लोगों को संभोग के इस विज्ञान का पता नहीं होता। इसलिए संभोग की ओर उनकी यह उदासीनता उनके जीवनसाथी के प्रति उदासीनता में परिवर्तित हो जाती है। इस विज्ञान को ना जानने के कारण वह संभोग को दोष देने के जगह अपने मन में एक दूसरे को दोष देते हैं कि सामने वाला पात्र मुझे संतृप्ति नहीं दे सकता। वे एकदूसरे के शरीरों से ऊब जाते है। इस कारण कई बार स्त्री-पुरुष अन्य पुरुष या स्त्री की ओर मुड़ जाते है, क्योंकि उस दूसरी स्त्री या दूसरे पुरुष के साथ उनका संभोग नहीं हुआ होता है। अभी तक उस दूसरे व्यक्ति की जागरूक ऊर्जा उनके अपने जागरूक मन में स्थायी नहीं हुई होती है। उस दूसरे व्यक्ति की जागरूक ऊर्जा अभी उनके बिनअभिव्यक्त विभाग को

सक्रिय कर रही होती है। इसलिए वे उस दूसरे व्यक्ति से सातों परिमाण में तीव्र आकर्षण महसूस करते है। इसी कारण जिसके साथ कईबार संभोग हुआ है, उस व्यक्ति से ज़्यादा शारीरिक आकर्षण लोगों को विरोधी लिंग के उन व्यक्तियों से रहता है जिनके साथ एकबार भी संभोग नहीं हुआ। इस कारण लोगों को ऐसी गलत आशा उत्पन्न हो जाती है कि 'यह दूसरी स्त्री या पुरुष मुझे पूरी तरह संतुष्ट कर सकेगा।' असल में वह उन दूसरे व्यक्तियों की जागरुक ऊर्जा से आकर्षित हो रहे है जो अभी उनके जागरुक मन में स्थायी नहीं हुई है और जो उनके बिनअभिव्यक्त विभाग में विरोधी प्रकृतियों को सक्रिय कर रही है।

लेकिन इसी भ्रम में पुरुष या स्त्री चाहे दुनिया में कैसे भी सुन्दरतम पुरुष या स्त्री के पास जाए, वह जब उन नये पात्रों को स्पर्श करेंगे तब उनकी मुलाकात उसी लिपिड़, कार्बोहाईड्रेट और प्रोटीन से बनी चमड़ी से होगी जो पहले पात्र के आसपास थी। और फिर जब वे संभोग की क्रिया से एकदूसरे को पाने की कोशिश करते है, तब कुछ संभोग के बाद फिर वही होता जो पिछलीबार हुआ था। उस पिछले साथी की जागरुक ऊर्जा की तरह इस नए व्यक्ति की जागरुक ऊर्जा भी उनके जागरुक मन में स्थायी होने लगती है। और धीरे धीरे अब उन्हें वह शरीर भी अपने अंदर अपना हिस्सा लगने लगता है। उस नए शरीर से भी आकर्षण ख़त्म होने लगता है और वे उस शरीर से भी ऊबने लगते है। हर बार वो सारा प्रणय जो उनकी जागरुक ऊर्जा के बीच के आकर्षण या प्रेम से शुरू होता है, वह संभोग की वजह से असंतृप्तता और बोज भरे रिश्ते के रूप में स्थायी होने लगता है।

यही वजह है कि विवाह से पहले एक दूसरे के प्रेम में जीने-मरने की क़समें खाने वाले प्रेमी अगर शादी कर ले, तो शादी के बाद एकदूसरे से अलग हो जाते है, या दूसरे किसी से अफेर करने लगते है या कईबार नफ़रत करके एकदूसरे को मार भी देते है। यह पूरी नकारात्मकता और उलझन विवाह नहीं लाता, वह संभोग लाता है। इस कारण भारतीय समाज को हमेशा संयुक्त परिवार में रखा गया है, जिससे संभोग से ऊबे हुए पति-पत्नी का ध्यान अन्य परिजनों के सहवास की ओर तथा संयुक्त

परिवार की सामाजिक परंपराओं और जिम्मेदारियों में व्यस्त रखा जा सके। इस व्यवस्था में लोग संभोग की मृगतृष्णा से थकने के बाद दूसरे पारिवारिक विषयों में अपना ध्यान लगाकर साथ रहना जारी रखते है।

इस प्रकार संभोग दुनिया की सबसे बड़ी मृगतृष्णा है, जो मनुष्य को मोक्ष में मिलनेवाले सृष्टि के सबसे उच्च आनंद की एक छोटी सी झांकी दिखाकर पूरी जिंदगी अपनी ओर ललचाए रखती है, और एक पल के आनंद के लिए आजीवन मनुष्य से उसकी शक्ति निचोड़ती रहती है। यह मृगतृष्णा उसे व्यभिचारी बना देती है, बलात्कारी बना देती है, पति-पत्नी या समाज का विश्वासघाती और विद्रोही बना डालती है। वह आपको उसी से ऊबा देती है, जिससे आपको प्रेम है। वह आपके प्रेमी को सिर्फ एक चमड़े के पदार्थ के तौर पर आपके सामने उपस्थित करती है। संभोग के इस मृगजल की वजह से तमाम प्रकार के भौतिक भोग-विलास भोग लेने के बाद भी इस मानवजाती को वह शाश्वत परम आनंद नहीं मिला है, जो उसे चाहिए। इस कारण उस परमआनंद की एक छोटी क्षणिक बूंद जहाँ मिल रही है, उस संभोग की ओर मानव बारबार मुड़ रहा है। इस क्षणिक आनंद को हमेशा के लिए किस प्रकार पाया जाए, उसके किसी मार्ग की जानकारी आधुनिक विश्व के मनुष्य के पास नहीं है, इसलिए वह उस क्षणिक आनंद के पिछे बारबार जाता है। उसकी उल्कंठा इतनी तीव्र है कि उसे पाप और नर्क का तो क्या राष्ट्र के कानून और मौत का भी डर नहीं रहता है। लेकिन इतनी उल्कंठा के बाद भी मानव को आनंद के उस छोटे क्षण के सिवाय और कुछ नहीं मिलता। वह सूखे रेगिस्तान में भटकते प्यासे व्यक्ति की तरह एक पात्र से दूसरे पात्र की ओर घूमता रहता है, लेकिन हर जगह से मृगतृष्णा ही प्राप्त होती है।

तो फिर ब्रह्म ने मनुष्य के जीवन में संभोग की इस क्रिया को क्यों इतनी महत्त्वपूर्ण क्रिया बना दिया कि, उसका त्याग कर दें तो सृष्टि का चक्र थम जाए और स्वीकार करें तो एक अनन्त मृगतृष्णा की ओर भटकाव शुरू हो जाए? क्योंकि यही संभोग मनुष्य के लिए संसार का सबसे महत्त्वपूर्ण मार्गदर्शक भी है।

संभोग - एक उपयोगी मार्गदर्शक:

चलिए, तो अब थोड़ी देर के लिए कल्पना कर लेते हैं कि अगर संभोग की चरमसीमा पर मिलने वाला परम आनंद एक बार मिल जाने के बाद हमेशा के लिए रहता होता तो? संभोग की क्रिया पूर्ण होने के बाद भी हमेशा के लिए हम उसी चरमसीमा के परमआनंद पर स्थिर रहेते तो?

आ हा हा...। तो पूरे विश्व का चित्र कुछ अलग ही होता। समग्र सृष्टि में श्रेष्ठ में श्रेष्ठ आनंद, जो संभव है वह तो इंसान को अपने बेड पर सोने पर ही मिल जाता। और अगर वह एक बार मिलने के बाद शाश्वत रह जाता, तो मनुष्य और कुछ मांगता ही नहीं। बस, वह उसे ही जीता रहता। भोजन लिया तो लिया, ना लिया तो ना लिया। सिर्फ जीता रहता और आनंदित रहता। ना कोई भौतिक सुखों की कामना और ना कोई मोक्ष की कामना। क्योंकि परम आनंद की इस निरंतर अनुभूति से ज़्यादा और क्या चाहिए? वही तो मोक्ष है। ना कोई फैक्ट्रियाँ होती, ना कोई सरकारें, ना कोई देश, ना कोई धर्म, ना कोई संतान की कामना, ना नाम की कामना, ना कोई तत्त्वज्ञान, ना कोई पयगंबर, ना कोई धर्मयुद्ध, ना कोई धर्मग्रंथ। बस, जो होता वही परम आनंद होता। सृष्टि मनुष्यजाती की उसी परमानंद की स्थिति पर थम जाती।

तो बात बहुत सरल है। यह सब मनुष्य ने इसलिए खड़ा किया, क्योंकि वह संभोग से अतृप्त वापस लौटा।

मनुष्य जो चाहता है, वह यही है कि बस कुछ करके संभोग के अंत में मिलने वाली वह चरमसीमा हमेशा के लिए रह जाए। इतना हो जाए तो सब दुःख पूरे। सभी इच्छाएँ पूरी। अरे, संसार ही पूरा, मुक्ति - सम्पूर्ण मुक्ति। स्वयं मोक्ष।

इस प्रकार संभोग चाहे कितनी ही भयंकर मृगतृष्णा क्यों ना हो, भले ही उसने मानवजाति की अपार शक्तियों को स्वयं में अवरोधित कर रखी हो, भले ही उसने मानव समाज में अनेक कुकर्म और अराजकताएँ फैलायी हों, लेकिन असल में समग्र संसार में वही एक मार्गदर्शक है जो हमें स्पष्ट रूप से दिखाता है कि हम मनुष्यों को वास्तव में चाहिए क्या?

वह हम सब को आखरी लक्ष्य - मोक्ष की सुन्दर झलक दिखलाता है और हमको उसका महत्त्व समझाता है कि वह मोक्ष किस तरह की अनुभूति है? मोक्ष संभोग की चरमसीमा जैसा परम आनंद अनन्त समय के लिए देने वाली स्थिति है। बस, यह एक सब से महत्त्वपूर्ण संदेश देने के लिए ब्रह्म ने संभोग को सामान्य व्यक्ति के जीवन में इतना महत्त्वपूर्ण स्थान दिया है। संभोग हमें पहले बताता है कि हमें क्या चाहिए? और फिर समझाता है कि 'मैं इस वजह से आपको वह एक क्षण से ज़्यादा नहीं दे सकता। उसे हमेशा के लिए हासिल करने के लिए आपको मुझे छोड दूसरा मार्ग लेना होगा। और वह दूसरा मार्ग है- प्रेमयोग और भक्ति।

अध्याय – ३६

भक्ति

अंतिम मार्ग

क्या आपने कभी दो पत्थरों को टकराकर एक पत्थर बनते देखा है? क्या कभी स्टील के दो प्यालों को एकदूसरे से टकराकर एक प्याला बनते देखा है? तो फिर हाडमाँस के दो शरीरों के टकराने से भला एक अस्तित्व कैसे बन सकता है? यही संभोग की सीमा है। स्टील के प्याले एक नहीं बन सकते, लेकिन अगर उन दो प्यालों में मौजूद पानी को टेबल के दो सिरों से बहाना शुरू करें, तो वह पानी टेबल के मध्य में आकर एक हो जाएगा। वह प्याले शरीर हैं और उनमें मौजूद पानी हमारी आत्मा है। प्रेम बहने का गुण है। टेबल संगीत और मित्रता का वह माध्यम है जिस पर आत्मा प्रेम से बहती है और दूसरी आत्मा के साथ एक होती है। यही मिलन का मार्ग है। आपकी आत्मा को संगीत और मित्रता के माध्यम से प्रेम में बहाए तो वह दूसरी आत्मा के साथ एक हो जाएगी।

इस तरह संभोग की मर्यादा से हटने के लिए यह एक काम करना होगा। दो विभागों के बीच आकर्षण होने के बाद उनके मिलन के लिए शरीर के सिवाय दूसरा कोई ऐसा माध्यम खोजना पड़ेगा जो पहले छह चक्रों की समग्र ऊर्जा को एक होने में और फिर उन तमाम चक्रों की समग्र ऊर्जा को सातवें परिमाण की चोटी तक ले जाने में काम आए। ऐसे दो ही माध्यम है; संगीत और मित्रता। लेकिन इन दोनों ही माध्यमों में अपने आत्मा की ऊर्जा को बहाने के लिए जिस गुण या भाव की ज़रूरत पड़ती है, वह है प्रेम।

जब आपको किसी से प्रेम होता है तब असल में आपकी आत्मा, जो एक ऊर्जा है, वह किसी दूसरी आत्मा से एक होना चाहती है। वह उस दूसरी आत्मा की ओर बहने की कोशिश करती है, और उसे ही हम कहेते

है- 'प्रेम हो जाना'। इसलिए मिलन के लिए सबसे पहली जरूरत होती है बात को स्वीकार कर लेने की कि मुझे किसी से प्रेम है। दूसरा कदम है उस व्यक्ति के सामने कबूल कर लेने की कि हमें उससे प्रेम है। इस तरह आप अपना अहंकार उसके सामने छोड़ देते हैं। पहले यह अहंकार ही होता है जो आपकी आत्मा को बहने से रोकता है, जो प्रेम को रोकता है। अहंकार को चीरता हुआ प्रेम आगे निकल जाए फिर उसे रोकने का काम भय करता है। तिरस्कार का भय, समाज की बातों का भय, वर्तमान में जो है उसे खो देने का भय। पर अगर प्रेम को आप एक आत्मा की दूसरे आत्मा से एक होने की सिर्फ़ पवित्र इच्छा के रूप में ही देख सकते है, और संभोग से होते शारीरिक मिलन को अगर आप आत्माओं के मिलन का मार्ग न होकर, मिलन की एक रुकावट के रूप में देख सकते है- तो आपके सारे भय खतम हो जाते है।

इसलिए प्रेम को स्वयं स्वीकार करना और अपने प्रिय पात्र के सामने उसे कबूलना पहली अनिवार्य आवश्यकता है। अब प्रेम कबूल करने के बाद आता है उसे व्यक्त करने का माध्यम। वह शरीर तो नहीं है, जो हमने संभोग की सीमा के रूप में जाना। संभोग दो व्यक्तियों के प्राण को जहाँ है वहीं एक दूसरे में बांध देता है। उनकी जागरूक ऊर्जा जिस चक्र की स्थिति पर होती है, उस स्थिति में ही एक दूसरे के साथ बंध जाती है। परिणाम स्वरूप उनको अब एक दूसरे को देखकर प्रेम का अनुभव नहीं होता। उन्हें एकदूसरे को देखकर मालिकी का भाव होता है। 'सामनेवाला शरीर मैं ही हूँ और वह शरीर मेरा है।' - यह मालिकिभाव संभोग की देन है। इससे उन दोनों की दो-तीन फीसदी जागरूक ऊर्जा ही एक दूसरे के साथ जुड़ती है और उनकी बाकी की ९७ प्रतिशत आत्मा एक दूसरे की ओर बहना बन्द कर देती है। क्योंकि प्रेम हमेशा दूसरे से होता है, जो 'मैं' हूँ या जो 'मेरा' है, वह तो हमेशा हमारी मालिकी का हिस्सा होता है। वह हमारे अहंकार, हमारी पहचान का हिस्सा होता है। इसलिए लगातार संभोग के बाद प्रेम की चेतना जीवंत नहीं रह पाती। वे दोनों व्यक्ति बस एकदूसरे के अहंकार और एकदूसरे की पहचान की रक्षा करते रहते है और संभोग की क्रिया से क्षणिक व्यक्तिगत आनंद के लिए एकदूसरे के

शरीर का उपयोग करते रहते है। समाज के ज़्यादातर वैवाहिक संबंध ऐसे ही होते है।

तो ऐसा माध्यम क्या है जो जागरूक ऊर्जा को एक दूसरे के जागरूक मन में ना बांधकर दो आत्माओं को लगातार उपर के चक्रों तक एक दूसरे की ओर बहाता रहे और एक करके रखे। वह माध्यम है संगीत और मित्रता। मित्रता इसलिए क्योंकि वह दो व्यक्तियों के बीच के अहंकार और भेद को क्रमिक नष्ट करने का कार्य करती है। दो मित्रों के बीच भेद जितने कम होंगे उनकी मित्रता उतनी ही गहरी होगी। जितनी मित्रता गहरी होगी, उतनी ही उनकी आत्माएँ ज्यादा जुड़ी हुई और एकत्व की ओर आगे बढ़ी हुई होगी। मित्रता दो मित्रों के बीच लगातार भेद घटाकर उनकी आत्मा को एक दूसरे में बहाती रहती है। और साथ में आता है संगीत, जो राग से उन दोनों के चक्रों की ऊर्जा को एक स्वर - एक लय में मिलाता है। मित्रता और संगीत के मार्ग से जैसे जैसै दों प्रेमियों का एकत्व आता है, वैसे वैसे वे बस एक दूसरे से लिपटना चाहते हैं, गले मिलना चाहते है। अब वे एकत्व पाने के लिए शरीरों का उपयोग नहीं करते, जैसे कि संभोग में होता है। संगीत और मित्रता के चलते प्राप्त उनकी ऊर्जा के एकत्व को व्यक्त करने के लिए अब वे उनके शरीरों का उपयोग करते है। और यह उपयोग बस एकदूसरे से गले मिलना या आलिंगन में रहने का ही होता है। इसके सिवाय उनको एक दूसरे के शरीर में से कुछ प्राप्त करने की इच्छा नहीं होती, क्योंकि शरीर का मिलन उन्हें जितना दे सकता है, उससे बहुत ज़्यादा मिलन वे दूसरे मार्ग से कर रहे है।

उनके लिए अब उनका प्रेम ही सर्वस्व होता है, जिसके लिए वे जन्मों जन्म तक तपस्या से हासिल शक्तियों, सिद्धियों और यहाँ तक कि अपने शरीर तक को छोड़ने के लिए तैयार हो जाते हैं। शरीर और इंद्रियों की सीमाओं से उपर व्यक्त होने वाले इसी प्रेम को 'दिव्य प्रेम' कहा जाता है। यह दिव्य प्रेम ही मनुष्य जीवन का ईश्वर के समक्ष होनेवाला अंतिम समर्पण है। क्योंकि इतना दिव्यप्रेम जिसके लिए भी प्रगट हो, वह आत्मा ही उस मनुष्य के लिए ईश्वर बन जाती है। उस आत्मा के साथ एक हो जाना ही उसका उस परिस्थिति में मोक्ष होता है। लाभ-हानि, जीवन-

मृत्यु और जय-पराजय की गणनाओं से उपर उठ चुका यह दिव्यप्रेम ही भक्ति है।

संगीत और नृत्य:

नादब्रह्म के अध्याय में हम स्वर और संगीत की शक्ति से परिचित हुए थे। सृष्टि की प्रत्येक जड़-चेतन वस्तु अपने भीतर के कणों के जोड़ों में एक कंपन और उस कंपन का एक स्वर रखती है। मनुष्य के प्रत्येक चक्र की कुल ऊर्जा के स्पंदन से भी एक स्वर उत्पन्न होता है। सात चक्रों के उन सात स्वरों को अलग अलग तरह से जोड़ने से ही विभिन्न प्रकार का संगीत बनता है। आप उन स्वरों को निश्चित श्रृंखला में जोड़कर इस प्रकार का संगीत बना सकते हैं जिससे संगीत का वह राग मनुष्य के पहले चक्र को उत्तेजित करने का कार्य करे। ऐसे संगीत से मानव में पहले चक्र के संभोग और हिंसा जैसे तमस गुणों को उत्तेजना मिलती है। उन स्वरों के विभिन्न समायोजन द्वारा संगीत को दूसरे चक्र के भौतिकवादी गुणों को सजग करता हो, वैसा संगीत भी बनाया जा सकता है और तीसरे चक्र के क्षत्रिय गुणों को उत्तेजित करता हुआ संगीत भी बनाया जा सकता है। उन स्वरों से चौथे चक्र को जागरूक करके प्रेम और भक्ति की अभिव्यक्ति भी की जा सकती है, तो उनसे पाँचवें चक्र को उत्तेजित करने के लिए भी संगीत बनाया जा सकता है जो भावुकता, संघर्ष और महत्त्वाकांक्षा से हटकर मनुष्य में शांति और ज्ञान की मीमांसा को जागरूक कर सके। तो, स्वरों का समायोजन इस तरह से भी किया जा सकता है कि जिसमें छठे चक्र को सक्रिय कर वैराग्य और आत्मसाक्षात्कार की ओर मनुष्य को धकेला जा सके। यहाँ संगीत का कोई राग किसी ख़ास चक्र को इसलिए आंदोलित या उत्तेजित करता है, क्योंकि संगीत का वह राग उस चक्र से निकलने वाले मूल स्वर की आवृत्ति को बारबार लम्बे समय तक धारण करता है। उससे उस चक्र की शक्ति भी एक स्वर में एकरूप होती जाती है, और उससे जुड़े गुणों और भावनाओं का अहसास भी बढ़ जाता है।

ऐसा, विविधता भरा संगीत तैयार करने में तालीम और ज्ञान की आवश्यकता पड़ सकती है, लेकिन उसे पहचानने में किसी तालीम की

आवश्यकता नहीं होती। एक जागरूक इंसान को किसी भी गीत या संगीत को थोड़ी देर तक सूनने पर यह अनुमान हो जाता है कि वह उसमें किस भावना को जागरूक कर रहा है। जैसे कि भारतीय फिल्मों में बजने वाले मेलोडी रोमंटिक गीत और भारत के कई भजन प्रेम और भक्ति की अभिव्यक्ति से चौथे चक्र को आंदोलित करते हैं। तो, पश्चिमी संगीत ज्यादातर आवेग और उत्तेजना उत्पन्न करते नीचे के चक्रों पर केंद्रित होता हैं। लेकिन पश्चिम में हान्स जीमर जैसे कुछ संगीतकारों का संगीत एवं भारत की कई धार्मिक स्तुतियां और भजन चौथे और पाँचवें चक्र को आंदोलित करने वाला सात्त्विक संगीत होता है। ज्यादातर भारतीय शास्त्रीय संगीत छठे चक्र को जागरूक करनेवाला आध्यात्मिक संगीत होता है। शास्त्रीय संगीत में अलग अलग राग होते है जो चक्रों को उत्तेजित कर मनुष्य की आध्यात्मिक यात्रा को आगे बढ़ाने में लोकसंगीत से ज़्यादा सहायक होते है।

शब्द विहीन संगीत और शब्द वाले गीतों के प्रभाव में भी थोड़ा फ़र्क़ होता है। यह वही फर्क है जो विरोधी लिंग के व्यक्ति को देखने और छूने से होते आकर्षण में था। जैसे देखने से ज़्यादा छूने से बिनअभिव्यक्त विभाग के परिमाणों की उत्तेजना बढ़ती है, उसी तरह सिर्फ़ संगीत के बदले अगर उस संगीत के उद्देश्य को सहाय करनेवाले बोल भी संगीत में मौजूद हो तो संगीत से नादब्रह्म की आवृत्ति बढ़ जाती है। वह अपने लक्ष्य को ज़्यादा असरकारकता से भेद सकता है।

तो, स्त्री-पुरुष जब एक दूसरे को आकर्षित करते हैं, तब उन्हें प्रेम व्यक्त करने के लिए संभोग या शारीरिक संपर्क के मार्ग पर जाने की जगह मित्रता और संगीत के मार्ग पर जाना चाहिए। संगीत की शुरूआत होनी चाहिए चौथे चक्र को उत्तेजित करते संगीत से और जैसे जैसे प्रेम इंद्रियातीत बनता जाता है, वैसे वैसे उस संगीत को उपर के चक्रों पर ले जाना चाहिए। एक दूसरे से आकर्षित स्त्री पुरुष साथ साथ जब एक रोमांटिक संगीत को सुनते हैं या उसे अभिनय के साथ गाते हैं, तब दोनों शरीरों में चौथा चक्र आंदोलित हो उठता है। एक दूसरे के सामने होने से या मन में एकदूसरे को याद करने से उन दोनों के बिनअभिव्यक्त विभाग

सक्रिय होते हैं। रोमांटिक संगीत के कारण जब चौथा चक्र उत्तेजित होता है, तब उन दोनों के चौथे चक्र की समग्र ऊर्जा एक ही लय में और एक ही आवृत्ति में आंदोलित होती है। इससे दोनों शरीर के चौथे चक्र में दोनों विभागों की विरोधी प्रकृतियों वाली ऊर्जा एक ही आवृत्ति के साथ उत्तेजित होकर एक दूसरे में मिलने लगती है। यह कोई संभोग की तरह सिर्फ दो विभागों की पाँच प्रतिशत जागरूक ऊर्जा ही नहीं होती। यह उस चक्र के दोनों विभागों की समग्र ऊर्जा होती है, क्योंकि संभोग में प्रेम की अभिव्यक्ति का माध्यम भौतिक शरीर था और यहाँ माध्यम संगीत है। भौतिक शरीर का स्पर्श मनुष्य की जागरूक ऊर्जा तक ही सीमित रहता है, जबकि संगीत का सुर संबंधित चक्र की समग्र ऊर्जा को उसके स्वर के साथ उत्तेजित करता है।

एक ही आवृत्ति के साथ उत्तेजित हुई दो विभागों की ऊर्जा जब एक दूसरे में एक होने लगती है, तब चौथें चक्र की ऊर्जा अतिशय बढ़ने लगती है। ऐसे समय में उस अतिरिक्त ऊर्जा को शरीर के अन्य चक्रों की तरफ बहाना आवश्यक होता है। और वह काम होता है नृत्य और अभिनय द्वारा। भरतनाट्यम् जैसे भारतीय शास्त्रीय नृत्यों का मूल विचार यही है। भारत के इन शास्त्रीय नृत्यों में अभिनय के साथ योगिक मुद्राएँ भी हैं, जो संगीत के सुर के कारण किसी एक या दो चक्रों में बढ़ रही ऊर्जा को अन्य चक्रों की ओर प्रसारित करने का कार्य करती है। हजारों वर्षों से चली आ रही संगीत और नृत्य की जुगलबंदी की इस परंपरा के कारण ही लम्बे वक्त तक भारतीय फिल्मों में बीच बीच में ऐसे सुंदर प्रणय गीतो को शामिल करने की परम्परा रही, जिन पर अभिनय के साथ नृत्य भी होता है। इसका कारण हजारों वर्षों से हमारे भारतीय मानस में समा चुका संगीत और नृत्य की गुजगलबंदी का संस्कार है। लेकिन आजकल की भारतीय फिल्मों का संगीत पश्चिमी फिल्मों से ज्यादा प्रेरित होता है, जो सिर्फ़ उन्माद से नाचने के उद्देश्य से शामिल किया गया होता है। इस कारण हम भारतीय संगीत रूपी एक अमूल्य विरासत को हमारी फिल्मों में से खो रहे हैं। यह खतरनाक इसलिए है क्योंकि भारत की ही नहीं

बल्कि पूरे विश्व की आने वाली पीढ़ियों के लिए संगीत और नृत्य द्वारा प्रेम की अभिव्यक्ति करने का यह सुंदर मार्ग लुप्त हो सकता है।

तो नृत्य और अभिनय के कारण चौथे चक्र की बढ़ी हुई ऊर्जा अब नीचे की ओर बहती है। नीचे बहने का कारण यह है कि ऊर्जा हमेशा ज्यादा ऊर्जा स्थिति से नीची ऊर्जा स्थिति की ओर बढ़ती है। जब नीचे जाने का अवकाश ना हो तभी ऊर्जा ऊपर की ऊर्जा स्थिति की ओर बहती है, जैसे संभोग में जननांगों को उत्तेजना देते ही ऊर्जा पहले चक्र से लगातार ऊपर ही बहती है। लेकिन यहाँ प्रणय संगीत के कारण स्त्री पुरुष का सीधा चौथा चक्र तटस्थ बनता है। जबकी उससे नीची ऊर्जा स्थिति पर मौजूद पहले तीन चक्रों की ऊर्जा अभी शांत और विभाजित ही होती है। इसलिए, संगीत और नृत्य के मार्ग से संतृप्त हो चुके चौथे चक्र की लगातार बढ़ रही ऊर्जा अब नीचे के चक्रों में जाती है। इससे क्रमशः नीचे के चक्र भी ऊर्जावान बनते जाते हैं और उनके भी दो विभागों के बीच का ध्रुवीकरण घटता जाता है। एक समय आता है कि एक के बाद नीचे के तीनों चक्रों की समग्र ऊर्जा भी अपने अपने स्वरों की आवृत्ति के साथ एक होकर आंदोलन करने लगती है। नीचे के तीन चक्रों की ऊर्जा भी तटस्थ होने के बाद, उन स्त्री-पुरुष के शरीर में उनके प्रणय संगीत द्वारा जो भी ऊर्जा उत्पन्न होती है, वह पहले चारों चक्रों में ऊपर-नीचे आंदोलन करती है। इस कारण उस स्त्री-पुरुष के स्वभाव में और चरित्र में भारी बदलाव आता है। पहले तीन चक्रों के उनके गुण जैसे कि आलस, हिंसा, संभोग, धन और भोग-विलास की महत्त्वाकांक्षा, प्रसिद्धि का मोह आदि पूर्ण हो जाते हैं। एक प्रकार से वह उन पलों में इन गुणों से उपर ऊठ जाते हैं। इसलिए ही कहते हैं कि व्यक्ति प्रेम में बदल जाता है, क्योंकि वह सीधे चौथे चक्र के गुणों को व्यक्त करने लगता है।

अगर वे स्त्री-पुरुष लम्बे वक्त तक इस अवस्था में रहकर अपने प्रेम को संगीत, जिसमें नृत्य और अभिनय भी शामिल है, और मित्रता के मार्ग से व्यक्त करते रहते है, तो उनके नीचे के चारों चक्र संतृप्त हो जाते है, और प्रणय संगीत से उनकी ऊर्जा पाँचवे चक्र की ओर गतिमान होती है। लेकिन अगर नीचे के चक्रों को पूर्णतया संतृप्त करने से पहले मनुष्य

से उसकी प्रेमिका या उसका प्रेमी भौतिक रूप से छीन लिया जाए, तो ऐसे मनुष्य चौथे चक्र से तुरन्त नीचे के चक्रों में गिरते हैं। ऐसे हाल में वे क्षणिक क्रूरता और पशुता धारण कर लेते हैं। यह उनके नीचे के चक्रों की तटस्थता का कार्य अधूरा रहने का परिणाम होता है। धीरे धीरे जैसे जैसे उनके उन नीचे के चक्रों के गुण उनकी पशुता, क्रूरता, भोगविलास और प्रसिद्धि के लिए दौड़ के मार्फत पूर्ण होते हैं, तब वह चौथे चक्र पर पहुँचते हैं जो पहले से ही संतृप्त होता है। इसलिए, यहां उनका प्रेम और करुणामय स्वभाव वापस लौटता है। प्रेम छिन जाने के कारण व्यक्ति हिंसक और क्रूर बनकर वापस अच्छा हो जाए, ऐसी कहानियों के पीछे यही विज्ञान है। लेकिन अगर किसी व्यक्ति के चौथे चक्र के साथ नीचे के तीनों चक्र तटस्थ बनकर संतृप्त बने हों और उस समय वह अपने प्रेमी पात्र से अलग हो जाएँ, तो वह ऐसे हिंसक मार्ग पर भटकता नहीं है। वह अहसास करता है कि उसका प्रेमी या प्रेमिका उसके अंदर (शरीर अभिव्यक्त विभाग में और उसकी जीवंतता बिनअभिव्यक्त विभाग में) अब हमेशा के लिए ज़िंदा है।

इस तरह वह अकेले भी संगीत के मार्ग पर अपने प्रेमी को चाहता रहता हैं और शरीर छोड़ चुकी प्रेमी की आत्मा के साथ जुडा रहता है। इस प्रकार, इस स्थिति के व्यक्ति यह जान जाते हैं कि एक बार आप जब किसी को सच्चे अंतःकरण और पवित्रता से चाहते हैं और उसकी स्वीकृति प्राप्त कर लेते हैं, तो वह हमेशा के लिए आपकी ऊर्जा का या आपकी आत्मा का हिस्सा बन जाता है। फिर उसको आपसे कोई छीन नहीं सकता। रामायण के एक प्रसंग में जब अशोक वाटिका में बैठी सीता को रावण ने कहा कि, 'राम तो अब यहाँ नहीं है। वह तो तुम से अलग हो गए है। मैं यहाँ हूं। तो तुम मुझे चाह लो और अपना लो।', तब सीता ने कहा, 'यह वियोग सिर्फ शरीर का है। मैं और राम अब भी एक दूसरे के साथ ही हैं और एक दूसरे को चाहते हैं। हमें कोई अलग नहीं कर सकता।'

पहले चारों चक्रों की समग्र ऊर्जा तटस्थ बनकर उनके स्वरों की महत्तम आवृत्ति के साथ आंदोलित होने लगे, फिर वह ऊर्जा नृत्य और अभिनय द्वारा उपर के पाँचवें चक्र की ओर मुड़ती है। अब स्त्री-पुरुष के

संगीत का सुर बदलता है और संपूर्ण प्रणय गीतों से वह संतृप्त बने हों, ऐसा महसूस करते हैं। वे उससे आगे बढ़कर शांत, विचारशील संगीत की ओर प्रेरित होते हैं। अब से उनके प्रेम की अभिव्यक्ति बिल्कुल एक दूसरे की ओर ना होकर, संगीत के राग की तरफ होती है। एक बार उनके शरीर की ऊर्जा चौथा चक्र छोड़कर पाँचवें चक्र पर आ जाए, फिर उनकी एक दूसरे के शरीर को स्पर्श करने की इच्छा भी कम हो जाती है।

अब, पाँचवें चक्र के स्वर को जागरूक करता संगीत पाँचवें चक्र की समग्र ऊर्जा को भी बिल्कुल उसी तरह एक लय में लाता है, जैसे चौथे चक्र की ऊर्जा को प्रणय संगीत लाया था। पाँचवें चक्र की ऊर्जा जैसे जैसे तटस्थ बनकर एक लय में आती जाती है, वैसे वैसे उस स्त्री-पुरुष के मन में अपने आप तत्त्वज्ञान जागरूक होता जाता है। वह बुद्धिजीवी बनते जाते हैं। उनके विचार व्यक्तिगत स्वार्थ से ऊपर उठते जाते हैं और वह समग्र विश्व को एक नजर से देखने लगते हैं।

अब, दो विभागों की प्रबल आंदोलन वाली ऊर्जा एक स्वर में एक होने से पाँचवें चक्र की ऊर्जा भी अतिशय बढ जाती है और वह अतिरिक्त ऊर्जा छठे चक्र पर चढ़ती है। अब फिर से स्त्री-पुरुष की संगीत के सुर की पसंद बदलती है। वह अब छठे चक्र के स्वर को ऊर्जावान बनाए वैसे संगीत को सुनना चाहते है। यहाँ उनका ध्यान एक दूसरे पर से और ज्यादा हटता है और उनको परस्पर जोड़ने वाले संगीत में एक होता है। इस तरह अब वे एकदूसरे पर ध्यान न देकर उनको आपस में जोड़ने वाले उस नादब्रह्म जैसे संगीत के सुर पर ध्यान केंद्रित करते है। जैसे जैसे उस संगीत के सुर से छठे चक्र के विभागों की समग्र ऊर्जा एक लय में आने लगती है, वैसे वैसे यह स्त्री-पुरुष एक दूसरे के शरीर से और प्रत्येक भौतिक वस्तु से बैरागी बनते जाते हैं और प्रत्येक भौतिक वस्तु को परस्पर जोड़कर रखने वाले नादब्रह्म के साथ एक होते जाते हैं।

इस समग्र प्रेम की अभिव्यक्ति के दौरान वह स्त्री-पुरुष सांसारिक दुनिया से अलग होते जाते हैं और इस कारण उनको यातनाएं सहन करनी पड़ती हैं। कई बार एक दूसरे का विरह भी सहना पड़ता है। लेकिन यह यातनाएँ और वह विरह उनके अहं के रिकॉर्ड नष्ट करते रहेते

हैं। साथ ही अपनी इंद्रियाँ जिस कार्य के लिए उनको खिंच रही है, उससे विपरीत प्रेम की दिव्यता में लगातार बने रहने का उनका कार्य उनकी तपस्या बन जाता है। इससे उनके पूर्व अहंकार और ऋणो के रिकोर्ड टूटने लगते है। जैसे जैसे यह होता जाता है, उनका छठा चक्र अपने स्वर की मूल आवृत्ति के साथ एक लय में कंपन करने लगता है। इस स्थित में वह स्त्री-पुरुष क्रमश: आत्मन और ब्राह्मन स्थिति का साक्षात्कार करते है। अब उनके लिए समग्र सृष्टि एक बनती है। वह एक दूसरे के चहेरे के माध्यम से समग्र सृष्टि को देखते हैं और चाहते हैं। उनका प्रेम अब दो व्यक्तियों के बीच का प्रेम नहीं रहता, वह समग्र सृष्टि में दो विरोधी प्रकृतियों को जोड़ने वाला शिव और शक्ति के बीच का सनातन प्रेम बन जाता है। अब, वह संसार के कण कण में अपने आपको शिव और शक्ति के स्वरूप में एक होता देखते है।

दों प्रेमियों को इस स्थिति तक आने के पूरे पथ में जहां नृत्य सम्भव नहीं होता, वहाँ सामाजिक माहोल में नृत्य का काम मित्रता करती है। वहाँ प्रेमियों के बीच संगीत से संतृप्त हुए चौथे चक्र की ऊर्जा मित्रता के मार्ग से अन्य चक्रों की ओर बहती है। मित्रता से चौथे चक्र की ऊर्जा जब नीचे के तीन चक्रों की ओर बहती है, तब उन दो प्रेमियों में कृष्ण और द्रौपदी की तरह सांसारिक मित्रता का संबंध निर्मित होता है। नीचे के तीन चक्रों की वासनाओं को संतृप्त करने की कोशिशों से उत्पन्न होती सांसारिक परिस्थितियों में वे दोनों एकदूसरे का मित्र बनकर साथ देते है। नीचे के तीन चक्र संतृप्त हो जाने के बाद उनकी ऊर्जा जब पहले चार चक्रों पर आंदोलित होकर पाँचवे चक्र पर पहुँचती है, तब भी वे दो मित्रों के रूप में तत्वज्ञान का दोहन करते है। इस तरह संगीत के मार्ग से व्यक्त होते प्रेम में जो मदद नृत्य करता है, वही मदद सामाजिक परिस्थितियों में मित्रता भी करती है।

भक्त की पवित्रता और निर्मलता का कारण:

आगे बढ़ने से पहले एक अहम बात समझ ले। ब्राह्मन स्थिति पर पहुँचने के लिए भक्ति के पथ और चक्रों की वासना संतृप्त करते हुए होती आत्मा

की उत्क्रांति के पथ में एक मूल भेद दिखाई पड़ता है। चक्रों की वासना संतृप्त करते हुए आत्मा प्रत्येक चक्र के सिर्फ़ जागरूक भाग को संतृप्त करके आगे बढ़ती थी। वहाँ छठे चक्र पर जब जागरूक और अर्धजागरूक भाग एक होते थे, तब नीच के पाँचों चक्रों में भी यह दोनों भाग एक हो जाते थे, और आत्मन का साक्षात्कार होता था। इसी तरह छठे चक्र पर जब ३० प्रतिशत जागरूक और ७० प्रतिशत सुषुप्त भाग मिलते थे, तब नीचे के पाँचों चक्रों में यह दोनों भाग मिलने पर शरीर की समग्र ऊर्जा एक होकर जागरूक बनती थी और ब्राह्मन का साक्षात्कार होता था। इस तरह आत्मा की सामान्य उत्क्रांति के मार्ग में बिनअभिव्यक्त विभाग की ५० प्रतिशत ऊर्जा (कुंडलिनी) सिर्फ़ इस आख़िरी ब्राह्मन साक्षात्कार के वक्त ही जागरूक बनती थी। उस मार्ग से विकसित हो रहे मनुष्य में आत्मन के साक्षात्कार होने तक बिनअभिव्यक्त विभाग निष्क्रिय ही रहता था। इसलिए उस मार्ग से विकसित हो रहे मनुष्य को जब तक ब्राह्मन स्थिति का साक्षात्कार ना हो, तब तक उसे विरोधी लिंग के शरीर से जातीय आकर्षण रहता है।

जब की भक्ति के मार्ग में जब भी किसी चक्र की ऊर्जा संतृप्त होती है, तब उस चक्र की समग्र ऊर्जा (जागरूक, अर्धजागरूक और सुषुप्त तीनों) एकसाथ संतृप्त होती है। इसलिए भक्त जिस वक्त जिस चक्र पर स्थित होता है, उस वक्त उस चक्र के बिनअभिव्यक्त विभाग से भी एकत्व में होता। है। इसीलिए भक्ति या दिव्य प्रेम की शुरुआत से ब्राह्मन स्थिति प्राप्त करने तक भक्त को कभी विरोधी लिंग के शरीर से जातीय आकर्षण नहीं होता। भक्त की कुंडलिनी आत्मा की सामान्य उत्क्रांति के मार्ग की तरह अचानक ब्राह्मन स्थिति में जागरूक नहीं होती। भक्त की कुंडलिनी प्रत्येक चक्र की संतृप्ति के समय जागरूक होती हुई छठे चक में ब्राह्मन स्थिति तक पहुँचती है। सच्चे भक्त बालक की तरह निर्मल और पवित्र होते है, इसका यही कारण है।

भक्ति की शिव स्थिति और एकपरिमाणिय स्थिति:

ब्राह्मन स्थिति आते ही छठाँ चक्र की आवृत्ति से अतिरिक्त शक्ति नीचे के तमाम चक्रों तक बहने लगती है और पहले से छठे चक्र तक के प्रत्येक

चक्र की ऊर्जा को परस्पर जोड़ती है। छठे चक्र की ऊर्जा उपर सातवें चक्र में इसलिए नहीं जाती कि यह अब तटस्थ ऊर्जा होती है। जब सातवें परिणाम के मुख में प्रवेश करने के लिए शरीर की समग्र ऊर्जा छठे चक्र पर केंद्रित होकर उसके दोनों विभागों के बीच विरोधी प्रकृतियों में बंटनी जरूरी है। तभी उन विरोधी प्रकृतियों के दबाव से सातवें परिणाम का मुख खुलेगा। लेकिन यहाँ ऊर्जा प्रत्येक चक्र पर उसकी महत्तम स्थिति में कम्पन कर रही है और संगीत के सुर के साथ पहले चक्र से छठे और छठे चक्र से पहले चक्र तक बह रही है। यह विष्णु स्थिति है। यह कृष्ण और राधा की स्थिति है। राधा एक स्त्री विष्णु है।

लेकिन जैसे की विष्णु समग्र सृष्टि के ब्रह्म से जुड़ी हुई अवस्था है, विष्णु बना इंसान जानता है की उसे अब अपनी अभिव्यक्ति को सिकुड़कर शिव बनते हुए आख़िर में ज्योतिर्पिंड स्वरूप हासिल करना है। इसलिए यहाँ से विष्णु स्थिति में पहुँचे वह स्त्री-पुरुष अपनी ऊर्जा को संगीत के मार्ग se ही सिकुड़ना शरु करते है। अब उनका संगीत और ज़्यादा शास्त्रीय संगीत की सूक्ष्मता को हासिल करता है। उनके संगीत के राग और स्वर एकत्व के स्वर की तरफ झुकते हैं। इससे समय के साथ उनकी ऊर्जा संकुचित होकर पाँचवें और छठे चक्र पर आकर केंद्रित हो जाती है। इस तरह वह भक्ति की शिव स्थिति पर आती है। यहाँ से प्रकृतियों का मिलन ठीक वैसे ही होता है जैसे संभोग में होता था, पर भक्ति के मार्ग से। यहाँ से उनके एकत्व के सुर अब और ज्यादा प्रबल बनते हैं। पुरुष अपनी अंतर्गामी प्रकृति व्यक्त करता हो, ऐसा संगीत अपनाते हैं और स्त्री बहिर्गामी प्रकृति व्यक्त करती हो, ऐसा राग धारण करती है। इसलिए पुरुष शरीर की ४० प्रतिशत अंतर्गामी प्रकृति बिन अभिव्यक्त विभाग में से आती स्त्री की ४० प्रतिशत बहिर्गामी प्रकृति को स्वयं में स्वीकार करती है और अभिव्यक्त विभाग में पूर्णतया बहिर्गामी प्रकृति बनती है। दूसरी ओर स्त्री अपने अभिव्यक्त विभाग में मौजूद पुरुष की ५० प्रतिशत बहिर्गामी प्रकृति बिनअभिव्यक्त विभाग की अंतर्गामी प्रकृति में मिला देती है और स्वयं पूर्णतया अंतर्गामी प्रकृति का शून्यावकाश बन जाती है। इस तरह स्त्री-पुरुष भक्ति की एक परिमाणीय स्थिति में आते है, जहाँ

उनके शरीर की समग्र ऊर्जा छठे चक्र के दो विभागों में विरोधी प्रकृतियों के साथ आमने सामने खड़ी होती है। अब वह संगीत के अंतिम एकत्व धारण करवाते नाद को अपनाते हैं और उन नादों द्वारा अपने प्रबल प्रेम को अभिव्यक्त करते हैं। ज़्यादातर अब यह नाद 'आउम' या 'हरी आउम तत् सत्' जैसे मंत्रो का होता है। इस प्रबल निःस्वार्थ प्रेम को ही भक्ति की सबसे उच्च अवस्था कहते हैं। इस अवस्था में ही उनके सातवें परिणाम का मुख खुल जाता है और दोनों विभागों की समग्र ऊर्जा उसमें प्रवेश करने लगती है।

वह अब एक दूसरे के सामने देखना भी नहीं चाहते। वह बस आँखे बंद करते हुए एक दूसरे से एकाकार होना चाहते हैं। वे दोनों अब एक ही आत्मा है – यह स्थिति का वे अनुभव करना चाहते हैं। इस प्रकार धीरे धीरे उनके तमाम चक्रों की ऊर्जा उपर सातवें परिमाण के संकड़े हिस्से में प्रवेशती जाती है और 'आउम' नाद के साथ एक लय में आती जाती है। इस तरह स्त्री-पुरुष दोनों के शरीर की समग्र ऊर्जा उनके सातवें परिणाम की बिन्दवत चोटी पर 'म..म..' के अंतिम ब्रह्मनाद के साथ ज्योतिर्पिण्ड स्थिति धारण करती है और उसी क्षण सातवें परिणाम के शिखर से आगे मौजूद ब्रह्मरंध्र छिद्र खुल जाता है। इस ब्रह्मरंध्र से बाहर निकलते ही दोनों की आत्मा का पिंड उस शरीर की आख़िरी सीमा छोड़कर सातवें चक्र में मिल जाता है। और जैसे कि हम जानते है, प्रत्येक मनुष्य का सातवाँ चक्र सृष्टि के केंद्र से जुड़ा हुआ है या उससे समांतर है। सातवाँ चक्र उसी आत्मा के अद्वैत पिंड को सृष्टि के केंद्र स्वरूप उस छोटी सी तटस्थ गेंद में मिला देता है। अब वह आत्मा सृष्टि के केंद्र की ऊर्जा बन जाता है। वह खुद सृष्टि का केंद्र बन जाता है। इसी घटना को उस 'आत्मा की मुक्ति' कहा जाता है। उसे ही आत्मा का 'मोक्ष' या 'महानिर्वाण' कहा जाता है। मोक्ष के समय आत्मा का जो अद्वैत पिंड बनता है, उसे समग्र सृष्टि के ज्योतिर्पिण्ड से अलग दर्शाने के लिए हम 'मोक्ष पिंड' कहेंगे।

तो इसमें संभोग की चरमसीमा के समय अनुभव किए जाने वाले परम आनंद को लगातार टिकाए रखने की बात कहाँ से आयी? असल में छठा चक्र पार करने के बाद जब शरीर की समग्र ऊर्जा सातवें परिमाण

में चढ़ने लगती है, तब वह संभोग की तरह क्षणभर उपर चढ़कर क्षणभर में नीचे पहले चक्र पर नहीं उतरती। संभोग में तो शरीर की सिर्फ दस प्रतिशत जागरूक ऊर्जा ही सातवें परिमाण के शिखर पर पहुँचती थी। वहाँ पहुँचते ही बाकी की ९० प्रतिशत ऊर्जा उसे नीचे की तरफ खींचने लगती थी। लेकिन यहाँ तो शरीर की समग्र ऊर्जा सातवें परिमाण में प्रवेश करने की ओर प्रयाण कर चुकी है। इसलिए उसे नीचे खींचने वाला कोई रहता नहीं है। फिर, इस ऊर्जा को किसी जननांगों को उत्तेजना देकर क्षणभर में ऊपर नहीं चढ़ाया गया है। यह तो समय के साथ प्रत्येक चक्र की समग्र ऊर्जा को एक लय में तटस्थ करती हुई सातवें परिमाण तक पहुँची है। इसलिए यह ऊर्जा बहुत ही शांति और सहजता से सातवें परिमाण में प्रवेश करती है।

अब, छठे चक्र की संतृप्तता से ब्राह्मन स्थिति आ जाने के बाद शरीर की समग्र ऊर्जा मनुष्य के जागरूक मन के प्रभाव में होती है। इसलिए सातवें परिमाण में चढ़ रही इस ऊर्जा पर मनुष्य का पूर्ण नियंत्रण होता है। मनुष्य चाहे उतने समय तक उस ऊर्जा को सातवें परिमाण में रख सकता है। महिनों एवं वर्षों तक सातवें परिमाण में अपनी ऊर्जा को स्थिर रखकर संभोग में एक पल के लिए जो परम आनंद महसूस होता था, उससे दस गुना ज़्यादा परम आनंद मनुष्य यहाँ चाहे तब तक, अर्थात् अनंत समय तक प्राप्त कर सकता है। हिमालय में बहुत से ऋषिमुनि अनेक वर्षों से इसी स्थिति में जी रहें हैं। उनसे मिले व्यक्तियों ने जो पुस्तकें लिखी हैं, उनसे यह पता चला है कि सातवें परिमाण में हमारी ऊर्जा का यह बसेरा जैसे शहद से लथपथ छत्ते में शहद से सराबोर होकर बैठे हों, ऐसा अनुभव देता है। कई ऐसे भी हैं जो सातवें परिमाण की चोटी पर अपनी समग्र ऊर्जा को एक कर चुके हैं, लेकिन ब्रह्मरंध्र पार करके उन्होंने शरीर नहीं छोड़ा। वह वर्षों से उसी अद्वैत स्थिति के परमआनंद के साथ ध्यान में बैठे हैं। इस स्थिति से वह शिव बना व्यक्ति जब स्वयं चाहे तब ब्रह्मरंध्र छिद्र छेदकर शरीर छोड़ देता है और सृष्टि के केंद्र में मिल जाता है। इस तरह मोक्ष की स्थिति से पहले शरीर छोड़ने पर जैसे आत्मा अपनी स्थिति

के अनुरूप ब्रह्मांड के अलग अलग लोक में जाती है, उसी तरह मोक्ष पा लेने पर वही आत्मा हमेशा के लिए सृष्टि के केंद्र में मिल जाती है।

पुरुष और प्रकृति की भक्ति:

तो, यह था दिव्य प्रेम और भक्ति के मार्ग से आत्माओं का मिलन। किसी भी मार्ग से यात्रा करते हुए आत्मा आख़िर में भक्ति की शिव स्थिति में आती है और फिर वह भक्ति की एकपरिमाणिय स्थिति में आती है। राधा और कृष्ण की तरह जो लोग संसारी प्रेम को दिव्य प्रेम बनाते हुए प्रेम योग के मार्ग से वहाँ तक पहुँचते है, वह सामने विष्णु स्थिति के स्त्री या पुरुष के प्रति दिव्य प्रेम व्यक्त करते हुए आख़िर में मोक्ष पिंड बनते है। यह मार्ग हमने इस अध्याय की अब तक की चर्चा में देखा। जो लोग कर्म योग के मार्ग से शिव स्थिति तक पहुँचते है, वह भी उस समय किसी विष्णु या शिव स्थिति के स्त्री या पुरुष के प्रति दिव्य प्रेम या भक्ति के मार्ग से मोक्ष पिंड बनते है। लेकिन, प्रेम योग और कर्म योग दोनों मार्ग के व्यक्ति को अगर शिव स्थिति में सामने कोई विरोधी लिंग का विष्णु या शिव स्थिति का इंसान ना मिले, तो यह दोनों पथिक प्रकृति की भक्ति से आगे बढ़ते है।

प्रकृति भक्ति में यह दोनों पथिक ब्रह्म के सारे स्वरूपों को अपने ही स्वरूप मानकर सर्व स्थानो पर अपना प्रेम व्यक्त करते है और उसे निभाते रहते है। इस तरह भक्ति की शिव स्थिति में वे चाहे पुरुष हो या स्त्री उनका अभिव्यक्त विभाग पुरुष शरीर की प्रकृतियों को ही धारण करता है और उनका बिनअभिव्यक्त विभाग सृष्टि के बाक़ी ब्रह्म के रूप में स्त्री शरीर की प्रकृतियाँ धारण करता है। यानी की मनुष्य, चाहे वह स्त्री हो या पुरुष, उसके अभिव्यक्त विभाग के पाँचवे चक्र में बहिर्गमी प्रकृति होती है और छठे चक्र में अंतर्गमी प्रकृति। ऐसा इसलिए होता है क्योंकि मनुष्य ब्रह्म के किसी भी स्वरूप के प्रति जब अपनी तीव्र भक्ति व्यक्त करता है, तब उसकी बुद्धि से जुड़े छठे चक्र में अंतर्गमी प्रकृति ही ब्रह्म के सामने व्यक्त होती है। इस लिए उस शरीर की दूसरी बहिर्गमी प्रकृति पाँचवें चक्र पर स्थित होती है, और यह पुरुष शरीर के चक्रों की रचना है। इसी तरह जो लोग यंत्र मार्ग से यानी की किसी आराध्य देव की मूर्ति से

भक्ति करके शिव स्थिति में आते है, वह भी चाहे स्त्री हो या पुरुष, उनका भी अभिव्यक्त विभाग पुरुष के अभिव्यक्त विभाग की प्रकृतियाँ धारण करता है। और उनके आराध्य देव, चाहे वह पुरुष देव हो या स्त्री देवी, मनुष्य के बिनअभिव्यक्त विभाग में स्त्री शरीर की प्रकृतियाँ धारण करते है। इसी तरह जो लोग क्रिया योग के मार्ग से यानी की अपने प्राणायाम के द्वारा अपने श्वासोच्छ्वास और नाड़ियों पर कार्य करके शिव स्थिति तक पहुँचते है, उनमें से कुछ लोग अपने पंथ के मूल गुरु या देव की यंत्र मार्ग से भक्ति करते है या कुछ पंथो में वे प्रकृति भक्ति की ओर मुड़ते है। दोनों ही सूरतों में, चाहे यंत्र मार्ग की भक्ति हो या प्रकृति भक्ति, मनुष्य का अभिव्यक्त विभाग पुरुष शरीर की ही प्रकृति धारण करता है और बिनअभिव्यक्त विभाग स्त्री शरीर की।

इस तरह सिर्फ़ एक ही क़िस्से में शिव स्थिति में आने के बाद किसी मनुष्य का अभिव्यक्त विभाग स्त्री प्रकृति धारण करता है, वह यह कि जब कोई स्त्री ब्रह्मज्ञान प्राप्त कर विष्णु या शिव स्थिति प्राप्त करे और फिर वहाँ से किसी विष्णु या शिव स्थिति के पुरुष से प्रेम के मार्ग पर मोक्ष प्राप्त करे। यहाँ पर वह स्त्री अपनी शिव स्थिति में अभिव्यक्त विभाग में स्त्री शरीर की प्रकृतियाँ बनाए रखती है। कुछ ऐसा जैसा राधा की कृष्ण भक्ति के मार्ग से होनेवाले मोक्ष में होता है। लेकिन वहीं पर अगर मीरां की कृष्ण भक्ति के मार्ग की बात करे तो वह यंत्र मार्ग से हुआ मोक्ष है, क्योंकि वहाँ कृष्ण एक मनुष्य के रूप में सामने अपना प्रेम व्यक्त करने मौजूद नहीं है। इसलिए मिरां की भक्ति के वक्त मिरां का अभिव्यक्त विभाग भी पुरुष शरीर की प्रकृतियाँ धारण करता है।

तो, बस राधा की इस एक परिस्थिति के सिवा बाक़ी सारे मार्ग से मनुष्य चाहे पुरुष हो या स्त्री वह भक्ति की शिव स्थिति में अभिव्यक्त विभाग में पुरुष शरीर की ही प्रकृतियाँ धारण करता है, और ब्रह्म उसके सामने बिनअभिव्यक्त विभाग में स्त्री शरीर की प्रकृतियों के साथ होता है। ऋग्वेद में इसी बात को पुरुष और प्रकृति के सिद्धांत के साथ समझाया गया है।

ऋग्वेद में सृष्टि की उत्पत्ति का एक वर्णन पुरुष और प्रकृति के रूप में भी है। सृष्टि की उत्पत्ति के बाद ब्रह्म में से शिव और शक्ति ऐसे दो स्वरूप अलग हुए, जिनमें से शिव को 'पुरुष' कहा गया और शक्ति को 'प्रकृति'। पुरुष ने सृष्टि को बीच में से आधार दिया, और प्रकृति ने उसके आसपास सृजन का विस्तारण किया। इसी तरह अणु के केंद्र में प्रोटॉन (धन प्रकृति वाला शिव अर्थात् पुरुष) और उसके आसपास इलेक्ट्रोन (ऋण विद्तभार वाली शक्ति अर्थात् प्रकृति) की रचना बनी और उसी रचना के आपसी जोड़ों से विराट सृजन सामने आया। हिंदू सभ्यता के प्रचलित चिह्न 'स्वस्तिक' का भी यही महत्व है। स्वस्तिक का खड़ा स्तंभ पुरुष या शिव का प्रतीक है और आड़ा स्तंभ प्रकृति के विस्तारण का। इस तरह समग्र सृष्टि में पुरुष 'प्रकृति' के गर्भ में समाया हुआ है। आगे जाकर यही प्रकृति धरती, आकाश, पानी, वायु और अग्नि जैसे तत्वों के रूप में विकसित हुई और इन्ही तत्वों ने पृथ्वी पर प्रकृति के अलग अलग स्वरूप खड़े किए। इस तरह इसी प्रकृति में से सजीव के शरीर अस्तित्व में आए और उन शरीरों को जीवंतता देने के लिए पुरुष उन शरीरों में आत्मा के रूप में समाया। इस तरह हमारे शरीर और हमारी इंद्रियाँ प्रकृति है और हमारा आत्मा पुरुष है। इसीलिए जब हम अपनी इंद्रियों से ऊपर उठकर आत्मसाक्षात्कार कर लेते है, तब उसी घटना के लिए वेदों में कहा गया है, 'पुरुष का प्रकृति पर विजय हासिल करना।'

इस तरह जो प्रकृति हमारे शरीर और इंद्रियों को रचकर हमारे अस्तित्व को आकार देती है, वही प्रकृति चारों ओर नदी, पहाड़, पेड़-पौधे, पशु-पक्षी, हवा और आकाश के रूप में मौजूद है। अगर असल में हम आत्मा ही है, तो हर तरह से हमारा अस्तित्व प्रकृति के गर्भ में समाया हुआ है। इसीलिए हिंदू शास्त्रों में प्रकृति को 'प्रकृति-माता' कहते हुए उसके हर स्वरूप की रक्षा करने का दायित्व मनुष्य को सौंपा गया है। और इसीलिए जब शिव स्थिति को प्राप्त करने के बाद कोई भी मनुष्य सामने किसी मनुष्य के स्थान पर प्रकृति के किसी भी स्वरूप की भक्ति के मार्ग पर जाता है, तब उसका आत्मा पुरुष के रूप में ही प्रकृतियाँ धारण करता है और उसके बिनअभिव्यक्त विभाग में 'प्रकृति' का वह स्वरूप स्त्री शरीर

की प्रकृतियाँ धारण करती है। यही वजह है की क्यों किसी भी मार्ग से ब्रह्मत्व धारण करनेवाले मनुष्य को अपनी आत्मा को मोक्ष पिंड बनाकर सृष्टि के केंद्र में स्थापित करने के लिए आख़िर में भक्ति के मार्ग पर ही आना पड़ता है? क्योंकि सृष्टि को चलानेवाला ब्रह्म पुरुष और प्रकृति या शिव और शक्ति कहे जानेवाली इन्ही दो मूल रचनाओं से बना है, और आख़िर में ब्रह्म में मिल जाने के लिए हमें इन दोनों को एक करना पड़ता है। और इन दोनों को एक करने का एक ही मार्ग है, प्रेम - निस्वार्थ तीव्र प्रेम। वही भक्ति है।

इस प्रकार, ज्ञान की सीमाओं के उस पार, विज्ञान के शुष्क तर्कों से आगे और अद्वैत के अकेलेपन की अनुभूति से उपर जो शांति, पूर्णता और परम आनंद का एक दिव्य झरना बहता है, वह है भक्ति। जब प्रेम शर्तहीन, स्वार्थहीन और स्वहीन बन जाए तब वह भक्ति बन जाता है, वही शिव और शक्ति को एक करकर ज्योतिर्पिण्ड बनाने वाली मूल ताक़त है।

अध्याय – ३७

कृष्ण का महारास

कहेते है, हर चीज़ की शुरुआत और अंत एक जैसा होता है, जैसे बचपन और बुढ़ापा काफ़ी समानताएँ दिखाता है। कुछ ऐसा ही हमारी सृष्टि के बारे में भी है। सृष्टि की शुरुआत भौतिक विज्ञान की घटनाओं से हुई थी, जो रसायन विज्ञान, जीव विज्ञान, मनोविज्ञान और आध्यात्मिक विज्ञान से होकर मनुष्य जाति के मोक्ष के बाद वापस भौतिक विज्ञान की दुनिया में प्रवेश करेगी। मनुष्य मोक्ष के बाद की सृष्टि की इस यात्रा के आख़री दो अध्याय में वापस हम भौतिक विज्ञान की घटनाओं से गुजरेंगे। पर उसके पहेले, मनुष्य की मुक्ति के लिए हमने प्रेमयोग और भक्ति का जो आख़री मार्ग जाना, उसके लिए मानव समाज को तैयार करते जाना है। हमें मानव समाज को वह व्यवस्था देते जाना है, जहां दो आत्मा संगीत और मित्रता के मार्ग से अपना प्रेम निभा सके और उस मार्ग से अपनी आत्माओं का मिलन करवा सके। वह व्यवस्था है, हज़ारों साल पहेले कृष्ण ने जिया हुआ 'महारास'।

'प्रेम' आत्मा की अतृप्तता को पूरी करने के लिए किसी दूसरी आत्मा के साथ मिलन की इच्छा है। प्रेम की अर्थात् अपनी आत्मा को बहाने की इच्छा कितनी प्रबल होगी, उसका आधार-संबंधित आत्मा में मौजूद जागरूक ऊर्जा पर होता है। इस बात को समझने के लिए हमें केमिस्ट्री अर्थात् कि रसायन विज्ञान की इस बात को समझना पड़ेगा। रसायन विज्ञान में तत्त्वों की असंतृप्ता के माप को संयोजकता कहते हैं। जैसे कि सोडियम की संयोजकता +१ है (Na+१), और क्लोरिन की -१ हैं (Cl-१)।

अर्थात् कि सोडियम का एक अणु क्लोरिन के एक अणु से संतृप्त हो जाता है और NaCl अर्थात् नमक बनता है। लेकिन वही क्लोरिन (Cl-१) के सामने अगर केल्शियम तत्त्व को लाया जाए तो केल्शियम की संयोजकता +२ होती है, यानी की (Ca+२)। अर्थात् क्लोरिन का एक

अणु केल्शियम के एक अणु को संतृप्तता नहीं दे सकता। केल्शियम को संतृप्त करने के लिए क्लोरिन के दो अणु चाहिए तब (CaCl2) संयोजन बनता है। लेकिन अगर उसी केल्शियम के साथ ऑक्सिजन जुड़ जाए तो? ऑक्सिजन की संयोजकता -२ है, इसलिए केल्शियम का एक अणु ओक्सिजन के एक अणु से संतृप्त हो जाता है और स्थायी (CaO) बना देता है। यहाँ दोनों में से किसी को अन्य किसी के पास संतृप्तता प्राप्त करने नहीं जाना पड़ता।

ऐसा ही मनुष्य के रूप में स्त्री-पुरुष में भी है। बस, समस्या यह है कि मनुष्य की जागरूक ऊर्जा को या उसकी असंतृप्तता को मापने की हमारे पास कोई इकाई या पद्धति नहीं है। लेकिन अगर रसायन विज्ञान की भाषा में ही समझाएँ तो जिस पुरुष की संयोजकता अर्थात् कि जागरूक ऊर्जा +४ जितनी है, वह पुरुष -२ जागरूक ऊर्जा वाली एक स्त्री के साथ विवाह करने से पूर्णतया संतुष्ट नहीं होगा। उनके संभोग के बाद स्त्री को तो उसकी -२ जागरूक ऊर्जा के सामने पति में +२ जागरूक ऊर्जा मिल जाएगी, लेकिन उसके पति में उसके साथ संभोग के बाद भी +२ जितनी जागरूक ऊर्जा संतृप्त होनी शेष रह जाएगी। इसी प्रकार अगर पत्नी की जागरूक ऊर्जा -४ जितनी होगी और और पति की जागरूक ऊर्जा +२ जितनी ही होगी, तो उनके बारबार संभोग के बाद पति उसकी पत्नी में संतृप्त हो जाएगा, लेकिन पत्नी में -२ जितनी जागरूक ऊर्जा संतृप्त हुए बिना रह जाएगी।

पुरुष अथवा स्त्री में बाकी रह गई यह असंतृप्त जागरूक ऊर्जा उसको अपने जीवन साथी के सिवाय अन्य स्त्री या पुरुष के साथ भी आकर्षण करवाती है। मतलब, उनको अपने पति या पत्नी के सिवाय भी अन्य व्यक्ति के सामने अपनी आत्मा को बहाने का मन होता है। अर्थात् कि संसार के ज़्यादा प्रचलित अर्थ में 'प्रेम' होता है। लेकिन अगर पति-पत्नी की जागरूक ऊर्जा के बीच ज्यादा अन्तर ना हो तो उनके संभोग के बाद वह दोनों एक दूसरे से लगभग संतृप्त ही रहते हैं। उनको अन्य किसी व्यक्ति से आकर्षण नहीं रहता है। वह उनका जीवन एक दूसरे की समाधि में लीन रहकर मित्रता के मार्ग पर बिता देते हैं। लेकिन सम्पूर्णतया

समान जागरूक ऊर्जा वाले स्त्री-पुरुष तो सिर्फ विष्णु स्थिति में ही प्राप्त होते हैं, क्योंकि विष्णु स्थिति महत्तम जागरूक अवस्था वाली स्थिति है। वहाँ पहुँचकर प्रत्येक स्त्री-पुरुष समान महत्तम जागरूक ऊर्जा वाले हो जाते हैं। उसके पहले की प्रत्येक स्थिति पर बिल्कुल समान जागरूक ऊर्जा वाले व्यक्तियों का मिलना दुर्लभ ही होता है, क्योंकि मनुष्य की जागरूक ऊर्जा उसके जागरूक मन के अनुभवों पर आधारित होती है, जो प्रत्येक में अलग अलग होते है। अर्थात् विष्णु स्थिति के पुरुष को विष्णु स्थिति की स्त्री ही सम्पूर्णतया संतुष्ट कर सकती है। जैसे राम और सीता एक दूसरे से संतृप्त थे। लेकिन अगर विष्णु स्थिति के पुरुष को विष्णु स्थिति की स्त्री ना मिले तो वह असंतृप्त ही रहता है अथवा 'अनेक संबंधों वाला' बनता है, जैसे कि कृष्ण का जीवन था। विष्णु स्थिति के पुरुष को उससे कम जागरूक ऊर्जा वाली तमाम स्त्रियों से और विष्णु स्थिति की स्त्री को उससे कम जागरूक ऊर्जा वाले प्रत्येक पुरुष से प्रेम होता है, जब तक की वह संतृप्त नहीं हो जाते।

इस तरह प्रेम विवाह से पहले होना चाहिए और विवाह के बाद नहीं होना चाहिए - यह समाज का नियम हो सकता है, लेकिन कुदरत का या ब्रह्म का नियम नहीं है। प्रेम सनातन है। जितनी आपकी आत्मा ज्यादा जागरूक है उतनी ही ज्यादा वह दूसरी आत्माओं के साथ मिलन करके संतृप्त होना चाहेगी। यही सत्य है, और सत्य का दमन पाप है।

यह ब्रह्म युगों युगों से अपने छोटे छोटे टुकड़ों को परस्पर जोड़कर फिर से ज्योतिर्पिण्ड स्थिति में आना चाहता है। हमें किसी के प्रति प्रेम होता है अर्थात् हमारे भीतर का ब्रह्म, हमारी आत्मा, ब्रह्म के दूसरे टुकड़े के साथ अर्थात् कि दूसरी आत्मा के साथ एक होना चाहती है। और जब हम प्रेम का दमन करते हैं, तब हम आत्मा को बहने से रोक देते हैं। इस प्रकार हम ब्रह्म की और समग्र सृष्टि की गति को अवरोधित करते हैं। यह एक अपराध है और उसकी सजा मिलती है। जैसे हम श्वास में ऑक्सिजन लेते हैं, वैसे ही इस सृष्टि को चलाने वाला ब्रह्म श्वास में प्रेम लेता है। वह प्रेम से ही गतिमान है, प्रेम से ही अपने एकत्व के लक्ष्य को हासिल करता है। इसीलिए तो मनुष्य भी निस्वार्थ प्रेम की सबसे तीव्र स्थिति (भक्ति)

के बिना ब्रह्म में विलीन नहीं हो पाता। हमारी आत्मा हमारे भीतर मौजूद ब्रह्म है। जब हम इसके प्रेम को अर्थात् कि उसकी किसी की ओर बहने की इच्छा को दबा देते हैं, तब हम स्वयं ब्रह्म का नाक दबा देते हैं। इसके बाद वह ईश्वर (ब्रह्म) श्वास नहीं ले सकता। अर्थात् इसके बाद हम और किसी को प्रेम देने के लिए सक्षम नहीं रहते। क्योंकि हमने हमारे भीतर प्रेम को ही दबा दिया है। ऐसे व्यक्ति बस अपने रिश्तेदारों के प्रति प्रेम का अभिनय करते रहते हैं। एक समय के बाद उनकी अभिनय करने की क्षमता भी नष्ट हो जाती है। अब वे उनके जीवन में सिर्फ़ भौतिक और सामाजिक सफलताओं में आनंद ढूँढते है, पर प्रेम के बिना पनप चुका उनका वह भीतर का सन्नाटा उनके अंदर हमेशा जागरूक रहता है। वह उन्हें बारबार जीवन के उस ख़ालीपन और खूठेपन का अहसास कराता रहेता है। आख़िरकार वह अहसास उस व्यक्ति के शरीर पर भी प्रेम के दमन के साइड इफेक्ट दिखाने शुरू कर देता है, जो अंत में उसे एक अर्थहीन और नीरस जीवन के अंत की ओर ले जाता हैं।

इस प्रकार, प्रेम हासिल करना उतना जरूरी नहीं है, जितना प्रेम हो तब उसे व्यक्त करना जरुरी है। जिससे प्रेम हुआ हो, उसके सामने प्रेम व्यक्त कर देने से प्रेम का केन्द्र स्थापित हो जाता है। आपकी आत्मा अब उस आत्मा की ओर बहने लगती है, भले सामने से उसकी कबूलात ना हो। अब आप दुनिया में किसी को भी चाहने में सक्षम बनते हैं, क्योंकि आपके प्रेम का केन्द्र आप में लगातार प्रेम उत्पन्न करता रहता है। वह आपकी आत्मा को लगातार बहते रहने की शक्ति उपलब्ध करवाता है। अब आप ईश्वर की भक्ति भी अच्छे तरीके से कर सकते हैं। अपने अहंकार की वजह से या सुरक्षा के भय से प्रेम दबाकर रखा हो, ऐसे लोग ईश्वर की भक्ति भी नहीं कर पाते हैं। वह जब भी ईश्वर की मूर्ति के सामे जाते हैं, तब ईश्वर उनको कहते हैं कि, 'जा, पहले उस व्यक्ति के सामने प्रेम व्यक्त कर, जिसके प्रति प्रेम को तूने दबाकर रखा है। वह तेरे प्रेम का केन्द्र है। उसे प्रेम कर पाएगा, तो ही मुझे प्रेम कर पाएगा। वरना तू मुझे तो क्या, पूरी दुनिया में किसी को प्रेम नहीं कर सकता। जो एक आत्मा

के सामने अपने प्रेम को व्यक्त नहीं कर सकते, वह पूरे संसार की समस्त आत्माओं से बने ब्रह्म या ईश्वर के सामने प्रेम कैसे व्यक्त करेंगे?'

इस प्रकार वस्तुतः प्रेम एक तरफा ही होता है। जो प्रेम देता है उसे आनंद मिलता है और जो प्रेम पाता है, उसका अहं संतुष्ट होता है। प्रेम प्राप्त करने वाले का अहं बढ़ता है, और हर चीज जो अहंकार में समाविष्ट होती है उस चीज से व्यक्ति अपना मालिकी भाव महसूस करता है। प्रेम मिलने से व्यक्ति अपने प्रेमी को अपनी मालिकी की वस्तु मानने लगता है और डरने लगता है कि कहीं यह प्रेम छिन तो नहीं जाएगा? इसी वजह से ज़्यादातर मामलों में प्रेम पाना, उन भौतिक वस्तुओं को पाने जितना ही दुःखदायी साबित होता है, क्योंकि प्रेम के सनातन अर्थ को समझा नहीं गया होता। इसलिए आनंद प्रेम पाने में नहीं, प्रेम करने में है। बस प्रेम को उसके सनातन अर्थ में समझते हुए निभाना है। यह समझना है की 'हम दोनों के बीच का प्रेम इन दो शरीरों के बीच का प्रेम नहीं है, दो आत्माओं के बीच का प्रेम है। शरीर हो या ना हो, पास हो या दूर हो, लेकिन प्रेम रहता है। वह संसार की दो प्रकृतियों के बीच का प्रेम है। शिव और शक्ति के बीच का प्रेम है।' इस प्रकार, प्रेम का आनंद 'देने' में है और अगर सामने से प्रेम मिले तो भी उस प्रेम को शिव और शक्ति के बीच का सनातम प्रेम मानकर ही जीना चाहिए, जिससे वह कोई बंधन, अहंकार या डर ना बन जाए। इसे ही कहेते है प्रेमयोग।

ठीक है। संगीत, मित्रता, अभिनय और नृत्य के मार्ग से प्रेम को व्यक्त करते हुए प्रेमी के आत्मा से एक होने का और मोक्ष पाने का मार्ग तो पिछले अध्याय में जान लिया। पर विवाह के बाद पति या पत्नी के साथ असंतृप्तता के चलते अन्य व्यक्ति से होनेवाले प्रेम को कैसे निभाया जाए? एक जवाब तो स्पष्ट हो गया है कि वह मार्ग संभोग नहीं है। संभोग दो व्यक्तियों के प्राणों को बांध देता है। वह दो व्यक्तियों की जागरूक ऊर्जा के बीच नीचे के चक्रों पर ही समाधि बन जाती है। वे दोनों एकदूसरे के शरीर को अपनी मालिकी मान बैठते है, एकदूसरे को अपने अहंकार का हिस्सा बना लेते है। उनके लिए सामनेवाला व्यक्ति उसके शरीर और उसकी जागरूक ऊर्जा के मिश्रण से ज्यादा कुछ नहीं होता, जो अब

उनके आपने जागरूक मन में समा चुके है। इसलिए, संभोग की वजह से वह नीचे के चक्रों पर बनी समाधि उपर के चक्रों पर उठ नहीं पाती और दो व्यक्ति एक दूसरे के शरीर और प्राण से आगे एकदूसरे के आत्मा को अनुभव नहीं कर पाते। जब आत्मा का अनुभव ही नहीं है, तो आत्मा एकदूसरे की ओर बहेंगी कैसे? प्रेम कैसे होगा?

इस प्रकार, संभोग प्रेम को नष्ट कर देता है। यह कुछ ऐसा है कि आपको कोई सुंदर फूल आकर्षित कर रहा है और आप उस आकर्षण से अपने आप को कमजोर महसूस करते है। इसलिए, आप वहाँ जाकर उस फूल को तोड़कर उसे पैरों तले कुचल देते है। बस, प्रेम होने पर संभोग के लिए दौड़ पड़ने वाला इंसान इसी तरह प्रेम को बारबार संभोग के तले कुचल देता है। विवाह के बाहर अन्य व्यक्ति से होने वाले संभोग में दूसरा नुकसान यह है कि उससे व्यक्ति के प्राण में उस अन्य व्यक्ति का प्राण भी समाधि पा लेता है, जहाँ पहले से ही उस व्यक्ति के जीवनसाथी का प्राण समाधिस्थ होता है। उससे उस व्यक्ति के जागरूक मन में दो व्यक्तियों की जागरूक ऊर्जा आपस में टकराव करती है। वह पात्रों की की जागरूक ऊर्जा अब उसका अपना हिस्सा है, पर उन दों जीवनसाथियों की जागरूक ऊर्जाओं में आपस में समर्पण नहीं है, एकत्व नहीं है। इसलिए एक से ज़्यादा शारीरिक संबंध के चलते विरोधी लिंग के सारे व्यक्तियों की जागरूक ऊर्जा के रिकोर्ड मूल व्यक्ति के जागरूक मन में घमासान मचाते है। नए व्यक्तियों की जागरूक ऊर्जा उसके प्राण में बनी पुराने साथियों की जागरूक ऊर्जा की समाधि तोड़ देती है। और समाधि तोड़ने का मतलब है ब्रह्म के जो टुकड़े जुड़ गए हैं, उन्हें अलग करना। यह तो सृष्टि की गति और इच्छा से विपरीत कार्य है। ऐसे लोग क्षणिक मिलनेवाले इंद्रियग्रस्थ आनंद में ही उलजकर रह जाते है और अपनी मानसिक शांति हमेशा के लिए खो देते है। वह उलज के रह जाते है की असल में वह किसे प्रेम करते है और किसे नहीं? या वह किसी से प्रेम करते भी है या नहीं? वह समझ जाते है की वे बस एक से ज़्यादा जगह पर शरीर सुख पा रहे है, प्रेम तो कहीं पर भी बचा नहीं है। क्योंकि सभी जगह पर संभोग करके उन्होंने प्रेम को नष्ट कर दिया होता है और

अब उनके भीतर किसी भी एक इंसान की समाधि जीवंत नहीं होती। एक वक्त में एक से ज़्यादा शारीरिक संबंध रखनेवाले उन सभी मुक्त सेक्स के आग्रहियों का जीवन यही है, यह आप निश्चित जानिए।

तो जीवनसाथी की समाधि ना टूटे उस तरह विवाह के बाहर प्रेम को कैसे निभाएँ? जवाब वही है, मित्रता और संगीत। कृष्ण के जीवन के दों दिव्य रिश्ते इसका उदाहरण है। कृष्ण और राधा का संगीतमय रिश्ता और कृष्ण और द्रौपदी का मित्रतामय रिश्ता। आपका जीवनसाथी आपकी समाधि है, आपका आधार है। आपके अस्तित्व का केन्द्र है, क्योंकि उसकी जागरूक ऊर्जा और आपकी जागरूक ऊर्जा आप ही के भीतर एक बनी हुई है, समाधि में है। वह आपसे छीन गया तो आपका आधार हिल जाएगा। लेकिन साथ ही आपको जिससे प्रेम है, वह आपके प्रेम का केन्द्र है। वह आपके प्रेम का स्रोत है, आप दुनिया में किसी को भी प्रेम देंगे तो उस व्यक्ति के प्रति प्रेम में से ही उत्पन्न होकर वह आगे बढ़ेगा। अगर आपके प्रेम का केन्द्र उपस्थित होगा तो आप आपके जीवन साथी को भी सच्चे प्रेम से मिलने लगेंगे। आपके प्रेम का केंद्र आपके जीवनसाथी के साथ आपकी समाधि में भी प्रेम की एक हल्की सी चेतना ला देगा। इस प्रकार वह प्रेम ही आपका आनंद बन जाएगा। जीवन के आधार और आनंद को साथ में बरकरार रखना ही कृष्ण तत्व है। यही सत्य की चेतना है। और यही है कृष्ण का महारास।

महारास में राधा कृष्ण के साथ मध्य में है और चारों तरफ गोपियाँ हैं। राधा कृष्ण के प्रेम का केन्द्र हैं। चारों ओर घूमती रहती गोपियों तक कृष्ण का प्रेम कृष्ण के राधा के प्रति प्रेम में से ही पहुंचता है। इसीलिए हर गोपी को अपनी अपनी जागरूक ऊर्जा (प्राण) जितना कृष्ण प्रेमी के रूप में मिल जाता है। अगर केन्द्र में से राधा को हटा लें, तो कृष्ण की गोपियों को प्रेम देने की शक्ति क्षीण हो जाएगी। इस तरह अगर संभोग के कार्य द्वारा या अन्य किसी सामाजिक कारणवश अगर व्यक्ति का प्रेम का केन्द्र खत्म हो गया, तो वह अपने जीवन साथी से प्रेम दिखाने का नाटक और पाखंड करने लगता है। मानव समाज को इसी समस्या ने घिरा हुआ है।

मानव समाज ने विवाह करके अस्तित्व के केन्द्र तो खड़े कर लिए, लेकिन विवाह को प्रेम का अंतिम स्टेशन बनाकर प्रेम के केन्द्र बनने के कार्य को रोक दिया। इसीलिए, प्रेम के लिए तड़पते मानवों ने दुनिया को असंतुलित कर दिया। स्त्रियों की दशा घरसंसार के कार्यों के लिए रखे गए गुलामों जैसी हो गई और पुरुष प्रेम के अभाव में स्वयं को तृप्त करने के लिए भोगविलास, प्रतिष्ठा और सत्ता के पीछे पागल जानवर की तरह भागने लगे। दुनिया की सभी मुसीबतें - प्रकृति का शोषण, प्रदूषण, क्लायमेट चेन्ज, बेरोजगारी, गरीबी, बेकारी, भ्रष्टाचार, धार्मिक कट्टरवाद, आतंकवाद, वैश्विक मुद्दे, धर्मयुद्ध, तनाव, रोग, अपराध यह सब वास्तव में इसलिए उत्पन्न हुई, क्योंकि मनुष्य अपने प्रेम के केंद्र में स्थिर नहीं रह सका। और जैसे यह सभी दूषण मानव समाज को शांत न कर पाएँ हो, इस तरह यह समाज अब बलात्कार और व्यभिचार को अपने भीतर बेकाबू बना चुका है। अगर जल्द से जल्द हमने मानव समाज में प्रेम के केन्द्रों को उनकी जगह और स्वीकृति ना दी, तो मानव समाज की स्थिरता ही नहीं बल्कि उसका अस्तित्व भी जोखिम में आ जाएगा।

और इसके लिए समाज की मानसिकता में जो सबसे बड़ा परिवर्तन लाना है, वह यह है कि मनुष्य प्रेम की कबूलात को सहज रूप से लेना सिख ले। जो ईंसान किसी मनुष्य के प्रति अहसास होने वाले अपने प्रेम को उस मनुष्य के सामने स्वीकार कर लेता है, वह ईश्वर का कार्य कर रहा है। वह ब्रह्म के उस टुकड़े के दूसरे टुकड़े की ओर बहने की इच्छा को प्रगट कर रहा है। कोई भी स्त्री या पुरुष जो इस तरह अपने प्रेम की कबूलात करने की सहजता दिखाते है, उन्हें पूरा समाज सम्मान से देखे यह इच्छनीय है। इसी तरह समाज के कानूनों से होने वाला प्रेम का दमन हटेगा और मानव समाज में प्रेम मुक्त रूप से बह सकेगा। जब मानव के जीवन में प्रेम का आनंद मुक्त रूप से बहने लगेगा, तभी प्रेम मिलने के अभाव में मनुष्य द्वारा इस धरती पर खड़ी की गई समस्याएँ सुलझेगी। विश्व की समस्याओं का निराकंरण करने के लिए हम मनुष्य को सादगी, धर्म, अध्यात्म, इंद्रिय दमन और नैतिकता के मार्ग पर मोड़ना चाहते है, लेकिन बदले में उसे कुछ देना नहीं चाहते। बदले में मनुष्य को देना है

प्रेम को मुक्त रूप से व्यक्त करता और निभाता हुआ समाज। प्रेम सृष्टि का श्वास है। प्रेम का आनंद ही अस्तित्व के सबसे उच्च आनंद का मार्ग है। प्रेम का दमन ही सत्य का दमन है और यही हमारी समस्याओं का कारण है।

लेकिन प्रेम को मुक्त रूप से बहने देने के साथ दूसरी एक मुख्य बात का ध्यान यह रखना है कि वह मुक्त रूप से बहते प्रेम की अभिव्यक्ति मित्रता और संगीत के मार्ग से ही हो, ना कि शारीरिक संभोग के मार्ग से। क्योंकि मानव इतिहास में संभोग ने ही प्रेम को खतम किया है, पर हम इस बात को समझ नहीं पाए। और इस वजह से प्रेम के नष्ट होने से मानव समाज में जो बुराइयाँ आइ, वह हमने प्रेम के वजह से आइ हुई मान लिया। क्योंकि हम संभोग को ही प्रेम की अभिव्यक्ति का एकमात्र मार्ग समझते थे। हमने प्रेम होना, प्रेम करना और प्रेम पाना इन सब बातों का एक ही अर्थ निकाल दिया, 'किसी का शरीर प्राप्त करके उसके साथ संभोग की इच्छा करना।' हम संभोग के दुष्प्रभावों को जानने थे। इसलिए समाज को मुक्त संभोग की राह पर भटकने से बचाने के लिए हमने ऐसे नियम बना दिए जिनसे प्रेम का भी दमन हो गया। असल में ज़रूरत है समाज को मुक्त सेक्स की राह से बचाने की और मुक्त प्रेम की राह पर मोड़ने की।

हमें एक ऐसा समाज बनाना है, जो संभोग को सिर्फ़ संतति उत्पन्न करने के लिए ज़रूरी एक क्षणिक क्रियाकांड मानता हो और संगीत और मित्रता को प्रेम व्यक्त करने का एकमात्र सही मार्ग। मुक्त प्रेम के सिद्धांत से चलता हुआ एक ऐसा समाज जहां हर कोई - हर किसिसे प्रेम कर सकता है, पर उस प्रेम को निभाने और जीने का मार्ग है संगीत और मित्रता। बस, जब कृष्ण ने वृंदावन में महारास को जिया, तब उन्होंने मानव समाज को इसी मुक्त प्रेम के मार्ग की ओर जाने की राह दिखाई थी। मुक्त सेक्स इंद्रियग्रथ, चरित्रहीन कमजोर लोगों का मार्ग है। मुक्त प्रेम दिव्य, पवित्र और शक्तिशाली मानवों का मार्ग है। यह फ़र्क़ अब हमें जान लेना चाहिए और इस महत्वपूर्ण बदलाव के लिए मानव समाज को तैयार करना चाहिए।

पति-पत्नी की भक्ति:

अब, प्रेम को अभिव्यक्त करने के लिए संगीत और मित्रता की बात तो ठीक है, मगर जीवसृष्टि को कार्यरत रखने के लिए प्रजनन की आवश्यकता भी तो है। और प्रजनन के लिए संभोग के सिवाय कोई रास्ता नहीं है। तो मुक्त प्रेम के समाज में या कृष्ण के महारास की व्यवस्था में पति-पत्नी के सम्बंध का क्या स्थान है? क्या पत्नी अलग और प्रेमीका अलग यही संसार की सच्चाई है? नहीं, बिल्कुल नहीं। प्रेमीका ही पत्नी बने, यही श्रेष्ठ है। लेकिन अगर प्रेमीका को प्राप्त करने के लिए सीधा उसके शरीर को ही संभोग के लिए इस्तेमाल करने लगे, तो कुछ ही वर्षों में वही प्रेमीका आपको एक चमड़े का पदार्थ लगने लगेगी और उसमें से प्रेम चला जाएगा। तिरस्कार शुरू हो जाएगा। प्रेमीका पत्नी बन जाए, फिर भी प्रेम की अभिव्यक्ति के लिए तो संगीत और मित्रता ही श्रेष्ठ है। बस प्रजनन के लिए ही संभोग की जरूरत है। अगर पत्नी के साथ संभोग करने से पहले आप उसके साथ संगीत, अभिनय और मित्रता के माध्यम से प्रेम अभिव्यक्त करते होंगे और आपके प्रथम चार चक्र उनकी समग्र ऊर्जा के साथ तटस्थ बनकर कंपन कर रहे होंगे, तो संभोग को आप एक कार्य के तौर पर करके उससे आगे निकल जाएंगे। आप उससे बारबार ललचाएंगे नहीं, वह आपका व्यसन नहीं बनेगा। वह आपके प्रेमी को पाने की कोशिश में एक मजबूरी नहीं बनेगा। क्योंकि आप दूसरे माध्यम से आपकी प्रेमीका से ज़्यादा गहराई में एक हो रहे होंगे।

इस तरह आपके पास आपकी पत्नी के समक्ष प्रेम व्यक्त करने के लिए संभोग से श्रेष्ठ माध्यम पहले से ही होगा, जो आपको आपके जीवनसाथी से शरीर के तीन परिमाणों से आगे एक कर चुका होगा। फिर, आप जैसे हवन में बैठते हैं, यज्ञ में बैठते हैं, वैसे ही संभोग को एक क्रियाकाण्ड के तौर पर श्रेष्ठ तरीके से करके उससे आगे निकल जाएंगे। जैसे विवाह की वेदी में क्रियाकाण्ड के तौर पर आप अपनी होने वाली पत्नी के साथ फेरे लेते हैं, विभिन्न विधियाँ करते हैं, मंत्र सुनते हैं, लेकिन यह सब आपको रोजाना करना नहीं होता, क्योंकि आपका जोड़ वह

क्रियाकाण्ड नहीं है, आपका जुड़ाव आपका प्रेम है। बिल्कुल इसी तरह संभोग भी एक निश्चित उद्देश्य के लिए क्रियाकाण्ड है। वह प्रेम को व्यक्त करने का मूल मार्ग नहीं है। प्रेम का मूल मार्ग संगीत और मित्रता है ।

लेकिन जिन स्त्री-पुरुष को विवाह से पूर्व प्रेम अभिव्यक्त करने का अवसर नहीं मिला और जो विवाह के बाद भी संगीत और मित्रता के स्थान पर पहली रात से ही सीधे संभोग में रत हो गए हैं, उनके लिए संभोग एक व्यसन बन जाता है। ऐसे लोगों के लिए फिर राधाकृष्ण की तरह संगीत द्वारा एक के बाद एक चक्रों को संतृप्त कर आगे बढ़ना संभव नहीं होता, क्योंकि उनके प्राण नीचे के चक्रों की स्थिति पर ही एक हो जाते हैं। इससे पति-पत्नी में से जिसकी जागरूक ऊर्जा कम है, वह ज्यादा जागरूक ऊर्जा वाले पात्र से संतृप्त हो जाते हैं। उन्हें अपने जीवन साथी के साथ समाधि में ही शांति मिल जाती है, वह अपने जीवन साथी के प्रति समर्पित बनते हैं, लेकिन पति-पत्नी में जिसकी जागरूक ऊर्जा ज्यादा है, उसे अन्य स्थान पर भी प्रेम होता है। उसे उसके जीवन साथी के साथ समाधि से सम्पूर्ण संतृप्तता नहीं मिलती। इसलिए ऐसे लोगों को विवाह के बाहर जहाँ भी प्रेम हो, वहां शारीरिक संबंध से दूर रहकर मित्रता और संगीत के मार्ग पर प्रेम का केन्द्र स्थापित करना चाहिए।

इस प्रकार उसकी शेष बची अतृप्त जागरूक ऊर्जा प्रेम के मार्ग से एक और आत्मा से समाधि में बंधती है। इस तरह उसका प्राण प्रेम के आनंद से युक्त बनता हैं। अब वह अपने जीवन साथी के साथ प्राणों की समाधि में भी सच्चे प्रेम की चेतना से स्थिर रहता हैं। अगर उसके प्रेम का केन्द्र नहीं होगा तो वह उसके जीवन साथी की समाधि को प्रेम के आनंद से नहीं भर सकेगा। वह उसकी शेष अतृप्त जागरूक ऊर्जा को भौतिक सुख और सांसारिक सत्ता प्राप्त करने में लगाकर क्षणिक शांति प्राप्त करने या व्यस्त रहने की कोशिश करेगा, जैसे संसार के ज्यादातर मनुष्य करते है। इस तरह वह संसार में एकदूसरे को पीछे छोड़ देने की उस अर्थहीन स्पर्धा में प्रवेश करता है, जिसने युगों युगों से किसी भी मनुष्य के जीवन को सार्थकता नहीं दी। हाँ, मनुष्यों की उसी आपसी स्पर्धा ने संसार

में अत्याचार, हिंसा, शोषण, ग़रीबी, भूखमरी, प्रदूषण और कलायमेंट चेंज जैसी समस्या को जन्म ज़रूर दिया है।

पर अगर मनुष्य अपनी शेष अतृप्त प्राण ऊर्जा से संगीत और मित्रता के मार्ग पर प्रेम का केंद्र स्थापित करता है, तो संसार में लोग स्पर्धा से बंटने के स्थान पर प्रेम से जुड़ना शुरू होते है। क्योंकि उसने जिसको अपना प्रेम का केंद्र बनाया है, हो सकता है वह भी शरीर से किसी और की प्राण समाधि में हो। इस तरह इंसानो का आपस में प्रेम के माध्यम से जुड़ा आत्माओं का एक पूरा समूह बनता है। समाज ऐसे अनेक प्रेमी समूहों से भरता है जहां मुक्त प्रेम है और उस प्रेम की अभिव्यक्ति राधा-कृष्ण की तरह संगीत के मार्ग से और कृष्ण-द्रौपदी की तरह मित्रता के मार्ग से हो रही है। ऐसे समूहों में पति-पत्नी में से जिसकी जागरूक ऊर्जा कम हो, उनकी आत्मा शरीर छोड़ने पर ज्यादा जागरूक ऊर्जा वाले जीवनसाथी की आत्मा में मिल जाती है। इस तरह काम जागरूक ऊर्जा वाली आत्माओं का मोक्ष ज्यादा जागरूक ऊर्जावाले उनके जीवन साथी की आत्मा में ही हो जाता है और उनके जीवनसाथी की वह संयुक्त आत्मा ज्यादा विकसित होकर आगे यात्रा करती है। और अब इस संयुक्त आत्मा का अगला मिलन उस प्रेम के केंद्र रूपी आत्मा के साथ होता है। इस प्रकार सामान्य जागरूक बुद्धि वाली आत्माएँ शरीर के माध्यम से प्राण समाधि लेकर या मित्रता और संगीत के मार्ग से प्रेम समाधि पाकर एक दूसरे में मोक्ष प्राप्त करती हैं और नयी परिणामी आत्मा को ज्यादा विकसित बनाती जाती है। इस तरह आत्माएँ प्रेम मार्ग से तब तक विकसित होती जाती है, जब तक वे विष्णुत्व धारण नहीं कर लेती। महारास की यह पूरी व्यवस्था मनुष्य रूपी ब्रह्म के टुकड़ों को आपस में जोड़कर उन्हें अपने लक्ष्य तक पहुँचाने के कार्य में ग़ज़ब की तेज़ी लाती है, और साथ ही मानव समाज को व्याभिचार, बलात्कार और बाक़ी सारे दूषणों से दूर करके प्रेम के आनंद से भर देती है। यही व्यवस्था मानव सभ्यता का अगला ज़रूरी भविष्य है।

अध्याय – ३८

महाप्रलय
अनेक ब्रह्मांडों का विलय

आत्मसाक्षात्कारों से मैंने जिन सत्यों को जाना है, वह अब तक हर मोड़ पर प्राचीन समय में लिखे गए उपनिषदों के समांतर रहे हैं। लेकिन सृष्टि तथा ब्रह्मांड का आकार और मनुष्य के मोक्ष का मतलब उसके आत्मा का एक पिंड बनकर सृष्टि के केंद्र में मिल जाना है - यह बात एवं मनुष्य के मोक्ष की इस घटना से ब्रह्म के लक्ष्य में क्या मदद मिलती है, इस सवाल पर का मेरा दर्शन मुझे उपनिषदों में नहीं मिला। मैं मानता हूं कि सदियों की गुलामी में विदेशी आक्रांताओं ने समय-समय पर भारत की जिन हजारों आध्यात्मिक पुस्तकों और विद्यालयों को नष्ट कर दिया, उसके साथ शायद उपनिषदों के वह हिस्से भी नष्ट हो गए होंगे। इसके बावजूद, ब्रह्माकुमारी पंथ में कही जानेवाली यह बात कि मनुष्य का मोक्ष होने पर उसकी आत्मा ब्रह्मांड के किसी दूर स्थल पर मौजूद परमधाम में जाती है, वह परमधाम जहां सृष्टि को चलाने वाले मूल ईश्वर 'शिव' बैठे हैं - यह बात मेरे द्वारा देखे गए सत्य से कुछ अंशों तक मिलती झुलती है। इसलिए अब हम इस यात्रा के उस अंतिम पड़ाव पर आ पहुंचे हैं, जहां हम जान लेंगे कि वह परमधाम कहां पर है और मोक्ष के बाद मनुष्य की आत्मा वहा जाने से ब्रह्मांड और सृष्टि पर क्या प्रभाव पड़ता है?

हमने जाना कि शिव स्थिति धारण किए हुए मनुष्य की आत्मा सातवें परिमाण के शिखर पर एकत्व प्राप्त कर ब्रह्मरंध्र छिद्र छेदकर सातवें चक्र में आ पहुँचती है। और मनुष्य का यह सातवाँ चक्र और कुछ नहीं,

सृष्टि का केंद्र ऐसी वह छोटी सी तटस्थ ऊर्जा की गेंद है। सृष्टि का यह केंद्र ही वह परमधाम है जिसका उल्लेख ब्रह्माकुमारी पंथ में किया जाता है। सातवें परिमाण के शिखर पर अंतिम एकत्व धारण करते मनुष्य की उस मोक्ष प्राप्त आत्मा को हमने 'मोक्ष पिंड' कहा। यह मोक्ष पिंड बड़े भंडारवाली और ऊँचे घनत्व वाली तटस्थ और ऊर्जा की एक बिन्दवत गेंद है, लेकिन वह संपूर्णतया अद्वैत स्थिति में नहीं है। क्योंकि सृष्टि की संपूर्ण अद्वैत स्थिति तो सृष्टि की समग्र ऊर्जा के एक होने से बनते ज्योतिर्पिंड में ही आती है। इसलिए मनुष्य के मोक्ष के बाद उसकी आत्मा की ऊर्जा जो एकत्व धारण करती है, उसे हम मोक्ष पिंड कहते हैं।

आकृति ३८.१ को हमने प्रकरण २५ में भी देखा। वहां हमने जाना था कि मनुष्य शरीर में इतनी सारी भरपूर ऊर्जा, इतने उच्च संकुचन के साथ इकट्ठी हुई है, कि मनुष्य के छठे परिमाण की ऊर्जा-घनता वह जिस ब्रह्मांड में उत्पन्न हुआ है उसके केंद्र जितनी और सातवें चक्र की ऊर्जा-घनता महाविष्णु के केंद्र की ऊर्जा-घनता जितनी बन चुकी है। इस प्रकार जब मनुष्य छठे चक्र पर जागरूक और अर्धजागरूक मन के मिलन से आत्मन का पहला आत्मसाक्षात्कार करता है, तब उसकी ऊर्जा वह जिस ब्रह्मांड में बना है, उसके केन्द्र के समकक्ष बन जाती है। क्योंकि ब्रह्मांड भी तीन परिमाणों में बने गेंद जैसे ब्रह्मा में से ही उत्पन्न हुए है।

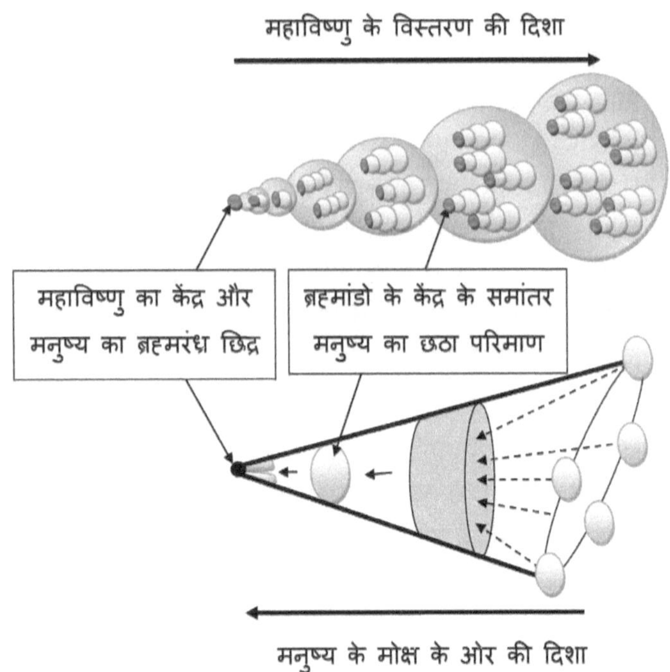

आकृति ३८.१ मनुष्य का मोक्ष - सृष्टि के विस्तरण से एकमात्र विरुद्ध गति

इसलिए जब मनुष्य अपने भीतर की तीस प्रतिशत ऊर्जा से एक हो जाता है, तब वह अपने ब्रह्मांड की उत्पत्ति से पहले बने ब्रह्मा की ऊर्जा-घनता की स्थिति पर आ जाता है।

इस आत्मन स्थिति पर अगर आत्मा शरीर छोड़ दे, तो नया शरीर धारण करने से पूर्व वह अपना वास ब्रह्मांड के केंद्र में करती है। इसलिए ही तो ब्रह्मांडों के केंद्रो से बने लोक को सतलोक कहा गया है, जहां सिर्फ अवतारी आत्माएं ही निवास करती हैं। ऐसी आत्मन स्थिति की आत्मा जब ३० प्रतिशत जागरूक और ७० प्रतिशत सुषुप्त मन को एक कर समग्र ब्रह्म के साथ एकाकार हो जाती है, तो उसे ब्राह्मन कहते हैं। इस ब्राह्मन स्थिति में उस मनुष्य की पहुंच महाविष्णु के समग्र स्वरूप तक पहुंच

जाती है। अब उसकी पहोंच समग्र महाविष्णु के तमाम ब्रह्मांडों की ऊर्जा तक होती है, समग्र सृष्टि के ब्रह्म तक। इस ब्राह्मन स्थिति के मनुष्य की ऊर्जा उसके पहले छह चक्रों में एक लय में आती है, तब वह महाविष्णु बनकर सृष्टि के सामने प्रस्तुत होता है। ऐसी विष्णु स्थिति की आत्मा अगर मोक्ष प्राप्त किए बगैर शरीर छोड़े तो उसकी आत्मा नया शरीर धारण करने से पहले महाविष्णु के मध्य भाग से पीछे के गुब्बारों में बने ब्रह्मांडो के केन्द्र में बसती है। और अगर वह विष्णु शिव स्थिति धारण करके शरीर छोड़े तो वह नया शरीर धारण करने से पूर्व महाविष्णु के केन्द्र के नजदीक के ब्रह्मांडों के केन्द्र में रुकती है। लेकिन जब शिव स्थिति से भक्ति मार्ग पर आगे बढ़कर मनुष्य की आत्मा सातवें परिमाण के शिखर पर मोक्ष पिंड बनती है, तब वह मोक्ष पिंड महाविष्णु के केन्द्र की ऊर्जा के समकक्ष होता है। इसलिए मोक्ष-पिंड शरीर के ब्रह्मरंध्र छिद्र को छेदकर सीधे महाविष्णु के केन्द्र में जाकर मिल जाता है। इस प्रकार महाविष्णु का केन्द्र ही वह परमधाम है जहां ब्रह्माकुमारी संप्रदाय के शिव रहते हैं। हम भी सृष्टि के केंद्रों में इकट्ठे होने वाले मनुष्यों के ऐसे मोक्ष पिंड के समूह को 'मोक्ष प्राप्त शिव' कह सकते हैं, क्योंकि मनुष्य की शिव स्थिति में से ही विभागो का मिलन होकर मोक्ष पिंड बनता है। इस प्रकार परमधाम में आनेवाला मोक्ष पिंड हमेशा एक शिव का 'मोक्ष पिंड' होता है। अर्थात् शिव बने मनुष्य मोक्ष पिंड के स्वरूप में वहां बसते हैं।

इस प्रकार, मनुष्य किसी एक ब्रह्मांड में सृजित हुआ है फिर भी, उसके भीतर इतनी सारी ऊर्जा को इतने उच्च घनत्व के साथ दबाया गया है कि उसके मस्तिष्क की ऊर्जा-घनता सृष्टि के सारे ब्रह्मांडो की ऊर्जा को और आगे चलकर सृष्टि के केंद्र की ऊर्जा-घनता को समा लेती है। यही कारण है कि मनुष्य किसी एक ब्रह्मांड में जन्मा होने के बावजूद ब्राह्मन स्थिति की ओर जाते समय उस ब्रह्मांड के बाहर मौजूद असंख्य ब्रह्मांडों की उत्पत्ति की समझ अपने मस्तिष्क में प्राप्त करता जाता है। यही कारण है कि जब मैंने इस पुस्तक की प्रथम अंग्रेजी आवृत्ति लिखी थी तब में अनेक ब्रह्मांडों की बात जानता नहीं था। मैंने इसलिए एक ही ब्रह्मांड की चक्राकार गति की बात की थी और गलती से एक ही ब्रह्मांड

के अनेक गुब्बारों को अनेक ब्रह्मांड कह दिया था। लेकिन उसके बाद के दो वर्ष में जब मैं उसी ग्रंथ का गुजराती अनुवाद लिखने लगा, तब लिखते-लिखते मैं महाविष्णु के उन अनेक ब्रह्मांड उत्पन्न करते स्वरूपों को भी अपने मस्तिष्क में देख पाया। इस वजह से गुजराती अनुवाद मूल अंग्रेज़ी ग्रंथ से ज़्यादा सही और संपूर्ण बना। इसीलिए उसी गुजराती ग्रंथ को यहाँ हिंदी में अनुवादित किया गया, और उसे अंग्रेज़ी में अनुवादित करके मूल अंग्रेज़ी ग्रंथ की दूसरी आवृत्ति जारी की गई।

तो, मनुष्य शरीर कुछ इस तरह एक जीवंत ब्लैकहॉल की तरह काम करता है। यह एक ऐसा ब्लैकहॉल है, जिसकी क्षितिज (इवेंट होरिज़ोन) वह जिस ब्रह्मांड के जिस गुब्बारे में बना है, वहां है। जबकि उसका केन्द्र (सिंग्युलैरिटी) महाविष्णु के केन्द्र के साथ मिला हुआ है। इसलिए मनुष्य शरीर का यह जीवंत ब्लैकहॉल लगातार अपनी ऊर्जा को अपने क्षितिज से अपने केन्द्र की और खींचता रहता है। इस खिंचाव से जब उसकी समग्र ऊर्जा छठे चक्र में आत्मन स्थिति प्राप्त करती है, तब वह जिस ब्रह्मांड में उत्पन्न हुआ है, उसके केंद्र के साथ एकाकार हो जाती है। और यहां से वह जब विष्णु और शिव स्थिति में आकर भक्ति द्वारा मोक्ष पिंड के स्वरूप में एकत्व पाती है, तब वह मोक्ष-पिंड महाविष्णु के केन्द्र में जाकर स्थायी हो जाता है।

मनुष्य का मोक्ष पिंड महाविष्णु के केन्द्र में मिलते ही महाविष्णु का केन्द्र मनुष्य रूपी एक ब्लैकहॉल का केन्द्र बनता है। जैसे किसी तारे से बने ब्लैकहॉल में तारे का महत्तम संकुचित द्रव्यमान उसके आसपास के काल को अपने आसपास मोड़कर ब्लैक हॉल का केन्द्र बनता है और आसपास के क्षेत्र को क्षितिज या इवेंट हॉरीजन बनाता है, वैसे ही महाविष्णु के केन्द्र में जाकर मिला हुआ मनुष्य का मोक्ष पिंड भी मनुष्य जिस ब्रह्मांड में जहां उत्पन्न हुआ था, उस स्थान की ऊर्जा को महाविष्णु के केन्द्र तक मोड़ता है। इस प्रकार मनुष्य जहां उत्पन्न हुआ था, उस स्थान पर अब मनुष्य के ब्लैकहॉल (मोक्ष पिंड) की इवेंट होरीजन या क्षितिज बनती है। इस क्षितिज के भीतर की समग्र ऊर्जा ब्रह्मांड के सभी गुब्बारों और केंद्रों को पार कर सीधी महाविष्णु के केन्द्र तक खिंची रहती है।

इस प्रकार ब्रह्मांड के किसी भी गुब्बारे में मौजूद मनुष्य का मोक्ष पिंड़ बनने से आकृति ३८.२ में दर्शाए अनुसार उस गुब्बारे के बाद के उस ब्रह्मांड के तमाम गुब्बारों की ऊर्जा महाविष्णु के केन्द्र की ओर खिंची रहती है। लेकिन इस रचना में महाविष्णु के केन्द्र से पूर्व की संगठित स्थिति ब्रह्मांड के केन्द्र की आने के कारण ब्रह्मांड की समग्र ऊर्जा पहले उसके केन्द्र की ओर खिंची रहती है और ब्रह्मांड के केन्द्र की ऊर्जा आगे महाविष्णु के केन्द्र की तरफ खिंची हुई रहती है।

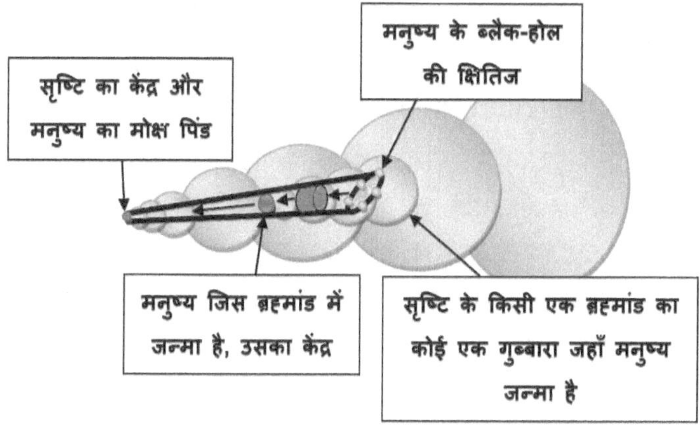

आकृति ३८.२ मनुष्य का मोक्ष और ब्रह्मांड का संकोचन

इस प्रकार जैसे जैसे एक ब्रह्मांड के प्रत्येक गुब्बारे में मौजूद चौदह लोक के ज्यादा से ज्यादा मनुष्य मोक्ष-पिंड बनते जाते है, वैसे वैसे ब्रह्मांड के सभी स्थानों से ऊर्जा सीधी ब्रह्मांड के और महाविष्णु के केन्द्र तक खिंची हुई बनती जाती है। इस कारण ब्रह्मांड का विस्तरण धीमा पड़ता है। और अधिक मोक्ष-पिंड महाविष्णु के केन्द्र में मिलने पर एक समय के बाद ब्रह्मांड का महाविष्णु के केन्द्र की ओर संकुचन शुरू हो जाता है। इस कारण ब्रह्मांड के प्रत्येक गुब्बारे में अपाकर्षण रेखाओं के रूप में फैला हुआ काल अब संकुचित होने लगता है। काल के रूप में मौजूद अपाकर्षण रेखाओं के संकुचित होने की घटना को 'समय का विपरीत दिशा में बहना' कहते हैं। ब्रह्मांड का या काल का संकुचन शुरू होते ही

ब्रह्मांड में अलग अलग ग्रहों पर विकसित जीव सृष्टि अब नष्ट होने लगती है, क्योंकि वह जिवसृष्टि ब्रह्मांड के विस्तरण के साथ नए कण बनने और उनके आपस में जुड़ने से बनी थी। ब्रह्मांड और काल का संकोचन होने से कणों के बीच बने वहीं बांध टूटने लगते है। पहले परमाणु दूसरे परमाणु से अलग होकर संयोजनों को तोड़ देते है। फिर अणु दूसरे अणु से अलग होकर परमाणुओं को तोड़ देते है, और फिर कवार्क दूसरे कवार्क से अलग होकर प्रोटॉन और न्यूट्रोन को तोड़ देते है। फिर से अब ब्रह्मांडो में सिर्फ़ इलेक्ट्रोन, पॉज़िट्रॉन और कवार्क और एंटी-कवार्क ही रह जाते है। समय की दिशा उलटी चलने लगती है। फिर से वही समय आता है जब ब्रह्मांडो में पदार्थ (मैटर) और प्रति-पदार्थ (ऐंटी-मैटर) के कण ही होते है।

भौतिक विज्ञान में थर्मोडाईनेमिक्स अर्थात् कि उष्मागति विद्या के दूसरे नियम के मुताबिक किसी भी अलग किए हुए तंत्र का असंतुलन समय के साथ बढ़ता जाता है। यह भौतिक पदार्थों से चलने वाले ब्रह्मांड का मुख्य गुणधर्म है। जब तक ब्रह्मांड में भौतिक पदार्थ और मुक्त ऊर्जा ही है, तब तक समय के साथ ब्रह्मांड रूपी तंत्र की अव्यवस्था बढ़ती ही रहेगी। भौतिक पदार्थ और मुक्त ऊर्जा उस अव्यवस्था को रोकने या उसको वापस करने में शक्तिमान नही है। यहाँ श्रीमद भागवतम् कहता है कि इसी कारण ब्रह्म द्वारा सजीवों का निर्माण हुआ, जिससे पदार्थों की लगातार बढ़ती जाती अव्यवस्था को न रोक पाने की मर्यादा से ऊपर उठा जा सके। इसी कोशिश में अंतिम शक्तिशाली उपज मनुष्य था।

आकृति ३८.१ में दर्शाए अनुसार मनुष्य उन भौतिक पदार्थों से अलग एक ऐसा पदार्थ है जिसके भीतर ऊर्जा की गति भौतिक पदार्थों के ब्रह्मांड की विस्तरण की गति से विपरीत दिशा में जाती है। बाहर के भौतिक ब्रह्मांड में ब्रह्म के विस्तरण से असंतुलन बढ़ रहा है। तो मनुष्य के भीतर की ऊर्जा ज्यादा विस्तरण और असंतुलन वाले परिमाणों से एकत्व और तटस्थता वाले सातवें परिमाण के शिखर की ओर खिंच रही है। अनेक जन्मों में होने वाली मनुष्य की आत्मा की यात्रा पहले परिमाण की असंतुलित अवस्था से सातवें परिमाण की अद्वैत स्थिति की संतुलित

अवस्था की ओर होती है। इस प्रकार, समग्र सृष्टि के विस्तरण से विपरीत दिशा में गति रखता हो, ऐसा मनुष्य सृष्टि का एकमात्र पदार्थ है।

इस प्रकार ब्रह्मांड के दूसरे किसी भी गुब्बारे में या बाक़ी सारे ब्रह्मांडो में मौजूद लोक में मनुष्य श्रेणी के सजीव भले दूसरी किसी भी रचना में हो, लेकिन फिर भी वह रचना उसी तरह बनी होगी जो उनकी ऊर्जा को सृष्टि के केन्द्र की ओर गतिमान रखे और अंत में उनकी ऊर्जा को एक पिंड बनाकर महाविष्णु या सृष्टि के केन्द्र में मिला दे। इस प्रकार, वह चाहे जैसे हो, चाहे जो हो, एक बात हमारे और उस प्रत्येक मनुष्य श्रेणी के ब्रह्मांडवासी सजीव के लिए समान होगी कि उसके अस्तित्व का भी अंतिम लक्ष्य मोक्ष ही होगा और वह मोक्ष उनको महाविष्णु के केन्द्र में स्थायी करता होगा। इस प्रकार मोक्ष-पिंड ही वह लक्ष्य है जो पृथ्वी पर के तमाम मनुष्य और ब्रह्मांडो के सारे मनुष्य कक्षा के सजीवों के बीच की अनेक भिन्नताओं के बीच एक सबसे बड़ी समानता है। यही की हमारा लक्ष्य एक है और उसके कुछ गिने चुने निश्चित मार्ग है। यह समान लक्ष्य ही हमें हमारे अनेक भेदभावों से ऊपर उठाकर एक मार्ग में जोड़ने का कार्य करता है।

प्रलयकाल:

जैसे लज्जावती किसी के स्पर्श से उसके मूल की ओर संकुचित हो जाती है, वैसे ही मनुष्यों के अनेक मोक्ष पिंड वह मनुष्य जहां पैदा हुए थे वहाँ से काल को खींचकर सीधे महाविष्णु के केन्द्र तक ले जाते है। यह चारों ओर फैल रहे ब्रह्मांडो के गुब्बारों को सृष्टि के केंद्र की ओर खींचना प्रारंभ करते है। और इससे महाविष्णु के प्रत्येक ब्रह्मांड उनकी अंतिम सीमाओं से महाविष्णु के केन्द्र की ओर संकुचित होना शुरू करते हैं। इस तरह समग्र सृष्टि का संकुचन शुरू होता है। जैसे कि हमने जाना, ब्रह्मांडों का यह संकुचन समय के विपरीत दिशा में बहने की स्थिति है। मतलब, समय उसके उद्‌भव की ओर जाता है। समय उसकी (t=0) समय की स्थिति की ओर जाता है।

आधुनिक विज्ञान कहेता है की हमारा ब्रह्मांड टाईम सिमिट्रि का पालन नहीं करता। टाइम सिमिट्री का अर्थ है समय की दोनों दिशाओं में गति के दौरान ब्रह्मांड के नियमों में समानता। समय चाहे आगे की दिशा में जाए या पिछे की दिशा में जाए, दोनों ही परिस्थिति में अगर ब्रह्मांड के नियम न बदले तो ब्रह्मांड टाईम सिमिट्री का पालन करता है - ऐसा कहा जाता है। लेकिन यह ब्रह्मांड टाईम सिमिट्री का पालन नहीं करता। मतलब, ब्रह्मांड समय के आगे की तरफ बढ़ने से तो वही नियम से चलता है जिन्हें हम जानते है, लेकिन अगर समय को विपरीत दिशा में बहता कर दें, जैसे कि ब्रह्मांड के संकुचन के समय होता है, तो ब्रह्मांड के नियम वह नहीं रहते जो आज हैं। समय को विपरीत दिशा में बहाने से ब्रह्मांड अलग तरह का व्यवहार करता है। समय आगे बढ़े तो ब्रह्मांड का विस्तार होता है और पीछे बहता है तो ब्रह्मांड संकुचित होता है। विस्तरते ब्रह्मांड में जो कण जुड़ते थे, वह कण ब्रह्मांड संकुचित होने से अलग पड़ते है। ऐसा सृष्टि में रचित प्रत्येक ब्रह्मांड में एकसाथ होता है।

महाविष्णु में बने प्रत्येक ब्रह्मांड का यह संकुचन शुरु होते ही महाविष्णु का केन्द्र, जो अब तक सृष्टि के विस्तरण का केन्द्र बना था, वह अब सृष्टि के संकुचन का केन्द्र बनता है। महाविष्णु का प्रत्येक गुब्बारा उसमें बने अनेको ब्रह्मांडों के साथ इस संकुचन के केन्द्र की ओर संकुचित होता जाता है। जैसे जैसे ब्रह्मांड संकुचित होते जाते हैं, वैसे-वैसे आकाशगंगाओं के मध्य में स्थित ब्लैकहॉल भी अपने केन्द्रों की ओर दबते हैं। इससे उनमें मौजूद ऊर्जा विस्फोट के साथ बाहर फैलती है। प्रत्येक ब्रह्मांड की प्रत्येक आकाशगंगा में मौजूद यह ब्लैकहॉल अलग अलग समय फूटते हैं। अलग अलग समय पर फूटने का कारण यह है की ब्रह्मांड के पीछे के गुब्बारों की ऊर्जा आगे के गुब्बारों की ऊर्जा के प्रमाण में ज्यादा ऊर्जा घनता युक्त होती है। इसलिए पीछे के गुब्बारों के ब्लैकहॉल पहले फूटते हैं और आगे के गुब्बारों के ब्लैकहॉल बाद में फूटते हैं। ब्लैकहॉल इस प्रकार फूटने से उनकी ऊर्जा विस्तृत होती है। इसलिए उतने समय तक ब्रह्मांड का संकुचन धीमा पड़ता है, कहीं थोड़ा विस्तरता भी है, लेकिन अब महाविष्णु का केन्द्र मजबूत होने के कारण वह विस्तरण क्षणिक होता है और फिर

ब्रह्मांड महाविष्णु के केन्द्र की ओर संकुचित होने लगता है। इस तरह, ब्रह्मांड जिस गति से विस्तृत हुए थे, उसी गति से संकुचित होते हैं, क्योंकि जैसे विस्तरण के समय आकाशीय पदार्थों का गुरुत्वाकर्षण बल विस्तरण को अवरोधित करता था, वैसे ही संकुचन के समय ब्लैकहॉल के यह विस्फोट संकुचन को अवरोधित करते रहते हैं।

इस प्रकार जैसे-जैसे ब्रह्मांड संकुचित होते जाते हैं, वैसे-वैसे उनके आकाशीय पदार्थो में एक-दूसरे के साथ जुड़े विभिन्न कण अलग होने लगते हैं। पहले परमाणुओं से जुड़े संयोजन टूटते हैं, फिर परमाणु में जुड़े अणु अलग होते हैं। उसके बाद अणुओं में जुड़े प्रोटोन और न्यूट्रोन अलग पड़ते हैं और इसके बाद प्रत्येक प्रोटोन और न्यूट्रोन में जुड़े क्वार्क कण अलग पड़ते हैं। इससे सारे ब्रह्मांड फिर उसी विरोधी प्रकृति वाले शुरुआती सूक्ष्म कणों से भर जाते है। और ज्यादा संकुचन होने पर यह विरोधी कण एक-दूसरे के साथ टकराकर ज्वालाओं और आग के गोलो में बदल जाते हैं। पूरी सृष्टि इन आग की ज्वालाओं से भर जाती है। यही सृष्टि के विलय के समय होने वाले महाप्रलय का भयानक रूप है। कोई विश्वास नहीं कर सकता कि इन ज्वालाओं से भभकते ब्रह्मांडों में कभी कोई ग्रह, तारे और जीवसृष्टि का संसार बना होगा। लगातार महाविष्णु के केन्द्र में से संकुचन का खिंचाव बल लगता है, इसलिए ब्रह्मांडों के संकुचन की यह गति प्रवेगी गति होती है। मतलब, जैसे-जैसे संकुचन आगे बढ़ता है, वैसे -वैसे संकुचन की तेजी और बढ़ती जाती है। जैसे-जैसे संकुचन बढ़ता है, वैसे-वैसे प्रत्येक ब्रह्मांड की असीमित ऊर्जा छोटे से छोटे क्षेत्र में संकुचित होती जाती है। इससे ब्रह्मांडो का तापमान बढ़ता जाता है। इस कारण ब्रह्म की दो विरोधी प्रकृतियां ऊंची संगठित स्थिति पर फिर उत्पन्न होती है। वह ऊर्जा के बहुत बड़े संगठित स्वरूप में आकर ऊंची घनता वाले विरोधी विभाग बनाने लगती है।

इस प्रकार प्रत्येक ब्रह्मांड की ऊर्जा विरोधी प्रकृतियों की जो पहली रचना बनाती है, वह होती है सात परिमाणीय स्टेज -२ की रचना। हां, प्रत्येक ब्रह्मांड फिर से उसके स्टेज २ में आता है, जहां सात परिमाण में विरोधी प्रकृति रखनेवाले दो विरोधी विभाग निर्मित होते है। यहां भी दो

विभागों के बीच आकर्षण और अपाकर्षण रेखाए होती है, लेकिन केन्द्र में लगनेवाले भयानक खिंचाव बल से स्टेज २ के दो विभाग सातों परिमाणों में एक दूसरे से टकराकर ऊर्जा का एक तटस्थ बादल बन जाते है। परंतु महाविष्णु के केन्द्र की ओर खिंचाव जारी रहने से वह बादल लगातार संकुचित होता है। संकुचन के कारण उसकी ऊर्जा उंची घनता धारण करती है और फिर से केंद्र के दबाव से विरोधी प्रकृतियों में बंटे दो विभाग उत्पन्न करती है, जो इस बार दो परिमाण में ही विभाजित होते है। इस प्रकार, प्रत्येक ब्रह्मांड फिर स्टेज १ में आता है। यहां से दोनों परिमाणों में विरोधी विभाग एक-दूसरे से टकराते है ओर ज्यादा उच्च ऊर्जा-घनता वाला एक बादल बनता है। इस समय महाविष्णु या सृष्टि के तमाम गुब्बारे महाविष्णु के केन्द्र की ओर संकुचित हो गए होते है और उन गुब्बारों में ब्रह्मांडों के संकुचित होने से बने असंख्य छोटे पर ऊँचे घनत्व वाले तटस्थ बादल होते है। यहां से उस प्रत्येक ब्रह्मांड का बादल और ज्यादा संकुचित होकर एक परिमाणीय स्थिति में विभाजित होता है, जहां समग्र ब्रह्मांड की ऊर्जा बहिर्गामी और अंतर्गामी प्रकृति के रूप में आमने सामने स्थापित होती है। यह समग्र ब्रह्मांड की ऊर्जा की एक परिमाणीय स्थिति होती है, जो अतिशय क्षणिक होती है। इस स्थिति में उन दो प्रकृतियों के बीच मौजूद अपाकर्षण रेखाए ब्रह्मांड के इतिहास का अंतिम काल होता है। और यहां से उनके बीच आकर्षण बल लगने से बहिर्गामी प्रकृति अंतर्गामी प्रकृति के शून्यावकाश में समा जाती है और फिर दोनों प्रकृतियाँ अपनी-अपनी व्यक्तिगत स्थिति ऊर्जा गँवा देती है। इस वजह से प्रकृतियों के व्यक्तिगत आकार नष्ट हो जाते है और उनसे बनती तटस्थ ऊर्जा की गेंद और संकुचित हो जाती है।

इस प्रकार महाविष्णु के प्रत्येक गुब्बारे में प्रत्येक ब्रह्मांड ऐसी अंतिम तटस्थ गेंद में परिवर्तित हो जाएगा। यह तटस्थ गेंद और कुछ नहीं बल्कि स्पिन (०) स्थिति वाले पहली पीढ़ी का ब्रह्मा है, जो सृष्टि के स्टेज ३ में खंडित क्षेत्रो के बीच सृजित हुए थे। लेकिन इस स्थिति से आगे भी महाविष्णु का केन्द्र उन प्रत्येक ब्रह्माओं को जब अपनी ओर खिंचाव बल लगाता है, तब वह प्रत्येक ब्रह्मा महाविष्णु के केन्द्र की ओर खिंचता

है। इस खिंचाव से गोलाकार संमिति वाले वह ब्रह्मा अपने केन्द्र की ओर दबते है। इस कारण उनकी ऊर्जा-घनता अतिशय बढ़कर उनके केन्द्र में केन्द्रित होती है। और इस स्थिति से महाविष्णु के केन्द्र द्वारा थोड़ा सा भी ज्यादा खिंचाव बल लगने पर वह प्रत्येक ब्रह्माओं का केन्द्र अस्थिर बनता है और प्रत्येक ब्रह्मा फिर से धमाके के साथ एकसाथ टूट पड़ता है। इस प्रकार वह प्रत्येक ब्रह्मा महाविष्णु के केन्द्र के अति नजदीक की दूरी तक खिंचने के बाद विस्फोट के रूप में फूटकर अपने ब्रह्मांड की यात्रा का दूसरा चक्र शुरू कर देता है। फिर ब्रह्मांडो के स्टेज १, २, ३, ४ उत्पन्न होते हैं और सृष्टि का विस्तरण फिर शुरु हो जाता है। महाविष्णु के गुब्बारे फिर से फूलने लग जाते हैं।

लेकिन इस बार के ब्रह्मांडों की ऊर्जा उनके पहले चक्कर के समय उनकी जो ऊर्जा थी, उससे कम होती है। क्योंकि पहले चक्कर के दौरान उनकी ऊर्जा में जितनी ऊर्जा मनुष्यों की आत्मा के रूप में विकसित हुई थी, वह तो मोक्ष पिंड में परिवर्तित होकर महाविष्णु के केन्द्र में मिल चुकी है। वह ऊर्जा अब ब्रह्मांडों में वापस नहीं आने वाली, वह सृष्टि के केंद्र में है। इसलिए ही तो मोक्ष ब्रह्मांडों में जन्मों की यात्रा में से हमेशा के लिए मुक्ति मानी जाती है। मोक्ष-पिंड बनी मनुष्य की आत्मा अब फिर वापस उस ब्रह्मांड के किसी चक्कर में वापस नहीं आती। इसलिए प्रत्येक नये चक्कर के समय महाविष्णु का केन्द्र पहले के चक्कर से ज़्यादा घनत्व वाला होता है, और ब्रह्मांडों की ऊर्जा पहले से कम होती है।

तो, इस तरह फिर प्रत्येक ब्रह्मा विघटित होकर क्रमशः स्टेज १, २, ३ और ४ में से पसार होते हुए चलनी के आकार में स्थापित गुब्बारों की श्रृंखला रूपी अपने अपने ब्रह्मांड उत्पन्न करते हैं। ब्रह्मा के विस्फोट के साथ सृजन का एक चक्र शरु करने से लेकर उस ब्रह्मांड की ऊर्जा का संकुचन शुरू होने तक के करोड़ो वर्ष के समयकाल को ब्रह्मा का 'एक दिन' कहते हैं। 'दिन' इसलिए, क्योंकि ब्रह्मा के खंडन से ऊर्जा के तरंगों की उत्पत्ति होती है और प्रकाश ऐसा ही एक तरंग है। इसलिए ब्रह्मा की ऊर्जा के विस्तरण के वक्त ब्रह्मांड प्रकाशमय होता है। इसलिए वह ब्रह्मा का दिन है। ब्रह्मांड के संकुचन की शुरूआत से ब्रह्मांड की समग्र ऊर्जा

वापस एक स्पिन (०) स्थिति का तटस्थ ब्रह्मा बन जाए, तब तक के करोड़ो वर्ष के समयकाल को ब्रह्मा की 'एक रात' कहते हैं। रात इसलिए, क्योंकि ऊर्जा का संकुचन शुरू होने पर ऊर्जा की तरंगें अब विस्तरती रुककर ऊर्जा के एक बादल में परिवर्तित होती जाती है। इसलिए ऐसे बादल में अंधकार होता है। इस प्रकार, महाप्रलय के समय से ब्रह्मा की रात शुरू होती है, और इस समग्र प्रलयकाल को ब्रह्मा की रात कहते है।

सृष्टि के प्रलयकाल के अंतिम समय का वेदों में कुछ ऐसा वर्णन है, 'जब अंधकार से अंधकार ढँका हुआ था।' यह विवरण उस अंतिम समय का है जब महाविष्णु के प्रत्येक गुब्बारे उनकी लघुत्तम स्थिति तक संकुचित हो जाते हैं और प्रत्येक गुब्बारे में प्रत्येक ब्रह्मांड स्पिन (०) स्थिति के ब्रह्मा बनकर गोल गेंद के रूप में एकदूसरे से चारों ओर दबे हुए होते है। अभी यह गेंदे ऊंची ऊर्जा-घनता प्राप्त कर विस्फोट के दूसरे चक्र में गइ नहीं होती। उस वक्त इन गेंद रूपी ब्रह्माओं में प्रकाश कैद हो चुका होता है। इसलिए वह अंधकारमय होते है। इस तरह, प्रत्येक ब्रह्मा आसपास, ऊपर-नीचे, चारों ओर खचाखच स्थापित दूसरे अनेक ब्रह्माओं से ढंका होता है। यानी की अंधकार स्वयं अंधकार से ढँका हुआ होता है।

ब्रह्मांडो के विस्तरण और संकुचन की तेज़ी लगभग समान होने से, ब्रह्मा के दिन और ब्रह्मा की रात का समयकाल एक समान होता है। मतलब कि ब्रह्मा की ऊर्जा को महत्तम स्थिति पर विस्तृत होने मे जो अरबों वर्ष लगते हैं, उनको संकुचित होकर फिर से ब्रह्मा बन जाने में भी उतने ही अरबो वर्ष लगते हैं। ब्रह्मा का दिन और ब्रह्मा की रात - इन दोनों समयकाल को मिलाकर जो समयकाल मिलता है, उसे ब्रह्मा का एक पूर्ण 'ब्रह्मा दिवस' कहते हैं। इस प्रकार ब्रह्मा के विस्फोट के साथ ब्रह्मांड सृजन के एक चक्र से दूसरे चक्र तक का समय ब्रह्मा का एक 'ब्रह्मा दिवस' कहलाता है।

✦✦✦

अध्याय – ३९

महाविष्णु के स्वाच्छोश्वास
सृष्टि का सत्य और मनुष्य की उत्पत्ति का कारण

तो, प्रत्येक ब्रह्मांड संकुचित होकर फिर से पहली पीढ़ी के ब्रह्मा बन जाते हैं और फिर विस्फोट के साथ ब्रह्मांड के दूसरे चक्र को प्रारंभ करते है। ब्रह्मांड का यह दूसरा चक्र ब्रह्मा के दूसरे दिन की शुरूआत होता है। उस दिन के अंत में फिर ब्रह्मांड के संकुचन रूप में ब्रह्मा की रात शुरू होती है, और ब्रह्मा की उस रात के अंत में फिर ब्रह्मा अपने उच्च घनता वाले स्पिन (०) स्थिति वाली गेंद के विस्फोट से अपना तीसरा दिन प्रारंभ करते है। इस प्रकार दूसरा 'ब्रह्मा दिवस' पूर्ण होता है। तो सवाल यह है कि ब्रह्मा ऐसे कितने 'ब्रह्मा दिवस' तक इस तरह सृजन और विनाश का चक्र चलाते रहेंगे?

श्रीमद भागवद के मुताबिक, प्रत्येक ब्रह्मा की आयु १०० वर्ष है। अब पृथ्वी पर एक वर्ष में ३६५ पूर्ण दिवस होते हैं। इसके हिसाब से सौ वर्ष में ३६५०० पूर्ण दिवस होते है। मतलब प्रत्येक ब्रह्मा एक विस्फोट से दूसरे विस्फोट तक के ऐसे ३६५०० चक्कर काटेगा, तब उस ब्रह्मा की उम्र पूरी होगी। इस प्रकार श्रीमद भागवद के अनुसार सृष्टि में कार्यरत प्रत्येक ब्रह्मा इस तरह के ३६५०० चक्कर काटकर मोक्ष प्राप्त करेगा। और ब्रह्मा का वह मोक्ष किस तरह होगा? महाविष्णु, जिनकी नाभि में से यह सब ब्रह्मा निकले है, वह महाविष्णु अपना श्वास वापस खींचेगे और सारे ब्रह्मा वापस उनमें समा जाएँगे। तो इस सब का अर्थ क्या है?

हमने देखा कि ब्रह्मांड के प्रत्येक चक्र के वक्त जो भी मनुष्य मोक्ष प्राप्त कर लेता है, उसकी विशाल ऊर्जा मोक्ष पिंड के स्वरूप में महाविष्णु के केन्द्र में मिल जाती है। इससे ब्रह्मांड जब संकुचित होकर गोल गेंद के रूप में ब्रह्मा बनता है, तब उसमें उस मोक्ष प्राप्त मनुष्यों की ऊर्जा नहीं

होती। इसलिए जब यह ब्रह्मा विस्फोट के साथ ब्रह्मांड का दूसरा चक्र शुरू करते हैं, तब उस ब्रह्मांड की कुल ऊर्जा ब्रह्मांड के पहले चक्र की ऊर्जा से कम होती है। इस प्रकार, ब्रह्मांड सृजन के प्रत्येक नये चक्र के समय ब्रह्मांड की ऊर्जा उसके पिछले चक्र से कम होती है। जबकि प्रत्येक नये चक्र के समय महाविष्णु का केन्द्र पिछले चक्र से ज्यादा शक्तिशाली होता है, क्योंकि उसमें ब्रह्मांड के पिछले चक्र में उत्पन्न हुए मनुष्यों के मोक्ष-पिंड मिले होते है। दूसरे शब्दो में जैसे-जैसे ब्रह्मा के दिन बढ़ते जाते हैं अर्थात् कि उनकी आयु बढ़ती जाती है, वैसे-वैसे उनकी ऊर्जा घटती जाती है और महाविष्णु का केन्द्र शक्तिशाली बनता जाता है। इससे, प्रत्येक नये चक्र के समय महाविष्णु के गुब्बारे भी उसके पिछले चक्र की तुलना में कम फूले हुए होते हैं। ऐसा इसलिए होता है क्योंकि महाविष्णु का लगातार शक्तिशाली बनता जा रहा केन्द्र ब्रह्मांडो के विस्तरण का दर लगातार काम करता जाता है। और ब्रह्मा की उम्र के अंत में महाविष्णु का केन्द्र इतना शक्तिशाली हो जाता है कि अब ब्रह्मा विस्फोट पाकर नया चक्र शुरू नहीं कर पाते। महाविष्णु का अतिशय घनत्व धारित केन्द्र उन शक्तिहीन बन चुके असंख्य ब्रह्माओं को अपनी ओर खींच लेता है।

इस कारण समग्र सृष्टि की ऊर्जा अब महाविष्णु के केन्द्र की ओर खिंचती है और उस समय प्रत्येक ब्रह्मा की ऊर्जा एक दूसरे से टकराकर एकदूसरे में मिलने लगती है। इस तरह सारे ब्रह्माओं की ऊर्जा से बना एक विराट तटस्थ ऊर्जा का बादल अस्तित्व में आता है जिसका केंद्र एक ओर महाविष्णु के केंद्र में होता है। अब, बादल केंद्र की ओर और ज़्यादा संकुचित होता है। इससे उसकी ऊर्जा दबती है और उच्च घनत्व धारण करते हुए विस्फोट से सात परिमाणों वाले विभागों में विभाजित होती है। इस तरह सृष्टि की यात्रा वापस सृष्टि के स्टेज २ में आती है। फ़र्क़ सिर्फ़ इतना होता है की यह सात परिमाण मनुष्य के सात परिमाणों की तरह होते है। यानी की मनुष्य में जैसे सातवें परिमाण के ख़त्म होते ही बाहर सृष्टि के केंद्र से जुडा हुआ सातवाँ चक्र था, वैसे ही यहाँ पर सातवाँ परिमाण पूरा होते ही स्वयं सृष्टि का केंद्र होता है। विरोधी प्रकृति वाले यह विभाग एक दूसरे के आकर्षण बल के कारण एक दूसरे से टकराते हैं

और फिर से तटस्थ ऊर्जा का एक बादल बनता है। यह बादल महाविष्णु के केंद्र की ओर खिंचता है। इससे, उसकी ऊर्जा संकुचित होकर ऊर्जा-घनता बढ़ती है। परिणामतः यह बादल ऊंची ऊर्जा-घनता के कारण फिर से दो विभागों में अलग हो जाता है।

यहां वह दो विभाग दो परिमाणों में अलग होते हैं, जहां एक में बहिर्गामी प्रकृति ज्यादा होती है और अंतर्गामी प्रकृति कम होती है तो दूसरे विभाग में उससे उल्टा होता है। यहां इन दोनो परिमाणों के ऊपर तीसरे परिमाण की तरह महाविष्णु का केन्द्र होता है। इस प्रकार, यह रचना मनुष्य के शिव स्टेज जैसी होती है, जहां पांचवें और छठें परिमाण में शरीर की समग्र ऊर्जा केंद्रित होती है और सातवें परिमाण में प्रवेश करना चाहती है। यहां भी महाविष्णु के केन्द्र के खिंचाव के कारण विरोधी प्रकृति वाले यह विभाग केंद्र की ओर खिंचाते हुए एकदूसरे के नज़दीक आते है। दोनों विभाग आपस में टकराते है और तटस्थ ऊर्जा का एक और बादल बनाते है। सृष्टि का केंद्र इस बादल को और ताक़त से अपनी ओर खिंचता है। उससे बादल का घनत्व अतिशय बढ़ जाता है, और वह एक ही परिमाण में विरोधी प्रकृतियों में विभाजित होता है। यह स्थिति मनुष्य की एक परिमाणीय स्थिति जैसी होती है, जहां शरीर की समग्र ऊर्जा छठे चक्र में दो विरोधी विभागो के बीच बंटी हुई होती है और उपर सातवां परिमाण होता है। यहां जैसे छठे परिमाण के विरोधी विभागों की ऊर्जा एक-दूसरे के नजदीक आकर सातवें परिमाण के खुले मुख में खिंच जाती है, उसी तरह सृष्टि के इस एक परिमाणीय स्टेज में भी विरोधी प्रकृतियाँ नजदीक आने पर सृष्टि के केन्द्र के खिंचाव के कारण केन्द्र में खिंच जाती है। सृष्टि की यात्रा के यह दो आख़िरी पड़ाव; शिव स्थिति और एकपरिमाणिय स्थिति नीचे आकृति ३९.१ में दिखाए गए है। आकृति में दो विभागों के बीच शक्तिशाली आकर्षण दिखाते तीरों के बीच कमजोर हो चुकी अपाकर्षण रेखाएँ भी दिखाई गई है, जो सृष्टि के केंद्र के संकोचन बल की वजह से हमेशा आकर्षण बल से हारती है।

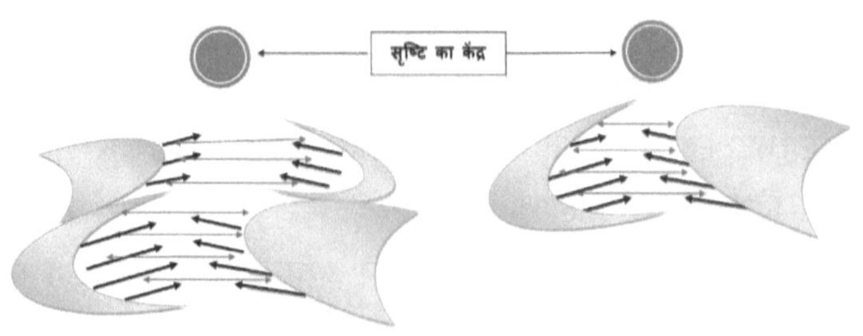

आकृति ३९.१ सृष्टि के अंतिम कदम

अब, समग्र सृष्टि की ऊर्जा महाविष्णु के केंद्र में बने ऊर्जा के एक गोलाकार संमिति वाले बादल के रूप में आ जाती है। अरबो ब्रह्मांडों की यह ऊर्जा अब उस छोटे गोले में आख़री एकत्व धारण करने की ओर बढ़ती है। जैसे जैसे वह एकत्व धारण करती जाती है, विरोधी प्रकृतियों के सूक्ष्म आकार लुप्त होते जाते है। उससे प्रकृतियों की स्थित ऊर्जा भी गोले की ऊर्जा में मिलती है। उससे गोला कद में और ज़्यादा छोटा पर और ज़्यादा घनत्व वाला बनता है। इस तरह उस छोटे पिंड की ऊर्जा घनता बढ़ती है। जैसे जैसे उसकी ऊर्जा एकरूप होती जाती है, वैसे वैसे उसका क़द एक गोले से मिटकर एक बिंदुवत पिंड की तरह बनता जाता है। इस पिंड के अंदर एक ठंडी कोमल सी रोशनी दिखती है, जो अगर कोई देखे तो उसकी आँखों को जलाने की जगह ठंडक दे। यही वह ज्योतिर्पिंड है जो सृष्टि का लक्ष्य था। वही जो सृष्टि के पिछले चक्र की शुरुआत में था, जिसमें से वह पूरी सृष्टि उत्पन्न हुई थी जिसमें हम सब जिए थे। अब हम सब इसी एक बिंदुवत पिंड में है। सब एक ही प्राण से धड़क रहे है। हम सब की, पूरे अस्तित्व की एक ही साँस। अब पता चला, क्यों प्रेमियों में एकदूसरे की साँस में मिल जाने का एक विशिष्ट आकर्षण होता है? क्योंकि आख़िर में हम सब ज्योतिर्पिंड की इसी एक साँस में से अलग हुए थे।

तो, अध्याय ३ में हम जब अभी विरोधी प्रकृतियों का एकदूसरे में मिलन कैसे होता है यह समझ रहे थे, तब हमने सृष्टि के इससे पहेले के चक्र के अंतिम समय के बारे में कल्पना की थी। हमने कहा था कि उस वक्त पूरी सृष्टि की ऊर्जा ऐसे दो विभागों में सामने आइ होगी, जो

दो परिमाणों में विरोधी प्रकृतियाँ धारण कीए होंगे और ऊनके मिलन से पहले एक ज्योति आकार का बादल बना होंगा जो नीचे से फूला हुआ और ऊपर से संकुड़ा होगा। फिर वह ज्योति आकार का बादल प्रकृतियों के आकार नष्ट होने से गोल गेंद में तब्दील होगा। हमने वह आकृति ३.४ में दर्शाया भी था। तो, जब तक हम इस सृष्टि के आख़िर में पहुँचे नहीं थे तब तक सृष्टि के किसी चक्र के अंतिम समय के बारे में यह हमारी कल्पना थी। पर अब हम सृष्टि के इस चक्र के अंतिम पड़ाव को देख चुके है और जान पाते है की हमारी कल्पना से अलग यहाँ सृष्टि का केंद्र महत्वपूर्ण किरदार निभाता है। इसलिए सृष्टि की शुरुआत के स्टेज १ और स्टेज २ से भी सृष्टि के आख़िर के यह पड़ाव बिलकुल एक जैसे नहीं है। सृष्टि के आख़िर के यह पड़ाव असल में मनुष्य के मोक्ष मार्ग के आख़री पड़ाव से नज़दीक है। इस तरह मनुष्य की उत्पत्ति के बाद सृष्टि का भविष्य मनुष्य के मस्तिष्क की रचना से जुड़कर ही आगे बढ़ता है। सृष्टि की शुरुआत और अंत के पड़ावों में इसी वजह से फ़र्क़ आता है। मनुष्य की महत्ता समझाती हुई इस महत्वपूर्ण बात को समझाने के लिए ही अध्याय ३ में उस काल्पनिक वर्णन को रहने दिया गया है।

असंख्य ब्रह्माओं की उर्जा का इस तरह महाविष्णु के केन्द्र में समा जाने की घटना को ब्रह्मा का महाविष्णु की नाभि में समा जाना कहते है। असंख्य ब्रह्माओं की इस ऊर्जा को महाविष्णु की नाभि में समाकर एक छोटा ज्योतिर्पिंड बन जाने में भी दूसरे अरबों वर्ष लगते हैं। लेकिन जैसे जैसे उस ज्योतिर्पिंड की ऊर्जा एकरूप होती जाती है, उसकी ऊर्जा की घनता बढ़ती जाती है। धीरे धीरे वह ज्योतिर्पिंड अपने ठीक बीचोंबीच एक केंद्र उत्पन्न करता है। अब उसकी ऊर्जा का घनत्व इस केंद्र में केंद्रित होता है। वह केंद्र ही हमारी सृष्टि का आख़िरी एकत्व वाला स्थान होता है। इसीलिए हमने कहा था की ज्योतिर्पिंड को भी हम वैज्ञानिक तौर पर अद्वैत पिंड नहीं कह सकते, क्योंकि सृष्टि की आख़िरी अद्वैत स्थिति तो उस ज्योतिर्पिंड के भी केंद्र में सृजित होती है। पर इसी स्थिति पर जब ज्योतिर्पिंड की ऊर्जा उसकी आख़िरी एकरूपता प्राप्त करती है, तब पिंड की ऊर्जा घनता एकदम से बढ़कर उसके महत्तम घनत्व के साथ केंद्र में

केंद्रित होती है। यह पिंड की सर्वोच्च अद्वैत स्थिति होती है, और यहीं पर वह केंद्र ऊर्जा के इस ऊँचे दबाव को सह नहीं पाता। वह केन्द्र अस्थिर बनता है और स्थिरता प्राप्त करने के लिए समग्र ज्योतिर्पिंड की ऊर्जा को केन्द्र से परिधि की ओर धक्का मारकर विस्फोट के साथ फूट पड़ता है।

यह विस्फोट समग्र सृष्टि के दूसरे चक्र की शुरूआत करवाता हुआ दूसरे चक्र का बिगबैंग होता है। फिर से सदाशिव रूपी सृष्टि का स्टेज (१) आता है और सृष्टि के नए चक्र का प्रक्षेपण शुरू हो जाता है। और सृष्टि के इस नये चक्कर में, पिछले चक्कर में मोक्ष प्राप्त मनुष्यों की ऊर्जा भी होती है। मतलब, यह ब्रह्मांडों का नहीं, पूरी सृष्टि का नया चक्र होता है। फिर से पूरा सृजन पुनरावर्तित होता है। फिर उसमें असंख्य ब्रह्मांड उत्पन्न होते हैं और मनुष्य उत्पन्न होते हैं। फिर उन मनुष्यों के मोक्ष से वह असंख्य ब्रह्मांड अपनी ब्रह्म स्थिति में एकत्व धारण करते हैं। फिर वह प्रत्येक ब्रह्म ब्रह्मांड सृजन के ऐसे ३६५०० चक्कर लगाते हैं और अंत में वह सभी ब्रह्म फिर महाविष्णु के केन्द्र की ओर संकुचित होने लगते हैं। फिर समग्र सृष्टि ज्योतिर्पिंड बनती है और फिर वह ऊर्जा-घनता की महत्तम स्थिति पर तीसरे बिगबैंग के साथ सृष्टि का तीसरा चक्कर शुरू करती है। इस प्रकार यह समग्र सृष्टि, ब्रह्म क्या है - उसकी अभिव्यक्ति करता हुआ एक चक्राकार प्रक्षेपण है।

तो, सृष्टि का अंतिम सत्य क्या है?

महाविष्णु में बने असंख्य ब्रह्मांड संकुचित होकर स्थित (०) स्थिति की गोल गेंद या ब्रह्म बन जाने से महाविष्णु के तमाम गुब्बारें भी सृष्टि के केंद्र की ओर संकुचित हो जाते है (ब्रह्म की रात)। लेकिन फिर वह ब्रह्माओं के विस्फोट के साथ ब्रह्मांडों का दूसरा चक्र (ब्रह्म का दिन) चालु होते ही फिर वह गुब्बारे फूलने लगते हैं। ब्रह्मांडों के इस गेंद रूपी ब्रह्म में परिवर्तित होने की घटना को श्रीमद भागवद में सृष्टि का 'लघु विनाश' (partial destruction) और उस गेंद रूपी ब्रह्म के विस्फोट से नया ब्रह्मांड सृजित होने की घटना को 'लघु सृजन' (partial creation) कहा गया है। लघु विनाश के समय महाविष्णु के गुब्बारों का संकुचन हो जाने

की घटना को 'महाविष्णु का श्वास खींचना' कहेते है। और लघु सृजन के समय सारे गुब्बारों की वापस फूल जाने की घटना को 'महाविष्णु का श्वास छोड़ना' कहेते है। इस प्रकार महाविष्णु के सामान्य स्वाच्छोश्वास से इस सृष्टि में असंख्य ब्रह्मांडों के सृजन और विनाश की लीला लगातार चलती रहती है।

ऐसे ३६५०० सामान्य श्वास के बाद महाविष्णु एक गहरा श्वास लेते हैं, जिसमें वह शक्तिहीन और बूढ़े हो चुके ब्रह्माओं को अपने भीतर खींचकर ज्योतिर्पिंड स्थिति बना देते हैं। ज्योतिर्पिंड स्थिति महाविष्णु के गहरे श्वास की आख़री सीमा है। इसके बाद महाविष्णु जब उस गहरे श्वास धीरे धीरे छोड़ना शुरू करते है, तब समग्र सृष्टि का एक नया चक्कर शुरू होता हैं। इस प्रकार महाविष्णु के इस निरंतर चलते स्वाच्छोश्वास ही हमारी सृष्टि का अंतिम सत्य है। महाविष्णु प्रति ३६५०० सामान्य स्वाच्छोश्वास के बाद एक गहरा श्वास लेते हैं ओर छोड़ते हैं। इस प्रकार वह सृष्टि को 'रिफ्रेश' या 'रीबूट' करते हैं। महाविष्णु का यह जीवन ही हमारी सृष्टि है।

तो, मनुष्य की उत्पत्ति का कारण क्या है?

इंद्रियों की सीमाओं में क़ैद एक सामान्य मनुष्य के तौर पर अगर मनुष्य की उत्पत्ति का कारण दें, तो कहा जा सकता है कि मनुष्य को इसलिए उत्पन्न किया गया कि जिससे वह ब्रह्मांड के प्रत्येक विस्तरण के वक्त अपना मोक्ष प्राप्त कर अपने मोक्ष पिंड को महाविष्णु के केन्द्र में जमा करवाए। इसी तरह ब्रह्मांड के उस चक्कर का विस्तरण रोका जा सकता है। हम मोक्ष प्राप्त कर ब्रह्मांड को उसका संकुचन शुरु करने में सहायता करने के लिए इस दुनिया पर है। हमारे मोक्ष से सृष्टि के खेल में दो लाभ होंगे। एक, हम ब्रह्मांड के उस चक्कर का संकुचन शुरू कर सकेंगे और दूसरा, हमारे मोक्ष पिंड के रूप में ब्रह्मांड की ऊर्जा का कुछ हिस्सा महाविष्णु के केन्द्र में जमा करवाएंगे। इससे प्रत्येक नए चक्कर में ब्रह्मांड की ऊर्जा कम होती जाएगी और महाविष्णु के केंद्र की ऊर्जा बढ़ती जाएगी। इस तरह, हम ब्रह्मांड के जिस चक्कर में पैदा हुए हैं उस चक्कर का संकुचन करने और उस चक्कर के ब्रह्मांड की ऊर्जा का एक हिस्सा

ब्रह्मांड में से खींचकर महाविष्णु के केन्द्र में जमा करवाने के लिए उत्पन्न हुए हैं। यही हमारी उत्पत्ति का कारण है। तो यह भौतिक दृष्टिकोण से एक जवाब है।

लेकिन सत्य यह है कि हमारी उत्पत्ति का यह कारण हमारे व्यक्तिगत मोक्ष के साथ ही पूर्ण होता है। मोक्ष की स्थिति ही संसार में संभव सबसे संतुलित और शाश्वत परमानंद की स्थिति है। इसलिए भी वह हमारा मूल लक्ष्य है। और मोक्ष प्राप्त करने से पहले हमें ब्रह्म साक्षात्कार कर अपने आपको समग्र सृष्टि के ब्रह्म के साथ एक करना आवश्यक होता है। इसी प्रकार हम मोक्ष के काबिल बनते हैं। उस ब्रह्म साक्षात्कार के साथ ही हम इस सत्य की अनुभूति कर लेते हैं कि 'इस समग्र सृष्टि में फैला हुआ ब्रह्म मैं ही हूँ।' इस अनुभूति के बाद हम विष्णु स्थिति का ब्रह्म बनते हैं, फिर हम शिव स्थिति का ब्रह्म बनते हैं और फिर हम मोक्ष पिंड स्थिति का ब्रह्म बनकर महाविष्णु के केन्द्र में समाधि लगाकर बैठ जाते हैं। इसके बाद हम अरबों वर्षों तक वहीं महाविष्णु के केन्द्र में बैठे -बैठे अपने ही अंश वैसे ब्रह्म को अनेक ब्रह्मांडों में संकुचित होते और विस्तरते देखते रहते हैं। ब्रह्मांडों के उस प्रत्येक संकुचन-विस्तरण के साथ हम केन्द्र में मजबूत होते जाते हैं। और ३६५०० बार ऐसे संकुचन-विस्तरण के स्वाच्छोश्वास लेने के बाद हम अपनी समस्त ऊर्जा को एक ज्योतिर्पिंड में समा लेते हैं। इस प्रकार हम अपनी उस मूल और संपूर्ण स्थिति को वापस प्राप्त कर लेते हैं, जिसे हमने बिगबैंग के धमाके के साथ खो दिया था। लेकिन उस मूल स्थिति पर हमारा केन्द्र इतना ज्यादा ऊर्जावान बन जाता है कि वह अपनी स्थिरता गँवा बैठता है। इसलिए हमें अपना ज्योतिर्पिंड स्वरूप खोकर फिर सृष्टि के नए चक्कर के रूप में विस्तृत होना पड़ता है।

इस प्रकार, वह आप ही हैं जो ज्योतिर्पिंड बनकर अद्वैत स्थिति धारण करते हैं और वह आप ही हैं जो बिगबैंग के विस्फोट के साथ सृष्टि बनकर विस्तरते हैं। वह आप ही हैं जो कण-कण बनकर जुड़ते हैं, जो पशु-पक्षी और मनुष्य के तौर पर सांस लेते हैं। वह आप ही हैं जो मनुष्य के रूप में आध्यात्मिक विकास करके आत्मसाक्षात्कार प्राप्त करते हैं और अपने इस ब्रह्म स्वरूप को जानकर सृष्टि के केन्द्र में स्थापित हो जाते हैं। वह

आप ही हैं जो महाविष्णु के रूप में अनेक ब्रह्मांडों में अपनी अभिव्यक्ति करते हैं और वह आप ही हैं जो उन अनेक ब्रह्मांडों को स्वयं में समाकर फिर थोड़ी देर ज्योतिर्पिंड बन जाते हैं। वह आप ही है। वह हम ही है। ब्रह्म स्वरूप में हम यही हैं और निरंतर महाविष्णु के सामान्य एवं गहन स्वाच्छोश्वास की लीला कर रहे हैं।

इसलिए आंखें बन्द कीजिए और समग्र सृष्टि के प्रति प्रेम प्रगट कर अपने स्वाच्छोश्वास में लीन हो जाइये। प्रेम आपको समग्र सृष्टि से एक करेगा और आपको अहसास करवाएगा कि आपके वह स्वाच्छोश्वास आपके ही नहीं, समग्र सृष्टि के श्वासोच्छश्वास हैं। वह स्वयं ब्रह्म के श्वासोच्छश्वास है। वही महाविष्णु के स्वाच्छोश्वास हैं। तो प्रेम ही हमारा, ब्रह्म का या ईश्वर का श्वास है और समस्त अस्तित्व से प्रेम में ध्यानस्थ होकर किए जाने वाले यह श्वाच्छोश्वास ही इस सृष्टि का अंतिम सत्य है। हिमालय के जो योगी सेकंडो सालों तक ध्यान में लीन रहेते है, वह इसलिए उस तरह रह पाते है, क्योंकि वह इसी अंतिम सत्य का पल पल अनुभव कर रहे है।

ओम्... तत्... सत्...

'जो मैं हूं, वही वो है... और वही सत्य भी है।'

सृष्टि और मनुष्य का अंतिम सत्य जानने की इस महान यात्रा को भारतीय फिल्मों के कुछ महान संवादो के साथ पूर्ण करते हैं, जो इस यात्रा के साररूप है।

१. फ़िल्मः गाइड

ईश्वर: बेटा, दुःख से घबरा मत। दुःख वह अमृत है जिससे पाप (अहं) घुलते है। मैं तुझ से दूर नहीं हूं। तेरे अंदर, बाहर मैं ही हूं। बस मैं ही हूं।

मनुष्य (आत्मसाक्षात्कार के समय): आज मैं कितनी आज़ादी महसूस कर रहा हूं। जिस्म जैसे माँगे करना भूल गया, मन तड़पना-तड़पाना भूल गया। जीवन जैसे आज मुट्ठी में है। मौत बस एक खेल है। लगता है आज हर इच्छा पूर्ण होगी। लेकिन मजा देखो, आज कोई इच्छा ही नहीं रही।

जिन्दगी पिघलकर प्रकाश बन गई और सच्चाई मेरा रूप है। तन रहे ना रहे, मैं रहूंगा। आग में फैंक दो, मैं जलूंगा नहीं। तलवार से वार करो, मैं कटूंगा नहीं। तुम (शरीर को) अहंकार हो, तुम्हें मरना होगा। मैं आत्मा हूं, अमर हूं।

मौत एक खयाल है, जैसे जिन्दगी एक खयाल है। ना सुख है, ना दुःख है, ना दीन है, ना दुनिया, ना इंसान - ना भगवान। बस मैं हूं, मैं हूं, मैं हूं। मैं, सिर्फ़ मैं। सिर्फ़ मैं।

२. फ़िल्म: क्रोधी

ईश्वर कुछ नहीं है, एक इंसान है जो महान है।

भक्ति कुछ नहीं, एक शक्ति है।

कर्म कुछ नहीं, एक जिम्मेदारी है।

प्रेम कुछ नहीं, एक आनंद है।

अगर तुम उस आनंद को प्राप्त करना चाहते हो,

तो तुम्हें तुमसे, मुझसे, हर एक से प्रेम करना होगा।

३. फ़िल्म: सत्यम् शिवम् सुन्दरम्

ईश्वर सत्य है, सत्य ही शिव है, शिव ही सुन्दर है...

सत्य बीज है, अंकुर है शिव, सुन्दर फूल हजारा। दया करो प्रभु, हो ना कलंकित, ये वरदान तुम्हारा...

सत्य ना जाना, शिव को ना माना, सुन्दर ना पहचाना। दया करो प्रभु सीखें हम सब, मन का दीप जलाना।

राधा मोहन शरणम्... सत्यम् शिवम् सुन्दरम्...

अर्थात्

ईश्वर और कुछ नहीं बल्कि सृष्टि को चलाने वाला विज्ञान (सत्य) है। यह विज्ञान शिवत्व की स्थिति में पा लिया जाता है, और शिवत्व ही सृष्टि की एकमात्र सुन्दरता है।

सृष्टि का अंतिम सत्य वैसा ज्योतिर्पिंड़ एक बीज है। उसमें से शिव (सदाशिव स्टेज) का अंकुर फूटता है। वह सदाशिव रूपी अंकुर में से निकले महाविष्णु और उनके असंख्य ब्रह्मांड सृष्टि के सिरे पर स्थित हजारों सुंदर फूल है। यह सृजन सुंदर हैं। हम पर दया करो प्रभु कि हम तुम्हारा दिया हुआ यह सुंदर वरदान कलंकित ना करे।

सृष्टि के अद्वैत होने के सत्य को नहीं जाना जिसने, वह वैरागी शिव को नहीं मान सकता। और ऐसा इंसान संसार को सुंदर नहीं पा सकता। वह संसार के दुःखों में उलझा रहता है। हे प्रभु, हम पर दया करो, कि हम अहंकार को नष्ट कर मन में इस सत्य का दीप जला सके।

मैं राधा और मोहन के उस दिव्य प्रेम की शरण में जाता/जाती हूं।

वह प्रेम ही सत्य है, सत्य ही शिव है और शिव ही सुन्दर है।

भारतीय मेटा-फिजिक्स के बारे में विश्व के विचार

आज का इतना विकसित आधुनिक विज्ञान भी प्राचीन भारत के उन ऋषियों की बुद्धि का मुकाबला नहीं कर सकता। विज्ञान आज उसके सबसे विकसित स्वरूप में आकर भी प्राचीन वेदान्त के सबसे करीब पहुंचा है। वेदान्त मनुष्य के मन ने देखा हुआ अब तक का सबसे महान मेटाफिजिक्स है।

– अलफ्रेड नोर्थ वाईटहेड

महान ब्रिटिश फिलोसोफर एवं गणितज्ञ

हम भारतीयों के अत्यंत आभारी हैं, जिन्होंने हमें गणना सिखायी। उसके बगैर कोई मूल्यवान वैज्ञानिक खोज नहीं हो पाती।

– अल्बर्ट आइंस्टाईन

विश्व के अब तक के सबसे महान वैज्ञानिक

यह भारत है जिसने हमको सिर्फ दस अंको द्वारा अनंत तक गणना करने की कुशल पद्धति दी। यह कितना अद्भुत कार्य है, उसका महत्त्व हम उस गणना की सरलता के कारण भूल जाते हैं। लेकिन उस सरल पद्धति के कारण ही हमारा एरिथमेटिक हमारी समग्र खोजों में अव्वल है।

– पिअर सिमोन लापलेस

विश्व इतिहास के श्रेष्ठ गणितशास्त्रियों में से एक

विज्ञान की बहुत सारी खोजें जो हम आज युरोप में हुई मानते हैं, वह असल में सदियों पहले भारत में हुई हैं।

– ग्रांट डफ

भारत के जानकार ब्रिटिश इतिहासकार

भारत मनुष्य जाति की मातृभूमि है। संस्कृत युरोप की भाषाओं की माता है। भारत ही हमारी फिलोसोफी, हमारे गणित और ईसाई धर्म में समाए

गए स्वसंचालन और लोकतंत्र के आदर्शों की माता है। बहुत तरह से भारतमाता हम सबकी माता है।

– विल ड्युरंट, अमेरिकन इतिहासकार

मैं यह बात मान चूका हूं कि हमारे पास जो कुछ भी है, वह सब गंगा किनारे से हमारे पास आया है। फिर वह खगोलशास्त्र हो, ज्योतिषशास्त्र हो, विज्ञान हो, अध्यात्म हो या और कुछ और हो।

– फ्रांकोइस एम वॉल्टर

फ्रांस के सबसे महान तत्त्वचिंतक

प्राचीन भारतीय थियरियां अभी प्रयोग सिद्ध नहीं हैं, लेकिन उनका दार्शनिक वर्णन इतना सटीक और अद्भुत है कि वह आज के फिजिक्स की प्रत्येक खोज के साथ सहमत है।

– ए. एल. बाशम

ओस्ट्रेलियन इंडोलोजिस्ट

भारत में मैंने इंसानों की एक ऐसी प्रजाति देखी, जो पृथ्वी पर रहती है, लेकिन उससे चिपकी हुई नहीं है। जो शहरों में रहती है, लेकिन वहां जुड़ती नहीं है। जो प्रत्येक वस्तु प्राप्त करती है, लेकिन स्वयं किसी के द्वारा प्राप्त नहीं की जा सकती।

– एपोलोनिअस त्यानाअस

पहली सदी के ग्रीक विचारक

जीवन के करीब चालीस वर्ष तक दुनियाभर के तमाम धर्मों का अभ्यास करने के बाद मुझे हिन्दओं के धर्म जितना संपूर्ण, वैज्ञानिक, तत्त्वज्ञानी और आध्यात्मिक धर्म और कहीं नहीं मिला। कोई गलती मत करना, हिन्दत्व के बगैर भारत का कोई भविष्य नहीं है।

– डॉ. एनी बीसेंट

अगर मुझे पूछा जाए कि कौन सा देश प्राचीन समय में संस्कृति और शिक्षा के मामले में अत्याधुनिक था, तो मैं कहूंगा भारत।

– मेक्स मूलर, जर्मन फिलोसॉफर

अगर इस पृथ्वी पर कोई एक स्थान ऐसा है, जहां पुरातनकाल से मनुष्यों ने अपने अस्तित्व के बारे में जो सपने देखे, उन सपनों को अपना घर मिला हो, तो वह स्थान भारत है।

– रोमाइन रोलांड, फ्रेंच स्कोलर